山东省住房和城乡建设厅 编

山东建设年鉴

SHANDONG JIANSHE NIANJIAN

2020

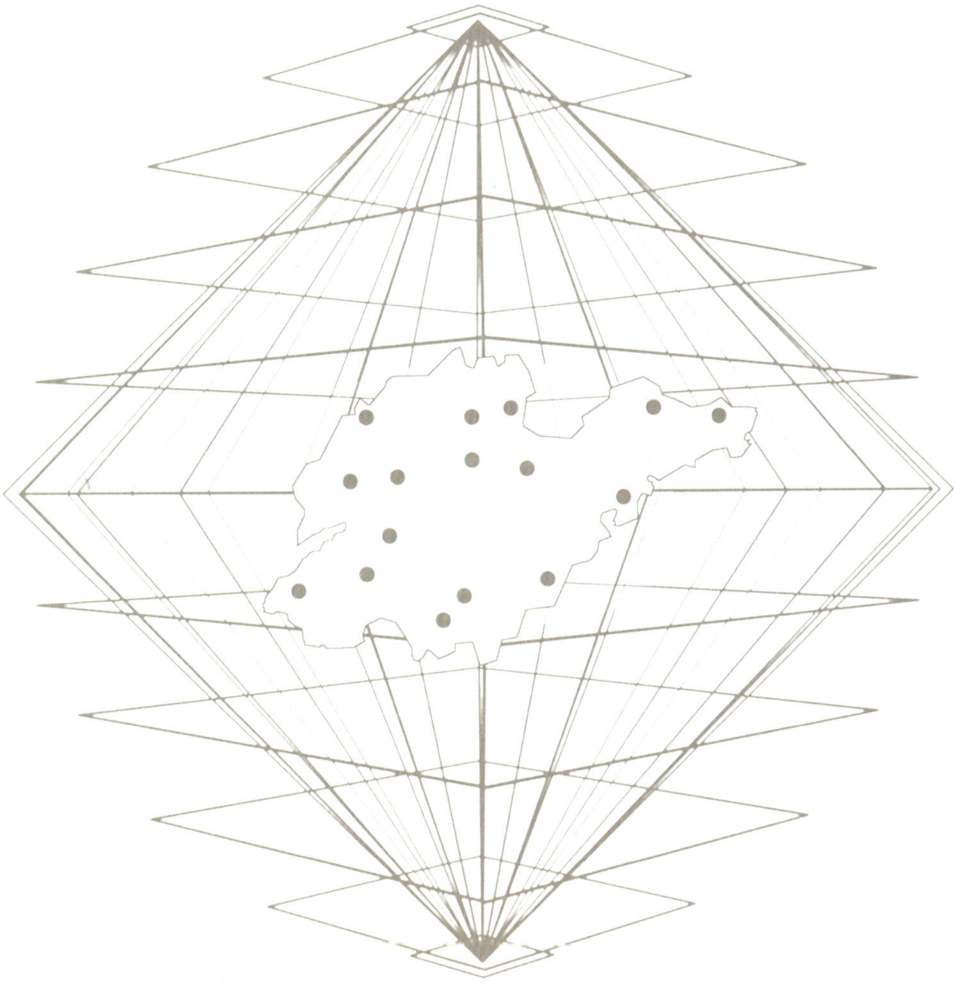

线装书局

图书在版编目（CIP）数据

山东建设年鉴．2020 / 山东省住房和城乡建设厅编
．-- 北京：线装书局，2020.12

ISBN 978-7-5120-4354-1

Ⅰ．①山… Ⅱ．①山… Ⅲ．①城市建设—山东—2020—年鉴 Ⅳ．① F299.275.2-54

中国版本图书馆 CIP 数据核字 (2020) 第 246561 号

山东建设年鉴 2020

编　　者：山东省住房和城乡建设厅
责任编辑：曹胜利
出版发行：线装書局
　　地　址：北京市丰台区方庄日月天地大厦 B 座 17 层（100078）
　　电　话：010-58077126（发行部）010-58076938（总编室）
　　网　址：www.zgxzsj.com
经　　销：新华书店
印　　制：山东新华印务有限责任公司
开　　本：889mm × 1194mm　1/16
印　　张：29.5
字　　数：646 千字
版　　次：2020 年 11 月第 1 版第 1 次印刷
印　　数：001—500 册

线装书局官方微信

定　　价：480.00 元

《山东建设年鉴》编纂委员会

《山东建设年鉴》编辑部

编辑说明

一、《山东建设年鉴》由山东省住房和城乡建设厅主办，山东省建设发展研究院承编，是全面、系统、准确记录山东省住房和城乡建设事业发展状况的年度资料性文献。《山东建设年鉴》2007年开始出版，每年出版一卷，内容丰富，资料翔实可靠，为领导决策提供参考，为地区和行业发展提供借鉴，为各界人士了解山东省住房和城乡建设情况提供信息，具有重要的史料价值、实用价值和收藏价值。

二、《山东建设年鉴》的编纂坚持以马克思列宁主义、毛泽东思想、邓小平理论、“三个代表”重要思想、科学发展观、习近平新时代中国特色社会主义思想为指导。《山东建设年鉴（2020）》根据山东省住房城乡建设事业新的发展设置框架结构，共设：大事记、山东住房城乡建设事业发展总述、新型城镇化、城市建设、城市管理、房地产业与住房保障、建筑节能与建设科技、建筑市场监管、工程质量安全管理、勘察设计、村镇建设、建设行政许可、建设法制、交流合作、建设教育与执业资格注册、建设工会、建设研究、各市住房城乡建设和附录等栏目。本卷年鉴主体内容采用栏目、分目、条目三个层次，部分分为四个层次。

三、本卷年鉴记述时限原则上为2019年1月1日至12月31日，为反映事物全貌，给读者以完整印象，部分资料作了适当上溯和下延。

四、本卷年鉴资料由山东省住房和城乡建设厅机关各处室、厅属有关单位，各市住房城乡建设行业主管部门负责提供，并经单位领导审定。撰稿人署名于各分目之后。

五、本卷年鉴中的主要数据以山东省住房和城乡建设厅编制的《2019年山东省城市建设统计年报》为准，因个别供稿单位统计口径不同等原因，有的数据在不同条目中不尽一致，使用时请注意出处。

六、本卷年鉴配有中文目录和索引。索引采用主题分类法，按照主题词首字母汉语拼音字母顺序排列。

目 录

城市管理

房地产业与住房保障

建筑节能与建设科技

建筑市场监管

工程质量安全管理

勘察设计

村镇建设

建设行政许可

建设法制

交流合作

建设教育与执业资格注册

建设工会

建设研究

各市住房城乡建设

附　录

大事记

- 2019年1月8日，省委、省政府在济南召开全省扎实推进农村人居环境整治工作会议
- 2019年1月22日，省政府第323号令发布《山东省绿色建筑促进办法》，自2019年3月1日起正式施行
- 2019年2月16日，省委办公厅、省政府办公厅印发《山东省住房和城乡建设厅职能配置、内设机构和人员编制规定》，将城乡规划管理职责和风景名胜区管理有关职责划转省自然资源厅，将指导城市地铁、轨道交通规划和建设职责划转省交通运输厅，增加指导建设工程消防设计审查职责
- 2019年6月2日，省政府印发《山东省优化提升工程建设项目审批制度改革实施方案》
- 2019年8月15日，省政府办公厅印发《山东省城市品质提升三年行动方案》

1月

1日 济南轨道交通1号线通车。省住房城乡建设厅厅长王玉志参加活动。

4日 国家统计局、住房城乡建设部在北京召开扩大房价统计调查城市范围工作会议。省住房城乡建设厅副厅长、党组成员周善东参加会议。

7日 省委印发《关于李兴军同志免职的通知》，免去李兴军的山东省住房和城乡建设厅党组副书记、副厅长职务。

同日 省住房城乡建设厅在烟台举办《商品住宅使用说明书》和《商品住宅质量保证书》示范文本启用活动。省城镇化工作领导小组办公室专职副主任宋锡庆出席活动并讲话。

8日 省委、省政府在济南召开全省扎实推进农村人居环境整治工作会议。省住房城乡建设厅厅长王玉志参加会议并发言。

同日 省委召开退役军人事务工作领导小组第一次全体会议。省住房城乡建设厅党组书记李力参加会议。

10日 省政府在省大数据局召开全省政务信息系统整合共享工作现场汇报会。省住房城乡建设厅副厅长、党组成员徐启峰参加会议并进行现场汇报。

11日 省住房城乡建设厅召开工作务虚会，厅领导班子成员，各处室、单位主要负责人参加会议。

14日 中国建设报社社长王胜军来省住房城乡建设调研，厅长王玉志，党组书记李力，副厅长、党组成员周善东分别与王胜军座谈交流。

同日 省住房城乡建设厅印发《山东省住房城乡建设科学技术计划项目管理办法》。

15日 省住房城乡建设厅副厅长、党组成员孙松青到沂源县卫生填埋场对渗滤液安全处置工作开展现场督导。

16日 省住房城乡建设厅党组书记李力主持召开厅基层党组织书记抓党建述职评议会，厅领导班子成员参加。

同日 省委、省政府召开专题会议，研究落实刘家义书记关于农村困难老人养老等问题批示要求。省住房城乡建设厅厅长王玉志参加会议并发言。

17日 省住房城乡建设厅党组书记李力主持召开厅党组理论学习中心组读书会，围绕开好2018年度民主生活会进行学习研讨。

同日 省国防动员委员会第一次工作会议召开。省住房城乡建设厅党组书记李力参加会议。

18日 省政府召开全省公共机构能源资源节约和生态环境保护工作会议。省住房城乡建设厅副厅长、党组成员孙松青参加会议并发言。

20日—21日 根据省纪委安排，省城镇化工作领导小组办公室专职副主任宋锡庆带队到枣庄、临沂两市，对解决拖欠建筑农民工工资和建筑工程转包违法分包进行暗查暗访。

22日 省长龚正签署省政府第323号令，发布《山东省绿色建筑促进办法》，自3月1日起正式施行。

同日 省住房城乡建设厅公布济南市历城区便民服务中心等346个工地获评2018年度省房屋市政施工安全文明示范工地。

23日 省住房城乡建设厅党员领导班子成员就履行全面从严治党责任情况向厅党组述职，厅党组书记李力主持会议并讲话。

24日 省住房城乡建设厅党组书记李力主持召开2018年度民主生活会，厅党员领导班子成员参加，省委第23督导组到会指导，厅长王玉志等列席会议。

25日 省领导听取聊城市历史文化名城保护工作专题情况汇报，并对做好问题整改提出明确要求。省住房城乡建设厅厅长王玉志，副厅长、党组成员徐启峰参加会议。

同日 省住房城乡建设厅召开离退休干部迎春茶话会暨工作情况通报会，厅长王玉志通报2018年全省住房和城乡建设事业主要成就和2019年重点工作安排，厅党组书记李力主持会议。

同日 省委组织部印发《关于万利国同志退休的通知》，山东省住房和城乡建设厅原巡视员万利国退休。

同日 省委印发《关于张晓海同志任职的通知》，张晓海同志任山东省住房和城乡建设厅党组成员（列孙松青同志之后）。

27日 省委召开政法工作会议。省住房城乡建设厅党组书记李力参加大会，副厅长、党组成员周善东参加分组讨论和总结大会。

28日 省政府召开全省安全生产电视会议。省住房城乡建设厅厅长王玉志参加会议并就全省房屋市政施工安全生产工作发言。

同日 省政府召开全省推进黄河滩区脱贫迁建专项小组会议。省住房城乡建设厅厅长王玉志参加会议。

29日—30日 省住房城乡建设厅党组书记李力2次主持召开关于解决拖欠建筑农民工工资工作专题会议，传达学习省领导有关批示精神，听取有关处室、单位关于解决拖欠建筑农民工工资工作有关情况汇报，研究深入推进措施。

2月

1日 省住房城乡建设厅党组书记李力主持召开厅党组会议，传达学习习近平总书记对住房城乡建设部关于2018年工作情况的报告的重要批示精神。

同日 省委主要负责人在济南调研“放管服”改革工作。省住房城乡建设厅厅长王玉志在省数据大厅就厅政务信息系统整合共享和工程建设项目审批制度改革工作进行现场汇报。

2日 省委召开农村改厕工作座谈会。省住房城乡建设厅厅长王玉志参加会议并发言。

11日—12日 省住房城乡建设厅举办2019年度春季教育培训会，深入学习贯彻习近平总书记对全国住建工作的重要批示精神，第一时间贯彻落实全省“担当作为、狠抓落实”工作动员大会要求。

13日 省政府研究室、省住房城乡建设厅召开专题会议，研究《关于开展农村生活垃圾分类试点工作的指导意见》的贯彻落实问题，副厅长、党组成员孙松青参加会议并讲话。

16日 省委办公厅、省政府办公厅印发《山东省住房和城乡建设厅职能配置、内设机构和人员编制规定》，即新的“三定”规定，明确省住房城乡建设厅内设机构为19个职能处室以及离退休干部处、机关党委。厅机关行政编制158名（含专职党务工作人员）。设厅长1名，副厅长4名，省城镇化工作领导小组办公室专职副主任1名（副厅级）；正处级领导职数23名（含总工程师 1 名、总经济师 1 名、机关党委专职副书记 1 名），副处级领导职数 34 名（含机关党委纪委书记 1 名）。此次机构编制调整，将城乡规划管理职责和风景名胜区管理有关职责划转省自然资源厅，相应划转城乡规划处（省城乡规划督察员办公室）1 个内设机构（含总规划师 1 名）；将指导城市地铁、轨道交通规划和建设职责划转省交通运输厅；增加指导建设工程消防设计审查职责；厅机关减少 8 名行政编制。

同日 省扶贫开发办公室召开全省审计调查发现扶贫领域问题整改落实推进会议。省住房城乡建设厅厅长王玉志参加会议并作汇报。

18 日 省委编办印发《关于调整省住房城乡建设厅所属部分事业单位机构编制事项的批复》，调整厅所属部分事业单位机构编制事项：（1）省建设信息中心整建制并入省建设从业人员教育中心。省建设从业人员教育中心事业编制由 11 名调整为 25 名，其中管理人员编制 3 名、专业技术人员编制 22 名；设主任 1 名、副主任 2 名。撤销省建设信息中心事业单位建制，相关资产、在职人员一并划入省建设从业人员教育中心，收回事业编制 2 名。（2）省住房和城乡建设执法监察总队更名为省住房和城乡建设执法监察局，为厅处级直属机构，受委托行使法律法规明确要求由省级承担的执法职责，以及重大案件查处和跨区域执法的组织协调；事业编制由 26 名调整为 24 名，均为管理人员编制，收回事业编制 2 名；设局长 1 名、副局长 2 名。今后该局人员只出不进，事业单位编制自然减员逐步收回。（3）省住房和城乡建设厅机关服务中心事业编制由 42 名调整为 39 名，收回事业编制 3 名。今后该中心人员只出不进，事业编制随自然减员逐步收回。

19 日 省住房城乡建设厅发文通报 2019 年 1—2 月住建领域拖欠建筑农民工工资典型案例办理情况。截至 2 月 3 日　济南市融汇城玫瑰园公馆二期 B2 地块项目拖欠农民工工资案等 9 起案件已经全部解决，青岛市鲁商中心一期 1A 区工程项目拖欠农民工工资案等 2 起案件部分解决。

19 日—20 日 住房城乡建设部在上海召开共有产权住房经验交流座谈会。省住房城乡建设厅副厅长、党组成员周善东参加会议。

21 日 住房城乡建设部在上海召开全国城市生活垃圾分类工作现场会。省住房城乡建设厅厅长王玉志，济南、青岛、泰安三个国家试点市分管负责人参加会议。

同日 省住房城乡建设厅领导班子成员向省政府述职述廉会议召开，厅党组书记李力，副厅长、党组成员张晓海、徐启峰、周善东参加会议。

21 日—23 日 省住房城乡建设厅副厅长、党组成员孙松青到聊城、德州两市开展乡村振兴专题调研暨第二批美丽村居建设省级试点实地审核。

22 日 《山东省无障碍环境建设办法》经省政府第 32 次常务会议通过，2019 年 5 月 1 日起施行。

同日 省住房城乡建设厅召开住建大数据平台建设工作推进会，副厅长、党组成员周善东出席会议并讲话。

25 日 省政府在济南召开清洁取暖建设推进座谈会。省住房城乡建设厅厅长王玉志参加会议并发言。

同日 省政府印发《关于任命张晓海职务的通知》，任命张晓海为山东省住房和城乡建设厅副厅长（列孙松青之后）。

同日 省住房城乡建设厅在济南召开全省简化水气暖报装调度推进会，副厅长、党组成员徐启峰出席会议并讲话。

同日 省委政研室到省住房城乡建设厅调研全省“担当作为、狠抓落实”工作动员大会落实情况，副厅长、党组成员周善东参加座谈。

26日 省住房城乡建设厅在胶州召开全省农村人居环境整治暨改厕和污水治理现场推进会，厅长王玉志、副厅长孙松青参加会议。

同日 省政府召开省电子政务和大数据发展专项小组第三次全体会议。省住房城乡建设厅党组书记李力参加会议。

同日 省政府新闻办召开新闻发布会，介绍《山东省绿色建筑促进办法》有关情况。省住房城乡建设厅副厅长、党组成员周善东出席发布会并回答记者提问。

同日 省住房城乡建设厅印发《2019年山东省住房和城乡建设事业发展年度计划》。

27日 省政府召开推动“六稳”工作落地见效专题会议。省住房城乡建设厅厅长王玉志参加会议。

28日 全省住房城乡建设工作会议在山东大厦召开，厅长王玉志作工作报告，厅党组书记李力传达习近平总书记对住房城乡建设工作重要批示精神、省委书记对住房城乡建设工作批示精神并作总结讲话，厅领导，各市住建、城管、公积金、自然资源、水利（水务）、交通运输等部门单位共约140人参加会议。

同日 省住房城乡建设厅厅长王玉志，副厅长、党组成员孙松青、周善东到山东省电视台参加首期《问政山东》栏目，接受电视问政，回应社会关切。

同日 省委召开全省机关党的工作会议。省住房城乡建设厅副厅长、党组成员周善东参加会议。

3月

1日 省委退役军人事务工作领导小组第二次全体会议召开。省住房城乡建设厅党组书记李力参加会议。

2日—15日 省住房城乡建设厅厅长王玉志在北京参加全国“两会”。

4日 省住房城乡建设厅召开全省农村危房改造视频会议，副厅长、党组成员徐启峰出席会议并讲话。

同日 按照《中共山东省委机构编制委员会办公室关于调整省住房城乡建设厅所属部分事业单位机构编制事项的批复》文件要求和厅党组的决定，省建设信息中心整建制并入省建设从业人员教育中心。

4日—6日 住房城乡建部到山东省调研农村生物质取暖和农房能效提升工作。省住房城乡建设厅副厅长、党组成员张晓海参加调研。

4日—8日 省城镇化工作领导小组办公室专职副主任宋锡庆带队完成对东营、潍坊2市市级政府安全生产和消防安全考核年度工作。

5日 省住房城乡建设厅组织收看“十三届全国人大二次会议开幕式”，厅党组书记李力，副厅长、党组成员孙松青、张晓海、周善东出席，全厅党员干部参加。

6日 省住房城乡建设厅副厅长、党组成员孙松青主持召开开发区违法建设治理专题座谈会，与科技厅、公安厅、自然资源厅、商务厅共同研究办理省政府办公厅关于开发区违建治理的批办件。

6 日—8 日 省住房城乡建设厅党组书记李力到威海、淄博、滨州调研新型城镇化、城市品质提升、农村厕所改造等工作。

7 日 省长龚正在省城镇化工作领导小组办公室向省政府报送的《关于调整省城镇化工作领导小组组成人员的请示》上批示，同意担任省城镇化工作领导小组组长，并要求抓紧办理。王书坚、孙立成、于国安、任爱荣、孙继业、于杰、刘强等 7 位副省长同意担任副组长。

7 日—8 日 省住房城乡建设厅党组书记李力采取“四不两直”的方式到淄博、滨州现场查看《问政山东》曝光非正规垃圾堆放点问题整改情况。

7 日—8 日 省住房城乡建设厅副厅长、党组成员孙松青到济宁市对中央环保督察“回头看”挂牌督办有关问题进行实地督导。

8 日 省住房城乡建设厅副厅长、党组成员孙松青带队到曲阜市对接山东省第二届城市建设博览会筹备工作。

9 日 省委全面深化改革委员会办公室召开开发区体制机制创新重大问题调研部署会议。省住房城乡建设厅副厅长、党组成员张晓海参加会议。

11 日 副省长刘强召开会议，调度全省建筑业改革发展大会筹备情况，研究讨论《关于进一步促进建筑业改革发展的十六条意见》。省住房城乡建设厅党组书记李力，省城镇化工作领导小组办公室专职副主任宋锡庆参加会议。

同日 省住房城乡建设厅党组书记李力向副省长刘强汇报全省城乡生活垃圾分类工作情况，副厅长、党组成员孙松青参加汇报。

同日 省住房城乡建设厅党组书记李力主持召开厅党建领导小组第一次会议、厅党组意识形态和宣传思想工作领导小组会议（暨厅党组理论学习中心组读书会）。

12 日 副省长刘强召开会议，听取全省建筑农民工工资支付情况汇报。省住房城乡建设厅党组书记李力、省城镇化工作领导小组办公室专职副主任宋锡庆参加会议。

同日 省委、省政府、省政协联合召开政协提案交办会。省住房城乡建设厅副厅长、党组成员周善东在会上作了题为“规范流程 创新机制 着力提高政协提案办理水平”的典型发言。

同日 省住房城乡建设厅副厅长、党组成员周善东参加省双拥领导小组第二次会议。

14 日 省住房城乡建设厅党组书记李力到沂源县瑞阳小区督导整改工作情况。

同日 住房城乡建设部文明办到山东开展精神文明单位创建工作调研。省住房城乡建设厅副厅长、党组成员周善东参加活动，临沂市城管局、青岛市住建局、山东城建职业学院汇报文明单位创建经验。

17 日 副省长刘强到兖矿集团调研燃煤清洁取暖和散煤污染治理工作。省住房城乡建设厅厅长王玉志参加调研。

同日 省委组织部印发《关于孙松青同志免职的通知》，免去孙松青的山东省住房和城乡建设厅党组成员、副厅长职务。省委组织部印发《关于孙松青等 4 名同志晋升职级的通知》，孙松青晋升为山东省住房和城乡建设厅一级巡视员。

18 日 省长龚正主持召开第 34 次省政府常务会议，审议通过《关于进一步促进建筑业改革发展的十六条意见》。

同日 省委印发《关于王润晓同志任职的通知》，王润晓任山东省住房和城乡建设厅党组成员、副厅长，副厅长职务试用期一年。

19日—21日 首届全国装配式建筑职业技能竞赛总决赛在北京举行。省住房城乡建设厅选派济南长兴建设集团有限公司、天元建设集团有限公司、山东平安建筑工业化科技有限公司三家企业分别参加混凝土构件制作、混凝土构件装配、混凝土构件灌浆三类竞赛，天元建设集团有限公司获得团体优胜奖。

20日 省住房城乡建设厅党组书记李力到青岛调研房地产平稳健康发展、老旧住宅小区整治、建筑业改革发展等相关情况。

同日 省住房城乡建设厅一级巡视员孙松青到淄博市调研农村生活垃圾分类开展情况。

同日 省住房城乡建设厅召开省住建大数据平台中期评审会，副厅长、党组成员周善东出席会议并讲话。

21日 省政府新闻办举行新闻发布会，解读《山东省人民政府办公厅关于进一步促进建筑业改革发展的十六条意见》。省住房城乡建设厅厅长王玉志、省城镇化工作领导小组办公室专职副主任宋锡庆参加发布会并回答记者提问。

同日 省住房城乡建设厅美丽村居建设领导小组第三次会议召开，厅长王玉志出席会议并讲话，省城镇化工作领导小组办公室专职副主任宋锡庆出席会议。

同日 住房城乡建设部在淄博市召开推进钢结构装配式住宅建设座谈会。河北、江苏、浙江、西藏等12个省（自治区）住房城乡建设部门业务负责人参加会议，并现场考察淄博文昌佳苑钢结构住宅小区。省住房城乡建设厅副厅长、党组成员张晓海参加会议。

21日—22日 省住房城乡建设厅副厅长、党组成员周善东到滨州，督导滨州市住房公积金服务大厅关于群众办理业务需提供材料复印件等问题整改情况，并开展“一次办好”改革调研。

25日 省政协到省住房城乡建设厅调研全省特色小镇创建工作，厅长王玉志、省城镇化工作领导小组办公室专职副主任宋锡庆参加座谈会。

26日 省扶贫开发领导小组第二次全体会议召开。省住房城乡建设厅厅长王玉志参加会议。

同日 全省扫黑除恶专项斗争领导小组第六次（扩大）会议召开。省住房城乡建设厅党组书记李力参加会议并发言。

同日 省住房城乡建设厅召开规范和完善权责清单试点工作部署会议，副厅长、党组成员张晓海出席会议。

同日 住房城乡建设部举办纪检监察机构视频远程教育培训（第二讲）。省住房城乡建设厅副厅长、党组成员周善东，驻厅纪检监察干部、机关纪委工作人员等在省厅分会场参加培训。

27日 省政府召开全省建筑业改革发展大会。省住房城乡建设厅厅长王玉志解读《关于进一步促进建筑业改革发展的十六条意见》，厅党组书记李力通报2018年度全省建筑业5强市、10强县和30强企排名，省城镇化工作领导小组办公室专职副主任宋锡庆参加会议。

同日 住房城乡建设部在北京召开全国城市社区足球场设施建设试点工作启动会。烟台市等6个城市被公布为全国首批城市社区足球场设施建设试点城市。省住房城乡建设厅一级巡视员孙松青参加会议。

同日 省双招双引考核工作领导小组第二次会议召开。省住房城乡建设厅副厅长、党组成员张晓海参加会议。

同日 省住房城乡建设厅、省自然资源厅、农业发展银行山东省分行召开加快手续办理推进棚改贷款发放工作视频会议。省住房城乡建设厅副厅长、党组成员周善东主持会议。

28日 国务院召开全国工程建设项目审批制度改革工作电视电话会议。省住房城乡建设厅厅长王玉志在山东分会场参加会议。

同日 省住房城乡建设厅党组书记李力到东营调研灾后重建工作。

同日 全省宗教工作督查整改落实工作专题会议暨民族宗教工作会议召开。省住房城乡建设厅一级巡视员孙松青参加会议。

29日 省住房城乡建设厅党组召开全厅党的工作会议，厅党组书记李力讲话，副厅长、党组成员周善东主持，一级巡视员孙松青，省城镇化工作领导小组办公室专职副主任宋锡庆参加会议。

同日 省住房城乡建设厅厅长王玉志，一级巡视员孙松青到济南调研城市生活垃圾分类试点工作。

同日 省住房城乡建设厅党组书记李力主持召开厅扫黑除恶专项斗争领导小组第三次全体会议，一级巡视员孙松青，副厅长、党组成员周善东，省城镇化工作领导小组办公室专职副主任宋锡庆等领导小组成员参加会议。

29日—30日 省住房城乡建设厅副厅长、党组成员张晓海到日照调研绿色建筑与装配式建筑发展情况，现场考察日照山水龙庭被动式超低能耗建筑、国丰远大装配式建筑产业园、莒县招贤镇绿色生态示范城镇等项目。

4月

3日 省反恐怖工作领导小组会议暨全省反恐怖工作视频会议召开。省住房城乡建设厅副厅长、党组成员周善东参加会议。

同日 省住房城乡建设厅一级巡视员孙松青出席省绿道规划、指引评审会。

4日 省政府新闻办召开新闻发布会，介绍山东推进农村厕所革命情况。省城镇化工作领导小组办公室专职副主任宋锡庆出席发布会并回答记者提问。

8日 省政协到淄博市调研特色小镇创建工作。省住房城乡建设厅党组书记李力参加调研。

8日—9日 住房城乡建设部在厦门召开全国工程建设项目审批制度改革培训会。省住房城乡建设厅厅长王玉志参加会议。

9日 省城镇化工作领导小组印发《关于调整省城镇化工作领导小组组成人员的通知》，省长龚正任省城镇化工作领导小组组长，王书坚、于国安、任爱荣、孙继业、于杰、刘强等6位副省长任副组长，24个省直部门主要负责人任成员，领导小组下设办公室，省发展改革委主任张新文、省住房城乡建设厅厅长王玉志兼任办公室主任。

9日—10日 省住房城乡建设厅副厅长、党组成员周善东到临沂市调研党建引领沂蒙红色物业发展工作。

10日—11日 副省长刘强到阳信县和商河县调研清洁取暖工作。省住房城乡建设厅厅长王玉志参加调研。

11日 省住房城乡建设厅召开保障性安居工程审计整改督办会，副厅长、党组成员周善东出席会议并讲话。

同日 省城镇化工作领导小组办公室专职副主任宋锡庆到济南市建设监理有限公司调研监理行业转型升级和全过程工程咨询服务发展情况。

12日 省住房城乡建设厅厅长王玉志到聊城现场调研督导名城保护和整改工作情况。

同日 省文明委第二次全体会议召开。省住房城乡建设厅党组书记李力参加会议。

同日 省住房城乡建设厅副厅长、党组成员周善东就扫黑除恶工作约谈潍坊、威海、德州市住房城乡建设局。

14日—15日 省住房城乡建设厅厅长、省城镇化工作领导小组办公室主任王玉志，省城镇化工作领导小组办公室专职副主任宋锡庆到郓城县调研新型城镇化综合试点、中等城市培育试点工作。

14日—15日 省住房城乡建设厅副厅长、党组成员张晓海到浙江省调研工程建设项目审批制度改革和绿色建筑发展工作。

15日 省政府召开大气污染重点整治专项行动会议。省住房城乡建设厅一级巡视员孙松青参加会议。

16日 省政协召开《山河齐鲁多娇——山东概览》编撰委员会会议。省住房城乡建设厅党组书记李力参加会议。

17日 中国工程院院士肖绪文到省住房城乡建设厅调研乡村振兴有关工作，厅长王玉志、省城镇化工作领导小组办公室专职副主任宋锡庆参加座谈会。

同日 省住房城乡建设厅召开全省住建领域扫黑除恶专项斗争推进会，党组书记李力出席会议并讲话，副厅长、党组成员周善东主持会。

18日—19日 住房城乡建设部到青岛、济宁开展信用体系建设专题调研。省住房城乡建设厅一级巡视员孙松青参加调研。

19日 省政府、美国惠普公司全面战略合作框架协议签约仪式在济南举行。省住房城乡建设厅厅长王玉志参加活动。

同日 省委副书记杨东奇到青州市调研灾后重建工作，并出席在寿光市召开的全省灾后重建工作调度会。省住房城乡建设厅党组书记李力参加活动。

20日 省政府召开违建别墅治理座谈会。省住房城乡建设厅厅长王玉志参加座谈会。

同日 省住房城乡建设厅召开由住房城乡建设部科技与产业化发展中心承担的《山东省绿色城镇化战略研究》课题评审验收会，厅长王玉志出席会议并讲话，副厅长、党组成员张晓海主持验收会。

20日—21日 住房城乡建设部到山东省专题调研住宅专项维修资金管理工作。省住房城乡建设厅副厅长、党组成员周善东参加调研。

22日—23日 省住房城乡建设厅在济南市召开全省推进绿色建筑发展现场会，副厅长、党组成员张晓海出席会议并讲话。

23日 国务院第二次廉政工作会议召开。省住房城乡建设厅厅长王玉志在山东分会场收看会议。

同日 省城镇化工作领导小组办公室专职副主任宋锡庆到山东省建设监理咨询有限公司，调研监理行业转型升级和全过程工程咨询服务发展情况。

24日 省政府召开全省煤炭消费压减工作专题会议。省住房城乡建设厅厅长王玉志参加会议。

同日 国务院扶贫办召开关于解决“两不愁三保障”突出问题和考核整改工作电视电话会议。省住房城乡建设厅党组书记李力在山东分会场参加会议。

24日—25日 省住房城乡建设厅一级巡视

员孙松青带队到潍坊市督导中央环保督察及“回头看”挂牌督办有关问题。

25日 省扫黑除恶专项斗争领导小组办公室主任（扩大）会议在济南召开。省住房城乡建设厅副厅长、党组成员周善东参加会议。

26日 全省农村老年人相对集中居住养老试点工作视频推进会议在济南召开。省城镇化工作领导小组办公室专职副主任宋锡庆参加会议并讲话。

28日 省住房城乡建设厅省财政厅、人民银行济南分行印发《山东省住房公积金2018年年度报告》，向社会全面披露2018年全省住房公积金制度执行情况。

29日 省住房城乡建设厅召开全省住建系统安全生产、大气污染防治和城市防汛视频工作会议，厅长王玉志出席会议并讲话，一级巡视员孙松青主持会议，省城镇化工作领导小组办公室专职副主任宋锡庆通报有关情况。

同日 省住房城乡建设厅召开全省建筑业外出施工工作座谈会，省城镇化工作领导小组办公室专职副主任宋锡庆出席会议并讲话。

同日 省政府新闻办举行新闻发布会，介绍《山东省无障碍环境建设办法》有关情况。省住房城乡建设厅二级巡视员李印出席发布会并回答记者提问。

5月

5日 省扶贫开发办公室召开全省解决“两不愁三保障”突出问题和考核整改工作电视电话会议。省住房城乡建设厅厅长王玉志参加会议。

同日 省委军民融合发展委员会第三次全体会议召开。省住房城乡建设厅党组书记李力参加会议。

同日 省住房城乡建设厅召开保障性安居工程审计整改西片区督办会，副厅长、党组成员周善东出席会议并讲话。

6日 省委召开乡村振兴工作座谈会。省住房城乡建设厅党组书记李力参加会议。

6日—13日 国务院安委会安全生产和消防工作第九考核巡查组对山东省进行安全生产和消防工作现场考核巡查。

7日 省政府安委会办公室召开工作汇报会及座谈会。省城镇化工作领导小组办公室专职副主任宋锡庆参加座谈会并发言。

同日 省政府推进清洁取暖工作专题会议在济南召开。省住房城乡建设厅党组书记李力参加会议并发言。

7日—10日 省住房城乡建设厅厅长王玉志，副厅长、党组成员周善东在省委党校参加突发事件处置与舆论引导专题研讨班。

8日 省城镇化工作领导小组办公室印发《山东省城镇化工作领导小组办公室关于印发第一批省级新型城镇化综合试点典型经验的通知》。

同日 省住房城乡建设厅一级巡视员孙松青带队到德州市督导中央生态环境保护督察整改工作。

9日 省住房城乡建设厅厅长王玉志参加《问政山东·回头看》现场直播，并连夜主持召开有关问题整改工作会议。

同日 省长龚正会见传化集团董事长徐冠巨。省住房城乡建设厅党组书记李力参加活动。

同日 省住房城乡建设厅党组书记李力到德州市调研住建系统扫黑除恶专项斗争等工作，实地察看德州市德城区前魏安置区、堤岭安置区两个棚改项目工地，并召开座谈会，听取德州市住建局关于扫黑除恶专项斗争开展情况的汇报，对下一步工作提出要求。

10日 中央扫黑除恶督导“回头看”工作汇报会在济南召开。省住房城乡建设厅党组书记李力参加会议。

同日 中央第三生态环境保护督察组对山东省开展“回头看”情况反馈会在济南召开。省住房城乡建设厅党组书记李力参加会议。

同日 山东城建职业学院召开党的建设、党风廉政建设和安全稳定工作会议。省住房城乡建设厅副厅长、党组成员张晓海出席并讲话。

同日 省住房城乡建设厅一级巡视员孙松青带队到淄博市现场督办《问政山东·回头看》有关问题整改工作。

14日 国务院安委会安全生产和消防工作第九考核巡查组在济南召开巡查反馈会议。省住房城乡建设厅党组书记李力参加会议。

同日 省住房城乡建设厅在邹城召开全省农村生活垃圾分类试点推进现场调度会，一级巡视员孙松青出席会议并讲话。

同日 中央扫黑除恶督导“回头看”反馈会在济南召开。省住房城乡建设厅副厅长、党组成员周善东参加会议。

同日 省住房城乡建设厅召开机关党建工作重点任务推进会暨专题软件操作使用培训会议，副厅长、党组成员周善东出席会议并讲话。

15日 副省长刘强就审计发现农村改厕问题整改情况召开专题会议。省住房城乡建设厅厅长王玉志、党组书记李力参加会议。

15日—17日 住房城乡建设部到菏泽市调研住房保障体系建设和棚户区改造工作。省住房城乡建设厅厅长王玉志，副厅长、党组成员周善东参加调研。

16日 省政府召开全省清洁取暖工作推进视频会议。省住房城乡建设厅厅长王玉志参加会议并发言。

同日 省住房城乡建设厅党组书记李力主持召开厅理论学习中心组读书会，围绕学习贯彻习近平总书记在纪念五四运动100周年大会上的重要讲话、弘扬五四精神、做好青年工作进行专题学习研讨。

17日 省政府召开全省新旧动能转换项目推进会暨“双招双引”工作表彰大会。省住房城乡建设厅党组书记李力参加会议。

18日 省住房城乡建设厅召开保障性安居工程审计整改东片区督办会，副厅长、党组成员周善东出席会议并讲话。

20日 菏泽市物业管理培训班开班式在山东城市建设职业学院举行。省住房城乡建设厅副厅长、党组成员周善东出席开班式并讲话。

同日 省政协召开农村人居环境整治工作座谈会。省城镇化领导小组办公室专职副主任宋锡庆参加会议并发言。

21日 省城镇化工作领导小组办公室专职副主任宋锡庆到济南市汉峪金融商务中心项目调研建筑企业发展和项目现场质量安全管控情况。

22日 省住房城乡建设厅副厅长、党组成员张晓海到济南章丘区调研钢结构装配式建筑产业化发展情况。

同日 省政府办公厅印发《山东省人民政府办公厅关于同意举办第二届山东省城市建设博览会的批复》。

22日—23日 省城镇化工作领导小组办公室专职副主任宋锡庆到基层联系点威海市环翠区张村镇王家疃村调研美丽村居建设情况，并到威海建设集团股份有限公司调研企业发展和《关于进一步促进建筑业改革发展的十六条意见》等政策落实情况。

23日 省委、省政府召开全省当前经济运行情况分析座谈会召开。省住房城乡建设厅厅长王玉志参加座谈会。

同日 省政府第二次廉政工作会议召开。省住房城乡建设厅厅长王玉志参加会议。

同日 省住房城乡建设厅党组书记李力到鄄城县、东明县调研省派村支部书记、第一书记工作队驻村帮扶工作。

同日 省人大常委会召开关于大气污染防治“一法一条例”专项询问协调会。省住房城乡建设厅一级巡视员孙松青参加会议并回答问询。

同日 全国住建系统文明办主任会议在吉林召开。省住房城乡建设厅副厅长、党组成员周善东参加会议，临沂市城市管理局作典型发言。

24日 中央政治局常委、国务院总理李克强在济南主持召开部分地方减税降费工作座谈会。省住房城乡建设厅厅长王玉志参加会议。

同日 省人大召开2019年“一法一条例”执法检查前期调度筹备会议。省城镇化工作领导小组办公室专职副主任宋锡庆参加会议并发言。

24日—25日 全国市容市貌整治工作现场会在武汉市召开。省住房城乡建设厅一级巡视员孙松青参加会议。

28日 省政府召开全省防汛抗旱工作电视会议。省住房城乡建设厅厅长王玉志参加会议。

28日—29日 省住房城乡建设厅副厅长、党组成员周善东带领厅机关青年干部代表到青岛学习改革开放杰出贡献人物许振超先进事迹。

29日 省政府召开全省就业创业工作暨普通高等学校毕业生就业创业工作电视电话会议。省住房城乡建设厅厅长王玉志参加会议。

同日 省政府召开全省安全生产电视会议。省住房城乡建设厅厅长王玉志参加会议。

29日—30日 农业农村部在福建省宁德市召开全国农村人居环境整治暨厕所革命现场会。省住房城乡建设厅党组书记李力参加会议。

29日—30日 省住房城乡建设厅副厅长、党组成员张晓海到青岛出席“第四届亚洲被动房大会”开幕式，参加“中德生态园未来城被动房建筑群”奠基仪式，调研青岛市绿色建筑发展工作。

30日 省人大常委会召开联组会议，就全省大气污染防治工作情况进行专题询问，并进行现场直播。省住房城乡建设厅厅长王玉志参加会议并回答询问。

同日 省住房城乡建设厅副厅长、党组成员周善东为办公室党支部讲授题为《深入学习贯彻〈党支部工作条例〉，努力把办公室党支部建设成“过硬支部”》的党课。

31日 省政府召开城乡建设安全生产专业委员会专题会议。副省长刘强主持会议并讲话，省住房城乡建设厅厅长王玉志汇报城乡建设安全生产专业委员会工作进展和制定迎接中华人民共和国成立70周年安全生产专项行动方案情况，省城镇化工作领导小组办公室专职副主任宋锡庆参加会议。

同日 党中央召开“不忘初心、牢记使命”主题教育工作会议第一次全体会议。省住房城乡建设厅党组书记李力在山东分会场参加会议。

同日 省妇女儿童工作委员会全体成员（扩

大）会议在山东大厦召开。省委常委、副省长、省妇儿工委主任王书坚出席会议，省住房城乡建设厅副厅长、党组成员周善东参加会议。

6月

1日—2日 省委、省政府在临沂市召开全省推进乡村振兴暨脱贫攻坚现场会议。省委书记刘家义，省委副书记、省长龚正，省政协主席付志方，省委副书记杨东奇等出席会议，省住房城乡建设厅厅长王玉志参加会议。

3日 省委召开"不忘初心、牢记使命"主题教育工作会。省住房城乡建设厅党组书记李力参加会议。

同日 副省长刘强主持召开专题会议，听取2018年度保障性安居工程审计发现问题整改进展和农村改厕有关情况汇报。省住房城乡建设厅厅长王玉志参加会议。

4日 省住房城乡建设厅副厅长、党组成员周善东带队到山东省诚信行物业管理有限公司开展帮扶调研。

5日 省委召开全面深化改革委员会第四次会议。省住房城乡建设厅党组书记李力参加会议。

同日 省住房城乡建设厅党组书记李力主持召开全厅"不忘初心、牢记使命"主题教育工作会议，深入学习贯彻习近平总书记在"不忘初心、牢记使命"主题教育工作会议上的重要讲话精神，贯彻落实全省主题教育工作会议精神，对全厅主题教育工作进行动员部署。省委"不忘初心、牢记使命"主题教育第十二巡回指导组组长尹玉明出席会议并讲话。

同日 全国住建系统纪检监察干部培训班（第三期）举办。省住房城乡建设厅党组书记李力，副厅长、党组成员周善东参加培训班。

6日 省委召开2019年省总河长会议。省住房城乡建设厅党组书记李力参加会议。

同日 省住房城乡建设厅副厅长、党组成员周善东带领厅机关及直属单位100名党员干部到泰安监狱接受警示教育。

9日 省住房城乡建设厅副厅长、党组成员徐启峰带队到齐河县调研农村改厕有关情况。

10日—13日 省住房城乡建设厅党组书记李力到西藏看望援藏干部。

10日—16日 省委举办"不忘初心、牢记使命"主题教育读书班。省住房城乡建设厅厅长王玉志，副厅长、党组成员张晓海、徐启峰、周善东、王润晓参加读书班。

14日—16日 省住房城乡建设厅党组书记李力在省委党校参加省"不忘初心、牢记使命"主题教育读书班。

17日 副省长刘强召开垃圾分类工作专题会，调度目前垃圾分类试点城市工作开展情况。省住房城乡建设厅厅长王玉志参加会议。

同日 中央财办调研组关于全省当前经济运行和经济结构调整进展情况的座谈会在济南召开。副省长王书坚主持并讲话，省住房城乡建设厅党组书记李力参加会议。

17日—18日 省住房城乡建设厅举办全省住建领域高质量发展院士专题讲座，邀请崔愷、岳清瑞、丁烈云三位院士，分别围绕美丽村居建设、装配式钢结构建筑发展、智能建造等内容作报告。全省各级住房城乡建设部门工作人员及科研、设计、开发、建设等单位代表1500余人通过视频会议形式收看讲座，厅长王玉志、党组书记李力先后主持会议。

18 日 省政府召开视频会议，贯彻落实全国工程建设项目审批制度改革工作电视电话会议精神，安排部署全省优化提升工程建设项目审批制度改革工作。副省长刘强出席会议并讲话。省住房城乡建设厅厅长王玉志参加会议。

同日 全省公安工作会议召开。省住房城乡建设厅党组书记李力参加会议。

同日 省住房城乡建设厅举办廉政教育宣讲报告会，厅党组书记李力，副厅长、党组成员徐启峰、周善东出席会议。

19 日 省住房城乡建设厅党组理论学习中心组围绕中美经贸斗争关于民粹主义的有关问题开展集体学习，厅党组书记李力领学。

20 日 副省长刘强到省住房城乡建设厅调研住建有关工作。厅长王玉志，党组书记李力，一级巡视员孙松青，党组成员、驻厅纪检监察组组长马国柱，副厅长、党组成员徐启峰、周善东参加座谈。

同日 住房城乡建设部到山东省开展建设工程消防设计审查验收工作专题调研。省住房城乡建设厅厅长王玉志出席座谈会，副厅长、党组成员徐启峰主持会议。

同日 省住房城乡建设厅党组书记李力主持召开厅直属机关党委会，研究审议部分党支部书记、副书记任免和外联站、教育中心党支部书记、副书记选举结果，以及建科院有限公司、设计院有限公司党组织关系转入属地等问题。

同日 住房城乡建设部到聊城调研历史文化名城保护整改工作进展情况。省住房城乡建设厅副厅长、党组成员徐启峰参加活动。

20 日—23 日 省住房城乡建设厅党组书记李力在省委党校参加省“不忘初心、牢记使命”主题教育读书班。

21 日 副省长刘强到济南调研生活垃圾和易涝点整改工作情况。省住房城乡建设厅厅长王玉志参加调研。

同日 省住房城乡建设厅一级巡视员孙松青到济南市章丘区对生活垃圾焚烧发电项目进行调研。

同日 全省第二届城博会筹备工作座谈会在曲阜召开。省住房和城乡建设厅副厅长、党组成员周善东出席并讲话。

22 日 省住房城乡建设厅一级巡视员孙松青到基层联系点昌邑市西付村调研美丽村居建设工作。

23 日 省住房城乡建设厅副厅长、党组成员徐启峰为厅行政许可处党支部讲授题为“强化党风廉政建设，确保审批服务廉洁高效”的党课。

24 日 省住房城乡建设厅厅长王玉志主持召开全省农村改厕工作联席会议，副厅长、党组成员徐启峰参加会议。

25 日 副省长刘强到邹城市调研农村生活垃圾分类工作开展情况。省住房城乡建设厅厅长王玉志参加调研。

26 日 省政府在曲阜市召开鲁南高铁沿线环境综合整治现场推进会。副省长刘强主持会议并讲话，省住房城乡建设厅厅长王玉志等省城乡环卫一体化联席会议部分成员单位作表态发言。

27 日—28 日 省住房城乡建设厅副厅长、党组成员张晓海带队到潍坊昌大建设有限公司开展调研。

7月

1日　省住房城乡建设厅全体党员干部收看“灯塔大课堂”第一课，开展“永葆入党初心”主题党日活动。厅党组书记李力带领全厅党员干部重温入党誓词，以《将学习教育贯穿始终，推动习近平新时代中国特色社会主义思想往深里走、往心里走、往实里走》为题带头讲专题党课，厅领导班子成员等参加，省委“不忘初心、牢记使命”主题教育第十二巡回指导组莅临指导。

2日　省政府调研组到枣庄市调研“一次办好”改革推进情况。省住房城乡建设厅副厅长、党组成员张晓海参加调研。

3日　省住房城乡建设厅党组书记李力结合“不忘初心、牢记使命”主题教育，到泰安市调研满庄镇特色小镇、五埠村美丽村居建设有关情况。

同日　省住房城乡建设厅“不忘初心，牢记使命”第二期处级干部读书班举行总结交流会暨结业式，副厅长、党组成员周善东出席并作总结讲话。

同日　省城镇化工作领导小组办公室印发《2019年新型城镇化建设重点任务》。

4日　省政府召开农村改厕工作座谈会。省住房城乡建设厅党组书记李力，副厅长、党组成员徐启峰参加座谈会。

同日　省住房城乡建设厅副处以上党员干部收看刘士合、张建华警示教育片，厅党组书记李力，副厅长、党组成员张晓海、徐启峰、周善东参加收看。

同日　省住房城乡建设厅厅长王玉志到淄博开展“不忘初心、牢记使命”专题调研，围绕城镇化稳定增长期高质量发展和城乡融合政策机制创新等问题，广泛听取来自基层一线的意见建议。

5日　省住房城乡建设厅党组书记李力出席济南市政设计集团“不忘初心，牢记使命”主题教育活动暨2019年度集团干部培训会。

8日　省政府召开城乡生活垃圾分类工作推进座谈会。省住房城乡建设厅厅长王玉志参加会议并发言。

同日　省住房城乡建设厅、省消防救援总队在济南联合召开全省推进建设工程消防设计审查验收移交承接工作视频会议，厅长王玉志、总队长王伟出席会议并讲话，副厅长、党组成员徐启峰主持会议。

同日　省政府召开全省煤炭消费减压工作专班第一次会议。省住房城乡建设厅厅长王玉志参加会议。

9日　省住房城乡建设厅厅长王玉志到济南开展“不忘初心、牢记使命”专题调研，围绕城镇化稳定增长期高质量发展和城乡融合政策机制创新等问题，广泛听取来自基层一线的意见建议。

同日　省住房城乡建设厅召开房地产市场运行情况专题座谈会，厅长王玉志，副厅长、党组成员周善东出席座谈会并讲话。

同日　省委举行“不忘初心、牢记使命”主题教育专题党课。省住房城乡建设厅党组书记李力参加党课。

10日　省住房城乡建设厅、省文明办召开全省物业服务和住房公积金行业文明创建活动试点工作推进会议，副厅长、党组成员周善东出席会议并讲话。

11日　省政府召开农村改厕专题会议。省住房城乡建设厅厅长王玉志，副厅长、党组成员徐启峰参加会议。

同日 省政府安全生产委员会城乡建设安全生产专业委员会召开半年工作会议。专委会主任、省住房城乡建设厅厅长王玉志出席会议并讲话，专委会副主任、省城镇化工作领导小组办公室专职副主任宋锡庆主持会议。

同日 省住房城乡建设厅党组书记李力参加全省“万名干部下基层”工作动员部署会议、省政府“不忘初心、牢记使命”主题教育专题党课。

同日 省住房城乡建设厅党组书记李力围绕“牢记宗旨性质、勇于担当作为”主题，主持召开厅领导班子集中研讨会，一级巡视员孙松青，副厅长、党组成员张晓海等交流了学习体会，厅领导班子成员等参加会议。

同日 省城镇化工作领导小组办公室专职副主任宋锡庆主持召开厅推进新旧动能转换工作调度会。

12 日 省住房城乡建设厅厅长王玉志主持召开省优化提升工程建设项目审批制度改革工作领导小组办公室主任第一次会议，省直有关部门分管负责人参加会议。

同日 省委农业农村委员会第二次全体会议召开。省住房城乡建设厅党组书记李力参加会议。

同日 省住房城乡建设厅副厅长、党组成员徐启峰到聊城市开展省级行政权力下放工作实地调研，督导农村改厕工作。

同日 省住房城乡建设厅副厅长、党组成员周善东到潍坊市奎文区北苑街道金都社区，实地调研联系帮扶基层联系点工作制度有关情况，深入了解社区加强物业党建联建、组建公益实体推动老旧小区物业管理全覆盖情况。

13 日—14 日 住房城乡建设部在青岛理工大学召开“第九届建筑类高校科技合作与交流研讨会”。省住房城乡建设厅副厅长、党组成员张晓海参加会议。

14 日—15 日 省城镇化工作领导小组办公室专职副主任宋锡庆到青岛调研建筑业改革发展和工程质量安全工作情况。

15 日 省领导公开约谈在生态环境部发布的 2019 年 6 月和 1—6 月全国重点城市空气质量排名中在后 20 位的市主要负责人。省住房城乡建设厅党组书记李力参加活动。

同日 省住房城乡建设厅召开城乡生活垃圾分类工作媒体通气会，副厅长、党组成员周善东出席会议并讲话，13 家媒体单位参加通气会。

16 日 财政部、住房城乡建设部组织中央财政支持住房租赁市场发展试点城市竞争性评审，济南市成功入选。

同日 住房城乡建设部产业化发展中心在济南高新区启动新型绿色节能建材及设备生产项目。省住房城乡建设厅厅长王玉志出席活动。

16 日—17 日 省住房城乡建设厅党组书记李力到江苏省住房和城乡建设厅对标学习，考察调研住房、城市建设及管理、建筑业、特色小镇和美丽乡村等住房城乡建设领域重点工作的典型经验、示范项目和亮点工作。

16 日—18 日 国家城镇老旧小区改造第一调研组来山东省调研老旧小区改造工作。省住房城乡建设厅厅长王玉志，副厅长、党组成员周善东参加调研。

17 日 省住房城乡建设厅厅长王玉志到基层企业联系点青建集团股份公司进行调研，了解省政府关于支持建筑业改革发展的一系列政策措施在企业层面的落实情况、企业经营发展情况以及当前经营发展中遇到的主要困难和问题。

同日 省委在菏泽召开关于解决乡村振兴和脱贫攻坚中的形式主义、官僚主义问题座谈会，听取基层干部群众对省委常委会和常委同志的意见建议。省住房城乡建设厅副厅长、党组成员徐启峰参加会议。

18日 住房城乡建设部到山东开展扫黑除恶专题调研。省住房城乡建设厅厅长王玉志、党组书记李力，副厅长、党组成员周善东参加调研。

同日 省城镇化工作领导小组办公室专职副主任宋锡庆主持召开《济南都市圈发展战略研究》座谈会。

19日 省食品安全委员会全体会议召开。省住房城乡建设厅厅长王玉志参加会议。

19日—20日 省住房城乡建设厅在济南举行全省建设工程消防设计审查验收专题培训班，省城镇化工作领导小组办公室专职副主任宋锡庆出席开班仪式并讲话，党组成员、副厅长徐启峰出席结业仪式并讲话。

19日—21日 住房城乡建设部扫黑除恶专题调研组召开典型案例分析会，并到青岛市调研。省住房城乡建设厅副厅长、党组成员周善东参加活动。

22日—23日 住房城乡建设部调研组在济南调研山东省和济南市物业管理工作。省住房城乡建设厅党组书记李力汇报全省物业管理工作情况，副厅长、党组成员周善东参加座谈会。

23日 省政府召开省易地扶贫搬迁监管巡查座谈会。省住房城乡建设厅副厅长、党组成员徐启峰参加座谈会。

23日—24日 省住房城乡建设厅党组书记李力采取“四不两直”方式到茌平县、齐河县调研农村改厕情况。

23日—24日 住房城乡建设部在青岛市召开全国建筑节能与绿色建筑座谈会、绿色城乡建设工作座谈会、装配式建筑座谈会。省住房城乡建设厅副厅长、党组成员张晓海参加会议。

24日 省住房城乡建设厅副厅长、党组成员徐启峰参加山东广播电台“阳光政务热线”。

25日 省十三届人大常委会第十三次会议举行联组会议，就全省安全生产进行专题询问。省住房城乡建设厅党组书记李力参加应询并回答提问。

同日 省防汛抗旱指挥部召开全省“七下八上”关键期防汛抗旱工作视频会议。省住房城乡建设厅副厅长、党组成员张晓海参加会议。

25日—26日 省住房城乡建设厅副厅长、党组成员徐启峰到济宁、临沂两市开展农村改厕督导工作。

26日 副省长刘强在省应急厅讲主题教育专题党课。省住房城乡建设厅正处长以上干部参加。

同日 省政府召开全省煤炭消费减压工作专题会议。省住房城乡建设厅厅长王玉志参加会议。

同日 国务院召开全国安全生产电视电话会议。省住房城乡建设厅厅长王玉志在山东省分会场参加会议。

同日 省政府第44次常务会议审议通过《山东省城市品质提升三年行动方案》。省住房城乡建设厅厅长王玉志参加会议并汇报情况。

同日 省委召开全省第一批主题教育工作推进会议。省住房城乡建设厅党组书记李力参加会议。

29日 省住房城乡建设厅党组书记李力主持召开半年工作务虚会、“不忘初心、牢记使命”主题教育调研成果交流会，厅领导王玉志、张晓海、马国柱、徐启峰、宋锡庆、王润晓等参加，省委“不忘初心、牢记使命”主题教育第十二巡回指导组到会指导。

30日　省委、省政府召开“全国模范退役军人、全国退役军人工作模范单位及个人”山东颁奖会议。省住房城乡建设厅党组书记李力参加会议。

同日　省住房城乡建设厅党组组织收看形势政策教育专题片，厅领导李力、王玉志、张晓海、徐启峰、周善东、宋锡庆等参加收看。

31日　省住房城乡建设厅厅长王玉志参加省保障农民工工资支付监管平台工作专题会、应急储气设施建设中央预算内投资项目执行情况约谈会、省政府安委会全体会议。

8月

1日—2日　副省长刘强到乳山、荣成市调研农村生活垃圾分类和资源化利用工作开展情况，省住房城乡建设厅厅长王玉志参加调研；省住房城乡建设厅党组书记李力采取“四不两直”方式到寿光市调研灾后重建情况；省住房城乡建设厅副厅长、党组成员张晓海到威海市调研绿色生态城区和装配式建筑工作、工程建设项目审批制度改革工作。

2日　省政府召开省“双随机、一公开”监管工作联席会议。省住房城乡建设厅厅长王玉志参加会议。

5日　由国家发展改革委主管的《新型城镇化》杂志在2019年第8期刊发《山东：省级新型城镇化综合试点典型经验》。

8日　省政府召开深化放管服改革协调小组会议。省住房城乡建设厅厅长王玉志参加会议。

同日　省住房城乡建设厅党组书记李力主持召开学习党史、新中国史专题会议，厅领导班子成员等参加。

同日　省住房城乡建设厅党组书记李力主持召开“坚定理想信念、提升党性修养”交流研讨会，学习习近平总书记在《求是》上发表的文章“牢记初心使命 推进自我革命”，厅领导班子成员等参加。

同日　省防汛抗旱指挥部召开全省防御第9号台风“利奇马”视频会议。省住房城乡建设厅副厅长、党组成员周善东参加会议并发言。

9日　省政府召开省推进政府职能转变和“放管服”改革协调小组全体会议。省住房城乡建设厅厅长王玉志参加会议。

同日　省住房城乡建设厅召开全省农房抗震试点工作座谈会，副厅长、党组成员徐启峰出席会议并讲话。

10日　省防汛抗旱指挥部召开第9号台风防御工作视频会议。省住房城乡建设厅厅长王玉志，副厅长、党组成员周善东参加会议。

10日—11日　省住房城乡建设厅在济南组织2019年度山东省优秀工程勘察设计成果竞赛和泰山奖·美丽村居建筑设计大赛专家审查会，副厅长、党组成员徐启峰出席审查会并讲话。

11日　省防汛抗旱指挥部召开第9号台风防御工作会议。省住房城乡建设厅党组书记李力参加会议。

12日　省政府办公厅召开实施政务流程再造专题会议。省住房城乡建设厅副厅长、党组成员张晓海参加会议。

同日　省住房城乡建设厅副厅长、党组成员

周善东到省民盟就住房保障方向的提案办理开展专题交流。

13日 省防汛抗旱指挥部召开省防汛防台风指挥部成员会议。省住房城乡建设厅厅长王玉志参加会议。

同日 省住房城乡建设厅党组书记李力带领党员干部到济南战役纪念馆接受革命传统教育，厅领导马国柱、徐启峰、周善东、宋锡庆参加活动。

同日 省住房城乡建设厅召开全省工程建设项目审批管理系统座谈会，副厅长、党组成员张晓海出席座谈会。

14日 省抢险救灾指挥部召开省抢险救灾指挥部成员会议。省住房城乡建设厅厅长王玉志参加会议。

同日 省委改革办流程再造工作专班第一次会议召开。省住房城乡建设厅副厅长、党组成员张晓海参加会议。

15日 省住房城乡建设厅党组书记李力主持召开厅对照党章党规找差距专题会议，省委主题教育第十二巡回指导组到会指导。

同日 省纪委监委召开主题教育整改事项督促调度会。省纪委监委驻省住房城乡建设厅纪检组组长马国柱，省住房城乡建设厅副厅长、党组成员周善东参加会议。

16日 省政府办公厅印发《山东省城市品质提升三年行动方案》。

同日 省住房城乡建设厅党组印发《加强厅机关党员干部日常监督暂行规定的通知》，明确了监督内容、方式方法及责任主体。

19日 省委召开全省国庆70周年安保维稳工作动员部署视频会议。省住房城乡建设厅党组书记李力参加会议。

20日 省城镇化工作领导小组办公室主任会议召开。省城镇化工作领导小组办公室主任、省住房城乡建设厅厅长王玉志主持会议并讲话，省城镇化工作领导小组办公室专职副主任宋锡庆及11个省城镇化工作领导小组办公室成员单位分管领导参加会议。

21日 副省长刘强主持召开美丽村居建设专题会议。省住房城乡建设厅厅长王玉志参加会议并发言。

同日 省扶贫办召开全省扎实做好脱贫攻坚“回头看”着力解决“两不愁三保障”突出问题电视电话会议。省住房城乡建设厅党组书记李力参加会议并发言。

同日 省住房城乡建设厅副厅长、党组成员徐启峰与烟台市政府副市长李朝晖带领双方有关部门，在烟台市共同召开省勘察设计教育培训中心划转承接工作会议。会议确定烟台市整建制承接省勘察设计教育培训中心，省住房城乡建设厅一次性拨付600万元用于解决划转人员社保缴费等费用，划转工作基本完成。

22日 省住房城乡建设厅召开全省住建系统安全生产、安保维稳和信访工作电视会议，厅长王玉志出席会议并讲话，厅党组书记李力主持会议并讲话，副厅长、党组成员周善东，省城镇化工作领导小组办公室专职副主任宋锡庆出席会议。

同日 省住房城乡建设厅组织观看《党的十八大以来我省党员干部违纪违法典型案件警示录》，厅领导班子成员参加观看。

23日 省住房城乡建设厅党组书记李力主持召开厅党组“不忘初心、牢记使命”专题民主生活会，每名党员领导班子成员按照“四个对照”“四个找一找”“五个方面的差距”“十八个是否”“四个扎实”要求深入查摆问题、剖析原因，认真开展批评与自我批评，集体研究制定整改措施。省委主题教育第十二巡回指导组全程参加会议并作点评讲话，厅长王玉志列席会议。

24 日 中国岩石力学与工程学会水下隧道工程技术分会成立大会在济南召开。省住房城乡建设厅厅长王玉志出席大会并致辞。

26 日 副省长刘强召集省直有关部门、国家开发银行山东分行专题研究老旧小区改造工作。省住房城乡建设厅党组书记李力，副厅长、党组成员周善东参加会议。

同日 副省长刘强听取“利奇马”台风住建领域受灾及灾后家园建设有关情况汇报。省住房城乡建设厅党组书记李力，副厅长、党组成员徐启峰参加会议。

27 日 省政府召开全省经济运行调度分析座谈会。省住房城乡建设厅厅长王玉志参加会议。

同日 省政府新闻办举行《山东省城市品质提升三年行动》新闻发布会。省住房城乡建设厅厅长王玉志，副厅长、党组成员张晓海出席发布会并回答记者提问。

27 日—30 日 省住房城乡建设厅厅领导李力、孙松青、张晓海、马国柱、徐启峰、周善东、宋锡庆分别到所在支部参加组织生活会。

28 日 省委召开全省推进改革举措落实落地工作会议。省住房城乡建设厅党组书记李力参加会议。

同日 住房城乡建设部召开房地产调控工作座谈会。省住房城乡建设厅副厅长、党组成员周善东参加会议。

28 日—29 日 省住房城乡建设厅副厅长、党组成员张晓海到济宁市调研绿色建筑与装配式建筑工作。

29 日 省委召开全省党的建设暨机关党的建设工作会议。省住房城乡建设厅党组书记李力参加会议。

30 日 省政府召开健全完善农村改厕规范升级和后续管护长效机制工作专题会议。省住房城乡建设厅厅长王玉志参加会议。

同日 鲁渝住房城乡建设部门第二次扶贫协作会在济南召开。省住房城乡建设厅厅长王玉志，党组书记李力，副厅长、党组成员徐启峰参加会议。

同日 省委、省政府召开山东省抗击台风抢险救灾工作表扬奖励大会。省住房城乡建设党组书记李力参加会议。

同日 省委政法委召开全省非诉讼纠纷解决机制工作视频会议。省住房城乡建设厅副厅长、党组成员张晓海参加会议。

31 日 副省长刘强到济南市开展老旧小区改造专题调研。省住房城乡建设厅厅长王玉志参加调研。

同日 省住房城乡建设厅召开全省住房公积金中心主任座谈会，副厅长、党组成员周善东出席会议并讲话。

9 月

1 日 副省长刘强到德州市开展老旧小区改造专题调研。省住房城乡建设厅厅长王玉志参加调研。

2 日 省安保维稳工作专班会议召开。省住房城乡建设厅党组书记李力参加会议。

2 日—6 日 省人大常委会调研组到湖南省开展《山东省历史文化名城名镇名村保护条例》立法工作调研。省住房城乡建设厅副厅长、党组成员张晓海参加调研。

3日 省住房城乡建设厅厅长王玉志，副厅长、党组成员周善东与中国铁路济南局集团公司党委书记、董事长王秋荣就铁路沿线环境综合整治进行工作座谈。

3日—6日 住房城乡建设部到烟台调研落实建设单位工程质量责任工作。省城镇化领导小组工作办公室专职副主任宋锡庆陪同调研。

5日 副省长刘强召开全省老旧小区改造试点工作专题会议。省住房城乡建设厅党组书记李力参加会议，汇报省申报全国老旧小区改造试点省工作方案。

8日—10日 第二届山东省城市建设博览会在曲阜市举行。住房城乡建设部副部长黄艳、副省长刘强出席博览会开幕式并讲话。省住房城乡建设厅厅长王玉志作演讲，厅党组书记李力，副厅长、党组成员周善东分别主持论坛。

9日 省委召开“不忘初心、牢记使命”主题教育第一批总结暨第二批部署会议。省住房城乡建设厅党组书记李力参加会议。

同日 省委召开第二批主题教育培训对接会议。省住房城乡建设厅副厅长、党组成员张晓海参加会议。

9日—10日 全省新型城镇化现场推进会在郓城县召开。省城镇化工作领导小组办公室主任、省住房城乡建设厅厅长王玉志出席会议并讲话。

10日 省委召开流程再造会议。省住房城乡建设厅党组书记李力参加会议。

同日 住房城乡建设部到山东省就建筑业资质改革工作到开展调研。省住房城乡建设厅副厅长、党组成员徐启峰参加调研。

11日 省政府召开全省城市品质提升三年行动动员视频会议。省住房城乡建设厅厅长王玉志，副厅长、党组成员张晓海参加会议并发言。

同日 省委分别召开乡村振兴齐鲁样板工作会议、全省退役军人工作会议。省住房城乡建设厅党组书记李力分别参加会议。

同日 省委人大工作会议召开。省住房城乡建设厅党组书记李力参加会议。

同日 省精神文明建设委员会召开专题会议。省住房城乡建设厅党组书记李力参加会议。

同日 省住房城乡建设厅副厅长、党组成员周善东主持召开2019年第一批“三优岗”事迹宣讲会。

12日 省委召开全省安保维稳在京联合值班动员部署视频会、70周年国庆期间反恐怖工作会议。省住房城乡建设厅副厅长、党组成员周善东参加会议。

同日 山东省园林景观设计创意职业技能竞赛在济南落下帷幕。省住房城乡建设厅副厅长、党组成员周善东出席闭幕式并讲话。

同日 山东省优化提升工程建设项目审批制度改革工作领导小组办公室印发《山东省工程建设项目主要审批事项清单》，省级事项从112项精简为73项；印发《山东省全面推进工程建设项目并联审批指导意见》，全省工程建设项目审批全面实行“一家牵头、并联审批、限时办结”。

13日 省政府办公厅印发《关于印发健全完善农村改厕规范升级和后续管护长效机制工作方案的通知》。

15日—20日 住房城乡建设部在北京举办致力于绿色发展的城乡建设专业能力提升培训班。省住房城乡建设厅厅长王玉志参加培训。

15日—28日 省住房城乡建设厅党组在浙江大学举办第二期干部队伍专业能力和综合素质提升专题培训班，副厅长、党组成员徐启峰出席开班式并讲话，厅机关公务员和事业单位领导共58人参加培训。

16日 省住房城乡建设厅印发《关于公布第二批美丽村居建设省级试点名单的通知》，确定100个村（台）为山东省第二批美丽村居建设省级试点。

17日 省住房城乡建设厅党组书记李力到单县参加菏泽乡村振兴调度推进工作会议。

17日—20日 全国建筑市场和工程质量安全监督执法检查组来山东省检查。省城镇化工体领导小组办公室专职副主任宋锡庆汇报有关工作情况。

18日 省新闻办召开庆祝新中国成立70周年主题系列新闻发布会第三场，介绍“打造美丽宜居、百姓安居新山东”有关情况。省住房城乡建设厅党组书记李力，副厅长、党组成员徐启峰、周善东出席发布会并回答记者提问。

同日 省政府召开全省经济运行情况分析专题会议。省住房城乡建设厅党组书记李力参加会议。

同日 省职能转变协调小组精简行政审批组成员会议召开。省住房城乡建设厅副厅长、党组成员张晓海参加会议并作典型发言。

19日 省委召开省“十四五”规划编制工作领导小组第一次会议。省住房城乡建设厅党组书记李力参加会议。

同日 省委召开山东省违建别墅问题清查整治领导小组第一次全体会议。省住房城乡建设厅党组书记李力、一级巡视员孙松青参加会议。

20日 “奋进的山东”——庆祝中华人民共和国成立70周年成就展开展仪式举行。省住房城乡建设厅党组书记李力参加活动。

23日 省住房城乡建设厅党组书记李力主持召开理论学习中心组读书会，围绕“深入学习贯彻习近平总书记在中青班开班式上的重要讲话精神，发扬斗争精神、增强斗争本领，努力推动住建事业高质量发展”进行集体学习研讨。

同日 省住房城乡建设厅党组书记李力主持召开意识形态和宣传思想工作领导小组会议，传达学习中央办公厅和省委办公厅关于意识形态领域情况的通报精神。

同日 省政府召开全省生态环境重点工作调度电视会议。省住房城乡建设厅副厅长、党组成员周善东参加会议。

24日 省政府在滨州市召开全省农村改厕规范升级和后续管护长效机制工作现场会议。省委副书记、省长龚正出席会议并讲话。省住房城乡建设厅厅长王玉志，副厅长、党组成员徐启峰参加会议。

同日 省委流程再造专班会议召开。省住房城乡建设厅副厅长、党组成员张晓海汇报《工程建设项目审批流程再造实施方案》起草情况。

25日 省政府与平安集团战略合作框架协议签约活动在济南举行。省住房城乡建设厅厅长王玉志参加活动。

25日—28日 中国建筑学会、威海市政府、省住房城乡建设厅主办的第十届中国（威海）国际人居节举行。省住房城乡建设厅党组书记李力出席开幕式并致辞。

28日 济南轨道交通3号线通车活动举行。省住房城乡建设厅厅长王玉志参加活动。

29日　山东省优化提升工程建设项目审批制度改革工作领导小组办公室印发《山东省推行工程建设项目审批告知承诺制指导意见》，明确了实行告知承诺制的主要原则、适用范围和办理程序；印发《山东省全面加强工程建设项目审批事中事后监管指导意见》，在全省范围对工程建设项目审批建立以“双随机、一公开”监管为基本手段，以重点监管为补充，以信用监管为基础的新型监管机制。

10月

8日　省住房城乡建设厅副厅长、党组成员周善东召集过硬党支部检查情况通报会，印发问题清单，部署整改任务。

8日—12日　省住房城乡建设厅厅长王玉志随全国人大代表团赴浙江调研。

9日　住房城乡建设部举行全国住建系统纪检监察干部视频远程教育培训（第五讲）。省住房城乡建设厅党组组织全省住建系统纪检监察干部收看，党组成员、驻厅纪检组组长马国柱，副厅长、党组成员周善东参加收看。

10日　省委政协工作会议召开。省住房城乡建设厅党组书记李力参加会议。

11日　省住房城乡建设厅召开全省住房租赁中介机构乱象专项整治工作推进会，党组成员、驻厅纪检组组长马国柱和副厅长、党组成员周善东出席会议并讲话。随后召开全省住房领域重点工作推进会。

同日　省委、省政府召开菏泽乡村振兴调度推进工作会议重点任务落实对接会。省住房城乡建设厅党组书记李力参加会议。

同日　省住房城乡建设厅召开全省清洁取暖建设推进暨冬季供热保障燃气安全工作视频会议，副厅长、党组成员周善东出席会议并讲话。

12日　副省长刘强到青州市山东华邦建设集团有限公司调研《关于进一步促进建筑业改革发展的十六条意见》贯彻落实情况，并调研老旧小区改造工作。省住房城乡建设厅副厅长、党组成员周善东参加调研。

同日　省政府召开全省重点水利工作视频会。省住房城乡建设厅党组书记李力参加会议。

13日　山东干部讲堂（第九期）举行。省住房城乡建设厅党组书记李力参加

14日—19日　省住房城乡建设厅组队分别参加在山西太原举行的“燃气杯”第四届全国燃气行业职业技能竞赛和在湖南常德举办的全国工程建设行业吊装职业技能竞赛。省燃气竞赛代表队获得团体银牌，客服员比赛团体银牌和优秀组织奖；省吊装竞赛代表队获得团体成绩第4名，为历届竞赛取得的最好成绩。

15日　省政府召开全省清洁取暖和天然气产供储销体系建设工作专题会议。省住房城乡建设厅厅长王玉志参加会议。

同日　济南新旧动能转换先行区第二批重点项目集中开工活动在济南绿地国博城项目建设现场举行。省住房城乡建设厅党组书记李力参加活动。

同日　省宗教工作联席会议第一次全体会召开。省住房城乡建设厅副厅长、党组成员周善东参加会议。

同日　省住房城乡建设厅会同省发展改革委召开国家城乡融合发展试验区创建工作方案审查会议。省城镇化工作领导小组办公室专职副主任宋锡庆主持会议并讲话。

15日—17日 省住房城乡建设厅副厅长、党组成员周善东到日照市、泰安市就城建和城管行业文明创建工作进行调研。

16日 省委召开山东国际友城合作发展大会。来自33个国家的113个团组共886名外国友人参加会议。省住房城乡建设厅厅长王玉志参加会议。

同日 潍坊市住房和城乡建设局举办2019新型城镇化功能提升与发展装配式建筑讲座，中国工程院院士孙永福、肖绪文，中国建筑业协会副会长刘锦章作主题讲座。省住房城乡建设厅副厅长、党组成员张晓海出席讲座并致辞。

17日 住房城乡建设部在北京召开城镇老旧小区改造试点工作座谈会。副省长刘强、省住房城乡建设厅党组书记李力参加座谈。

同日 山东电视台《问政山东》围绕如何破解“入园难入园贵”进行首期专题问政。省住房城乡建设厅厅长王玉志参加问政。

同日 省委召开全省道德模范座谈会。省住房城乡建设厅副厅长、党组成员徐启峰参加会议。

同日 山东省优化提升工程建设项目审批制度改革工作领导小组办公室印发《关于推进建设工程竣工联合验收的指导意见》，建立了规划、土地、消防、人防、城建档案及建设条件落实等事项限时联合验收机制。

18日 副省长于国安在青岛巡查丁字湾并召开湾长制工作座谈会。省住房城乡建设厅厅长王玉志参加会议。

同日 省住房城乡建设厅在济南召开钢结构装配式住宅建设试点工作座谈会，副厅长、党组成员张晓海出席会议并讲话。

同日 省委宣传部召集有关部门召开全省推动菏泽乡村振兴协调会议。省住房城乡建设厅副厅长、党组成员徐启峰参加会议并发言。

19日 商务部和山东省政府共同主办跨国公司领导人青岛峰会开幕。省住房城乡建设厅厅长王玉志参加活动。

21日 省住房城乡建设厅在青岛举办山东省第二十五届环卫工人节庆祝大会，副厅长、党组成员周善东出席大会并讲话。

22日 省政府召开全省质量提升座谈会。省住房城乡建设厅厅长王玉志参加会议。

同日 省委组织理论学习中心组集中学习研讨。省住房城乡建设厅党组书记李力参加研讨。

同日 省委副书记杨东奇召集有关部门，召开2019年中央一号文件贯彻落实情况督查调度会议。省住房城乡建设厅副厅长、党组成员徐启峰参加会议并发言。

24日 省委召开第六次全省自强模范暨助残先进表彰大会。省住房城乡建设厅党组书记李力参加会议。

同日 省人大社会建设委员会召开座谈会。省住房城乡建设厅副厅长、党组成员徐启峰汇报落实省人大常委会执法检查组《关于检查安全生产“一法一条例”等有关法律法规实施情况的报告》暨第十三次会议对省政府《关于全省安全生产和应急管理工作情况的报告》的审议意见办理情况。

同日 济南市城市管理局在济南电视台演播大厅举办以“赞祖国新时代、展环卫新风采”为主题的环卫工人节庆祝活动。省住房城乡建设厅副厅长、党组成员周善东参加活动。

同日 2019中国工程建设标准化学术年会暨协会成立40周年纪念活动以及会旗交接仪式在杭州举行。山东省城镇化工作领导小组办公室专职副主任宋锡庆参加活动。山东省推荐的行业标准《水泥土复合管桩基础技术规程》和地方标准《被动式超低能耗居住建筑节能设计标准》获得中标协标准科技创新奖一等奖。

24日—29日 住房城乡建设部对邹城、昌邑市国家园林城市创建工作，滕州、高密市国家园林城市复查工作进行了实地考查。省住房城乡建设厅一级巡视员孙松青参加26日滕州市复查工作座谈交流会并发言，副厅长、党组成员周善东参加28日高密市复查工作座谈交流会并发言。

25日 省政府召开老旧小区改造试点项目专题会。省住房城乡建设厅党组书记李力参加会议。

同日 副省长刘强召开城镇老旧小区改造项目协调推进会。省住房城乡建设厅党组书记李力，副厅长、党组成员周善东参加会议。

同日 省委财经委员会第四次会议召开。省住房城乡建设厅党组书记李力参加会议。

27日 省住房城乡建设厅在青岛举行第二期新疆建筑业管理和技术人员培训班。省城镇化工作领导小组办公室专职副主任宋锡庆出席开班式并讲话。

28日 省委、省政府召开2019年中央一号文件贯彻落实情况督查座谈会。省住房城乡建设厅党组书记李力参加座谈会。

28日—29日 副省长刘强到日照调研城乡生活垃圾分类、城镇老旧小区改造等工作。省住房城乡建设厅厅长王玉志参加调研。

28日—30日 住房城乡建设部对东营市国家生态园林城市创建工作进行实地考查。省住房城乡建设厅副厅长、党组成员周善东参加座谈交流会并讲话。

30日 副省长范华平在聊城市巡查黄河、马颊河、徒骇河并召开河长制推进工作座谈会。省住房城乡建设厅厅长王玉志参加会议。

同日 省纪委省监委机关召开漠视侵害群众利益问题专项整治工作调度推进会。省住房城乡建设厅党组书记李力参加并发言。

31日 省委、省政府召开长城、大运河国家文化公园建设第二次座谈会。省住房城乡建设厅副厅长、党组成员徐启峰参加会议。

同日 省政府召开省文物保护委员会（扩大）会议。省住房城乡建设厅副厅长、党组成员徐启峰参加会议并发言。

11月

2日 全省工程造价行业土建工程造价职业技能竞赛决赛在山东城市建设职业学院落幕。济南市代表队荣获决赛团体一等奖，济南四建（集团）有限责任公司温佳取得决赛个人第一名。

5日 省住房城乡建设厅党组书记李力主持召开全面从严治党专题会议，研究部署漠视侵害群众利益问题专项整治工作及群团工作，厅领导班子成员参加。

同日 省住房城乡建设厅副厅长、党组成员周善东陪同省直机关文明委考核组，对厅幼儿园创建省级文明单位进行现场考核。

6日 省工程建设项目审批制度改革工作推进现场会在济南政务中心召开。省住房城乡建设厅厅长王玉志参加会议。

同日 省住房城乡建设厅副厅长、党组成员周善东召开综合巡察动员会，对省建设工会、厅执法局、厅外联站党支部开展综合巡察。

6日—7日 省住房城乡建设厅在潍坊市召开全省城市水务行业重点工作推进会，副厅长、党组成员周善东出席会议并讲话。

6日—8日 省住房城乡建设厅副厅长、党组成员周善东到青岛、烟台开展行业文明创建调研。

7日 第十八届中国国际住宅产业暨建筑工业化产品与设备博览会在北京举办。省住房城乡建设厅副厅长、党组成员张晓海带队参加博览会。

8日 省政府印发《关于济南历史文化名城保护规划的批复》。

9日 山东建筑大学举办未来建筑与城乡可持续发展论坛暨2019山东省社科论坛。省住房城乡建设厅党组书记李力出席论坛并致辞。

同日 山东省园林绿化行业协会在东营市召开2019年年会。省住房城乡建设厅副厅长、党组成员周善东出席会议并讲话。

11日 省住房城乡建设厅在临沂市召开全省城市精细化管理工作现场会，一级巡视员孙松青出席会议并讲话。

11日—14日 省住房城乡建设厅会同省财政厅配合国家有关部委对威海、青岛市开展综合管廊绩效试点城市现场评价，副厅长、党组成员周善东参加活动。

11日—15日 省住房城乡建设厅厅长王玉志到烟台、潍坊、东营等市，开展新型城镇化和城乡融合发展、城市建设和品质提升、建筑业改革发展调研。

12日 省委举办中央宣讲团党的十九届四中全会精神报告会。省住房城乡建设厅党组书记李力参加报告会。

12日—17日 省住房城乡建设厅开展全省建设工程质量监督机构业务能力考核，省城镇化工作领导小组办公室专职副主任宋锡庆带队考核。

13日 省委召开山东·重庆扶贫协作第十三次联席会议。省住房城乡建设厅党组书记李力参加会议。

同日 省农村改厕工作联席会议办公室组织召开贯彻落实全省农村改厕规范升级和后续管护长效机制工作现场会议情况调度视频会议。省住房城乡建设厅党组书记李力出席会议并讲话，副厅长、党组成员徐启峰主持会议。

同日 省住房城乡建设厅副厅长、党组成员张晓海到泰安调研绿色建筑与装配式建筑发展工作。

同日 省城镇化工作领导小组办公室专职副主任宋锡庆到济南市进行监理行业精神文明建设专题调研。

14日 省住房城乡建设厅党组书记李力采取“四不两直”方式到商河县调研农村改厕情况。

同日 山东省优化提升工程建设项目审批制度改革工作领导小组办公室印发《关于推行施工图设计文件数字化联审制度的指导意见》，就同步设计、网上申报、一窗受理、并联审查、一次办好、结果互认、依法监管等工作流程提出了要求和指引，12月10起执行。

15日 省住房城乡建设厅党组书记李力到济南市市中区大观园街道睦和苑社区开展“双报到”和“访民问暖”活动，帮助社区解决实际问题，听取基层意见建议。

同日 省委、省政府召开省委省政府重点工作推进落实情况视频会议。省住房城乡建设厅党组书记李力参加会议。

同日 省住房城乡建设厅副厅长、党组成员张晓海到山东建筑大学调研。

同日 省政府召开全省农村人居环境整治工作推进电视电话会议。省住房城乡建设厅副厅长、党组成员徐启峰参加会议并发言。

18日 省政府召开全省工程建设项目审批制度改革工作推进视频会议。省住房城乡建设厅党组书记李力，副厅长、党组成员张晓海参加会议。

同日 省住房城乡建设厅联合省生态环境厅、省农业农村厅召开全省农村生活污水处理工作视频会议，副厅长、党组成员徐启峰参加会议并发言。

18日—19日 省城镇化工作领导小组办公室专职副主任宋锡庆到新泰市调研新型城镇化综合试点助推城乡融合发展工作情况。

19日 省住房城乡建设厅副厅长、党组成员徐启峰、聊城市副市长田中俊到住房城乡建设部汇报聊城历史文化名城保护整改工作情况。

20日 省长龚正主持召开省政府清洁取暖工作专题会议。省住房城乡建设厅厅长王玉志参加会议并发言。

同日 省住房城乡建设厅党组书记李力主持召开直属机关党委会，研究审议成立厅离退休干部党委。

21日 《济南都市圈发展战略研究》和《山东沿黄地区新型城镇化布局和发展研究》成果汇报会在济南召开。省城镇化工作领导小组办公室主任、省住房城乡建设厅厅长王玉志出席会议并讲话，省城镇化工作领导小组办公室专职副主任宋锡庆主持会议。

21日—23日 山东省领导干部第一期党的十九届四中全会精神专题学习班举办。省住房城乡建设厅党组书记李力，副厅长、党组成员张晓海和党组成员、驻厅纪检组组长马国柱参加学习。

22日 省政府组织收看全国安全生产工作电视电话会议，接续召开全省安全生产电视会议。省住房城乡建设厅厅长王玉志参加会议。

24日 副省长于国安主持召开迎接国务院农村人居环境大检查工作专班协调会议。省住房城乡建设厅厅长王玉志，副厅长、党组成员徐启峰参加会议。

25日 省扶贫开发领导小组2019年第二次全体会议召开。省住房城乡建设厅党组书记李力参加会议并发言。

同日 山东省城乡规划设计研究院举办建院40周年学术研讨会。省住房城乡建设厅副厅长、党组成员张晓海出席会议并致辞。

同日 省住房城乡建设厅等7部门印发《房地产开发项目竣工综合验收备案管理办法》。

25日—27日 山东省党外领导干部党的十九届四中全会精神专题学习班举办。省住房城乡建设厅厅长王玉志参加学习。

25日—27日 山东省领导干部第二期党的十九届四中全会精神专题学习班举办。省住房城乡建设厅一级巡视员孙松青，副厅长、党组成员徐启峰、周善东、王润晓，省城镇化工作领导小组办公室专职副主任宋锡庆参加学习。

26日 副省长于国安主持召开国务院农村人居环境大检查工作专班协调会议。省住房城乡建设厅厅长王玉志参加会议。

同日 省政府在临沂北站举行鲁南（日兰）高铁日照—临沂—曲阜段开通运营首发活动。省住房城乡建设厅党组书记李力参加活动。

同日 省委统战部召开宗教工作专题汇报会。省住房城乡建设厅党组书记李力参加会议。

27日 山东海外工程建设发展联盟成立大会在济南召开。省住房城乡建设厅党组书记李力出席大会并致辞，副厅长、党组成员张晓海宣读副省长刘强贺信。

同日 山东干部讲堂（第十期）举行。省住房城乡建设厅党组书记李力参加。

28日 省十三届人大常委会第十五次会议联组会议就优化营商环境工作专题问询。省住房城乡建设厅厅长王玉志参加问询。

同日 省委召开《山东省文化旅游融合发展规划》和国家文化公园建设实施方案编制情况汇报会议。省住房城乡建设厅党组书记李力参加会议。

同日 中共山东省住房和城乡建设厅机关离退休干部委员会第一次代表大会召开，厅党组书记李力出席会议并讲话，副厅长、党组成员周善东主持会议，会议选举孙松青为离退休干部党委书记。

同日 山东省钢结构建筑行业高质量发展研讨会在济宁市兖州区经典集团召开，并同期举办山东首个国家级钢结构研究院——国家钢结构工程技术研究中心钢结构建筑经典研究院揭牌仪式。省住房城乡建设厅副厅长、党组成员张晓海出席会议并讲话。

同日 省住房城乡建设厅印发《山东省房地产开发企业信用信息管理暂行办法》。

28日—29日 华东六省一市住建厅长座谈会在合肥召开。省住房城乡建设厅厅长王玉志参加会议。

29日 《山东省历史文化名城名镇名村保护条例》经山东省十三届人大常委会第十五次会议审议通过，于2020年3月1日起施行。

30日 省住房城乡建设厅厅长王玉志到济南市章丘区、淄博市高青县就国务院农村人居环境整治大检查期间曝光改厕问题进行现场督导。

30日—12月8日 省住房城乡建设厅党组书记李力率团赴巴西、阿根廷巡视海外工程项目并开拓建筑市场。

12月

3日 住房城乡建设部举办全国住建系统培训（第六讲）。省住房城乡建设厅党组成员、驻厅纪检组组长马国柱参加培训。

3日—5日 省住房城乡建设厅举办党的十九届四中全会专题学习班，副厅长、党组成员周善东参加开班式并作动员讲话。

4日 省住房城乡建设厅组织开展宪法宣誓活动，厅长王玉志领誓并讲话，副厅长、党组成员张晓海主持宣誓仪式。

同日 省住房城乡建设厅副厅长、党组成员张晓海主持2019年处长讲堂，厅领导等参加。

5日 副省长刘强主持召开全省住建工作座谈会。省住房城乡建设厅厅长王玉志，副厅长、党组成员张晓海、徐启峰参加会议。

5日—6日 住房城乡建设部总工程师李如生来山东省调研钢结构装配式住宅建设试点推进情况，现场考察了嘉祥县嘉宁小区钢结构装配式住宅等项目。省住房城乡建设厅副厅长、党组成员张晓海参加座谈会。

6日 省政府安全生产委员会城乡建设安全生产专业委员会会议召开。省住房城乡建设厅厅长王玉志参加会议，副厅长、党组成员徐启峰参加会议并汇报有关情况。

同日 省住房城乡建设厅厅长王玉志到国开行山东分行调研座谈。

同日 省住房城乡建设厅在淄博市召开全省住房公积金和物业管理工作会议，副厅长、党组成员周善东出席会议并讲话。

8日 省政府发展研究中心、省农业农村厅主办的乡村振兴齐鲁论坛在济南举办。省住房城乡建设厅副厅长、党组成员徐启峰参加论坛。

9日 省消防安全委员会召开成员单位会议。省城镇化工作领导小组办公室专职副主任宋锡庆参加会议并汇报住建系统消防安全工作情况和下步重点整治措施。

10日 省建设工会常委扩大会议暨重点工作推进会在济南召开。省住房城乡建设厅副厅长、党组成员周善东出席会议并讲话。

11日—12日 省住房城乡建设厅在青岛市召开全省住建系统精神文明建设工作会议，厅党组书记李力出席会议并讲话，副厅长、党组成员周善东主持会议。

11日—21日 省住房城乡建设厅厅长王玉志率团到赞比亚、肯尼亚、埃塞俄比亚巡视海外工程项目并开拓建筑市场。

13日 省委召开党员领导干部会议。省住房城乡建设厅党组书记李力参加会议。

同日 省政府第56次常务会研究通过《关于加快推进城乡融合发展的实施意见》，确定将省城镇化工作领导小组更名为省城镇化暨城乡融合发展工作领导小组。省住房城乡建设厅党组书记李力参加会议。

16日—17日 省住房城乡建设厅在济南召开全省美丽村居建设工作推进会，副厅长、党组成员徐启峰出席会议并讲话。

17日 省政府召开泗水县龙湾湖乡村振兴示范区建设工作专题会议。省住房城乡建设厅党组书记李力参加会议。

同日 省委、省政府召开全省高速铁路沿线环境综合整治工作视频会议。省住房城乡建设厅副厅长、党组成员周善东参会并发言。

17日—19日 省住房城乡建设厅会同省水利厅，配合国家有关部委，对青岛市开展国家海绵城市建设试点绩效现场评价，副厅长、党组成员周善东参加活动。

18日 省政府召开全省工程建设项目审批制度改革工作推进视频会议。省住房城乡建设厅党组书记李力，副厅长、党组成员张晓海参加会议。

19日 省委召开省精神文明建设委员会专题会议。省住房城乡建设厅党组书记李力参加会议。

同日 副省长刘强到山东省（济南市）政务服务中心，调研工程建设项目审批制度改革工作，召开座谈会并现场观看监管系统演示。省住房城乡建设厅党组书记李力主持调研座谈会，副厅长、党组成员张晓海汇报省级工程建设项目审批监管系统建设情况。

同日 省信访工作联席会议全体会议在济南召开。省住房城乡建设厅副厅长、党组成员张晓海参加会议并作交流发言。

20日 省直机关工委对省住房城乡建设厅2019年绩效考核党建部分进行现场检查。省住房城乡建设厅副厅长、党组成员周善东参活动。

22日 省人大常委会召开山东省人大设立常委会40周年座谈会。省住房城乡建设厅党组书记李力参加会议。

23日 全国住房城乡建设工作会议召开。省住房城乡建设厅厅长王玉志参加会议。

同日 省住房城乡建设厅副厅长、党组成员徐启峰到临沂市督导全省农村改厕现场会议贯彻落实情况。

25日—26日 省委经济工作会议召开。省住房城乡建设厅党组书记李力参加会议。

26日 省委召开2019年度市委书记和省直有关工委（党委）书记履行全面从严治党责任和抓基层党建工作述职评议会议。省住房城乡建设厅党组书记李力参加会议。

同日 省住房城乡建设厅副厅长、党组成员徐启峰到济宁市调研农村供暖和农村老年人相对集中居住养老情况。

同日 省消防救援总队挂牌仪式举行。省住房城乡建设厅党组书记李力参加活动。

27日 副省长刘强到中铁十四局集团有限公司调研《关于进一步促进建筑业改革发展的十六条意见》贯彻落实情况。省住房城乡建设厅党组书记李力参加调研。

同日 省委第166次常委会会议审议通过《关于加快推进城乡融合发展的实施意见》，以省委、省政府名义印发实施。省住房城乡建设厅党组书记李力参加会议。

同日 省政府召开国务院安委会安全生产专项督查反馈会议。省住房城乡建设厅党组书记李力参加会议。

同日 重庆市住房和城乡建设委员会、山东省住房和城乡建设厅在重庆联合举办渝鲁建筑产业现代化技术交流会。省住房城乡建设厅厅长王玉志出席会议并致辞，副厅长、党组成员张晓海参加会议。

31日 省委召开省委全面深化改革委员会第六次会议。省住房城乡建设厅党组书记李力参加会议。

山东住房城乡建设事业发展总述

- 2019 年，全省住房城乡建设完成投资 11880.5 亿元，比上年增长 10.0%
- 2019 年，全省房地产和建筑业共缴纳税收 2195.4 亿元，比上年增长 1.2%，占全省税收收入的 23.8%

综　述

【概况】　2019年，全省住房城乡建设系统深入学习贯彻习近平新时代中国特色社会主义思想，坚决落实习近平总书记对山东工作的重要指示批示和对住建工作重要批示精神，认真贯彻党中央国务院决策部署，落实省委、省政府工作要求，担当作为、狠抓落实，住建经济运行稳中有进，民生改善任务全面完成，重点领域改革成效明显，为全省稳增长、促改革、调结构、惠民生、防风险、保稳定作出了积极贡献。

2019年，全省住房城乡建设完成投资11880.5亿元，比上年（下同）增长10.0%。其中，房地产业完成投资8614.9亿元，城市建设完成投资1502.8亿元，村镇建设完成投资1762.8亿元，分别增长14.1%、4.8%和下降2.9%。房地产业和建筑业实现增加值9790.6亿元，增长4.8%，占地区生产总值的13.8%。其中，房地产业实现增加值4348.7亿元，增长4.4%，占地区生产总值6.1%；建筑业实现增加值5441.9亿元，增长5.2%，占地区生产总值7.7%。房地产和建筑业共缴纳税收2195.4亿元，增长1.2%，占全省税收收入的23.8%。其中，房地产业缴纳税收1615.5亿元，增长0.1%，占全省税收收入的17.5%；建筑业缴纳税收579.9亿元，增长4.6%，占全省税收收入的6.3%。

【新型城镇化】　截至2019年底，全省设市城市43个，其中，副省级城市2个，地级市14个，县级市27个；县城53个。全省有乡镇级政区1824个，其中，镇1087个，乡68个。全省常住人口10070.21万人，其中，城镇人口6194.19万人，常住人口城镇化率61.51%，比2018年提高0.33个百分点；户籍人口城镇化率49.95%，比2018年降低1个百分点。全省城区（县城）面积3.09万平方公里，建成区面积6954.8平方公里。

2019年7月4日，省住房城乡建设厅厅长王玉志（右三）在青州市调研棚户区改造和灾后异地迁建工作

城乡融合发展开局良好。2019年，山东省委常委会通过关于加快推进城乡融合发展的实施意见，济青局部片区入选首批国家城乡融合发展试验区。优化调整省城镇化工作领导小组成员单位，召开全省新型城镇化工作推进会议。莱芜撤市划区并入济南，青岛、济南都市圈发展战略研究顺利完成。《城镇化稳定增长期政策机制研究》和《山东沿

黄地区新型城镇化布局和发展研究》取得阶段性成果。

人口市民化稳步推进。2019年，山东省深化户籍制度改革，开通省内跨地域户口迁移网上一站式办理业务，大力推广居住证制度，1100万流动人口中800万持有居住证。将农村集体产权制度改革范围扩大到所有涉农乡镇（街道）。完善农业转移人口市民化与财政转移支付挂钩机制，对市民化进展快、城镇化质量高的地区给予奖励。

城镇化综合试点深入开展。总结推广第一批省级试点12条工作经验，第二批国家试点4条工作经验在全国推广。印发青岛市绿色城镇化、诸城市“三区共建”、武城县“两证保三权”典型案例，在全省57个县区因地制宜复制推广相关经验做法。积极培育新生中小城市，开展试点年度评估，印发第一批中小城市试点典型经验。

【房地产和住房建设】 2019年，全省商品住宅施工面积55942.0万平方米，增长10.1%；竣工面积7734.7万平方米，下降4.0%。全省新建商品住宅销售面积11429.0万平方米，下降2.8%；全年批准预售面积15073.9万平方米，增长10.9%。截至2019年底，全省商品住宅库存14472.7万平方米，去库存周期13.7个月，处于合理区间。

房地产市场保持平稳运行。济南、青岛编制实施房地产市场调控“一城一策”试点方案，全省16个设区城市及所辖县（市、区）房屋网签备案系统全部与住房城乡建设部联网。坚决整顿规范市场秩序，全年通报113起违法违规典型案例。住房租赁市场发展势头良好，92家机构开展长租业务，经营面积达145万平方米。

棚户区和老旧小区改造扎实推进。全省发行棚改专项债券908亿元，规模居全国首位。山东省入选全国老旧小区改造试点，省政府常务会研究通过老旧小区改造实施方案。2019年，国家下达山东省棚户区改造开工任务21.4万套、基本建成任务10.8万套，全年实际开工22.4万套、基本建成18.7万套，年度计划完成率分别为104.7%、172.9%，潍坊市棚改工作获国务院督查激励。全年开工改造老旧小区935个、21.6万户、1841.2万平方米，全部完成年度计划。

住房租赁补贴扩面增量。2019年4月，省住房城乡建设厅、省民政厅、省财政厅、省人力资源社会保障厅、国家税务总局山东省税务局联合出台《关于进一步推进城镇住房保障家庭租赁补贴工作的指导意见》，首次明确将城镇中等偏下收入住房困难群体、新就业无房职工和稳定就业外来务工人员纳入补贴范围，全年发放租赁补贴4.1万户，完成年度任务的136%。济南市成功入围全国首批16个中央财政支持住房租赁市场发展试点城市，试点期为3年，争取中央财政奖补资金24亿元。

物业和公积金服务水平稳步提升。2019年，山东以党建引领加强和规范物业管理，实施物业

2019年7月18日，省住房城乡建设厅党组书记李力（前排右一）在济南市调研城市老旧小区改造工作情况

服务规范系列地方标准，加快形成以信用为核心的物业服务市场监管机制。不断推进公积金缴存扩面，全年新增缴存额 1308.0 亿元，提取额 909.9 亿元，发放公积金贷款 717.4 亿元，同比分别增长 9.3%、7.3% 和 16.4%。

【城市建设】 城市品质加快提升。2019 年 8 月，省政府办公厅印发《山东省城市品质提升三年行动方案》，召开全省动员视频会议，扎实开展 8 个专项提升行动。成功举办第二届山东省城市建设博览会和第十届中国（威海）国际人居节，烟台成功获批全国城市社区足球场地设施建设试点。

城市基础设施不断健全。2019 年，全省开工建设投资 1000 万元以上市政道路工程 240 个，总投资 390 亿元。全省新增综合管廊 104.3 公里，海绵城市面积 366.4 平方公里。截至 2019 年底，全省城市（县城）供水综合生产能力 2381.2 万立方米 / 日；污水处理厂处理能力 1621.1 万立方米 / 日，生活垃圾无害化处理能力（含餐厨垃圾处理能力）8.98 万吨 / 日；实有道路长度 5.9 万公里，面积 12.0 亿平方米；建成区园林绿地面积 25.9 万公顷，建成区绿化覆盖面积 28.8 万公顷，公园绿地面积 8.5 万公顷。2019 年度，全省城市（县城）供水总量 49.48 亿立方米，人均日生活用水量 123.4 升，天然气供气总量 133.6 亿立方米，供热面积 17.0 亿平方米，污水集中处理量 43.3 亿立方米，生活垃圾无害化处理量 2180.7 万吨；全省城市（县城）供水普及率 99.57%，燃气普及率 98.72%，人均城市道路面积 24.5 平方米，建成区路网密度 7.5 公里 / 平方公里，污水集中处理率 97.42%，垃圾无害化处理率 99.94%，建成区绿地率 37.26%

历史文化保护富有成效。2019 年，省人大常委会审议通过《山东省历史文化名城名镇名村保护条例》。全省新增 184 座历史建筑，50 个村落入选第五批中国传统村落。聊城历史文化名城保护整改取得阶段性成效。

城市防汛工作扎实有力。2019 年，全省住建部门认真做好“利奇马”台风防御和灾后抢险救灾技术指导，基本完成受灾房屋修缮加固、分散重建工作。列入住房城乡建设部调度的 201 处易涝点，完成整治 193 处。

2019 年 7 月 25 日，庆祝中华人民共和国成立 70 周年山东省住房公积金精神文明建设成果展演在济南举行。图为青岛市住房公积金管理中心表演小品《情筑家园》

【城市管理】 完善城市管理制度体系。2019 年，省住房城乡建设厅研究编制全省智慧化城市管理建设导则、信息系统建设标准等规范，为城市精细化管理提供科技支撑。召开全省城市精细化管理现场推进会，推广济南市“行走城管”、临沂市“三长一会”等典型经验，打通城市管理最后“一米瓶颈”。

打造城市管理数字化平台。2019 年，省住房城乡建设厅建设省级数字化城管平台，研究制定数据交换和系统对接规范，指导市、县数字化城市管理平台加快对接，全省 97

个市县完成数字城管平台建设，实现全覆盖。

加强城市园林绿化。2019 年，省住房城乡建设厅指导各地开展新一轮绿地系统规划修编，积极推进绿道建设和立体绿化，累计建成绿道 4000 余公里，全省省级及以上园林城市（县城）93 个，其中国家级 56 个。2019 年底，城市建成区绿地率 41.5%，人均公园绿地面积 17.3 平方米。

【村镇建设】 美丽村居试点顺利开展。2019 年，省住房城乡建设厅启动第二批 100 个试点村庄建设，开展“泰山奖·美丽村居建筑设计大赛”，引导首批 300 余名优秀技术人员参与美丽村居建设。编制美丽村居建设标准，印发美丽村居建设省级试点评估办法和评估标准。

农村改厕长效机制不断健全。2019 年，省政府召开全省农村改厕规范升级和后续管护长效机制工作现场会，出台工作方案，改厕成效初步显现。全年完成涉农街道村庄改厕 55.4 万户。

农村危房改造任务圆满完成。2019 年，山东省深入开展农村危房改造领域腐败和作风问题整治，逐户对贫困户疑似危房开展排查整改，全省农村危房改造完成 4.4 万户。

特色小镇创建稳步推进。2019 年，省住房城乡建设厅研究编制特色小（城）镇创建评价体系，编辑出版《全省特色小（城）镇典型案例》，进一步规范提升特色小（城）镇发展。

【建筑业】 “高含金量”扶持政策出台。2019 年，省住房城乡建设厅提请省政府出台《关于进一步促进建筑业改革发展的十六条意见》，召开全省建筑业改革发展大会，促进建筑业持续健康发展，全年完成总产值 1.4 万亿元，比上年增长 10% 左右。

外埠市场开拓。2019 年，山东海外工程建设发展联盟成立，山东省建筑业企业赴南美、非洲开拓海外市场，青建、山东路桥、烟建、德建等 10 家企业入选全球工程承包商 250 强。全年完成外出施工产值 3100 亿元，外向度首次超过 20%。

绿色建筑发展。2019 年，省住房城乡建设厅提请省政府出台《山东省绿色建筑促进办法》，省级绿色生态示范城区、城镇数量分别累计达到 23 个、67 个。山东省入选住房城乡建设部推进钢结构装配式住宅建设试点省，济南、枣庄、烟台、潍坊、济宁、日照、临沂、聊城、菏泽 9 市及淄博市淄川区列为重点推广地区，新创建省级装配式建筑示范城市 4 个、示范工程 27 个、产业基地 9 个。全年装配式建筑、绿色建筑、公共建筑节能改造任务超额完成，分别增长 226%、109% 和 104%。烟台市中德合作首批被动式超低能耗绿色建筑示范项目——烟台北航科技园 28 号楼顺利通过了德国能源署和住房城乡建设部专家的综合验收，气密性检测结果在全国首批 9 个项目中排名第一。

滕州市龙泉苑小区是老旧小区，共有 45 栋居民楼 1662 户居民，2019 年初借着老旧小区改造政策红利，投资 1750 万元进行了一次综合性整治改造。图为改造后的龙泉苑小区文体广场

工程质量安全平稳向好。2019年，省住房城乡建设厅完善工程质量保障体系，工程质量管理标准化在124家企业、171个项目全面试点，住宅工程质量“两书”示范文本发布实施。建筑施工安全治理三年行动圆满收官，建设从业人员素质和技能有效提升，全省房屋市政工程施工安全事故死亡人数比上年下降28.6%，6年来首次实现全年未发生较大事故。积极承接消防设计审查验收职责，设计审查、消防验收和备案抽查工作有序展开。

【重点领域改革】 深化工程建设项目审批制度改革。2019年，省住房城乡建设厅提请省政府印发《优化提升工程建设项目审批制度改革实施方案》，召开全省视频会议部署推进，将工程建设项目全流程审批时间压缩到100个工作日以内。省级工程建设项目审批监管平台部署完毕，16个设区市审批系统全部上线运行。

深化“放管服”改革。2019年，省住房城乡建设厅编制完成住建系统权责清单、监管事项检查实施清单和许可事项清单，精简行政许可各类证明材料36项。实现建筑业企业资质与安全许可证同时申报、施工许可与质量安全监督手续合并办理，开展建筑业企业资质告知承诺审批试点，将政府投资大中型建设项目初步设计审查事项下放到设区市，将省外建筑企业入鲁报送基本信息材料核验工作下放到50个县。

深化水气暖报装改革。2019年，省住房城乡建设厅修订发布《山东省城市公共供水服务规范》《山东省燃气行业服务标准》，供水、供气、供热报装时间分别压减到7、10、25个工作日，办理环节减少到3个，申报材料减少到2项。

【住建领域环保攻坚】 中央环保督察及“回头看”反馈问题整改。2019年，全省58个超负荷运行生活垃圾无害化处理设施，完成整改33个；垃圾渗滤液处理能力不足的123个垃圾处理设施，完成整改107个；255万吨存量渗滤液，完成处置193.76万吨；新增生活垃圾处理能力2.04万吨/日，均达到整改进度要求。

常态化开展住建扬尘治理。2019年，省住房城乡建设厅严格落实房屋市政工程工地扬尘防治措施，加强渣土运输企业和运输车辆监管。全省城市及县城快速路、主次干道机扫率、洒水率达到93%以上。城市及县城支路、慢车道、人行道机扫率、洒水率达到66%以上。

城市污水处理设施。2019年，省住房城乡建设厅印发城市污水处理提质增效三年行动细化方案，全年全省新建污水管网994.6公里，改造合流制管网757.7公里，新增城市污水处理能力65万吨/日，新增生活垃圾处理能力2.28万吨/日，全部超额完成年度计划。全省设区城市黑臭水体治理基本完成，县城（县级市）建成区完工率76.9%。

清洁取暖建设。2019年，全年城市（县城）清洁取暖建设完工9774万平方米、完工率130%；农村地区清洁取暖建设完工162万户、完工率110%。

生活垃圾分类。2019年，省住房城乡建设厅提请省政府办公厅印发《关于开展农村生活垃圾分类试点工作的指导意见》，经省政府同意，会同有关部门印发《城市生活垃圾分类制度实施方案》，初步建立全省垃圾分类政策标准体系。济南、青岛、泰安3个试点城市，共计89个街道、822个社区、约218.73万户居民参与分类试点，覆盖率分别为60.13%、63.23%、59.72%。淄博市博山区、邹城市、荣成市、郓城县、单县5个省级垃圾分类试点县，有67个乡镇（街道）、1823个行政村启动垃圾分类，覆盖率分别为74.4%、57.8%。

【政风行风建设】 2019年，省住房城乡建设厅制定党风廉政建设和反腐败工作实施意见，梳理排查廉政风险点，制定防范措施。扎实开展“不忘初心、牢记使命”主题教育，上下联动抓好问题整改，解决了一批群众关心关注的难题难事。持之以恒加强作风建设，制定了“担当作为、狠抓落实”重点任务实施方案、改进作风狠抓落实九条措施、“对标先进”和“七赛七比”工作方案，各地严格按照中央“基层减负年”、省委“工作落实年”部署，大力开展形式主义、官僚主义问题整治，全系统作风建设得到进一步加强。深入推进住建系统扫黑除恶专项斗争，行业发展环境不断净化，住房城乡建设部专程来山东省调研总结经验。

（高健）

山东省城市建设完成投资情况

【城市（县城）市政公用设施建设固定资产投资】 2019年，全省设市城市和县城市政公用设施建设完成固定资产投资1442.7亿元，比上年（下同）增长2.3%。按行业分，供水完成43.1亿元，增长1.1%；燃气完成28.9亿元，降低31.4%；集中供热完成79.1亿元，降低22.1%；轨道交通完成325.1亿元，增长20%；道路桥梁完成536.2亿元，增长27.7%；地下综合管廊完成73.7亿元，增长18%；排水完成122.2亿元，降低1.1%；园林绿化完成144.5亿元，降低29.1%；市容环境卫生完成43.2亿元，降低24%；其他投资完成46.8亿元，降低45.7%。

【城市（县城）市政公用设施建设固定资产投资资金来源】 2019年，全省设市城市和县城市政公用设施建设本年实际到位资金1309.5亿元，比上年降低3.4%，其中，上年末结余资金73.6亿元，本年资金来源合计1235.9亿元。本年资金来源中，国家预算资金476.1亿元，降低10.3%；国内贷款208.1亿元，降低22.9%；债券25.2亿元，增长1164.5%；利用外资8.3亿元，增长73.7%；自筹资金323.7亿元，增长7.3%；其他资金194.6亿元，增长3.9%。

（姚坡）

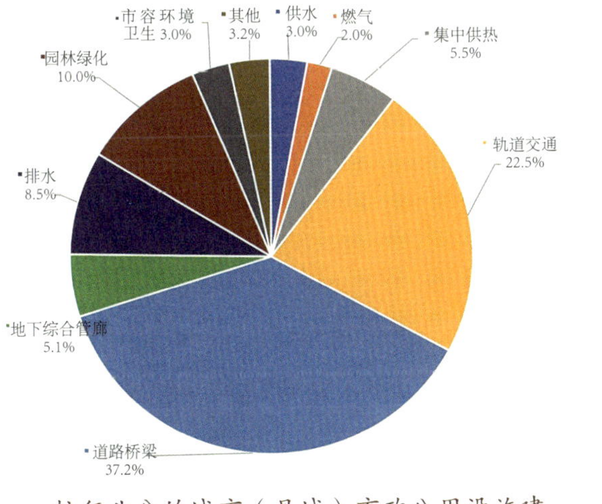

按行业分的城市（县城）市政公用设施建设固定资产投资

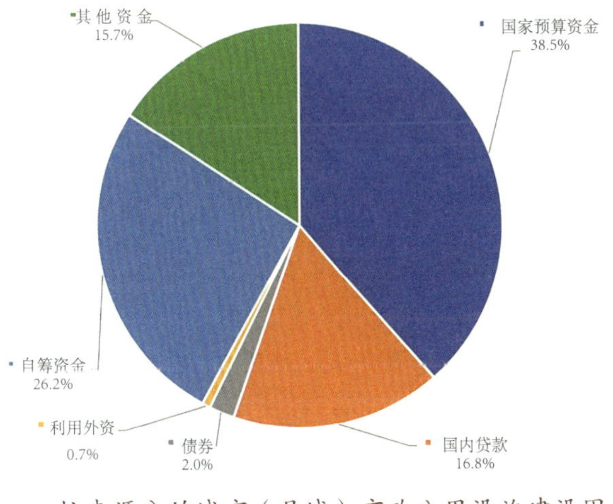

按来源分的城市（县城）市政公用设施建设固定资产投资资金来源

新型城镇化

- 2019 年全省常住人口城镇化率达到 61.51%，比 2018 年提高 0.33 个百分点，新增常住 人口 22.97 万人，常住人口总数位居全国第 2 位
- 2019 年 4 月 9 日，省城镇化工作领导小组、领导小组办公室成员调整
- 2019 年 9 月 9 日—10 日，全省新型城镇化工作推进会在郓城县召开
- 2019 年 12 月，山东济青局部片区入选首批国家城乡融合发展试验区

综 述

【概况】 2019年，全省住房城乡建设系统继续贯彻落实习近平总书记视察山东重要讲话和对新型城镇化重要指示以及省委、省政府部署要求，扎实推进新型城镇化建设，取得较好成绩，全省常住人口城镇化率达到61.51%，比上年提高0.33个百分点，新增常住人口22.97万人，常住人口总数位居全国第2位。在郓城县召开全省新型城镇化工作推进会。召开了省城镇化工作领导小组办公室主任会议，配合省公安厅召开了全省户籍制度改革视频会议。印发《2019年全省新型城镇化建设重点任务》等政策文件。贯彻落实《中共中央、国务院关于建立健全城乡融合发展体制机制和政策体系的意见》，起草山东省贯彻落实意见，12月省政府常务会议、省委常委会先后研究通过。完善工作推进机制，调整完善城镇化工作领导小组。不断提升农业转移人口市民化质量，持续优化城镇化格局，加大中小城市培育试点推进力度。大力促进城乡融合发展，深入实施住建领域新旧动能转换重大工程，推动新型城镇化和城乡融合发展质量提高。

【省城镇化工作领导小组及办公室成员调整】 2019年4月9日，经省委、省政府主要领导同意，省城镇化工作领导小组印发通知，调整省城镇化工作领导小组组成人员，由省委副书记、省长龚正任组长，王书坚、于国安、任爱荣、孙继业、于杰、刘强六位副省长为副组长，省直24个部门主要负责人为成员；领导小组办公室设在省住房城乡建设厅，由省发展改革委主任张新文、省住房城乡建设厅厅长王玉志任办公室主任。4月24日，省城镇化工作领导小组办公室印发调整省城镇化工作领导小组办公室组成人员的通知，省发展改革委、省住房城乡建设厅等11个省直部门分管负责人任副主任，城镇化议事机构进一步完善。

2019年8月21日，山东省城镇化工作领导小组办公室主任会议在省住房城乡建设厅召开

【省城镇化工作领导小组办公室主任会议】 2019年8月21日，省城镇化工作领导小组办公室主任会议在省住房城乡建设厅召开，省城镇化工作领导小组办公室主任、省住房城乡建设厅厅长王玉志主持会议并讲话。会议总结了全省新型城镇化工作情况，传达了全国

户籍制度改革电视电话会议精神，审议通过了省城镇化工作领导小组第五次全体会议和全省新型城镇化工作推进会筹备方案，研究了《关于加快推进城乡融合发展的实施意见》《关于促进中小城市发展的意见》《山东省新型城镇化高质量发展评价办法》等政策文件。会议指出，党中央、国务院立足新时代特征、新矛盾变化和新阶段规律，对新型城镇化作出新的部署要求，城乡融合发展成为新型城镇化战略的新方向，要充分发挥新型城镇化在稳就业、稳投资、稳预期等方面的重要作用，紧紧抓住农业转移人口市民化“牛鼻子”，优化城镇化布局，形成城乡两端协同发力的城乡融合发展体制机制和政策体系，促进新型城镇化高质量发展，更好地满足人民日益增长的美好生活需要。

新型城镇化推进

【全省新型城镇化工作推进会】 2019 年 9 月 9 日—10 日，全省新型城镇化工作推进会在郓城县召开，省城镇化工作领导小组办公室主任、省住房城乡建设厅厅长王玉志出席会议并讲话。会议对全省开展新型城镇化综合试点工作进行了总结和交流，并对下一步工作进行安排。会议指出，在各级各部门的共同努力下，山东省城镇化综合试点地区创出 13 条工作经验被国家发展改革委全国推广，全省城镇化呈现速度和质量双提升的良好局面。会议强调，要坚持以人为本，围绕农业转移人口离得开、进得来、留得下、过得好、发展快等关键环节，解决好进城落户农民原有权益不变、群众“上学难、看病难、养老难、住房难”等突出问题，加强政策联动，推动基本公共服务覆盖全部城镇常住人口，加快农业转移人口市民化。要紧抓国家区域协调发展战略和山东自贸区建设历史机遇，着力提升山东半岛城市群竞争力、推进都市圈一体化发展、加快培育新生中小城市、推进特色小镇健康发展、强化交通基础设施支撑，优化城镇化布局形态，促进新型城镇化发展向更高水平和更高质量迈进。

【新型城镇化综合试点典型经验】 2019 年 5 月，省城镇化工作领导小组办公室聚焦“人、地、钱、要素配置、载体建设”等五方面，全面总结推广了第一批省级新型城镇化综合试点 12 条典型经

2019 年 9 月 9 日，全省新型城镇化工作推进会在郓城县召开

验，并在国家发展改革委主管的《新型城镇化》刊物第8期刊发。6月，国家发展改革委办公厅印发《关于推广第二批国家新型城镇化综合试点等地区经验的通知》中，山东省、济南、威海、邹城、诸城、章丘等地区创造的4条经验做法被全国推广。8月，省城镇化工作领导小组办公室印发《山东省城镇化工作领导小组办公室关于印发新型城镇化综合试点工作典型案例的通知》，在全省选定57个县区，推广复制青岛市绿色城镇化、诸城市“三区”共建共享、武城县“两证保三权”做法。

【新旧动能转换工作调度推进会议】 2019年7月11日，省住房城乡建设厅召开新旧动能转换工作调度推进会议，贯彻落实省委、省政府新旧动能转换工作系列部署要求，调度住建领域新旧动能转换工作进展情况，安排部署近期重点工作。省城镇化工作领导小组办公室专职副主任宋锡庆主持会议并讲话。会议听取了住建领域新旧动能转换重大项目库运行、建筑业综合改革发展、地下综合管廊建设、威海国家建筑设计创新平台建设、工程建设项目审批制度改革及水气暖报装、房地产业改革等有关情况汇报，分析存在的问题不足，研究改进措施。会议强调，新旧动能转换到了最“吃劲”的时候，新格局虽已显现，但新动能真正主导发展尚待时日。厅重大办和各专班要坚持问题导向，全面抓好建筑业和房地产业综合改革、地下综合管廊、威海国家建筑设计创新平台建设等问题整改；坚持项目导向，加快工程建设项目审批制度改革，全力抓好项目实施；坚持结果导向，层层落实责任，全力抓好督导落实；健全工作台账，严格报送程序。要抓住当前有利时机，强化担当、狠抓落实，千方百计抓招引、抓落实、抓见效，为住建领域新动能茁壮成长奠定坚实基础。

【国家城乡融合发展试验区创建】 2019年12月，山东济青局部片区(试验范围：济南市历城区、长清区、市中区、章丘区、济南高新技术产业开发区，淄博市淄川区、博山区，青岛市即墨区、平度市、莱西市)成功入选首批国家城乡融合发展试验区。济青局部片区面积约12846平方公里，列全国第2位，同时，山东省也是唯一一个试验区覆盖三个不同区划城市的地区。

【中小城市培育试点评估】 2019年7—8月，省城镇化工作领导小组办公室会同省建设发展研究院，在各中小城市试点自查自评基础上，开展了中小城市试点现场评估。评估对象为省政府办公厅确定的15个中等城市试点和15个I型小城市试点，评估方式包括地方自查、实地调研、量化赋分等。印发了年度评估通报，科学评价了各地新的中小城市培育试点工作进展、发展成效、问题短板和工作建议。试点城市深入贯彻省试点方案各项任务，扎实推进以人为核心的新

2019年9月10日，全省新型城镇化工作推进会与会代表在郓城县参观考察

型城镇化，城市人口规模不断壮大、城市功能持续完善、宜居环境明显改善、治理体系更加健全，综合承载力得到较大提升，取得显著进展。但评估中也发现存在人口增长滞后于预期，经济发展水平整体不高，城市设施服务欠账，土地、资金等要素制约等问题。要求中小城市培育下一步突出发展质量，促进人口集聚；加快新旧动能转换，激发产业活力；补齐设施短板，增强综合承载能力；优化制度要素，提高城市发展能力；健全工作机制，形成试点培育合力。

新型城镇化研究

【《济南都市圈发展战略研究》等成果汇报会】 2019年11月21日，《济南都市圈发展战略研究》和《山东沿黄地区新型城镇化布局和发展研究》成果汇报会在济南召开。省城镇化工作领导小组办公室主任、省住房城乡建设厅厅长王玉志出席会议并讲话，省城镇化工作领导小组办公室专职副主任宋锡庆主持会议。省城乡规划设计研究院课题组对《济南都市圈发展战略研究》《山东沿黄地区新型城镇化布局和发展研究》两个研究成果进行了汇报，与会人员围绕研究课题进行了讨论交流，提出了意见建议。会议认为，课题紧紧围绕党的十九大报告、习近平总书记在中央财经委员会第五次会议、黄河流域生态保护和高质量发展座谈会上的讲话精神和省委省政府的决策部署，基础研究扎实、思路措施明确、成果质量较高，对于推动山东沿黄地区生态保护和城镇化高质量发展，发挥济南省会城市引领带动作用，具有重要意义。会议强调，课题研究要符合当前新形势新要求，提升战略研究视野，与山东省城镇体系规划相衔接，深化区域比较分析和体制机制研究，进一步提高研究成果的指导性、针对性和可操作性，为下步制定完善城镇化发展政策奠定基础。

【城镇化理论政策研究】 2019年，省住房城乡建设厅强化城镇化重大问题研究，启动了“十四五”重大课题——《城镇化稳定增长期政策机制创新研究》，为制订谋划城镇化下步思路措施奠定了理论和实践基础，该研究成果获得省政府2019年调研课题评选三等奖。抓住黄河流

2019年3月14日，中共山东省住房和城乡建设厅城镇化发展指导处支部到临清市开展城镇化发展调研暨支部共建活动，参观中共原清平县委旧址，接受党性教育 （常景国 摄影）

域生态保护和高质量发展上升到国家战略的机遇，加强跨省协作，开展《山东沿黄地区新型城镇化布局和发展研究》。将培育都市圈作为区域协调发展的重要抓手，完成《济南都市圈发展战略研究》《青岛都市圈发展战略研究》，发挥济南、青岛的带动引领作用。

【城镇化监测统计平台建设】 2019年，省住房城乡建设厅更新完善了省城镇化监测统计平台建设，设置1102项指标，整理入库1亿多条数据，涉及人口就业、经济发展、城市建设、社会发展、居民生活、生态环境6个方面，涵盖全国、省、市、县、镇、村六个层级。目前，平台已实现数据智能采集、一键查询、按需定制、多维演示和实时共享等功能，进一步优化手机APP功能，为全省城镇化高质量发展提供数据支撑。

（王德荣　王艳玲　申　伟）

（常景国　仲召国）

城市建设

- 2019 年 9 月 8 日—10 日，第二届山东省城市建设博览会在曲阜市举办
- 2019 年，全省综合管廊建设新增廊体 104.3 公里，全省累计在建长度 648.3 公里，形成廊体 555.1 公里，规模居全国第一
- 2019 年，全省新增海绵城市在建面积 466.9 平方公里，新增建成面积 366.4 平方公里，规模居全国前列
- 2019 年，全省城市（县城）清洁取暖项目完工 9774 万平方米，农村地区完工 162 万户

综 述

【概况】 2019年，省住房城乡建设厅按照住房城乡建设部和省委、省政府有关城市建设的部署要求，开展了山东省城市品质提升行动，稳步推进清洁取暖工作，不断深化城市水环境治理，全面做好城市排水防涝，不断强化城市供水设施建设，持续深化水气暖报装改革等中心任务。2019年，全省城市（县城）清洁取暖项目完工9774万平方米，农村地区完工162万户，均顺利完成建设任务。全省新增建成海绵城市面积253.9平方公里，新增形成综合管廊廊体90.7公里，海绵管廊建设规模均居全国前列。济南等4个城市先后被评为国家黑臭水体整治试点城市，黑臭水体整治试点城市数量与广东省并列第一。全省列入住房城乡建设部调度的201处易涝点完成整治193处。全面做好台风“利奇马”防御工作，省住房城乡建设厅城市建设处被省委、省政府评为山东省抗击台风抢险救灾先进集体。

【第二届山东省城市建设博览会】 2019年9月8日—10日，以“品质城市铸就美好生活”为主题的“第二届山东省城市建设博览会”在曲阜市举办。博览会为期三天，重点展示、宣传山东省住房城乡建设发展成就和城市基础设施建设新技术、新产品，旨在全面推进山东城市建设管理水平，助力产业赋能升级，打造品质城市。会场划分为室内和室外两大展区，设置了住房城乡建设新中国成立七十周年成就展、住房城乡建设新中国成立七十周年书画摄影展、城市基础设施技术与产品展三个主题展区。展会总面积35000平方米，参展企业近400家，展位近1500个，参观总人数近两万人次。

2019年9月8日—10日，第二届山东省城市建设博览会在曲阜孔子文化中心举办

2019年9月8日，中国（山东）城市建设和城市管理高峰论坛会场

城市品质提升

【概况】 2019年，省委、省政府高度重视城市品质提升工作，省政府工作报告提出了“实施城市品质提升行动，积极推进智慧城市、海绵城市、综合管廊建设”的目标要求。按照省委、省政府部署，省住房城乡建设厅迅速行动，扎实开展各项工作。经省政府同意，省住房城乡建设厅会同10个省直部门印发《关于〈山东省城市品质提升三年行动方案〉重点工作的指导意见》，细化深化行动具体内容和要求，指导地方开展工作。组织各市创建试点片区，评选一批试点项目（工程）、街道，发挥引领示范作用。开展城市品质提升评价，科学评估实施成效。

【行动方案制定】 2019年，省住房城乡建设厅在充分调研、借鉴兄弟省市先进经验的基础上，牵头起草了《山东省城市品质提升三年行动方案》，经省政府常务会议审议通过，印发实施。方案针对城市建设管理的薄弱环节和明显短板，将城市品质提升行动细化为风貌特色、蓝绿空间、空气洁净、道路交通、生活服务、治理能力、安全运行、文明素质8个专项行动，每个行动都有目标、有任务、有措施。

【会议部署】 2019年9月11日，省政府在济南召开全省城市品质提升三年行动动员视频会议，副省长刘强出席会议并讲话，对当前和今后一个时期重点工作进行安排部署。会后各市积极行动，通过出台相关文件或召开会议等形式对城市品质提升工作进行部署。

2019年8月27日，省政府新闻办举办《山东省城市品质提升三年行动方案》新闻发布会

2019年9月11日，省政府在济南召开全省城市品质提升三年行动动员视频会议

清洁取暖

【概况】 2019年，全省各级清洁取暖建设推进部门加强组织领导，落实工作责任，强化政策措施，加快推进清洁取暖项目建设。各市立足本地资源禀赋、经济实力、基础设施条件、居民消费能力等实际，选择差异化的技术路线，清洁取暖改造的适宜性和经济性较好。2019—2020年采暖季，全省清洁取暖工程运行安全稳定，未出现安全事故。

【计划制定】 2019年2月，省清洁取暖建设推进办公室成员单位会议召开，专题研究清洁取暖建设推进工作。经省政府同意，将2019年建设计划印发各地实施。2019年，全省清洁取暖城市（县城）计划新增7523万平方米，农村地区计划新增146.48万户。

【会议推进】 2019年，省住房城乡建设厅提请省政府分别召开推进清洁取暖工作专题会议、全省清洁取暖工作推进视频会议和清洁取暖工作专题会议，就推进完成清洁取暖建设任务、做好冬季集中供热和燃气安全工作进行部署安排，确保群众安全温暖过冬。

【清洁取暖建设任务完成】 2019年，经过各方面的共同努力，采暖季前，全省16地市城市（县城）清洁取暖项目完工9774万平方米，农村地区完工162万户（其中气代煤71万户、电代煤52万户、其他39万户），全面完成全年建设任务。其中7个通道城市城市（县城）清洁取暖项目完工5168万平方米，农村地区完工126万户（其中气代煤67万户、电代煤36万户、其他23万户）。

【供气保障】 2019年，省住房城乡建设厅及时调度新增气代煤气源需求，会同省能源局与三大油气公司对接，帮助协调解决7个通道城市新增用户燃气供应问题。督促城燃企业加快储气项目建设进度。2019年6月中旬，成立两个督导组，对进展缓慢的市进行了重点督导。

2019年1月31日，省领导等到济南热力集团有限公司浆水泉热源厂调研冬季供暖工作

2019年11月22日，省住房城乡建设厅和热力企业代表做客山东人民广播电台《阳光政务热线》特别节目“问”暖2019栏目，为群众解疑答惑

【供暖节能降耗】 2019年，省住房城乡建设厅组成冬季供暖节能降耗组，探讨工业余热集中供暖路径和推进措施。组织主管部门、供热企业与发电企业召开对接会。报请省政府同意，印发《全省工业余热和新能源供暖实施方案》。2019年，省大容量高效机组余热和新能源改造计划量为2275万平方米，完成5255.3万平方米，可节约煤炭消耗200万吨。

城镇燃气管理

【概况】 截至2019年，全省共有管道燃气经营企业345家，汽车加气企业609家，汽车加气站（包括CNG、LNG和合建站）956座；液化石油气企业1102家，液化石油气储罐总容量14.5万立方米；人工煤气企业4家。全省中压及以上管网长度6.2万公里，2019年老旧管网改造1037公里。

【燃气安全管理】 2019年3月，省住房城乡建设厅印发《关于立即开展城镇燃气安全隐患排查整治紧急行动的通知》，组织城镇燃气企业开展全覆盖的隐患排查、应急演练、安全宣传工作。9月，印发《关于深入开展瓶装液化石油气安全专项治理工作的通知》，落实经营许可管理，严格执行钢瓶标识制度。针对农村地区用气特点，落实村级专职安全员，做好入户安全宣传工作，加强应急预案编制和演练。全省各级燃气管理部门严格落实监管责任，积极组织开展各类燃气安全检查，累计排查整改各类燃气安全隐患（安全运行、用户安检）5万余处。

【打击盗气专项行动】 2019年1月，省住房城乡建设厅会同省公安厅印发《关于进一步加强天然气盗用整治工作的通知》，严厉打击盗用天然气等违法犯罪行为，加强城镇燃气管道的巡检，通过入户安检的方式，排查私接乱改、破坏燃气设施等不法行为，确保城镇燃气管网安全平稳供气。

污水处理

【概况】 2019年，全年争取省级财政资金2.5亿，推进城市雨污分流建设，新建污水管网1164.8公里，改造合流制管网757.7公里。新建21座污水厂，新增处理能力65万吨/日；全省建成运行城市污水处理厂321座，形成污水处理能力1630万吨/日，其中有320座达到一级A或再生利用标准排放。

【污水处理提质增效】 2019年9月，经省政府同意，省住房城乡建设厅、省生态环境厅、省发展改革委印发《山东省城市污水处理提质增效三年行动细化方案（2019—2021年）》。对全省城

2019 年 11 月 6 日，全省城市水务行业重点工作推进会在潍坊市召开，与会代表到潍坊市污水处理厂参观

2019 年，滕州市在城市深基坑排水中广泛推广应用“共享蓝管”系统技术

市黑臭水体整治工作实行月调度和季通报制度。结合中央生态环境保护督察整改督战，组织五批次到各地现场调研检查。

【城市黑臭水体治理】 2019 年，全省设区市城市共排查出 166 条城市黑臭水体，完成工程整治 166 条，完工率 100%。全省县城（县级市）建成区共排查出 104 条黑臭水体，完成整治 85 条，整治完工率 82%。济南、青岛、临沂、菏泽等 4 个城市先后被评为国家黑臭水体整治试点城市，黑臭水体整治试点城市数量与广东省并列第一。省住房城乡建设厅作为丁字湾联系单位，配合生态环境部门推进丁字湾湾长制落实工作，加快推进丁字湾区域城镇污水处理厂及配套设施建设改造工作，消除城市黑臭水体。2019 年 10 月，副省长于国安在青岛即墨巡湾并召开座谈会进，督促当地进一步落实湾长制相关工作。

城市防汛

【概况】 2019 年，省住房城乡建设厅全面做好城市防汛工作，召开全省视频会议进行部署。全省建成重要地段防汛视频监控点、城区河道水位监测点 4800 余个，在危险地段检查井累计安装防坠落装置 20 余万套，242 座城市下沉式立交桥安装了积水警示系统。截至 2019 年 9 月底，列入住房城乡建设部调度的 201 处易涝点，完成整治 193 处。省住房城乡建设厅城市建设处被省委、省政府评为山东省抗击台风抢险救灾先进集体。

【抢险救灾】 2019 年，台风“利奇马”影响山东省期间，省住房城乡建设厅连续印发 8 份紧急通知，赴青岛、临沂驻守督导，组织房屋鉴定、供排水、市政道路等 40 名专家，开展台风防御和灾后抢险救灾技术指导。强降雨期间，全省各城市共组织 1227 支城市应急抢险队伍，累计出动城市防汛抢险人员 17.85 万余人次，出动抢险车辆 14300 台和移动排涝设备 12541 台，有效保障了城市安全运转。参与灾后家园建设组工作专班工作，协调推进受灾房屋安全检测鉴定和恢复重建。

市政管廊和海绵城市建设

【市政道路设施建设】 2019年，全省开工建设投资1000万元以上市政道路工程240个，总投资390亿元。其中，济南市虞山大道及综合管廊工程、青岛市新机场高速连接线工程、临沂市蒙山高架路北延工程投资分别达到14.47亿元、20亿元、9.9亿元。16个设区市实施公共停车设施项目106个，提供车位2.99万个。

【综合管廊建设】 2019年，省住房城乡建设厅会同省财政厅下发补助资金0.4亿元支持综合管廊建设。2019年新增形成廊体104.3公里，全省累计在建长度648.3公里，形成廊体555.1公里，规模居全国第一。为提高管廊利用效率，发挥管廊效益，省住房城乡建设厅会同10部门制定《关于积极推进城市地下管线入廊管理工作的通知》。青岛和威海管廊试点通过国家专家组评估验收。

【海绵城市建设】 2019年，省住房城乡建设厅会同省财政厅，下发补助资金2.3亿元支持海绵城市建设。2019年新增在建面积466.9平方公里，新增建成面积366.4平方公里。全省累计开工面积2064.3平方公里，其中累计建成面积1325.2平方公里。发布了《海绵城市建设工程施工及验收标准》，组织开展了海绵城市建设典型案例编制工作，选编各市优秀案例40余个。济南和青岛海绵城市试点通过国家专家组评估验收。

【市政施工安全】 2019年，省住房城乡建设厅开展两轮市政工程安全生产及扬尘整治暗访检查，一次“回头看”，并通报全省情况，督促整改。组织开展了全省市政工程施工安全管理人员职业技能竞赛，1000余人参加预赛，48人参加决赛。编制发布《城市道路工程现场文明施工管理标准》，组织一级企业宣贯。全省市政工程施工生产安全形势稳定。

【城市桥梁安全】 2019年，省住房城乡建设厅制定《山东省城市桥梁安全防护设施隐患排查整治工作方案》，排查在用城市的桥梁防撞护栏设置情况，明确管理单位职责，开展护栏升级改造工作。印发《关于加强城市桥梁管理排查消除安全隐患的紧急通知》，吸取无锡高架桥侧翻事故教训，部署加强单支座桥梁安全管理，派专家组分赴济南、青岛、临沂市进行技术指导服务。

2019年，济南市建设的海绵城市二环南路项目

2019年，济宁市建设的任城路王母阁路综合管廊

2019年山东省海绵城市建设进展情况表

单位：平方公里

城市	2019年建成计划面积	2019年新增建成面积	累计建成面积
全省	191.6	366.4	1325.2
济南	29.2	32.7	105.6
青岛	34.9	44.2	193.9
淄博	13.8	17.6	65.4
枣庄	7.7	16.9	47.3
东营	7.6	13.5	40.3
烟台	16.6	39.1	120.5
潍坊	9.0	28.7	169.5
济宁	11.1	29.1	82.9
泰安	7.8	15.5	69.7
威海	9.7	12.9	55.0
日照	5.4	10.4	30.1
临沂	11.5	15.7	90.2
德州	7.8	31.0	83.3
聊城	5.2	15.3	44.4
滨州	7.0	19.2	65.9
菏泽	7.3	24.6	61.2

2019年山东省综合管廊建设进展情况表

单位：公里

城市	2019年建设计划长度	2019年新增建成长度	累计已建成长度
全省	23.82	104.3	555.1
济南	1.93	12.8	54.8
青岛	—	0.8	53.5
淄博	—	3.7	26.7
枣庄	—	10.2	35.3
东营	4.52	0.4	20.7

续表

城市	2019 年建设计划长度	2019 年新增建成长度	累计已建成长度
烟台	0.65	9.4	26.4
潍坊	2.55	9.8	34.1
济宁	2.50	4.7	30.9
泰安	—	3.7	21.7
威海	—	5.5	39.7
日照	0.60	5.3	59.7
临沂	—	18.2	83.6
德州	—	9.0	22.2
聊城	4.75	9.4	19.3
滨州	—	1.4	8.3
菏泽	6.32	0.0	18.2

城市供水

【概况】 2019 年，全省完成城市供水管网改造 760 公里，其中改造服役超过 50 年的落后管网和管材 300 公里；供水管网新建完成 2000 公里；新增供水能力（包括新建和扩建）50 万立方米 / 日，供水水厂改造规模 65 万立方米 / 日；新增一户一表 55 万余户。

【供水水质保障】 2019 年，省住房城乡建设厅对全省共 97 个市、县城市供水厂水质进行抽查检测，组织对发现的问题进行整改。对重点市县供水厂及配套水源建设情况进行每月调度，对部分市县水质情况进行现场调研指导。

【供水规范化管理】 2019 年，按照住房城乡建设部有关文件要求，省住房城乡建设厅组织开展了 2018 年度全省城市供水规范化管理和二次供水管理考核评价，组织地方自评、市级复核，抽调专家对部分地区重点抽查。根据 2018 年度城市供水规范化管理考核结果，结合往年城市供水规范化管理工作情况，对 2 市 4 县进行约谈，提高供水企业管理水平。

城市节水

【城市节水宣传活动】 2019年5月11日—17日是第28届全国城市节水宣传周，省住房城乡建设厅为贯彻“建设节水城市，推进绿色发展”理念，联合济南市城乡水务局于5月11日在济南和瑞广场举行城市节水宣传周启动仪式，活动现场，向荣获2018年山东省和济南市节水型企业（单位）、社区进行颁奖，为节水志愿者授旗，并参观了济南市城市供水、节水、海绵城市、水生态文明建设成就展。

【国家节水城市创建】 2019年5月，住房城乡建设部和国家发展改革委发布关于命名第九批（2018年度）国家节水型城市的公告，淄博市、滨州市和安丘市榜上有名，获得第九批国家节水型城市称号。自2001年开展国家节水型城市创建活动以来，全国共有97个城市先后获得“国家节水型城市”的称号，山东省有济南、青岛、淄博、东营、潍坊、日照、威海、烟台、泰安、滨州、肥城、新泰、青州、寿光、安丘、海阳、龙口、蓬莱、乳山等19个国家节水型城市，约占全国的20%，节水型城市数量位居全国前列，为促进经济社会可持续发展、改善城市水环境和生态文明建设作出了积极贡献。

【节水型城市评价】 2019年，省住房城乡建设厅按照《山东省城市节水评价实施细则》要求，会同省发展改革委、省工业和信息化厅、省水利厅、省市场监管局，对德州市、济宁市和菏泽市3市进行城市节水现场评价，对莱阳市、莱州市、广饶县、莒县和五莲县5市（县）进行省级节水型城市现场复查。

【省级节水型企业和社区评选】 2019年，省住房城乡建设厅、省发展改革委和省工业和信息化厅联合印发《山东省省级节水型企业（单位）、社区（居住小区）评价办法》。全省16设区市中有14个设区市的316家企业（单位）、社区（居住小区）提交了节水型企业（单位）、社区（居住小区）申报材料，三部门及相关专家组成专家组，对申报材料进行了审查，151家企业（单位）、114家社区（居住小区）达到

2019年5月11日，省住房城乡建设厅联合济南市城乡水务局，举行城市节水宣传周启动仪式

了省级节水型企业（单位）、社区（居住小区）评价标准要求。其中济南市10家、青岛市27家、淄博市27家、枣庄市33家、东营市10家、烟台市43家、潍坊市37家、济宁市20家、泰安市12家、威海市4家、日照市23家、临沂市5家、滨州市8家、菏泽市6家。

【积极应对旱情】 2019年，省住房城乡建设厅积极应对上半年旱情，做好抓节水保供水工作，对水库蓄水量少于60天、地下水水位下降严重、已经采取限时或者定时水的地区进行调度，指导做好应急供水工作。

水气暖报装

【概况】 2019年1月，省住房城乡建设厅会同济南市赴北京、上海、合肥开展用水报装专项调研，学习借鉴三个城市在办理环节、办理时间、申请材料等方面好的做法。2月，召开全省简化水气暖报装调度推进会。3月11日，印发《关于调度简化水气暖报装专项行动进展情况的通知》，对各市报装服务进政务大厅、网上办理、申请材料和办理时间压减等情况专项调度。

【水气暖报装简化】 2019年2月，省住房城乡建设厅发布《关于进一步做好简化水气暖报装专项行动的通知》，对水气暖报装时限再缩短，不含设计、施工的供水企业内部办理时间控制在7个工作日以内，供气、供热企业办理时间控制在10个、25个工作日以内。同时要求，报装受理进驻政务服务大厅（中心）。要求单位（集体）申请人的授权委托书、经办人身份证复印件、规划许可证等3项资料不再需要提供，申报材料减少到2项（申请表、图纸）以内。报装环节进一步合并精简，能并联办理的全部并联办理，减少专营企业内部审批层级。

（崔森　魏翔宇　高光洋）

城市管理

- 截至2019年6月底，全省累计查处城市违法建设32403.2万平方米，依法拆除29072.71万平方米，整改3330.5万平方米，基本完成全省城市建成区既有违法建设治理任务
- 2019年，全省共无害化处理生活垃圾约2743.73万吨，其中焚烧处理占比69%
- 2019年，平度市、梁山县、鱼台县、莘县4市（县）达到省级园林城市（县城）标准，全省提前实现省级园林城市（县城）全覆盖
- 2019年11月11日，全省城市精细化管理工作现场会在临沂召开

综 述

【概况】 2019年，省住房城乡建设厅城市管理局坚持问题导向，补短板、强弱项，夯实行业基础，打造亮点品牌，实施人居环境四项提升行动，抓好市容环卫、园林绿化、城市管理三大行业管理。深入开展中央环保督察及“回头看”反馈整改，搞好高铁沿线环境治理，打赢城市违法建设治理“歼灭战”，打响住建领域蓝天保卫战，人居环境进一步改善。积极推进城乡生活垃圾分类，大力推进垃圾处理设施建设运行，深入推进城乡环卫一体化。实施园林绿化提升工程，持续推进国家园林城市（县城）创建，开展省级园林城市（县城、城镇）评价，实施绿道建设三年行动。完善城市管理标准体系，深入开展城管执法“强、转、树”行动，逐步实现城市管理规范化、精细化、智能化。

2019年10月21日，山东省第十二届城乡环境卫生设施设备与固体废弃物处理技术博览会举行，图为省住房城乡建设厅副厅长、党组成员周善东（中）参观博览会

【中央环保督察及“回头看”反馈问题整改】 2019年，省住房城乡建设厅城市管理局牵头做好中央环保督察及“回头看”反馈问题整改工作。加强工作部署，研究制定了《贯彻落实中央环境保护督察“回头看”及大气污染防治专项督察反馈意见整改方案》并上报省整改工作领导小组，印发《关于进一步加强生活垃圾渗滤液无害化处理工作的通知》等系列文件，先后多次召开厅环保工作专题会议、整改工作领导小组办公室会议。强化督导督战，开展全省专项督导，成立第五督战队，对全省16设区市及90个相关县（市）共174个问题开展了实地督导。加强约谈通报，约谈整改进度缓慢的11个设区市及所辖18个县（市、区）负责领导。全面举一反三，制定《山东省生活垃圾填埋场无害化等级评价复核实施细则》，明确了垃圾填埋、渗滤液处理等管理标准，对19个生活垃圾填埋场开展了无害化等级评价工作。截至2019年底，中央环保督察反馈的全省58个超负荷运行的生活垃圾无害化处理设施，有37个完成整改；新增生活垃圾处理能力2.34万吨/日；123个垃圾渗滤液处理能力不足的垃圾处理设施，114个完成整改；255万吨存量渗滤液，完成处置217.77万吨，整改完成率为85.4%，各项整改工作均达到了整改序时进度要求，并委托第三方对57个整改完成项目进行了实地验收。

中央环保督察“回头看”反馈的蓬莱市、临沭县渗滤液处置问题、泰安市城市生活垃圾综合处理场处置设施运行不稳定及部分渗滤液外排污染周边水体等问题整改完成，进入验收销号程序；沂源县渗滤液排放不达标问题完成整改，焚烧发电项目配套200吨/日渗滤液处理设施有序推进建设，2020年底前建成运行。

2019年11月11日，全省城市精细化管理工作现场会在临沂召开，图为与会代表观摩兰山区城市精细管理现场　　（魏素贞　供稿）

【全省城市精细化管理工作现场会】 2019年11月11日，全省城市精细化管理工作现场会在临沂召开。此次会议总结全省城市精细化管理工作，分析了全省城市精细化管理工作面临的新形势和新任务，并从加强队伍建设、升级标准规范、提高管理和执法效能、推进智慧化城市管理、创新城市治理、强化组织领导和监督考核等方面，对下一步全省城市精细化管理工作提出了明确要求。会议推广临沂、济南等市先进经验。省住房城乡建设厅一级巡视员孙松青，各市城市管理部门负责人和数字化城管中心负责人、扩权强县试点县市城管局负责人员共计200余人参加此次会议。

铁路沿线环境综合治理

【概况】 2019年，山东省组织开展鲁南高铁沿线环境整治和全省高速铁路沿线环境综合整治，截至年底，共排查发现影响安全和环境问题12039个，整治完成率100%，有力保障了铁路安全，改善了沿线环境。

【鲁南高铁沿线环境整治】 2019年5月，省政府召开专题会议，部署实施鲁南高铁沿线环境综合整治。6月，副省长刘强在曲阜市召开鲁南高铁沿线环境综合整治现场推进会，研究部署鲁南高铁沿线环境综合整治工作。省城乡环卫一体化联席会议办公室建立周调度制度，组织相关成员单位对鲁南高铁沿线市、县（市、区）进行了专项督导，组织开展第三方验收，并将工作情况向全省通报。截至2019年底，鲁南高铁日照至曲阜段沿线环境和安全隐患问题整治完成率达100%，完成全省铁路环境综合整治实施意见规定任务，保障鲁南高铁顺利通车。

【全省高速铁路沿线环境综合整治】 2019年

2019年10月22日，济南石济客专天桥区桑梓店节点环境整治后（聂沂 摄影）

2019年12月，京沪高铁济南市槐荫区王府片区段铁路沿线环境整治后

11月，为深入贯彻习近平总书记重要指示精神，落实中央领导批示精神，经省政府同意，省住房城乡建设厅等部门联合印发了《全省高速铁路沿线环境综合整治工作实施方案》，开展为期2个月的整治行动，山东境内7条高铁沿线共摸排出8807个环境和安全隐患问题。

城乡环境卫生

【概况】 2019年，省住房城乡建设厅抓好中央环保督察及“回头看”反馈问题整改，补齐生活垃圾及渗滤液处理设施短板，积极推进垃圾分类，深入推进城乡环卫一体化。截至年底，中央环保督察及“回头看”各项反馈问题整改工作均达到序时进度要求，全省建成运行垃圾处理场（厂）126座，全年共无害化处理生活垃圾约2743.73万吨，生活垃圾分类取得重要阶段成效，城乡环卫一体化长效机制进一步完善。

【生活垃圾分类试点】 2019年，省委、省政府高位部署，省委书记刘家义、省长龚正多次就生活垃圾分类工作作出批示要求；副省长刘强先后10余次到试点市、县调研指导，组织召开试点工作座谈会、推进会和现场会，研究部署示范推进工作。省住房城乡建设厅完善政策机制，会同

2019年4月30日，济南市城管局城肥清运管理一处职工陈国瑞作为“全国向上向善好青年”代表，受邀到人民大会堂参加纪念五四运动100周年大会

2019年1月，泰安生活垃圾焚烧发电项目二期续建工程投产运营，日处理生活垃圾总规模达到了2000吨，可满足泰安市未来十年垃圾无害化处理的需要 （王长柏 摄影）

有关部门先后印发了《做好城市生活垃圾分类减量试点工作的指导意见》《城市生活垃圾分类投放和分类收运指南》《省直机关生活垃圾分类工作实施方案》《开展农村生活垃圾分类试点工作的指导意见》《山东省城市生活垃圾分类制度实施方案》等系列政策文件，起草完成《山东省城乡生活垃圾分类技术规范》，初步建立了全省生活垃圾分类政策标准体系。为明确技术路线，省住房城乡建设厅先后赴浙江、上海等先进省市学习调研，会同省政府研究室赴济南、青岛等6市、县进行调研，指导试点市、县因地制宜确定“四分法”技术路线。积极推进分类投放、收集、运输和处置设施建设，不断完善垃圾末端处理体系，提升分类处理能力。加强宣传引导，通过开展形式多样的宣传教育活动，普及垃圾分类知识，培养居民分类习惯。截至2019年底，济南、青岛、泰安3个国家生活垃圾强制分类试点城市编制完成生活垃圾分类实施方案，城区共有街道149个、社区1300个、居民359.95万户，其中，开展分类试点的街道149个、社区1269个、居民约324.95万户，覆盖率分别为100%、97.61%、90.28%，形成了一批可复制、可借鉴、可推广的先进经验和模式。淄博市博山区、邹城市、荣成市、郓城县、单县5个省级垃圾分类试点县（市、区）所辖的90个乡镇（街道）、3101个行政村中，有67个乡镇（街道）、2285个行政村启动生活垃圾分类，覆盖率分别为74.44%，73.68%。

2019年10月20日，青州市垃圾焚烧发电项目实现商业试运行，工程总投资4.8亿元，可日处理生活垃圾800吨，年上网电量6675.72万千瓦时 （张建武 供稿）

【垃圾处理设施建设】 2019年，省住房城乡建设厅加强调度、督导及约谈工作力度，按照“十三五”计划推进全省生活垃圾焚烧和餐厨垃圾处理设施建设。截至2019年底，全省建成运行垃圾处理场（厂）126座，设计处理规模约7.76万吨/日；全年共无害化处理生活垃圾约2743.73万吨，其中焚烧处理占比69%。

【非正规垃圾堆放点整治】 2019年，省住房城乡建设厅将非正规垃圾堆放点排查整治作为重点内容，持续开展实地督战，加大农村地区非正规垃圾堆放点整治力度，对已经完成整治并通过市级验收销号的堆放点进行复核。组织开展“城乡环境大清扫、干净整洁迎国庆”集中整治，对涉农乡镇进出道路、房前屋后、沟渠河道、田间地头等区域卫生死角进行拉网式排查清理。2019年，山东省在住房城乡建设部信息系统的146个非正规垃圾堆放点，整治完成145个。

【城乡环卫一体化暗访】 2019年，省住房城乡建设厅印发《关于认真落实问题整改 全面加强城乡环卫一体化工作的通知》，督促相关城市强化组织领导，开展城乡环卫一体化“回头看”，保持工作常态长效。针对部分市、县（市、区）农村环卫状况出现反弹问题，2次约谈了烟台、菏泽等11个设区市及所辖18个县（市、区），督促整改到位。组织开展“城乡环境大清扫、干净整洁迎国庆”集中整治。委托第三方专业机构，采取随机抽查的方式，对全省16个设区市、62个区县及所属乡镇村庄开展暗访评估工作，并进行量化排名。全省被暗访的882个村（居）中，有825个合格，合格率为93.54%，相比2018年合格率提高了4.54%。对暗访发现的问题，责成有关县（市、区）限时整改。

违法建设治理

【概况】 2019年，省城市违法建设治理领导小组办公室会同相关成员单位，指导各地科学制定实施方案，明确年度工作计划，落实责任，压实任务；分批次向社会公布拆除台账，接受社会监督，并严格实行销号管理。坚持齐抓共管，指导各地按照“先政府后百姓、先党员后群众”的原则推进拆违，同步跟进“违法问责、失职追责”，联合多部门对拒不拆除的违建当事人实施联合惩戒，有力震慑违法建设行为。加强规范治理，指导各地严格依法依规治理，因地制宜细化完善违建处置办法，规范行政执法裁量权。深入推进长效治理，工作重点逐步从大规模拆除向啃“硬骨头”、拔“钉子户”转移，治理工作重心向小区内部、群众身边延伸；拆除整改了一批社会关注度高的“钉子户”“别墅区”，获得群众点赞。

2019年5月6日，烟台市芝罘区违法建设拆除现场（秦邵辉 摄影）

【违法建设治理成效】 2019年1至6月份（根据省委省政府部署，该项工作上半年结束），全省共查处城市建成区违法建设3923.92万平方米（其中存量违法建设3842.48万平方米、新增违法建设81.44万平方米），依法拆除3835.47万平方米（其中存量违法建设3764.07万平方米、新增违法建设71.40万平方米），整改88.45万平方米。全省累计查处城市违法建设32403.2万平方米，依法拆除29072.71万平方米，整改3330.5万平方米，基本完成全省城市建成区既有违法建设治理任务。

扬尘治理

【概况】 2019年，省住房城乡建设厅加强谋划部署，印发了住建领域蓝天保卫战实施方案，转发《住房和城乡建设部办公厅关于进一步加强施工工地和道路扬尘管控工作的通知》《关于切实加强全省冬季城市建设扬尘防治工作的通知》，部署打响住建领域蓝天保卫战。加强督导检查，指导各市建立施工工地扬尘管控清单，对建设工地扬尘防治实行月调度、季通报制度。按照省政府部署，开展大气污染重点整治专项行动；参与省人大常委会“一法一条例”执法检查并跟踪整改。组织开展全省扬尘治理成效第三方暗访核查，将评分结果进行排名通报。规范渣土运输管理，实施渣土运输市场准入和退出制度，实行运输企业信用等级管理，实行渣土运输时间、路线等信息备案制度。指导各地建立住建、城管、公安交警等部门定期会商制度，加强联合执法。推进道路深度保洁常态化，开展深度保洁示范路创建活动，扩大机械化保洁覆盖范围，采取冲、刷、洗、扫综合作业方式，提高城市道路保洁质量和效率。

【房屋建筑工地扬尘治理专项行动】 2019年，省住房城乡建设厅按照“预控为主、综合治理、注重长效”的原则，压实责任，强化督查，深入开展房屋建筑工地扬尘污染防治专项行动。全省城市和县城规划区内建筑面积1万平方米以上（以下简称规模以上）房屋建筑工地7508个，全面落实施工区域围挡、裸土及产尘物料堆放覆盖、施工场地洒水清扫、出入车辆冲洗、

汶上县圣源建筑工程有限公司全面落实省住房城乡建设厅建筑工地扬尘治理各项措施，配置洗车机、喷雾车，并在基坑、塔吊、围挡处安装喷淋设备。图为2019年4月29日，该公司对工地进行喷雾抑尘
（刘景栋　摄影）

施工道路硬化、渣土车辆密闭运输等六项扬尘防治措施；规模以上土石方建设工地全面安装视频监控系统和在线监测系统。2019年，全省对建筑工地扬尘治理实施行政处罚1729起，处罚金额2625.2万元。

【建设扬尘治理成效】 截至2019年底，各市均建立建设扬尘管控清单，全省城市和县城规划区内，规模以上房屋建筑工地7508个，工期超过3个月的市政工地461个，全面落实扬尘治理“六项措施”；规模以上房屋建筑拆除工地188个，全面落实扬尘治理“五项措施”。全省核准渣土运输企业1329家，渣土车共计26116台，全部实现密闭运输，安装GPS的24932台，达标率95.5%。全省城市及县城快速路、主次干道保洁面积53334万平方米，机扫率、洒水率达到94%以上，深度保洁率达到45%以上；城市及县城支路、慢车道、人行道保洁面积25425万平方米，机扫率、洒水率达到70%以上。

园林绿化

【概况】 截至2019年底，全省设市城市和县城园林绿地面积31.8万公顷，其中，建成区25.9万公顷，建成区绿地率达到37.26%；公园绿地面积8.5万公顷，人均公园绿地面积17.31平方米；绿化覆盖面积36.9万公顷，其中建成区28.8万公顷，建成区绿化覆盖率达到41.48%。全省实现省级园林城市（县城）全覆盖，其中国家级园林城市（县城）55个。

【园林城市创建】 2019年，省住房城乡建设厅积极支持、指导东营等10个市、县（市）申报国家（生态）园林城市（县城），东营市通过住房城乡建设部国家生态园林城市综合评审，邹城市、昌邑市通过国家园林城市综合评审，蒙阴县、齐河县、惠民县、郓城县通过国家园林县城综合评审。截至2019年底，全省国家级园林城市（县城）达到55个，其中，国家生态园林城市1个、国家园林城市30个、国家园林县城24个，国家园林城市数量位列全国第一。

【园林城市复查】 2019年，省住房城乡建设厅印发《关于做好2018年度国家生态园林城市、国家园林城市（县城、城镇）复查工作的通知》，认真对照《国家园林城市系列标准及申报评审管理办法》的要求，组织开展了2018年度全省国家生态园林城市、国家园林城市（县城、城镇）复查工作。经复查，各地建成区绿地率、城市公园绿地服务半径覆盖率、建成区人均公园绿地面积最低值、城市污水处理率、城市生活垃圾无害化处理率等否决性指标均达到国家园林城市标准要求；城市园林绿化综合管理、绿地建设、建设管控、生态环境、市政设施、节能减排、社会保障等指标总体达到了国家标准；各地综合评分情况均满足国家园林城市标准。

【省级园林城市（县城）评价】 2019年，省住房城乡建设厅根据《山东省城市（县城）园林绿化评价办法》要求，组织开展了2019年省级园林城市（县城）评价工作。经材料审查、遥感测试、实地考查、综合评审，平度市、梁山县、鱼台县、莘县4市（县）达到省级园林城市（县城）标准。截至2019年底，全省实现省级园林城市（县城）全覆盖，提前完成了省政府《关于转发省住房城乡建设厅山东省城市园林绿化服务业转型升级实施方案的通知》提出的“2020年前，所有城市（县城）达到省级以上园林城市标准”的工作目标。

2019年12月，昌邑市被评为国家园林城市。图为昌邑市北海公园

【省级园林城镇评价】 2019年，省住房城乡建设厅印发了《关于做好2019年全省省级园林城市（县城、城镇）评价工作的通知》要求，组织开展了2019年全省省级园林城镇评价工作。参照《国家园林城镇标准》要求，对全省33个申报评价的建制镇（区）进行了材料审查、现场考查、综合评审，最终认定郑路镇、石马镇、店子镇、冯卯镇、西集镇、孤岛镇、胜坨镇、龙居镇、柳疃镇、官庄镇、凌河镇、蒋峪镇、枳沟镇、邵庄镇、大束镇、东疏镇、白沙滩镇、招贤镇、上冶镇、马集镇、赵官镇、潘店镇、兴隆镇、随官屯镇24个建制镇达到省级园林城镇标准。截至2019年底，全省园林城镇数量达37个；国家级园林城镇2个。

2019年12月，青岛西海岸蓝湾绿道被评为“山东省最美绿道”

【城市园林绿化品质提升】 2019年，根据省政府办公厅《关于印发山东省城市品质提升三年行动方案的通知》的部署要求，省住房城乡建设厅按照“蓝绿空间提升行动”明确的重点工作内容，指导各地大力实施城市绿道、立体绿化和山体修复等工程，规划建设贴近群众的街头游园、山体公园、滨河公园，构建山清水秀、蓝绿交织的开敞空间。

【绿道建设集中行动】 2019年，省住房城乡建设厅研究制定了《推进全省绿道建设专项工作方案》，组织编制了省级绿道规划，印发了《山东省绿道建设技术指引》，进一步明确各地绿道建设重点任务、建设标准及推进措施，加强对各地绿道建设的政策技术指导。截至2019年底，全省建成各类城市绿道4000余公里。

【山东省最美绿道评价】 2019年，省住房城乡建设厅印发了《关于开展第一批“山东省最美绿道”评价工作的通知》，在全省组织开展了第一批“山东省最美绿道”评价工作，经各地申报推荐、省级综合评价、公众投票、网络公示，最终认定青岛西海岸蓝湾绿道等15条城市绿道达到“山东省最美绿道”标准，起到了良好宣传示范效果。

数字化城市管理

【概况】 2019年，省住房城乡建设厅研究制定《山东省数字化城市管理系统省市对接方案》，以烟台、潍坊、德州市为试点，完成省市数字化城市管理平台对接工作，以点带面，指导其他设区市全面展开对接工作。建立完善智慧化城市管理平台标准，研究起草《山东省智慧化城市管理建设导则》《山东省智慧化城市管理平台建设标准》，搭建城市综合管理服务平台，加快构建感知、分析、服务、指挥、监察“五位一体”的“城市大脑”。依托视频监控和人工智能技术，探索执法管理新方法，结合人巡、车巡与视频巡查相结合的方式，加强对市容市貌的监督检查；推广安丘市“非接触性”执法与非诉强制执行相结合的方式，树立城管执法权威。

2019年，临沂市城市管理指挥中心大厅及智慧城市管理系统平台投入运行，助力临沂市城市精细化、智能化管理工作走在全省乃至全国前列

（朱孔杰　摄影）

【数字化城市管理成效】 2019年，省住房城乡建设厅认真贯彻落实中央城市工作会议精神，研究制定智慧化城市管理建设导则和平台标准，指导各市加快推进市、县互联互通，进一步提升智慧化城市管理水平。截至2019年底，全省96个市、县已经全部完成数字城管平台的建设工作，实现了全覆盖。

（石峰　颜景悦）

房地产业与住房保障

- 2019年，全省新建商品住宅网签成交面积12672.1万平方米，比上年下降5.4%；成交均价每平方米7606元，上涨15.8%，低于全国平均涨幅1.5个百分点
- 2019年，全省棚户区改造开工22.4万套、基本建成18.7万套，年度计划完成率分别为104.7%、172.9%
- 2019年，全省扎实开展物业行业文明创建"标准建设年"活动，发布实施《物业服务规范》系列地方标准，修订现有标准7项，新增基础服务和高铁站等物业服务标准4项
- 2019年，全省新增住房公积金缴存额1308.0亿元，提取额909.9亿元，发放公积金贷款717.4亿元，分别比上年增长9.3%、7.3%和16.4%

综　述

【概况】 2019年，山东省坚持房住不炒定位，房地产市场运行平稳，实现稳地价、稳房价、稳预期目标。全省新建商品住宅销售面积11429.0万平方米，比上年（下同）下降2.8%；全省商品住宅库存14472.7万平方米，去库存周期13.7个月，处于合理区间。全年棚户区改造开工22.4万套、基本建成18.7万套，年度计划完成率分别为104.7%、172.9%。住房租赁补贴扩面增量，国家下达任务3.05万户，全年发放4.14万户，年度计划完成率135.9%。全年开工改造老旧小区935个、21.6万户、1841.2万平方米，全部完成年度计划。推进公积金缴存扩面，全年新增缴存额1308.0亿元，提取额909.9亿元，发放公积金贷款717.4亿元，分别增长9.3%、7.3%和16.4%。

【老旧小区整治改造】 2019年，全省年度老旧小区计划改造项目935个，涉及居民21.6万户，截至2019年底全部开工，年度目标全面完成。积极向上争取支持，经省政府同意，向住房城乡建设部提交了申报全国老旧小区改造试点省工作方案，被住房城乡建设部确定为全国老旧小区改造试点省。迎接了国家城镇老旧小区改造第一调研组调研，省老旧小区改造工作经验和做法得到国家调研组的充分肯定。扎实进行试点准备，加大对老旧小区改造难点问题的调研，起草全省老旧小区改造“4+N”模式试点方案，省委、省政府主要领导都作出重要批示。组织各市筛选生成了一批试点项目，部署开展了老旧小区摸底调查，启动了《山东省老旧小区改造提升技术导则》编制，督促各市完善了改造标准，提高老旧小区改造品质。

2019年5月，省住房城乡建设厅党组书记李力（右一）在德州市德城区调研棚改项目建设

【“广厦奖”项目】 2020年3月31日，中国房地产业协会、住房城乡建设部住宅产业化促进中心共同组织第九届（2019—2020年度）“广厦奖”评选工作，经严格评审、公示等程序，第一批共56个项目符合“广厦奖”标准并颁发奖牌和证书。山东省7个项目获奖，数量居全国第一。

房地产市场监管

【概况】 据统计数据，2019年全省新建商品住宅销售1.14亿平方米，比上年减少2.8%；12月底新建商品住宅库存1.45亿平方米，去化周期13.7个月，供需基本平衡。2019年全省完成房地产开发投资8615亿元，增长14.1%；销售商品房12727万平方米，减少5.4%；实现销售额10271亿元，增长2%。

【房地产市场调控】 2019年，省住房城乡建设厅坚决贯彻党中央、国务院房地产工作有关决策部署，不断提高政治站位，牢牢把握"房子是用来住的、不是用来炒的"定位，进一步落实城市主体责任，保持调控政策的稳定性连续性，认真落实国家稳地价、稳房价、稳预期的要求，坚决防范化解房地产市场风险，努力促进房地产市场平稳健康发展。制定《防范化解房地产市场风险专项工作方案》，提请省政府办公厅印发《山东省房地产市场风险防控预案》，指导各城市根据当地实际编制风险防控预案，分级分类提出防控和应对措施，坚决防范和化解房地产市场风险。稳妥推进"一城一策"试点，指导济南、青岛2市，认真编制房地产市场调控"一城一策"试点工作方案，督促两市按照工作方案，认真组织、稳妥推进试点工作。

【房地产市场监测】 2019年，省住房城乡建设厅坚持房地产交易数据日报和定期分析制度，加强监测分析，对异常波动迅速调度分析，提出对策建议，累计9次向有关城市发出警示函，提出调控要求。

【房屋网签备案系统全国联网】 2019年，省住房城乡建设厅努力推进房屋网签备案系统全国联网，全省16个设区市及所辖县（市、区）全部完成与住房城乡建设部联网，为建立全国房地产市场监测体系奠定基础。

【规范房地产市场秩序】 2019年，省住房城乡建设厅持续规范房地产市场秩序，开展房地产市场乱象治理、中介市场专项整治和住房租赁中介机构乱象专项整治，全省检查9000多家中介机构，分三批通报了112起违法违规

济宁市兖州区东苑小区由5个不同时期建成的7个住宅楼群53栋楼组成，2019年，区政府利用老旧小区改造政策，自筹资金2.5亿元进行了改造。图为面貌焕然一新的东苑小区一角

典型案例。

【住房租赁市场培育】 2019年，省住房城乡建设厅积极探索“多主体供给、多渠道保障、租购并举”住房制度的有效实现形式。大力支持租赁企业发展，鼓励住房租赁企业机构化、规模化、专业化发展，共有万科泊寓、济南中合、青岛一站快租等90多家机构开展住房长租业务，经营面积达145万平方米。支持重点中小企业利用自有产权待建土地配建产业配套住房。共有东营东明塑胶有限公司、烟台东方不锈钢工业公司等15家企业配建产业住房16.03万平方米。积极推进商事制度改革，企业可以自主申请在经营范围中登记为“住房租赁经营”；新开办企业营业执照1个工作日完成。扎实开展住房租赁试点，济南市顺利通过财政部、住房城乡建设部组织的竞争性答辩评审，被确定为中央财政支持住房租赁发展试点城市，2019年度8亿元中央财政支持资金到位。青岛认真开展集体土地建设租赁住房试点，初步选定城阳区百埠庄社区一宗集体土地，计划建设租赁住房约160套，建筑面积约为12000平方米。租赁型住房集中建设取得突破，青岛市衡阳路租赁型住房集中建设项目于2019年8月30日奠基开工，规划总建筑面积28万平方米，建成后可向社会提供各类租赁型住房3600套（含公租房1000套）。强化对租房群众子女受教育保障，各地教育部门将无房人员特别是进城务工人员随迁子女入学工作纳入每年普通中小学招生入学工作安排；坚持一视同仁，进城务工人员随迁子女与当地学生混合编班、统一管理。全省进城务工人员随迁子女在公办义务教育学校就读的比例达到92.1%。

（刘晓明　陈斌）

2019年山东省房地产开发投资情况统计表

地区	开发投资（万元）	增速（%）
全省合计	86148945	14.1
济南市	15769302	9.7
青岛市	18038081	21.5
淄博市	3133055	16.3
枣庄市	2574935	5.6
东营市	1854059	10.9
烟台市	6618587	12.8
潍坊市	7626382	17.3
济宁市	4571319	13.9
泰安市	2058881	15.9
威海市	3832249	11.0
日照市	1920562	2.9

续表

地区	开发投资（万元）	增速（%）
临沂市	5955414	11.2
德州市	3536195	18.2
聊城市	3600333	14.6
滨州市	1926982	16.2
菏泽市	3132609	9.2

住房保障

【概况】 2019年，山东城镇保障性安居工程建设计划为：新开工棚户区住房改造21.39万套，基本建成棚户区安置住房10.81万套，发放城镇住房保障家庭住房租赁补贴30468户。3月，副省长刘强代表省政府与16设区市市长签订2019年度住房保障工作目标责任书，将年度建设任务分解至各市。3—4月，各设区市与县（市、区）签订目标责任书，并将任务全部落实到具体项目。到12月底，全省全年新开工棚户区住房改造22.4万套，基本建成棚户区安置住房18.7万套，发放城镇住房保障家庭住房租赁补贴41420户，分别完成年度任务的104.7%、172.9%和135.9%。全省累计分配列入国家计划的政府投资公租房19万套，分配率96.32%。

2019年4月23日交付使用的邹平市崔家村棚改项目，改造户数164户

2019年10月交付使用的济宁市兖州区韦园片区棚户区安置项目，总户数1132户

2019年山东省保障性安居工程建设情况统计表

单位：套、%

分类/城市	棚户区改造开工情况					棚户区改造基本建成情况			发放租赁补贴情况		
	年度任务	开工情况	其中		开工率	年度任务	完成情况	完成率	年度任务	完成情况	完成率
			货币化安置	实物安置							
全　省	213884	224024	34074	189950	104.7	108060	186885	172.9	30468	41420	135.9
济南市	44397	49111	6175	42936	110.6	12139	20025	165.0	4010	4124	102.8
青岛市	28598	29245	1509	27736	102.3	10793	14387	133.3	7000	9937	142.0
淄博市	4573	4573	541	4032	100.0	3000	5554	185.1	1700	2068	121.6
枣庄市	16520	16520	0	16520	100.0	0	1947	—	717	770	107.4
东营市	2908	2959	2959	0	101.8	2924	5405	184.8	710	758	106.8
烟台市	3607	3607	268	3339	100.0	0	10448	—	8000	10460	130.8
潍坊市	9966	11009	981	10028	110.5	10848	13612	125.5	1003	1183	117.9
济宁市	13910	17023	712	16311	122.4	5977	15718	263.0	1500	1974	131.6
泰安市	13396	13396	100	13296	100.0	8763	12020	137.2	1300	3165	243.5
威海市	883	883	218	665	100.0	0	218	—	360	422	117.2
日照市	5290	5290	251	5039	100.0	12000	17256	143.8	200	240	120.0
临沂市	21000	21000	2184	18816	100.0	5000	9740	194.8	1000	3008	300.8
德州市	2366	2366	0	2366	100.0	9000	12561	139.6	1675	1901	113.5
聊城市	8332	8339	0	8339	100.1	6029	13524	224.3	297	329	110.8
滨州市	6418	6418	1713	4705	100.0	619	1758	284.0	460	615	133.7
菏泽市	31720	32285	16463	15822	101.8	20968	32712	156.0	536	466	86.9

【保障房资金筹集】 2019年，山东省争取中央财政保障性安居工程专项补助资金37.6亿元，国家发展改革委中央预算内投资补助资金57亿元，省级财政安排奖补资金5亿元。充分用好国家大规模增加新增专项债券和全国人大授权国务院提前下达部分新增债务限额的政策机遇，坚持早安排、早动手、早准备，科学把握发行节奏，择优选择发债窗口，有序加快发行进度，省级财政及青岛市财政分别发行专项债券835亿元、73亿元，发行规模居全国首位。

【棚改工作督导】 2019年，省住房城乡建设厅提请省委办公厅、省政府办公厅继续将棚改进展列为全省重要工作通报事项，每季度在全省通报。完善“三函”（提示函、督办函、问责建议函）推进机制，向进度偏慢的城市下达提示函、督办函，督促加快工作进度。启动开展“快建成、快配套、早交付、早入住”专项行动，全面摸底排查逾期未交付和开工超3年未建成项目，深入分析原因，找准问题症结，针对性地制定个性化解决方案，让更多困难群众早日住上新房。

2019 年 8 月交付使用的济南市彩虹棚改小区一期，共 648 套

【住房租赁补贴制度扩面增量】 2019 年 4 月，省住房城乡建设厅落实省委办公厅、省政府办公厅《关于抓好 20 项重点民生实事落实的工作方案》，会同省民政厅、省财政厅、省人力资源社会保障厅、省税务局制定出台《关于进一步推进城镇住房保障家庭租赁补贴工作的指导意见》，首次明确将城镇中等偏下收入住房困难群体、新就业无房职工和稳定就业外来务工人员纳入补贴范围，实施分层级差别化住房租赁补贴。

【完善住房保障体系试点】 2019 年 12 月，住房城乡建设部《关于完善住房保障体系工作试点方案的函》将济南、青岛 2 市列为全国完善住房保障体系试点城市。试点以解决新市民住房问题为主要出发点，加快建立以公租房、政策性租赁住房、共有产权住房为主体的住房保障体系，促进住房保障对象从以户籍家庭为主转向覆盖城镇常住人口，住房保障方式从政府单一供给转向政府、企业和其他机构多主体供给、多渠道保障。

（杨焕理　张征）

物业管理

【概况】 2019 年，省住房城乡建设厅物业管理工作以“山东物业，走在前列”为目标定位，着力构建“党建引领、社区抓总、多方联动、企业先行”物业管理工作格局，行业发展、日常监管、安全生产等各项工作取得新成效。

【文明行业创建】 2019 年，省住房城乡建设厅扎实开展物业行业文明创建“标准建设年”活动，发布实施《物业服务规范》系列地方标准，修订现有标准 7 项，新增基础服务和高铁站、机场、公共场馆物业服务标准 4 项，物业服务地方标准更加科学完备。对 2018 年度两批共计 32 项全省物业服务行业企业标准建设重点项目进行验收；公布第三批全省物业服务行业企业标准重点项目 21 项。共计 10 家物业服务企业的 12 个项目被确定为 2019 年度省级服务业标准化试点项目，比上年增长 70%。“三会三公开”规范化、标准化扎实推进，全省落实恳谈会和“三公开”制度的住宅小区分别达到 80% 和 76%。青岛、聊城市印发新的《普通住宅前期物业服务等级标准》；济宁、日照、临沂市组织编写《物业服务指导标准规范》《标准化建设成果汇编》等标准制度文件。

【党建引领物业服务管理提升】 2019 年，省

2019年7月22日，住房城乡建设部副部长倪虹（中）在山东调研，了解物业管理行业中热点难点问题，听取各级意见建议

住房城乡建设厅会同省委组织部到济南、济宁等地就加强社区物业党建联建开展专题调研。省委明确提出成立市县两级行业党组织，街道社区党组织牵头做好业委会选举，社区环物委代行业委会职责，将企业党建情况、街道社区党组织评价纳入信用管理等创新举措，物业行业党建工作开展情况被列入市委书记抓基层党建工作述职评议考核。市、县（市、区）共成立物业行业党组织35个，其中市级6个，县级29个。潍坊市以老旧小区物业管理为突破口，将社会治理工作的重心向小区下沉，通过市场化管理、社区管理、单位管理、业主自治等多元化方式，有序推进物业管理全覆盖；威海市建立“红色物业”党建基地，开展大走访、大调研，以党建引领助推精致城市建设；临沂市组建工作专班，选派红领书记抓物业促服务，开展了“沂蒙红管家 服务365”创建活动，整体系统推进党建引领沂蒙红色物业发展各项工作。《中国组织人事报》报道了临沂、潍坊市加强党建引领，打造“红色物业”的经验做法。

【物业行业信用监管】 2019年，省住房城乡建设厅修订《山东省物业服务企业信用档案与评级管理办法》，以部门规范性文件形式印发《山东省物业服务企业信用信息管理办法》，评价内容增加党组织建设、“四位一体”机制落实、“三会三公开”、街道社区评价等内容。山东省物业服务企业信用监管平台上线运行，实现了数据统计分析等功能，评价内容和方式进一步优化完备。

【省物业管理协会成立】 2019年12月16日，山东省物业管理协会成立大会在济南召开。省住房城乡建设厅、省民政厅社会组织管理局及全国部分省市物业管理协会负责人和省内外500余家企业代表出席会议。会议表决通过了《山东省物业管理协会章程》《山东省物业管理协会会费缴纳标准与管理办法》等相关制度，选举产生了山东省物业管理协会第一届理事会。山东诚信行物

2019年12月16日，山东省物业管理协会成立

业董事长王宏杰、明德物业集团董事长刘德明、青岛新时代物业董事长王增连、山东东晨物业董事长李华山当选为轮值会长。

【维修资金管理】 2019年，全省住宅专项维修资金共归集124.7亿元，使用5.35亿元，在保障共用部位、共用设施设备正常使用和房屋使用安全方面发挥了重要作用。7月，省住房城乡建设厅会同省市场监管局等7部门联合印发《关于全面推进电梯责任保险和推动开展电梯“保险＋服务”新模式应用工作的通知》，创新使用住宅专项维修资金支付电梯零部件维修保费支出，拓展资金使用渠道，增强资金使用效益。9月至11月，配合审计署驻济南特派员办事处对全省住宅专项维修资金政策落实及管理情况进行审计，同步做好问题整改工作。省住房城乡建设厅组成3个检查组，对青岛、威海等7个市维修资金管理情况开展专项检查，提出整改建议。

【行业安全生产】 2019年10月，省住房城乡建设厅会同省公安厅、省消防总队印发《关于开展全省居民住宅建筑消防设施专项检查的通知》，配合公安消防部门开展专项检查，督促物业服务企业落实消防安全责任。

（范佳慧）

住房公积金监管

【概况】 2019年，省住房公积金管理工作按照省委、省政府“工作落实年”总体部署，持续深入开展文明行业创建，狠抓归集扩面和“放管服”改革，进一步规范管理与服务。全省住房公积金实缴职工967.45万人，比上年（下同）增加28.69万人；全年缴存住房公积金1307.97亿元，增长9.25%；提取住房公积金909.93亿元，发放个人住房公积金贷款717.71亿元，分别增长7.28%、16.35%。截至年底，全省住房公积金累计缴存总额9362.94亿元，缴存余额3846.75亿元，个人住房公积金贷款余额3231.19亿元，分别增加16.24%、11.54%、12.36%。

【公积金归集扩面】 2019年，省住房城乡建设厅深入贯彻落实国家缴存扩面政策，积极引导非公企业和新市民群体建立住房公积金制度。全年新开户单位33461家，新开户职工109.03万人，缴存额1307.97亿元，增长9.25%。全省连续三年新增缴存职工突破百万人，新增缴存额突破千亿元，住房公积金制度覆盖面进一步扩大。缴存单位中，非公企业比例逐年增加，由2016年的51.34%提高到2019年的63.51%，年均增加4.06个百分点，其中城镇私营企业及其他城镇企业比例由2016年的35.11%提高到47.64%，年均增加4.18个百分点。非公企业新开户职工71.18万人，占全年新开户职工的65.29%，为住房公积金制度增添了新动能。

【公积金支持职工住房刚性需求】 2019年，省住房城乡建设厅坚持“房子是用来住的，不是用来炒的”定位，重点支持职工基本住房消费。全年发放个人住房贷款19.49万笔717.41亿元，分别比上年增长11.5%、16.35%。贷款期内职工累计节约购房利息支出149.75亿元，户均节约

2019年7月25日，庆祝中华人民共和国成立70周年山东省住房公积金精神文明建设成果展演在济南举行。全省16城市住房公积金管理中心和承办公积金金融业务的工农中建交5家商业银行共21家单位献上精彩的节目。图为省住房城乡建设厅副厅长、党组成员周善东（中）为获得一等奖的节目颁奖

7.68万元，降低了职工购房贷款成本。职工首次申请使用住房公积金贷款购买自住住房16.4万笔，占当年总发放笔数的84.11%，满足了职工对自住住房的刚性需求。职工贷款所购住房以中小户型为主，住房面积144平方米以下的占82.67%。中低收入贷款职工占所有贷款职工的比例为96.86%，更多的中低收入群体享受了住房公积金制度红利。个人住房贷款率连续三年保持在83.5%至84%之间，资金使用保持稳定。积极落实住房公积金异地贷款政策，全年发放异地贷款7901笔、30.26亿元，比上年增长27.29%、35.56%，保障了缴存职工异地购房权益。

全年338万名缴存职工提取住房公积金909.93亿元，比上年增长7.28%。提取额占当年缴存额的69.57%，比上年减少1.27个百分点。住房消费类提取继续占主导地位，占全年提取额的81.17%，比上年增加1.84个百分点。其中，提取699.7亿元用于购买住房和偿还购房贷款本息，比上年增长12.84%，切实减轻了职工购房资金压力。支持建立租购并举的住房制度，落实提取住房公积金支付房租政策，全年租房提取22.88亿元，比上年增长50.72%，为24.37万无房职工解决住房问题提供了资金支持。

【公积金文明行业创建】 2019年，省住房城乡建设厅围绕“标准建设年”活动主题，持续开展公积金文明行业创建活动。编制印发活动实施方案，组织召开工作推进会议，贯彻落实国家业务标准规范，推广烟台市政务信息共享经验做法，进一步提升业务管理的标准化水平。编制全省住房公积金服务事项审批清单，实施全省同一服务事项在申请材料、办理环节、流程和时限等要素统一，努力实现服务事项审批的标准化，以标准化提升全行业管理服务水平。组织举办庆祝中华人民共和国成立70周年

2019年8月，全省住房公积金中心主任座谈会在济南召开

山东省住房公积金精神文明建设成果展演，展示住房公积金行业文明创建成果。选评出20个文明服务示范窗口和100名文明服务标兵，积极选树先进典型，发挥示范带头作用。

【公积金信息化建设】 2019年，省住房城乡建设厅以“互联网+”为导向，充分利用大数据、云计算等信息技术，进一步提升住房公积金管理服务水平。全面完成住房公积金基础数据“双贯标”工作，信息系统标准化水平进一步提高，管理服务和资金风险防控更加高效。按照国务院关于个人所得税改革相关数据共享的要求和住房城乡建设部统一部署，接入全国住房公积金数据集中平台，为个税专项抵扣提供数据支持。推进综合服务平台建设，强化在线业务功能，实现网厅、微信公众号等在线服务渠道全面开通运行，在线服务种类和业务办理能力不断增强。全面完成与全国异地转移接续平台直连，实现职工缴存使用信息自动匹配，减少人工干预，进一步提高业务办理效率。

【公积金放管服改革】 2019年，省住房城乡建设厅落实省政府办公厅《关于聚焦企业和群众关切深化“一窗受理·一次办好”改革的措施》精神，疏解群众办事难点堵点，进一步精简证明材料，简化审批流程。全省取消了单位提取证明、个人收入证明，取消了职工办理业务的全部要件材料复印件。积极推行综合柜员制，优化业务流程，提高办事效率，提取业务实现实时办理，贷款业务审批时限最低缩减为5个工作日。印发《关于落实住房公积金政务服务有关工作任务的通知》，落实住房公积金业务省内通办、一网通办、“通缴通取”等服务事项。推进与民政、财政、公安、税务、自然资源、房管、人民银行等部门的信息共享，接入全省政务服务平台和“爱山东”APP，行业服务水平得到了全面提升。

【公积金风险防控】 2019年，省住房城乡建设厅落实省政府“坚决打好防范化解重大风险攻坚战”的工作要求，扎实推进住房公积金风险防控工作。深入开展电子稽查，组织各地公积金中心每月使用电子稽查工具进行全面检查，全年共对12个城市公积金中心和4个分中心进行了实地评估和指导。组织各地开展提取业务内审稽核，推进违规提取治理工作。与河北省住房和城乡建设厅建立住房公积金异地信息协查工作机制，共同防范异地购房骗提风险。截至2019年末，个人住房贷款逾期率0.28‰，保持在较低水平。风险控制良好，资金安全完整。

（戚玉娥）

2019年7月25日，在庆祝中华人民共和国成立70周年山东省住房公积金精神文明建设成果展演上，威海市住房公积金管理中心表演的诗朗诵节目《春天与我们同在》获优秀奖

济南市中建·锦绣广场

——2019年中国房地产“广厦奖”

济南市中建·锦绣广场工程位于济南市槐荫区西客站附近，由山东中建房地产开发有限公司开发建设，中建八局第二建设有限公司总承包施工。框筒结构，地下2层，地上2栋主楼和裙房，建筑高度为146.05米，项目规划用地面积2.1937万平方米，总建筑面积16.05万平方米。外立面采用玻璃幕墙、铝板幕墙及底商部分石材幕墙相结合的形式，楼层梁位置采用浅、中、深灰彩釉玻璃随机布置，项目采用集成式中央空调、建筑智能化等系统，是一座集商业、办公于一体的综合性建筑。工程积极推广应用建筑业十项新技术（2010）中9大项21子项，应用绿色施工技术78项，创新产业化技术应用达到国内先进水平。

该工程于2015年5月15日开工，2018年6月14日完成竣工验收备案，2018年6月20日开业，水、电、气、暖及其他公共配套设施100%完工并投入使用。先后荣获“山东省建筑工程优质结构杯”“全国第五批绿色施工示范工地”等荣誉。

济南市中建·锦绣广场鸟瞰图

济南市中新·锦绣天地北苑

——2019年中国房地产“广厦奖”

济南市中新·锦绣天地北苑位于济南市东部新城雪山片区，由山东中建房地产开发有限公司开发建设，济南四建（集团）有限责任公司总承包施工。项目总用地面积6.34万平方米，总建筑面积11.07万平方米，住宅建筑面积8.18万平方米，住宅总栋数16栋。项目为多层低密度洋房，精装修设计一步到位，在配套设施、EPS板现浇混凝土外墙外保温系统、海绵城市设计、太阳能热水系统、人车分流及防雨水倒灌系统、户型设计、优质教育配置、物业管理等方面较为突出。

该工程于2015年7月21日开工，2018年9月10日完成竣工验收备案，2018年12月份交付业主，水、电、气、暖及其他公共配套设施100%完工并投入使用，2018年6月获得“二星级绿色建筑设计标识证书”。

小区内景

济南市中新·锦绣天地北苑鸟瞰图

济南市三箭·瑞景苑
——2019 年中国房地产“广厦奖”

济南市三箭·瑞景苑由山东三箭房地产开发有限公司开发建设，山东三箭建设工程管理有限公司总承包施工。项目总占地面积 68766 平方米，总建筑面积 135922.92 平方米，由 10 栋住宅楼、地下车库及配套商业等组成，小区依势而建，配有高层、小高层、花园洋房多种产品类型，精装修设计一步到位。项目充分利用药山、药山公园的自然景观，因地制宜、合理利用原有地形地貌，重视人与生态环境的完美融合，赋予三箭·瑞景苑独特的文化内涵、科技含量和人本关怀。项目追求可持续发展，注重户型设计、新技术应用、教育资源配置、物业管理等方面，致力推进住宅产业化在项目中的应用，致力打造智能化生态型可持续发展的精品山景园林高尚社区。

该工程于 2016 年 3 月开工，2018 年 5 月 25 日完成竣工验收备案。项目先后获得“山东省绿色施工科技示范工程”“中国土木工程詹天佑奖优秀住宅小区金奖”“建筑工程泉城杯”等奖项。

济南市三箭·瑞景苑一期南大门

青岛市中建·锦绣华府
——2019年中国房地产“广厦奖”

青岛市中建·锦绣华府位于黄岛区双星轮胎老厂区开发项目E地块，由中建八局第四建设有限公司总承包施工。项目近邻黄岛区第六实验中学、小学，教育资源优质。距离西海岸政府不足2公里，距离隐珠街道办、隐珠公园、隐珠广场约不到2.5公里，北侧距离凤凰山路地铁站不足600米，交通通达，出行方便。桩筏基础，框剪结构，地下2层、地上6—22层不等，总建筑面积215825.88平方米。项目以建设资源节约型、环境友好型的社会主义和谐社会和生态文明为宗旨，在规划、设计、施工、精装修、园林、节能环保、物业管理等方面起到了示范和带头作用。

该工程于2017年3月30日开工，2018年6月10日竣工，2018年7月2日备案交付使用。先后获得“绿色建筑二星”“青岛市市建筑工程优质结构”等荣誉。

青岛市中建·锦绣华府鸟瞰图

淄博市齐悦花园·心悦园
——2019年中国房地产“广厦奖”

淄博市齐悦花园·心悦园由山东创业房地产开发有限公司开发建设。项目位于淄博市新区，紧邻淄博市体育中心，为淄博新区标志性建筑。混凝土灌注桩/CFG桩基础，剪力墙结构，地下2层，地上11—24层不等，占地面积8.85万平方米，总建筑面积24.3万平方米。业主子女足不出园可入读齐悦国际实验小学，张店八中、柳泉中学双学区就在附近，成就名副其实学区房。运动配套好，紧邻市体中心“一场两馆”，10000平方米的全民健身综合中心，2公里的林荫步道。淄博城市CBD落脚西十路的新区商业金融中心，集居住、办公、购物、休闲、娱乐于一身的多功能城市中心商圈近在咫尺。社区采用社区智能服务机器人系统，以机器人为连接平台，成为淄博市首个“科技智慧社区”。

该工程于2015年10月25日开工，2018年5月3日备案交付使用。该工程先后获得“淄博市柳泉杯”“淄博市优秀小区”等荣誉。

淄博市齐悦花园·心悦园大门

临沂市盛世沂城
——2019年中国房地产“广厦奖”

临沂市盛世沂城位于临沂市高新区，由山东凤凰置业有限公司开发建设，由浙江大经建设股份有限公司承包施工。项目总占地817多亩，总规划建筑面积100万平方米，全部采用法式建筑风格，由多层、小高层、高层、花园洋房、联排别墅等建筑形态构成，预计入住户数5022户，容纳居住人口15066余人。其中，盛世沂城一、二期（南区）规划总建筑面积约41万平方米，绿地率32%，规划住宅居住户数2315户，规划居住人口约7409人，机动车停车位2628个，住宅现已全部交付入住。建筑采用隔热断桥铝合金门窗、锌钢护栏、双层中空玻璃，保温节能、隔音防噪、功能优越；防水保温层历经11道施工工序，外墙涂料饰面通过14道工序。该项目为临沂市奉献一个集生态公园、旅游商务生活配套、高尚居住等功能于一体的城市综合体。

该项目于2015年7月21日开工，2018年6月份交付业主。

临沂市盛世沂城小区中轴线实景图

安丘市大华中央城·和园
——2019年中国房地产“广厦奖”

安丘市大华中央城·和园位于安丘市国家4A级大汶河湿地公园和环城河绿化公园西侧，由潍坊华厦房地产开发有限公司开发建设。项目占地面积69374平方米，总建筑面积20.69万平方米。项目结合大汶河和环城河的景观优势，规划以生态环境为主导，采用水系和全冠移植五重景观种植体系，另加雾森空气净化系统的应用创造了宜人的空间和环境景观；人车分流（含非机动车），完全分离的交通流线，提供了人性化的安全居住环境；项目采用先进的外保温系统，外窗采用LOW-E玻璃，节能性优越。

该项目于2018年10月25日交付使用，先后荣获潍坊市物业管理示范项目、潍坊市标准化建设示范项目等。

小区内的绿化

小区内的水景小品

安丘市大华中央城·和园正门

建筑节能与建设科技

- 2019 年，全省建成节能建筑 1.48 亿平方米、绿色建筑 1.12 亿平方米，新增高星级绿色建筑项目 3094.25 万平方米
- 2019 年，全省推广可再生能源建筑应用 5625.96 万平方米，完成既有居住建筑节能改造 1734.23 万平方米、公共建筑节能改造 670.49 万平方米
- 2019 年，全省新开工装配式建筑 2059.25 万平方米

综 述

【概况】 2019年，省住房城乡建设厅大力推进建筑节能、发展绿色建筑，推动住建领域绿色发展、加快转型升级、实施新旧动能转换，取得显著成效。全年建成节能建筑1.48亿平方米、绿色建筑1.12亿平方米，新增高星级绿色建筑项目3094.25万平方米，完成既有居住建筑节能改造1734.23万平方米、公共建筑节能改造670.49万平方米，推广可再生能源建筑应用5625.96万平方米，新开工装配式建筑2059.25万平方米。

2019年7月23日—24日，住房城乡建设部在青岛召开全国建筑节能、绿色建筑、装配式建筑和绿色城乡建设座谈会

【全国建筑节能领域座谈会】 2019年7月23日—24日，由住房城乡建设部主办，省住房城乡建设厅协助，青岛市住房和城乡建设局承办的全国建筑节能与绿色建筑座谈会、全国绿色城乡建设工作座谈会、全国装配式建筑座谈会三个全国性会议在青岛市召开，研究部署建筑节能与绿色建筑工作，推动致力于绿色发展的城乡建设工作，部署下一阶段推进装配式建筑工作，交流总结各地工作经验。住房城乡建设部标准定额司司长苏蕴山，省住房城乡建设厅副厅长、党组成员张晓海等出席会议，各省、自治区、直辖市建设主管部门有关领导约150人参会，共同参观了青岛国际会议中心、青岛第七干休所等节能示范项目。

2019年7月23日，参加全国建筑节能、绿色建筑、装配式建筑和绿色城乡建设座谈会的代表参观青岛第七干休所综合整治项目

【绿色城镇化发展战略研究】 2019年4月20日，省住房城乡建设厅在济南召开会议，对《山东省绿色城镇化战略研究》课题进行评审验收。厅长王玉志出席会议并讲话，副厅长、党组成员张晓海主持验收会，国内有关知名专家参与评审。《山东省绿色城镇化战略研究》提出了山东省绿色城镇化发展目标体系、重点任务、支撑保障体系和三年行动计划等研究成果，对促进山东省城镇化高质量发展有重要的指导意义。

【省住建领域高质量发展院士专题讲座】 2019年6月17日—18日，省住房城乡建设厅举办全省住建领域高质量发展院士专题讲座，以视频会议形式向全省住建系统直播。崔愷、岳清瑞、丁烈云三位院士分别围绕美丽村居建设、装配式钢结构建筑发展、智能建造等内容，以深厚的理论功底、渊博的专业知识、深刻的案例分析、详实的统计数据，做了深入浅出、精彩纷呈的讲座。全省各级住房城乡建设部门工作人员及科研、设计、开发、建设等单位代表1500余人收看讲座。

建筑节能

【概况】 2019年，省住房城乡建设厅积极推进建筑节能工作，修订发布《山东省公共建筑节能设计标准》，编制发布《山东省农村既有居住建筑围护结构节能改造技术导则（试行）》，组织开展2019年全省节能宣传周和全省低碳日活动。加强建筑节能全过程闭合监管，新建建筑严格执行居住建筑节能75%、公共建筑节能65%设计标准，施工阶段执行率超过99%，全年建成节能建筑1.48亿平方米，完成既有居住建筑节能改造1734.23万平方米、公共建筑节能改造670.49万平方米，推广可再生能源建筑应用5625.96平方米，新增被动式超低能耗建筑示范项目12个、建筑面积26.17万平方米。

【第四届亚洲被动房大会】 2019年5月30日，以“能耗监测——被动房节能最有力证明”为主题的第四届亚洲被动房大会在青岛中德生态园举行，大会由省住房城乡建设厅、青岛西海岸新区管理委员会、青岛市住房和城乡建设局支持，青岛国际经济合作区（中德生态园）管理委员会主办，会议围绕被动房数据监测及如何通过合理化运营提升建筑能效等方面展开深入研讨，谋划亚洲被动房发展的新方向。省住房城乡建设厅副厅长、党组成员张晓海参加大会并致辞，来自德国、日本、

2019年5月30日，第四届亚洲被动房大会在青岛中德生态园举行

全国被动式超低能耗示范工程——山东城市建设职业学院实验实训中心

度100米以下城镇居住建筑、农村新型社区以及集中供应热水的公共建筑，按规定安装太阳能热水系统或按要求选用地源热泵、空气源热泵、地热能等其他可再生能源热水系统替代。2019年，全省新增可再生能源建筑应用面积5625.96万平方米，其中，太阳能光热建筑一体化应用5394.42万平方米、地源热泵建筑应用231.54万平方米。

韩国、奥地利等国家和地区的200余名被动房业内专家、学者、机构和企业代表出席会议。

【《公共建筑节能设计标准》发布】 2019年12月31日，省住房城乡建设厅、省市场监督管理局印发《公共建筑节能设计标准》，进一步提高公共建筑设计和围护结构热工设计要求，并增加电气、给水排水和可再生能源利用的相关内容，提出供暖、通风与空调系统设置监测与控制系统等新规定，自2020年6月1日起施行。

【可再生能源建筑应用】 2019年10月，省住房城乡建设厅印发《关于进一步加强民用建筑太阳能热水系统一体化应用管理的通知》，新建高

【建筑能效提升】 2019年，济南、淄博、济宁、滨州、德州、聊城、菏泽等7市创建国家冬季清洁取暖试点城市。省住房城乡建设厅编制发布《山东省农村既有居住建筑围护结构节能改造技术导则（试行）》，从外围护结构、外门窗、屋面和封厦四个方面对农村既有居住建筑围护结构节能改造进行规范和指导。

【被动式超低能耗建筑】 2019年，省住房城乡建设厅开展超低能耗建筑示范工程建设，新增示范项目12个、建筑面积26.17万平方米，山东城市建设职业学院低能耗实验实训中心、潍坊丰麓苑、临淄区莲台养生养老院等三个示范项目建设完成，并通过省住房城乡建设厅验收。

绿色建筑

【概况】 2019年，省住房城乡建设厅推动绿色建筑高质量发展，提请省政府颁布《山东省绿色建筑促进办法》，配合人民银行济南分行举办绿色金融宣讲活动，组织绿色建筑相关企业、项目与金融机构开展金融需求对接。发布实施《山东省绿色建筑发展专项规划编制技术导则（试

行）》，为各市、县全面编制绿色建筑发展专项规划提供指导和依据。推进绿色建筑规模化发展，城镇新建建筑全面执行绿色建筑标准，设计达标率达100%，全年建成绿色建筑1.12亿平方米，新增绿色建筑评价标识项目267个、建筑面积3357.64万平方米，其中高星级绿色建筑评价标识项目3094.25万平方米，占92.16%。全省新创建省级绿色生态示范城区1个、城镇16个，示范城区、城镇数量累计分别达到23个、67个；济南绣源河绿色生态示范城区及济南玉皇庙镇、潍坊景芝镇、济宁驩城镇、泰安西张庄镇4个绿色生态示范镇通过验收评估。积极推广绿色施工，评审立项省级绿色施工科技示范工程344项，累计立项983项。

【《山东省绿色建筑促进办法》实施】 2019年1月12日，省政府第29次常务会议审议通过《山东省绿色建筑促进办法》，自2019年3月1日起施行。《山东省绿色建筑促进办法》从规划建设、运营管理、技术推广、引导激励等方面明确了绿色建筑发展的重点任务和政策措施，建立全程管控、多方参与、链条闭合的管理机制，为依法推进绿色建筑发展提供了有力保障。

【《关于实施绿色建筑引领发展行动的意见》印发】 2019年10月15日，省住房城乡建设厅印发《关于实施绿色建筑引领发展行动的意见》，实施绿色建筑提质、建筑能效提升、建造方式革新、绿色产业培育、技术创新驱动、典型示范带动六项工程，推进建筑从设计到运营、从建造到建材全链条绿色化，引领住房城乡建设全领域绿色发展。

【全省推进绿色建筑发展现场会】 2019年4月22日—23日，全省推进绿色建筑发展现场会在济南召开，总结回顾2018年全省绿色建筑发展情况，交流推广各地先进经验和典型案例，研究部署2019年重点工作。省住房城乡建设厅副厅长、党组成员张晓海出席会议并讲话。大家参观了济南市国际学校装配式建筑、汉峪海风二期海德堡超低能耗、奥体金茂府绿色建筑等示范项目，邀请中国建筑科学研究院专家就国家新修订的《绿色建筑评价标准》作专题讲座。

省级绿色生态示范镇、全国特色小镇、省服务业特色小镇——商河县玉皇庙镇

装配式建筑

【概况】 2019年，省住房城乡建设厅大力发展装配式建筑，编制《山东省推进钢结构装配式住宅建设试点方案》，于7月首批获住房城乡建设部批复，济南、枣庄、烟台、潍坊、济宁、日照、临沂、聊城、菏泽9市及淄博淄川区列为重点推广地区。落实2019—2020年试点项目30个、160万平方米，住房城乡建设部先后3次来山东省调研试点工作。省住房城乡建设厅推荐2个城市、2个园区类产业基地、8个企业类产业基地申报住房城乡建设部第二批装配式建筑示范。新创建省级装配式建筑示范城市4个、示范工程27个、产业基地20个，省级示范城市、示范工程、产业基地累计分别达到15个、120个、129个。加强装配式混凝土建筑全过程质量管控，制定印发装配式混凝土建筑施工图设计深度规定、审查要点、监理工作指南等技术文件。编制发布《山东省装配式钢结构体系推广应用技术目录（第一批）》。加强各类示范动态管理，实施定期调度通报制度，委托各市开展示范工程验收，组织省级装配式建筑示范城市、产业基地实施情况评估，对于评估结果为“不合格”的1个示范城市、2个产业基地撤销示范认定。印发《关于加强装配式建筑培训工作的通知》，指导省钢结构行业协会举办全省钢结构建筑构件加工制作技能竞赛；指导省装配式建筑产业技术创新联盟、建筑产业现代化教育联盟分别举办装配式建筑职业技能竞赛职工组、学生组选拔赛，推荐3支职工队、9支学生队参加全国技能大赛。

2019年3月21日，省住房城乡建设厅副厅长、党组成员张晓海（前排左二）到山东省装配式建筑示范项目——淄博市文昌嘉苑小区项目工地调研

【推进钢结构装配式住宅建设座谈会】 2019年3月21日，住房城乡建设部在淄博市召开推进钢结构装配式住宅建设座谈会，住房城乡建设部建筑市场监管司司长张毅，省住房城乡建设厅副厅长、党组成员张晓海出席会议，河北、江苏、浙江、西藏等12个省（自治区）住房城乡建设部门有关业务负责人参加会议，大家现场考察了由莱钢建设集团承建的淄博文昌佳苑钢结构住宅小区项目。

【渝鲁建筑产业现代化技术交流会】 2019年12月27日，

2019年11月28日，国家钢结构工程技术研究中心钢结构建筑经典研究院揭牌仪式在山东经典建设工程有限公司举行，这是山东省首个钢结构国家级研究院，中国工程院院士岳清瑞（中）、省住房城乡建设厅副厅长张晓海（左三）等为研究院揭牌　（高建国　摄影）

省住房城乡建设厅和重庆市住房和城乡建设委员会在重庆市联合举办渝鲁建筑产业现代化技术交流会，深化鲁渝住建领域扶贫协作，促进两地装配式建筑发展交流合作。省住房城乡建设厅厅长王玉志，副厅长、党组成员张晓海出席会议，莱钢建设有限公司、山东万斯达集团等企业代表参加会议，两地主管部门及企业代表400余人参加活动。

【山东省钢结构建筑行业高质量发展研讨会】 2019年11月28日，山东省钢结构建筑行业高质量发展研讨会在济宁举办。中国工程院院士岳清瑞、中国钢结构协会副会长刘毅作讲座，省住房城乡建设厅副厅长、党组成员张晓海出席会议并讲话。中冶建筑研究总院有关领导专家、省内有关钢结构建筑企业代表和济宁市、县（区）政府有关部门负责150余人参加了会议。会上，举行了国家钢结构工程技术研究中心钢结构建筑经典研究院揭牌仪式。

【全国装配式建筑职业技能竞赛（学生组）总决赛】 2019年2月27日—28日，由住房城乡建设部科技与产业化发展中心、中国建设教育协会、中国就业培训技术指导中心联合主办的2018年中国技能大赛“三一杯”首届全国装配式建筑职业技能竞赛（学生组）总决赛在济南工程职业技术学院举办。本次竞赛的主题是“弘扬工匠精神，推动产业发展”，旨在推动建筑产业产教融合、校企合作，促进装配式建筑人才培养和建筑产业融合发展。来自全国各大院校的54支代表队、108名选手同台竞技。经过激烈角逐，共评出团体一等奖5个、二等奖11个、三等奖16个以及优秀个人奖65人，优秀指导教师奖64人，优秀组织奖3个，贡献奖2个。济南工程职业技术学院、山东水利职业学院、滨州职业学院荣获团体一等奖。

淄博市文昌嘉苑小区项目由莱钢建设公司总承包，是国内在建的最大钢结构住宅小区，可安置14个自然村3708户居民，图为2019年4月1日建设场景　（杨怡　摄影）

建设科技

【概况】 2019年，省住房城乡建设厅积极推进建设科技创新，立项公布年度省住房城乡建设科技计划项目110项，推荐其中27个项目列入住房城乡建设部科技计划，与江苏省并列第一；推荐系统内项目获华夏建设科技二等奖2项、三等奖3项，列全国第四（居北京、上海、广东之后）。采取政府购买服务方式，组织开展住建领域重大课题攻关。委托住房城乡建设部科技与产业化发展中心开展山东省绿色城镇化发展战略研究，研究成果通过专家验收。搭建高层次交流合作平台，邀请崔愷、肖绪文、丁烈云、岳清瑞4位院士出席2019山东创新驱动发展院士恳谈会。山东经典重工集团与国家钢结构工程技术研究中心联合成立钢结构建筑研究院，岳清瑞院士担任首席技术顾问。省住房城乡建设厅组织创建省级绿色智慧住区示范19个，省级绿色智慧建造示范10个，启动智慧建造技术标准研究。

2019年12月，山东经典建设工程有限公司承建的济宁市电商物流产业园生产车间二号，被评为2019年度山东省钢结构金奖 （高建国 摄影）

【《山东省住房城乡建设科学技术计划项目管理办法》印发】 2019年1月14日，省住房城乡建设厅印发《山东省住房城乡建设科学技术计划项目管理办法》，指导省住房城乡建设科技项目申报、评审、实施与管理、评审验收和科技成果评价等活动。

【建设科技创新课题研究】 2019年，山东省列支省财政资金支持6项重大课题攻关，新增省级建设科技计划项目110项，推荐为住房城乡建设部建设科技计划项目27项。省住房城乡建设厅副厅长、党组成员张晓海牵头完成《推进绿色建筑发展，提升房屋品质情况调研》。

【信息化建设】 2019年，省住房城乡建设厅加快推进工程建设项目审批管理系统建设，谋划推进省、市两级审批系统建设，省及16市审批系统全部上线运行，并与国家审批系统实现对接，上传1336个项目审批数据。省住房城乡建设厅验收通过省住建大数据平台一期建设工作，初步搭建行业基础数据库和业务数据库，实现省住房城乡建设厅各类业务数据共享交换统一管理；编制完成住建大数据平台二期建设方案及厅政务信息系统建设方案，并报省大数据局立项备案。省住房城乡建设厅推进信息系统整合，采取改造、关停、迁出等方式，将厅统一管理的业务系统由原来的22个整合压减到7个，并对保留系统全面实施安全等级保护测评。

（王磊 于保清）

建筑市场监管

- 2019 年，省政府出台《关于进一步促进建筑业改革发展的十六条意见》，并召开全省建筑业改革发展大会
- 2019 年，全省完成建筑业总产值 14269 亿元，比上年增长 10.6%，实现连续 3 年保持两位数增长
- 2019 年，全省建筑业缴纳税收 578 亿元，比上年增长 4.3%，占全省税收的 6.3%
- 2019 年，省住房城乡建设厅批准发布 25 项工程建设地方标准、6 项团体标准

综　述

【概况】 2019年，全省各级建筑市场主管部门认真贯彻省委、省政府“担当作为、狠抓落实”部署要求，紧紧围绕全省住房城乡建设中心工作，聚焦聚力建筑业改革发展，坚持在改革上谋突破、在监管上求创新、在服务上重亲清、在落实上下功夫，全省建筑业保持平稳较快发展。全年全省完成建筑业总产值14269亿元，比上年增长10.6%，实现连续3年保持两位数增长；实现增加值5442亿元，比上年增长5.2%，占全省地区生产总值的7.7%；缴纳税收578亿元，比上年增长4.3%，占全省税收的6.3%，建筑业为推动全省经济社会发展作出了积极贡献。招标代理和监理行业加快发展，2019年营业收入分别达到120亿元、150亿元，比上年增长10%以上。

【行业旗舰企业培育】 2019年，省住房城乡建设厅鼓励建筑业创先争优，对2018年度山东省建筑业5强市、10强县、30强企进行通报表彰。指导帮助企业新增特级资质1项、一级总承包资质47项，全省特级企业达到44家，产值过百亿元企业25家，比2018年同期增加7家。支持企业通过兼并重组、战略合作、组建联合体等方式，积极参与轨道交通、超高层建筑等高附加值工程建设。济南城建、济南四建、青建等企业，通过与中铁、中建等央企组建联合体承建轨道交通工程，为拓展业务范围、进军高附加值工程领域积累了业绩。

2019年3月27日，省政府在济南召开全省建筑业改革发展大会　　（韦九洲　摄影）

2019年山东省建筑业总产值及增速情况统计表

单位：亿元

地区	2019年			增速（%）		
	建筑业总产值	省内	省外	建筑业总产值	省内	省外
全　省	14269.3	11407.0	2862.3	10.6	8.4	20.6
济南市	3514.0	2403.8	1110.1	20.3	22.0	16.9
青岛市	2809.9	2175.8	634.2	21.7	18.0	36.4
淄博市	1002.1	864.4	137.7	-6.2	-8.0	7.1
枣庄市	310.7	270.9	39.8	-9.7	-8.3	-18.1
东营市	256.9	218.0	38.8	14.7	20.3	-9.1
烟台市	756.6	725.0	31.7	5.0	4.7	12.2
潍坊市	990.5	969.8	20.8	0.1	0.1	-3.9
济宁市	674.5	534.3	140.2	-3.3	-10.1	35.7
泰安市	994.6	479.0	515.6	19.6	13.9	25.3
威海市	320.3	312.4	7.9	-5.9	-6.9	67.3
日照市	462.8	419.9	42.9	19.6	22.6	-3.5
临沂市	1031.7	949.6	82.1	2.9	2.4	9.5
德州市	335.7	301.7	34.0	-2.4	-3.9	14.0
聊城市	282.0	268.2	13.7	12.9	13.7	-0.8
滨州市	204.0	198.3	5.8	19.6	17.8	151.9
菏泽市	322.8	316.0	6.9	8.5	7.8	53.3

建筑业改革发展

【促进建筑业改革发展十六条意见】 2019年3月18日，省政府第34次常务会议审议通过了《关于进一步促进建筑业改革发展的十六条意见》(以下简称《意见》)。《意见》共16条，从实施简政放权、支持企业做大做强、深化建筑业改革、鼓励企业创新创优、财税金融扶持、强化监管服务等6个方面，明确了支持建筑业改革发展的政策措施。3月21日，省政府新闻办召开发布会，邀请省住房城乡建设厅厅长王玉志等解读《意见》。

实施简政放权。从3个方面明确了优化资质审批管理、下放行政审批事项、放宽承揽业务范围的具体措施。包括开展审批告知承诺制试点，打破资质逐级晋升限制，实行“一站式”网上审批服务；按照放得下、接得住的原则，将部分省级审批事项依法委托设区市住建部门实施；允许具备相应条件的总承包企业，承接资质类别内上一等级项目，允许一级及以上的市政和公路总承包企业之间、水利水电和港航总承包企业之间，互跨专业承接业务。

支持企业做大做强。从2个方面明确了支持企业参与重大设施建设、实施“走出去”战略的具体措施。包括支持骨干企业采用联合体方式参与重大基础设施建设，对营业收入突破一定数额的，按规定给予财政奖励；政府通过组织推介活动为企业开拓市场搭建平台，组建“海外工程发展联盟”，带动工业产品、劳务、技术、标准输出。

深化建筑业改革。从4个方面明确了改革建设组织方式、工程建造方式、建设工程招投标制度、建筑劳务用工制度的具体措施。包括在政府和国有资金投资的项目上推行工程总承包和全过程工程咨询服务；积极发展装配式建筑，新建民用建筑在规划条件、项目建设条件中明确相关指标要求，棚改安置房、政府投资工程及大型公共建筑按照装配式标准建设；实施技术、质量、价格、信用等综合评价，防止恶意低价中标，依法赋予招标人资格预审权和定标权；支持大型施工企业保有骨干技术工人队伍，将专业作业企业纳入“小微企业”管理；坚决遏制拖欠农民工工资行为。

鼓励企业创新创优。从2个方面明确了加快科技创新、鼓励创建优质工程的具体措施。包括支持建筑业企业申请高新技术企业认定，将建筑业科技创新列为省科技创新体系重点内容；调整建设工程费用费率，实行优质优价，对获得鲁班奖、泰山杯等奖项的，各级政府给予奖励。

加大财税金融扶持。从3个方面明确了减轻企业负担、实行财税奖补、加大金融支持的具体措施。包括健全材料、人工等价格涨跌风险分担机制；推行工程担保和保险制度；按规定减轻企业社会保险、临时接电费等负担；根据支持实体经济、民营经济高质量发展等政策，对企业纳税予以奖补或允许延期缴纳；金融机构开发适合建筑业特点金融产品，稳贷、续贷，支持上市融资，解决企业融资难、融资贵问题。

强化监管服务。从2个方面明确了强化事中事后监管、精准对接服务的具体措施。包括开展建筑市场执法检查和市场主体信用评价，加强工程质量安全监管，积极开展安全生产责任保险试点；要求各级政府高度重视建筑业改革发展，各有关部门“一对一”送政策上门，建立领导干部联系企业制度。

【建筑业改革发展大会】 2019年3月27日，省政府在济南召开全省建筑业改革发展大会。会议传达省长龚正对建筑业改革发展的批示精神，解读山东省政府进一步促进建筑业改革发展的十六条意见，总结近年来工作情况，分析面临的形势，部署当前和今后一个时期重点任务。副省长刘强出席会议并讲话。刘强强调，建筑业是支柱产业、优势产业、富民产业，要按照走在前列的目标定位，以供给侧结构性改革为主线，积极培育壮大新动能，加快推动全省建筑业高质量发展。要突出工作重点，千方百计提升企业竞争力、扩大市场份额、优化发展环境、强化工程质量安全，不断提升建筑业规模总量、质量效益、发展潜力、品牌价值。要加强组织协调，深化“放管服”改革，落实好惠企政策，加快人才培育，为建筑业改革发展创造良好条件。会上，表彰了2018年全省建筑业5强市、10强县和30强企。

【十六条意见落地见效】 2019年，全省各级住房城乡建设部门会同有关部门围绕贯彻落实全省建筑业改革发展大会精神和省政府办公厅《关于进一步促进建筑业改革发展的十六条意见》，积极作为，扎实工作，推动全省建筑业呈现平稳较快发展的良好势头。

简政放权。2019年，省住房城乡建设厅18项省级许可下放济南、青岛、烟台三市，17项资质实施告知承诺审批，二级注册建造师延续变更、特种作业人员考核认定下放设区市办理，施工企业资质和安全生产许可证同时申办，施工许可和质量安全监督手续合并办理，资质申请取消了注册人员身份、社保等证明材料，企业申办许可事项办事更加便捷、流程更加简化、时间大大缩短。

建筑企业做大做强。2019年，省住房城乡建设厅对营业收入首次突破500亿的1家、突破100亿元的4家民营建筑企业，兑现财政奖励700万元。联合交通、水利部门印发文件，对联合体投标，跨资质等级承揽业务，总承包企业承接专业工程，市政和公路资质、水利和港行资质互跨专业竞争，作出了具体的、可操作性的规定，全省已有39家企业通过联合体方式参与到轨道交通、综合管廊等重大基础设施建设，或通过跨资质投标拓展了业务范围。

创新创优。2019年，省住房城乡建设厅设立省住房城乡建设科技计划项目110项，其中27个项目列入住房城乡建设部科技计划；获华夏建设科技二等奖2项、三等奖3项（列全国第四）；首批38个BIM技术应用试点示范项目通过验收；批准发布25项地方标准，有2项分获全国标准科技创新行标一等奖和地标一等奖，省级工法518项。全年创“鲁班奖”工程8项、国优工程24项，省级“泰山杯”工程188项、优质结构工程431项。落实优质优价政策，出台了计取标准，把创优费用列为不可竞争费用并列入合同约定条款。

【深化建筑业改革】 2019年，省住房城乡建设厅深化工程建设组织方式改革，积极推行工程总承包和全过程咨询服务，全省有443家企业、323个项目开展试点，企业拉长产业链实现了提质增效，项目减少承发包环节加快了落地实施。助力打造一流营商环境，合并施工许可和质量安全监督手续，实行“一张表单”申请，“一个窗口”受理，办理时限压缩至3个工作日以内。落实“扩权强县”，省外企业入鲁报送基本信息材料核验下放到50个县。推进招标投标改革，招标人主体责任、综合评估法评标、取消初始业绩门槛等措施全面落实，16设区市均实现电子化招投标，8设区市实现远程异地评标。推动工程监理行业转型发展，12月17日在济南召开全省工程监理工作座谈会，引导监理企业开展全过程工程咨询、政府购买服务，向多元化经营发展。

2019年12月，山东新城建工股份有限公司施工的桓台县城南学校中学部工程被评为国家优质工程奖
（荆战江　摄影）

2019年度山东省建筑业5强市、10强县、30强企一览表

排名	建筑业5强市
1	济南市
2	青岛市
3	临沂市
4	淄博市
5	泰安市
排名	建筑业10强县
1	肥城市
2	桓台县
3	胶州市
4	青州市
5	滕州市
6	寿光市
7	莱西市
8	平邑县
9	安丘市
10	邹城市
排名	建筑业企业综合实力30强
1	中铁十四局集团有限公司
2	青建集团股份公司
3	天元建设集团有限公司
4	中建八局第一建设有限公司
5	中建八局第二建设有限公司
6	中铁十局集团有限公司
7	山东省路桥集团有限公司
8	济南城建集团有限公司

续表

排名	建筑业企业综合实力 30 强
9	中青建安建设集团有限公司
10	烟建集团有限公司
11	兴润建设集团有限公司
12	山东华邦建设集团有限公司
13	中建八局第四建设有限公司
14	山东军辉建设集团有限公司
15	荣华建设集团有限公司
16	潍坊昌大建设集团有限公司
17	中启胶建集团有限公司
18	德才装饰股份有限公司
19	山东天齐置业集团股份有限公司
20	山东益通安装有限公司
21	中铁建工集团山东有限公司
22	济南四建（集团）有限责任公司
23	冠鲁建设股份有限公司
24	山东寿光第一建筑有限公司
25	山东德建集团有限公司
26	中国电建集团核电工程有限公司
27	山东淄建集团有限公司
28	威海建设集团股份有限公司
29	信邦建设集团有限公司
30	山东电力建设第三工程有限公司

【外部市场开拓】 2019 年，省住房城乡建设厅引导全省建筑业企业积极走出去开拓市场，全年完成外出施工产值 2862 亿元，外向度首次突破 20%。完善外出施工联络服务机制，依托骨干企业组建外出施工联络服务点，已覆盖华北、华东、西北等地区。积极开拓国外市场，11 月 27 日成立山东海外工程建设发展联盟，为企业联手开拓海外市场搭建平台，青建、山东路桥、烟建、德建和威海国际经济技术合作公司入选全球承包商 250 强。

【减轻建筑企业负担】 2019 年，省住房城乡建设厅深化银企合作，与省建行签订战略合作协议，组织部分骨干企业与恒丰银行签订战略合作协议，建行每年对山东省建筑企业投放不低于150亿元的专项信贷支持，恒丰银行三年新增山东建筑企业授信300亿元。2019年建行对全省建筑企业信贷投放249.82亿元，贷款余额比年初增长14%。恒丰银行签约省内建筑企业54家，授信70.82亿元，信贷投放53.63亿元。规范涉企保证金管理，除依法保留的投标、履约、工程质量、农民工工资四类保证金外，一律禁止违法违规收取。2019年各方主体累计缴纳四类保证金384.5亿元，其中以保函形式缴纳175.1亿元。大力推行保函、保险替代保证金，投标保证保险在全省推开，10月12日，省住房城乡建设厅会同省发展改革委等部门印发了《关于开展房屋建筑和市政工程履约保证保险工作的意见（试行）》。全面停止主管部门代收代拨养老保障金制度，赋予建筑市场主体更多经营自主权。

建筑市场监管

【规范建筑市场秩序】 2019年，省住房城乡建设厅制定《全省建筑市场“双随机、一公开”监管工作方案》，将建筑市场检查与建筑市场领域扫黑除恶专项斗争、打击承发包违法行为、农民工工资治欠保支有机结合，最大限度减少了对企业正常生产经营行为的干扰。持续严厉打击承发包违法违规行为，11月27日印发《山东省房屋建筑和市政工程施工发包与承包违法行为认定工作指南》，全年累计检查建设项目20026个（次）、建设单位13798家（次）、施工企业14826家（次），对有违法行为357个建设项目、140家建设单位、212家施工企业、22名人员，依法予以处罚。切实做好房屋建筑和市政工程进场交易及行业监督管理工作，推进完善交易系统和监管系统建设，精简管理事项和环节，取消没有法律法规依据的投标报名、招标文件审查、原件核对等事项。

【建筑市场信用体系建设】 2019年，省住房城乡建设厅落实《山东省建筑市场信用管理暂行办法》，1月17日制定《山东省建筑市场主体信用评价导则》，实施全省标准统一、程序一致的信用评价，在招投标环节对同等级同规格的评价结果平等对待，为企业营造了更加公开公平公正的竞争环境。完善施工合同，会同省市场监督管理局印发《山东省建设工程施工合同（示范文本）》，充实完善工程款分账管理、落实大气污染防治、保函替代各类保证金等内容。

【健全保障农民工工资制度】 2019年8月26日，省住房城乡建设厅、省人力资源社会保障厅等15部门联合印发《山东省农民工工资支付监管平台管理办法》和《山东省工程建设领域农民工工资专用账户管理办法》，统筹推进建筑工人实名管理平台和农民工工资支付监管平台应用。充分发挥在线监管和实时预警功能，督促相关企业严格落实建筑工人实名制和农民工工资保证金、专用账户、总包代发、银行卡发放等管理制度，逐步实现建筑农民工工资支付标准化、流程化、精准化、信息化。

（刘明伟　徐海东　韦九洲）

工程建设标准管理

【概况】 2019年，省工程建设标准定额站紧紧围绕住建领域重点工作，深入推进工程建设标准化改革，强化工程建设标准全过程管理，不断提升标准水平，加快形成推动全省高质量发展的标准体系。共批准发布25项地方标准，发布6项团体标准，行业标准《水泥土复合管桩基础技术规程》和地方标准《被动式超低能耗居住建筑节能设计标准》荣获2019年“标准科技创新奖”项目一等奖。

【标准编制管理】 2019年，省工程建设标准定额站着力优化标准体系，不断完善标准供给结构。按照控制总量、提升存量、优化增量的原则，强化地方标准的公益性、基础性定位，严格将地方标准控制在履行宏观调控、市场监管、社会管理、公共服务、环境保护、安全防范等公共职能需要的范围之内。严把标准立项关，严格审查85项地方标准制修订计划申报项目，最终确定39项标准项目列入了年度地方标准制修订计划。全年备案发布了《城市道路工程文明施工管理标准》等25项地方标准。严把标准复审关，按照地方标准制定原则和范围，积极清理规范地方标准，对全省2014年12月之前批准实施及外墙保温类的43项地方标准进行了清理规范，采取主编单位自审，组织专家逐项审查方式，废止6项，整合修订24项，继续有效10项，可转化成团体标准3项。通过不断清理规范，山东省工程建设地方标准逐步向政府职责范围内的公益类标准过渡。强化标准制修订信息共享，加大标准立项、专利技术采用以及复审等标准编制工作透明度和信息公开力度，严格标准征求意见稿网上公开征求意见，完善已发布地方标准的信息公开机制，除公开出版外，现行180项地方标准逐步实现在省住房城乡建设厅官网全文公开。

【标准宣贯培训】 2019年，省工程建设标准定额站加大标准宣贯力度，举办地方标准《预制双面叠合混凝土剪力墙结构技术规程》宣贯会，邀请省市相关部门领导、房地产开发企业、设计院、监理单位、施工图审查机构、构件生产企业等近百人进行研讨交流。组织举办地方标准《建筑与市政工程绿色施工管理标准》和《建筑与市政工程绿色施工评价标准》培训，全省各市住建领域标准、质量监督管理人员和技术人员近130人参加培训。

【团体标准建设】 2019年，省工程建设标准定额站鼓励支持省建筑安全与设备管理、工程建设标准造价、建筑节能协会等12家住建行业协会，根据行业发展和市场需求，主动承接政府转移的标准，制定新技术和市场缺失的团体标准，供市场自愿选用。工作中做好服务，组织召开了工程建设团体标准工作座谈会，宣讲团体标准立项、编制、审查、发布等规定要求，并参与团体标准编制及审查。发布了《建设工程施工现场配线箱》等6项团体标准。

【无障碍环境建设】 2019年，省工程建设标准定额站建立完善工程建设标准化管理法规制度，与省残疾人联合会联合制定《山东省无障碍环境建设办法》，对无障碍环境建设职责、无障碍设施建设、无障碍信息交流、无障碍服务和法律责任等作出明确规定，为山东省无障碍环境建设提供了有力的法制保障。5月，组织有关单位、专家、媒体、残疾人代表20余人，到济南高铁西客站和济南轨道交通1号线开展无障碍标准贯彻实施情况监督检查。针对无障碍电梯、通道、卫生间、饮水机等无障碍设施及无障碍标志标识是否符合无障碍设计标准规范，进行监督检查，推动公共交通场所提升无障碍服务水平，确保特需人群安全出行。

2019年山东省工程建设地方标准一览表

序号	标准编号	标准名称	实施日期	主编单位
1	DB37/T 5131-2019	济南市区岩土工程勘察地层层序划分标准	2019.5.1	山东大学
2	DB37/T 5132-2019	建筑机电工程抗震技术规程	2019.5.1	山东省建设发展研究院
3	DB37/T 5133-2019	预制双面叠合混凝土剪力墙结构技术规程	2019.5.1	山东大学
4	DB37/T 5134-2019	海绵城市建设工程施工及验收标准	2019.5.1	山东省城乡规划设计研究院
5	DB37/T 5135-2019	城镇道路地下病害体探测技术标准	2019.5.1	山东正元地球物理信息技术有限公司
6	DB37/T 5136-2019	强夯地基处理技术规程	2019.5.1	山东大学
7	DB37/T 5137-2019	边坡工程施工质量验收标准	2019.5.1	山东建勘集团有限公司
8	DB37/T 5138-2019	铝合金耐火节能门窗应用技术规程	2019.10.1	山东省建设发展研究院
9	DB37/T 5139-2019	历史文化街区工程管线综合规划标准	2019.10.1	济南市市政工程设计研究院（集团）有限责任公司
10	DB37/T 5140-2019	水泥土插芯组合桩复合地基技术规程	2019.10.1	山东省建筑科学研究院
11	DB37/T 5141-2019	水泥土复合混凝土空心桩基础技术规程（修订）	2019.10.1	山东省建筑科学研究院
12	DB37/T 5142-2019	城镇道路养护技术规程	2019.11.1	济南黄河路桥建设集团有限公司
13	DB37/T 5143-2019	城市道路工程现场文明施工管理标准	2019.12.1	济南城建集团有限公司
14	DB37/T 5144-2019	600MPa级普通热轧带肋钢筋应用技术规程	2019.10.1	中建八局第一建设有限公司
15	DB37/T 5145-2019	复合土钉墙基坑支护技术标准	2019.10.1	济南大学
16	DB37/T 5146-2019	城乡生活垃圾分选处理技术规范	2019.10.1	潍坊金丝达实业有限公司
17	DB37/T 5147-2019	预制钢丝网架保温板现浇混凝土无空腔复合墙体保温系统应用技术规程	2019.10.1	山东省建设发展研究院
18	DB37/T 5148-2019	地源热泵系统运行管理技术规程	2019.10.1	山东省建筑科学研究院有限公司

续表

序号	标准编号	标准名称	实施日期	主编单位
19	DB37/T 5149-2019	玻纤菱镁建筑模壳应用技术规程	2020.2.1	山东省建筑科学研究院有限公司
20	DB37/T 5150-2019	高性能混凝土应用技术规程	2020.2.1	山东省建筑科学研究院有限公司
21	DB37/T 5151-2019	园林绿化工程资料管理规程	2020.2.1	济南市园林绿化工程质量与安全中心
22	DB37/T 5152-2019	城市超小净距浅埋暗挖隧道施工技术标准	2020.5.1	济南城建集团有限公司
23	DB37/T 5153-2019	中运量跨座式单轨交通系统设计规范	2020.5.1	比亚迪勘察设计有限公司
24	DB37/T 5154-2019	中运量跨座式单轨交通系统施工及验收规范	2020.5.1	比亚迪勘察设计有限公司
25	DB37/ 5155-2019	公共建筑节能设计标准	2020.6.1	山东省建设发展研究院

工程建设造价管理

【概况】 2019年，省工程建设标准定额站围绕建设工程造价管理工作，不断提高技术保障和服务水平，取得进展和新突破。完成全国《通用安装工程消耗量定额》第十册的修订工作，出台加强人工材料价格风险控制的意见，发布房建和市政工程优质优价费用计取标准。服务于全省新旧动能转换重大工程和生态山东建设，新编城市地下综合管廊工程消耗量定额，调整市政工程环境保护费费率标准。完成工程造价咨询企业信用等级评价工作，持续开展工程造价数据监测工作，完善工程造价监管机制。

【计价依据体系完善】 2019年，省工程建设标准定额站承担全国《通用安装工程消耗量定额》第十册《给排水、采暖、燃气工程》的修订工作，完成《山东省城市地下综合管廊工程消耗量定额》《山东省城市地下综合管廊工程费用项目组成及计算规则》编制工作。根据增值税税率调整有关文件的要求，对《山东省建设工程施工机械台班费用编制规则》《山东省建设工程施工仪器仪表台班费用编制规则》中的1800余项机械、仪表台班的预算价格、检修费、燃料动力费等费用项目测算调整，生成新的机械台班、仪器仪表台班单价表并发布。

【造价咨询资质审批】 2019年，省工程建设标准定额站受省住房城乡建设厅委托，年内共审批完成506项乙级工程造价咨询资质申请，转报住房城乡建设部甲级工程造价咨询资质申请142项，注销37家工程造价咨询资质，法定和承诺时限办结率100%，投诉率为0。进一步优化服务事项，梳理、完善山东省政务服务事项清单、住建系统的权责清单、监管目录清单和监管目录实施清单等，拆分细化11个办理事项，编写办事指南、业务手册和常见问题。依据《住房和城乡建设部关于取消部分部门规章和规范性文件设定的证明事项的决定》要求，进一步优化审批材料，取消部分证明事项，减轻企业负担，进一步提高审批效率。同时对省政府320号令下放济青烟的工程造价咨询乙级资质审批事项运行情况进行评估，优化下放事项，抽检部分企业，提出问题清单，并做好该事项扩展至其他13市的衔接工作。

2019年12月19日，省工程建设标准定额站在济南召开全过程工程咨询服务工作座谈会 （李磊　摄影）

【全过程工程咨询服务】 2019年，省工程建设标准定额站依据《关于推进全过程工程咨询服务发展的指导意见》，积极推进全省工程造价咨询企业开展全过程咨询服务。6月印发《关于布置工程造价咨询企业参与全过程咨询服务工作任务的通知》，明确目标，细化任务，推动全过程咨询服务工作开展，同时征集省内全过程咨询服务项目21项。赴济南、淄博、烟台等地，深入工程造价咨询企业、施工现场开展调研，详细了解全省全过程咨询服务开展情况，形成调研报告。根据任务部署，按季度发布《我省全过程咨询服务工作动态》。12月召开全过程咨询服务座谈会，交流企业全过程咨询服务经验，倡导企业积极拓展全过程咨询服务领域，促进工程造价咨询企业转型升级。

2019年11月2日，全省工程造价行业土建工程造价职业技能竞赛决赛圆满落幕。本次决赛首次使用在线直播平台，在线收看人数共计36万人次 （黄海波　摄影）

【工程造价咨询行业监管】 2019年，省工程建设标准定额站完成2016—2018年度工程造价咨询企业信用等级评价工作，首次采用网络复核与实地抽检相结合的模式，对507家企业信用评价结果进行复核，最终评定A级企业181家，占全省工程造价咨询企业总数的35.7%。对存在违规行为的工程造价咨询企业及时予以通报，发布风险提示，并记入企业信用档案。4月对未完成《2018年山东省工程造价咨询统计公报》的18家企业予以通报。

5月发布《关于部分工程造价咨询企业经营风险提示的通知》，通报14家2018年工程造价咨询收入低于50万元，存在经营风险的企业。9月通报未上报2018年工程造价咨询成果文件108家企业。按照《全省建筑市场“双随机、一公开”监管工作方案》的工作要求，制定《山东省工程造价咨询企业“双随机、一公开”监督检查实施细则》，建立“一单、两库、一细则”，提高抽查比例，扩大监督检查覆盖面。完成2018年度全省工程造价咨询企业统计报表，汇总分析工程造价咨询企业从业人数、咨询收入等相关数据，针对全省工程造价咨询行业发展情况发布《2018年山东省工程造价咨询统计公报》。根据《山东省住房和城乡建设厅关于开展建设工程造价数据监测工作的通知》文件要求，进一步推动工程造价数据监测工作，完善工程造价监管机制，发布《关于2018年度建设工程造价数据监测工作的通报》，对上报工程造价成果文件数量的前20名企业提出表扬。

2019年11月2日，全省工程造价行业土建工程造价职业技能竞赛决赛获奖选手合影

【专业人员队伍建设】 2019年，省工程建设标准定额站细化二级造价工程师职业资格考试范围，印发《关于公布山东省2019年度二级造价工程师职业资格考试范围（部分专业）的通知》，组织编写山东省建设行业全国二级建造工程师职业资格考试培训教材——《建设工程计量与计价实务》土木建筑工程专业和安装工程专业。组织开展山东省2019年度工程造价行业土建工程造价职业技能竞赛，全省超过5200人参加预赛个人比赛，160名选手市级代表队参加决赛，进一步促进从业人员立足本职，提升专业水平，在社会各界引起广泛好评。

（原玉磊　宋丽莎）

外出施工联络服务

【概况】 2019年，省建筑企业外出施工联络服务站不断加强制度建设，提高管理水平，强化人员素质，积极构建企业外埠发展联络服务体系，全面提升服务保障能力。聚焦“对接服务、共谋发展”，深入企业一线，扎实开展调查研究，倾听企业呼声，切实为企业做好事、办实事、解难事。千方百计搭建推介平台，多措并举，全力推动建筑业“走出去”高质量发展，山东省建筑业外向度首次突破20%。

2019 年 4 月 29 日，全省建筑业外出施工工作座谈会在济南召开

【全省外出施工工作会议】 2019 年 4 月 29 日，省建筑企业外出施工联络服务站会同厅建管处、国际处、教育中心，在济南组织召开全省建筑业外出施工工作座谈会。会议通报了全省建筑业外出施工工作情况，对驻京津沪疆 45 家外出施工优秀企业进行表扬，授予外出施工强企标牌。部分市县建筑主管部门及优秀企业作交流发言，围绕推进建筑业“走出去”发展进行座谈交流，对外出施工工作提出意见和建议。全省 16 设区市、部分县市主管部门分管领导、科室主要负责人、13 家骨干企业负责人，共 60 多人参加会议。

【机构设置】 2019 年，省建筑企业外出施工联络服务站完成站内机构设置，确定综合办公室、对外联络部、北京办公室三个部门，明确职责，选派骨干力量充实北京办公室工作。新招录 3 名工作人员，充实一线岗位，加强驻外工作力量。

【制度建设】 2019 年，省建筑企业外出施工联络服务站以开展“制度化、规范化、高效化”筑基年活动为载体，对 2018 年建立的 33 项基础制度梳理、修订，新增《“三重一大”集体决策运作制度》《驻外机构政企对接联席议事机制》《外联站工作人员普遍联系企业开展调查研究工作制度》《驻外工作（锻炼）激励措施》等 5 项制度。规范决策行为，提高决策水平，加强政企对接，全力支持、帮助驻外企业开拓市场，普遍联系企业，帮助企业解决实际问题，激励干部担当作为。制度更加完备、事务更加规范、运行更加高效。

【联络服务体系建设】 2019 年，省建筑企业外出施工联络服务站根据全省外出施工企业发展状况，研究制定《“山东省建筑业企业外埠发展联络服务体系全覆盖建设三年行动”工作方案》，

山东天元建设集团有限公司承建的北京新发地批发市场升级改造项目（B1 号楼蔬菜交易大厅），荣获 2019 年“北京市绿色安全工地”称号

依托市地驻外工作机构、骨干企业等多方面力量，拟用3年时间，建立企业外埠发展全覆盖联络服务体系。形成站总部，北京、天津、上海办公室，新疆、东北区、西北区、西南区、中南区、南方区联络站“一总、三办、六站”的格局。2019年底，完成西北区和东北区联络服务站的设立。

【工作调研】 2019年，省建筑企业外出施工联络服务站会同厅建管处、国际处共同开展“推动建筑业出省高质量发展”“加快建立全覆盖服务体系”“外出施工管理与数据统计信息化建设”3个专题调研。省内对接淄博、菏泽、泰安、德州建筑主管部门，走访31家骨干企业总部；到山东建勘集团有限公司、济南市市政工程设计研究院(集团)有限责任公司、山东城市建设职业学院、济南热力集团开展调研，听取服务需求。省外对接北京、上海、天津、江苏、陕西、辽宁、吉林、黑龙江、河北及雄安新区等9省市，与主管部门和驻外52家企业进行深入交流。

【助力企业外埠发展】 2019年，省建筑企业外出施工联络服务站针对驻外企业特种作业人员证书继续教育存在困难的问题，会同厅教育中心，开启“绿色通道”，解决企业难题。编制《建筑业企业省外发展服务手册》，为企业外出发展提供“明白纸”。以西安市储备项目信息为目标，组织召开“省外项目信息政企对接会”。举办东营市建筑业企业北京推介会，畅通外出渠道，搭建交流桥梁。京津沪办公室办理新备案企业51家、信息变更146家，施工队长新取证、建造师备案等3154人，办理项目合同备案1147项、实名制备案28842人次，开具《农民工工资付款承诺》64份，落实企业银行保函19份，办理农民工工资保证金退还6家。配合驻地主管部门，开展标准化考评、生产比赛、文明工地参评，树立山东省企业良好形象。乌鲁木齐联络站积极联络新疆自治区住房和城乡建设厅，为山东省256家驻地企业提供帮助支持。

（张建清）

工程质量安全管理

- 2019 年，全省工程质量创优成绩显著，获鲁班奖 8 项、国优工程奖 24 项，数量居全国前列
- 2019 年，全省建筑业百亿元产值死亡率同比下降 29.7%，事故起数列全国住建系统第 16 位，6 年来首次实现“零较大事故”
- 2019 年，全省培育创建省安全文明标准化工地 346 个
- 2019 年，全省推行建筑施工企业安全总监制和项目专职安全生产管理人员委派制

综　述

【概况】　2019年，省住房城乡建设厅扎实推进工程质量和施工安全管理，全省房屋市政工程质量安全形势总体平稳。全省工程质量创优成绩显著，获鲁班奖8项、国优工程奖24项，数量居全国前列。全省房屋市政施工生产安全事故死亡人数21人，比上年下降25%，建筑业百亿元产值死亡率比上年下降29.7%，6年来首次实现“零较大事故”。住房城乡建设部建筑施工安全工作座谈会在山东省召开。全国工程质量安全执法检查给予山东充分肯定。

2019年12月3日，住房城乡建设部在青岛召开建筑施工安全监管工作座谈会

【工程质量评估】　2019年，省建设工程质量评估中心扎实开展房屋建筑工程实施阶段质量状况抽样评估和工程质量监督工作技术评估试点工作，摸清区域工程质量状况，提供工程质量管理技术支撑。开展工程质量监督工作技术评估试点。指导建筑企业开展质量创优，以点带面，引导企业通过工程创优提升工程质量。积极推进建筑业新技术的应用推广。

工程质量管理

【概况】　2019年，省住房城乡建设厅进一步健全完善质量终身责任追溯机制，全面推行商品住宅使用说明书和质量保证书示范文本，加快推进质量管理标准化试点。加大违规使用海砂查处力度，加强重点建材监管。组织全省工程质量监督机构考核，完善乡村限额以上工程质量安全监管机制。

【工程质量保障体系】　2019年，省住房城乡建设厅健全完善质量终身责任追溯机制，组织《商品住宅使用说明书》《商品质量保证书》示范文本启用活动，规范商品住宅交付质量管理，压实建设单位质量首要责任。

【质量管理标准化】　2019年，省住房城乡建

2019 年 1 月 7 日，省住房城乡建设厅在烟台举办《商品住宅使用说明书》和《商品住宅质量保证书》示范文本启用活动

设厅加快推进质量管理标准化试点，在 124 家企业、171 个项目开展试点。各市组织观摩 30 余次，制定方案、出台相关导则 29 件。试点企业编制质量管理手册、标准、图册等 194 件。

【工程质量问题专项整治】 2019 年，省住房城乡建设厅部署开展违规使用海砂专项治理，建立部门联动协调机制，查处用砂违法违规行为 332 起，处罚企业 17 家，清理取缔企业 36 家。严格整治混凝土、钢筋、保温材料质量问题，联合省市场监管局印发《关于加强重点建筑材料监督管理工作的通知》，启动工程质量重点材料随机抽测，严格问题隐患督办闭环。编制完成住宅工程质量常见问题治理标准和标准图。

【工程质量安全第三方辅助巡查】 2019 年，省住房城乡建设厅坚持和完善第三方工程质量安全辅助巡查制度，采用政府购买服务方式，继续委托第三方开展巡查，健全事前交底、过程衔接、问题闭环机制，压实各方主体责任。2019 年，共巡查建筑工程项目 511 个、起重机械 861 台，发现纠正隐患问题 13340 项，责令停工整改项目 219 个，实施经济处罚 169.73 万元，信用惩戒 60 宗。

【住房质量专项排查】 2019年，省住房城乡建设厅组织在建安置住房和保障性住房质量专项排查，各级排查发现问题2108起，责令停工整改项目 18 个，实施信用惩戒 18 起。

【监管效能提升】 2019 年，省住房城乡建设厅组织全省工程质量监督机构业务能力考核，对设区市监督机构基本条件、工作管理、运行情况、监督情况、经费保障等进行检查，随机抽查监督档案 62 份，反馈问题 49 项，严格督促闭环整改，对落实属地监督责任、提高监管效能起到积极推动作用。

2019 年 3 月 7 日，省住房城乡建设厅到山东省科技馆新馆项目部开展工程质量管理标准化调研

安全生产管理

【概况】 2019年，全省住建系统安全生产形势总体平稳，全年房屋市政工程施工生产安全事故18起，死亡人数21人，死亡人数同比下降25%，建筑业百亿元产值死亡率同比下降29.7%，事故起数列全国住建系统第16位，6年来首次实现“零较大事故”。新中国成立70周年等关键时期没有出现不良影响状况，省住房城乡建设厅被评为全省安全生产工作先进单位、“安全月”优秀组织单位。

【完善牵头协调机制】 2019年，省住房城乡建设厅牵头组建省城乡建设安全生产专业委员会，印发年度工作要点，细化建立7项工作制度，开展迎接新中国成立70周年城乡建设领域安全生产专项整治、安全生产集中整治。副省长刘强两次召集会议研究推进，构建了部门协同、多元共治工作格局。

【强化安全生产责任】 2019年，省住房城乡建设厅全面推广“两承诺、一公示”管理制度，企业法人和项目负责人承诺公示安全责任，全省基本实现全覆盖。推行建筑施工企业安全总监制和项目专职安全生产管理人员委派制，建筑施工企业和项目安全生产管理责任体系更加健全。保持对安全生产违法违规行为严管重罚，严格隐患倒查追责、事故即行问责、查处挂牌督办，处理处罚企业38家、人员18人。

【安全生产专项整治行动】 2019年，省住房城乡建设厅持续深化建筑施工安全治理，先后开展迎接新中国成立70周年安全生产专项治理、建筑施工安全百日集中行动，紧盯易发群死群伤事故的危险性较大分部分项工程，部署企业全面自查、主管部门拉网式检查、集中严打处罚，组织执法检查和辅助巡查，各级检查工程项目5.5万个次，跟踪督办整改隐患问题13.4万项。

2019年7月14日，省城镇化工作领导小组办公室专职副主任宋锡庆（左一）在青岛调研工程质量安全工作情况

【建立基础长效机制】 2019年，省住房城乡建设厅修订完善《建筑施工安全文明标准化工地管理办法》，培育创建346个省级安全文明标准化工地，示范带动作用明显。加快

推进建筑施工安全生产双重预防体系建设，遴选公布省级标杆企业 23 家、市级标杆企业 300 余家，组织多轮对标评估、督导检查。开展建筑施工安责险试点，首期 56 个项目纳入试点范围，引入市场化机制完善施工安全生产保障体系。推广集中体验式安全教育，建成试点基地 15 家，完成培训 4 万余人次。

【乡村限额以上建筑工程质量安全监管】 2019 年，省住房城乡建设厅印发《关于进一步加强乡村限额以上建筑工程质量安全监管工作的指导意见》，进一步指导落实乡镇政府巡查检查责任，明确参建各方主体责任，加强重点环节管控，完善乡村限额以上建筑工程质量安全监管机制。

（王晓宏）

工程质量评估

【工程质量抽样评估】 2019 年，省建设工程质量评估中心通过建立建筑工程实施阶段质量状况抽样评估的指标体系，运用权重赋分，细化指标层次、指标权重，随机抽样 78 项工程，对工程实施阶段进行了评估，发现共性问题，客观反映区域工程质量发展状况。

【工程质量监督工作技术评估】 2019 年，省建设工程质量评估中心为全面客观评估监督机构的业务工作能力，推动质量监督机构规范化、标准化建设，分两次按照《山东省建设工程质量监督工作技术评估导则》的要求，对泰安所属市、县（市）、区监督机构进行技术评估。

【质量创优】 2019 年，省建设工程质量评估中心精心组织指导工程质量创优工作，全省评选建筑质量“泰山杯”工程 155 项，装饰装修“泰山杯”工程 80 项。培育创建省优质结构工程 431 个。

【建筑业新技术的应用推广】 2019 年，省建设工程质量评估中心通过鼓励建筑业技术创新积累，调动企业创建积极性，共有评选 518 项工法。开展群众性质量管理活动，会同省建设工会、省建筑业协会组织召开了 2019 年度全省建筑业 QC 小组成果竞赛发布会，全省共评选优秀成果一等奖 74 项、二等奖 102 项、三等奖 80 项。

（王鹏）

山东华邦建设集团有限公司承建的临朐县人民医院东院·妇幼保健院工程 2019 年荣获国家优质工程奖

青岛国际会议中心工程
——2019 年中国建设工程鲁班奖

青岛国际会议中心工程，由中国建筑第八工程局有限公司施工总承包。工程总投资 14.5 亿元，建筑面积 53924 平方米，地下 1 层，地上 2 层，局部 4 层，建筑高度 22.6 米。地下部分主要为车库及配套机房，地上一层主要为迎宾大厅、小范围会议厅、双边会议厅，二层主要为新闻发布厅、大范围会议厅，1A、2A 层主要为同声传译控制室及配套机房。工程设计为筏板基础、独立基础，主体为钢结构，外幕墙为玻璃幕墙及铝板幕墙组成，屋檐及屋面采用蜂窝铝板；工程设有给排水、建筑电气、通风空调、自动消防和建筑智能化等系统，设置垂直无机房电梯 14 部，扶梯 2 部。工程应用了建筑业十项新技术中 8 大项 27 个小项，新技术综合应用达到国内领先水平。该工程是集高端会议、新闻发布、合约签署为一体的综合性国际场馆，作为青岛市的城市客厅长期使用。

该工程于 2017 年 9 月 4 日开工， 2018 年 4 月 28 日竣工，2018 年 5 月 17 日验收备案。工程先后被评为“山东省建设工程优质结构杯奖”“山东省绿色施工科技示范工程”“国家建设工程项目施工安全生产标准化工地”和山东省建筑质量“泰山杯”工程。

中铁青岛世界博览城会议中心综合体工程

——2019 年中国建设工程鲁班奖

中铁青岛世界博览城会议中心综合体工程位于青岛市黄岛区，由中铁建工集团有限公司施工总承包，工程总投资 12.15 亿元，建筑总面积为 131142.71 平方米。由酒店、宴会厅、共享大厅、多功能厅、停车及会展办公楼等五部分组成，地下 1 层，地上 11 层，建筑高度 54.3 米。基础采用预制方桩，结构形式为框架、框架剪力墙、框架 + 钢结构屋盖。外幕墙由玻璃幕墙、石材幕墙、铝板幕墙组成，工程设有建筑电气、给水排水及采暖、通风与空调、智能建筑等系统，工程共包含 24 部直梯、16 部扶梯。该工程应用了建筑业十项新技术中 10 大项 35 子项，工程荣获多项专利、工法及 QC 成果。该工程是集展览、会议、酒店、商业、办公等多功能为一体的综合体，为东亚海洋合作平台永久性会址。本工程于 2016 年 10 月 15 日开工，2018 年 5 月 8 日竣工，2018 年 5 月 17 日竣工验收备案，先后荣获“全国建筑业绿色施工示范工程”“山东省建设工程优质结构杯”奖，被评为 2019 年度山东省建筑质量“泰山杯”工程。

麦岛居住区改造 C1 区项目工程

——2019 年中国建设工程鲁班奖

麦岛居住区改造 C1 区项目工程位于青岛市崂山区，由鲁能仲盛置业（青岛）有限公司投资建设，天元建设集团有限公司施工总承包。工程总建筑面积 111358.02 平方米，整个建筑由地下 2 层联体车库及 4 栋单体住宅楼组成。其中，地下车库建筑面积 26252.1 平方米；1# 楼地下 2 层，地上 25 层；2# 楼地下 2 层，地上 23—25 层；3# 地下 2 层，地上 21—23 层；5# 楼地下 2 层，地上 21—23 层；6# 楼地上 2 层。工程基础为筏板基础、独立基础，主体为框架剪力墙结构。设有给排水、建筑电气、通风空调、自动消防和建筑智能化系统，各设备布置合理，运行平稳。

该工程于 2016 年 8 月 20 日开工，2018 年 6 月 22 日竣工，2018 年 6 月 26 日竣工验收。先后荣获“山东省建设工程优质结构杯奖”“山东省绿色施工科技示范工程”和山东省建筑质量“泰山杯”工程。

青岛市市立医院东院二期工程门诊住院楼项目

——2019 年中国建设工程鲁班奖

青岛市市立医院东院二期工程门诊住院楼项目，由青建集团股份公司施工总承包，工程总投资 9.3 亿元，建筑面积 85930 平方米，建筑高度 67.9 米，地下 3 层，为设备用房及车库；地上 15 层，其中裙房 5 层，为门诊及手术室，6 至 15 层为病房，550 张床位，混凝土筏板基础，框架—剪力墙结构。该项目是 2018 上合峰会和 2019 海军节首选保障医院，拥有国内医疗系统吨位最大的屋顶停机坪，国际领先的数字一体化复合手术室 1 间、百级手术室 3 间、千级手术室 3 间，是集诊疗、手术、住院、保健、科研教学于一体的三级甲等医院。工程应用了建筑业十项新技术中的 9 大项 34 个子项，通过自主创新，获工法 4 项，专利 4 项，科技鉴定成果 3 项。工程于 2016 年 3 月 18 日开工，2018 年 5 月 30 日竣工验收，2019 年 3 月 19 日竣工备案。获得“全国医院优秀手术部工程奖”“全国 AAA 级安全文明工地”“住建部绿色施工科技示范工程”、省建筑质量“泰山杯”工程、省优秀设计奖等 20 余项国家、省部级奖项。

润德大厦工程

——2019 年中国建设工程鲁班奖

润德大厦工程位于淄博市张店区，由山东新城建工股份有限公司施工总承包。工程总投资 1.69 亿元，建筑面积 59968.7 平方米，地下 2 层，地上 24 层，建筑高度 98.10 米。地上部分为商业办公，地下部分主要为车库及设备用房。混凝土灌注桩、筏板基础，主体为框架结构，外墙为玻璃幕墙、陶土板设有给排水、建筑电气、通风空调、自动消防和建筑智能化等系统，设置电梯 8 部。工程应用了建筑业十项新技术中 9 大项 19 个子项，新技术综合应用达到国内领先水平。润德大厦是一栋集商业、办公为一体的设施一流、功能先进的智能化综合建筑。该工程于 2015 年 12 月 30 日开工， 2018 年 5 月 30 日竣工，2018 年 6 月 27 日验收备案。先后被评为“山东省建筑施工安全文明标准化示范工地”“山东省建设工程优质结构杯奖”“山东省绿色施工科技示范工程”“全国建筑业绿色施工示范工程”和山东省建筑质量“泰山杯”工程等。

淄博市博山区中医院门诊病房综合楼工程

——2019年中国建设工程鲁班奖

淄博市博山区中医院门诊病房综合楼工程，由山东金城建设有限公司总承包施工。桩筏基础，框剪结构，地下2层、地上12层，建筑高度48.8米，总建筑面积51420.62平方米。外墙为玻璃幕墙、铝板、石材幕墙；工程设有给排水、建筑电气、通风空调、自动消防和建筑智能化等系统，设置电梯8部，是一座集医疗、教学、预防、保健、科研于一体的智能化综合性建筑。应用了建筑业十项新技术中的9大项25子项，获专利4项、国家级QC成果2项，省级工法4项，新技术综合应用达到国内领先水平。

该工程于2015年7月21日开工，2018年5月23日竣工，2018年6月5日备案交付使用。先后获得“中国建筑工程装饰奖”“全国用户满意工程”、山东省建筑质量“泰山杯”工程、“山东省优质安装工程”“优秀建筑设计奖”等荣誉。

尼山圣境宫像区—儒宫工程
——2019年中国建设工程鲁班奖

尼山圣境宫像区——儒宫工程，由中国建筑第八工程局有限公司施工总承包，总投资11.54亿元，建筑面积67000平方米，地下1层，地上8层，建筑高度52.7米。地下部分主要为后勤、商业用房；地上一、二层主要为门厅、台阶大厅、七十二贤廊、仁智礼义信五大厅及礼乐堂，三至六层主要为综合办公、厨房用房，七、八层主要为大中小型餐饮及会议用房。工程设计为独立基础、筏板基础，主体为现浇混凝土框架结构，外幕墙为石材幕墙及玻璃幕墙组成，屋面主要为种植屋面、石材铺装上人屋面、非上人瓦屋面，挑檐采用铝板制作安装；工程设有给排水、建筑电气、通风空调、自动消防和建筑智能化等系统，设置垂直电梯19部，扶梯5部。工程应用了建筑业十项新技术中10大项21小项，新技术综合应用达到国内先进水平。本工程以传授孔子"仁智礼义信"为核心思想，是一项集文化体验、修学启智、教育培训于一体的儒学文化殿堂。该工程于2014年4月20日开工，2018年5月20日竣工，2018年9月7日完成备案。工程先后被评为"山东省建筑工程优质结构""山东省建筑安全文明标准化优良工地"、山东省建筑工程质量泰山杯。

费县文化体育综合活动中心工程

——2019年中国建设工程鲁班奖

费县文化体育综合活动中心工程，由天元建设集团有限公司施工总承包。工程总投资3.5亿元，建筑面积70618平方米，地下1层，地上4层，建筑高度27.7米。地上部分为体育馆、游泳馆、规划展览馆、大剧院馆、综合馆等场所，地下部分主要为车库及设备用房。设计为桩基＋筏板基础、独立基础，主体为框架结构。外墙为玻璃幕墙、铝板幕墙；工程设有给排水、建筑电气、通风空调、自动消防和建筑智能化等系统，设置电梯5部，是一座集健身娱乐、文化教育、规划展览、档案管理于一体的综合性建筑。该工程应用了建筑业十项新技术中9大项23个小项，新技术综合应用达到国内领先水平。

该工程于2016年5月1日开工，2018年4月25日竣工，2018年6月11日验收备案。先后被评为“山东省建设工程优质结构杯奖”“山东省绿色施工科技示范工程”和山东省建筑质量“泰山杯”工程。

勘察设计

- 2019 年，全省勘察设计企业 1820 家，从业人员 23.65 万人，注册执业人员 3.29 万人
- 2019 年，全省勘察设计企业总营业收入约 4299 亿元，利润总额 137.8 亿元；勘察设计企业新增专利 2962 项，新增专有技术 494 项
- 2019 年，山东省建筑标准服务中心发布实施 14 项省标准设计图集

综　述

【概况】　2019年，山东省勘察设计行业贯彻落实中央、省城市工作会议精神，围绕中心工作和年度责任目标，全力推动工程建设项目审批制度改革，强化行业监管，加强历史文化名城保护，积极承接消防设计审查职能，创新创优、转型升级态势逐步形成。截至2019年底，全省勘察设计企业1820家，从业人员23.65万人，注册执业人员3.29万人，全省勘察设计企业总营业收入约4299亿元，利润总额137.8亿元。勘察设计企业新增专利2962项，新增专有技术494项。

【消防设计审查职能承接】　2019年，省住房城乡建设厅按照省政府要求，主动对接省委编办、省应急厅、省消防救援总队，联合印发《关于做好建设工程消防设计审查验收移交承接有关工作的通知》，明确了全省建设工程消防设计审查验收职责移交承接的时间节点、工作程序、协调机制等。7月8日，联合省消防救援总队召开全省推进建设工程消防设计审查验收移交承接工作视频会议，厅长王玉志、省消防救援总队总队长王伟出席会议并讲话，副厅长、党组成员徐启峰主持会议，要求各地统一思想，加强领导，扎实履责，全面做好消防设计审查验收工作。

【第十届中国威海国际人居节】　2019年9月25日至28日，省住房城乡建设厅会同中国建筑学会和威海市人民政府组织第十届中国威海国际人居节暨建筑设计大赛。大赛邀请2名中国工程院院士、6名全国勘察设计大师等13名中国建筑设计行业领军人物担任专家评委，评出59项获奖作品；同时举行建筑设计作品展览、高峰论坛等主题活动。

2019年9月25日，省住房城乡建设厅党组书记李力（右一）为第十届中国威海国际建筑设计大奖赛获奖作品颁奖

【历史文化名城保护立法】　2019年，省住房城乡建设厅在2018年完成立法调研、资料搜集整理的基础上，2019年上半年起草完成《山东省历史文化名城名镇名村保护条例（草案）》，6月，通过了省司法厅审查，8月通过省政府常务会审议，9月底通过省人大一审，11月29日通过省人大审议并颁布，《条例》将于2020年3月1日正式施行。

勘察设计市场管理

【勘察设计管理机制】 2019年11月，省优化提升工程建设项目审批制度改革工作领导小组办公室印发《关于推行施工图设计文件数字化联审制度的指导意见》，对同一项目的建筑、结构、设备、消防、人防、技防和供水、供电、燃气、热力、排水、通信等进行并联审查，提高审查效能，减轻企业负担。省住房城乡建设厅积极做好建设工程初步设计审查和下放工作，印发《山东省政府投资工程建设项目初步设计审查实施细则》，将初步设计审查事项下放到各设区市，大幅提高工程建设项目审批效率，全年共组织政府投资大中型建设工程初步设计审查54项，投资670亿元，提出优化建议3800余条。印发《关于充实调整山东省建设工程初步设计审查专家委员会成员的通知》《关于调整山东省超限高层建筑工程抗震设防专项审查专家委员会的通知》《关于推荐山东省建设工程消防设计专家库成员的通知》，组织省内外专家学者发挥智囊参谋作用，为提升全省工程设计质量安全水平提供人才保障。

【省优秀勘察设计成果和美丽村居设计竞赛】 2019年8月10日—11日，省住房城乡建设厅在济南组织山东省优秀工程勘察设计成果竞赛和泰山奖·美丽村居建筑设计大赛专家审查活动，副厅长、党组成员徐启峰出席并讲话。竞赛共评出省优秀工程勘察设计成果竞赛优胜项目417项，泰山奖·美丽村居建筑设计大赛优胜项目134项。

【省勘察设计大师和杰出青年设计师评选】 2019年，省住房城乡建设厅修订完善《山东省工程勘察设计大师评选办法》，组织第六批省工程勘察设计大师和第四届杰出青年工程勘察设计师专家审查，审定第六批山东省工程勘察设计大师18人、第四届山东省杰出青年工程勘察设计师22人，涌现一批行业领军人物和青年后备人才。

【BIM技术应用】 2019年，省住房城乡建设厅完善BIM技术标准体系，制定发布《城市轨道交通BIM技术应用导则》《山东省市政工程

2019年度山东省工程勘察设计成果竞赛和泰山奖·美丽村居建筑设计大赛一等奖作品——威海市图书馆

BIM 技术应用导则》。印发《山东省建筑信息模型（BIM）技术应用试点示范项目管理细则》，开展首批 BIM 技术应用试点示范项目验收，验收 11 个城市共 36 个项目。

消防设计审查和抗震设防

【消防设计审验培训】 2019 年 7 月 19 日—20 日，省住房城乡建设厅在济南组织了全省建设工程消防设计审查验收专题培训班。省城镇化工作领导小组办公室专职副主任宋锡庆出席开班仪式并讲话，副厅长、党组成员徐启峰出席结业仪式并讲话。培训班向省、市消防设计审查验收负责人系统讲解了业务知识，有效提高了各市住建系统消防设计审查验收工作人员的业务素质，为住房城乡建设部门开展好此项工作打下了坚实的基础。

2019 年 7 月 19 日，全省建设工程消防设计审查验收专题培训班举办

【抗震设防】 2019 年，省住房城乡建设厅做好超限高层审查和权限下放工作，组织并指导设区市做好超限高层建筑工程项目的抗震设防专项审查，全年共组织超限审查 9 项，提高了抗震设防设计质量。制定《关于进一步推广应用建筑工程减隔震技术的通知》，指导各地加强应用减隔震技术的建筑工程的设计管理、施工质量监管和竣工验收备案管理。根据“放管服”改革精神和省政府〔2019〕9 号文件要求，研究了将超限建筑工程抗震设防专项审查下放各设区市方案，待省政府正式部署后执行。开展《山东东部沿海城市群风荷载取值标准》编制工作，规范山东省建筑工程结构设计的风压取值，提高高层建筑抗震抗风设计标准和抵御灾害的能力。

历史文化名城保护

【概况】 截至2019年底，山东省拥有历史文化名城20座，其中，国家历史文化名城10座、山东省历史文化名城10座；历史文化名镇53个，其中，中国历史文化名镇4个、山东省历史文化名镇49个；历史文化名村81个，其中，中国历史文化名村11个、山东省历史文化名村70个；划定历史文化街区44处；公布历史建筑895处。20个历史文化名城和44处历史文化街区全部完成保护规划编制工作。3个中国历史文化名镇、18个山东省历史文化名镇、11个中国历史文化名村、38个山东省历史文化名村编制保护规划。

2019年4月12日，省住房城乡建设厅厅长王玉志（中）在聊调研国家历史文化名城保护和整改工作 （张迪 摄影）

2019年11月29日，山东省第十三届人大会常员会第十五次会议通过了重新修订的《山东省历史文化名城名镇名村保护条例》，把全省历史文化名城名镇名村全部纳入法律保护范围。

2019年11月29日，省住房城乡建设厅副厅长、党组成员张晓海（右二）出席《山东省历史文化名城名镇名村保护条例》新闻发布会，介绍有关情况

【历史文化名城保护规划编制报批】 2019年，省住房城乡建设厅督促各地按照新时期、新要求，修编历史文化名城保护期限为2035年的保护规划，加快历史文化名城名镇名村保护规划编制和报批工作进程，11月25日，省政府批复《济南历史文化名城保护规划》。

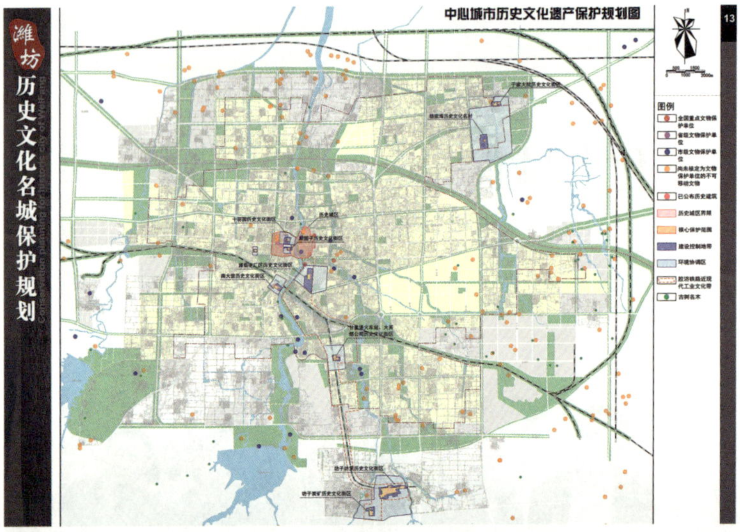

山东省建设规划研究院编制的潍坊历史文化名城保护规划，获2019年度山东省优秀城市规划设计一等奖

【历史文化街区划定与历史建筑确定】 2019年，省住房城乡建设厅积极开展历史文化街区和历史建筑普查，在新一轮名城保护规划编制过程中，科学划定历史文化街区，通过省政府批复的历史文化街区数量达到44处；全省范围内普查认定新增129座历史建筑，历史建筑总数达到852座，德州、日照、莱州、荣成等城市顺利完成历史建筑“零城市”清零工作。

【历史建筑保护利用】 2019年，省住房城乡建设厅开展历史建筑保护利用试点，以国家试点城市烟台、省级试点城市青岛和淄博为突破点，探索历史建筑活化利用新方法、新路径。印发《山东省历史建筑测绘建档三年行动计划》，明确历史建筑测绘标准、成果归档要求、档案表填写要求，确定2019、2020和2021年三年计划目标。

2019年，泰安市对红门路—岱庙—通天街历史文化街区进行了修缮，同时对街区环境进行整治，对街区内的建筑布局、建筑高度、交通组织进行控制和规划

城市设计

【城市设计编制体系】 2019年，省住房城乡建设厅广泛开展总体城市设计，分层次、分地区、分要素编制各类重点地段、城市设计的技术要求和内容深度，提高城市设计成果质量。指导各地开展总体城市设计，明确城市风貌特色定位、总体空间格局、整体景观体系和公共空间体系，制定城市形态、城市轮廓、建筑景观与色彩、标识系统、文化符号等要素设计导则，突出城市空间形态的整体性、建筑布局的协调性和文化传承的连续性。加强区段城市设计，做好城市中心区、特色景观区、中央商务区、公共活动中心等的空间景观和建筑设计指引。

【服务城市品质提升三年行动】 2019年，省住房城乡建设厅勘察设计处落实《山东省城市品质提升三年行动方案》城市设计相关要求，充分发挥城市设计在城市品质提升、塑造城市风貌特色的引领作用，进一步加大中心城区、重点地段的城市设计，提升建筑设计水平，彰显新时期城市时代特征。

（刘涛　王卫）

青岛蓝谷创新中心城市设计

建筑标准设计管理

【年度标准设计编制计划】 2019 年，省建筑标准服务中心严把标准设计立项关，组织专家对 12 家单位申报的 15 个项目进行审查、讨论、优选整合，确定 10 个项目列入省建筑标准设计编制计划，涵盖装配式建筑、智慧住区、工程质量管理标准化等多项住建领域重点工作。

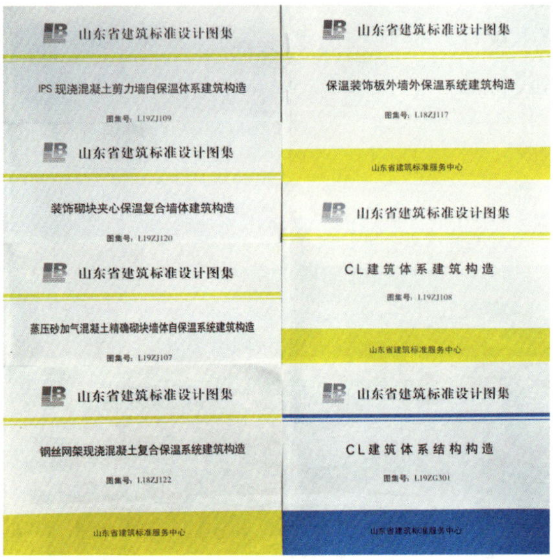

2019 年，山东省建筑标准服务中心组织编制的部分省标准设计图集

【建筑标准设计体系建设】 2019 年，省建筑标准服务中心全年发布实施了《装配式住宅标准套型、单元设计图集》《装饰砌块夹心保温复合墙体建筑构造》等 14 项省标准设计图集，涉及绿色建筑、建筑节能、装配式建筑、工程质量安全等领域。

【图集动态管理】 2019 年，省建筑标准服务中心按照标准设计管理程序，根据科技发展和工程建设需要以及建筑行业标准规范的变动情况，对 2014 年 12 月 31 日以前批准实施的，以及在实施过程中有涉及图集关键技术或内容的重要反馈意见的 50 余项图集进行了复审，确定对 14 项图集进行修订，35 项予以废止。

【信息公开】 2019 年，省建筑标准服务中心标准设计计制（修）订立项、复审结果均上网公示，及时更新现行标准设计图集目录，新编图集通过省住房城乡建设厅官网提供免费查询、下载服务。

（栾高阳　李晓南）

第六批山东省工程勘察设计大师名单

序号	姓名	工作单位	专业
1	仝　辉	山东建大建筑规划设计研究院	建筑
2	刘文斌	同圆设计集团有限公司	建筑
3	韩海令	滨州市建筑设计研究院	建筑
4	李维东	山东省建筑设计研究院有限公司	建筑
5	于明武	烟台市建筑设计研究股份有限公司	结构
6	王　健	山东大卫国际建筑设计有限公司	结构
7	孙绍东	青岛腾远设计事务所有限公司	结构
8	李向东	山东省建筑设计研究院有限公司	暖通
9	孙鸿昌	山东大卫国际建筑设计有限公司	电气
10	王殿斌	青岛市勘察测绘研究院	勘察
11	苏玉玺	山东建勘集团有限公司	勘察
12	王志英	山东省交通规划设计院	桥梁
13	王建光	济南市市政工程设计研究院（集团）有限公司	道桥
14	李成基	青岛新都市设计集团有限公司	园林
15	陈　峰	山东省城建设计院	环境工程
16	杜培文	山东省水利勘测设计院	水利
17	宫俊亭	山东电力工程咨询院有限公司	电力
18	王艳彪	中冶东方工程技术有限公司	冶金

第四届山东省杰出青年工程勘察设计师名单

序号	姓名	工作单位	专业
1	张海铭	山东省建筑设计研究院有限公司	建筑
2	赵　斌	山东建大建筑规划设计研究院	建筑
3	朱宁宁	山东大卫国际建筑设计有限公司	建筑
4	郝　彤	青岛北洋建筑设计有限公司	建筑
5	魏　强	同圆设计集团有限公司	结构
6	刘昌军	山东省城建设计院	结构
7	戴西行	青岛北洋建筑设计有限公司	结构
8	穆景光	同圆设计集团有限公司	电气
9	张晓锋	山东建大建筑规划设计研究院	暖通
10	姜　超	烟台市建筑设计研究股份有限公司	给排水
11	谢孔金	山东正元地质资源勘查有限公司	勘察
12	徐帅陵	中石化石油工程设计有限公司	勘察
13	秦新平	山东建勘集团有限公司	勘察
14	何东林	山东正元建设工程有限责任公司	勘察
15	孙海波	山东省交通规划设计院	道桥
16	张开海	山东省城建设计院	环境工程
17	李彩民	青岛环境工程设计院有限公司	园林
18	舒晓锐	山东省交通规划设计院	公路
19	胡训栋	山东电力工程咨询有限公司	电力
20	杜培恩	中石化石油工程设计有限公司	石油天然气
21	陈成运	山东省邮电规划设计院有限公司	电子通讯
22	季　安	山东省水利勘测设计院	水利

村镇建设

- 2019 年，全省村镇建设投资 1762.81 亿元
- 2019 年，全省完成改造农村卫生无害化厕所 52.8 万户，全省农村改厕工作群众满意度为 95.67%
- 2019 年，全省完成农村危房改造 5.0 万户，其中建档立卡贫困户 3.76 万户

综　述

【概况】 2019 年，全省村镇建设行业坚持以习近平新时代中国特色社会主义思想为指导，按照省委、省政府关于“担当作为、狠抓落实”的部署要求，以党建为引领，聚力聚焦美丽村居、农村危房改造、“厕所革命”等重点工作，强化措施、真抓实干，全省村镇建设各项工作取得明显成效。2019 年，全省村镇建设投资 1762.81 亿元，比上年下降 2.9%。持续推进美丽村居建设“四一三”行动，评选公布全省第二批 100 个美丽村居省级试点村庄名单。全年完成改造农村卫生无害化厕所 52.8 万户，全省农村改厕工作群众满意度为 95.67%。全年完成农村危房改造 5.0 万户，其中建档立卡贫困户 3.76 万户。全省 50 个村落入选第五批中国传统村落保护名录，全省的中国传统村落总数达 125 个，传统村落名录进一步充实。

【黄河滩区迁建】 2019 年 1 月，省住房城乡建设厅联合省滩区迁建专项小组办公室下发《关于进一步加强黄河滩区居民迁建社区建筑工程质量安全管理工作的通知》，指导各地加强黄河滩区居民迁建社区建筑工程质量安全管理。会同滩区办对各市黄河滩区居民迁建安置社区开展工程质量安全大检查，及时消除工程质量安全存在的问题和隐患，保障黄河滩区居民迁建工程质量安全。

2019 年 7 月 3 日，省住房城乡建设厅党组书记李力（左）到肥城市孙伯镇五埠村调研美丽村居建设

【限额以下乡村建设工程安全管理】 2019 年 6 月，省住房城乡建设厅印发《关于做好汛期农房建设质量安全管理工作的通知》，进一步加强全省汛期农房建设质量安全的监督管理工作。编制发放《山东省农房危房改造及农房建设质量安全手册》，对农房建设安全生产法规和安全生产要点进行解释说明，切实提升基层管理者和农村群众的质量安全意识。

农村无害化卫生厕所改造

【概况】 2019年，全省完成农村无害化卫生厕所改造52.8万户，2016年至2019累计完成改厕1086.5万户，全省农村改厕工作取得阶段性成果。9月份，省政府在滨州召开全省农村改厕规范升级和后续管护长效机制工作现场会议，省委副书记、省长龚正出席会议并讲话，对全省农村改厕规范升级和长效机制建设工作进行全面部署。

【全省农村改厕工作座谈会】 2019年2月2日，省委召开全省农村改厕工作座谈会议，省委副书记杨东奇出席会议并讲话，副省长刘强主持会议，听取关于全省农村改厕工作有关情况的汇报，深入分析问题，研究解决措施，省农村改厕工作联席会议有关成员单位负责进行了座谈讨论。

【农村改厕专题会议】 2019年5月15日，副省长刘强主持召开专题会议，听取省住房城乡建设厅关于全省农村改厕问题排查整改情况汇报，安排部署下步工作。6月3日，副省长刘强主持召开专题会议，传达省委书记刘家义关于农村改厕有关指示精神，听取省住房城乡建设厅关于农村改厕有关情况汇报，安排部署下步工作。

【全省农村改厕工作联席会议】 2019年6月24日，全省农村改厕工作联席会议在济南召开，省住房城乡建设厅厅长王玉志出席会议并讲话，会议传达学习全国农村人居环境整治暨厕所革命现场会议精神，贯彻落实全省推进乡村振兴暨脱贫攻坚现场会议要求，部署启动农村改厕包市督导工作。

【全省农村改厕规范升级和后续管护长效机制工作会议】 2019年7月4日，省政府办公厅组织召开农村改厕有关工作座谈会，听取省住房城乡建设厅关于《健全完善农村改厕规范升级和后续管护长效机制工作方案（汇报稿）》起草情况的汇报，省农村改厕工作联席会议有关成员单位负责人参加会议并进行座谈讨论。8月30日，省委副书记、省长龚正主持召开健全完善农村改厕规范升级和后续管护长效机制工作专题会议，听取省住房城乡建设厅关于工作方案和现场会议筹备

2019年9月24日，全省农村改厕规范升级和后续管护长效机制现场会议在滨州市召开，省长龚正（主席台中）出席会议并讲话（孔令华　供稿）

2019 年 9 月 24 日，参加全省农村改厕规范升级和后续管护长效机制工作现场会议的代表实地观摩无棣县改厕工作

情况汇报，研究讨论有关问题，安排部署下步重点工作。9 月 24 日，全省农村改厕规范升级和后续管护长效机制工作现场会议在滨州召开，省委副书记、省长龚正出席会议并讲话，副省长刘强、于国安出席会议。省住房城乡建设厅厅长王玉志作会议发言。省政府办公厅有关领导，各设区市政府主要负责人，省农村改厕工作联席会议各成员单位主要负责人等参加现场会议。11 月 13 日，省住房城乡建设厅组织召开贯彻落实全省农村改厕规范升级和后续管护长效机制工作现场会议情况调度视频会议，省住房城乡建设厅党组书记李力出席会议并讲话，副厅长、党组成员徐启峰主持会议。会议通报了各地贯彻落实全省农村改厕规范升级和后续管护长效机制工作现场会议精神进展情况，部署安排下步重点工作。

【农村改厕政策文件】 2019 年 1 月，省委办公厅、省政府办公厅印发《关于立即开展全省农村改厕有关问题排查整改的紧急通知》，在全省部署开展农村改厕问题排查整改工作。8 月，省住房城乡建设厅印发《关于进一步做好农村改厕工作信息公开公示的通知》，规范改厕信息公示公开制度，完善公众参与机制。9 月份，省政府办公厅印发《健全完善农村改厕规范升级和后续管护长效机制工作方案的通知》，按照“4+N”方式，加强分类升级，提升建设标准，加快建立有制度、有标准、有队伍、有资金、有监督的“五有”后续管护长效机制。11 月，省住房城乡建设厅印发《关于建立全省农村改厕规范升级和后续管护长效机制工作调度制度的通知》《关于进一步做好农村改厕工作的通知》，实行定期调度通报制度，督促各地认真落实无棣现场会议精神，加快推动重点任务落实。

【农村改厕实地调查】 2019 年 4 月，省住房城乡建设厅组织有关人员在全省开展了农村改厕“百村万户”蹲点调研工作，全面科学评价各地改厕台账建立和问题排查情况，跟踪监督有关改厕问题整改情况，累计走访 16 设区市 31 个县（市、区）64 个乡镇 128 个村庄，入户调查 13584 户。7 月，省住房城乡建设厅、省农业农村厅组成联合调研组，到无棣县就农村改厕工作情况进行专题调研，形成调研报告报省政府，省委副书记、省长龚正对《关于无棣县农村改厕工作情况的调研报告》予以肯定。到巨野县、威海市环翠区、淄博市临淄区和桓台县等东、中、西改厕提升试点地区进行调研督导，结合东、中、西改厕提升试点调研督导情况。

【农村改厕奖补资金】 2019 年，中央财政对山东农村改厕奖补资金 3.0515 亿元、省财政奖补资金 6 亿元，全部纳入 2019 年乡村振兴重大专项资金整合范畴。10 月，省住房城乡建设厅会同省财政厅、省农业农村厅制定《山东省农村“厕所革命”整村推进财政奖补实施方案》，指导各地做好农村改厕整村推进工作，加强粪污利用处理设施建设，不断提升改厕管护水平。

【农村改厕监督评估】 2019年6月份，省农村改厕工作联席会议组织各成员单位，在全省开展了农村改厕包市督导工作。印发《农村改厕包市督导工作方案》，督促各地加快推动重点任务落实，各联席会议成员单位积极赴所包地市进行明查暗访，累计走访244村2000多户。9月份，委托省鲁统市场调查中心在全省开展了农村改厕群众满意度电话调查工作，结果显示，全省群众满意度为95.67%。10月，委托第三方机构在全省开展了农村改厕暗访核查工作，走访16个市60个县（市、区）192个镇（街）385个村（社区），入户4085户。2020年1月，按要求对各市2019年度党政领导班子和领导干部推进乡村振兴战略实绩考核（农村改厕方面）进行了综合评估，评估结果形成报告报省委农办。

农村危房改造

【概况】 2019年，省住房城乡建设厅紧紧围绕实现“两不愁三保障”脱贫攻坚目标任务，全年完成危房改造5万户，其中建档立卡贫困户3.76万户，累计48.4万户贫困家庭住上了安全房。5月10日，国务院办公厅印发《关于对2018年落实有关重大政策措施真抓实干成效明显地方予以督查激励的通报》，山东省农村危房改造工作连续两年获得国务院督查激励。2019年5月，省住房城乡建设厅针对住房城乡建设部巡视反馈和山东卫视《问政山东》曝光问题，会同省扶贫开发办印发《关于开展农村危房改造存在问题全面摸排整改的紧急通知》，深入开展排查整改，举一反三抓好机制建设。印发《深化农村危房改造扶贫领域腐败和作风问题整治工作实施方案》《在“不忘初心、牢记使命”主题教育中专项整治保障贫困户基本住房安全方面漠视侵害群众利益问题实施方案》，聚焦农村危房改造台账建立、信息公开、农户档案管理、补助资金使用管理等重点环节，全面检视工作中存在的突出问题，为全面打赢脱贫攻坚战提供坚强有力的纪律和作风保障。

2019年，无棣县农村危房改造任务计划442户，层层严把程序关，级级审核复检，实际完成农村危房改造1258户。图为该县西小王镇西陈村一户农村危房改造前后 （高士辉 邢成涛 摄影）

【农村危房改造工作部署】 2019年3月，省住房城乡建设厅会同省扶贫开发办、省民政厅、省残联等部门召开全省农村危房改造视频会，组织各方力量开展危房改造计划摸底，逐级建立台账，加强数据共享。4月，省住房城乡建设厅会同省财政厅印发《山东省2019年农村危房改造工作实施方案》，深入贯彻党中央、国务院脱贫攻坚决策部署，认真落实省委、省政府工作要求，切实保障农村困难群众住房安全。8月，省住房城乡建设厅印发《山东省农村贫困人口住房安全保障工作方案》，贯彻落实国务院扶贫开发领导小组《关于解决“两不愁三保障”突出问题的指导意见》精神，按照省扶贫开发领导小组《关于扎实做好脱贫攻坚“回头看”着力解决“两不愁三保障”突出问题的通知》部署要求，全力做好省农村贫困人口住房安全保障工作。

【农村危房改造数据核实】 2019年，省住房城乡建设厅联合省扶贫开发办对已脱贫享受政策贫困户住房安全情况进行摸底，逐级建立台账，核准夯实数据。5月，会同省扶贫开发办印发《关于开展农村危房改造存在问题全面摸排整改的紧急通知》，明确职责分工，全面深入排查，逐级建立台账。11月，会同省扶贫开发办部署开展全省建档立卡贫困户住房安全鉴定全覆盖工作，明确鉴定范围，切实做好建档立卡贫困户住房危险等级鉴定，加强农村危房动态管理。建立危房改造信息检索系统，把2018年以来危房改造农户档案全部导入信息检索系统，实现危改数据信息化。

【农村危房改造政策支持】 2019年起，全省农村危房改造纳入省级涉农资金统筹整合范围，进一步提高资金使用效益，集中资源打赢脱贫攻坚战。4月，省住房城乡建设厅会同省民政厅、省自然资源厅、省财政厅对农村“周转房”开展调研，联合印发《关于印发〈推进农村老年人相对集中居住养老实施方案〉的通知》，鼓励各地通过建设农村“周转房”等方式保障困难群众住房安全，构建多渠道、全方位的保障机制，实现农村困难群众住房安全保障应保尽保。省住房城乡建设厅组织编制了《山东省农村危房改造及农房建设质量安全手册》，切实强化危房改造的技术支持力度。

美丽村居建设

【概况】 2019年，按照山东省美丽村居建设“四一三”行动实施方案部署要求，省住房城乡建设厅大力推进美丽村居建设，完成第一批56个美丽村居建设省级试点的年度评估，公布第二批100个美丽村居建设省级试点村庄名单，着力绘就具有山东特色的现代版“富春山居图”。

【美丽村居建设省级试点】 2019年，省住房城乡建设厅着力抓好第一批56个美丽村居建设省级试点实施，组织专家对各试点实施方案和村庄设计方案进行技术审查。经省政府同意，9月公布第二批100个美丽村居建设省级试点村庄名单。10月印发《关于做好山东省第二批美丽村居建设省级试点工作的通知》，对第二批试点工作作出安排。建立“厅领导带队、处室参加、专家跟踪”的试点村庄联系机制，每个厅领导联系1—2个试点村庄，不定期深入试点村庄进行现场指导，提升试点建设水平。开展“泰山奖·美丽村居建筑设计大赛”，评选公布一等奖17项、二等奖33项、三等奖84项，为编制村庄设计提供典型案例，加强示范引领。

2019年12月17日，全省美丽村居建设工作推进会召开。省住房城乡建设厅副厅长、党组成员徐启峰（主席台左）出席会议并讲话
（贾蕊　摄影）

【美丽村居建设标准】 2019年，省住房城乡建设厅组织编制“美丽村居·系列丛书”，在发布《乡村风貌规划指引》《美丽村居案例手册》《村庄设计导则》《美丽村居建设导则》等美丽村居系列技术文件的基础上，委托山东省城乡规划设计研究院编制《山东省美丽村居建设标准》，制定《山东省美丽村居建设省级试点评估办法》和评估标准，切实做到美丽村居设计有参考、建设有标准、评估有依据。

【美丽村居建设省级试点评估】 2019年12月份，省住房城乡建设厅对第一批56个美丽村居建设省级试点工作开展情况进行年度评估，进一步总结试点工作中存在的问题和经验做法，为推动全省美丽村居建设工作提供典型经验，评估成绩纳入市县党政领导班子和领导干部推进乡村振兴战略实绩考核。

【全省美丽村居建设工作推进会】 2019年12月16日—17日，省住房城乡建设厅在济南组织召开全省美丽村居建设工作推进会，进一步贯彻落实省政府美丽村居建设“四一三”行动推进方案，总结工作成效，查找问题不足，部署下步工作。省住房城乡建设厅副厅长、党组成员徐启峰出席会议并讲话，潍坊市、东营市、青州市、邹城市、莱州市城港路街道、微山县昭阳街道、蒙阴县桃墟镇、博兴县吕艺镇、威海市环翠区张村镇王家疃村、淄博市博山区池上镇中郝峪村分别作典型发言。

山东省宜居美丽村庄、潍坊市示范村、青州市首届美丽乡村——青州市弥河镇桐峪沟村

中国历史文化名村、中国传统村落——荣成市东楮岛村
（杨志礼　摄影）

特色镇村建设

【概况】 2019 年，省住房城乡建设厅委托第三方编制《山东省特色小（城）镇创建评价体系》，为做好下一步全省新生小城市、重点示范镇及特色小镇验收命名工作打下基础。50 个村落入选第五批中国传统村落，山东省的中国传统村落总数达 125 个，传统村落名录进一步充实。加大历史文化名镇名村保护力度，配合起草《山东省历史文化名城名镇名村保护条例》，持续推进历史文化名镇名村保护规划备案与修编工作。

【特色小（城）镇创建】 2019 年，省住房城乡建设厅对全省 10 个新生小城市、30 个重点示范镇、109 个省级特色小镇和 22 个全国特色小城镇进行跟踪调度，全面掌握省特色小（城）镇阶段性创建成效。开展特色小镇专题调查研究，形成《关于推动特色小镇高质量发展 实现新型城镇化和乡村振兴“双轮驱动”的调研报告》。联合省委政策研究室等部门对省特色小（城）镇建设情况进行充分调研，全面总结可复制经验，提出针对性意见建议，形成专题报告报中央办公厅。编辑出版《全省特色小（城）镇典型案例》，按照“可学、可看、可借鉴”的原则，挖掘模式先进、成效突出、经验普适的特色小镇典型案例，对其经验做法，积极进行推广，增强辐射带动能力。委托第三方研究编制《山东省特色小（城）镇创建评价体系》，为进一步规范提升特色小（城）镇发展，做好下一步全省新生小城市、重点示范镇及特色小镇验收命名工作打下基础。

山东省乡村振兴示范镇、山东省省级文明镇——威海市文登区张家产镇 （牛立志 摄影）

【历史文化名镇名村和传统村落保护】 2019 年，全省 50 个村落入选第五批中国传统村落，山东省的中国传统村落总数达 125 个，传统村落名录进一步充实。加大历史文化名镇名村保护力度，2019 年 11 月 29 日，山东省第十三届人民代表大会常务委员会第十五次会议通过《山东省历史文化名城名镇名村保护条例》，持续推进历史文化名镇名村保护规划备案与修编工作。

灾后家园建设

【概况】 2019年，受“利奇马”台风影响，全省需要修缮加固、分散重建的房屋分别为17360户、11124户，截至年底已全部完成；需要整村迁建的房屋共72户，编制完成异地迁建方案。

【灾后家园建设部署】 2019年8月，省住房城乡建设厅印发《关于做好城乡受灾房屋安全性排查鉴定和安全风险防范工作的紧急通知》，明确排查重点、鉴定程序、鉴定标准以及加强安全风险防范等事项，加快灾后恢复重建工作。9月，印发《关于建立灾后家园建设工作调度制度的通知》《关于调度“利奇马”台风受灾损毁房屋以及相关公共服务设施有关情况的通知》，建立日报送、周调度、月汇总和重点工作事项随时报告的报送制度，及时掌握受灾地区家园建设情况。

【灾后家园建设技术支持】 2019年8月，省住房城乡建设厅从省建筑科学院等单位抽调40名专家，组建8个专家指导组，对全省受灾地区城镇和农村受灾房屋安全检测鉴定及加固工作进行现场技术指导。转发《潍坊市农村受灾房屋鉴定及修复技术指导手册》，强化典型示范指导。组建4个指导组先后赴6个受灾最严重地区，开展检查指导，确保恢复重建工作顺利完成。10月份，编制《加快推进灾后家园建设专项实施方案》，明确灾后家园建设的总体要求、基本原则、主要任务、保障措施。

黄河滩区居民迁建工程

【概况】 2017年8月1日，经国务院同意，国家发展改革委印发《山东省黄河滩区居民迁建规划》，批复总投资260亿元，采取外迁安置、就地就近筑村台、旧村台改造提升、筑堤保护和临时撤离道路改造提升等5种方式，用三年时间基本解决60万滩区群众防洪安全和安居问题。省住房城乡建设厅作为省黄河滩区居民迁建专项小组办公室省直成员单位，2019年继续结合自身职能，积极推动滩区迁建工程。

【滩区迁建工程技术支持】 2019年，省住房城乡建设厅制定技术标准，印发《关于切实做好黄河滩区迁建社区规划设计和房屋建设质量安全工作的实施意见》和《黄河滩区迁建社区配套设施建设导则》等7项规定，形成了“1+6”管理和技术体系。为黄河滩区迁建各市免费配送《黄河滩区迁建农房建筑设计图集》《山东省黄河滩区迁建社区建筑设计标准图集》，为广大滩区农民群众提供功能布局合理、造型新颖、具有黄河文化特色的新农居设计方案和危房改造设计方案。加大专项政策扶持，根据《山东省美丽村居建设“四一三”行动推进方案》，按照“一台一韵”要求，将28个黄河滩区迁建村台全部纳入省级试点，塑造富有鲁西南风格的民居风貌。加大技术支持，组建勘察设计、建筑节能、建筑市场监管、质量安全、基础设施配套等5个专家组，及时向黄河滩区迁建社区规划设计和房屋质量提供技术咨询和技术指导。邀请山东建筑大学等高校及相关设计机构专家对黄河滩区村台新建农房结构体系进行论证，供村台农房建设参考选用。

【滩区迁建工程质量安全监管】 2019年，省住房城乡建设厅配合省黄河滩区居民迁建专项小组办公室，继续对黄河滩区居民迁建安置社区开展工程质量安全大检查，重点围绕质量责任落实、实体质量、现场安全管理等方面进行抽查，及时消除工程质量安全存在的问题和隐患，保障黄河滩区居民迁建工程质量安全。针对黄河滩区迁建社区地域跨度大、涉及群众范围广等特点，配合省滩区办委托第三方专业机构开展社区工程质量安全巡查，及时将问题反馈各地，督促抓好整改。

乡村振兴

【“香”村巨变】 2018年9月，按照省委、省政府“千名干部下基层”决策部署，省住房城乡建设厅选派王访儒参加省派商河县殷巷镇乡村振兴服务队任副队长，帮扶逯家、崔家、潘家、高坊、土马店5个村。服务队以基层党建为统领，以产业发展为主线，推动连片村庄优势集聚、抱团发展，协调推进五个振兴，打造乡村振兴示范片区，取得阶段性成效。产业方面，聚焦当地特色留兰香种植，编制《留兰香田园综合体规划》，加快土地流转，打造特色产业，扶持龙头企业，种植规模从4000亩扩大到12000亩，总产值达到亿元以上。对接省内独角兽企业、世界玻尿酸龙头企业华熙生物，与县政府签订战略合作协议，3个系列、8种产品已经上市，留兰香产业实现了从低端原材料向终端消费品的跨越。争取国家和省各类资金2500余万元，扶持建设了水果和花卉苗木大棚、露天果园、

2019年12月29日，省派商河县殷巷镇乡村振兴服务队与镇委、镇政府举办庆元旦暨“弘扬乡风文明 助力乡村振兴”文艺汇演，服务队通过集体诗朗诵《筑梦殷巷》展示一年多来帮扶工作取得的积极成效

扶贫车间、坑塘整治、恒温库等10个产业项目，其中6个扶贫项目每年缴纳租金200万，覆盖全镇53个非贫困村663户、1138人，带动周边村庄150多名农民就业，人均增收12000余元。高坊村特产商河魁王金丝小枣被农业农村部评为国家地理标志产品。5个服务村庄集体收入平均增长50%以上，逯家村收入实现翻番。生态方面，投资5000余万元实施农村“七改”工程和人居环境整治，邀请省规划院编制3个美丽村居规划，实现村庄规划全覆盖，投资2100万建设“四好”农村路25公里，牵头协调省交通厅实施投资3.2亿元的240省道改造，服务村庄面貌发生巨大变化。组织方面，创新成立留兰香产业党委，打破村级党组织在统筹产业发展上的局限，把组织建在产业链上，服务村庄与周边村庄同频共振，以强劲的组织领导力调动了村民的积极性。人才方面，走外引内联的路子，解决乡村振兴关键的人才问题，指导成立张洪军工作室，招录乡村振兴专员，成功创建省级乡村振兴专家服务基地。文化方面，实现新时代文明实践中心镇、村全覆盖，建设积分超市，激发了村民参与文明实践的热情。两年来，省政协主席付志方、省妇联主席孙丰华、省委组织部副部长朱开国等先后到服务村庄调研指导；《大众日报》以《“绿叶”铺成小康路》为题报道了服务队打造留兰香产业的经验做法。

【立屯村帮扶】 2018年2月，按照省委组织部安排部署，省住房城乡建设厅选派李正到鄄城县大埝镇立屯村任村支部书记。面对软弱涣散村这个难题，李正积极主动融入村里，吃住在村，和干部群众一起抓生产、促发展。以身作则、率先垂范，抓班子、带队伍，转变了村里工作作风。坚持能者上、庸者下，先后调整班委班子2人，引导村里在外经商的能人回村创业，班子队伍人心齐了，支部战斗力显著增强。关注群众期盼，敢于解决村里重点难点问题，2年的时间，立屯村村庄基础设施不断完善，村居环境有了显著变化。针对群众最关心的农田灌溉问题，协调周边4个行政村共同开沟建桥，开通淤堵30多年的灌溉水渠，累计新开、改造水渠12公里，修建简易式桥梁32座，极大地提升了村庄水利灌溉条件。新建、改建道路3.6公里，改造生产路680米，改造路肩4.8公里，方便群众出入。将旧大队部进行拆除，新建大队部和1100平方米的硬化广场，配套1处公共厕所。经李正积极争取，2019年2月，鄄城县大埝镇被评定为省级绿色示范镇，立屯村新型社区被列入示范节能项目，省级财政予以550万财政补助。产业多面开花，新建一个扶贫车间，引导群众自主山药加工，让群众能在家里挣钱。带领干部群众先后开发了立屯树林鸡、立屯土鸡蛋、生态黑木耳、立屯菊花等四个直销产品，建立立屯淘宝店铺。两年来，村集体收入从“空壳村”发展到30多万元；为每个贫困户发放分红2000多元，累计发放贫困户收入总额超过5万元，其中，个人年度收入最高的达6000元。村里56户贫困户全部脱贫，高质量完成了两年脱贫任务。李正

2019年6月，齐鲁情·乡村记忆调研团到立屯村调研

以饱满的政治热情、扎实的工作作风，坚持在下基层中联系群众、服务群众、锻炼本领，为排忧解难，累计协调申报各方政策资金约1000万元，让村庄面貌有了变化，让群众得到实惠，让村庄经济有了发展，培养了接班人，高质量完成了两年脱贫攻坚任务。

【小井镇第一书记工作组】 2019年4月，省住房城乡建设厅第一书记工作组徐建、张荣圣、唐建军、周向军、刘元彬5人进驻东明县小井镇，分别任范屯、西夏营、黄庄、西紫荆、东紫荆村第一书记。驻村以来，坚持以巩固脱贫、推动振兴为主线，团结带领帮扶村干部群众，身入心入、务实开拓，驻村帮扶工作取得积极进展。从"抓班子、带队伍、强堡垒"入手，以党建为抓手统筹推进农村经济社会发展各项工作，深入开展“不忘初心、牢记使命”主题教育，在“七一”前夕组织5个村139名党员赴兰考开展“追寻红色足迹，弘扬奋斗精神”主题党日活动，培养入党积极分子13名，确定重点培养对象5名，发展预备党员1名。统筹2019年度产业扶贫资金290万元，新上500kw光伏发电项目，已实现并网发电，年收益率达到9.5%以上。积极参与黄庄、前范屯新村迁建，480余户二层联排农房基本完工，实现土地复耕550余亩，其中列入土地增加挂钩项目380余亩。各村先后完成道路硬化5.8公里，新建农田灌溉机井58眼、饮用水深井1眼，安装路灯358盏，新建农村生活污水处理站2座，组织实施了电力扩容改造、自来水饮水安全、灌溉机井“井井通”等项目，西夏营、东紫荆、西紫荆3村的新党群服务中心主体已完工。积极开展民生工程，在黄庄、范屯新村实施农村电代煤项目710余户、配建老年周转房52户，在范屯村开展农房节能改造481户、改建老年幸福院1处，在西紫荆村新建公立幼儿园1所。动员有关行业协会、企业等捐款、捐物价值60余万元，并针对学前儿童、老年人、贫困户开展了爱心助学、上门义诊、走访慰问等活动。

（麻鹏飞　刘二鹏）

2019年10月20日，省住房城乡建设厅第一书记工作组参观“小井记忆”展览馆，重温“敢想、敢干、敢为人先”的小井精神

建设行政许可

- 2019年，省住房城乡建设厅梳理形成行政许可事项清单14项
- 2019年，省住房城乡建设厅办理行政审批151385件，按时办结率100%，实现审批零差错
- 2019年，省住房城乡建设厅下放济南、青岛、烟台3市行政许可事项共办理10.29万件

综　述

【概况】 2019年，省住房城乡建设厅行政许可工作认真贯彻国家和省关于行政审批改革的一系列部署要求，严格落实全面从严治党责任，狠抓作风建设，以便民高效为原则，以“一次办好”为目标，不断提高行政审批服务水平，各项工作取得良好成效。全年办理行政审批151385件，按时办结率100%，实现审批零差错。

【简政放权】 权力下放。2019年，在省政府320号令基础上，省住房城乡建设厅新增1项下放济青烟事项，4项下放青岛西海岸事项，13项下放济青烟自贸区事项，10项下放中国—上合组织经贸合作示范区事项。

规范多张清单。2019年，省住房城乡建设厅完成权责清单、“互联网+监管”系统监管事项目录清单、监管事项检查实施清单中涉及许可事项的梳理工作，形成省住房城乡建设厅行政许可事项清单14项。

2019年7月29日，副省长刘强（前排左二）在省住房城乡建设厅副厅长张晓海（前排左一）陪同下，到省政务服务中心省住房城乡建设厅窗口调研工作，了解“一窗受理”的具体许可事项、办理流程和下放情况

精减申报条件。2019年，省住房城乡建设厅根据“放管服”改革要求，及时更新材料清单，编写《山东省建筑施工企业安全生产许可证新申报、延期申报资料指南》《二级结构师审批指南》等，简化安许证申报条件、预注册证明等二级结构师注销材料36项材料，企业申办非最低等级资质安许证时，所需人员减少30%以上，有效减轻企业负担。

优化审批流程。2019年，省住房城乡建设厅印发《关于新设立建筑施工企业申请安全生产许可证有关事项的通知》，实现建筑业企业资质与安许证同时申报，为企业办事提供便利。

实行告知承诺。2019年，省住房城乡建设厅根据省政府办公厅《关于进一步促进建筑业改革发展的十六条意见》要求，转变审批方式，印发《关于开展建筑业企业资质告知承诺审批试点工作的通知》，在全省范围内开展试点，显著提高服务效率。

【许可服务】 优化审批服务。2019年，省住房城乡建设厅按照“一次办好”要求，结合各项许可事项，梳理共享数据需求清单47项，并予以上报；完成行政许可事项申报材料中有偿中介服务的梳理工作及山东省中介超市的核定工作。

更新办事指南。2019年，省住房城乡建设厅完成省级行政许可事项目录与国家级目录的对照核查工作，确保省级行政目录统一规范。共享省级政务平台、山东省行政权力事项动态管理系统、省政务大厅及中心网站内容，确保各渠道服务指南完整一致。

审批优质服务。2019年，省住房城乡建设厅积极与省大数据局对接，做好审批系统配置工作，安全生产许可证正常延期快速办理程序上线运行，省住房城乡建设厅首个政务服务事项实现"秒批"。严格遵守政务中心规定，积极回应群众诉求，认真开展审批服务，做到了无差错、零投诉。加强资质审查专家管理，规范专家审查行为，提高审查质量，确保审查结果公开公平公正。

资质许可

【房地产开发企业资质核定】 2019年，省住房城乡建设厅共受理房地产开发企业262家报送的各类材料。其中，一级资质办理材料59家，升级6家，延续26家，变更27家；二级资质办理材料203家，升级32家，延续129家，变更41家。

【建筑施工企业安全生产许可证核发】 2019年，省住房城乡建设厅审批安全生产许可证5573家。其中，新申请1691家，延期1769家，变更2000家，增补85家，注销28家。

【建筑业企业资质许可】 2019年，省住房城乡建设厅共受理建筑业企业资质3729项。其中，新申请655项，延续38项，升级605项，增项611项，重新核定259项，变更1531项，遗失补办25项，重新打证38项，注销51项；审批通过2811项，审批不通过918项，转报住房城乡建设部62项。

【超限高层建筑工程抗震设防审批】 2019年，省住房城乡建设厅审批超限高层建筑工程抗震设防9项。

【工程造价咨询单位资质认定】 2019年，省住

2019年6月10日，山东德全信息系统工程有限公司给省住房城乡建设厅送来锦旗，表达对行政审批中热情服务快速高效的感谢
（杜鹏　摄影）

房城乡建设厅共受理668家工程造价咨询企业上报的各类申报材料，审核批准17家乙级（暂定一年），35家企业转正，141家企业延续，268家企业变更，1家企业分立资质，不予行政许可27家，注销37家企业资质。

【建设工程质量检测机构资质审批】 2019年，省住房城乡建设厅共审批建设工程质量检测机构资质194项，其中首次申请39项，予以许可34项，不予许可5项；资质增项15项，予以许可14项，不予许可1项；资质延期78项，予以许可70项，不予许可8项；资质变更62项，予以许可48项，不予许可14项。

【施工图审查机构认定】 2019年，省住房城乡建设厅审批施工图设计文件审查机构资质30家，延期18家，变更9家，升级2家，增项1家。

【工程勘察设计单位资质许可】 2019年，省住房城乡建设厅共受理工程勘察设计资质1536项，核准1273项。其中，审批工程勘察、设计（涉及铁路、交通、水利、信息产业、民航等方面的工程设计乙级资质除外）单位乙级和丙级资质1432项，核准1233项；升甲级和涉及铁路、交通、水利、信息产业、民航、消防资质延续转报住房城乡建设部104项，核准40项。

【工程监理企业资质许可】 2019年，省住房城乡建设厅共受理工程监理企业资质755项。其中，新申请36项，增项20项，升级46项，延续244项，变更364项，重新核定1项，增补10项，注销2项；审批通过580项，审批不通过175项，转报住房城乡建设部34项。

【二级建造师注册资格认定】 2019年，山东省二级建造师审批公告数据35843人。其中，初始注册19477人，延续注册13248人，满65周岁注销736人，取消二级建造师临时执业资格人员2382人。

【二级注册结构工程师注册资格认定】 2019年，山东省二级注册结构工程师审批核准500人。其中，初始注册94人次，延续注册77人次，变更注册95人次，外省转入4人次，转往外省40人次，注销注册189人次、更改注册1人次。

【建筑施工特种人员操作资格认定】 2019年，省住房城乡建设厅共完成建筑施工特种作业人员操作资格认定审批102598项。其中，新取证47606项，继续教育50622项，人员单位变更3999项，企业信息变更142项，人员信息变更47项，证书遗失补发182项。

【下放济南青岛烟台审批事项】 2019年，省住房城乡建设厅下放济南、青岛、烟台3市行政许可事项共办理10.29万件，占全省省级行政许可事项办件总量的40.5%。

（李倩）

建设法制

- 2019年，省级住房城乡建设领域出台1部地方性法规、2部政府规章
- 2019年，省住房城乡建设厅3篇调研成果参与全省政府系统优秀调研成果评选，均获奖，位列省直部门前茅
- 2019年6月，省政府召开视频会议，贯彻落实全国工程建设项目审批制度改革工作电视电话会议精神，安排部署全省改革工作
- 2019年12月，省政府召开全省工程建设项目审批制度改革工作推进视频会议，总结前期工作，安排部署下步重点任务

综　述

【概况】 2019年，山东省住房城乡建设法制工作深入贯彻落实《山东省法治政府建设实施纲要（2015—2020年）》，加快立法步伐，深化政务公开，加大执法力度，强化执法监督，依法行政水平明显提高。深入推进工程建设项目审批制度改革等“放管服”改革，依法行政稳步推进。扎实推进普法宣传，复议应诉积极稳妥。政策研究不断强化，深化改革成绩突出。

【行政复议应诉】 2019年，省住房城乡建设厅重视行政复议应诉工作，复议案件全部在法定期限内受理、审理、依法做出决定。充分做好诉讼应诉准备，提升材料准备、出庭辩论、善后处理等工作质量，以化解争议为目标，努力做到“案结事了”。2019年，省住房城乡建设厅作为行政复议被申请人的案件有12件，其中，复议机关为住房城乡建设部的7件，复议机关为山东省人民政府行政复议办公室的5件。以省住房城乡建设厅作为被告人的行政诉讼案件共有12件，均胜诉。

建设立法

2019年9月3日，省住房城乡建设厅副厅长、党组成员张晓海（前排右一）陪同省人大常委会副主任王良（左二）在湖南进行历史文化名城名镇名村保护立法调研。图为调研组在国家级历史文化名镇长沙市靖港镇实地调研　（关川　摄影）

【重点领域立法】 2019年11月29日，经省十三届人大常委会第十五次会议审议，全票通过《山东省历史文化名城名镇名村保护条例》，将于2020年3月1日起施行。省住房城乡建设厅在认真梳理、总结山东省历史文化名城名镇名村保护工作的总体情况、现状特点和存在问题基础上，高质量完成了起草、调研、会签、报审等基础性工作。《条例》合理确定了适用范围，建立了历史文化潜在资源普查和预保护制度，明确了省历史文化名城名镇名村的撤销制度，提出了对历史文化遗产活化利用政策指引。

2019年1月22日，《山东省绿色建筑促进办法》以山东省人民政府令第323号公布，自2019年3月1日起施行。《办法》提出了绿色建筑全面推广政策，建立了绿色建筑全过程管理制度，明确了绿色建筑发展引导激励政策，促进省绿色建筑发展纳入法制化轨道。

2019年3月10日，《山东省无障碍环境建设办法》以山东省人民政府令第324号公布，自2019年5月1日起施行。《办法》对无障碍设施建设、无障碍信息交流、无障碍服务作出全面规定，为打造良好无障碍环境提供了有力的法制保障。

【规范性文件管理】 2019年，省住房城乡建设厅严格落实行政规范性文件管理制度，规范开展行政规范性文件合法性审核、公平竞争审查工作，制发行政规范性文件10件。按照省人大、省司法厅的工作部署，开展了行政规范性文件清理工作，73件规范性文件继续有效，废止行政规范性文件26件。

【法规规章清理】 2019年，省住房城乡建设厅按照省人大、省政府统一部署，对厅负责起草的现行地方性法规、省政府规章进行全面清理，对不符合行政审批制度改革、“放管服”改革要求、生态文明建设和环境保护基本要求，或者存在与国家法律、行政法规和有关政策规定不一致或者相抵触等情形的，提出了具体修改意见。建议对9件地方性法规、3件省政府规章进行修订。

普法教育

【普法工作】 2019年，省住房城乡建设厅组织党组理论中心组宪法专题学习，制作宪法宣传专题展板。组织全系统参加的全民网上宪法法律知识普及竞赛活动，在宪法日组织全体干部宪法宣誓活动。开展全系统《国家安全法》和《消防法》（修正案）等学习。组织全厅所有执法人员参加执法资格考试，申领或换发《行政执法证》。

【普法宣传】 2019年，省住房城乡建设厅开展主题法制宣传实践活动。利用“12·4”国家宪法日和“宪法宣传周”以及各项法律法规颁布实施的宣传日、宣传周、宣传月等重要时间节点，组织学习与住房城乡建设领域相关的法律法规，集中开展法制宣传咨询活动，推动重点法律法规学习宣传的扎实开展和贯彻实施。

“放管服”改革

【概况】 2019年，省住房城乡建设厅按照省委要求，出台完善了支持省直管县的相关政策。建立省与直管县直接联系制度，强化了工作联系，大力支持了县域经济发展。编制了省厅和全省系统权责清单，在全省推进会上作了典型发言。根据省政府办公厅部署，在权责清单的基础上，开展政务服务事项标准化梳理，实现事项名称、受理要件、流程等“三级十一同”，为政务服务事项正式上网运行奠定了基础，对全省住建系统政务服务事项接入国家政务服务平台应用进行了审核。举办了全厅政务服务事项上网运行培训会，对政务服务事项网上运行、常见问题解答、便民服务等3个系统的使用进行了专门培训。完成了政务服务事项需要的证明事项清理工作，开展省级政务服务相关中介服务机构市场准入限制条件清查。

【行政权力精简下放】 2019年，省住房城乡建设厅对济南、青岛、烟台3市、自贸试验区等相关功能区用权需求提出了审核意见。

【事中事后监管】 2019年，省住房城乡建设厅持续开展“双随机一公开”监管工作，梳理编制了全系统随机抽查事项清单，印发全系统工作方案，将“对房地产中介机构的检查”作为全省首批部门联合“双随机一公开”监管事项在全省启动仪式上开展，在国家督查座谈会上作了典型发言。编制信用监管“三清单”，明确了信用监管适用领域和事项。组织开展“互联网+监管”国家清单事项认领、省级设置事项清单梳理、检查实施清单编制和检查数据录入等工作，完成了数据覆盖要求。

工程建设项目审批制度改革

【概况】 2019年，省住房城乡建设厅提请省政府出台了《山东省优化提升工程建设项目审批制度改革实施方案》，对全省工程建设项目审批制度实施“全流程、全覆盖”改革，将项目从立项到竣工验收的全过程以及所有审批服务事项都纳入了改革。实行“一把手”抓改革工作机制，省里成立了以省长龚正任组长、3位副省长任副组长的领导小组，设立了工作专班。省住房城乡建设厅厅长王玉志、厅党组书记李力多次召开专题会议听取汇报和研究工作，副厅长、党组成员张晓海每周召开例会调度情况和落实任务。先后召开了全省工程建设项目审批制度改革工作现场会议和全省工程建设项目审批制度改革推进视频会议。组织了迎接国务院大督查、优化营商环境专题质询和“问政山东”等活动，全年共组织全省性会议4次，全省万人培训会1次，陪同省领导调研7次，出台配套文件36个。实现了审批流程、信息数据平台、审批管理体系、监管方式“四个统一”，全省范围内工程建设项目全流程审批时间最长不超过100个工作日，最快的简易低风险项目不超过20个工作日。

【统一审批流程】 狠抓“减放并转调”，审批事项大幅精简。印发了《山东省工程建设项目主要审批事项清单》，省级事项从112项精简为73项。流程分类逐步细化，省里根据投资主体、项目类型、规模大小制定了4类审批流程图。按阶段并联审批得到落实，印发了《全面推进工程建设项目并联审批指导意见》，将全部审批事项明确到相应审批阶段并联审批或并行办理。区域评估逐步开展，制定了《关于推行建设项目区域化评估评审工作的通知》，16市均在开发区、工业园区实施了区域评估，将由建设单位组织的地质灾害危险性等评估评价事项改为由政府统一组织、超前开展。容缺受理开始实施，针对群众和企业需求，允许申请人以书面形式对次要条件或欠缺手续作出补齐补正承诺后，先予以审查、审批或提前进入下一审批环节的容缺受理模式已在全省实施。告知承诺制探索实行，制定了《推行工程建设项目审批告知承诺制指导意见》，明确了告知承诺范围。

【统一信息数据平台】 始终把系统建设作为推动改革的关键抓手，坚持线上线下同时发力，改革攻坚阶段实行周调度、周通报，有力推动系统建设运行。6月底，省级审批监管系统完成部署；10月份，16市审批系统均与国家、省监管系统实现对接和数据上传；12月底，16市审批系统均已在城市政务服务网和政务服务大厅受理窗口上线运行。各市审批管理系统已与208个业务系统实现了互联互通。横向到边、纵向到底的全省工程建设项目审批“信息高速公路”初步建成并投入使用，完成了省政府确定的任务目标。

【统一审批管理体系】 加强制度设计和供给，打好“政策组合拳”，发挥“政策协同力”。省级层面已累计出台工程建设项目审批制度改革配套法规政策文件36件；各市共出台配套文件587件，修改22件，废止31件，初步构建了全省统一的审批管理体系。

【统一监管方式】 在审批上做“减法”的同时，着力在监管上做“加法”。审批用时全程监督，通过审批管理系统对各市工程建设项目全过程审批时间进行“亮灯”管理。事中事后监管进一步加强，省里印发了《全面加强工程建设项目审批事中事后监管指导意见》，建立了包括“双随机一公开”监管、重点监管、信用监管、“互联网+”监管和违法行为查处5个方面内容的全方位监管体系；各市利用审批管理系统或市级信用平台逐步建立完善了信用体系，16市均已印发信用体系建设和红黑名单制度文件、建立了信用平台。中介和市政公用服务不断规范。16市均已出台规范中介服务和市政公用服务的制度文件，建立了中介服务平台。

【改革瓶颈取得突破】 在做好整体工作协调推进的同时，省领导小组办公室将工作发力点聚焦在制约项目审批的“重点”和“难点”上，明确主攻方向，下大力气啃“硬骨头”趟“深水区”，着力推进重点改革任务，在一批影响改革的关键节点上取得了突破。一是“一张蓝图”统筹项目实施开始起步，印发了《山东省国土空间规划编制工作方案》等文件，11市“一张蓝图”接口地址已通过住房城乡建设部校验。二是“一个窗口”提供综合服务不断规范。起草了《关于规范工程建设项目审批“一窗受理”的指导意见》。各市均已设立工程建设项目综合服务窗口。三是“一张表单”整合申报材料逐渐完善。起草了《规范编制工程建设项目审批“一张表单”的通知》，制定了四个阶段“一张表单”示范文本。各市均实行“统一收件、同时受理、内部流转、并联审批、限时办结”的运行模式，项目从立项到竣工验收所需的申请材料由改革前串联的362项减少至改革后并联的167项。四是施工图审查发生重大变革。出台了施工图设计文件数字化联审指导意见，将消防、人防、技防和水电气暖等技术审查并入施工图设计文件审查。16市均已建成运行“多审合一”数字化审图平台，2019年，各市合计开展数字化联合审图项目8700余个。

政策研究

【概况】 2019年，省住房城乡建设厅政策法规处研究制定2019年度厅机关调研课题计划及分工，厅领导牵头的调研课题13项，其他重点调研课题47项。建立领导干部联系点制度，为每一名厅领导班子成员选定了一个联系点。

【重大调研】 2019年，省住房城乡建设厅结合“不忘初心、牢记使命”主题教育，围绕贯彻落实习近平总书记重要讲话、重要指示批示精神和党中央决策部署，围绕解决全省住建领域存在的突出问题和群众反映强烈的热点难点问题，结合省委确定的“担当作为、狠抓落实”重点任务，厅领导班子采取“四不两直”方式深入基层一线调研。为加快特色小（城）镇高质量发展，推进新型城镇化和乡村振兴“双轮驱动”，赴泰安市岱岳区满庄镇等特色小镇进行实地调研。为分析研究城镇化稳定增长期提高发展质量政策创新问题，赴济南、淄博、潍坊和青州、博山等地，深入建设工地、重点企业、学校、产业园区、城市社区、特色小镇、乡村农户等现场调研等。

（李春建　薄静）

2019年山东省住房和城乡建设厅获得全省政府系统优秀调研成果一览表

序号	题目	奖励等级
1	无棣县农村改厕工作情况的调研报告	一等奖
2	《山东省历史文化名城名镇名村保护条例》起草调研报告	二等奖
3	城镇化稳定增长期提高发展质量政策研究	三等奖

执法监察

【概况】 2019年，省住房和城乡建设执法监察总队更名为省住房和城乡建设厅执法监察局（下简称执法监察局）。依据新的职责调整，执法监察局认真贯彻“担当作为、狠抓落实”部署要求，大力倡树担当作为精神和阳光执法理念，持续提升执法队伍能力作风，加强干部学习培训，开展春季集中培训和执法办案研究交流会，委托高校法学专家量身定制培训方案，努力打造思想过硬、能力过硬、作风过硬的执法队伍。精准精细办理行政处罚案件，严格执行行政执法公示、重大执法事项法制审核和执法全过程记录等制度，年内实施处罚56件。优化投诉举报案件办理流程，实现案件即收即批即办，跟踪调度案件办理进度，对重点案件及时催办督办，全年办理投诉举报1328件次，梳理山东卫视“问政山东”栏目热线电话线索1619项，答复“闪电新闻”客户端群众提问事项497件次，回复率保持100%，群众满意率居前列。强力化解信访矛盾纠纷，出台《山东省住房和城乡建设厅关于进一步落实信访工作责任制的意见》，构建“大信访”格局，组织全省住建系统信访积案两次拉网式排查，开展为期三个月的全省住建系统信访矛盾纠纷化解专项行动，群众上访批次与去年同比下降40.5%。完善建筑农民工欠薪投诉接访、协调、处理机制，牵头办理省委主要领导批办问题线索，组织开展建筑农民工工资制度落实情况明察暗访，参与涉及农民工工资的考核、督导、检查和重要案件调查处理，全省清欠工作形势平稳。牵头组织开展2019年度全省工程建设综合执法检查，合并5类项执法检查需求，大幅压减执法检查次数，提高检查效果。会同有关处室单位，开展工程建设领域专业技术人员职业资格“挂证”等违法违规行为专项整治。积极参加中央环保督察反馈问题整改督战、全省大气污染重点整治专项行动督查暗访、城市防汛防台风、住建系统扫黑除恶专项斗争专题调研、重大安全生产事故调查处理等活动，共计23批63人次。执法监察局获得厅先进单位称号，并连续第二年获得事业单位年度考核优秀等次。

2019年11月26日，全省建筑农民工工资清欠工作座谈会在济南召开

【执法队伍建设】 2019年2月，省住房和城乡建设执法监察总队更名为省住房和城乡建设厅执法监察局，单位职能为：受委托行使法律法规明确要求由省级承担的执法职责，以及重大案件查处和跨区域执法的组织协调。制定《关于进一步改进工作作风促进工作落实的具体措施》，倡树担当作为精神和阳光执法理念。加强干部学习培训，开展春季集中培训和执法办案研究交流会，积极参加上级相关学习培训和专题会议，全年参训15项60余人次。委托高校法学专家量身定制培训方案，举办总计48学时的行政执法知识和执法能力系列培训。12月9日—10日，在济南举办全省住建系统信访干部培训班，培训各市和省管县住房城乡建设局信访骨干近80人。

【行政处罚】 2019年，执法监察局编制全省住建系统行政处罚权责清单和自由裁量基准，形成包含459项行政处罚事项的“三级四同”清单，完成住建系统行政处罚与行政强制权力事项网上运行要素清单编制。精准精细办理行政处罚案件，严格执行行政执法公示、重大执法事项法制审核和执法全过程记录等制度，依法依规实施行政处罚，行政处罚信息全部在“信用中国（山东）”

网站、厅门户网站公示公开。2019年，下达行政处罚决定书56件，依法对38家责任单位，18名责任人实施行政处罚。

【住建信访】 2019年，执法监察局圆满完成全国“两会”、海军建军70周年多国海军活动、中华人民共和国成立70周年大庆等重大活动安保维稳值班任务，抓好重大活动期间行业信访工作。按照省委化解信访积案部署要求，组织全省住建系统信访积案两次拉网式排查，督导各市住房城乡建设部门落实“五个一”化解措施，建立信访积案厅领导包案化解制度，列入台账的11件信访积案已全部化解或引入司法等渠道。8月，出台《山东省住房和城乡建设厅关于进一步落实信访工作责任制的意见》，构建“大信访”格局。10月，印发《关于开展全省住建系统信访矛盾纠纷化解专项行动的通知》，组织开展为期三个月的全省住建系统信访矛盾纠纷化解专项行动，在省信访工作联席会议全体会议上被点名表扬。妥善应对并有效解决济南保利中心华府捆绑装修问题、济南融汇玫瑰公馆项目质量问题等群体上访案件。全年接访179批次、984人次，接访批次与上年比下降40.5%。2019年，执法监察局被评为全省信访工作先进单位，1人荣膺全省信访工作先进个人，1人被省委、省政府表彰为全省国庆70周年安保维稳工作先进个人。

【建筑业农民工工资清欠】 2019年，执法监察局完善建筑业农民工欠薪投诉接访、协调、处理机制，在媒体公开省、市、县（区）三级投诉举报电话，实行周末值班和全日制接待来信来访制度。牵头办理省委主要领导批办问题线索，现场督办省纪委转办欠薪案件，办理省纪委交办案件线索8件，分三批公开通报16个住建领域拖欠建筑农民工工资典型案例。对因承发包违法违规、拖欠工程款等造成的欠薪案件，加大督办力度。组织开展三轮建筑农民工工资支付制度落实情况暗访，公开通报暗访情况，对发现的问题责成属地整改。同时，开展建筑农民工工资清欠工作调研，形成《全省建筑工程领域农民工工资支付工作情况调研报告》。召开全省建筑农民工工资清欠工作座谈会，安排部署元旦春节建筑农民工工资清欠工作，组织开展“根治欠薪冬季攻坚行动”。2019年，全省住建系统共受理拖欠建筑农民工工资案件7120起，欠薪金额11.92亿元，年内解决6892起，为农民工要回劳动报酬11.41亿元，欠薪金额比上年下降28.5%，案件、金额解决率分别达96.80%、95.65%，比上年分别提高0.45、1.15个百分点。

【投诉举报办理】 2019年，执法监察局优化投诉举报案件办理流程，实现案件即收即批即办，跟踪调度案件办理进度，对重点案件及时催办督办，2019年办理投诉举报1328件次。4月，执法监察局全面接手山东卫视“问政山东”栏目热线电话反映问题线索、“闪电新闻”客户端群众反映问题的梳理和办理工作。2019年，共梳理“问政山东”热线电话线索1619项，答复“闪电新闻”客户端群众提问事项500余件次，回复率保持100%，群众满意率在省直部门答复中排名前列。

【违法“挂证”整治】 2019年1月，执法监察局会同相关省直部门转发《住房城乡建设部办公厅等关于开展工程建设领域专业技术人员职业资格“挂证”等违法违规行为专项整治的通知》，部署开展违法“挂证”问题整治。加强工作指导、督促检查，整治工作取得明显成效，执业资格数据异常人员整改率超过90%。

（张金城　王静）

交流合作

- 2019年，省住房城乡建设厅完成8批次因公出访任务，接待来访代表团7批
- 2019年11月27日，山东海外工程建设发展联盟成立

综　述

【概况】　2019年，省住房城乡建设厅大力开展对外交流与合作，取得了显著成绩。坚持务实、高效、精简、节约的原则，对全年出访出国团组的人员构成、经费、时间等事项进行科学策划和统筹安排，共完成8批次的因公出访任务，组织41人次成功出访。接待来访代表团共7批，近50人次，推进了多专业、多领域的交流与合作。牵头组建了山东海外工程建设发展联盟，进一步拓展了海外市场。山东省建设企业所承揽工程项目遍布50多个国家和地区，全年完成出国施工产值506.1亿元，比上年增长16.81%，10家企业入选全球工程承包商250强。

【境外培训】　2019年12月8日—21日，山东省乡村振兴与小城镇建设培训班一行20人赴英国进行培训。在英国期间，学员们围绕小城镇和乡村生态环境，包括小城镇规划建设管理机构设置、政策措施、运作机制和乡村生态保护以及历史传统建筑保护等各个方面，深入学习了英国乡村振兴和小城镇建设理论知识和实践经验，同时现场考察了几个小镇，培训坚持理论与实践紧密结合，取得良好学习效果。学员们上课认真听讲，踊跃提问，现场考察积极互动，系统学习了英国小城镇建设发展的基本概况、历史过程、主要内容以及小城镇建设的主要特征及优势，通过培训，开阔了眼界，丰富了知识，收获很大。拟结合山东省实际，借鉴英国小城镇发展实践规律，推进山东省小城镇建设发展。

【来访接待】　2019年，省住房城乡建设厅接待德国莱茵兰—法尔茨联邦州、香港贸易发展局、欧洲科技商会、美国康宁翰建筑设计集团、澳大利亚恩维斯环保公司等来访代表团共7批近50人次，协调相关单位积极牵线搭桥，推进在建筑设计、特色小镇建设、垃圾污水处理、建筑业发展等领域开展合作。组织住建系统企业参加了第四届亚洲被动房大会、山东省—德国莱法州企业对接洽谈会和山东省—欧洲商务对接会，山东省住建领域政府代表和企业代表与外方对口企业进行了一对一的洽谈交流，不断提高我厅对外交流工作质量和成效，打造对外开放合作

2019年12月17日，省住房城乡建设厅厅长王玉志（左二）为山东海外工程建设发展联盟驻肯尼亚办事处挂牌

的带动窗口。

【山东海外工程建设发展联盟成立】 2019年，省住房城乡建设厅牵头组建了山东海外工程建设发展联盟，设立了20个联盟驻当地国家办事处，为企业拓展海外建设市场搭建了合作平台、服务平台和信息交流平台。联盟成立后，指导协调10家企业签署了战略合作意协议，助力青建集团等3家企业在非洲及东南亚国家签署工程承包合同。

2019年11月27日，山东海外工程建设发展联盟成立。省住房城乡建设厅党组书记李力（左四），副厅长、党组成员张晓海（右二）等领导为联盟成立剪彩

【建筑业企业"走出去"发展】 2019年，省住房城乡建设厅组织山东省部分建设企业参加了北京肯尼亚贸易、旅游和投资论坛；会同省商务厅举办山东省建设企业与大型央企对接会，促进山东省建设企业与央企合作，实现"借船出海"。据统计，2019年全省共有100多家建筑企业在境外有工程建设项目，全年完成出国施工产值506.1亿元，比上年增长16.81%。青建、山东路桥、烟建、德建、淄建和威海国际等10家企业入选全球工程承包商250强。

【鲁巴共建特色小镇】 2019年，省住房城乡建设厅巩固山东和德国巴伐利亚州鲁巴友好合作平台，积极推进由山东省城乡规划设计研究院和德国规划设计师事务所共同承接的3个鲁巴共建特色小镇规划设计项目落地。4月26日，会同省外办向3个鲁巴共建特色小镇所在的市、县（市、区）、镇三级政府部门联合通报项目进展情况，督促其综合运用国家、省在绿色、节能、产业创新、旅游文化等方面的激励政策，加强协调配合，积极推动鲁巴共建特色小镇规划设计项目落地。12月27日，省住房城乡建设厅会同省外办组织召开了中德合作共建特色小镇成果汇报会，德方代表汇报了三个小镇的规划成果，三个小镇领导认真听取并审查了相关资料，一致认为规划理念先进，规划布局更加完善，规划内容彰显中德特色，规划成果比较丰富，对三个中德小镇的建设有一定指导意义。

出访交流

【概况】 2019 年，省住房城乡建设厅围绕全面落实对外开放及厅中心工作，严格遵守外事纪律，主动作为开展住建行业外事交流与合作，积极引进、消化和吸收国外建设领域的先进技术和管理经验，提高全省建设行业国际视野和水准。全年共完成 8 批次的因公出访任务，组织 41 人次成功出访，圆满完成年度出访学习计划，有 1 篇出访报告入选省委外事工作委员会办公室评选的 2019 年度全省优秀因公出访报告。

【非洲三国访问】 2019 年 12 月 11 日—21 日，省住房城乡建设厅厅长王玉志率团到赞比亚、肯尼亚、埃塞俄比亚访问，围绕拓展非洲建筑市场，先后访问了赞比亚住房和基础设施发展部、肯尼亚交通基础设施住房和城市发展部、埃塞俄比亚城市建设发展部等政府部门，与三国政府部门、中国驻外使馆和山东省驻外建筑企业深入座谈交流，成功举办基础设施合作（投资、承包）洽谈会。为山东海外工程建设发展联盟驻赞比亚办事处、驻肯尼亚办事处、驻埃塞俄比亚办事处挂牌，实地察看了德建集团、青建集团、山东公路集团驻三国的分公司及其承建的工程，圆满完成了市场调研、项目对接、企业推介、合作洽谈、工程质量安全巡查等任务。此次出访，开拓了非洲三国的工程承包市场，也发现了一些需要认真应对的风险问题，进一步精准指导山东省建筑业企业“走出去”开拓非洲市场。

2019 年 12 月 12 日，省住房城乡建设厅厅长王玉志（左五）向赞比亚农业合作联盟推介山东省建设企业

【巴西阿根廷访问】 2019 年 11 月 29 日至 12 月 8 日，省住房城乡建设厅党组书记李力率团到巴西、阿根廷访问。先后访问了巴西圣保罗州住房厅、里约州基础设施厅，阿根廷布宜诺斯艾利斯市住房局和圣胡安基础设施与公共服务部等政府部门，与两国政府部门、中国驻外使馆、行业商会、山东省驻外企业深入座谈交流，成功举办基础设施合作（投资、承包）洽谈会，实地调研了圣保罗州博物馆、布宜诺斯艾利斯码头历史建筑改建续用等工程实施情况，圆满完成了政策对接、市场调研、合作洽谈等任务。此次出访，既深入了解了南美两国的建筑市场现状和发展前景，也切身体会到中资企业承包国际工程

2019年12月5日，省住房城乡建设厅党组书记李力（右四）与阿根廷圣胡安省省长塞尔吉奥·乌尼亚克座谈

面临的风险和困难，为进一步指导企业开拓南美市场奠定了坚实基础。

【新加坡访问】 2019年10月28日至11月1日，省住房城乡建设厅副厅长、党组成员张晓海随副省长任爱荣访问新加坡，参加第21次新加坡—山东经贸理事会全体会议以及中国（山东）自贸区烟台片区招商推介会、济南（新加坡）科技创新与金融专场推介会、新加坡青岛节等专项配套活动。出访期间，先后访问了新加坡市区重建局、公共事业局、丰树集团等政府部门和大型企业集团，听取了新加坡水管理模式及海绵城市建设经验，探讨推动双方在政府合作机制、城市设施管理、建筑节能等领域的合作。

双招双引

【概况】 2019年，省住房城乡建设厅根据省政府办公厅《省直部门（单位）与基层“双招双引”挂钩联动办法》有关要求，积极与莒县对接，在现场调研和多次沟通的基础上，制定了《“双招双引”挂钩联动工作方案》，建立了厅主要负责人与莒县主要负责人“双责任人”的挂钩联动工作机制。紧盯世界500强和知名跨国公司，为莒县招商引资牵线搭桥，推进莒县人民医院康养楼、莒国古城绿化等项目实施落地。同时，协助莒县与山东农业大学、中国农业大学等科研院校及荷兰Delphy公司开展业务合作；联系引进高层次人才，促成联合国贸促会中国花卉专家姬翔生等高层次人才指导莒县花卉生产工作。

【双招双引结硕果】 2019年，省住房城乡建设厅根据省政府办公厅《省直部门（单位）与基层“双招双引”挂钩联动办法》有关要求，积极与莒县对接，特别是围绕省派莒县乡村振兴服务队帮包村的玫瑰鲜切花产业项目，用情用力，聚焦打造，成功招引国内鲜切花龙头企业云南禾韵园艺有限公司、顺丰物流丰农科技有限公司、日照当地大型民营企业山东浩宇集团等相继入驻招贤镇，建设招贤玫瑰产业园、顺丰物流园和曲坊现代农业产业园，园区引进荷兰橙色多盟27个玫瑰新品种，采用以色列、荷兰等国先进技术，聘请荷兰Delphy园艺技术服务公司，Priva环控公司，Flexibell温室公司，以色列Azrom温室公司

2019年9月26日，省派莒县乡村振兴服务队队长、省住房城乡建设厅副厅长、党组成员王润晓（前排右二）会同外国专家，调度曲坊现代农业产业园施工进展情况（范晓 摄影）

专家，助力打造中国北方最大的商业化玫瑰种植基地，实现了从传统玫瑰种植向现代农业的跨越式转型。同时，省派莒县乡村振兴服务队队长、省住建厅副厅长王润晓带领全体队员，在地方党委政府的大力支持下，积极指导花农成立合作社，采用“公司+合作社+农户”方式，带动全镇6000多亩玫瑰提质升级。招贤玫瑰成功获评国家地理标志证明商标，通过省级标准化验收。园区及服务队帮包村统一纳入乡村振兴齐鲁样板省级示范区打造。曲坊现代农业产业园成功入选省级现代农业产业园和省乡村振兴专家服务基地。产业的发展直接带动了居民收入的提升和村集体经济的壮大。2019年，省派莒县乡村振兴服务队帮包的五个村集体经营性收入平均达到45.3万，居民人均可支配收入平均增幅达19%。

【“双招双引”项目考核】 2019年，省住房城乡建设厅按照省委组织部双招双引考核办的部署，认真开展了2017、2018年度双招双引项目的考核工作，进行了考核细则制定、考核培训、问题汇总答疑和工作会商等工作，制定了《山东省住房和城乡建设厅双招双引工作审核办法》，积极答复各市咨询，共审核“十强”产业开工（用地）项目1177个，竣工（用地）项目411个，并将工作开展情况报送至省委组织部考核办。

（闫兴利 周艳啸）

建设教育与执业资格注册

- 2019 年，省建设从业人员教育中心为建筑企业免费赠送建筑技术工人培训教材 16.8 万本
- 截至 2019 年底，全省共有 8 大类 25 种建设领域专业技术岗位实行执（职）业资格制度，24 万余人次取得建设执业资格，注册执业师近 21 万人

建设从业人员教育

【概况】 2019 年，省建设从业人员教育中心全面落实全国、全省住建工作会议部署要求，扎实开展“不忘初心，牢记使命”主题教育，积极优化全省建设从业人员教育管理服务，全省建设从业人员技能水平、综合素质和教育中心管理服务水平得到有效提升，为保障安全生产和工程质量，持续推进新时代山东省住房城乡建设事业高质量发展提供了人才支撑。

【教育考核】 2019 年，全省共考核特种作业人员 73986 人，延期复核 65111 人；考核安全管理人员 81765 人，延期复核 95030 人；考核燃气从业人员 6985 人；考核鉴定建筑技术工人 71763 人，创建农民工业余学校 170 余所，培训农民工 38751 人次。

【管理服务】 2019 年，省建设从业人员教育中心全年共办理特种作业人员等从业人员证书变更、遗失补发等证书管理事项 23463 余人次。主动换位思考研究，积极攻坚克难服务。为省驻京建筑企业开启“绿色专用通道”，共有 29 家企业 549 名特种作业人员顺利参加证书延期复审，获赠企业“干事创业敢担当 真抓实干解难题”锦旗。组织特种作业人员培训教材编写、教学大纲制定和试题库更新，完成培训教材 10 本、试题库 13 套。开展全省建筑技术工人信息统计工作。根据省住房城乡建设厅《关于统计全省建筑工人信息的通知》，分两批对 2017 年以前申报的建筑技术工人及证书信息进行了统计核查。全省共受理 7100 余家企业报送的约 19.08 万人及证书信息，经审核确认 156233 人的证书信息真实准确有效，导入“山东省建筑职业技能考核鉴定管理信息系统”数据库。为建筑企业免费赠送建筑技术工人培训教材 16.8 万本，有效降低了企业培训成本，提高了培训积极性。争取政策支持，增加了钳工、焊工、电工等职业（工种）的培训考核鉴定，为建筑企业申办资质和开拓市场创造了条件。

2019 年 11 月 2 日，省住房城乡建设厅副厅长、党组成员徐启峰（右四）对全省建筑施工企业安全生产管理人员计算机考试进行巡视

【制度建设】 2019 年，省建设从业人员教育中心对标先进学习交流和深入基层调查研究。先后赴江苏、重庆、广东和福建等省（市），学习调研特种作业人员、安全管理人员、建筑技术工人和燃气从业人员考核管理服务，以及从业人员证书电子化、信

息化建设等方面的经验做法，取得了较好收获。围绕解决全省建设从业人员教育管理服务工作存在的突出问题和企业、从业人员反映强烈的热点难点问题，到潍坊、烟台、济南、日照、威海等市调研情况、查析症结，为理清、完善下一步工作思路和措施办法奠定了基础。强化制度建设和政策指导。经过调研论证，拟定了《山东省燃气经营企业从业人员专业考核管理办法（试行）》《山东省建筑施工特种作业人员考评管理细则》《山东省住房和城乡建设领域施工现场专业人员职业培训试点工作方案》等管理办法，增强了政策指导的系统性、规范性、实效性和严肃性。

2019 年 10 月 14 日，山东进京建筑业企业代表给省建设从业人员教育中心赠送锦旗

【信息化建设】 2019 年，省建设从业人员教育中心对特种作业人员、安全管理人员、建筑技术工人和燃气从业人员管理信息系统进行了升级改造，增加了人证查验、视频监控等功能，优化了网上业务办理的易用性、便捷性、安全性，基本实现了建设企业和从业人员办事“零跑腿”或“一次办好”。完成了特种作业人员网络继续教育信息系统建设，具备电脑端和手机端并用功能，可在线交互式学习并完成考试，方便学员随时随地在线学习，缓解了工学矛盾。

（巩崇洲　张文成　任晓亚）

2019 年 3 月 19 日，省建设从业人员教育中心在济南召开全省安全管理人员考试工作会议

建设执业资格注册

【概况】 2019 年，省建设执业资格注册中心深入推进放管服改革，及时公布权责清单、“一次办好”事项清单和申办材料清单，加快电子化审批进度，积极推进审批权限下放，大力简化优化

注册申办流程，推进“减证便民”，加快审批提速，二级注册结构工程师注册实现当日受理、当日办结，二级建造师首次实现成绩公布当日即可申报注册。着力改进优化“互联网+”政务服务，扎实推进政务信息资源整合共享，着力推进注册管理系统向省政务服务信息网迁移，进一步升级完善省注册暨继续教育管理系统、考试报名和成绩查询系统，两个系统在全厅率先实现三级等级保护测评，二级建造师执业资格考试首次实现网上打印准考证、电子化收费票据、资格证书电子化，网上服务更加便捷高效。截至年底，全省共有8大类25种建设领域专业技术岗位实行执（职）业资格制度，24万余人次取得建设执业资格，注册执业师近21万人。

【执业资格考试】 2019年，省住房城乡建设厅承担的二级建造师执（职）业资格考试于5月25日—26日举行，全省设16个考区37个考点，组织考试11177场次，共有147231人报名，126589人参加考试，32818人取得执业资格证书，通过率为25.9%，均创历年新高。省住房城乡建设厅派出巡视督察组，对全省各考点进行巡视督查。各市主管部门严密组织，协调教育、公安、无线电管委会等部门联防联控，扎实做好考务组织，共查处1328名违规违纪考生，严格按照《专业技术人员资格考试违纪违规行为处理规定》记入诚信档案库。会同交通、水利、人社部门联合发布《山东省二级造价工程师职业资格考试实施办法》，明确省首次二级造价工程师考试组织措施，扎实推进考前准备工作。会同省人事考试中心发布省2019年度一、二级注册建筑师和勘察设计注册工程师资格考试考务工作有关问题的通知，并配合完成了阅卷工作。建立了注册建筑师和勘察设计注册工程师执业资格考试山东省评分阅卷专家库。

【注册受理】 2019年，山东省建设执业资格注册中心对住房城乡建设部审批的执业资格注册事项，扎实抓好注册申报材料的受理报批、证书发放、业务咨询等工作，并根据执业师注册制度的改革进程，及时调整优化注册申报流程和相关受理服务工作。对省住房城乡建设厅审批的执业资格注册事项，大力优化简化审批流程，规范精简证明事项，取消5项注册证明材料。全年共完成14.3万人次的注册受理，新发放注册证书4.7万余本，回复省政务服务网、厅长信箱、微信公众号业务咨询6500余件。印发《山东省住房和城乡建设厅关于取消二级建造师临时执业证书的通知》，取消2382人的二级建造师临时执业证书。

【继续教育培训】 2019年，省建设执业资格注册中心积极改革完善继续教育培训机制，强化对继续教育培训承办院校的监管、指导和服务，加强师资库建设，为继续教育培训搭建好师资平台。多次召开继续教育专家研讨会，及时调整、优化培训内容，研究制定新一周期继续教育培训方案，首次制定了继续教育教学大纲。全年督导各培训院校举办继续教育培训班154期，培训35153人。

【执业管理】 2019年，省建设执业资格注册中心严格落实事中事后监管制度，梳理明确执业资格省级监管事项清单，制定《“双随机、一公开”实施细则》，依法处理违规行为，维护执业师权益和建设市场秩序。全年核查各类注册师违规事项164件，涉及注册师175人。扎实推进省工程建设领域职业资格违规“挂证”专项整治，共办理注销注册6.4万余人次。对被吊销证书、限期不予注册的执业师，在注册管理系统数据库中设置标识，加强数据比对，杜绝再次违规注册。

（李健）

建设工会

- 2019年，全省住建系统2408家企事业单位报名参加“安康杯”竞赛，参赛班组33403个，参赛职工达到88.98万人
- 2019年，省建设工会帮扶困难职工家庭79人，发放帮扶资金22.6万元

综 述

【概况】 2019年，省建设工会深入学习贯彻习近平新时代中国特色社会主义思想、习近平总书记关于工人阶级和工会工作的重要论述，坚持产业工会工作正确政治方向，切实履行政治责任，努力推进习近平新时代中国特色社会主义思想在全省住建系统工会组织形成生动实践。

【“不忘初心 牢记使命”主题教育】 2019年，省建设工会贯彻落实“不忘初心 牢记使命”主题教育总要求和目标任务，组织党员干部集中学习研讨，深入基层调查研究，广泛征求意见，及时梳理发现问题，认真剖析问题根源，研究制定解决问题的办法措施，坚持边学边改，组织召开专题组织生活会，积极推进问题全面解决，营造忠诚、担当、干净的工作氛围。3月25日—29日，省建设工会赴嘉兴南湖革命纪念馆进行“弘扬红船精神，不忘初心使命”的实地教学参观主题党日教育，回顾建党历史，重温入党誓词，铭记奋斗历程，接受深刻的党性教育和灵魂洗礼。

【过硬党支部创建】 2019年，省建设工会以“团结聚力、竭诚服务”为党建品牌，严格落实“三会一课”等党建工作制度，与基层支部开展结对共建，开展了“党员示范岗”等创建活动。严格党员教育管理，严肃组织生活，组织开展讲党课、微党课11次，专题学习24次，研究制定了2019年度党建工作目标责任书，确定了21项党建工作。积极拓展党建工作新思路，丰富主题党日教育形式。4月11日，赴省爱国主义教育基地烟台市牟平区胶东抗战第一枪纪念馆和杨子荣纪念馆开展爱国主义教育。9月24日，赴滨州市淄角镇乡村振兴服务队开展党性锻炼主题实践活动。与中建八局一公司、二公司基层党支部结对子开展支部共建活动。报送党支部学习交流信息4篇，组织（专题）民主生活会2次。

【安全生产劳动保护】 2019年，省建设工会利用各种形式广泛宣传安全生产活动的重要意义，提高对工会组织职工开展“安康杯”竞赛和“查保促”活动重要性的认识，调动起各级工会组织和职工群众参与活动的积极性，增强职工的安全意识。2019年全省住建系统2408家企事业单位报名参加“安康杯”竞赛，参赛班组33403个，参赛职工达到88.98万人。为提高全省市政行业安全管理人员业务水平，做好安全生产工作，5月29日，举办了山东省市政工程施工安全管理人员职业技能竞赛。6月25日，在青岛举办了“中国梦·劳动美”——庆祝新中国成立七十周年加强住建行业安全生产工作主题演讲比赛，共有来自全省住建系统的50个代表队50名选手参加了演讲。11月29日，省建设工会会同省建筑安全与设备管理协会联合下发了《关于组织开展2019年山东省建筑施工企业安全生产“五赛一创”劳动竞赛活动的通知》，部署开展建筑施工企业安全生产工作。

【职工文化体育活动】 2019年，省建设工会积极参加省总工会组织开展的“中国梦·劳动美——喜迎新中国成立70周年”主题宣传教育活动，6月24日—26日，在青岛举办了住房城乡建设系统“中国梦·劳动美”—喜迎新中国成立70周年演讲比赛，来自全省住建系统16个市的51名选手参加了演讲。组队参加了省总工会、省体育局举办的趣味运动。组织参加省总工会开展的全省职工书画展、省职工网络摄影大赛、山东工会新媒体创意大赛作品，参与筹备了第25届环卫工人节系列活动等。

职工职业技能竞赛

【概况】 2019年，省建设工会按照省总工会关于开展劳动竞赛工作要求，结合住建工作实际，研究制定了《全省住建系统“当好主力军、聚力新动能、建功新时代”劳动竞赛实施方案》，深入开展劳动和职业技能竞赛活动。

【建筑业QC小组成果竞赛】 2019年4月27日—29日，省建设工会、省建设工程质量评估中心和省建筑业协会三家单位联合在济南市组织召开了“2019年度山东省建筑业QC小组成果竞赛”发布会。来自全省建筑业QC小组代表、有关企业代表及相关协会负责人近400人参加了会议，申请申报了281项山东省建筑业QC小组成果，竞赛发布会共发布成果66项，并现场评选出最佳发布奖6项。有256项QC小组成果获得2019年度全省建筑业竞赛获奖成果，其中，一等奖102项，二等级74项，三等奖80项。

【道路机械化保洁大赛】 2019年5月26日，由省建设工会主办，省城市建设管理协会环卫分会承办的2019年山东省道路机械化保洁大赛在淄博落幕。来自日照代表队的王其昌获得大型机械车冲洗保洁赛的第一名，青岛市代表队的孙鲁明获得电动三轮保洁障碍赛第一名，青岛市代表队获得团体成绩第一名。

【安全管理人员职业技能竞赛】 2019年5月29日—31日，山东省市政工程施工安全管理人员职业技能竞赛在山东城市建设职业学院举办。来自全省16支代表队的48名选手参加此次竞赛。济南城建集团、临沂市政集团分别荣获得竞赛团体一等奖，参赛选手刘峰、张兴诚荣获个人一等奖。此次技能竞赛是贯彻落实全国第18个“安

2019年8月15日，山东省工程建设行业吊装职业技能决赛暨2019全国竞赛山东选拔赛在济南市章丘区举办

全生产月”宣传教育系列活动之一，同时也是贯彻落实省劳动竞赛委员部署要求，组织住建职工深入开展“大竞赛、大比武”劳动职业技能竞赛的重要内容。

【全省吊装职业技能竞赛】 2019年8月15日至16日，山东省工程建设行业吊装职业技能决赛暨2019全国竞赛山东选拔赛在济南章丘区举办。全省16支参赛队伍75名专业选手参赛。经过激烈角逐，济南市代表队获得团体第一名，青岛市代表队获得团体第二名，日照市代表队获得团体第三名。济南市代表队李宝顺获得个人一等奖；济南市代表队刘顺卿和董波、日照市代表队的李高华分获得个人二等奖，吕京现、郭玉坤等15名同志获得个人三等奖。

【景观设计创意职业技能竞赛】 2019年9月12日，由省建设工会、省勘察设计协会承办的山东省园林景观设计创意职业技能竞赛在济南落下帷幕。来自全省15个代表队，104名设计师参加了此次竞赛。来自日照市代表队的丁昌辉荣获园林景观设计创意职业技能竞赛特等奖，济南市代表队、青岛代表队、临沂市代表队分别荣获竞赛团体奖。

【燃气行业职业技能竞赛】 2019年9月20日—22日，由省建设工会、省燃气热力协会和山东城市建设职业学院承办的第五届山东省燃气行业职业技能竞赛暨“燃气杯”第四届全国燃气行业职业技能竞赛选拔赛在济南市成功举办。本届技能竞赛设燃气调压工和燃气客服员两个赛项，共有来自全省16个地市的62位选手参赛。济南市代表队获得竞赛团体金奖，青岛市代表队李淑成和王一杰分别摘得两个赛项的第一名。

【全国燃气行业职业技能竞赛】 2019年10月15日，“燃气杯”第四届全国燃气行业职业技能竞赛在山西举行。省建设工会选拔的蒋雅萌、李淑成、孙桐、翟海龙、陈士松、王一杰6名选手代表山东省燃气行业参赛。来自青岛的蒋雅萌荣获客服员比赛一等奖，来自济宁的孙桐和来自青岛的李淑成获得二等奖；来自青岛的翟海龙获得调压工比赛三等奖。

【全国工程建设吊装职业技能竞赛】 2019年10月17—19日，“中联杯”全国工程建设行业吊装职业技能竞赛在湖南常德举行。省建设工会选拔集训5名选手参加比赛，山东队荣获团体赛全国第4名。

2019年9月20日，第五届山东省燃气行业职业技能竞赛暨“燃气杯”第四届全国燃气行业职业技能竞赛选拔赛在济南市举办

【钢结构构件加工技能竞赛】 2019年10月23—25日，山东省装配式钢结构构件加工技能竞赛决赛在济南钢城区举办。本次比赛由省建设工会、省钢结构行业协会主办，是全省首次举办装配式钢结构构件加工比赛，来自各地市22个代表队的66

名选手参赛。

2019年11月19日，山东省建筑设计BIM技术应用技能竞赛在济南举行

【工程造价职业技能竞赛】 2019年11月2日，由省建设工会、省工程建设标准定额站承办的2019年度山东省工程造价行业土建工程造价职业技能竞赛在山东城市建设职业学院落幕。全省16支代表队的160名选手进入决赛，济南市代表队获团体类一等奖，温佳获个人一等奖。

【自来水生产工竞赛】 2019年11月8日至9日，由山东省建设工会、省城镇供排水协会、省市政行业协会共同举办的山东省城市自来水生产工知识竞赛在山东城建职业学院举行，全省16个地市，32支竞赛队伍，64名选手参加竞赛。

【BIM技术应用竞赛】 2019年11月19日，山东省建筑设计BIM技术应用技能竞赛在济南举行。来自全省16个地市的104名参加竞赛。经过理论测试和现场快题设计，来自烟台市的普来恩工程设计有限公司的孙晓丽荣获特等奖。

【物业行业技能竞赛】 2019年11月21—22日，由省建设工会、省房地产业协会主办，省房地产业协会物业分会、山东城市建设职业学院承办的第三届山东省物业服务行业职业技能竞赛在山东城市建设职业学院举行，来自全省16个地市的代表队参加了比赛。

弘扬劳模精神

【评先树优】 2019年，省建设工会积极组织参与工会系统的评先树优工作，住建系统陈林、李玉琪、刘营3人荣获山东省“富民兴鲁劳动奖章”；中建八局一公司“BIM设计”劳模创新工作室获得省总工会授予的“工人先锋号”称号。

【劳模进工地】 2019年4月28日，省建设工会会同中建一局北京公司组织全省各地市和驻鲁央企住建系统工会主席、职工及劳模工匠代表等40余人赴潍坊、烟台两地，深入基层一线，开展第三届“劳模进工地”主题活动。通过宣传劳模事迹，弘扬工匠精神，帮带人才，观摩创新工

2019 年 4 月 28 日，省建设工会组织全省各地市和驻鲁央企住建系统职工及劳模工匠代表等 40 余人在中建一局北京分公司潍坊达美水岸项目工地开展第三届“劳模进工地”主题活动　（陈岩　摄影）

作室，促进职工技能培训等，进一步发挥了大国工匠和劳模先进的示范带动作用，为助力住建系统打造知识型、技能型、创新型劳动者大军注入新风尚。6 月 10 日，会同中建八局第一建设有限公司举办了劳模（职工）创新工作室论坛，鼓励企业深化劳模（职工）创新工作室建设，大力弘扬劳模精神和工匠精神，更好地为劳模和工匠人才搭建创新平台，引导基层团队提升攻关创新的能力，为劳模和工匠人才施展才干、传授技艺提供有利条件，实现人才与企业共成长。

【“双争”活动】 2019 年，省建设工会大力落实省总工会“双争”活动实施意见，制定了《山东省建设工会关于印发〈全省住建系统工会开展“争创职工信赖的职工之家争做职工信赖的娘家人”活动实施意见〉和〈实施标准〉的通知》，动员系统各级工会特别是基层企业工会和工会干部，参与“双争”活动。选树命名了山东省住建系统“20 家职工信赖的职工之家”和“20 个职工信赖的娘家人”。5 月 22 日，省建设工会在济南召开了“争创职工信赖的职工之家争做职工信赖来的娘家人”工作座谈会。来自济南市住建系统机关工会、企业工会和驻鲁央企工会的 12 名工会干部参加了这次座谈。

【好工匠新鲁班选树】 2019 年，省建设工会面向全省住建系统各行业在生产服务一线从事岗位操作的高技能职工，侧重一线高技能人才，开展了全省住建系统“好工匠 新鲁班”申报选树工作。

组织建设

【工会干部培训】 2019 年 3 月 25 日—29 日，全省住建系统工会干部培训班在浙江工会干部培训学校举办。来自全省 16 个地市和驻鲁央企共 58 名工会干部参加培训。

【人才队伍建设】 2019 年，省建设工会制定下发了《关于组织开展 2019 年专题调研活动的通知》，确定了关于加快推进山东省住建系统技能型职工人才队伍建设的对策和建议、聚焦高质量发展，大力实施新时代劳动竞赛工程的调查研究两个主题，分组到烟台、潍坊、东营、滨州、聊城、菏泽等地市进行了实地调研。

【常委会议】 2019年12月10日，省建设工会常委扩大会议暨重点工作推进会在济南召开，省建设工会第五届委员会常委、委员50余人参加了会议，省住房城乡建设厅副厅长、党组成员周善东出席会议并讲话。会议传达了省总工会有关会议精神，通报了全省住建系统产业工会重点工作推进情况。

帮扶救助送温暖

【开展精准帮扶】 2019年春节期间，省建设工会走访企业12家，慰问一线职工12人、困难职工62人、困难农民工5人，发放帮扶资金10.6万元。争取大病救助资金9万元；安排3万元专项资金，走访了8个项目工地。

【送温暖活动】 2019年1月4日，省总工会党组成员、副主席李东风与省城镇化工作领导小组办公室专职副主任宋锡庆一起来到中建八局二公司山东黄金国际广场项目部，看望坚守一线施工的困难农民工并送去了慰问金3000元。1月31日，省住房城乡建设厅副厅长、党组成员周善东专程来到济南市热电有限公司，走访慰问公司一线困难职工，并向节日期间坚守工作岗位的职工群众致以节日问候和良好祝愿。6月25日，省建设工会深入青岛中青建安集团施工一线，将防暑降温物品发放到一线职工和农民工手中。12月16日，省建设工会到山东胜越石化工程建设有限公司天津项目部开展“冬送温暖”活动，慰问长期在外坚持施工的一线职工并送去慰问品。 （陈岩）

1月31日，省住房城乡建设厅副厅长、党组成员周善东（右一）到济南市热电有限公司走访慰问公司一线困难职工

建设研究

- 2019 年，省建设发展研究院围绕省住房城乡建设厅重点任务，完成高质量调研成果 12 份
- 2019 年，省城乡规划设计研究院承担 20 余项省住房城乡建设厅下达的指令性科研课题和公益性技术项目

建设发展研究

【概况】 2019 年，省建设发展研究院突出党建引领，推进党建和业务工作一体化融合发展，各项工作取得新成效。对标先进单位考察学习，开展了主题教育专项整治、专项督查迎检、“三优岗”创建等工作。扎实开展“不忘初心、牢记使命”主题教育，全体党员全部制定了个人学习计划，坚持边学习、边调研、边检视、边整改，初心使命进一步铸牢。围绕省住房城乡建设厅重点任务，完成高质量的调研成果 12 份。省建设发展研究院继续保持省直文明单位荣誉称号。

【健全完善组织架构】 2019 年，省建设发展研究院优化整合了内设机构，按照精简机构、提高效能的原则，归并成立了相应研究部所。科学配置部门、人员和科研资源，部门由原来的 19 个精减为 11 个，研究确定了部门工作职责，形成了“两办两部、五所两中心”的管理体系。加强党务干部队伍建设。结合内设机构改革，专门设立了院党总支办公室，合理调整了五个基层党支部，配齐配强了党务干部队伍，拉开了“党建统领全局，与业务统筹推进”的组织格局。

【党支部标准化建设】 2019 年，省建设发展研究院大力推进党支部标准化建设。推动过硬支部建设深入开展。加大软硬件设施投入，为党总支、各支部专门配备五间标准化党员活动室，打造了党建工作新阵地。每个支部都提炼了党建品牌名称、标识和内涵，确定了工作亮点，建立了支部联系点，联合省住房城乡建设厅城镇化综合协调处、发展指导处、村镇建设处、省城建学院等共建支部，积极开展特色共建活动。组织开展“灯塔－党建在线”管理员培训，启用了“山东 e 支部”系统和发展党员网上全程纪实公示系统，各支部党建活动和党员管理情况即时上网。院党总支充分发挥领学促学作用，结合学习贯彻十九届四中全会精神、“担当作为、狠抓落实”等重大

2019 年 1 月，省建设发展研究院主编的两本工程建设标准通过专家审查

专题开展学习研讨，组织讲好党课和微党课，加强“学习强国”推广使用，积极开展在线学习和竞赛答题，全年各支部开展各类学习活动150余次。“崇尚学习、加强学习”在全院蔚然成风。

2019年9月11日，省建设发展研究院编写的《2019年度城市品质提升评价报告》论证会召开

【城镇化研究】 2019年，省建设发展研究院城镇化研究取得显著成果。全力做好省住房城乡建设厅决策咨询，起草《加快我省新生中小城市培育发展调研报告》《中小城市培育试点调研报告》等，参与起草了《关于促进中小城市发展的意见》《关于加快推进城乡融合发展的实施意见》，等待省委省政府审议通过发布实施。推动省级城镇化智库建设，开展了4项城镇化重大课题研究，完成《山东省人口流动现状与趋势研究报告》《山东省新型城镇化政策创新研究报告》等智库研究成果，进一步提升了政策支撑和科研能力。搭建全国首个省级城镇化大数据共享平台——城镇化数据监测共享平台，城镇化APP建成运行，集成了国家、省、市、县、镇、村六个层级的1100多个指标、1亿多条数据，达到国内领先水平。完成2019年度全省城镇化统计监测，研究编制了《山东省城镇化发展报告2019》。加强市地城镇化咨询服务。编制完成济南、日照市城镇化发展年度报告，完成《日照市特色小（城）镇战略研究专题报告》《日照市特色小镇发展评估报告》，完成《章丘区农业转移人口市民化发展规划》《禹城市农业转移人口市民化实施方案》等多项县级咨询成果，其中济南市城镇化试点经验在国家、省级平台发布，相关经验被国家发展改革委推广。

【城市建设研究】 2019年，省建设发展研究院深入开展城市建设研究工作。编制完成《山东省城市精细化管理标准》《山东省城市公共供水服务规范》，开展新旧动能转换背景下山东省城市市政基础设施建设绩效评价研究、山东省城镇污水厂污泥资源化利用现状及发展对策等3项课题研究。开展第三方核查、评估、暗访工作，主要完成了全省2018年度清洁取暖安全暗访评估、全省燃气安全暗访评估、全省市政安全和扬尘治理暗访核查、日照市城市供排水和生活垃圾处理设施行业核查、青岛市2018年度农村地区清洁取暖建设评估、德州市市政安全检查等8项省住房城乡建设厅和设区市主管部门委托的暗访评估工作。完成2018年度综合管廊和海绵城市建设资金绩效评价，和德州市德城区、宁津县三条城市黑臭水体整治初见成效和长制久清评估工作。

【村镇建设研究】 2019年，省建设发展研究院积极推进村镇建设研究。参加了住房城乡建设部组织的全国特色小城镇分省交叉调研、省政协组织的山东特色小镇情况调研以及山东发挥中心镇辐射带动作用调研，配合起草了山东省国家级特色小城镇建设工作总结，协助省住房城乡建设厅完成了《充分发挥特色小镇“双轮驱动”作用》的调研报告。研究撰写了《山东省特色小镇建设工作情况的报告》，经省委书记刘家义审签提报中央办公厅。编辑出版《山东省特色小（城）镇典型案例》，研究完成了《德州市2018年度特色小（城）镇监测评估报告》，开展了特色小（城）镇创建工作评价体系研究、新农村既有居建节能改造适用技术研究、装配式建筑农房研究、农房能效提升调研等项工作。强化技术服务，开展了全省农村无害化卫生厕所改造包市督导和暗访核查，已完成改厕核查16市、60个县（市、区）、182个镇（街）、364个村庄；组织开展农村危房改造核查，暗访覆盖16个设区市的62个县（市、区）、167个镇（街）、483个村庄（社区），研究起草了《山东省农村无害化卫生厕所服务站建设运行管理指南》。

【建筑节能和装配式建筑研究】 2019年，省建设发展研究院持续加强建筑节能和装配式建筑研究。开展了百年建筑、外墙保温、装配式建筑、住宅厨卫排烟气系统部品构件等重大关键技术研究，承担了全省公共建筑节能监测信息管理系统运维、建设领域重大发展战略配合调研、《公共建筑节能设计标准》（65%）修编、全省《建设科技成果推广应用管理办法》修订、全省建筑节能技术产品应用认定实施情况现场评估等工作。与中国建科院绿色建材评价中心签订了国家三星绿色建材评价服务合作协议，扎实推进建筑节能一体化技术推广应用。承担了全省装配式建筑试点城市和生产基地、示范工程项目的调度、指导和评估，以及国家装配式建筑示范推荐申报等工作，完成《山东省装配式住宅建筑全装修技术规程》等四项标准的编制、修编；完成了济南市装配式建筑计价体系研究、东营市装配式建筑发展规划，为枣庄、济宁、德州、聊城、临沂等设区市开展了装配式建筑发展规划咨询服务。

【科研服务与检测能力建设】 2019年，省建设发展研究院科研服务与检测能力建设明显增强。组织编制了各类标准、规程、图集近20项，组织召开清洁能源供暖产业联盟年会。在2018年省委、省政府对省属科研事业单位绩效考核中，省建设发展研究院获优秀等次。取得了省级技术转移服务机构备案，并获得2019年度科技基地技术转移服务机构奖励补助18万元。积极开展实验检测，不断拓展检测业务，细化内部管理，完善检测质量控制体系和管理制度，全年累计完成节能墙材产品、节能门窗、住宅厨卫排烟气系统等型式检测、产品检测和工程检测项目近1500余项。结合行业发展需求，开展了公建改造节能量核定技术服务、装配式建筑部品构件技术研究服务、团体标准图集编制服务等工作，增强了检测中心的行业影响力。

（孙丽华）

城乡规划研究

【概况】 省城乡规划设计研究院是省住房城乡建设厅直属公益三类事业单位，是甲级城乡规划编制、甲级建筑行业（建筑工程）、甲级工程咨询、乙级市政行业工程设计、乙级风景园林工程设计的综合性规划设计科研单位。现有在职员工333人，高级工程师131名（正高级工程师44人），执业注册师98人，7名山东省城市规划大师。2019年，省城乡规划设计研究院认真贯彻落实省

省城乡规划设计研究院编制的《济南市西营镇葫芦峪村村庄设计》中的村庄设计总平面图

住房城乡建设厅工作决策部署及全面目标任务，对表对标省厅要求，全面做好对厅技术服务，着力提升重大项目编制、后续跟踪研究与技术创新的能力，充分发挥了技术支撑和智库作用。

【重大规划与战略研究】 2019年，省城乡规划设计研究院承担20余项省住房城乡建设厅下达的指令性科研课题和公益性技术项目，在提升技术水平和服务能力中体现责任担当。都市圈城市群发展战略研究、全省住建领域新旧动能转换、住建管理专项规划等省级层面政策研究、战略研究取得系列成果。对接省域空间规划体系构建及规划体制改革研究，参加省国土空间规划专班，参与山东省国土空间规划编制、全程跟踪研究与技术创新的能力不断增强。承担山东省双评价和潍坊、菏泽等4地市双评价，承担20余县市国土空间规划编制，以及多地市“三区三线”划定项目。曲阜、博兴省级试点项目基本完成，博兴县国土空间总体规划在全省国土空间规划编制现场会暨全省国土空间规划培训班作典型发言。

【乡村振兴研究】 2019年，省城乡规划设计研究院围绕乡村振兴战略实施和美丽村居建设主题，以四大风貌区为重点，加强乡村建设规律研究，在精致、精细、精心设计上下功夫，技术引领打造乡村振兴齐鲁样板。实施驻场设计师制度，选派“乡村振兴服务队”“三师下乡”“科技副镇长”参与农村人居环境整治、美丽宜居乡村建设工作，鼓励注册城市规划师参与基层实践活动，在全省乡村振兴试点示范村建设、美丽村居建设、济南市区乡村建设规划以及百余项美丽乡村建设规划实践中，积极探索编制多规合一的实用型村庄建设规划，产生了济南葫芦峪、莱州朱旺、齐河大徐、庆云纪王桥、夏津平安湖等一大批走在全省前列

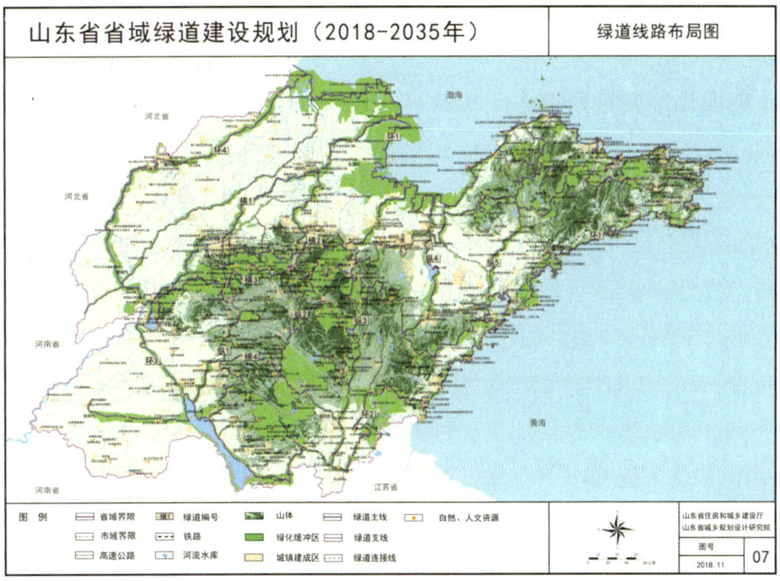

省城乡规划设计研究院编制的《山东省省域绿道建设规划（2018—2035年）》中的绿道线路布局图

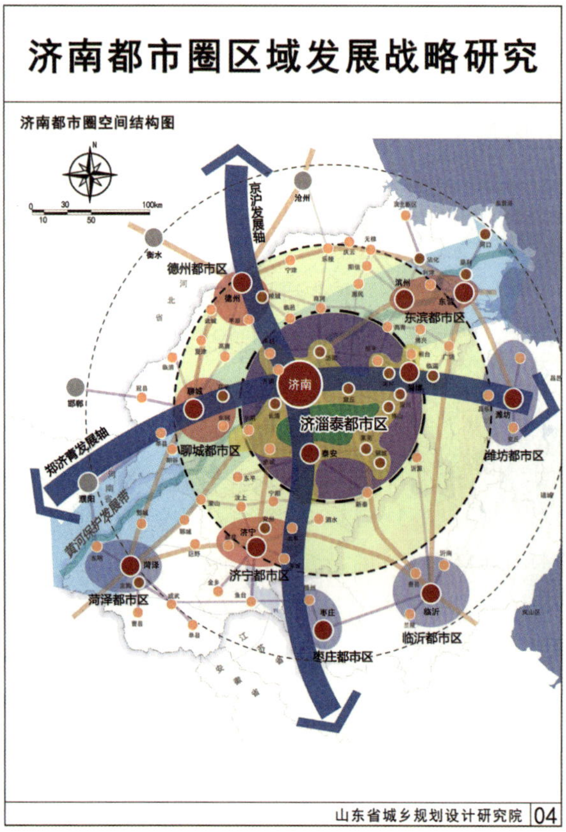

省城乡规划设计研究院编制的《济南都市圈区域发展战略研究》中的济南都市圈空间结构图

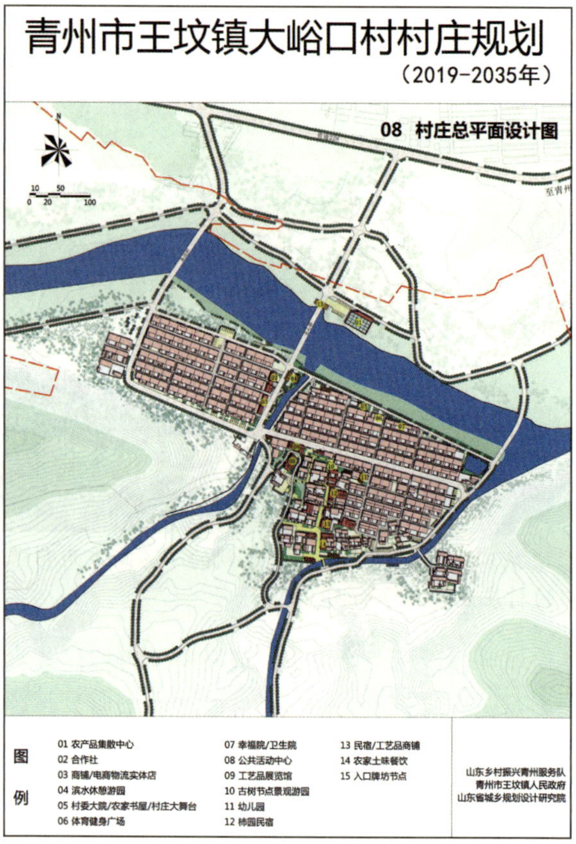

省城乡规划设计研究院编制的《青州市王坟镇大峪口村村庄规划（2019—2035年）》中的村庄总平面设计图

的美丽村居建设实践，获得了省住房城乡建设厅表扬，为乡村振兴齐鲁样板建设贡献规划力量。

【新旧动能转换研究】 2019年，省城乡规划设计研究院着力抓好新旧动能转换与新型城镇化建设的结合，承担国家“十三五”绿色宜居村镇技术创新专项村镇综合效能评估和整体功能提升课题。自然保护区、风景名胜区、省域绿道、清洁供暖、农村饮水污水、清洁能源等创新实践成效显著。城市综合治理、电动车充电基础设施、高铁项目选址形成了新技术优势。环卫、热力燃气、城市慢行交通等特色专业打造了新竞争力。

【重点专项规划】 2019年，省城乡规划设计研究院承担省发展改革委省“十四五”区域布局与协调发展战略研究、山东黄河河务局黄河下游山东段综合整治工程项目选址论证、省政府扶贫办莘县古城镇旧村改造等重点规划项目。年度完成城市综合治理、冬季清洁供暖、公共服务设施、海绵城市、抗震防灾、绿地系统、道路交通、给水排水、电力电信、热力燃气等百余项各类专项规划。获省工程勘察设计成果竞赛二等奖1项、三等奖1项。省优秀建筑设计方案竞赛一等奖3项、三等奖2项。中国风景园林学会科学技术奖二等奖1项。省园林景观设计创意职业技能竞赛三等奖1项。

【技术标准规范】 2019年，省城乡规划设计研究院编制山东省市县国土空间总规、美丽村居建设、村庄建设规划标准、既有建筑绿色化改造、绿色建筑运行维护等10余项省级技术导则。获软件著作权7项，实用新型专利5项。

【技术援建】 2019年，省城乡规划设计研究院扎实推进产业扶贫工作，全省重点项目黄河滩区脱贫迁建和新型社区规划、青州王坟镇等5个灾后重建乡村规划编制，获得省住房城乡建设厅及地方政府的表扬。完成枣庄常庄镇、冠县烟庄街道等十余乡镇扶贫工作重点村规划编制，开展贫困村精准帮扶活动，完成乡村旅游、村庄整治、美化亮化及特色建筑等20余项“送规划下乡”设计项目。

（张竞　李军）

2019年山东省城乡规划设计研究院获奖项目一览表

序号	获奖项目	获奖类别及等级
1	红山园项目	2019年度山东省工程勘察设计成果竞赛二等奖
2	中国建设银行股份有限公司山东省分行综合营业楼	2019年度山东省工程勘察设计成果竞赛三等奖
3	淄川风景名胜区总体规划编制	中国风景园林学会科学技术奖规划设计二等奖
4	典型气候区绿色建筑全寿命期关键技术及标准体系应用	山东省科学技术奖二等奖
5	莱州小草沟村“光阴小院”	第六届山东省优秀建筑设计方案评选一等奖
6	独孤城的美术馆	第六届山东省优秀建筑设计方案评选一等奖
7	莱州朱旺村村民活动中心	第六届山东省优秀建筑设计方案评选一等奖
8	济阳老城商务中心	第六届山东省优秀建筑设计方案评选三等奖
9	江苏滨海LNG接收站工程厂前区	第六届山东省优秀建筑设计方案评选三等奖

各市住房城乡建设

● 2019年，济南市建筑业完成总产值3902亿元，比上年增长21.3%，实现增加值950亿元，增长16.5%；签订合同额9441.6亿元，增长14.9%；房屋建筑工程施工面积15531.5万平方米，增长11%

● 2019年，青岛市城乡建设完成投资2322.25亿元，比上年增长17.8%；住建行业实现税收481亿元，占全市税收总收入的27.27%

济 南 市

住房和城乡建设

【概况】 2019年，济南市住房和城乡建设局全面落实全市“1+474”工作部署，突出重点、攻克难点、打造亮点，各项工作取得了积极进展。建筑业实现高质量发展，房地产市场平稳运行，城市更新、住房保障、老旧小区改造、住房制度改革等民生实事如期完成，物业管理、城建资金管控思路创新，地下管线管理更加规范，清洁取暖攻坚有序推进，深化“放管服”改革，工程建设项目审批制度改革提档加速，配套费征收实现“零跑腿”，乡村振兴工作扎实推进，科技创新实现突破。

【战略规划】 2019年，济南市住房和城乡建设局承担济南市城乡建设管理体制改革专项小组、济南市城市建设项目审批小组两个市级领导小组办公室日常工作。市城乡建设管理体制改革专项小组办公室负责督导、指导建设领域管理体制改革，重点督导落实国家、省以及市领导批示的城建领域的重点改革事项，2019年，重点推进多规合一、租售并举、公共交通等城建领域13项改革任务及国家综合运输服务示范城市、海绵城市2项国家级改革试点。制定并印发《关于进一步加强我市住房城乡建设综合统计工作的实施意见》和《关于明确济南市住房和城乡建设局统计工作分工的通知》，明确各部门统计职责，落实各部门统计责任；定期调度济南市住房和城乡建设局相关处室和局属单位重点工作完成情况，监测局各项重点工作完成省、市年度任务情况；定期分析房地产业和建筑业经济运行情况；启动济南市住房和城乡建设局“十四五发展规划”编制工作，初步拟定编制规划12个，包括住房和城乡建设事业、城镇化、房地产业、建筑业、绿色建筑、城市更新、燃气、城市等重点领域专项规划，按照高水平、高质量、前瞻性、行业领先、可实施的要求，开展相关编制工作。公共停车场建设审批工作全面推开，市政府印发了《济南市公共停车设施建设审批管理办法和济南市鼓励公共停车设施建设若干规定》，在市静态办统一领导下，指导各区建设主管部门开展相关培训、建立联席会议并开展工作。

【制度体系建设】 2019年，济南市住房和城乡建设局完成了对既有地方法规规章、规范性文件、各项政务服务制度、内部管理制度的全面清理。截至2019年底，现行有效使用的地方法规3件、政府规章5件，代市政府起草发布实施文件23件，部门规范性文件39件，政务服务制度120件，内控制度117件，市住建局制度体系基本形成。编印了《法律法规汇编》《规范性文件汇编》《政务服务制度和内控制度汇编》。

【城镇化建设】 2019年，济南市新型城镇化高质量发展，国家新型城镇化综合试点和重点实施项目稳步推进，新型城镇化质量和发展水平明显提升。济南市常住人口城镇化率达71.21%。章丘、济南先后入选国家第二批、第三批新型城镇化综合试点城市，济南市成功申报入选国家城乡融合发展首批试点城市。

国家新型城镇化综合试点。编制《济南市新型城镇化综合试点监测评估报告》，围绕四大试点任务对济南市新型城镇化工作进行分析，从人才集聚行动、城市品质建设提升行动、城乡融合发展、乡村振兴等方面提出发展建议。总结试点经验，推广章丘区农村集体产权制度改革、平阴县智慧健康等典型经验做法；济南市高新区中欧绿色智造小镇建设及章丘区推动“三变”改革经验均被国家发展改革委列入第二批试点经验宣传推广；在全省新型城镇化工作推进会上，济南市作典型经验发言。积极争创“国家城乡融合发展试验区”，12月19日，国家公布了城乡融合发展试验区改革方案，山东济青局部片区入选全国首批试验区，济南市市中区、历城区、长清区、章丘区及济南高新区纳入试验范围。

农业转移人口市民化。按照《济南市农业转移人口市民化发展规划（2016—2020年）》各项政策措施，济南市出台《关于支持人才创新创业发展的若干政策》等文件；加大农村土地制度改革、公共服务均等化等举措，加快推进农业转移人口市民化进程。全市实现城镇新增就业17.42万人，2019年户籍人口城镇化率达到58.8%。

济南市城镇化发展水平监测分析。对历城区、长清区等六区县常住人口城镇化率及提高幅度进行考核评估。组织编制完成《济南市城镇化发展报告2018》，分别对全市、市辖区、县、小城镇的城镇化发展进行分析，着重就济莱合并显著提升城市能级、济南都市圈的培育发展等作出专题分析报告；编制完成《济南市莱芜区与钢城区人口市民化年度监测报告（2019）》。

【建筑业】 2019年，济南市建筑业完成总产值3902亿元，比上年（下同）增长21.3%，实现增加值950亿元，增长16.5%。签订合同额9441.6亿元，增长14.9%。房屋建筑工程施工面积15531.5万平方米，增长11%。施工总承包一级以上企业完成产值3140亿元，占全市建筑业总产值的80%，完成产值过100亿企业7家，过300亿企业3家。

建筑市场监督管理。组织开展建筑市场执法检查，通过建筑市场第三方辅助巡查，加大建筑市场监管力度，规范建筑市场秩序。规范建筑市场信用评价管理，组织开展建筑施工、工程监理、招标代理等建筑市场主体信用评价，营造公平竞争、诚信守法的建筑市场环境。全年完成3230家建筑施工企业、232家工程监理企业、37家招标代理机构及216名项目负责人信用评价。加强资质资格监督管理。执业注册窗口简化审批流程，推行一窗受理、网络审批，缩短审批时限，二级建造师、二级结构师初始、延续业务15天，变更、增项业务10天，注销业务3天。全年办理注册登记事项12930人次，办理22948名建筑技术工人信息入库，培训技工8971人。2019年5月25—26日，完成2019年度二级建造师济南考

2019年8月31日，省市及部门领导等到济南市调研老旧小区整治改造及老楼加装电梯工作

2019 年 5 月 25 日，济南市住房和城乡建设局组织召开全市工地文明施工与扬尘治理现场观摩暨动员部署会。图为与会代表参观山东第一医科大学花园式工地现场 （刘新 摄影）

区考务工作，组织 17826 名考生参加考试。

“挂证”专项整治。全年完成自查企业 2400 家，约谈企业 230 家，办理“挂证”人员变更及注册业务 5000 余人，全市“挂证”整治人员整改率达到 91%。

【招投标制度改革】 2019 年，济南市住房和城乡建设局印发《济南市房屋建筑和市政基础设施工程投标保证保险工作暂行规定（试行）》，有效缓解企业资金压力，减轻企业负担。推行电子招标投标，推进网上开、评标，完善“互联网 +”招标监管模式。采用一标一评、标后评估、限制失信被执行人参与招投标活动、信用评价结果在招投标中量化应用、畅通投诉渠道等方式加强招投标行为事中事后监管。全年完成 504 项建设工程的招投标监督工作，建筑面积 443.47 万平方米，中标金额 328.64 亿元，完成标后评估项目 110 个。

【房地产市场监管】 2019 年，济南市房地产开发完成投资 1576.9 亿元，比上年增长 9.7%，商品房销售面积 1246.5 万平方米。

住房租赁市场培育。确定 2 家国企、10 家民营企业作为专业化、规模化重点培育住房租赁企业发展对象。初步确定 33 个奖补项目，其中盘活闲置住房项目 3 个、非住宅改建项目 17 个、国有土地新建租赁住房项目 13 个，共计 2.4 万套（间），约 120 万平方米；初步遴选了 17 个站点（19 宗地），约 156 公顷新建租赁住房建设用地。建立了住房租赁综合监管服务平台，已上线运行。

房地产风险防控机制。编制《济南市房地产市场风险防控应急预案》，构建济南市房地产市场风险防控体系，加强市、区县和部门间联动，坚持快速响应、分类施策、各司其职、协同联动、稳妥处置，全力避免区域性系统性风险发生，切实维护全市经济安全和社会稳定。密切监测房地产市场变化，及时做好预警预控及处置预案，保持房地产市场平稳发展。规范企业通过渠道进行销售的行为，严禁恶性竞争、扰乱市场秩序，保持价格平稳。

房地产市场事中事后监管。坚持“房住不炒”定位。坚持房子是用来住的、不是用来炒的定位，稳地价、稳房价、稳预期，全年房地产市场价格指数平稳回落。以规范化、制度化、标准化为重点，加强全市在建在售项目监管。深入开展打击侵害群众利益违法违规行为治理房地产乱象专项行动、住房租赁中介机构乱象专项整治行动。严惩房地产企业和中介机构违法违规行为，防范化解房地产市场风险。严厉打击房地产开发企业、中介机构、自媒体等散布房地产市场调控不实信息行为，维护房地产市场稳定。推行新版商品房买卖合同，防止企业通过签订霸王条款、附加条款脱责等侵害购房者权益行为。推行商品房销售告知书制度，提醒购房者全面了解所购项目信息、合同重要条款等内容。加强买卖合同履约情况的监控监管，依法依规处理群众信访投诉案件，引导群众利用法律手段维护合法权益。

【村镇建设】 2019年，济南市农村改厕工作改造完成4.4万余户，公厕建设442座。2019年，济南市农村贫困户危房改造工作任务841户，实际完成2187户，完成率260%。济南市住房和城乡建设局牵头全市镇街机关“五小”建设，会同市委宣传部、市财政局、市自然资源和规划局、市文化和旅游局、市体育局联合印发《关于加快推进镇街机关“五小”建设的实施方案》并下达建设计划。截至年底，77个镇街已完成“五小”建设任务。2019年，济南市特色小镇完成投资总额约401.9亿元。

【绿色建筑节能与科技】 2019年，济南市率先执行山东省新建居住建筑节能75%、公共建筑节能65%的标准，并将建筑节能专项验收核实纳入竣工验收程序严格把关。全年办理建筑节能技术产品应用认定375个。济南市区范围内，推广太阳能建筑应用面积960.7万平方米，超额完成全年900万平方米任务。全市新建建筑全面执行绿色建筑设计标准，印发《关于贯彻落实〈山东省绿色建筑促进办法〉的实施方案》；新增绿色建筑面积1460万平方米，新增高星级设计标识项目550.77万平方米。申办2020年山东省绿色建筑与建筑节能新技术产品博览会。评选出18个公共建筑能效提升项目。完成公共建筑节能改造161.2万平方米，超额完成全年100万平方米目标任务。督导各区县实际立项既有居住建筑改造面积554万平方米，全年完成既有居住建筑节能改造任务450.1万平方米。新开工装配式建筑面积557.2万平方米，超额完成全年480万平方米目标任务。入选省住房城乡建设厅科研开发项目6个，科技示范工程项目4个，重大科技攻关与能力建设项目2个。

【质量安全管理】 2019年，济南市住房和城乡建设局持续强化质量管控，加大工程质量常见问题监督力度。把渗漏、空鼓、裂缝等工程质量常见问题作为日常监督重点，增加对投诉问题多、施工质量差工程项目的监督频次。调度各试点企业试点项目工程质量管理标准化开展情况，推进开展工程质量管理标准化工作。为加强对全市预拌混凝土、砂浆质量监督管理，确保建设工程质量，制发《济南市预拌混凝土、砂浆质量监督管理办法》。根据省住房城乡建设厅相关要求，组织开展了2019年度济南市建设工程优秀工法的申报、资料审查、专家评审工作，全市共评选出96家企业及单位共计449个优秀工法予以通报表扬。持续加强安全监管工作，扎实开展各项专项整治行动。聚焦重点区域、重点企业、重点环节、重点工序统筹推进，深入开展拉网式大排查。出

2019年，山东建筑质量“泰山杯”工程——山东省职业卫生与职业病防治研究院业务综合楼工程，由山东建工集团施工，采用了住房城乡建设部推荐的10项新技术中的9大项18个子项新技术　（栾兆伟　摄影）

台《加强房屋建筑工程质量安全管理“十不准”规定》《模板支架、塔式起重机、施工升降机安全管理十条》《加强地下车库覆土顶板工程质量安全管理》等文件，研究推行深基坑管理十条。采取政府购买服务方式，开展建筑施工安全监管辅助巡查抽测。全市建筑施工企业安全生产“双重预防体系”建设已基本全面推开，“一网双控体系平台”建设工作按照既定的工作目标稳步推进。强化重大危险源管控，严格落实《危险性较大的分部分项工程安全管理规定》，持续开展起重机械、高大模板支撑体系、深基坑等重大危险源专项治理。加大对深基坑、高支模、起重机械等危大工程监督力度。严厉打击违法违规行为，认真开展严厉打击整治危大工程百日攻坚行动、建筑施工安全专项治理行动和质量安全提升三年行动、质量安全春季大检查、全市建筑施工防汛演练等活动，加大对省、市重点建设工程项目检查力度，消除监管真空地带。对安全生产违法违规行为，严格按照从重处罚、顶格处理原则，从资质资格、从业限制、诚信管理等方面实行多重惩戒，对于发生生产安全事故的责任单位和责任人员，严肃追究事故责任。

【建设扬尘治理督查】 2019 年，济南市住房和城乡建设局完成踏勘土石方工地 206 个，核查施工许可承诺工地约 170 个。实行扬尘治理诚信联动挂钩机制，分四批次对 259 个治理成效好、66 个扬尘问题严重项目的参建方、21 个施工许可承诺失信单位、20 个属地单位给予全市通报、媒体曝光、信用体系加分或扣分处理；针对督查检查中发现的严重扬尘污染问题移交行政处罚 45 件。先后制定《济南市严格扬尘治理七项规定》《禁止施工现场搅拌混凝土及砂浆管理规定》等 10 余份制度性文件。市、区（县）两级督查检查组对全市在建项目进行无缝隙、全覆盖的督查检查。建筑施工安全生产形势保持持续平稳。制定《济南市建设工地文明施工与扬尘治理检查标准》，制定专项实施方案，编制指导图集和技术标准，提升改造工地围挡形象，大力推行裸土绿化措施，打造花园式工地，为城市增色添彩，促进文明城市创建。率先推行专业化治尘模式，实施扬尘治理精细化管控。提高扬尘在线监测率和视频监控覆盖率，规范工地设施安装、对接及管理标准，提升科技治尘水平。组织全市性工地现场观摩会，展示文明施工与治尘先进经验，发挥示范带动效应。根据市重污染天气应急指挥部通知，全年共处理应急响应 11 次，扬尘治理各督查组、市及区县两级监督机构及时开展督查检查，督促工地落实减排措施。

【勘察设计管理】 2019 年，济南市住房和城乡建设局狠抓勘察设计质量管理和行业监管。强化市场主体的质量责任，引导各市场主体建立健全内部质量保证体系。对勘察原始记录、实验室实施监督管控，确保勘察数据真实可靠。积极推行数字化图审和多审合一，加强超限专项抗震审查和政府投资工程初步设计审查，共审查 1053 个工程，纠正违反强条数 837 条。勘察设计行业诚信系统全面运行，共采集不良行为 1 万多条，对全市执业的 600 多家勘察设计单位进行了诚信评价。济南市有 12 人被评为山东设计大师，18 人被评为优秀青年设计师。6 个省级 BIM 试点项目通过省厅验收。济南市 BIM 版住宅使用说明书试点应用成为全国首例，列入住房城乡建设部试点计划。在全省率先取消消防设计审查备案。出台《济南市社会投资小型工业仓储项目审批服务实施意见》，优化对实体经济的政策倾斜。印发《关于住宅建筑设置担架电梯的有关通知》。2019 年，全市的勘察设计评优工作评出一等奖 53 项、二等奖 101 项、三等奖 103 项。

【城建管理】 2019 年，济南市住房和城乡建设局印发《关于贯彻落实〈山东省无障碍环境建设办法〉的通知》《关于建筑工程施工许可证核发与工程质量安全监督手续合并办理的通知》《关于印发〈建筑工程施工许可证核发事中事后监管制度（试行）〉的通知》，进一步完善施工许可事中事后监管制度。印发《济南市城市地下管线建设管理办法（试行）》《济南市城市道路杆件与标识系统整合技术导则（试行）》，将道路杆件标识整治纳入城市品质提升三年行动。积极组织第二届山东省城市建设博览会参展工作，济南市住房和城乡建设局和3名工作人员分别荣获“先进集体”“先进个人”荣誉称号。

【征收拆迁】 2019年，济南市国有土地上计划征收房屋10600户，征收房屋面积151.9万平方米。发布征收冻结项目36个，下达征收决定项目16个，完成房屋征收11450户，完成率约108%，征收房屋面积255.76万平方米，完成率约168.4%，超额完成任务。印发《关于建立国有土地上房屋征收项目安置房屋建设承诺制度的通知》等5份配套政策，促进了国有土地上房屋征收工作顺利进行。2019年7月5日，济南市住房和城乡建设局、济南市地方金融监督管理局联合印发《关于国有土地上房屋征收工作中推行使用银行保函解除被征收住宅房屋抵押权的通知》，促进济南市房屋征收工作依法推进。对省市重点项目的房屋征收工作强化政策服务保障，加大协调指导力度，保障了轨道交通、穿黄隧道、零散棚户区改造等重点项目快速推进。加强依法强制搬迁工作，依法清理少数“滞留户”，项目扫尾清零工作取得明显成效，包括泺口片区改造一期等12个项目房屋征收工作全部完成。2019年，济南市共下达补偿决定350户，申请法院裁定43户，依法强制执行32户。

【棚改旧改】 2019年，济南市棚改安置房实际开工49111套、基本建成20025套，分别完成年度任务的110.6%、165%，棚改安置房新开工量位居全省第一位。为进一步加快推进济南市城中村改造工作，印发《关于进一步加快推进城中村改造的若干细则》。为加快推进二环内棚改攻坚，印发《中心城区棚户区改造与整治攻坚实施方案》，提出了建设集中安置区、引导居民外迁安置、改造与整治相结合等解决棚改难题的具体思路措施。

【城市更新】 2019年，济南市住房和城乡建设局精心组织特色街区综合更新，全面完成“1+5”特色街区综合更新建设任务。高标准实施黑西路、趵北路街区更新项目，完成20个建筑立面改造和6个景观节点建设，同步推进店招牌匾、夜景亮化、杆线标牌、公共设施改造，街区环境品质明显提升。

【住房保障】 2019年，济南市住房和城乡建设局向户籍中低收入家庭、新就业职工、稳定就业外来务工人员等住房困难家庭发放租赁住房补贴4124户，超额完成年度目标任务。开展9个批次轮候家庭选房工作，共解决1800余户轮候家庭

2019年3月20日，济南市章丘区明水街道查旧社区安置选房大会在章丘体育馆举行

的住房问题。积极推进人才安居工作，全市多渠道筹集人才公寓房源7000余套（间）。出台租赁住房补贴保障标准及办理程序、公租房小区配套公建出租指导意见、公共租赁住房运营管理规范标准及评分细则，起草济南市人才公寓建设和使用管理暂行规定、人才购房补贴申请发放实施细则等多项政策文件，进一步完善了住房保障制度体系。

【直管公房监督管理】 2019年，济南市住房和城乡建设局继续抓好直管公房租赁管理工作，累计保障了约1.2万户住房困难家庭的住房问题；有903家企事业单位承租非住宅直管公房28.83万平方米，收缴和催缴租金1828.26万元。组织开展直管公房普查工作，摸清家底，全市直管公房承租户数12225户，总建筑面积890764.5平方米。开展直管公房汛前普查，制定维修计划，共完成翻建、维修房屋351处2.8万平方米。

【物业管理】 2019年，济南市住房和城乡建设局坚持党建引领打造“红色物业”，成立“济南市物业服务行业党委”，基本实现街道物业管理办公室和社区环境和物业管理委员会全覆盖，率先建立起市、区县、街镇、社区四级抓物业服务的工作体系，明确将物业管理纳入社区综治范畴，将“六位一体”建设和党建引领规范物业服务管理工作列入各级党组织书记述职评议考核的重要内容，一个崭新的物业管理新模式正在济南市加速形成。对全市161个街办、594个社区近1000名党组织书记和物业管理专业人员开展了两次集中培训。组织物业服务企业开展文明行业创建工作和物业从业人员技能比武大赛，从业人员专业素质、专业技能全面提升。组织开展全市老旧小区现状普查，建立老旧小区整治改造项目库，出台《济南市人民政府关于深入推进老旧小区整治改造的意见》，老旧小区整治改造计划358个项目全部开工落地，追加市级奖补资金1.625亿元，有力保障了整治改造工作的顺利开展。印发《济南市既有住宅增设电梯办法》《济南市既有住宅增设电梯有关手续办理导则》，完成规划审查手续424个单元，实际开工建设409个单元，其中318部电梯竣工验收合格，发放财政补助资金6878.75万元，超额完成年度任务目标。

山东绿地泉物业服务有限公司是山东省第一家成立的本土物业企业，27年来坚持做厚道人、干厚道事、做强厚道企业，倡导中华优秀传统文化进社区，探索“党建＋文化＋社区康养”物业服务新模式，2019年12月，获得“山东知名品牌”。图为该公司优秀物业服务团队　（吴品　摄影）

【城市燃气】 2019年，济南市管道天然气用户228.8万户，管道燃气普及率达到80.45%，天然气消费量14.7亿立方米，瓶装液化石油气消费约4万吨。中压及以上压力级别干线燃气管道5419公里，全市基本实现管道天然气“镇镇通”。编制完成《济南市燃气设施三年建设规划（2019—2021）》，完成全市82家燃气企业和104座燃气供应站点的燃气经营许可年度登记检查工作，组织各类燃气从业人员培训考核27次、参训人员876人。加快LNG储气调峰设施建设进度，城燃企业建成储气设施项目14处，建设规模2960水立方，折合储气能力177.6万立方米，济南南曹范LNG储配站（一期）3万水立方完成主体工程施工。加快推进天然气高压外环管网建设，截至年底，南部高压外环管线西段、北环线支线（济阳—商河）建成，东环线（遥墙—唐王—曹范）完成36.5公里。

【城市供热】 2019年，济南市集中供热面积2.58亿平方米。市政府办公厅印发《济南市解决主城区“供热孤岛”问题工作方案》，计划分三年实现“供热孤岛”小区供热全覆盖，2019年解决供热孤岛小区38个约120万平方米。印发《济南市工业余热和新能源供暖实施方案》，制订全市大容量高效机组余热和新能源供暖建设任务，2019年完成新增（改造）余热和新能源供热面积270万平方米。根据《山东省供热条例》，确定政府企业按照1∶1比例补贴2018—2019年采暖季中心城区延长供热期间成本。2019—2020采暖季，组织供热企业提前充水打压、热态调试，11月13日0时开始达标供热。组织相关专家对济南市燃气、供热行业开展安全检查12次、安全培训123次、应急演练58次。

【清洁取暖】 2019年，济南市按期完成2019年第一节点18.56万户气代煤、电代煤改造攻坚任务。市政府办公厅印发《济南市平原地区冬季清洁取暖攻坚实施方案》，提高补贴标准，气代煤用户每户补贴提高到1万元。组织两次全市清洁取暖集中培训，培训人员1100人次，提高各区县清洁取暖工作人员业务水平。解决管线穿越高速、铁路难题，第一阶段攻坚任务涉及的27处高速、铁路穿越点全部按期完工。建立清洁取暖推进攻坚工作周报制度，加强对各区县现场督导。建设运行清洁取暖运行监管信息平台，建立600余个区县街镇、700余个企业账号，录入4319个村、约68万户已改造及计划改造用户信息。

【海绵城市建设】 2019年，济南市海绵城市试点区域（39平方公里）建设任务全面完成。4月，济南市海绵城市试点区域建设顺利通过国家财政部、住房城乡建设部、水利部绩效评价和现场复核。统筹协调城市水系、园林绿地、道路交通、建筑小区等系统，持续推进全市海绵城市建设推广工作，截至2019年底已累计建成86.242平方公里（含试点区域）。

【城市供水】 2019年，济南市属供水企业全年实现供水总量31764.21万立方米，售水总量24767.8万立方米，水质综合合格率100%，管网维修及时率100%，管网压力合格率99.67%。建成东湖水厂、旅游路水厂，增加供水能力40万立方米；建成凤凰路加压站，启动大桥水厂建设工作；完成南郊水厂水质提升工程项目改造，南部城区出厂水质得到提升；水厂、加压站建立“无人值守、有人管理”的现代化管理模式，一级大站均达到“无人值守”自动化水平；完成普照园等5个片区管网及户表改造，配合道路施工改造、新建供水管线68.2公里。深入推进优化营商环境工作，接水报装不断提速，实现“2个环节、1项资料、0.5个工作日”，创新实行“托管式”“三零”特色服务。推进城乡供水一体化，设立济南水务集团长清有限公司，实现了主城区和长清区水务融合发展；成立南山供水有限公司筹备办公室，全面推进南部山区农村安全饮用水改造工程。分质供水加快业务拓展，6个泉水直饮项目投入运营，试点建设“供水小屋”、智能售水站，全智能扫码售水的现代化服务开启饮用优质地下水新模式。

【城市排水】 2019年，济南市城乡水务局印发《济南市小清河治理实施方案》，消除小清河沿线17处污水溢流口，消除污水直排；推进河道雨污分流，完成羊头峪西沟、丁家庄沟、中井洪沟等河道雨污分流工程，开工建设万盛大沟雨污分流工程，改造雨污合流管线45公里，新建雨污水管线120公里。启动小区院落雨污分流，对中心城区5000多个小区、院落排水设施进行普查，排查雨污水管线7748公里，启动前后引河、山化片区雨污分流试点工程。

黑臭水体治理。加强已治理完成黑臭水体巡查维护，巩固治理成果，建成区31条黑臭水体处于非黑臭状态；印发《济南市打好黑臭水体治理攻坚战作战方案》，完成章丘、济阳、莱芜等区县12条黑臭水体治理。

城市污水处理。编制印发《济南市污水处理提质增效三年行动实施方案》；完成柳埠、西营、玉顶山污水处理站建设，济南东站片区污水处理厂、唐冶新区污水处理厂（一期）完成主体工程，总处理能力13.6万吨；启动国际医学中心污水处理厂以及董家、彩石、雪山、唐王、章锦等污水处理站前期工作；完成水质净化三厂向华山水质净化厂调水工程，开工建设水质净化一、二厂连通管线工程。全市全年处理污水5.05亿吨，出水水质全部达到GB18918一级A标准；城市污水集中处理率达到97.72%。选择具有相应资质和处置能力的污泥处置单位，通过焚烧和建材利用等方式基本实现了全市污泥规范化处置。完成水质净化三厂污泥减量工程，实现污泥源头减量。启动污泥处置中心选址工作。

道路积水治理。推进城区道路积水改造工程，2019年汛前完成党西铁路桥、经一纬五等19处道路积水点改造工程；“利奇马”过后，对全市道路积水情况进行调查，编制完成了北园大街三孔桥、新黄路等19处积水点改造计划。

河道有水工程。完成了兴济河（经十西路至张庄路）、大辛河（旅游路以南段）河道有水工程，进一步提升了河道生态环境。

【城市节水】 节水型城市创建。2019年，济南市第四次顺利通过国家节水型城市复查，初步得分为96.85分，在全省参与复查的11个城市中名列第一，继续保持国家节水型城市荣誉称号。

计划用水管理。2019年，对524家非居民用水户下达了用水计划指标，实行严格用水计划考核。非居民用水户计划管理率达95%。

节水“三同时”管理。严格节水设施施工图审查。2019年受理审查建设项目节水设施施工图116件，设计使用各类节水型生活用水器具35万件套，中水回用设施12处。推进节水设施验收备案工作。2019年共受理综合验收项目156个，安装节水型生活用水器具22万件套，普及率达100%，验收备案中水设施48处，日设计处理能力12546.4立方米。

再生水利用。2019年，济南市再生水利用总量约45万吨/日（含河道生态景观补水），再生水利用率37%（含河道景观补水）。其中，全市443座中水设施，建筑中水回用总量约21万吨/日；污水处理厂再生水利用量约24万吨/日。

节水载体创建。2019年，济南市城乡运输交通局、济南市仲裁委员会办公室等55家用水单位获得了市级节水型公共机构称号，积极推进中海奥龙观邸等8家社区创建节水型社区。截至2019年底，济南市已有27家企业荣获省级节水型企业称号，覆盖率48%；48家单位获得省级节水型单位称号，覆盖率为10.71%；55家公共机构荣获市级节水型单位称号；26个居民小区荣获省级节水型社区（居住小区）称号。

（关学军　刘建华）

城市管理

【概述】 2019年，济南市城市管理局紧紧围绕济南市“1+474”工作体系，下足“绣花”功夫，突出流程再造、制度创新，以“行走城管”为载体、“路长制”为突破、城管委为统筹、综合考评为抓手，聚焦重点、攻克难点、打造亮点，构建起全覆盖全过程的城市精细化管理体制机制，探索“行走城管＋路长制”城市管理新模式，不断提高城市管理科学化、精细化、智慧化水平，得到上级主管部门的充分肯定和推广。济南市城市管理局连续5年保持了“全国文明单位”称号，局属单位均为市级及以上文明单位。

【全员参与行走城管】 2019年，济南市城市管理局以“行走城管”为载体，积极推动城市管理向城市服务延伸。5月份印发《关于开展“济南城管行走泉城”行动实施方案》，号召全市城管系统“用脚步丈量泉城街巷，用真情服务市民群众”。坚持把“行走城管”作为全过程探索、再造城市精细管理流程的重要载体。进一步完善制度、细化标准、规范程序，充分发挥各级城管委及其办公室作用，统筹协调解决跨区域、跨部门、跨层级的城市治理问题，从总体布局到分类实施，构建起统一指挥、协调有序、运转高效的城市管理工作机制，初步形成从上到下、全面推动城市品质整体提升的治理体系，对照“平、亮、绿、美、净、齐”标准，坚持以问题为导向、以解决问题为根本，行到水深处、行到困难旁，走到矛盾一线、走到市民身边，直击痛点顽疾，抓住问题关键，马上就办、办就办好。先后为群众解决29万个“心头事”“烦心事”。

【拆违拆临】 2019年，济南市城市管理局坚持台账管理、挂图作战、拆控并举，一把尺子量到底，将拆违拆临扩大到城乡全域，同时不断探索建立违法建设长效管控机制。2019年全市拆除整治违法建设32212处3196.09万平方米，打造了84个无违建街镇。自2017年以来，累计拆除整治违法建设约1亿平方米，拆违总量居全省首位，济南市城市环境、法治环境、发展环境持续提升，城市秩序持续改善，市民群众幸福感、获得感明显增强。

【城市夜景品质提升】 2019年，济南市城市管理局有序推进“两核三带五心多点”以及中心城区景观亮化，市区完成新建614栋楼体，实现市区49条道路1054栋楼体、37条道路单侧75公里绿带亮化，86栋楼体大型灯光秀，悬挂中国结、灯笼4600多组。认真做好功能照明设施补建和维护工作，完成11处“黑桥洞”亮化和经八路、民生大街灯杆降高工程，更换灯具器件近2万件，全年平均亮灯率99.54%。主动推出服务保障夜间经济十条措施，延长周边公厕服务、道路冲刷作业时间，合理调整生活垃圾收运时间和频次，深化精细管理，强化文明执法，用心点亮“夜经济”，全员助力“泉城之夜”。

【广告牌匾标识整治】 2019年，济南市城市管理局通过全系统共同努力，违法广告和楼顶标识拆除整治基本完成，商业牌匾设置水平明显提升，公益广告设置运行规范，共整治拆除违法违章户外广告设施7630多块，拆除过期灯杆道旗4500多支，清除宣传条幅1610多条。

【公益广告投放】 2019年，济南市城市管理

2019年9月30日，济南经十东路国庆夜景亮化　（班宾　摄影）

局按照市委、市政府及相关部门统一部署，圆满完成营造新中国成立70周年氛围、迎接创建文明城市等49场次重大活动，利用3000多块候车亭灯箱、100多块大型电子显示屏、15200多杆次道旗发布户外公益宣传。

2019年7月28日，济南市经十路沿线公益广告　（夏琨　摄影）

【环境卫生整治】 2019年，济南市城管系统全员一线“包区挂办”、全员无休勇当“卫生城、文明城”迎评复审主力军。深入推进城市道路精细保洁，实行主次道路墙根至墙根全覆盖保洁作业，全市主次道路机扫率、洒水率均达到100%，94条道路获评省级深度保洁示范路。积极推进垃圾分类立法和减量鼓励政策，新建低值可回收物回收中心1处、大件垃圾处置场站4处，积极推动27个片区261个社区垃圾分类示范创建。强力提升环卫设施建设短板，新建改造公共卫生间192座，首座有害垃圾贮存站验收投用，章丘生活垃圾焚烧发电厂投入运营。针对生活垃圾处理长期超负荷运转的老大难问题，敢于担当作为、勇于迎难而上，强力推进长清马山第三垃圾填埋场正式启用、垃圾二厂填埋场1100吨/日渗滤液全量处理项目投用，积存渗滤液风险得到有效控制，从根本上解决了困扰城市十几年的心头事。

2019年12月25日，济南市城管局城肥清运管理一处职工冒风雪处理清源路公共卫生间堵塞问题　（沈麒　摄影）

【市容市貌整治】 2019年，济南市城市管理局深化杆线治理，治理“空中蜘蛛网”2万余公里，清除覆盖非法小广告90余万处，城市露出“最美天际线”。严控市容秩序，取缔流动商贩11万人次、违规烧烤123处，规范店外经营8.1万处次，清疏化粪池4万余处、清运粪污水44万余吨。全面完成住房城乡建设部“建筑垃圾治理”试点城市各项任务，持续开展建筑渣土运输平槽净车行动，新建建筑垃圾临时消纳场11处、工程渣土直接利用点378处，招标入库资源化利用企业15家，清理整治建筑垃圾积存点近699万立方米、覆绿4千余万立方米，济南市在全国建筑垃圾与城市发展论坛上贡献出“济南智慧”。聚焦打赢蓝天保卫战、城市治理攻坚战，加大执法保障力度，2019年全年立案查处一般程序案件 12038 件，罚款 10935 万，简易程序案件 8785 件，罚款 72 万。查处扬尘类案件 1613 件。

【铁路沿线环境综合治理】 2019 年，济南市坚决贯彻落实习近平总书记就开展高铁沿线安全隐患治理的重要指示精神，全力保障青岛“海军节”顺利举办，确保新建货运大北环的安全开通，全面推进高铁沿线环境综合治理大会战。深入治理沿线环境脏乱差现象，积极消除沿线存在的安全隐患，大力实施高铁沿线绿化工程，打造沿线节点景观，全市近 400 公里的铁路沿线绿色生态长廊初具规模，成为一道展示泉城形象的靓丽风景线。全年整改铁路沿线各类问题 2500 余处，建设提升大庙屯北侧京沪高铁沿线建设项目、金泉小区北侧铁路沿线改造环境综合整治工程、龙二村胶济铁路沿线绿化工程、权北村北绿化工程胶济铁路沿线、王小村济青高铁沿线绿化工程、相公庄街道济青高铁沿线两侧绿化提升工程、绣惠街道济青高铁绿化提升工程等 7 处节点景观，绿化面积 20 万平方米。济南市高铁沿线治理工作得到省委、省政府的高度评价和认可，在全省高铁沿线环境综合治理先进集体和个人评选中，济南市 4 个部门荣获先进集体，1 人获得先进个人二等功，2 人获得三等功，2 人获得嘉奖，16 人被通报表扬。

【推行“路长制”】 2019 年，济南市城市管理局着眼城市治理体系和治理能力现代化，对标科学化、精细化、智能化要求，创新建立“路长吹哨、部门报到”工作体系，依托数字城管智慧平台，发挥各级城管委统筹指导、牵头推动作用，组织路长综合发现主次道路沿线环境卫生、街面秩序、园林绿化等问题，构建起统一指挥、协调有序、运转高效的城市治理机制。2019 年 9 月份试点至年底，立案 35820 件，办结 30678 件，结案率 85.64%，推动了城市治理由粗放变精细、由单一变综合、由被动变主动，试点经验在全省推广。

【文明执法机制建设】 2019 年，济南市城市管理局出台《济南市综合行政执法基层中队规范化建设标准（试行）》和《济南市综合行政执法基层中队规范化建设等级考核评定办法》，举办综合行政执法基层骨干能力素质提升培训 2 个班次 300 余人次。针对“行走”中发现的涉及多方利益诉求的复杂问题，采取“城管 + 专家 + 代表委员 + 媒体 + 志愿者 + 群众代表”等公众参与的治理方式，创新推出“会商式执法”“圆桌式对话”“上门式协商”等一系列多元协商治理机制，破解渣土车、洒水车作业扰民问题和环卫设施“邻避效应”，共商寻求各方满意的“最大公约数”，努力打造一支政治坚定、作风优良、纪律严明、依法履职、人民满意的新时代城管队伍。

2019 年 4 月 23 日，济南市城市管理局举行庆五一文艺联欢会，展示城管人的风采　（夏琨　摄影）

【基层执法中队规范化建设】 2019年，济南市城市管理局组织开展了综合行政执法基层中队规范化建设情况专题调研，统计了全市186个基层中队的建设、装备、运行情况，实地查看了15个区县、27个具有代表性的中队，发现了人员配置不足、执法装备落后等制约中队建设的问题。针对存在的问题，研究确定了“建设标准化、管理制度化、队伍正规化、执法规范化、装备现代化”的综合行政执法基层中队规范化建设目标。2019年9月19日，印发《济南市综合行政执法基层中队规范化建设标准（试行）》和《济南市综合行政执法基层中队规范化建设等级考核评定办法》，规定对中队党建工作、队伍管理、执法业务、执法保障、标志标识等的建设水平进行考核评定，由高到低评定为一级中队、二级中队、三级中队。全市中队规范化建设等级考核评定工作分三年实施，计划到2020年达标中队数达到20%，2021年不少于50%，2022年前实现全覆盖。

【烧烤治理】 2019年，济南市城市管理局推进禁烧区扩大调整工作，历下区、市中区、槐荫区、章丘区、平阴县、南部山区全域划定为“禁烧区”，其他区县主城区均划定为“禁烧区”。打好餐饮油烟治理组合拳。市城管局、市生态环境局、市市场监管局联合印发《落实〈济南市大气污染防治重点工作强化措施〉餐饮油烟治理工作方案》，厘清了管与罚的职责边界，联合治理成效初步显现。借助科技力量，积极推进油烟在线监控试点，已完成奥体片区45家、全运村片区5家在线监控的安装工作。

（夏琨）

住房公积金管理

【概况】 2019年，济南住房公积金中心深入贯彻习近平新时代中国特色社会主义思想，落实习近平总书记视察山东重要讲话、重要指示批示精神，坚持以人民为中心的发展思想，以满足人民住有所居的初心为航标，担当作为，推动公积金事业高质量快速发展。在扩面上向区县延伸，增加远郊县单位建立制度考核内容。全年新增县域单位610个，增长91%；新开户单位7534家，新开户职工21.77万人，实现缴存额276.93亿元，比上年增长13.26%。实现增值收益11.57亿元，比上年增长17.27%。

【公积金支持住房保障】 2019年，济南住房公积金中心保障职工住房需求，坚持“房住不炒”，继续执行差别化信贷政策，简化楼盘贷款准入手续，取消房地产开发商贷款阶段性担保金和职工二手房评估报告。全年开通232家房地产开发企业的54个按揭项目共计2322个楼座个人住房公积金贷款业务。发放个人住房贷款2.94万笔、114.71亿元，比上年分别增长34.86%、30.66%。支持职工购建房337.31万平方米，通过申请住房公积金个人住房贷款，可节约职工购房利息支出22.97亿元。64.21万名缴存职工提取住房公积金185.81亿元，其中住房消费提取占80.73%。

【公积金放管服改革】 2019年，济南住房公积金中心与14家银行实现数据互联，支持其以公积金缴存数据为判断条件提供个人信用贷款金融服务，各银行累计发放近56亿元。在18家银行开展个人商业住房贷款按月委托提取业务，19家银行开展按月提取跨行业务。截至2019年底，商贷按月提取签约6.29万人，提取12.1亿元；为8390人跨行支付提取资金2337.5万元。原莱芜市1322家缴存单位8.2万人缴存信息、1.8万笔21.6亿元贷款信息全部归并至济南业务系统，全市住房公积金业务实现了数据互通、政策统一、业务通办、资金统一管理和综合服务平台全覆盖。优化企业发展环境，执行阶段性自主降低缴存比例政策，全年共247个单位降低比例。23项涉企公积金业务全部实现网办，便利化大幅提升。全年新增9212个共计21035个单位网上办理业务。增设高新区政务服务中心公积金服务窗口，为东部单位职工办理业务2万多人次。受委托银行新增3类提取业务审核权限，公积金自助业务接入建设银行、招商银行、农业银行自助终端，分别有117和316个银行网点提供归集提取和贷款业务就近办服务。窗口中午留人值守、下午延时下班、周末上班、网上提取24小时受理，实现服务无休。全年周末服务1.64万人次。创新热线办理，与市民服务热线联手在全市首设专家坐席，15人专职接听公积金问题，实现了服务热线平台与公积金专业支撑强强联合。全年专家坐席受理13.73万件，热线咨询直办率达95.7%，实现了群众咨询一次办成。

【公积金信息化建设】 2019年，济南住房公积金中心综合服务平台在全省首家通过验收，评为优秀等级，其中“提升效率”“互联共享”“增值创新服务”考核项获得满分。业务全网办，以全国业务操作规范为模板，规范申请材料、办理环节、流程、时限。在此基础上继续推进不见面审批、秒批秒办、你不跑我来跑，多模式织密网办体系。全年新增17项共计43个服务事项实现网上办，其中18项“秒批秒办”。与省市政务服务平台对接共享，支撑业务一网通办。公积金网厅引入刷脸认证模式。2019年网上办理业务65万余笔，信息查询1600万余次。与民政、人社、住建及不动产、各银行信息实时数据共享，实现大量业务办理要件的联网核查。新增15项业务取消婚姻、户口、购房合同、不动产登记、退休证明等关键材料，累计减少证明材料近28万件。

【公积金风险防控】 2019年，济南住房公积金中心利用电子化检查工具对核心系统中业务数据进行疑点筛查，明确责任，跟进整改。完成2.92万人个人账户的转移合并工作，同时清理多人共用一个身份证号码及一人同时多账户缴存问题。与人民银行系统对接，将公积金贷款逾期列入征信报告。出台信用管理办法，将缴存、使用等行为纳入信用体系。

（张小溪）

青 岛 市

住房和城乡建设

【概况】 2019年，青岛市住房和城乡建设局全面学深圳、赶深圳，把各项工作放在全市发展大局中谋划定位、推进展开，迅速发起七大战役，坚决稳住三大阵地，扎实推动全市住房和城乡建设事业高质量发展。全市城乡建设完成投资2322.25亿元，比上年增长17.8%；住建行业实现税收481亿元，占全市税收总收入的27.27%。4项工程获评鲁班奖，9项工程获评国家优质工程奖，获奖数量居全国副省级城市第一。成功争取全国老旧小区改造试点，海绵城市建设、综合管廊等国家级试点深入推进，既有住宅节能保暖改造走在全国前列，为全省住建事业发展大局贡献青岛智慧和力量。

【机构改革】 2019年3月19日，青岛市委编办下发《关于市供水管理处等事业单位机构编制事项调整的通知》，将市公用事业工程建设管理中心承担的供水、排水等建设、维护职责划转至市水务局，同时划转编制19名，市公用事业工程建设管理中心编制由54名调整至35名；将市公用事业工程质量安全监督站承担的供水、排水等工程质量安全监督职责划转至市水务局，同时划转事业编制4名，市公用事业工程质量安全监督站编制由37名调整至33名。

4月12日，青岛市委编办印发《关于市路灯管理处等事业单位机构编制事项调整的通知》，将市城管局所属市路灯管理处整建制划归市住房城乡建设局，并更名为市路灯设施保障中心；将市市政设施管理中心划归市住房城乡建设局管理；将市公用事业工程建设管理中心承担的燃气供热维护的技术性、事务性职责划转至市燃气管理处和市供热办公室，同时分别划转编制1名、5名，市公用事业工程建设管理中心编制由35名调整至29名。

4月20日，青岛市委编办印发《关于市住房城乡建设局所属事业单位机构编制事项调整的通知》，市房地产开发管理局（市房屋征收与补偿办公室）更名为市房地产事业发展中心（市国有土地上房屋征收与补偿服务中心）；市建筑工务局更名为市建筑工务发展中心，加挂市历史建筑保护利用中心牌子；市公用事业工程建设管理中心更名为市公用事业工程建设发展中心；市建设工程材料管理办公室更名为市建设工程材料服务中心；市建筑节能与墙体材料革新办公室（市住宅现代化管理办公室）更名为市建筑节能与产业化发展中心；市地方建筑材料管理处（市建筑废弃物资源化综合利用管理办公室）更名为市地方建筑材料服务中心（市建筑废弃物资源化综合利用中心）；市散装水泥办公室更名为市散装水泥服务中心；市物业管理办公室更名为市物业服务保障中心；市建设教育培训中心更名为市建设从业人员教育中心；市工程建设标准造价管理站更名为市工程建设标准造价站；撤销市城市建设档案馆（市城市建设信息中心、市城市建设档案管理处）加挂市城市建设档案管理处牌子。

4月30日，根据《中共青岛市委青岛市人民政府关于青岛市市级机构改革的实施意见》的规定，市住房保障中心整建制划归市住房城乡建设局管理。

5月10日，青岛市委编办印发《关于市不动产登记中心等事业单位机构编制事项调整的通知》，市房地产市场监测中心从原市国土资源和房屋管理局划归市住房城乡建设局管理；组建市房屋交易中心，为市住房城乡建设局所属的正处级财政拨款事业单位，承接市不动产登记中心的房屋交易与产权管理的具体事务性、技术性职责以及市房地产信息与交易资金监管中心权限范围内新建商品房预售资金缴存、拨付、使用相关职责。

6月28日，青岛市委编办印发《关于增设建设工程消防验收处有关机构编制的批复》，局机关增设建设工程消防验收处，增加行政编制4名，核增正处级领导职数1名、副处级领导职数2名。同日，市委编办印发《关于调整市住房城乡建设局所属部分事业单位机构编制事项的批复》，明确市房屋交易中心为公益一类；撤销市建筑企业养老保障金管理办公室，设立市房屋专项维修资金服务中心（正处级财政拨款事业单位）；撤销市建筑材料质量监督检验站，将其承担的建材产品质量监督检验职责连同人员编制并入市建筑工程质量监督站。

【城市道路建设】 2019年，青岛市快速路建设高效推进。新机场高速连接线（双埠—夏庄段）工程西起女姑口大桥，东至青银高速，全线以高架桥梁为主，长约9.8公里，总投资约74亿元。积极创新前期手续办理流程，实现项目概算分多阶段批复、概算和预算合并审查、土地预审结束即办理规划许可等5项“首次”，较常规建设手续办理程序压缩时间约5个月，项目市政管线迁改、调流道路和主线桥梁工程先后于2019年8月和11月顺利开工建设，力争2020年底实现主线通车。主次干道增容提效。瞄准城市路网的堵点、卡点和痛点问题，开展未贯通道路打通攻坚行动，统筹全市打通银川东路（科大支路—滨海大道）、宁海路等40条未贯通道路。启动太原路东延段工程跨铁路桥梁建设，实施山东路—敦化路、山东路—延吉路等路口渠化改造139处，启动胶宁高架东山路下桥辅路改造工程建设，进一步提升道路通行能力，优化了市民群众交通出行环境。关键节点贯通有序推进。新冠高架渤海路匝道圆满通车，破除了青岛港和铁路线对周边区域交通的阻隔，解决了周边居民绕行远、出行难等问题。

【停车设施建设】 2019年，青岛市完成市南软件园停车设施、青岛中大集团立体停车设施等22个项目，中心城区新增公共停车泊位8165个，完成总量居省内第一。完善市级智能停车一体化平台和“宜行青岛”APP，实现停车场信息管理、电子缴费、智能诱导等功能，静态数据信息全接入，动态数据接入2.5万个泊位，涉及停车场50个。在全市推广道路泊位POS机代替人工收费应用，探索道路泊位“POS机+地磁感应”新型收费模式，并在城阳区试点应用，试点期间线上支付率达到96.5%。

【海绵城市和综合管廊国家“双试点”建设】 2019年，青岛市高质量完成海绵城市和地下综合管廊国家“双试点”建设。住房城乡建设部、财政部、水利部派出两个专家组对青岛市“双试点”分别进行现场验收，青岛市以优异成绩实现“双试点”圆满收官。李沧区25.24平方公里海绵城市试点区全面达标，圆满完成各项试点任务，建立了长效的海绵城市建设推进机制，形成了系统的规划顶层设计体系，构建起完善的政策标准体系，探索出市场化建设运维模式，总结形成“分层规划、多维协调、系统建设、综合保障、专业支撑、长效推进”的海绵城市建设管理经验，实现试点示范和全域建设“双推进”。2019年12月中旬顺利通过试点验收，考评成绩位列14个试点城市第2名，将再获中央财政试点奖励资金

2019 年青岛李沧区区委党校海绵城市改造建设后

站升级、烟气余热回收、燃气锅炉项目和新能源供热项目建设，完成工业余热和新能源供暖 328 万平方米，占省下达目标任务的 128%，节约燃煤约 5 万吨。累计完成新建天然气管网 258 公里，占年度计划 129%。推进储气设施建设，全市新建储气设施储气能力 160 万立方米。

1.2 亿元。全面完成 49 公里综合管廊试点项目建设，实现各类管线入廊约 520 公里，全市累计投入运营的干线、支线综合管廊达到 110 公里，总量位居全国之首。圆满完成各项试点任务，建立了高效的综合管廊建设协调推进机制，形成了完善的政策和标准体系，探索出市场化建设和统一运维监管模式，建成全国规模最大的综合管廊网络，总结形成“多维化协调、全域化规划、综合化保障、多元化建设、专业化运营、市场化收费、统一化监管”的综合管廊建设管理经验。试点验收考评成绩位列同批试点城市前列。

【市级重点公共服务项目建设】 2019 年，青岛市住房和城乡建设局建成市社会福利院改造扩建项目和市创业就业实训基地项目，有序推进康复大学项目前期筹建工作，启动山东大学青岛校区博物馆展陈工程施工。主城区和浮山新区范围内开工建设配套教育设施开工 4 所、竣工 13 所，助力提升城市公共服务承载力、保障力。

【供热燃气建设】 2019 年，青岛市住房和城乡建设局加快集中供热配套建设，新增城市集中供热配套面积 410 万平方米，完成年度计划 136%，惠及居民 4 万余户。高效推进电厂余热利用和新能源供热工作，大力推进热电厂供热

【环卫设施建设】 2019 年，青岛市住房和城乡建设局加大环卫基础设施建设力度，西海岸新区静脉产业园生活垃圾焚烧发电厂（设计处理能力 2250 吨 / 日）、莱西焚烧发电厂（设计处理能力 900 吨 / 日）建成并运行，全市生活垃圾焚烧能力达到 8400 吨 / 日，生活垃圾资源化利用率提高 50% 以上。秉持“小厕所、大民生”工作理念，继续推进“厕所革命”，组织召开公厕建设研讨会和观摩交流会，修订印发《青岛市城市公共厕所建设技术导则》，加强对公厕规划、设计、建设等的技术指导，完成市办实事“六区城区新增、改造公厕 120 座”的目标。

【路灯设施管理】 2019 年，青岛市路灯设施维护管理被市政府列入群众关注的 10 个领域重点整治问题。排查并整改各类问题路灯 9239 起，各区市共新建路灯设施 5447 盏（基），更换维修 24467 盏（基）。

【市政公用建设行业管理】 2019 年，青岛市住房和城乡建设局加强资质企业批后监管，根据职能调整修订了《市政公用建设资质行政处罚自由裁量基准》。组织开展了“双随机一公开”企业资质动态核查，对全市市政公用工程施工总承包资质、城市及道路照明工程专业承包资质共 487 家企业信息进行了核查。做好企业资质服务工作，

把程序最简、用时最少、服务最优、效率最高贯穿于工作全过程，累计审核企业在全省一体化平台补录的1700余项业绩。新增市政公用工程施工总承包一级资质企业4家、二级资质企业10家、三级资质企业113家。

【住房保障】 2019年，青岛市住房保障工作连续十三年列入了青岛市政府办实事，计划实施住房保障6000套（户），其中货币补贴5000户，实物保障1000套。全年共完成住房保障6832套（户），其中租赁补贴5632户，完成任务目标的112.6%；实物配租1200套，完成任务目标的120%，均列山东省首位。完成剩余经济适用住房公开销售工作，对万科桃花源、魅力新城等十四个经济适用住房项目共计1904套经济适用住房进行公开销售。重新启动公共租赁住房建设1000套。制定出台《关于调整公共租赁住房租赁补贴申请条件的通知》，将申请公共租赁住房租赁补贴保障的收入条件由现行的家庭人均月收入不超过1810元（含）调整为家庭人均月收入不超过2936元（含），降低租赁补贴准入门槛，统一公共租赁住房实物配租和租赁补贴申请标准。全年青岛市共新开工建设人才住房建设项目68个、建筑面积211.85万平方米、房源2.04万套，完成目标任务的102%；建成可分配项目12个、建筑面积93.94万平方米、房源1.04万套，完成目标任务的116%。2019年8月，衡阳路租赁型住房集中建设项目举行了奠基仪式，该项目是青岛市2019年度“双招双引”工作和“城市品质改善提升攻势”重点工程项目，项目建成后将面向人才和新市民群体进行分配。2019年计划启动棚户区改造2.8万套（户），全年共启动棚改29245套（户），占年计划的104.5%，超额完成目标任务。全年发行棚改债券73亿元，争取中央财政补助资金5.4亿元，为加快项目建设提供了资金保障。

【老旧小区整治】 2019年，青岛市实施整治改造项目25个、88.25万平方米，涉及居民1.1万户。成功申报为全国城镇老旧小区改造工作试点城市，成立了老旧小区改造工作领导小组；起草了《青岛市城镇老旧小区改造试点工作方案》和《青岛市推进城镇老旧小区改造工作的实施意见》，编制了《青岛市城镇老旧小区改造技术导则》，为推动新一轮老旧小区改造工作提供了遵循。

2019年8月30日，青岛市衡阳路租赁型住房集中建设项目举行奠基仪式

【新型城镇化建设】 2019年，青岛市新型城镇化工作紧紧围绕构建生态绿色安全新格局、培育产业转型升级新动能、完善全域智慧便捷新交通、提升城市宜居宜业新品质、建设城乡融合发展新载体、健全区域协调发展新机制六个关键环节持续发力，到2019年底，市城镇常住人口704.12万人，常住人口城镇化率达到74.12%，居全省首位。省城镇化办印发《第一批省级新型城镇化综合试点典型经验》，胶州市李哥庄镇

创新城镇化融资机制等经验做法入选。第四届北京国际新型城镇化产业博览会暨“一带一路”项目合作峰会大会组委会授予泊里镇2019全国新型城镇化示范城市奖。

【农村生活垃圾分类】 2019年，青岛市坚持党建引领、制度保障、典型示范、全域覆盖等方式，全力推进农村生活垃圾分类工作。制定印发《青岛市农村生活垃圾分类工作行动方案》，率先在全省全面推广农村生活垃圾分类，7个区市4254个村庄（社区）开展了分类工作，占全市村庄（社区）总数的78.7%。2019年2月26日，山东省人居环境整治现场会在胶州市召开，现场观摩了胶州市农村生活垃圾分类示范点。

【农村“厕所革命”】 2019年，青岛市争取农村改厕中央奖补资金1435万元，争取市级财政2020年列入农村改厕奖补资金800万、农村公厕建设奖补资金500万，用于支持农村改厕后续管护和农村公厕建设。出台《青岛市健全完善农村改厕规范升级和后续管护长效机制工作方案》，加快开展厕所粪污处理和资源化利用项目建设，全市启动建设农村改厕服务站116个，3个区市启动实施厕所粪污资源化利用项目。加快建设农村改厕智能管护系统，对厕所粪污抽取运输、处理设施运行情况等进行监控。

【农村危房改造】 2019年，青岛市继续做好农村建档立卡贫困户、低保户、分散供养特困人群、贫困残疾人家庭“四类”重点对象危房改造工作。通过精准识别、定期调度、强化档案管理等方式，精准掌握农村困难群众住房情况，统筹推进农村危房改造脱贫攻坚工作。2019年改造完成“四类”重点对象危房489户，完工率占年计划的100%，切实保障了农村困难群众住房安全。

【美丽村居建设】 2019年，青岛市以“坚持规划引领、挖掘当地特色、强化要素保障”为总体工作思路，以固牢生态本底、构建景村一体、传承历史文化、塑造地域特色、促进多产联动、完善基础设施、打造乡风文明作为工作重点，做好美丽村居建设。出台《青岛市美丽村居建设实施方案》，精心打造10个村庄入选第一批、第二批美丽村居建设省级试点，启动市级美丽村居建设推进工作，初步形成“鲁派民居”青岛样板。

【特色小镇建设】 2019年，青岛市通过着眼全域谋划特色、分类指导构建四级格局、找准定位打造多样类型等多措并举推进特色小镇创建。委托专业第三方机构，对市级特色小镇进行年度监测评估，进一步推进市特色小镇高质量发展。崂山区北宅智谷虚拟现实小镇充分发挥区位优势，实现总投资121亿元；平度市新河编艺小镇孕育传统产业聚集和转型升级新方式，产业年产值达20余亿元，特色小镇新旧动能转换平台作用日益显现；胶州市洋河生态乐游小镇等4个生态文旅型特色小镇，充分利用生态资源优势，强化了科学发展的生态底色。

【农村地区清洁取暖】 2019年，青岛市住房和城乡建设局根据“宜气则气、宜电则电、宜可再生能源则可再生能源”的原则，因地制宜推进清洁取暖工作。全市农村地区清洁取暖计划开工47194户，实际完工55779户，完工率118%。编制《青岛市清洁取暖专项规划》《青岛市农村地区清洁取暖气代煤工程技术导则》《青岛市农村地区清洁取暖电代煤工程技术导则》，印发《青岛市农村地区清洁取暖建设奖补资金管理办法（试行）》《青岛市农村地区清洁取暖工作考评奖励办法（试行）》等文件，为清洁取暖工作开展提供制度保障。组织召开青岛市农村地区清洁取暖技术交流大会，详细解读国家清洁取暖方针政策，研究探讨清洁取暖技术路径；积极推动青岛市人民政府与中国燃气控股有限公司战略合作落地，为青岛市清洁取暖“气代煤”建设项目搭建平台。

【节能保暖工程】 2019年，节能保暖改造工程为青岛市“十五个攻势”中“城市品质提升攻势”的重要任务之一，青岛市采用“先干后奖”的市场化运作机制加快推进既有居住建筑节能改造，共完成节能保暖工程657万平方米，改造面积位于全国前列，超额完成年度任务，超标率49.7%，惠及居民9.3万户，实现节能量标煤3.8万吨，减少碳排放10万吨。由中国建筑节能协会主办、C40城市气候领导联盟支持的“城市绿色转型与能效提升——C40中国城市项目会议”在青岛市召开。

【装配式建筑推广】 2019年，青岛市新开工装配式建筑406万平方米。组织开展装配式建筑项目预评价69个、408万平方米。组织开展装配式建筑、绿色建筑培训班及交流会9次，700多人次参加，单体装配率由25%提高到50%。嫁接培育产业基础，引进国内知名预制构配件生产企业，促成强强联合，新增5家装配式建筑生产企业项目落地并逐步投产，获批省级产业化基地4家。

【绿色建筑和超低能耗建筑】 2019年，青岛市组织编制了《青岛市绿色建筑和超低能耗建筑发展专项规划（2020—2025）》，科学布局、合理制定各区（市）未来五年绿色建筑、超低能耗建筑和装配式建筑发展目标和重点任务。新增绿色建筑1580万平方米，设计达标率为100%，新增超低能耗建筑4个，面积7.4万平方米。新增二星级以上绿色建筑星级评价标识项目21个，面积175万平方米。

【新建建筑节能监管】 2019年，青岛市完成新建节能建筑2053.42万平方米，占新建建筑的比例为100%。强化对各区市建筑节能工作督导检查，对新建建筑的建筑节能工程从材料进场、监理监督、检查验收等环节实行全方位管理。

【建筑业】 2019年，青岛市建筑业经济发展态势良好，全年完成建筑业总产值2809.9亿元，比上年增长22%；实现建筑业增加值1042.24亿元，比上年增长13.8%。截至2019年底，青岛市共有建筑业总承包特级企业13家、一级企业97家。全市在监建筑工程9181个，建筑面积12807.94万平方米；新开工工程4275个，建筑面积6608.41万平方米；竣工验收2739个，建筑面积3389.89万平方米。自2018年10月份起，青岛市启动建筑业保证保险试点工作，开展了建设工程质量缺陷保修、建设工程业主支付、建设工程投标、建设工程合同履约和农民工工资支付5类保证保险业务，以保险的方式替代各类保证金。截至2019年底，全市已开展各类保证保险业务9336单，盘活企业资金约56亿元，有力缓解了各类保证金给企业带来的资金压力。扶持青岛城阳城建集团有限公司等7家企业晋升施工总承包一级资质，49家企业资质增项。坚持品牌带动，促进企业做大做强，青建等9家企业入选全省建筑业30强，入选企业数量位居全省首位，2019年，全市建筑工程未发生一般及以上质量事故，竣工验收一次合格率100%，建筑工程质量全面受控。共荣获鲁班奖4项，国家优质工程奖9项，山东省建筑质量“泰山杯”工程29项，山东省建设工程优质结构奖57项，精品工程创建数量全省领先。

【房地产业】 2019年，按照中央对房地产调控决策部署，青岛市作为试点城市之一，制定了《青岛市建立和完善房地产市场平稳健康发展长效机制工作方案》，坚持“一个定位、两个体系”的原则，提出了住房供应、地价、房价等具体目标，通过土地、金融、财税、住房、市场管理，舆论引导、主体责任等政策措施，推进房地产市场平稳健康发展。在政策措施持续发力作用下，市房地产市场整体趋于理性、平和，调控效果不断深化：市场供应较为充足，房地产开发投资、住房新开工面积、商品住房批准预售保持较快增长；新建商品住宅销售面积、套数及价格均呈现同比减少态势，市场运行总体平稳。各类房屋新开工面积 3473.5 万平方米，比上年（下同）增长 23.9%，其中住房 2277.7 万平方米，增长 23.2%；新建商品住房批准预售 15.95 万套，增长 19.95%，面积 1909.95 万平方米，增长 17.7%。网签数据显示，新建商品住房销售 12.65 万套，减少 7.8%；面积 1490 万平方米，减少 6.3%；成交金额 1711.09 亿元，增长 1.83%。自 2018 年 4 月调控政策升级后，新建商品房销售套数、面积开始回落。新建商品住房价格 11576 元 / 平方米，增长 13.47%。二手住房销售 5.2 万套，减少 16.62%；面积 458.74 万平方米，减少 12.83%；成交金额 570.76 亿元，增长 0.71%；二手住房价格 12442 元 / 平方米，增长 15.53%。新建商品住房库存 15 万套，增长 31.5%；面积 1819.5 万平方米，增加 37%。按近 12 个月的销售速度计算，库存去化周期为 14.7 个月。新建商品住房库存从 2018 年 7 月开始止降转升，去化周期不断增长。2019 年，全市房地产业实现税收收入 386.4 亿元，减少 1.1%，占全市税收比重为 21.7%，所占比重较 2018 年减少 1 个百分点。

【勘察设计业】 2019 年，青岛市工程勘察设计行业共完成营业收入 186.46 亿元，增长 25.28%，工程勘察设计行业新签合同数 7107 项，新签合同额 483.86 亿元。工程勘察设计行业拥有各类资质勘察设计企业 272 家，其中甲级资质企业 108 家，乙级资质企业 130 家，丙级资质企业 34 家。设计施工一体化企业 2 家，其中一级资质 1 家，二级资质 1 家；勘察设计从业人员 28047 人。积极为设计师开拓视野、提高水平搭建平台，持续组织或指导举办“走进大师”“为青岛而设计”等系列论坛、交流、讲座活动，有效提高了行业人才质量。2019 年 4 月，青岛市印发《青岛市数字化审图推广工作实施方案》，全面推行数字化审查，原则上不再接收纸质的报审材料。在全市推广应用青岛市工程勘察监管云平台信息化系统，基本实现了勘察项目外业和土工试验室动态实时监管，有效解决工程现场作业和试验室试验操作不规范，甚至可能出现的编造数据、弄虚作假等问题，推动工程勘察管理手段升级和工程勘察质量有效提升。

【住宅加装电梯】 2019 年，青岛市发布《青岛市既有住宅加装电梯办理指南》，积极协调、推动各区市建立基层组织协调机制，加快推进。

2019 年 5 月 22 日，青岛市崂山区海尔路与银川东路交口西南角绿地

2019 年 11 月 6 日，青岛市即墨区墨河西游园

2019 年共实施了 139 个加装电梯项目，其中 44 部电梯交付使用。

【园林绿化建设】 2019 年，青岛市园林和林业局圆满完成园林绿化建设任务，重点打造城区主次干道两侧、重要节点以及公园、广场、游园等公共绿地的绿化景观，建设街头节点精品绿化景观，共新改建绿地 245.1 公顷。其中地被 122 公顷，栽植乔木 8.7 万株，栽植灌木 172.5 万株。开展迁移坟头、回填采石坑及恢复山体生态景观等，高标准启动实施 25 个山头绿化整治。因地制宜加大口袋公园建设力度，增加休憩和生态空间，实现绿化为民，建设口袋公园 60 处。开展空中造绿、垂直挂绿、见缝插绿建设，让绿网向空中延伸，将绿化向居民区推进，不断绿化美化居民身边小环境，实施 103 处立体绿化和 43 处庭院绿化。编制印发《青岛市绿道系统规划》，指导推动高标准建设供市民休闲、游憩、健身及出行的城市绿道 106.99 公里；明确责任、制定标准、加强调度、长效治理、科学推进城市裸露土地绿化，实施城市裸露土地绿化 94.8 公顷。推进北部绿色生态屏障、森林生态修复、退耕还果还林、农田防护林体系、森林生态廊道、城乡绿化美化、森林质量精准提升，完成新造林 14.8 万亩，森林抚育 10 万亩。

【海军节和迎国庆节日氛围营造】 2019 年，青岛市园林和林业局圆满完成海军节和迎国庆节日氛围营造任务，高标准组织实施绿化提升，组织花源、调度推进，体现较高园林园艺水平。两项气氛营造任务的景观提升共涉及 198 条道路，花卉节点 644 处，花卉造景 2168.78 万株，设置绿雕 135 组。其中，海军节氛围营造，完成 81 条道路氛围营造，花卉节点 395 处，花卉造景 1272.78 万株，设置绿雕 91 组，全年摆花达 3881 万株；国庆节氛围营造，完成 117 条道路氛围营造，花卉节点 249 处，花卉造景 896 万株，设置绿雕 44 组。

【城市供水】 2019 年，青岛市年供水总量 6.04 亿立方米，平均日供水 169.5 万立方米。其中市区供水总量 5.24 亿立方米，平均日供水量 143.6 万立方米。实施城市供水水质公报制度，2019 年共组织抽检 1222 个水样，其中出厂水 299 个，管网水 923 个，共 9152 项次，抽检合格率为 99.9%。

2019 年 5 月 13 日，青岛市水务管理局开展全国城市节水周活动

【《青岛市城市供水水质准则》实施】 2019年，青岛市发布实施了《青岛市城市供水水质准则》，是继上海市后国内第二个同类水质地方标准。该标准在对青岛市城市供水水源、水厂处理工艺以及出厂水、管网水水质的现状，以《生活饮用水卫生标准（GB 5749）》和地表水环境质量标准（GB3838）为基础，参考世界先进国家如欧盟、美国和日本等的水质标准，结合青岛实际，对《生活饮用水卫生标准》中常规16项指标和非常规17项水质指标设定更严格、高于国标的标准限值，并增加国标中没有的9项水质检测指标及限值要求，为全面提升青岛市城市供水水质提供技术支撑。

【海水淡化利用】 2019年，青岛市积极发展海水淡化利用，海水淡化产能及利用量均居国内前列。截至2019年底，海水淡化能力22.4万立方米/日，约占全国海水淡化总产能的1/5，淡化海水供应量达到3100万立方米。淡化海水已成为城市供水重要补充水源和战略储备水源，为保障城市供水安全和提升水质起到重要作用。

【城市排水】 截至2019年底，青岛市建成并运行城市污水处理厂24座，总处理能力225万吨/日，比上年新增污水处理能力10万吨/日，青岛城投双元水务有限公司和即墨西部污水处理厂分别扩建5万吨/日。

（刘静雯　桂天丽）

城市管理

【概况】 2019年，青岛市加快公用事业行业发展，全市新增用热面积228万平方米，新增用户2.1万户；全市新建天然气管网210公里。全市立案查处城市管理领域违法行为9000起，比上年增长69%；2016年以来摸排出的1800万平方米存量违建全部清零。圆满完成多国海军活动环境保障任务，被评为"海军节成立70周年多国海军活动保障工作先进单位"

【城市供热】 2019年，青岛市全市集中供热面积达到2.73亿平方米，新增用热面积228万平方米，新增用户2.1万户，提升供热保障能力600万平方米。改造15年以上的老旧供热管网24公里，升级换热站设备3976件，更换阀门、补偿器2.4万个，设备检修改造、隐患排查整改100%覆盖。结合近三年热线电话、供热退费等用户信息，将32个小区供热问题列入攻坚范围，逐户分析不热的原因，有针对性改善供热3232户。供热期间，全市组建应急队伍112个，应急人员1400余名，供热应急保障全面到位。

【城市供气】 2019年，青岛市加强燃气安全管理，优化天然气输配管网，全市新建天然气管网210公里，管道天然气乡镇驻地覆盖率达95%，同比增长3.3%。建成3个LNG气化站，新增储气能力163万立方米，储气能力达到296万立方米。回收报废处理19万只废旧液化气钢瓶，完成全市废旧钢瓶回收处理工作。强化入户燃气设施安全检查，235万居民用户100%到户安检，1.56万工商户100%入户安检。

【城市环卫】 2019年，青岛市城市管理局抓重点、克难点、疏堵点、治痛点，努力构建垃圾分类"青岛模式"，推动市区两级设立党委、政府主要领导为双组长的领导小组。建成9处区级宣教中心，制作30条公益宣传片，印发宣传材料200万份，垃圾分类读本纳入中小学、幼儿园课程。创建整建制达标街道，打造滨海学校、万科如园、兴山路农贸市场等不同类型样板示范，在全省环卫工人节观摩推广。打造分类收运线路719条，餐厨垃圾签约单位10345家，签约率达88%。新增焚烧处理能力5400吨/日，主城区提前一年实现原生垃圾"零填埋"。市区居民楼院、公共机构分类设施基本实现全覆盖，在46个试点城市考核中排名第19位，较上年提升14位，并在12月份住房城乡建设部座谈会上作典型发言。主次干道全部按照深度保洁标准管理作业，机扫和冲洗（洒水）率达99%以上，面积达4000万平方米，在原有114条基础上再创39条深度保洁示范路。坚持“六无、四净、二通”标准，市区201座公厕实现24小时开放，持续创建“如厕如家”“净善境美”服务品牌。严格落实“错时避峰”作业要求，集中治理乱排污水、脏污异味问题，不断提高垃圾收运的“质和量”。清理处置陆域浒苔21万吨，确保随来随清、日清日洁。制定印发《关于进一步推动环卫服务作业市场化改革的指导意见》，研究起草《生活垃圾分类管理办法》，送审《公共厕所管理办法》。

2019年，青岛市市南区郑城路游园公厕

【市容景观】 2019年，青岛市城市管理局市容景观将工作实践中好经验、好做法上升为制度规范，建立法规体系，《青岛市城市夜景照明管理办法》列入2020年规章完成项目，《青岛市城市容貌标准》颁布实施，修订完成《青岛市户外广告和招牌设置技术规范》，起草《青岛市户外广告和招牌设置导则》，建立起户外广告招牌管理领域《规划》《条例》《办法》《规范》《标准》《导则》“六位一体”的规范和标准体系。加强海水浴场管理，新设仰口海水浴场正式开放，各浴场做到救生及时有效、摊点亮证经营、垃圾日产日清。全市拆除违规户外广告6.5万平方米，对795条道路、8.2万平方米的门头牌匾进行整治提升。被住房城乡建设部遴选为户外广告设施工作首批试点城市，按照“清理拆除一批、规范提升一批、引领带动一批”的要求，打造样板区域，形成可推广经验，提升全市户外广告管理水平。挖掘夜景亮化提升城市魅力的重要作用，讲好青岛故事，展示青岛形象，浮山湾播放灯光秀200多场，节日主题灯光秀多次在央视节目播出。完成580栋建筑亮化效果的优化提升，实现全市亮化设施集中统一启闭和分区、分时、分模式管理，实现“能耗亮度降下来、品质文化突出来、旅游消费提起来”，群众满意率达97%。参编的国家环卫行业基础全文强制性标准《城市环境卫生设施规划规范》和《生活垃圾焚烧灰渣取样

2019年，青岛市城市管理局在居民区布设的四分类垃圾桶

2019 年 7 月 12 日，青岛市城市管理局西海岸新区分局依法拆除 LED 电子显示屏

制样与检测》标准，由国家住建部颁布实施。参编的中国城市环境卫生协会第一批团体标准《大件垃圾集散设施设置标准》正式颁布实施。主编《青岛市城市公共厕所建设技术导则》由市住建局发布实施，该导则填补了青岛市公厕建设缺少技术指导性文件的空白。举办“中日垃圾分类减量交流研讨会”，搭建中日合作交流平台。

【行业安全】 2019 年，青岛市城市管理局组织制定年度安全生产监督（执法）检查计划、重大活动安全生产整治行动方案等13个重要文件，全年召开 12 次安全生产月度和专题会议。组织开展局行业领域安全专项整治行动，组织各类检查 13988 次，出动 20800 人次，排查整改隐患 5712 处。分级管控行业领域风险点 2476 个，完成局年度挂牌督办安全隐患整治 8 项。开展 7 部局属预案、3 部市级应急预案的修编、演练，组织演练 4 次。深入开展安全宣传教育与培训，组织行业领域安全、应急等专题培训 124 次；进街道、进社区、进广场宣传累计 569 次，发放材料 15 万份；完成社会培训 18 万人次，发放“明白纸”195 万份。2019 年荣获省安全生产先进单位称号。

【行业服务】 2019 年，青岛市城市管理局畅通群众表达渠道，通过数字城管、12319 热线、政务服务热线、网络新媒体等渠道广泛受理群众投诉举报，全年受理各类群众来电、来信、转办件等 34.3 万件，办结率 96%。认真组织行风在线、民生在线、网络问政等各类在线访谈活动，倾听群众呼声，办理群众诉求 700 余件。开展“城市管理邀您把脉”群众满意度调查，领导班子带队深入基层调研，征集有效建议 141 条，均形成办理意见、落实责任分解。推进服务提速增效。主城区供气、供热和公用事业收费全民服务全面实现“马上办、网上办、就近办、一次办”，其中 17 项网上提交业务“零跑腿”，4 项业务“只跑一次腿”，实现便民服务大提速。优化气暖报装流程，用热报装由 23 个工作日压缩到 12 个工作日，用气报装由 10 个工作日压缩到 6 个工作日，从受理至开通全过程跟踪负责，提升服务效率，优化营商环境。全面梳理行政权力事项，将 15 项行政许可及关联事项，划转市行政审批局集中实施。151 项行政权力事项、14 项公共服务事项，逐一明确实施责任和指导监督责任，构建权责匹配、简明实用的清单模式。

【市容秩序管理】 2019 年，青岛市城市管理局持续开展市容秩序“春季攻势”“夏秋攻坚”“冬季决战”，保持市容秩序管控高压态势。全年整治各类占路经营 17 万余处次；整治露天烧烤 3000 余处次，立案查处 91 起、罚款 5 万余元；查处各类违规遛犬、公共区域养犬等问题 2600 余起，捕捉流浪犬 2400 余只；封停乱贴乱画“小广告”号码 2600 余个；立案查处建筑垃圾运输撒漏违法案件 1590 余起，罚款 254 万余元。

2019 年 3 月 16 日，胶州市综合行政执法局深入社区开展拆违拆临工作

【失信联合惩戒】 2019 年，青岛市城市管理局严格落实城市管理领域信用监管制度，对 38 名严重失信人面向社会公开，并致函 24 部门进行失信联合惩戒，营造“一处违法、处处受限”的诚信守法环境；并根据实际情况进行动态调整，形成有进有退的良性机制。市城管局“信用城管”工作案例被 2019 中国城市信用建设高峰论坛组委会评为“全国优秀信用案例”。

（刘媛媛）

【城市管理执法】 2019 年，青岛市城市管理局违建治理取得突破。2016 年以来摸排出的 1800 万平方米存量违建全部清零，新摸排的 205 万平方米存量违建完成 65% 治理任务，群众反映的 5359 个违建问题有效解决，22.2 万平方米新生违建“即查即拆”，腾出建设用地 177 万平方米，恢复小区绿地 9200 余处，实现了拆违还地、拆违还路、拆违治脏、拆违增绿。市委主要领导批示“这就是攻山头的精神”。加强市政公用执法，开展市政公用行业执法检查 528 次，整改问题 105 处，立案处罚 7 起，全力保障市政公用行业平稳有序运行。其中，开展燃气行业执法检查 192 次，整改违法经营使用储存燃气等问题 52 处；检查各类排水户 131 家，整改违法排水问题 15 处；开展市政道路及供热、供水执法检查 205 次，整改相关违法问题 38 处。严查在建工程项目，对职责范围内的 450 处 2246 栋在建工程项目严格监管，查处各类违法行为 71 起，其中现场执法纠正 43 起，下达文书限期改正 25 起，立案处罚 3 起，罚款金额 74 万余元。严格环保绿化执法。组织“护航中高考”噪声污染、“守卫蓝天”餐饮油烟污染攻坚战等专项行动，查处涉绿违法案件 299 件，清理圈占绿地 9267 处 3.23 万平方米，立案处罚油烟、扬尘、噪声污染 230 余起，为市民提供舒适的生活居住环境。

住房公积金管理

【概况】 2019 年，青岛市住房公积金新增缴存单位 10617 个，新增缴存职工 20.77 万人，收缴公积金 225.91 亿元，缴存额比上年（下同）增长 9.94%。全年共向 2.04 万户职工家庭发放公积金贷款 78.49 亿元，贷款额增长 95.23%，支持职工购房面积 233.53 万平方米，为职工提取住房公积金 178.61 亿元。全年实现增值收益 10.04 亿元、廉租住房建设补充资金 9.11 亿元，分别增长 11.63% 和 13.94%。截至 2019 年底，全市累计收缴住房公积金 1854.68 亿元，累计为职工提取住房公积金 1231.18 亿元、发放公积金贷款 879.82 亿元，累计实现增值收益 84.68 亿元、实现廉租住房建设补充资金 64.03 亿元，在保障民生发展和支持住房建设方面发挥了积极作用。

【公积金归集】 2019 年，青岛市住房公积金管理中心以法治化手段推动制度扩面，出台缴存管理办法，明确用人单位应为签订劳动合同的在职职工缴存公积金，协调人社部门将缴纳公积金写入劳动合同示范文本，推进社会各群体全员缴存。开展百日扩面攻势，利用共享数据精准掌握欠缴单位信息，采取信函催办、上门催缴、行政处罚、申请法院强制执行等有力措施，督促单位按时足额缴存。将困难企业降低缴存比例或缓缴公积金条件放宽为上一年度经营亏损即可申请，最低缴存比例降至1%，要求企业恢复正常后为职工补缴，实现降低企业成本和维护职工权益兼顾。

【公积金使用】 2019年，青岛市住房公积金管理中心坚持“房子是用来住的，不是用来炒的”定位，出台系列贷款、提取新政，让政策红利惠及更多缴存群体。降低申贷门槛，取消二次公积金申贷年限限制，免除二手房贷款评估报告，组合贷合作银行达到15家，持续整治房企拒贷限贷行为，为311个新开楼盘办理了贷款准入。拓宽提取渠道，全面放开个人提取，取消单位盖章和填表的申请环节，新增7家银行Ⅰ类借记卡提取渠道，允许主借款人一并为配偶办理商贷自助提取业务，助力群众改善居住环境，实现“住有宜居”。

【公积金资金运作】 2019年，青岛市住房公积金管理中心实行“一本账”会计核算，缩减64个银行账户，提高集约化管理水平；将应收应付利息由按季计提改为按月计提，做到月末自动结转，提高精细化核算水平。在行业内率先开通网上、柜面双渠道“聚合支付”结算方式，新增备案账户缴存和网上银行缴存新模式，实现贷款集中发放和还款柜面直扣，提高支取划付等批量业务自动化处理水平，提高资金结算效率。建立资金运作长效机制，制定实施定期存款管理办法，科学合理分配存储资金，保障资金运作规范高效透明。采取竞争性选择方式，新增光大银行、青岛银行、青岛农商行3家公积金业务承办银行，支持本地法人金融机构发展，进一步厚植了城市金融基因。

【公积金风险防控】 2019年，青岛市住房公积金管理中心制定风险管理办法，分类梳理70项内控制度，构建完备规范的风控管理体系。全省首家出台信用评价管理办法，对缴存职工、缴存单位和关联单位实行三级信用分类管理，将不缴欠缴、骗提骗贷、贷款逾期等行为纳入信用评价，营造守信激励、失信惩戒的良好公积金信用环境。建立隐患排查整改机制，按月对住建部明确的4大类38项风险点开展集中排查，从源头上化解风险疑点、堵塞安全漏洞。严格落实征信内控制度，细化征信业务操作规程，加强征信权限管理，将公积金缴费情况及时更新至人民银行企业征信，严守征信安全底线。落实“贷前严审、贷中规范、贷后跟进”原则，严格审查申贷条件，加快推进预抵押转抵押工作，实施逾期贷款催收三级联动，确保贷款资金及时收回。开展业务合规、管理经费等9项内部审计，推进审计关口前移，强化审计成果应用转化，以内审促规范防风险。

2019年10月27日，青岛市住房公积金管理中心走进五四广场开展现场宣传活动，为市民提供零距离的政策咨询服务　（李征　摄影）

【公积金服务】 网上服务更快。2019年，青岛市住房公积金管理中心积极推进同9个部门的40项政务数据互联共享，将商贷自助提取合作银行扩至15家，34项公积金业务实现网办，新注册企业、外地来青的新市民和无房职工等不同群体，可在网上快捷办理缴存登记、异地转入、租房提取等多种业务，微信客户可体验引导式、智能化、全天候的政策咨询服务，新职工开户通过社保联网验证可实时生效。通过优化流程环节，“秒批”事项达到30项，占公积金服务事项的三分之二，约占青岛市秒批总数的三分之一，居行业内前列。

窗口服务更优。2019年，青岛市住房公积金管理中心推行“简化办”，精简7项业务办事材料，取消14项贷款业务所需复印材料。实行“就近办”，打破地域限制，实现公积金缴存提取业务同城通办。开展“延时办”，提供双休日预约、工作日午间和未结事项延时服务。深化“上门办”，使用行业首创的移动办公系统，走进30多个企业、20多个楼盘、10多个广场社区为万余名职工提供上门服务，畅通服务企业群众的“直通车”。

平台服务更广。2019年，青岛市住房公积金管理中心搭建综合服务平台，发挥多平台协同优势。加强客服热线平台建设，提升坐席疑难问题处置能力，更新短信模板90余条，全年接听群众来电32.7万个，免费发送服务短信311.4万条，让群众咨询政策、解决问题更快捷。加强自助服务平台建设，部署了具有21项常用业务的公积金自助服务终端，推进与行政审批、商业银行自助终端功能整合，直联接入“青岛政务通”APP，积极推进省市两级政务网“一网通办”，不断延展服务空间。加强信用贷款平台建设，携手建设银行，在省内首推小微企业“薪金云贷”服务，依据企业公积金缴存情况，提供最高300万元无抵押低成本信用贷款，解决企业融资难题，2019年12月上线至年底为11家小微企业融资618万元。利用公积金大数据资源，与15家银行合作搭建个人信用消费贷款平台，为6万多名缴存职工提供消费贷款100多亿元，促进居民消费扩容提质。

（春苗）

淄 博 市

住房和城乡建设

【概况】 2019年，淄博市住房和城乡建设局按照淄博市委、市政府“一个目标定位、四个着力建设、十个率先突破”的总体思路，凝神聚力，攻坚克难，狠抓落实，各项工作取得了新突破、新进展、新成绩。全市市政公用基础设施完成投资72.74亿元，新增、改造城市道路175.12公里321.44万平方米，新增园林绿地235.61公顷。全市村镇建设投资98.7亿元，完成农村旱厕改造27842户，完成农村危房改造4733户。全市完成房地产开发投资359亿元，新建商品房网签销售4.61万套，网签面积570.2万平方米。全市建筑业完成总产值1240.37亿元，完成新签合同额982.5亿元。

【城建重点工程】 2019年，淄博市主城区完成共青团路改造工程（世纪路—东四路）、金晶大道改造工程（齐新大道—人民路）、人民路西延慢行一体工程、淄河大道道路工程等道路工程。原山大道—鲁泰大道立交桥主线桥建成通车，原山大道—昌国路立交桥、鲁山大道—鲁泰大道立交桥进行主线桥桥体施工，鲁山大道—张辛路立交桥、鲁山大道—联通路分离立交桥进行桥梁下部结构施工，南部排洪沟综合整治工程进行沿河道路施工，济青高速南侧排水沟工程进行方沟施工，黄河大道南侧雨污水工程进场施工。北京路南延、张南路南延、西五路南延、鲁山大道北段改造等4条道路工程，淄河大道西延跨庆淄路桥梁工程、跨胶济客专桥梁工程、跨胶济铁路桥梁工程等3座桥梁工程，组织征地拆迁和前期手续办理。张辛路—鲁山大道互通立交桥下游雨水管道工程、中润大道绿道工程进行前期策划。

【火车站南广场片区建设】 2019年，淄博火车站南广场片区完成综合交通枢纽工程南地库主体，北地库基坑开挖土方完成70%，轨道交通预留工程土方完成70%，基坑支护完成65%。良乡社区地下部分全部完成并进行回填，进行主楼4—8层施工；华泰社区主楼进行6—11层施工；铁路社区地下车库主体完成85%，主楼进行9—11层施工。猪龙河改造工程柳泉路段景观工程全部完成，昌国路段开始进场施工。东二路综合管廊主体完成总量70%；王舍路完成70%。警察训练基地3栋宿舍楼二次

2019年3月13日，淄博全市住房城乡建设管理工作会议召开

2019年6月24日，淄博市齐盛湖公园全景（王春光 摄影）

背街小巷基础配套功能进一步完善，路域环境进一步美化，管理秩序进一步规范。新建便民农贸市场更好地满足了居民生活要求，集市占道经营问题得到有效解决。通过新建一批兼具休息室、阅览室、母婴室及第三卫生间的新一代公厕，市民如厕更加便利，如厕环境显著提升。在新建公共停车场同时，推进智慧停车系统和立体机械式停车场建设，停车难问题得到有效缓解。

结构已完成，综合楼主体基本完成。还迁商业综合体主楼进行11层施工，裙楼进行1—3层施工，地下车库完成50%。公交枢纽北商业地下部分已完成，施工至地上3层。张博铁路工程初步设计工作完成，上报济南局待审，张博铁路沿线张店区、淄川区、博山区勘测定界单位已陆续进地，清点核量同步开展。

【“三改三建”工程】 2019年，全市棚户区改造开工4573套，基本建成5554套；完成老旧小区整治改造40个项目，完成背街小巷整治改造14条；10处新（改）建便民农贸市场全部开工，完工8处；35座新改建公厕完工30座，在建5座；完成停车场建设19处。通过实施棚户区改造工程，居民“出棚进楼”“出村进居”，群众住房条件得到有效改善，大量城中村变成了设施齐全、生活便利、环境优美、管理有序的新型社区，村民真正过上了城里人的生活。老旧住宅小区通过整治改造解决了设施设备陈旧、功能配套不全、日常管理制度不健全、小区环境“脏乱差”等群众反映强烈的问题，使老旧小区从内到外焕然一新。整治改造后的

【城市社区综合治理】 2019年，全市完成城市社区综合治理513个小区，两年行动计划全部结束。社区党组织领导下的社区居委会、业主委员会、物业服务企业“四位一体”管理体制覆盖率由治理前的23.74%，提升到88.5%，淄川区、周村区、临淄区、沂源县、桓台县基本实现100%全覆盖。依托城市社区综合治理，全市住宅小区全部设立了物业管理机构，市场化物业由治理前的56.1%，提升到85.8%，临淄区、桓台县实现市场化物业100%全覆盖。大力开展文化进社区、健康进社区、法律进社区等工作，全市组织各类文明社区创建活动共计7000余次。全市新设立社区综治中心328处，排查化解社区治安、安全

2019年7月15日，淄博市金晶大道北段改造工程（李强 摄影）

2019年7月16日，淄博市马南路张博路互通立交桥绿化
（李强　摄影）

隐患11578起，开展消防安全检查8195次，建立社区微型消防站552处。

【小城镇建设】　2019年，淄博市大力度推动2个国家级特色小镇（淄川区昆仑镇、桓台县起凤镇）、1个新生小城市（桓台县马桥镇）、2个重点示范镇（临淄区金山镇、博山区白塔镇）建设和6个省级特色小镇（双杨建筑陶瓷小镇、王村焦宝石特色小镇、朱台艺居产业小镇、起凤马踏湖生态旅游小镇、东里凤驿小镇、青城古商贸文旅小镇）创建，开工建设重点项目112个，完成投资170亿元。张店区中埠镇铁冶村、淄川区太河镇鲁子峪村 、罗村镇大鸾桥村、临淄区凤凰镇温家村、桓台县起凤镇鱼三村、沂源县鲁村镇龙子峪村6个村入选山东省第二批美丽村居建设省级试点名单。

【农村旱厕改造】　2019年，按照省、市改厕问题排查整改部署要求，全市共排查农村旱厕改造426922户，存在问题291884户，包括储水桶设置不规范、厕具配件损坏、冬季防冻措施不到位、化粪池施工不规范、化粪池尺寸不规范、化粪池防渗措施不到位、排气管设置不规范、旱厕未拆除、厕屋卫生状况脏乱差等问题，6月底完成整改。2019年全市完成农村旱厕改造27842户，其中列入省涉农街办计划的1560户，完成300户以上自然村公厕建设提升238座。列入省计划将粪污通过纳管处理的53个村庄启动33个，超过省要求启动50%的目标。在全省农村旱厕改造现场会上，临淄区朱台镇作了典型发言。

【农村危房改造】　2019年，全市完成农村四类人危房改造4733户，其中C级危房3702户，D级危房1031户。市、区（县）住房城乡建设部门加强技术指导，镇办发挥主体作用，统一组织施工，推行门牌编号设置、门窗更换、室内地面硬化、吊顶、内外墙粉刷等“五个统一”危房改造标准，严把建设过程和竣工验收“两个关口”，确保“改造一户、安全一户”。“利奇马”台风后新增农村危房1745户，市级财政对四类人贫困群体房屋建设按照翻建2万元/户、修缮0.8万元/户的标准进行了专项补助，共计1838万元；对鉴定需翻建或修缮的9307户受损房屋鉴定按照116元/户的标准进行补助，共计108万元。

【农业转移人口市民化】　2019年，全市8.1万人实现农业转移人口市民化。建立健全城镇集体户落户制度，放宽集体户的落户和迁移条件，外来务工人员可自愿选择在居住地社区集体户或就业单位集体户入户，解决了没有稳定住所的外来务工人员落户问题。全面放开城镇区域落户限制，进一步降低落户门槛，由原来的有合法稳定住所和合法稳定职业才能落户，放开为有合法稳定住所（含租赁）或合法稳定就业的，即可申请在居住地或就业地落户。允许租赁民房人员落户租赁房屋，在租住公管、直管房屋落户的基础上，允许在城镇就业和长期居住、举家迁徙的农业转移人口在本市城镇区域内租赁民房居住的，申请落户租赁的房屋，促进在城镇就业和长期居住人口、举家迁徙的农业转移人口落户城镇。全面保障农民工随迁子女平等接受教育的权利，凡符合条件的外来务工人员随迁子女已全部入学，初中毕业随迁子女与本地学生同等参加高中录取，全市小学和初中起始年级2019年接收随迁子女11647人，占义务教育段学校起始年级招生总人数的13.92%。

【房地产市场管理】 2019年，按照淄博市房地产市场调控联席会议办公室《关于进一步加强淄博新区房地产市场调控工作的通知》，做好新区范围内商品住宅预售价格备案工作，备案项目21个106栋楼8140套101.96万余平方米。按照《关于进一步加强商品住房销售管理的通知》，严格“房源一次性公示、明码标价、开发商公开承诺书”，销售人员持证上岗，不利因素告知，制定应急预案等措施，房地产市场秩序保持稳定。自12月1日起，新建项目启用《山东省新建商品房买卖合同示范文本》。严格执行《关于加强商品房价格备案网签合同备案及合同变更与撤销管理的通知》，防止一房多卖、炒作期房等扰乱市场的行为，限制投资投机性购房需求。6月14日，淄博市新建商品房网签备案系统与住房城乡建设部系统成功联网，实现了网签数据实时传输，同时，与淄博市不动产登记中心、公安、税务、公积金管理实现备案信息共享，存量房网签备案系统、租赁网签备案系统和抵押合同网签备案系统在建设中。

【房地产开发企业管理】 为进一步优化资金监管流程，完善预售资金监管措施，2019年10月，淄博市住房和城乡建设局印发了《关于进一步规范商品房预售资金监管工作的通知》。全年全市办理开发经营权证159个，建筑面积909.78万平方米。全市办理房地产开发项目建设条件意见书151宗，土地面积557.4万平方米，项目规模1146万平方米。2019年3月，组织开展2018年度全市房地产开发企业信用评价工作，30家企业被评定为AAA级，50家企业被评定为AA级，322家企业被评定为A级，2家企业被评定为C级。2019年共向10家开发企业下达了不良信用信息告知书，并进行信用扣分。

【住房租赁市场】 2019年，全市有三家（淄博市基础设施和保障房投资建设有限公司、山东创业房地产开发有限公司、淄博市房屋建设综合开发有限公司）重点企业开展长期租赁业务，共有租赁房源2125套，已出租1696套，其中两家（淄博市基础设施和保障房投资建设有限公司、山东创业房地产开发有限公司）入选省首批32家住房租赁国有骨干企业。市住房城乡建设局与建设银行共同推进“山东省住房租赁综合服务平台（含各市、县市区子平台）”建设，2019年建成了住房租赁综合服务平台，与房产信息系统互联，可实现房源核验，下一步将利用该平台逐步推广租赁合同备案管理。

淄博新东升置业集团有限公司出资300余万元建成全市第一家公益性城市书房，2019年4月，被省委宣传部授予全民阅读“书香企业”称号
（周军涛 摄影）

【住房保障】 2019年12月4日，淄博市政府办公室印发了《关于公布淄博市住房保障相关标准的通知》，将租赁补贴保障范围扩大到城镇中等偏下收入住房困难家庭、新就业无房职工和在城镇稳定就业外来务工人员；细化家庭类别，实施精准保障；提高补贴标准，进一步提升保障能力。全市通过公租房实物配租保障住房困难家庭共16940户，其中，政府投资建设公租房8178户，企业投资建设公租房8492户，长期租赁270户。2019年通过发放租赁补贴保障住房困难家庭2068户，累计发放补贴资金614万元。开展全市公租房使用情况专项整治行动，组织各区县对本辖区内的政府投资建设的公租房项目分配使用情况、配租家庭情况、租赁补贴发放情况和公租房申请后闲置或者转租等违规问题逐一进行排查、集中整治。

【物业管理】 2019年1月2日，淄博市政府办公室印发《淄博市物业专项维修资金管理办法》。《淄博市物业管理条例（草案）》完成第一轮审查，形成了第五稿。6月19日，召开全市物业服务行业“标准建设年”活动推进会议。7月1日，启动实施星级小区挂牌明示制度，到2019年底，全市86.11%的住宅小区实现了星级管理。公布2018年度淄博市物业服务企业信用等级评价结果，共评出AAA级企业42家、AA级企业74家、A级企业189家、D级企业1家、D级（缺失）企业41家，列入黑名单企业1家。完成淄博智慧物业综合信息平台建设，各项功能启用。

【房屋征收】 2019年12月10日，淄博市政府办公室印发《关于公布淄博市国有土地上房屋征收相关补偿补助标准的通知》，对国有土地上房屋征收相关补偿补助标准进行调整。对《淄博市国有土地上房屋征收实用手册》进行修订完善，增加了“专项规划、协议签订、复议诉讼目录、张贴公示程序”等内容，对部分表格内容和评估机构选定程序做出修订。根据《淄博市国有土地上房屋征收与补偿实施办法》等规定，通过评比、审核、公示后，将社会信誉好、综合实力强和符合条件的26家淄博市国有土地上房屋征收房地产价格评估机构名单向社会公布，并实行动态管理，供被征收人选择。

【建筑业改革发展】 2019年，淄博市政府办公室出台《关于进一步扶持建筑业发展壮大的十二条意见》，对全市建筑业提出一系列支持措施和政策保障，为推动建筑业高质量发展打下坚实基础。通报表彰全市建筑业强区县、综合实力强企及外出施工强企，推动打造“淄博建设”强市品牌，建立淄博市骨干企业名录库，在市场开拓等方面给予重点支持。组织召开淄博市建筑业外出施工工作会议，依托省住房城乡建设厅外联站京津沪疆驻外服务机构，搭建企业外出施工服务平台。会同发改、财政部门联合出台《淄博市房屋建筑和市政基础设施工程总承包、全过程咨询试点工作实施方案》，公布全市第一批试点企业和试点项目名单。

【绿色建筑和建筑节能】 2019年，全市新增高星级绿色建筑199.35万平方米，15个高星级绿色建筑项目、2个绿色生态镇（周村区王村镇、博山区石马镇）、1个超低能耗项目（临淄区方正中轩御景）成功申报为2019年山东省绿色建筑与装配式建筑示范项目，共获得省级财政奖励资金2069万元。全市共有淄博新区、文昌湖旅游度假区2个省级绿色生态示范区，淄川区昆仑镇、博山区石马镇、周村区王村镇3个省级绿色生态示范镇。大力推进9个装配式建筑产业基地和配套构部件生产企业发展，其中省级装配式建筑产业基地4个，已经建成投产3个，正在建设2个。全市实施装配式建筑项目19个，建筑面积64.9万平方米。全市完成节能建筑613.33万平方米（居住414.14万平方米、公建189.19万平方米），完成既有公共建筑节能改造项目9个，建筑面积12.25万平方米。

【工程建设项目审批制度改革】 2019年，淄博市出台《淄博市人民政府关于印发淄博市优化提升工程建设项目审批制度改革实施方案的通知》和《淄博市工程建设项目审批管理平台运行管理办法》等35个配套文件，制定并实施会议机制、工作机制、考核机制、文件运转机制、平台管理等制度。对工程建设项目审批制度进行全流程、全覆盖改革，将工程建设项目涉及的行政许可等审批事项和技术审查、中介服务、市政公用服务以及备案等其他类型事项全部纳入流程管理，统一规范审批流程、信息数据平台、审批管理体系、监管方式和项目编码，将工程建设项目全过程审批时间控制在100个工作日以内。建成覆盖各有关部门和区县的工程建设项目审批管理系统，实现了统一受理、并联审批、实时流转、信息共享，提高了办件效率，12月底通过工程建设项目审批管理系统办理项目111个，整体运行状况良好。印发《关于优化施工图审查服务提高行政审批效能的通知》，所有工业项目、政府投资或政府主导项目、市政府重大项目（不含房地产开发项目）可容缺施工图审查办理施工许可审批手续；对新建社会投资简易低风险工程建设项目免于施工图审查（含勘察文件），实行勘察设计质量承诺制；将房屋建筑和市政基础设施的消防、人防、技防等技术审查并入施工图设计文件审查，实行多审合一。

【简化水电气暖报装专项行动】 2019年11月10日，淄博市政府印发《关于取消和下放一批市级政务服务事项的通知》，将燃气工程项目报建审批、施工许可下放至各区县燃气管理部门，下放审批权限后，市级审批事项减少85%以上，全市燃气工程项目审批效率提升90%以上。市住房城乡建设局制定《关于进一步优化提升用气报装有关事项的通知》，在“两压、一精、一优、一承诺”（即压缩报装时限、压减申请材料，精简审批事项，优化报装流程，建立承诺制度）基础上，采取“01251”（即用气企业零跑腿、1项报装材料、2个报装流程、5个工作日报装时限、1个服务标准）提升措施，对用气报装有关要素、细节进一步优化提升。燃气公司落实服务承诺，上门主动服务，用户“零跑腿”受理报装申请，将报装流程控制在确定方案（合并用户申请、现场勘测、方案确定）、验收通气2个以内，报装时限控制在5个工作日以内。

【安全生产工作】 2019年，全市住房城乡建设系统坚守安全生产底线，加大监管力度，狠抓责任落实，深入整治影响施工安全的突出问题，年内无亡人责任事故发生。全市共监督867个工程项目，4174个单体，建筑面积3683.45万平方米，起重设备1770台，吊篮2380台。2019年共下达隐患整改通知书3499份，责令停止违法行为通知书440份，记录不良行为41起，罚款87起，罚款金额268.9364万元。深入开展全市住建领域安全整治百日集中行动、住建领域消防安全“百日攻坚”、彩钢板建筑深入整治行动，制定隐患排查目录，分行业组织监督检查，倒闭企业落实主体责任。深化“大快严”集中行动，开展拉网式检查，共检查500多家企业，督促整改问题3500余条。抓好企业安全管理人员、特种作业人员教育培训，共培训各类岗位人员15893人，建成了全省首家建筑安全和装配式建筑体验式培训基地，配套研发了“鲁安通”安全教育系统，分层次分工种分进度对一线作业人员进行培训。运用科技手段加强监管，所有施工现场安装了视频监控系统，通过建筑施工安全预警平台向近1984名现场管理人员发送预警短信30000余条。

【供热管理】 2019年，全市集中供热配套面积9700多万平方米，实际供热面积8000多万平方米。加快推进原山大道高温水管网、经开区供热主管网、华电二期中继泵站、西五路管廊热水管网等工程建设，进一步提升管网输配效能，不断满足新增供热需求。原山大道高温水管网贯通解决了新区福瑞园、天悦二期、董家等急需供暖小区需求，同时为新区和城区北部提供800万平方米的热源供应，满足未来几年新增供热需求。制定新模式试点工作方案，聚焦新建小区、老旧小区、乡村农房、智慧社区供暖质量改善提升，以及工业余热开发利用和工业园区集中供能等，确定了5种类型的试点项目，并初步形成"全域融合、能源优化、智慧管理、清洁高效"的基本经验。2019年11月，山东省清洁取暖建设推进办公室印发《关于学习借鉴淄博市冬季取暖新模式试点工作经验的通知》，推广淄博市经验。

【燃气管理】 截至2019年底，全市取得燃气经营许可证的燃气企业67家。开发居民管道燃气用户约122万户、商业用户约3500户、工业用户约1500户，建成燃气管网约1.3万公里，除偏远山区外已经实现管道天然气"镇镇通"，部分乡镇已实现"村村通"。2019年全市天然气用量约20.5亿立方米。扎实开展冬季清洁取暖，研究制定了《淄博市2019年冬季清洁取暖实施方案》，坚持"集中供热优先、宜气则气、宜电则电、宜生物质则生物质"的原则，结合村居特点，因地制宜、一村一策，确定改造路径。在集中供暖、气代煤、电代煤等原有改造方式的基础上，新增了生物质、太阳能+取暖等改造方式，并制定出台相应补贴政策，多形式、多元化解决群众取暖需求。2019年全市完成清洁取暖改造14.96万户，其中，城乡接合部实现集中供暖0.84万户，农村地区完成清洁取暖改造14.12万户。2019年7月，财政部、住房城乡建设部、生态环境部、国家能源局等四部委联合印发《关于北方地区冬季清洁取暖试点工作2018年度绩效评价有关情况的通知》，公布北方地区清洁取暖试点城市2018年绩效评价考核成绩，淄博市绩效评价结果为"优"。2019年11月，淄博市因地制宜推进清洁取暖工作被省住房城乡建设厅确认为山东省第一批城市品质提升工作典型经验，并在各地市推广。

（夏俊强）

城市管理

【概况】 2019年，淄博市城市管理局按照市委、市政府"一个目标定位、四个着力建设、十个率先突破"的总体思路，牢固树立"以人民为中心、为人民管理城市"的工作理念和"为民城管、法治城管、智慧城管"的目标定位，以全面从严治党为统领，以巩固全国文明城市、国家卫生城市成果为导向，以强化城管执法队伍规范化建设为主线，组织开展"城市精细化管理提升年"活动，牵头推进"城乡环境大整治精细管理大提升"行动，担当作为、狠抓落实，较好地完成了各项工作任务。

【城乡环境大整治精细管理大提升行动】 为优化城市环境，提升城市品质，2019年11月，市委、市政府在全市范围内开展城乡环境大整治精细管理大提升行动，打响了以路域环境、裸露土地、建设工地、工业企业物料堆场、矿山开采、移动污染源、农村环境专项整治为重点的"七大会战"。市委、市政府主要领导多次采取"四不两直"方式对城市管理、路域环境、农村环境等整治情况暗访督导，推进问题整改。市城市管理局作为牵头部门，建立了以市整治办为中心的指挥部体制，统筹抓好顶层设计、综合协调、督导考核、整改落实等工作；建立了高效运转的调度、督导、通报机制，研究制定推进机制、宣传方案、考评办法和评分细则、第三方测评办法等；以考核为抓手，突出专业导向、问题导向、结果导向、目标导向，一月一考评，一月一通报；会同电视台，策划大整治大提升行动《淄博问政》特别节目，区县长上线接受问政，各区县连夜整改，掀起整治热潮。每周汇总工作进展情况，编印工作战报。

2019 年 11 月 15 日，淄博市委书记江敦涛（左一）现场督导城乡环境大整治精细管理大提升行动

【城市精细化管理】 2019 年，淄博市城市管理局坚持统筹谋划和制度设计，全面启动城市精细化管理提升年活动，完善考评办法，从数字平台、第三方测评、重点工作和复核督办四个方面对区县实施“四位一体”考评。坚持现场推进会制度，先后在桓台、淄川、高青召开三次全市城市精细化管理现场推进会。深入开展示范路、便民疏导区、城管驿站、烧烤城、门前三包“五大示范创建”和深度保洁、停车秩序、广告牌匾、占道经营、餐饮油烟、园林绿化、广场舞“七大整治行动”，破解城市精细化管理短板弱项。

【提升市容环境秩序】 2019 年 3 月，淄博市城市管理局以保障全省新旧动能转换现场会、海军节、陶博会为重点，全面提升市容环境秩序。整治建筑立面和广告牌匾，粉刷外立面 5.2 万余平方米，拆除各类广告 942 处，规范门头牌匾 353 处；整治城市“六乱”，拆除乱搭乱建 1.3 万余平方米，清理盲区死角及乱贴乱画 9200 余处，清理店外经营 927 处，乱堆乱放 413 处。实施城市亮化，主城区主要道路、小区、公园、标志性建筑物的亮化工作实现全面突破。着力解决停车乱停车难问题，在重点商贸街区、小区周边施划机动车停车位 31400 个，非机动车停车位 11700 个。

2019 年 3 月 21 日，淄博市张店区城市管理局整治楼顶广告牌匾

【市政环卫园林管理】 2019 年，淄博市城市管理局全面做好城市防汛工作，开展全市排水体系排查，组织河道清淤，全力防御“利奇马”台风，积极参与抢险救灾。大力推进环卫保洁市场化一体化，主城区投入 3 亿元引入了国内一流专业公司专项落实市场化保洁。巩固提升城乡环卫一体化成果，全市投入总计 2.85 亿元，达到了“户集、村收、镇运、集中无害化处理”的目标。集中排查整治非正规垃圾堆放点，共排查出渣土堆垃圾堆 2440 处，完成整治 1981 处。积极推进博山区省级农村

2019 年 10 月 28 日，淄博市城市管理局局长周洪刚（左四）作为挂包车站街道“片长”，现场办公解决片区市容市貌相关问题

生活垃圾分类试点，采取市场化运作方式，完成 3 个试点镇宣讲培训工作，配备户内分类垃圾桶 2.8 万个、四分类垃圾桶 5000 个。着力开展公园绿地景观提升，全面做好齐盛湖公园、人民公园、植物园、莲池公园的管理工作。

【违法建设治理】 2019 年，淄博市城市管理局深入开展住宅小区违法建设治理，开展拆违通 APP“清零”行动，部署集中攻坚。2019 年全市拆除违法建设 5100 处，面积 129 万平方米。定期召开违法建设治理调度会，分析问题，加力推进，持续保持违法建设治理的高压态势，积极研究建立违法建设管控长效机制的意见。

【“两长一员”工作专班】 2019 年 6 月，淄博市城市管理局建立“两长一员”（片长、路长、挂职指导员）工作专班，明确 9 名县级干部任片长、14 名科级干部任路长、9 名优秀年轻干部挂职中队第一指导员，全面推行“走街串巷”工作法，每周 2 天在责任区域内暗访巡查、现场办公，当好战斗员、宣传员、监督员。为基层解难题、办实事 80 件，一批多年未解决的重点、难点问题得到解决。

【为民城管十件实事】 2019 年，淄博市城市管理局明确“为民城管十件实事”，并向社会公开。全年新建或改造提升便民服务点 350 处，摊贩疏导点 56 处，设置城管服务点 55 处；向市民免费配发低音呗广场舞音响 144 个；对城区内的 377 处公厕实行 24 小时开放，并组织第一批 26 个市直机关的停车场和公厕错时向社会免费开放；修缮城区破损道路 45 条，新建城区口袋公园 43 个；结对帮扶 121 名城市困难群众，全面完成“为民城管十件实事”年度任务。

（黄凯　李楠）

住房公积金管理

【概况】 2019 年，淄博市住房公积金管理中心紧紧围绕“五个转变”总体要求，坚持“更严、更细、更实、更好”的工作标准，聚力发展，积极工作，稳步推进住房公积金管理工作。截至年底，共有 6985 家单位建立了住房公积金制度，其中，国家机关 691 家，事业单位 1370 家，国有企业 639 家，非公有制企业 4285 家。累计 97.62 万名职工缴存住房公积金 511 亿元，住房公积金归集余额达 259.01 亿元；累计 124 万人次提取住房公积金 252 亿元；累计为 14.52 万户职工家庭发放住房公积金个人贷款 370.97 亿元，住房公积金贷款余额达 241.23 亿元；累计为 12 个保障房项目发放住房公积金项目贷款 5.675 亿元；累计实现增值收益 27.58 亿元。

【公积金归集扩面】 2019 年，淄博市住房公积金管理中心依托全市“十个率先突破”考核，借助区县政府力量，形成归集扩面合力。通过“宣传月”活动、人才招聘会现场宣传等形式，公交车车载电视、市及区县电视台新闻栏目等渠道，主动到经营效益好的企业讲解政策，实行精准宣传；积极与各级劳务派遣公司对接，引导企事业单位招聘人员时将“五险一金”纳入招聘公告，强化住房公积金制度的强制性，推进归集扩面工作实现新突破。全年新增缴存单位1382家，新增缴存职工5.24万人，归集住房公积金68.69亿元，比上年增长9.54%。

【运营管理】 2019年，淄博市住房公积金管理中心优化租房提取住房公积金额度调整机制，根据有关部门公布的市场租金标准以及商品房市场租金水平，调整确定租房提取的租金标准。对引进或培养的高层次人才（淄博精英卡持有者），租房面积按照现行标准90平方米的2倍作为高层次人才租房的提取额度。完善信用报告逾期次数认定标准，逾期认定更加规范。完善工资收入确认标准，对借款人配偶、共同借款人配偶未缴存住房公积金的，以购房所在区县的最低工资标准（省政府公布）作为其工资收入认定标准，工资收入的确认标准更加科学、合理。全年为30.17万人次提取住房公积金46.05亿元，比上年增长6.99%；为11830户职工家庭发放住房公积金贷款50.67亿元，比上年增长37.69 %。

【便民服务】 2019年，淄博市住房公积金管理中心坚持班子成员每月到服务厅带班制度，通过带班发现问题，研究解决问题，层层传导工作压力。主动协调将住房公积金服务事项进驻政务服务中心，截至2019年底，住房公积金服务事项进驻8个政务服务中心。广泛开展“延时服务”“容缺受理”“服务告知承诺制”，优化服务窗口设置，增设“绿色通道”，推出在线“预约服务”，全面实行综合柜员制，“一窗办理”率达到100%。充分利用数据共享，精简职工办理住房公积金业务所需材料达67%，实现网上服务厅业务办理34项，微信公众号业务办理5项，实现“支付宝刷脸”认证功能，上线支付宝—淄博住房公积金城市服务功能，推出住房公积金账户余额变动的消息提醒服务，“互联网+”服务模式初显成效。

【风险防控】 2019年，淄博市住房公积金管理中心成立住房公积金逾期贷款催收工作小组，加大逾期贷款催收力度，安排专人紧盯逾期贷款，确保逾期率持续下降。继续深入开展住房公积金领域扫黑除恶专项斗争，积极配合住房城乡建设部、省住房城乡建设厅、平阴县公安局排查问题线索78条，净化住房公积金管理环境。将骗提骗贷纳入信用管理，按照《淄博市住房公积金管理办法》等有关规定，将利用虚假资料骗取住房公积金的职工列为“失信人员”，取消其5年内办理住房公积金提取和贷款业务的资格，并责令其限期退回资金。在门户网站对利用虚假材料骗取住房公积金的职工的相关信息进行公告。对逾期仍不退回全部资金的，将把住房公积金失信人员相关信息推送至“信用中国（山东淄博）”，实施联合惩戒。截至年底，淄博市住房公积金存贷比为93.14%，实现增值收益3.4亿元。

（王慧海）

枣 庄 市

住房和城乡建设

【概况】 2019年，枣庄市住房和城乡建设系统紧紧围绕全市中心工作和重点项目建设，以推动住房城乡建设事业高质量发展为目标，以统筹推进城乡协调发展为主线，忠诚担当、积极作为，狠抓落实、开拓进取，全力打造“先锋住建、担当住建、为民住建、品质住建、服务住建”，为加快资源型城市创新转型高质量发展做出积极贡献。全市住房城乡建设完成投资382亿元，比上年增长26.53%。其中，全市城市基础设施建设、房地产开发、村镇建设分别完成投资34.7亿元、283亿元、65亿元，比上年增长5%、37.1%、1.56%。全市建筑业完成总产值365.19亿元，比上年减少4.72%，实现增加值140亿元，实缴税金15.8亿元。

枣庄市世纪大道是主城区南部一条东西走向交通“大动脉”，全长约22.6公里，总投资约25亿元。2019年6月10日，市住房城乡建设局领导到世纪大道施工现场检查工作 （王辉 摄影）

【基础设施与城市公用事业】 2019年，枣庄市城市基础设施综合承载能力不断提升，共实施城市基础设施建设项目193个、完成投资34.7亿元，新建改造城区道路54条，新建改造城区水气热污各类地下市政管网352公里，新增城市集中供热面积230万平方米。稳步有序推进城市更新，切实推进公共停车设施建设，积极推进道路慢行系统建设改造，道路配套建设地下综合管廊10.2公里，积极推进海绵型道路、海绵型小区、海绵型公园建设，新增海绵城市面积16.8平方公里，枣庄市海绵城市建设作为全省城市品质提升典型经验进行推广。

路网建设。2019年，枣庄市城区路网框架不断优化提升、建设规模继续扩大，全市累计新建改造城区道路54条，累计新增城市道路长度167公里、面积207万平方米。启动跨越三区的世纪大道城市快速路建设工程，城区段（长白山—太行山）快慢车道主体工程完工。实施市中区谷山路、长江六路建设，薛城区新城民生路辟通工程、厦门路建设项目，峄城区峄州东路、宏学南路建设，台儿庄区长安路西延、山亭区北京西路、高新区企兴路项目，滕州市荆泉路道路桥梁、荆河桥、腾飞路、府前东路等道桥建设实施黄河西路、泰山北路、台六路、厦门路、府前路、谷山路等道路设施提升工程，城市道路配套水平显著提升。

城市供热。2019年，枣庄市集中供热入网面积4989.9万平方米，换热站843个、热力分配站147个，新增供热主管网62.1公里，合计供热主管网627.69公里，集中供热普及率75%。完成48个老旧小区供热设施改造，累计投资4.36亿元用于供热主支管网改造建设，其中十里泉电厂投资2.8亿元建设供热主管线27公里，将热源自市中区引入薛城区。印发《关于印发2019年全市清洁取暖工作计划方案的通知》，建立建设项目工作台账，实行清洁取暖建设情况周报制度，2019年城市清洁取暖累计完工213.64万平方米，全面完成年度城市清洁取暖建设任务。持续开展“访民温暖”活动，切实维护居民合法权益，提升供热服务水平。

燃气供应。2019年，枣庄市大力推进天然气设施建设，推广天然气应用，城镇燃气设施水平稳步提升，新建天然气门站和分输站1座、调压站1座，新建高压及次高压燃气管网37公里，新建及改造中压以上管网84公里，全市中压以上燃气管道总长度达到1383公里，实现65个镇街天然气全覆盖。2019年天然气年供应量3.9亿立方米，较2018年增加0.6亿立方米，城市燃气普及率99.5%，共有管道燃气用户51.7万户。其中，民用户51.4万户，用气量0.6亿立方米，占总用气量的15%；企业（工商业）用户2920家，用气量3.3亿立方米，占总用气量的85%，较2018年增加0.8万立方。

【村镇建设】 2019年，枣庄市住房和城乡建设局成立美丽村居建设工作专组和工作专班，印发《枣庄市美丽村居建设试点推进方案》，推动美丽村居建设。滕州市、山亭区、峄城区财政局分别落实美丽村居建设补助资金602万元、650万元、641万元。级索镇郝屯村、北庄镇洪门村第一批美丽村居建设试点村积极创新推进模式，全力推动项目实施。周营镇牛山村等4个村入选第二批美丽村居建设省级试点。严格落实国家、省市清洁取暖工作部署，统筹采用集中供热、空气能热泵热风机、石墨烯电热膜、碳晶板等多种清洁取暖模式。联合市财政局印发《枣庄市镇街机关食堂、宿舍、澡堂建设工作方案》，安排薛城区、山亭区、峄城区、台儿庄区和枣庄高新区32个镇（街）补助资金960万元，安排滕州市、市中区补助资金32个镇（街）补助资金640万元，全市34个镇街完成机关食堂、宿舍、澡堂新建（改扩建）。

农村旱厕改造。2019年，枣庄市住房和城乡建设局贯彻落实全省农村改厕规范升级和后续管护长效机制工作现场会精神，围绕“4+N”方式，制定《健全完善农村改厕规范升级和后续管护长效机制工作方案》。全市建成农村改厕服务站35处，建设厕所粪污资源化利用项目5处，联合市生态环保局、市农业农村局、市文化和旅游局等制定了125个村庄的厕所粪污集中处理实施方案。配合市妇联、市城管局，协调推进美丽庭院建设、农村公共厕所建设。

新型城镇化试点。2019年，枣庄市住房和城乡建设局开展就地城镇化、镇村一体化、乡村特色化专题调研，调查分析影响制约各类群体进城落户的因素，提出了推进人口市民化的路径。

2019年6月10日，枣庄市薛城区城南新姿　（陈良　摄影）

配合市公安局、市自然资源规划局、市财政局、市科技局等部门，制定《户籍管理“一次办好”60条清单》，开展了宅基地使用权、房屋权属等农村产权的确权登记颁证工作，申报国家级普惠金融改革试验区总体方案、国家可持续发展议程创新示范区创建方案。指导滕州市和西岗镇、税郭镇分别编制了《滕州市中等城市试点实施方案》《西岗镇新生小城市试点实施方案》《税郭镇重点示范镇试点实施方案》。跟踪指导国家、省、市三级16个特色小镇的产业集聚、设施配套情况，争取第二批省级特色小镇补助资金400万元，古邵港航物流小镇、城头豆香小镇的典型经验和做法得到省住房城乡建设厅推广。

农村危房改造。2019年，枣庄市住房和城乡建设局制定《枣庄市农村危房改造政策明白卡》，免费发放至每个贫困户，畅通群众反映问题的渠道。建立动态管理机制，对国扶办系统贫困户和市标贫困户，逐户开展住房安全性鉴定，即时发现、即时改造。采取挂牌等形式，逐户标明房屋危险性等级、鉴定时间及鉴定单位等信息，进一步巩固脱贫攻坚成果。开展“利奇马”台风受灾房屋安全性排查鉴定，妥善安排受灾群众。

【建筑业】 2019年，枣庄市建筑业完成总产值365.19亿元，比上年（下同）减少4.72%。其中出省施工产值51.14亿元，减少21.5%，出国施工产值3275.48万元，减少37.89%。实现增加值99.15亿元，减少6.45%；房屋建筑施工面积2042.32万平方米，减少11.59%；房屋建筑竣工面积704.17万平方米，减少22.92%；实缴税金16亿元，减少9.03%；全市建筑业从业平均人数13.18万人，下降5.31%。2019年全市获得建筑质量“泰山杯”工程4项，省优质结构工程13项，省建筑施工安全文明标准化工地15项，省级工程建设工法8项；获得QC成果奖中建协国家级一等奖1项、中施企协三等奖1项，获得省级QC成果一等奖2项；获批省工程总承包试点企业1家，试点项目7个，全过程工程咨询试点项目1个；获批山东省绿色施工科技示范工程1项。

工程建设管理。2019年，枣庄市住房和城乡建设局先后组织开展春季复工和“两会”期间安全生产检查、房屋建筑和市政工程执法检查及新中国成立70周年期间安全生产检查等共计5次大检查、2次专项检查，累计检查项目1333个次，下达限期整改通知书525份，停工整改通知书499份，查出安全隐患和问题3210条，整改安全隐患和问题3200条，并及时通报相关问题和企业。大力开展“保卫蓝天百日会战”行动，共检查工地276个次，下达限期整改通知书142份，停封工地102个次，查出问题423条，处罚在建项目89个，处罚17万元。创新监管方式，通过政府购买第三方服务方式，对全市在建建筑工地开展工程安全辅助巡查，共抽查在建项目45个，下达责令限期整改通知书45份。完善局安委会工作机制，印发《关于调整局安全生产委员会成员和工作职责的通知》《全市建筑市场“双随机、一公开”监管工作方案》等文件，与各区（市）建立起工作联动机制，形成省、市、区（市）三级联动的安全生产监管体系。

2019年7月25日，枣庄市市中区新雷村社区掠影（陈良　摄影）

工程勘察设计。2019年，枣庄市勘察设计单位达29家，全年完成学校、幼儿园、医院、养老院等59项建设工程抗震设防技术专项审查。规范政府投资大中型建设工程初步设计审批工作，完善初步设计审查专家库及设计申报、审查程序，完成4个项目初步设计审查。做好施工图审查政府购买服务，积极推进施工图数字化审图工作，受理施工图审查约420项，发放合格书约340项。组织完成2018—2019年全市优秀勘察设计及论文评选活动，评出各类奖项130项。

建筑节能。2019年，枣庄市新增绿色建筑182个，建筑面积878.16万平方米。其中二星级绿色建筑评价标识项目8个，建筑面积56.98万平方米；三星级绿色建筑评价标识项目1个，建筑面积1.15万平方米，三星级绿色建筑实现了零突破。全市绿色生态示范城区（镇）9个，绿色智慧住区示范项目3个，被动式超低能耗绿色建筑4个，峄城区榴园镇、水发·颐和园分别被评为2019年省级绿色生态示范城镇、省级绿色智慧住区示范项目，绿色建筑实现由单体建设到成区连片建设的转变，绿色建筑规模不断扩大。成功申报3个装配式建筑示范城市，5家产业（生产）基地，3个装配式建筑示范工程，形成了有试点、有应用、有示范的良好局面。滕州市、山东连云山公司、山东红三叶钢构、山东三维钢构在省住房城乡建设厅通报省级装配式示范城市及产业基地评估情况中取得“优良”等级。全市新开工装配式民用建筑面积76.21万平方米，超额完成省下达任务。全市规划区内全面实施居住建筑75%节能设计标准和公共建筑65%节能设计标准，设计阶段执行率保持100%、施工阶段执行率达到99%，全市新增节能建筑462万平方米。2019年全市新增太阳能建筑光热一体化面积146.69万平方米，完成公共建筑节能改造面积4.16万平方米，完成省年度目标任务的138.7%。2019年市级公共建筑节能监测平台运行稳定，新增在线监测建筑5栋，节能监测子系统数据传输正常，数据上传率97%以上。印发《关于在新建建筑中推广应用装配式“三板”的通知》，加快推广成熟预制部件。制定《推进钢结构装配式住宅建设试点方案》。严格规范全市建筑节能技术产品节能认定程序，10月份开展全市节能技术产品应用认定实施情况评估核查，核查企业49家。

【房地产业】 2019年，枣庄市房地产开发完成投资283.02亿元，比上年增长37.1%；商品房施工面积2371.05万平方米，增长15.17%；新开工面积845.84万平方米，增长46.87%；新建商品房销售面积455.68万平方米，增长12.73%；商品住宅均价6991.44元/平方米，增长24.89%，基本保持平稳。

房地产开发管理。2019年，枣庄市住房和城乡建设局共发放房地产开发经营许可98个，总建筑面积728.84万平方米，对54个地块出具了建设条件意见书，总土地面积426.71万平方米，指导各区（市）房地产开发管理部门对43个承销机构进行了备案。印发《枣庄市住房和城乡及设局关于公布全市房地产开发企业信用档案评定

2019年7月30日，枣庄市薛城污水处理厂　（陈良　摄影）

有关情况的通知》，按照“守信激励、失信惩戒”原则，对全市185家房地产开发企业进行了分级评定和管理。年初印发《枣庄市住房和城乡建设局关于组织开展房地产开发项目专题排查活动的通知》，分别于4月、7月和10月、12月组织人员对全市新建商品房销售现场进行两次暗访检查、两次专项执法检查，抽查房地产开发项目123个，查处销售现场信息公示不规范项目39个，违法违规销售项目12个。11月，对滕州祥和花园、滕建恒益园、保利臻园、春风里、祥云奥体华府、滕州善国怡园、善国璟园七家公司申请性能认定的现场进行查勘。推广住宅施工装配化和全装修，逐步淘汰毛坯房，进一步提升全市商品住宅品质。完成枣庄地区《全国房屋网签联网》工作。2019年8月23日，商品房预售许可核发职能由市住房城乡建设局划转至市审批服务局，在服务审批过程中全部落实了新建商品房价格申报制度。

住房保障。2019年，枣庄市共分配经济适用房269套，住房租赁补贴发放765户，完成年度计划的107%。联合人社、财政、民政、税务等部门印发《关于进一步做好城镇住房保障家庭租赁补贴发放工作的实施方案》的通知，推动城镇住房保障从采取实物配租与租赁补贴相结合的方式，逐步转向以租赁补贴为主的发展目标，有序扩大城市中低收入和低收入住房困难家庭，新就业职工和外来务工人员的基本住房要求。

物业管理。2019年底，枣庄市实有物业服务企业253家，从业人员2.2万人，共有物业服务项目686个，物业服务面积7559万平方米。其中，住宅物业项目540个，物业服务面积5873万平方米。全市住宅专项维修资金归集总额25.7亿元，使用总额8950万元，其中，2019年度归集3.96亿元，使用1824万元，实现增值2069万元。组织开展全市物业行业“标准建设年”、2019年度物业服务诚信档案考核与质量评价工作，对全市选取130个住宅物业项目开展量化考核评价，向社会公开发布，推进物业服务标准化建设，提高物业服务水平。开展全市2019年度物业服务行业服务明星、示范项目、标兵企业以及先进单位、文明社区、文明业委会评选活动，评选文明创建单位、项目、个人共110个。规范住宅专项维修资金监管。市本级及各区（市）于年内全部完成维修资金承办银行的招标工作，普遍采用银行定期大额存单的方式，确保资金安全和保值增值。组织开展审计署住宅专项维修资金专项审计反馈问题整改落实，进一步规范专项维修资金监管。

棚户区改造。2019年底，枣庄市棚户区改造新开工16520套，开工率100%。全年累计争取中央和省、市各级奖补资金6.5亿元，并已全部拨付到各责任主体；共申请棚改专项债43.4亿元，实际到位32.6亿元。完成2019年省政府下达棚户区改造任务，枣庄棚改涌现出一大批优秀项目，其中枣庄南石棚改项目获省级安全文明示范工地和省优质结构奖。

2019年8月2日，枣庄新城　（陈良　摄影）

老旧小区改造。2019年，枣庄市共完成老旧小区改造项目83个，改造面积281.19万平方米，涉及户数31118户，涉及楼栋1003栋。全市累计争取中央补助资金4403万元、省级补助资金3342万元、市级补助资金500万元。按照省住房城乡建设厅的统一部署要求开展调查摸底，年内共摸底调查小区626个、户数12.75万户、总面积1262.9万平方米，4854栋。制定出台《枣庄市既有多层住宅增设电梯试行办法》和《枣庄市既有住宅增设电梯有关手续办理导则》，从业主协商签订协议、委托设计及公示、工程手续办理、施工组织及验收、使用登记及资金补助等五个方面对既有住宅增设电梯有关手续办理进行明确、规范，提高既有住宅增设电梯工作的透明性和规范性。

【城建档案管理】 2019年，枣庄市出台《枣庄市城市地下管线管理办法实施细则》和《枣庄市建设工程文件归档整理细则》，完成《枣庄市城市建设档案管理办法》草稿的起草修订工作。拍摄制作《走向世界舞台的枣庄体育场》专题片一部。2019年共签订工程报送合同16份，发放竣工验收意见书417份，竣工档案合格证417份。接收湖西景苑、鸿鑫俊景、市中区汽车工业园等工程的竣工档案3500余卷，整理入库工程档案12055卷（袋），扫描工程档案文字材料2793卷403819页，图纸2629卷355443张，刻录光盘70张。接待查档370人次，调档1457卷袋，提供利用文字材料23167页，蓝图29284895张、底图3336张，房改档案18卷，通过利用档案资源，为社会节约资金约830万元。

（唐贵东　李庆峰　郭社敏　陈良）

城市管理

【概况】 2019年，枣庄市城市管理局围绕“5951”总体思路，秉持“服务群众、推动发展”理念，敢于担当、善于作为，严格按照“工作落实年”部署要求，砥砺奋进、全力攻坚，城市管理工作取得显著成绩，圆满完成各项工作任务，为推动全市创新转型高质量发展做出了积极贡献。

【党的建设】 2019年，枣庄市城市管理局围绕“守初心、担使命、找差距、抓落实”，扎实开展“不忘初心、牢记使命”主题教育，开展专题学习24次，形成专题调研报告7篇，检视问题25项。坚持以党建引领业务，全面加强全系统政治建设、思想建设、组织建设、制度建设、作风建设，以“强转树”行动为抓手，深入开展城管系统作风建设年活动，“三抓三带”取得新成效，从严强化意识形态工作，认真应对各类舆情，完成55项网络舆情案件办理。

【镇域环境整治】 2019年，枣庄市开展镇域路域环境整治攻坚成效显著，城乡面貌焕然一新，全市共打造出115条示范路，25个省、市界域节点拆除违建91.4万处，新增绿化161.7万平方米（栽植苗木1179.7万株），改造立面和粉刷墙体644.1万平方米，整理空间线缆67.6万米，清理垃圾101.2万吨，改造提升道路245.2万平方米，市级列支7000万元对区（市）、镇（街）进行奖补，全市累计投入资金18.3亿元。

【城乡环卫一体化】 2019年，枣庄市城乡环卫一体化高效运转，全市共有143座垃圾中转站，清、转运车辆323台，保洁人员10388人，城乡生活垃圾无害化处理率达到100%；农村公厕建设超额完成任务，全市911个300户以上自然村完成公厕建设的村庄有462个，农村公厕普及率达到50.7%。城乡垃圾分类全域全面启动，初步设置垃圾分类站点1172个，投放垃圾分类收集设施41407套，新建改建垃圾中转站和公共厕所1202处，建成农贸市场108个，全市65个镇（街）全面实现镇域驻地道路机扫保洁、日常洒水作业，2442个村庄全面实现生活垃圾日产日清，城乡生活垃圾无害化处理率达到100%。

【市政设施建设维护】 2019年，枣庄市新修硬化路（打通“断头路”）1381.8公里，修缮道

2019 年 7 月 1 日，枣庄召开全市镇域环境整治工作现场推进会

路路面 245.1 万平方米，更换各类雨箅（井盖）103.8 万个，增设、更换护栏 25.3 万米，增设交通标识、维护交通信号灯、施划交通标线 1.2 万处，设置停车位 4.5 万处。

【国家生态园林城市创建】 2019 年，枣庄市国家生态园林城市创建稳步实施，全市新增绿地 281.8 公顷，新增改建公园游园 10 处、新增公园游园绿地 20.92 公顷，林荫路推广率达到 86%，建成 125 条“生态街巷”。

【法制建设】 2019 年，枣庄市“法治城管”建设初显成效，出台第 6 号市长令《枣庄市城镇容貌和环境卫生管理办法》和规范性文件《枣庄市城市生活垃圾经营性清扫收集运输服务许可证审批管理办法》，市城市管理局联合市公安局、市财政局、市交通运输局和市住房城乡建设局出台《枣庄市建筑垃圾运输企业评价管理办法》。《枣庄市园林绿化条例》作为地方性立法项目在推进中。所有规范性文件完成司法备案审查，合法性审查率 100%，及时报备率 100%。

【数字城管建设】 2019 年，枣庄市“数字城管”实现三级覆盖，65 个镇（街）均建立了“数字城管”指挥平台，50 个与市级实现对接，全年各级“数字城管”平台累计受理案件 124954 件，结案 117839 件，结案率 94.3%。

【大气扬尘防治】 2019 年，枣庄市城管领域大气污染防治效果凸显，城区道路机扫率 95%、洒水率 96%，道路深度保洁率达到 43.22%，新创建 71 条省级深度保洁路。全市餐饮业户安装油烟净化器 6779 家、改造提升 4860 家。全市 35 家经过核准的渣土运输企业 815 辆运输车，密闭率和 GPS 安装率均达到 100%。

【综合整治】 2019 年，枣庄市城市管理局针对城乡环境“脏乱差丑”现象，着力实施全域“五治”（治污、治脏、治乱、治差、治丑），全面开展硬化、净化、绿化、亮化、美化环境行动，下大力气拆违拆临、提升绿化、集中治污、深度保洁、规范秩序、整理市容。全市城乡主次干道、公园、广场、车站码头等公共场所保洁面积达到 2.21 亿平方米，增加各类环卫机械设备 1345 台，增加更换垃圾箱（桶）105667 个，规范客运车辆、清理违法运营车辆 44193 辆次，取缔占道经营和清理整治各类室外堆场空间 17.08 万处，拆除违规广告牌 54817 处，清理小广告、野广告及整治报亭、宣传栏 312.1 万处。高铁沿线环境整治全线收官，沿线 316 项问题全面整治到位。

（沈非）

住房公积金管理

【概况】 枣庄市住房公积金制度自建立至 2019 年底，累计归集公积金 298 亿元，累计办理公积金政策性提取 172.12 亿元，累计为 8.29 万个家庭发放个人住房公积金贷款 194.06 亿元，累计提取城市廉租房建设补充资金 10.27 亿元，累计向财政上缴 11.52 亿元。到 2019 年底，全市实缴单位 3814 个 27.77 万名职工，贷款风险准备金余额 2.01 亿元，个贷率 90.01%。

【公积金归集扩面】 2019 年，枣庄市住房公积金管理中心抓住提高基层工作人员待遇时机，采取信函催缴、上门催缴、座谈协调等有力措施，分类逐步扩大住房公积金覆盖面。多方联动扩面，对接人社部门，根据全市缴纳养老保险情况，对比筛查出未缴存住房公积金的单位，建立台账，有针对性开展归集工作。积极开展“大宣传”促扩面，4 月在全市广泛开展进广场、进社区、进企业第三个“住房公积金宣传月”活动，举办新闻发布会，普及政策，提高企业、职工知晓度和守法维权意识，主动缴存住房公积金。落实编外（聘用）人员缴存，2019 年度，全市有 180 个单位为编外聘用及劳务派遣人员建立了住房公积金制度，月缴存额 1500 余万元。逐步规范缴存，及时出台并严格执行枣庄市 2019 年度住房公积金“控高保低”缴存标准，按照单位、个人各 5%—12% 的比例，最高缴存额为 3804.72 元 / 月，最低缴存额为 173（155）元 / 月。结合“减税降费”，对降低缴存比例或缓缴、欠缴等行为进行规范。依法依规推动缴存，对欠缴、不缴企业单位依法依规催缴建缴，帮助职工依法依规维权，2019 年来补缴住房公积金 8787.83 万元，较好维护了职工合法权益。

【资金管理】 2019 年，枣庄市住房公积金管理中心合理布局资金结构，争取资金使用效率最大化，努力提高增值收益。通过“三重一大”专项会议审批，全年合理调整转存到期定期存款 9.90 亿元，增加收益 1000 多万元。保障职工账户收益，统一按一年期定期存款基准利率 1.5% 的标准，为全市 32.95 万名缴存职工年度结息 1.68 亿元，较上年增加 1280 万元，增长 8.26%。开拓新增委托贷款业务新渠道，在邮储银行和农商行试办住房公积金贷款业务，保障职工多渠道贷款需求和开发企业多银行资金账户需求。

【信息系统建设】 2019 年，枣庄市住房公积金数据信息共享面不断扩大，实现与不动产、人社、民政等 10 余个部门数据共享，相继取消社保证明、收入证明、家庭困难证明等多个证照原件材料，实现了让“数据多跑路、群众少跑腿”。积极推进人行征信共享，按要求积极调试整改，顺利通过校验审核，开通后可实现系统比对征信，不需要职工多跑一次路，并有效杜绝虚假征信。丰富综合服务平台服务事项，进一步丰富完善中心网站网上服务厅、微信公众号、手机 APP、枣庄政务服务网住房公积金网上服务厅、“爱山东 · 枣庄”手机 APP 等多种互联网服务事项，有效破解服务渠道单一、群众多跑腿问题。2019 年，枣庄市住房公积金业务实现网上办理 28 项，其中“秒批秒办”9 项，“不见面审批”19 项。中心被确定为全市“一网通办”的 5 家试点单位之一，有 17 项业务率先在政务网实现“一网通办”，走在了全市的前列。实现客户数据异地转移与资金支付实时操作，缩短办理时间，提升服务效率，真正实现“账随人走、钱随账走”，异

2019 年 4 月 14 日，枣庄市住房公积金管理中心班子成员到滕州龙泉广场开展住房公积金政策宣传

地转移接续业务平均缩短4个工作日。加强网络安全建设，完成国家信息系统三级安全等保测评认证，异地灾备系统在青岛电信云机房顺利建成，建成以生产数据中心、同城政务云灾备中心、异地灾备中心为框架的“两地三中心”灾备系统，保障了系统的安全运行和数据信息安全。

【风险防控】 2019年，枣庄市住房公积金管理中心加强内部稽查，全面完成年度业务稽核，组织开展4次专项内部稽查，对发现的问题及时通报，全面整改。强化电子监察，细化分解609个风险点嵌入信息系统，实行电子监察周报，开展电子稽查“大排查、大整改”活动，整改率得分位居全省前列。加强风险控制，严格落实“不相容岗位互相制约”制度，进行轮岗交流，加强岗位制衡，对业务系统账号进行全面清理和规范，切实防范人为风险。严厉打击骗提骗贷，在全省率先建立了住房公积金与公安机关协作联动机制，共追回骗提住房公积金92.75万元，累计移交公安机关依法处理43人。加强逾期催收，及时掌握逾期人员情况，督促做好逾期催收相关工作，截至年底，逾期率0.07‰，低于国家规定1.5‰水平，有效降低了逾期风险。

【“放管服”改革】 2019年，枣庄市住房公积金管理中心持续推进“减证便民”，在上年度取消11项证明材料、4种提取表格的基础上，又明确取消所有材料复印件，平均为每位办理提取贷款职工节约复印费用约20元，仅此一项全年可为贷款人节约材料复印费用约40万元。推进业务流程再造，与不动产合作，通过专线联网，实现“一站式”抵押；在有条件的大厅试点推行“一次办好”贷款新模式，取消银行代办抵押环节，贷款时限直接压缩7个工作日以上。落实企业降费政策，积极打造良好的营商环境，释放历年以来业务委托银行与开发企业共管的住房公积金贷款保证金，至年底全部释放达2亿元；落实企业减税降费政策，允许企业在5%到12%的范围内自主确定缴存比例，可按规定申请办理降低缴存比例和缓缴业务，累计为109户小微企业办理优惠手续，每月减少企业成本341万元，全年在4000万元左右。

枣庄市住房公积金管理中心自2019年10月15日起，取消二手房评估，可为购买二手房贷款职工每户平均节省约2000元的费用，年平均减少约200万元。力保刚需，解决好职工购房资金不足难题，与各委托行合作，推行“公积金+商贷”组合贷款，解决职工特别是新就业群体购房资金不足难题，全年发放组合贷款1611笔共10.3亿元，其中发放住房公积金贷款5.54亿元，带动商业银行放款4.76亿元；利用“贴息贷款”保刚需，解决资金流动性不足的困难，年内共计新发放贴息贷款175笔，6938万元。落实“双招双引”政策，对枣庄市引进的各类人才和港澳台来枣创办企业，采取灵活方式，跟踪服务，放宽政策，优先及时予以办理住房公积金贷款。

（谢绍学　孔祥立）

东　营　市

住房和城乡建设管理

【概况】 2019年，东营市住房和城乡建设管理局紧紧围绕新时代东营发展目标定位，担当作为，狠抓落实，顺利通过国家节水型城市复审，住房保障工作走在全省前列，农村住房条件和居住环境日益改善，建筑市场和房地产市场平稳健康发展。东营市作为全省唯一城市，顺利通过国家生态园林城市现场考查，圆满完成全国公租房信息系统建设试点任务，承接了国家重要经济目标防护试点工作任务，城市名片不断做大做强。

【建筑业管理】 2019年，全市完成建筑业总产值356.59亿元、增加值68.46亿元、利税28.81亿元，分别比上年同期增长101.65%、86.88%、83.99%。全市共有建筑业企业831家，其中，一级资质企业51家，二级资质企业311家，三级及不分资质等级企业469家。评选建设工程质量"金洲杯"125项、建筑装饰装修工程质量"金洲杯"6项。推荐2019年度省建筑质量"泰山杯"工程评选8项、建筑装饰装修质量"泰山杯"工程评选1项。组织评选市级优秀QC成果11项，荣获省级QC小组成果4项，10项施工工法荣获省级工法。5月25日—26日，组织完成2019年度山东省二级建造师执业资格考试东营考区考务工作，全市共有6935人参加，考试人数创历史新高。成功举办首届乡村振兴传统技艺建筑业砌筑工大赛，产生一等奖1名、二等奖2名、三等奖3名。11月28日—29日，组织开展2019年度建筑业职业技能岗位培训，1025人报名参加，794人参加考核鉴定，考核合格760人。

2019年4月9日，东营市建筑业发展政策推介座谈会召开

【勘察设计行业管理】 截至2019年底，全市共有勘察设计企业70家，其中甲级企业19家、乙级企业32家、丙级企业19家。全年共完成初步设计审查46项，审查总面积62.2万平方米；抗震设防专项审查31项，审查总面积78.3万平方米；建筑工程施工图审查1462项，审查总面积922.1万平方米。6月13日，全市建设工程消防设计审查验收移交承接工作会议召开，标志着东营市住房和城乡建设主管部门开始承接建设工程消防设计审查验收职责。

【工程监理管理】 截至2019年底，全市有工程监理企业32家，其中综

2019 年 6 月 13 日，东营市建设工程消防设计审查验收移交承接工作会议召开

合资质 2 家、甲级资质企业 8 家、乙级资质企业 15 家、丙级资质企业 7 家。全年实现企业收入 4.1 亿元。

【工程安全监管】 2019 年，全市房屋市政施工安全生产形势保持平稳态势，未发生人员死亡生产安全责任事故。从严审核施工企业安全生产许可证申报材料，全年共转报安全生产许可证新申报、延期资料 141 家。开展安全生产许可动态核查工作，提请省住房城乡建设厅暂扣或吊销安全生产许可证 7 家。开发建筑起重机械信息化管理系统，录入企业 558 家（含设备产权、使用单位），登记建筑起重机械 5935 台。稳步扎实推进双重预防体系建设，培育扶持东营天华建筑安装有限公司通过省级双重预防体系标杆企业评估。建立建筑施工 VR 安全体验基地，开展安全体验式培训。6220 人通过特种作业人员操作资格证书新取证、继续教育培训考核，3419 人通过安全管理三类人员培训考核。制定《东营市建筑施工扬尘治理措施五十条》，严格执行“八个坚决”，从严落实施工扬尘治理措施，施工现场安装扬尘自动监测仪（PM2.5、PM10）200 台（套）、远程视频监控系统 200 台（套）。编印《东营市危大工程安全施工技术措施》，得到省住房城乡建设厅的肯定并推广。采用政府购买服务方式委托第三方开展安全生产辅助巡查，弥补监管人员不足、专业性不强的问题。按照“四不两直”“扫马路”要求，实行明查与暗访相结合的方式，对全市房屋市政施工项目安全生产和扬尘治理情况实行“拉网式”排查。全市共抽查检查企业、在建工程 2780 余个（次），发现安全隐患和扬尘问题 5570 余条（次），下发隐患整改通知书 1610 余份，停工整改通知书 360 余份。

【工程质量监管】 2019 年，东营市住房和城乡建设管理局监督工程 313 项，建筑面积 145.2 万平方米，造价 44.6 亿元；向各县区、开发区质监机构移交工程 942 个；协调处理质量投诉 39 项，办结信访积案 3 项；未发生任何质量安全事故。认真开展市优质结构工程评选活动，完成 75 项市优质结构工程评价，推荐省优质结构工程 12

2019 年 6 月 27 日，东营市举行首次玻璃幕墙坍塌生产安全事故应急救援演练

项。开展建设工程质量巡查，抽查工程25项，下发隐患整改通知书9份，执法建议书3份。开展检测机构、预拌混凝土企业质量及扬尘治理巡查，督查县区36家预拌混凝土企业料棚封闭等抑尘措施落实情况，对全市检测机构进行巡检，检测机构办理资质延期5家，市外检测机构备案登记6家，防雷、消防检测机构登记备案5家，建立地基基础检测数据上传系统。开展人防工程质量巡查。对巡查中发现存在问题的项目，不间断深入项目现场，督促县区加快整改进度。积极开展工程质量管理标准化试点工作。择优选择5家企业、5个项目作为试点，积极探索建立企业和工程项目自我约束、自我完善、持续改进的质量管理工作机制。

【建筑节能】 2019年，东营市住房和城乡建设管理局组织山东省建筑节能与绿色建筑试点示范项目申报，获省级绿色生态示范城镇1个、高星级绿色建筑示范2个、绿色智慧住区1个、装配式示范城区1个、装配式建筑示范工程1个、装配式建筑示范产业基地1个。截至2019年底，全市绿色建筑设计达标面积376万平方米，累计施工面积418万平方米，设计达标率100%；全年新增高星级绿色建筑面积53.7万平方米。严格执行发展装配式建筑有关要求，新开工装配式建筑47.72万平方米，施工面积87.06万平方米；投产装配式建筑产业基地5个，其中获批省级装配式建筑产业基地4个，年生产部品部件可建造装配式建筑200万平方米。全年竣工节能建筑386.7万平方米，新增节能建筑面积400万平方米；大力推进可再生能源建筑应用，完成太阳能光热建筑一体化项目49个面积217.6万平方米；推进公共建筑节能改造，完成公共建筑节能改造项目5个面积4.38万平方米。

【造价管理】 2019年，全市共有工程造价咨询企业46家，其中甲级企业16家，乙级企业30家，工程造价专职专业人员1100人左右，全年工程造价咨询营业收入共计2.3亿元，营业利润1437.65万元。完成申请暂定资质1家，资质变更企业5家，资质延续12家，注销资质2家。按照“双随机一公开”对14家工程造价咨询企业进行了执法检查。调整出台2016版建筑、安装、市政、园林东营价目表（2019年新税率）。编辑出版工程造价信息12期，涉及信息30类，共计2800余项。全年开展工程建设标准宣贯培训两次，共培训200余人，对全市30个在建项目进行了工程建设强制性标准监督检查。办理招标控制价备案办理招标控制价备案25项，合计工程造价7.27亿元；完成5个项目的工程竣工结算备案，共计工程造价7.65亿元，建筑面积33.4万平方米。

【城建档案管理】 2019年，东营市住房和城乡建设管理局全年共签订档案移交合同21项，发放建设工程档案预验收意见书213项1270个单体工程，建设工程档案合格证165项1121个单体工程，整理工程档案10420卷。对建设系统内部业务技术档案进行收集，至年底接收业务技术档案3049余卷，市城建档案馆馆藏档案总数达到15.1万卷。对馆藏档案进行数字化加工，完成各类著录7.4万余条、扫描各类图纸文件43万余张、扫描档案4200余卷。推进城建档案信息资源开发利用，为社会各界提供档案服务327人次、调阅档案878卷次。全年共查询地下管线项目70个、打印各类图纸1600张，查询管线各类管线3945千米。中心城区地下管线补测补绘工作顺利开展，完成地下管线探测任务664公里，中心城区地下管线探测长度达1.54万公里。

【新型城镇化和村镇建设】 2019年，东营市住房和城乡建设管理局印发《2019年全市新型城镇化建设重点任务》，通过加快农业转移人口市民化、优化城镇化空间布局、推动城市高质量发展、促进城乡融合发展、强化组织实施，进一步提升全市新型城镇化发展质量和水平。有序推进实施广饶I型小城市、大王镇新生小城市和三个省级特色小镇年度建设任务，争取特色小镇上级奖补资金200万元。全年建设农村公厕141座，完成投资2300万元。全年完成农村危房改造236户，争取上级奖补资金399.4万元。

【重点城建项目】 2019年，东营市北二路沿线及金湖银河片区综合开发PPP项目开工建设；东八路生态环境综合整治项目完成湿地修复20.36万平方米；总建筑面积2.29万平方米的市老年大学新校投入使用；市级机关战时人口疏散基地、人防宣传教育馆建设完成。

【城市供气】 2019年，全市共有管道燃气企业26家，天然气加气站41座、液化气站9家，中压以上燃气管网约3699公里。协调油田每年新增5000万立方米自产天然气指标用于居民生活。全市年供天然气7.76亿方。实施老旧小区燃气设施改造，其中，西城改造8500户。实施智慧燃气建设，11月28日出台《关于支持和规范对企业天然气用户实行直供服务的实施意见》，支持对企业天然气用户实行直供服务，降低企业用气成本，支持民营经济高质量发展。12月31日，以政府规章出台《东营市燃气管理办法》，为规范全市燃气经营、使用、管理提供了政策依据。

【城市供热】 2019年，全市共有供热企业11家，供热单位2家；共有区域供热锅炉房9座，换热站546座。截至2019年底，全市清洁取暖面积6900万平方米，中心城区基本全部实现清洁取暖。开始实施智慧供热建设，对金水南区、金水北区共计2009户住宅实施供热终端智能费控一体化改造。实施地热及油田污水余热供暖，分别在河口鸣翠苑和西湖印象建设40万平方米和东营区牛庄镇建设26万平方米地热供暖试点，在广饶县陈官乡建设8万平方米油田污水余热供热试点。

【公厕管理】 2019年，东营市实施城市“厕所革命”，全市新增城市公厕31余座，总量达458座。

【城市精细化管理】 2019年，东营市推行环卫机械化湿法保洁作业，城市主次干道洒水率、洗扫率、冲洗率达到95%以上。深入推进城市道路深度保洁，持续推行“以克论净”检测，全市城区道路尘土量控制在5克/平方米以内，全市深度保洁道路117条，占比41%，位列全省前列。为提高精细化管理水平，营造干净整洁、文明有序的城市环境，实施科学有效的监督评价，8月30日，市城市建设管理委员会办公室出台《东营市城市精细化管理评价标准》，评价内容包括市容秩序、城市照明、数字化城市管理、城乡环卫一体化、环境卫生、园林绿化、市政设施养护、户外广告管理、施工工地管理、城管执法等10个方面的工作，为城市管理精细化提供了标准。为提升城市品质，自2019年9月开始，市住房城乡建设管理局、市自然资源局、市生态环境局、市水务局四部门联合对中心城区进行日常巡查督导，下发督办单31期，督办问题696件，有力促进了中心城区建设管理水平的提升。紧紧围绕装配式公厕建设、垃圾分类试点工作、路网优化工作、提升园林绿化水平等，不断推进城市精细化管理十大专项行动，促进各项行动有序推进，解决了城市管理短板问题。

【数字城管】 2019年，东营市实施数字城管市县区一体化建设，构建了全市统一的数字化城市管理云平台，全市县区数字城管实现全覆盖，实现市县区互联互通，形成市级为一级监督指挥平台，各区县（开发区）为二级监督指挥平台的“两级监督，两级指挥”数字城管指挥调度体系。完成省市数字城管系统对接工作，实现每15分钟频次向省数字城管系统推送信息。持续推进智慧城管建设，建成智慧环卫系统，实现作业质量精细化考核，清运流程集中化监管，设施智慧化管理。

【生活垃圾分类】 2019年，东营市住房和城乡建设管理局等部门联合印发《东营市党政机关等公共机构生活垃圾分类实施方案》，起草《东营市生活垃圾分类实施方案》，稳步推进生活垃圾分类试点工作。全市508个党政机关、学校参与公共机构垃圾分类试点，23个小区（村居）开展试点工作。

【拆违拆临】 2019年，东营市持续推进拆违拆临，全市共排查发现存量违法建设575.83万平方米，完成治理594.41万平方米。其中，拆除新增违法建设42.84万平方米，拆除存量违法建设492.26万平方米，没收实物价值26.78万平方米，罚款并补办手续32.53万平方米。

【城管执法】 2019年，东营市住房和城乡建设管理局联合市公安局等5部门印发《关于印发〈城市便民摊点群设置管理导则（试行）〉的通知》，规范设置城区便民摊点，取缔非法流动摊点经营行为，店外经营、流动摊点得到有效遏制。加强餐饮油烟治理，建成区露天烧烤全部取缔，全市大中型餐饮单位油烟净化设备安装率达到98%、烧烤店无烟炉具安装率达到100%。全市餐厨废弃物收运处理量由88吨/天提高至120吨/天。全市渣土运输全部实现公司化、规范化、密闭化管理，至年底全市核准建筑垃圾运输企业52家，纳入监管渣土运输车689辆，全部进行密闭化改造、安装GPS进行实时监控。

【城乡环卫一体化】 2019年，东营市城乡环卫一体化运行机制日臻完善，每月委托第三方机构对全市5个县区40个乡镇街道1781个行政村203个村居进行暗访检查，发现积存垃圾问题及时反馈并督促整改，月考核成绩在东营日报、东营电视台公告。东营区政府全面启动城乡环卫一体化运营管理新模式，成立区属国有环卫服务企业——东营区油城环卫有限公司，全面接管全区城乡环卫业务，将全区城乡环卫工作由30余家企业运营实行化零为整、集中管理，打通城乡环卫一体化链条，实现“一把扫帚扫全区”。全省城乡环卫一体化工作群众满意度调查综合排名中，东营市连续4年稳居全省前列。

【生态环境建设】 2019年，东营市住房和城乡建设管理局加大公园、绿地建设管护力度，提升改造城市综合性公园、口袋公园、街头游园，完善绿地系统，加大裸露土地绿化整治。至年底，全市共建成各类公园、游园288处，新增城市绿地198万平方米、裸露土地绿化76万平方米。加快推进城市绿道建设，新增城市绿道51公里，全市城市绿道长度达655公里。2条绿道获省最美绿道称号，3个城镇获省级园林城镇称号。推行园林绿化分级养护、精细化、园艺化管理。加快垃圾处理设施建设，东营市生活垃圾焚烧发电厂二期基本完工，广饶县生活垃圾焚烧发电厂加快施工，东营区建成年处置能力50万吨的建筑垃圾消纳场，东营开发区建设7处园林垃圾处理厂，广饶县生活垃圾应急填埋场建设进入尾声。推进做好生活垃圾填埋场、生活垃圾焚烧厂等级评定工作。

【国家生态园林城市创建】 2019年，东营市顺利通过住房城乡建设部资料审核和遥感测试，在创建国家生态园林城市全部47项考核指标中，8个否决项指标实现全面达标，39个扣分项指标中达标37项。其中，全市共建成各类公园游园197处，公园绿地服务半径覆盖率达到93.72%，累计建成绿道484公里，建成区绿地率为37.69%、绿化覆盖率40.77%、人均公园绿地面积22.94平方米。10月28日—30日，住房城乡建设部派出国家生态园林城市考查组来东营市对创建国家生态园林城市工作进行现场考查，作为全省唯一城市，东营市顺利通过现场考查。12月30日，住房城乡建设部公示2019年国家园林城市系列拟命名名单，东营市等全国8个城市拟命名为国家生态园林城市。

【房地产市场管理】 2019年，全市有房地产开发企业217家，其中一级资质企业8家、二级资质企业18家、三级资质企业22家、四级资质企业50家、暂定资质企业119家。全年完成房地产开发投资161.4亿元，比上年增长27.9%。房屋建筑施工面积1388.3万平方米，增长5.6%。以地方规章形式出台《东营市房地产开发经营管理办法》。东营市住房和城乡建设管理局联合市人行和银保监会出台《东营市商品房预售资金监督管理办法》，联合市发展改革委等10部门出台《东营市房地产开发企业信用评价暂行办法》，东营市房地产行业制度建设不断完善。在全市开展房地产市场乱象治理、房地产中介市场专项整治、房地产领域漠视侵害群众利益问题专项整治三大行动。全年累计检查房地产开发项目357个，下发整改通知书24份；检查房地产中介机构186家，上报典型案例32个；排查国有土地上房屋征收项目16个，上报住房租赁中介机构侵害群众利益问题典型案例1个。在全市第一家开展部门联合“双随机、一公开”执法检查，进一步加强房地产市场事中事后监管，房地产市场秩序得到进一步规范。

【房产交易】 2019年，东营市全年共办理房产测绘成果备案285宗；建立房屋楼盘表2462幢89123套，面积1113.22万平方米。其中，期房469幢27257套面积289.81万平方米，现房1993幢61866套面积823.41万平方米。办理商品房项目现售备案189宗，办理商品房现房网上签约备案3254套面积49.27万平方米，成交金额22.11亿元，存量房买卖合同网签备案578宗，房屋抵押备案15421宗。办理房产交易与产权信息确认31375件，核验房源34736套，审核购房资格237起。整理房屋档案10400余件，办理查封、解封、行政限制业务4813宗，面向社会提供房屋信息或档案查询60000余人次，出具市区房屋权属信息证明及网签备案信息证明34820份。“智慧房产”系统建设作为房屋全生命周期的信息化综合管理平台，全省住建系统新旧动能转换重大工程项目之一，自2019年1月份开始建设，房产测绘成果备案、商品房销售等14个系统模块已研发完成，市政府大数据平台、公示链接网站、不动产登记平台已对接。2019年11月11日该系统试运行，2019年底投入运行。

2019年12月17日，东营市举行市直公共租赁住房智慧管理平台启动仪式

【保障性住房建设】 2019年，东营市棚户区改造实际开工2959套，基本建成棚户区改造安置住房5405套，发放城镇住房保障家庭租赁补贴758户，分别完成省定年度任务的101.8%、184.8%、106.8%。城镇住房保障家庭租赁补贴发放范围扩大到新就业无房职工和在城镇稳定就业的外来务工人员。全年全市争

取上级资金10688万元，配合发行棚户区改造专项债券7.02亿元。东营市被选定为全省唯一的全国首批公租房信息系统建设试点城市，全市政府投资公租房及其保障对象信息、城镇住房保障家庭租赁补贴发放信息全部按期录入系统并上线运行，圆满完成试点任务。

【物业管理】 2019年7月2日，东营市住房和城乡建设管理局印发《东营市深化“标准建设年”暨“走百家门、知百家情、解百家忧”活动实施方案》。9月21日，开展组织开展物业服务项目观摩交流活动，全面推广东营海通智慧物业集成指挥中心等项目优秀经验做法。大力实施智慧物业，建立“东营区智慧物业管理平台”，实现了实时监管、投诉排行、信用查询、业主表决、打分考评等功能，提高了行业主管部门的监管能力。推进实施老旧小区改造，列入2019年中央、省财政补助支持改造计划10个小区，总建筑面积6.4万平方米597户，改造内容包括水电管线改造、路面硬化等，12月底全部开工。全市共归集住宅专项维修资金16.64亿元，使用3374万元。

（陈金玮）

住房公积金管理

【概况】 2019年，东营市住房公积金管理中心坚持干在实处、走在前列，各项业务指标稳步增长，风险防控更加严密，服务效能显著提升，圆满完成了全年的工作任务。东营区管理部被评为全省住房公积金行业文明服务示范窗口，东营市住房公积金管理与服务工作被纳入全省2019年度标准化综合试点项目。

【公积金归集】 2019年，东营市住房公积金管理中心加大归集扩面力度，制度覆盖范围获得新突破。持续开展政策宣传，增强企业建制积极性。班子成员分别带队到众成集团、科瑞集团、华泰集团等20余家重点企业进行宣传调研。开展《住房公积金管理条例》颁布20周年系列宣传活动，制作系列视频，在网站、公众号等进行集中宣传。以党支部为单位分别组成党员服务队，深入50多家企业组织开展了“服务企业直通车”活动。各管理部对辖内企业调查摸底，开展乡镇财政拨款单位公积金缴存情况调查，建立未建制企业台账，明确建制目标。制定受托银行扩面奖励办法，将扩面任务与定期存款挂钩，鼓励受委托银行积极扩面。2019年度，全市总缴存人数20.91万人，比上年增长6.42%；总缴存额29.05亿元，增长10.94%；期末存款余额12.42亿元，增长163.59%。

【公积金使用】 2019年，东营市住房公积金管理中心优化调整使用政策，住房保障作用发挥新成效。落实中央和省“房住不炒”的部署要求，在基本住房保障方面下功夫，在规范政策的基础上，做到“应提尽提、应贷尽贷”。取消除住房城乡建设部提取标准范围之外的提取业务，提高租赁住房提取额度，取消异地贷款附加担保，延长异地贷款年限，使异地贷款职工与本地职工享有同等权益。设置高端人才绿色通道，印制业务材料“二维码”，增配自助查询机，扩大服务渠道。精简业务流程和办事材料20余项，贷款审批时限压缩至72小时之内。2019年度，全市提取住房公积金20.97亿元，较上年同期增长2.93%。发放住房公积金贷款8.56亿元，比上年下降25.72%。期末贷款余额62.43亿元，比上年增长0.58%，个贷率83.41%。提取公共租赁住房建设资金0.85亿元，累计提取5.19亿元，超额完成全年目标任务。

【公积金监管】 2019年，东营市住房公积金管理中心强化资金运营监管，风险防控能力取得新进展。加强对全市住房公积金账户的实时监控。制定住房公积金日常业务备用金制度，实时调剂

2019年6月22日，东营市住房公积金管理中心拍摄庆祝建国70周年快闪《心中的赞歌》

资金，保证各项业务对资金的需求。及时调整存款结构，确保住房公积金增值收益最大化。全面开展住房公积金电子检查工作，健全内部风险防控机制。制定《关于完善电子检查整改、加强风险隐患排查的工作方案》，每月筛查“风险隐患疑点”，建立常态化的“四步整改”工作机制，限期完成整改。将风险管控纳入考评内容，采取季度测评和年度考评的方式，强化对受委托银行的监管。落实减税降费政策，全部清退开发商阶段性担保保证金，规范担保公司的准入、合作及退出管理。2019年，贷款逾期率为0.006‰，资金使用率94.11%；实现增值收益0.97亿元，比上年增长6.69%。

【信息化建设】 2019年，东营市住房公积金管理中心着力推进信息化建设，管理服务水平实现新提升。12月2日，公积金云平台3.0系统正式上线运行，实现全流程覆盖和业务、结算、记账、监管自动化，业务管理、服务管理和信息化水平得到全面提升。大力推进数据共享应用，依托市大数据平台和云平台系统，新增商贷网上自助提取、异地贷款管理、异地转移接续和逾期管理等功能，将更多线下业务引入“网上办”“掌上办”，由“只跑一次”向“一次不跑”推进，为持续推进“智慧公积金”建设打下坚实基础。加快完善综合服务平台建设。网厅、网站、微信公众号等综合服务平台访问量大幅增加，完成了住房城乡建设部全国数据平台对接和统计分析平台、监管系统的上线。2019年，单位网厅开通751家，受益职工占缴存人数的87%，个人网厅注册12.2万人，微信公众号关注8.53万人，业务离柜率提升至68.4%。

【标准化建设】 2019年，东营市住房公积金管理中心制定《中心推进标准化建设提升行业服务效能实施方案》，着力构建“智慧公积金”特色服务标准化体系。全面推进大厅标准化建设，实行定位、标识、分类管理模式和五统一要求，推行预约、帮办代办、上门服务等10多项服务制度。组织开展服务礼仪培训，组建内训师队伍，开展礼仪服务培训月活动。组织骨干分别到河南焦作、广东珠海参观学习，推广落实“服务七步曲”、晨会夕会、业务大讲堂等制度，聘请礼仪专家开展全员礼仪培训，组织开展了全市“担当作为、狠抓落实”大竞赛、大比武业务技能大赛，全面提升公积金服务水平，提高群众满意度。

（刘亮亮）

烟 台 市

住房和城乡建设

【概况】 2019年，烟台市住房和城乡建设局认真贯彻中央、省、市部署安排，提振精神、加压奋进、锐意创新，各项工作全面推进。本年，全市完成房地产开发投资661.9亿元，比上年（下同）增长12.81%，实现税收121.67亿元；完成建筑业总产值906.46亿元，增长9.24%；出省施工产值80.92亿元，增长4.91%。荣获国家优质工程4项、泰山杯工程16项、省优质结构工程30项，滨海西路及夹河桥工程荣获“国家钢结构工程奖”。常住人口城镇化率达到65.42%、户籍人口城镇化率达到54.6%。全省首创施工许可容缺图纸审查机制；成功获批全国城市社区足球场地设施建设试点，是全省唯一获此殊荣城市；《住宅质量保证书》《住宅使用说明书》示范文本在全省范围推广。

【城市建设】 重大项目推进。2019年，塔山南路项目完成总工程量的85%，山海路以西路段全线通车，其中远陵夼隧道、荆子山隧道分别提前6个月、2个月通车，跨蓝烟铁路桥工程提前3个月成功转体、通车，实现烟台市城建史上跨铁桥梁第一转，平顶山隧道提前3个月贯通，观海路下沉立交工程提前1个月进场施工。芝罘仙境项目拉开“五位一体”建设框架，征收工作完成过户并取得房产证676户，4栋修缮样板建筑完成工程总量85%，朝阳街、所城里正按春节前开街目标全速推进。南山公园安置房、峰山水库安置房46栋住宅楼土建施工完成86%，其中26栋主体已封顶。海上世界项目海昌市场搬迁15天完成，征收攻坚首战告捷。机场路立交项目提前完成机场路行道树挪移，加快进行管线改迁及交通便道施工。景观照明项目在完成“一带五片”景观照明建设的基础上，着力打造了滨海沿线、商业街区、城市出入口等重点区域和重要节点建筑群亮化，形成了以“一心两翼”为核心的景观照明组团。

重点项目实施。2019年，主干道建设方面，竹林南路二期工程部分道路完成沥青摊铺，隧道桥梁完成工程总量50%；新城大街东段完成路基及雨污水管道敷设工程总量70%；金沙江路完成快车道施工，加快进行交通信号灯等附属设施施工；崇文街桥正进行竣工收尾工作。断头路疏通

2019年10月12日，烟台市塔山南路荆子山隧道完成验收正式通车，较原计划工期提前两个月，等级为城市主干路

方面，峰山路东延、五卒山东路东侧规划路、通姜路等4条道路均提前完工，电厂东路提前2个月进场施工。交通拥堵治理方面，大海阳过街天桥完成桩柱等下部结构，万达过街天桥完成管线挖探；冰轮路完成侧分带及非机动车道改造。道路景观提升（添绿行动）方面，完成港城大街、观海路两侧道路绿道系统、驿站游园、景观节点打造等景观提升。背街小巷改造方面，芝罘、莱山、牟平、福山等4区21条背街小巷改造完成，街巷面貌显著提升。管网管廊建设方面，福山区污水主干管网扩建工程进场施工；梁家电力管廊完成全部电缆入地敷设施工；黄务输电电缆入地、芝罘区建昌输变电工程完工。

城市品质提升。2019年，楚秀东路北段、锦绣新天地保障房项目南北配套路等12条道路建成通车。涝洼改造及防洪改造项目，累计完成50处涝洼点位改造及8条河道清淤。牟山路道路雨污分流改造完成。浩岭水库整治完成控源截污、生态治理修复等工程。国防教育训练基地保障中心项目提前1个月竣工。烟台工贸技师学院新校区项目提前3个月竣工投入使用。哈尔滨工程大学烟台研究生院项目主体封顶，提前开始室外配套工程施工。开工建设棚改安置房3607套，开工率100%；深入开展棚户区改造“两快两早”专项行动（快建成、快配套、早交付、早入住），1万多户市民住进新楼房。完成老旧小区改造13个、既有住宅加装电梯21部，群众生活更加便利。改造公园、绿地、街景59处，新建绿道16.4公里，城市环境绿意盎然、生机勃发。

【城镇化建设】 城镇化建设提速发展。自2016年获批国家第三批城镇化试点市以来，烟台市将试点工作上升为全市重大战略来部署，认真落实试点方案各项举措，深入实施“功能区带动型”城镇化发展战略，通过实施户籍制度改革稳步推进农业转移人口市民化，建立多元可持续的城镇化投融资机制，建立行政管理创新和行政成本降低的新型管理模式，统筹城乡规划、建设、产业发展和土地保障等措施，推动市城镇化建设不断提速。截至2019年底，烟台市常住人口城镇化率达到65.42%、户籍人口城镇化率达到54.6%，分别较上年增加0.35%、0.4%，常住人口城镇化率排名全省第六。

农村“三改”工作。农村改厕方面，2019年4月8日，烟台市住房和城乡建设局召开无害化卫生厕所改造现场会，传达省市主要领导重要批示和有关会议精神，明确相关工作任务；10月25日召开全市会议强化部署，通报全市农村无害化卫生厕所改造工作进展，激发县市区工作积极性。出台《烟台市健全完善农村改厕规范升级和后续管护长效机制工作方案》，进一步引导县市区以“规范化管理、整体化提升、系统化运行、资源化利用”为目标，因地制宜，因村施策，分类推进，规范和明确下步工作重点，推动农村无害化卫生厕所改造工作快速推进，全年累计改造户厕11万户，其中涉农街道3.7万户。精准实施危

2019年10月14日，中德合作首批被动式超低能耗绿色建筑示范项目——烟台北航科技园28号楼，通过德国能源署和住房城乡建设部专家现场综合验收

房改造，在按时完成344户省定危房改造任务的基础上，紧盯市委“‘两不愁三保障’突出问题年内清零”的目标要求，在全省率先开展了全市建档立卡贫困户危房改造全覆盖工作，新发现危房1561户，除13户亡故或失联，其余1548户已全部完成改造或实施安置，并逐户建立档案。在危房鉴定改造过程中，通过建立危房改造专家库，聘请专业机构参与，为改造工作提供专业保障。积极推广清洁取暖，会同市发展改革委、市城管局印发《烟台市2019年清洁取暖建设计划方案》，确定农村地区24361户的年度清洁取暖建设任务。7月17日，组织召开全市农村清洁取暖工作观摩会议，现场观摩海阳市徐家店镇施工项目现场，总结全市清洁取暖工作情况，安排部署农村清洁取暖工作。全年累计完成农村地区清洁取暖改造30268户，超额完成年度建设任务。

特色（小）镇建设发展。按照“一个引领，三个集中，九点培育”的发展思路，2019年，烟台市推进小城镇不断优化镇域空间布局，加快设施建设，完善镇区功能，调整产业结构，实现经济快速发展、镇域提质扩容、群众生活幸福感不断提高。指导县市区深挖产业特色，精准定位，重点从高、新、泉、游、海、农、康、融、金9个点发力，着力将特色小镇打造成为创新创业高地、产业投资洼地、休闲养生福地、观光旅游胜地，使之成为烟台市区域经济新的增长点。强化资金支持，在积极落实省级奖补资金的基础上，协调市财政落实1000万财政资金用于扶持省级新生小城市、重点示范镇和国家、省级特色小镇发展。

乡村振兴齐鲁样板打造。2019年，烟台市把美丽村居建设作为新形势下推动乡村振兴发展的重要抓手，持之以恒高标准推进。坚持规划引领，在莱阳濯村召开全市美丽村居座谈会暨设计师下乡活动启动仪式，落实设计师驻点制度，第一批4个省级美丽村居村庄设计方案均由甲级以上资质单位进行编制。同时，加大社会资本投入，引导具有休闲观光、乡村旅游、特色种植等成功运作经验的企业团队参与美丽村居建设，打造特色品牌，增强农村“造血”功能，为美丽村居建设提供产业支撑。在做好第一批试点培育的基础上，成功推荐福山区张格庄镇西水夼村、牟平区龙泉镇北夼村等8个村庄入选第二批省级美丽村居试点，试点总数达到12个，居全省第二位。提前指导各县市区“优中选优”，重点推荐村集体稳定、产业基础好、设施环境优美、村居特色突出的村庄作为申报全省第三批美丽村居试点储备。

【建筑业】 勘察设计与绿色建筑。勘察设计工作提质增速，启动美丽村居设计师下乡活动，是全省首批全方位、大规模的设计师下乡活动，也是全市助力美丽村居建设的一次全新尝试。经过精心策划充分准备，29个设计团队于7月中旬完成并提报作品42个，范围包括建筑设计、景观设计和村庄设计三个方面，比原计划提前2个月完成方案设计。经组织专家考评，所有作品均符合省“泰山奖·美丽村居建筑设计大赛”参赛要求。9月下旬，省住房城乡建设厅网站公布比赛结果，

全国重点镇、山东省历史文化名镇——烟台市牟平区龙泉镇
（牛立志　滕沛沂　摄影）

烟台市优胜项目15个，获奖率为36%，位列全省前茅。建筑节能和绿色建筑工作稳步推进，出台《关于进一步推动烟台市装配式建筑发展的意见》，明确至2025年烟台市新开工装配式建筑面积占新建建筑面积比例达40%。在鼓励发展钢结构和绿色建材、推广工程总承包、严格过程监管、强化政策保障等方面提出了具体意见，烟台市装配式建筑发展有了明确的政策标准。2019年7月，山东省获批钢结构装配式住宅建设试点省，烟台市为重点推广地区；全年累计获评省级装配式建筑示范3个，省级装配式建筑产业基地2个，建筑节能与绿色建筑试点示范20个，获批省级建筑节能与绿色建筑发展专项资金2658万元。4月11日，烟台市成功入选首批全国城市社区足球场地设施建设试点城市，截至12月底，建设完工21个社区足球场，超额完成年度计划。

建筑市场监管。转变建筑市场监管方式，印发《烟台市建筑市场“双随机、一公开”监管工作方案》，综合采用多种执法检查方式，依托大数据、信息化等手段进一步健全建筑市场动态监管，全面拓展项目信息获取渠道，加强联动、谋求长效，提高监管效能。自开展建筑市场“双随机、一公开”监督检查以来，共抽查建筑施工企业385家、造价咨询企业22家、工程监理企业12家，在建项目145个，下达整改通知书59份。按照上级部署，对工程建设领域专业技术人员职业资格“挂证”行为进行了专项整治，累计整改建筑施工企业834家、工程监理企业27家、勘察设计企业87家、装饰装修企业56家、造价咨询企业20家；共计注销建筑类注册证书2877个，办理社保转移或非注册单位减员停止缴纳社保577人。对原烟台市建筑市场诚信系统监管平台进行升级改造，打破“信息孤岛”，构建“横到边、纵到底”的信用信息共享机制，实现部、省、市、县信息互联互通，形成“数据1个库、监管1张网、管理1条线”的市场监管格局。做好建筑市场信用管理，审核录入建筑市场各方主体优良信用信息1720条，不良信用信息42条；评价8大类2040家建筑业企业，发布两期建筑市场信用管理“红黑榜”，“红名单”企业136家、“黑名单”企业48家。开展“建筑市场诚信万里行”活动，采取线上宣传和线下宣传相结合、正面宣传和反面曝光相结合的宣传方式，大力弘扬正能量和主旋律，激浊扬清、惩恶扬善，大力营造工程建设领域“知信、用信、守信”的诚信氛围，为建筑业高质量发展提供有力道德支撑和信用体系保障。

建设工程招标投标管理。简化交易程序，梳理调整建设工程招标投标交易、监督系统，全面实现建设工程招标投标交易、监督全流程电子化，改变原有的开标评标现场（线下）监督模式，切实为建设工程招标投标各方主体提供公开透明、方便快捷、过程留痕的专业化、电子化交易、监督服务，促进行业转型升级提升。创新方式方法，深化“放管服”改革，在严格落实招标人责任制基础上，率先实行建设工程招标投标活动“告知承诺制”，招标人通过《承诺函》书面承诺招标要件办理时间、书面明确招标项目基本情况和依法依规开展招标投标工作、自行承担未按照承诺执行的法律法规和规定的相关责任；推动建设工程招标投标监督工作从“严进、严管、严办”向“宽进、快办、执法”转变，进一步压缩招标投标时限。加强执法监督，累计依法开展建设工程招标投标活动监督执法项目86个项目(按标段)，总中标金额23.21亿元，节约政府投资1.56亿元。

工程质量管理。进一步贯彻落实工程质量终身责任承诺制度，未提交授权书和工程质量终身责任承诺书的，不予办理质量监督手续；认真落实“两书一牌”（法定代表人授权书、工程质量终身责任承诺书、永久性标牌）制度；全市新办理质量监督手续的工程355个，签署《住宅质量保证书》《住宅使用说明书》覆盖率为100%，新办理竣工验收备案工程设立永久性标牌覆盖率为100%。加强工程质量检测管理，完成全市工程质量管理标准化工作试点示范阶段工作，形成企业与项目质量管理工作标准和行为规范，建立适用于企业经营管理水平的、在不同项目上可复制可推广的工程质量管理标准化体系，进入推广阶段。

工程安全管理。全面落实安全生产监管责任，建立健全企业安全生产监管台账，将全市所有在建工地纳入网格化实名制管理，实行安全生产责任人公示制度，向社会公布监管单位、科室、责任人及举报电话等内容，压实安全生产工作监管责任，督促建筑施工企业增强法治意识、风险意识、专业意识、遵规意识，做到安全投入、安全培训、基础管理、应急救援“四个到位”。深入开展建筑施工安全专项整治和安全生产大检查，先后组织开展了大快严集中行动、百日攻坚行动、“雷霆”“利剑”“闪电”等各类安全整治行动17次，累计排查问题和隐患1700多条。持续加强安全教育培训，组织全市建筑施工企业新增三类人员5706人报名考试，开展线下继续教育63班次，合计培训3700多人；开办特殊工种新取证人员培训32个班次，合计2235人，延期培训41个班次，合计3034人；组织监理人员安全培训4个班次，合计2300多人。加强突发事件应对能力，编制《烟台市在建房屋建筑和市政工程质量安全突发事件应急预案》，依托烟建集团、山东德信建设集团等骨干企业，建立了烟台市住房城乡建设局突发事件应急救援队伍；不断健全应急队伍运行机制，完善应急物资储备，定期开展应急演练，增强了应对安全事故和突发性气象灾害的能力。

建设扬尘治理。始终保持扬尘治理高压态势，严格“六个百分百”工作措施，累计组织重要督导检查活动16次，累计检查项目765个，对存在问题较多的71个工程项目，给予停工整改处理，罚款48万元，将7家施工企业记入不良行为记录，公开通报处罚各类市场主体143家。

建设工程消防。根据中央部署安排，2019年6月底烟台市顺利完成消防职责的交接，并在全省消防承接工作会议上作为唯一地级市代表作了典型发言。为快速消化积压项目，组织建设工程消防验收“攻坚月”活动，抽调精干力量，实行周末加班、不间断验收模式，利用一个月时间彻底消除积压案件。对消防审验实施“流程再造”，进一步简化程序，提高效率，实现“一次办好”。取消新建房屋建筑和市政建设工程（化工以及其他防火等级较高的项目除外）消防设计审查，以政府采购的施工图审查机构出具的审查合格意见书代替上述建设工程的消防设计审查，对一般建设工程的消防验收推行“只验一次”模式，实行“告知承诺”制。印发《审验指导手册》，明确统一要件流程、制式文书、审批时限、抽查比例、消防行政处罚自由裁量处罚标准等内容，构建信息共享、联合执法、火灾共同调查、联合审验等机制，全市累计提供审验服务1093次。开展化工、港口等非房建类建设工程消防设计审查专家评审工作，为万华、西港区等全市“三重”项目推进提供有力保障。

【房地产业】 房地产市场监管。严格落实中央和省有关工作部署，坚持房住不炒的定位，牢牢把握“稳房价、稳市场、稳预期”的总基调，精心做好房地产市场调控，大力开展市场整顿，不断完善监管长效机制，保持房地产市场平稳健康发展。精准实施房地产市场调控，全力做好高、中、低价位楼盘合理搭配和限时开盘工作，简化审批流程，按照“因城施策、一城一策”的调控思路，对市区范围内办理商品房预（销）售许可实行新建商品房销售价格申报备案制度，严厉打击违规炒作、虚假宣传等扰乱市场行为，房价指数连续18个月稳定在国家统计局公布的70个大中城市排名的中上游水平，波动较小、上涨温和。重拳整治房地产市场乱象，开展房地产烂尾项目治理，组织专项治理“利剑”行动，按照“项目续建、拆除重建、综合治理、政府收回”的思路，综合施策、分类处理，持续加大对烂尾楼、延期交房等突出问题的整治力度，14个烂尾工程复工建设。开展房地产领域违法违规行为专项整治，针对漠视侵害群众利益问题，制定《全市房地产领域违法违规行为专项整治活动实施方案》，累计检查企业429家、项目357个，查出4类问题138个，下达整改通知94个，约谈涉事企业负责人78次，通报企业45家，推送综合执法部门处罚企业10家，有效规范房地产市场秩序。健全完善房地产市场监管制度。依据《山东省房地产开发项目竣工综合验收备案管理办法》《山东省房地产开发企业信用信息管理暂行办法》制定出台实施细则，着力解决交房标准不明确及开发企业缺乏监督管理等问题，从制度上进一步规范房地产秩序、提高行业诚信建设。

房屋交易管理。推行“风险告知书制度”，将购买新建商品房中可能会出现的风险问题以及企业应该遵守、购房人应该清楚的内容形成风险告知书，予以现场公示，有效保护购房群众的知情权，提高房地产市场透明度，让购房群众买的清楚、买得明白。出台《烟台市房屋租赁合同示范文本》，将房屋租赁双方应予以约定的有关内容进行归纳和明示，有效降低租赁双方矛盾摩擦发生的可能性。修订《烟台市预售资金监管规定》，进一步完善相关政策延续性，扩大监管规定适用范围，细化预售资金监管管理要求，提高房地产市场的稳定性。加快住房租赁市场培育步伐，多角度创新思路、强化举措，探索形成住房租赁房源筹集“五种模式”，大量增加住房租赁房源提供，累计培育泊寓公寓管理有限公司、烟台龙湖置业服务有限公司等住房租赁企业30多家，鼓励支持国有企业、房地产开发企业、房产经纪机构、物业服务企业发展住房租赁业务；现有企业长租房源9000套，长租公寓出租率超50%。净化中介及住房租赁市场环境，严厉打击自我炒作等扰乱市场行为，先后约谈8家自媒体、中介机构，累计检查中介经纪机构845家、住房租赁机构404家，受理13起群众违规问题投诉，下达整改通知书109份、通报违法违规中介经纪机构12家，整改住房租赁机构55家、通报违法违规中介机构5家。发布外籍人士在烟购买房产、租赁房屋指南。

物业管理。开展“红心物业”党建领航工程，出台《烟台市“红心物业”党建领航工程建设办法》，成立市物业行业党委，推动健全组织领导、党建覆盖、规范管理、联建共治、保障支撑“五位一体”机制，初步构建起街道社区党组织领导下的社区居委会、业委会、物业公司等多方联动的“红心物业”体系。截至年底，烟台市12个县市区成立了分管县市区领导任组长的红心物业工作领导小组，11个县市区成立了物业行业党委，9个县市区出台了红心物业党建文件，7个县市区建立了物业党群服务中心，市县两级组织领导体系、党建覆盖体系基本建成。加强物业企业监管，建立“红黑榜”管理制度，通过守法守信联合激励和违法失信联合惩戒，促进企业依

2019年，烟台市开工建设棚户区改造安置房3607套，开工率100%。图为开发区C—5小区C区棚户区改造项目1532套，主体工程年底封顶

法诚信经营，维护市场正常秩序。印发《烟台市物业行业“红黑榜”管理试行办法》将于2020年全面实施，明确划定物业服务企业20条“红线”，触线其即进入“黑名单”，将采取“取消在烟台市参与物业招投标资格”“物业服务合同到期后不得续签”“依法取消或限制参与政府采购资格”“所管理服务的物业项目降低收费等级”等13种惩戒措施，每年两次定期通过新闻媒体、信息平台向全社会公布。抓好物业服务市场问题整改，对日常监督检查、网络集中反映、新闻媒体曝光、信访部门受理、业主投诉多的相关问题进行调查、汇总、整理，建立问题台账，制定整改措施，逐条逐项整改，确保问题查实、查细、查全。5月，在全市集中开展了物业行业突出问题专项整治“利剑”行动，对14家存在突出问题的物业企业进行了全市通报，并通过新闻媒体向社会曝光。

2019年5月17日，山东诚辉物业公司党支部联合属地街道、社区共同主办“党建引领，社区自治”主题晚会
（张经双 摄影）

【住房保障与房屋征收】 住房保障。创新共有产权住房制度，自2017年起在省内率先探索试行共有产权住房制度，试行范围为市中心区。两年来，先后筹集房源1566套，面向经审核符合条件的保障家庭销售510套。2019年，烟台建设共有产权住房试点工作被纳入全省20项重点民生实事。借鉴北京、上海等先进城市经验，修订出台《烟台市共有产权住房管理办法》，自2019年12月1日起实行。实施范围上，明确将共有产权住房制度实施范围扩大到市区，提出在符合国土空间规划的前提下，符合条件的开发建设单位可以投资新建共有产权住房。产权出售上，为进一步适应保障家庭的需求，将共有产权住房的出售产权份额比例由70%的单一比例调整为60%、70%、80%三个档次，由承购人根据自身支付能力自行选择，剩余产权份额由出售人持有，增强了政策灵活性。售后管理上，将共有产权住房剩余产权份额的增购期限期由2年延长到5年，更好体现出“房住不炒”原则。该办法的出台实施，是烟台市近年来不断探索创新住房保障制度的最新成果，为加快建立多主体供应、多渠道保障、租购并举的住房保障制度拉开了政策框架。2019年，全市计划发放租赁补贴8000户，截至年底，全市累计发放租赁补贴10460户，超额完成目标任务，租赁补贴任务总量持续位居全省第一位。其中，市本级任务由市住房保障和房产交易中心承担，累计发放9759户，占全市总量93.3%，全市各级对提出申请、符合条件的保障家庭普遍实现租赁补贴“应保尽保”。推进住房保障管理规范化，按照“放管服”改革要求，进一步完善街道、区、市“三审两公示”住房保障运行机制，全面推行随时申请、随时受理、按月审批的常态化申请流程。取消了无房证明、婚姻证明、退役士兵证明、异地住房保障证明等多项证明材料，将“三审两公示”期限压缩为60天，进一步简化办事程序，市本级共审批认定新增住房保障家庭1746户。加强住房保障信息平台建设，严格落实资格年审和事中、事后动态监管制度，累计办理保障家庭年审4795户，取消不符合条件（含资格过期）2106户，“有

进有出”住房保障机制进一步形成。强化保障房运营管理，进一步完善委托管理、购买服务等专业化管理模式，市本级对2090户保障房承租人续签了租赁合同，完成保障房租金收缴510万元，收缴率达99%；完成房屋维修800余户（次），投入维修费80多万元，入户巡查保障房702户，调解承租人纠纷54次，纠正违规使用行为9户，向人民法院起诉拖欠房租和不符合条件的承租人72户，清退房屋15套，追缴房租12户，有效维护了住房保障政策的严肃性。

房屋征收补偿管理。严格政策落实，按照“依法征收、加大宣传、有情操作”的要求，认真贯彻执行中央、省有关国有土地上房屋征收与补偿的法律法规，规范征收程序、征收行为，保证房屋征收合法合规，保障被征收人的合法权益。加大房屋征收项目和房屋征收政策的宣传力度，在房屋征收实施前和过程中充分听取各方特别是被征收人的意见，做到补偿安置的合法合情合理。严肃行业管理，房屋征收与补偿工作事关百姓切身利益，事关社会稳定大局，与百姓安居，社会发展密切相关，全年累计公示房屋征收评估机构28家，重新调整烟台市房屋征收评估专家委员会成员，建立《房屋征收（拆迁）项目台账》，实行“零报告”制度，真正实现动态化监督。打响信访维稳决战，开展漠视侵害群众利益专项整治活动，印发《烟台市国有土地上房屋征收漠视侵害群众利益问题专项整治实施方案》，围绕房屋征收程序和行为方面、补偿安置方面查找问题，发现问题彻查立改，真正解决群众困难；累计接待房屋征收补偿类群众来信、来电、来访60余人次，接办信访案件30余起；承办的16起省级交办重点信访案件全部办结，其中贾丽萍反映近20年的拆迁信访案得到圆满解决，得到市委主要领导肯定。

（刘津宇）

城市管理

【概况】 2019年，烟台市城市管理局全力做好中华人民共和国成立70周年大庆、全省环保督察、国家环渤海生态环境保护审计等重要工作、重大活动保障，重点抓好城市管理体制改革、环境提升、功能完善、民生服务四大板块，着力抓好环境综合治理、基础设施完善、公用事业保障三项主业，城市环境面貌持续改观，设施保障功能不断增强，公用事业服务水平持续提升。

【市容环境建设】 2019年，烟台市城市管理局在市区实施“拆违、增亮、添绿、治堵”四大环境提升工程，成立工作专班，抽调精干队伍，着力抓好违建治理、亮化提升、添绿增绿、秩序规范，不断提高城市“洁、绿、亮、美”水平。

违法建设治理。2019年，烟台市城市管理局启动新一轮全市违法建设治理行动，组织县镇村三级召开动员会、推进会、现场会，按照“零容忍”“全清理”要求，四次排查摸准违建底数，以中心城区、城市绿线、道路两侧、山体山林、居民区等矛盾突出、群众反映集中的违法建设为重点，全面铺开违建攻坚治理。组织7个督导组每天实地督查、每周调度通报，新闻媒体设立专栏，公布举报电话，广泛宣传造势，在全市形成了“有违必拆、违法必究”的强大声势。2019年全市新排查治理违法建设1520万平方米，派发督办单21件，办理市领导交办批办件15件，市县两级新闻媒体发布拆违专题报道2000件。

景观亮化工程。2019年，烟台市城市管理局完成滨海景观带和行政中心、会展中心等“一带五片”景观亮化建设，为全市人民献上一场盛大的“点亮烟台、悦动港城”亮化启动活动和跨年灯光秀表演，中央电视台《新闻联播》等多家新闻媒体关注报道。在此基础上，实施景观亮化二期工程，重点打造滨海沿线、商业街区、城市出入口及重要节点建筑群亮化，期间为元宵节歌唱《我和我的祖国》快闪活动、五一劳动节、七一庆祝建党98周年、十一庆祝中华人民共和国成立70周年、中国少年先锋队建队70周年、世界工业设计大会等举行多场大型灯光秀，向中华人民共和国成立70周年献礼。滨海广场亮化工程获得中国照明学会举办的第14届“中照照明工程设计奖”全国一等奖。

2019年3月1日，烟台市政府副市长王晓军（左三）现场调研违法建设治理工作情况　（任泽坤　摄影）

添绿增绿行动。2019年，烟台市城市管理局以“简约大气、实用亲民、艺术美观”为标准，组织市区两级重点打造主干道路两侧、城市出入口、商业街区及重要节点绿化景观，道路全线实施行道树更换增植、增设绿篱、慢行系统、绿道建设、增花添彩等，实现人车分离、舒适出行，整体提升道路绿化功能和美化品质。2019年市区共打造绿化景观道路33条，栽植苗木31万株，改造小公园、小绿地、小街景59处，建设慢行系统31公里、绿道16.3公里，观海路建成市区第一条“绿化管理示范路”。

道路秩序规范。2019年，烟台市城市管理局落实《城市道路挖掘管理办法》，市区统筹调度、统一协调各管线单位施工，推动市区道路施工实现“三个同步”，杜绝道路无序施工、重复开挖。以六区主干道沿线、大中小学周边、公交站点、商业聚集区、城市出入口等为重点，督导各区清理占道经营、店外经营、流动摊点等9万余处，清理违规户外广告牌匾、灯箱等1万余处；查处露天炭火烧烤摊点844处，车辆粘带撒漏994起。

【市政重点工程建设】　2019年，烟台市城市管理局超前谋划建设跨区域、集约化处理垃圾、污水和供水、供气大型基础设施。总投资5.43亿元、处理能力850吨/日的市级生活垃圾焚烧发电升级改造工程完成招标、签订PPP合同，开工建设，2020年建成投运后市区生活垃圾焚烧处理能力达到2550吨/日，全部实现减量化、资源化处理。总投资9.38亿元、处理能力12万吨/日的市区套子湾污水处理厂三期工程完成设计招标，预计2022年建成。总投资5.6亿元、全长127公里、设计年输气能力30亿立方的市区天然气环城高压管线项目开工建设，2023年完工后建成高压—次高压—中压—低压四级压力体系和输配系统，保障市区燃气供应。

【行业安全管理】　2019年，烟台市城市管理局全面落实安全生产责任，强化问题隐患排查治理，积极开展行业安全监管，实现安全生产零事故的工作目标。守牢安全红线，认真贯彻“管行业必须管安全，管业务必须管安全，管生产经营必须管安全”和“党政同责、一岗双责、齐抓共管、失职追责”要求，严格落实安全生产全员负责制，全系统逐级签订安全生产责任书3772份。强化隐患排查，印发《安全生产专项整治行动实施方案》，全面排查整治城镇燃气和市政设施领域安全隐患，消除安全盲区和死角，对福山区开展为期近一个月的“驻在式”督导。重大活动期间，局系统组织检查组112次，检查生产经营单位87家次，发现整改问题隐患94处。落实安全责任，认真开展“责任落实月”和“安全生产月”活动，组织有关单位参与全市安全生产宣传咨询日，全面落实专业人员持证上岗和职工先培训后上岗制度，组织双重预防体系建设、危化品治理、消防安全等各类安全生产培训70余次，从业人员受训率达到100%。修订完善安全生产应急预案，开展市政公用设施有限空间作业、燃气泄漏着火、夏季城市防汛等应急演练30余次，提高一线职工应急处置能力。

【公用事业管理】 2019年，烟台市城市管理局健全完善城市供水、供气、供热等专项规划，超前布局热源、水源、气源和配套管网建设，满足城市运行保障需求。供水保障方面，制定《烟台市城镇居民二次供水管理办法》，规范高层小区二次供水设施改造移交管理。组织县市区加强供水生产、调度和水质检测，加快三个县市水质提升改造，保障市民喝上安全水、放心水。供热保障方面，组织供热企业做好设备检修、管网改造、燃煤储备等，2019年全市新增集中供热面积648万平方米。按期完成燃煤锅炉超低排放环保改造，通过环保在线监测，实现达标排放。积极应对供暖前低温寒潮天气，11月8日起组织国有供热企业提前启动低温运行，抓好供热运行监管，确保全市供热安全平稳。供气保障方面，围绕做好明年全市新增重点项目燃气能源保障开展专题调研，组织县市区加快储气设施建设，不断扩大管道天然气覆盖面，2019年全市新增天然气用户12.8万户。环保清雪方面，严格落实科学清雪、环保清雪要求，及时启动应急预案，全力应对市区多场持续强降雪，切实保障城市交通秩序并减少对环境影响。

2019年10月28日，烟台市环卫工人在海水浴场清理垃圾
（王颖　摄影）

【城乡生活垃圾处理】 2019年，烟台市城市管理局督导县市区加快中央环保督查反馈垃圾处理能力、渗滤液处置能力不足问题整改，启动4个垃圾焚烧发电项目，其中3个县级项目中海阳市、栖霞市已开工建设，计划2020年底前建成。持续推动城乡环卫一体化，定期组织现场督查，严格落实村镇生活垃圾集中收运、规范处置、无害化处理，持续改善农村环境面貌。建立“海上环卫”工作机制，提升近岸海域环境卫生品质。全市推广建设小型生活垃圾压缩站83座，市区打造30条道路清扫机械化作业和深度保洁示范路。全年转运生活垃圾32.4万吨，无害化处理生活垃圾90.5万吨，接收处理餐厨废弃物5.22万吨，比上年增长42%。制定市区生活垃圾分类实施方案和管理办法，市区生活垃圾分类试点参与单位26个，人数近6万人，配置分类垃圾桶1000余个、智能分类设备100余套，发放宣传材料3.3万份。

【污水处理工程建设】 2019年，烟台市城市管理局督导县市区加快4个污水处理厂扩建项目，龙口市、莱州市3座污水处理厂扩建工程开工。福山区污水主干管扩建工程加快推进，套子湾及辛安河除臭改造工程启动建设。指导和抓好全市城市污水处理厂运行管理，烟台市荣获2019年度全省城市污水处理工作运营质量评价第一名，实现了该项工作市委、市政府“保三、争二、抢第一”的工作目标。

【雨污分流和海绵城市建设】 2019年，烟台市城市管理局督导县市区完善排水管网配套，全年完成雨污分流改造85公里。组织开展渤海黄海地区入海排污口排查整治，加强黑臭水体整治后续监管，严防问题反弹，黑臭水体整治工作全省名列前茅。加大海绵城市建设力度，完成南山公园、绿地改造等市级海绵城市建设项目，全年完成海绵城市建设38.8平方公里，超额完成省住房城乡建设厅下达指标任务。

【再生水利用】 2019年，跨越烟台市三区，总投资6.2亿元、输水管网44公里的套子湾污水处理厂供万华工业园再生水项目建成通水运行，为万华工业园、烟台发电厂等大型企业供水6万吨/日，全年供水1521万吨，有效缓解了市区用水紧张局面。

【市政设施养护】 2019年，烟台市城市管理局配合添绿行动完成观海路、港城东大街慢行系统改造。市区2座人行天桥开工建设，大海阳路天桥全部桩柱等结构施工完成。滨海路木栈道工程完成苗木移植、临时道路整平等前期准备和样板段建设。抓好30条主次道路和公园、景区等人流密集区段设施整修，累计整修面积3万多平方米，更换灯具5000余套。抓好第一海水浴场、公共自行车设施维护，海水浴场接待游客200多万人次。

【排水设施养护】 2019年，烟台市城市管理局抓好新接收排水和污水主干管线排查疏通，清挖各类检查井22万座，疏通管道74万米，清掏化粪池1627座，及时发现处置污水外溢和井盖丢损等问题。完成市中心区52个涝洼点位改造、8条河道清淤。开展“智慧排水”信息采集，完成6.24万座检查井、1862公里管线地理信息数据采集录入，为排水设施智慧化管理打下坚实基础。

【公园广场管理】 2019年，烟台市城市管理局完成国防教育主题公园建设，南山公园设施改造项目开工建设，抓好新接收道路两侧绿地养护管理，建成社区游园5个，鹿鸣小区南侧新建苗圃861亩。各主题公园开展爱国主义教育、科普知识教育、群众民俗文化等活动。抓好公园、广场设施管理，实施海韵广场海岸壁修复工程，修复广场灯具260余套，加强广场保洁、秩序管理，全年完成重大活动保障110次，举办公益宣传活动90余次。

【供排水和污水处理一体化】 2019年，烟台市城市管理局配合组建烟台市水业集团公司，采取划转、并购、参股等方式，推动整合市区五家国有、集体、股份制供水企业，国有供水企业划转整合已迈出实质性一步，其他企业并购在洽谈落

2019年10月10日，烟台市观海路慢行系统改造后

实，逐步建立“统一规划、统一调度、统一监管、统一服务”的供水管理模式和“同城、同网、同质、同价、同服务”的城市供水格局。会同有关部门联合印发《烟台市城市污水处理提质增效三年行动实施方案》，对六区排水和污水处理设施规划布局、管网建设、运营管理等全面调研，按照“一张网、一个图、一个标准管到底”的工作思路，计划实施“厂网一体”管理，推动六区排水和污水处理一体化管理。

（刘平）

住房公积金管理

【概况】 2019年，烟台市住房公积金新开户单位1213家，新开户职工8.05万人，缴存额103.30亿元。截至2019年底，缴存总额709.64亿元，比上年增长17.04%；当年提取额74.20亿元，提取总额417.52亿元。发放个人住房贷款1.26万笔，贷款金额46.38亿元，比上年增加1.17亿元，增长2.59%。

【公积金征收】 2019年，烟台市住房公积金管理中心以文明行业创建工作为引领，全面推进业务工作高质量发展。通过加强制度宣传、严格执法、鼓励自由职业者缴存住房公积金等措施大力开展归集扩面工作。积极探索完善管运分离管理模式，于4月24日正式组建运营管理科，管运分离改革顺利完成。加强逾期催收力度，当年先后发送逾期催收函46份，律师函34份，委托中心法律顾问立案起诉8人。8月至年底，共收回3期以上逾期46户，本息合计951572.31元。

【公积金使用】 2019年，烟台市住房公积金管理中心贯彻落实优化营商环境相关要求，优化业务流程，调整窗口设置，简化办事手续，真正为群众提供便利。在市中心及各分支机构设立综合岗，对窗口工作人员进行综合业务培训，缴存、提取、贷款等业务实现一窗受理。3月28日起正式启用缴存、提取业务全市“通存通兑”功能，群众办理住房公积金业务不再必须到缴存地进行办理，可以根据需要在全市范围内就近办理，中心业务量实现负载均衡。进一步优化贷款项目准入备案流程，充分考虑项目开发单位开盘时间紧等因素，将准入时间由3个工作日压缩至当日办理，针对准入资料不齐全的，实行非关键性材料的“容缺”办理，尽量让开发企业少跑腿。当年共准入备案开发项目83处，新建楼盘14个。

【信息化建设】 2019年，烟台市住房公积金管理中心加大信息化建设力度，大力推进多项信息化建设项目。积极落实“取消要件材料复印件”的上级要求，在完成电子档案系统开发、测试及试点工作之后，组织对全市所有业务员专业培训，2月起在全市正式推广使用电子档案管理。通过电子化采集业务办理要件原件，实现“取消了职工办理业务的全部要件材料复印件”的目标。加快建设网上营业厅、微信公账号等互联网服务平台，网上单位缴存、查询、部分提取等相关功能向缴存职工开放，极大地方便了职工办理相关业务。与大数据局协作推进政务信息共享工作取得阶段性成果，受到省住房城乡建设厅和省大数据局认可。

（赵伟）

潍 坊 市

住房和城乡建设

【概况】 2019年，潍坊市住房和城乡建设局真抓实干、锐意进取、担当作为，各项工作都取得了新的进展和成效，为推动全市经济社会高质量发展和新旧动能转换作出了积极贡献。棚户区改造工作被国务院表彰为真抓实干政策激励城市，全省唯一被表彰的地级市；抗灾救灾工作被省委、省政府评为抗击台风抢险救灾先进集体；物业管理、商品房销售监管、历史遗留问题化解等经验做法在全省推广；建筑业和危房改造、特色小镇、美丽村居、绿色建筑、老旧小区改造等主要业务工作都走在了全省前列。

【城建重点项目】 2019年，潍坊市住房和城乡建设局以现代化高品质城市建设为引领，全面转变城市建设理念，重点实施治堵攻坚，推动城市建设从外延扩张向内涵提升转变。

潍县中路工程。该工程总投资29.1亿元，北起禹王北街、南至潍莱高速，贯穿寒亭、高新、坊子3个区，全长21.2公里、道路最小宽度53米，双向8车道外加辅道和人行道，包含通亭街、潍胶路、东风街等7处下穿通道。2019年7月31日，主路提前两个月全线通车。该工程是潍坊市历史上单条道路工程量最大、下穿通道最多、施工要求最高、建设速度最快的第一条准快速路，不仅实现了市区的南北快速贯通，提升了城市颜值，而且成为高品质城市建设的标志性工程。

道路畅通工程。2019年，潍坊市市、区两级共投资37.3亿元，畅通道路94条，总长度114公里，是历史上城市道路投资和改造数量最多的一年。其中，打通断头路30条，完成青银高速道路下穿道路10条，次支路网微循环改造54条，

2019年7月31日，潍县中路主路提前两个月全线通车。该工程是潍坊市历史上单条道路工程量最大、下穿通道最多、施工要求最高、建设速度最快的第一条准快速路 （祖金华 摄影）

2019年11月30日，潍坊市金马路—上港路下穿青银高速建成通车 （祖金华 摄影）

人民医院过街天桥建成投用，路通心通，一通百通。特别是市民关注 30 多年的文化路和北宫街顺利通车，凝聚了党心、民心；青银高速下穿道路的打通，实现了四区与中心城区的顺畅对接，解决了城市交通梗阻，拓展了城市发展空间，打通了连心路、连心桥。

站南广场片区建设。2019 年，站南广场片区 PPP 项目立项、市场测试、两评一案、财政部入库调整、资格预审等工作顺利完成，12 月 23 日完成招标评审。片区各项工程建设全力推进，火车站南站房工程主体施工全部完成，在进行内部装饰和设备安装，计划待潍坊站内部站场改造工程完成后同步投入使用。站前地下换乘空间工程负二层地下停车场垫层施工、负一层墙面施工、条形铝板吊顶加快推进；站前广场石材铺装全部完成。仓南街、和平南路和向阳南路达到通车条件。

高铁新片区建设。2019 年，潍坊市高铁新片区 PPP 工作加快推进，顺利完成了项目立项、市场测试、两评一案、财政部入库调整、资格预审等工作，招标文件和 PPP 项目合同编制完成。片区按照先急后缓、稳步推进的原则，重点实施保障高铁运行的必备配套工程，高标准做好已开工项目续建工作，确保潍坊市高铁顺利运行，累计完成投资约 6.1 亿元。其中，高铁站房、站前广场及地下空间、高架落客平台、地下 U 行道路、禹王北街、幸福路、站南街、丰华路等续建工程收尾工作全部完成；站前广场 4 盏高杆灯、12 盏智能灯、1 个 LED 宣传屏幕、13 个公益宣传灯箱以及道路 623 盏高杆路灯、193 套隧道灯加工和安装以及 2.61 万米电力线路敷设等高铁周边区域亮化工程全部完成；站前广场东西两侧约 62 万方土堆绿化工程全部完成；站房北侧临时环路工程建成通车，进一步规范了高铁周边交通秩序，为乘坐出租车的高铁旅客提供了地下无风雨进站、出站 20 米即可乘车的便利条件，得到了乘客、市民以及出租车师傅们的交口称赞。

地下综合管廊建设。2019 年 9 月，潍坊市开工建设中央城区综合提升项目建设综合管廊 2.1 公里，诸城市建设枫香路缆线管廊 1.2 公里，共计 3.3 公里，超额完成年度任务。“十三五”期间，潍坊市综合管廊建设任务是建成 40 公里，截至 2019 年底，全市已开工建设综合管廊 34.38 公里，占“十三五”任务的 85.95%。

海绵城市建设。2019 年，潍坊市区开工建设张面河（风翔街—高新界）综合整治工程总承包（EPC）项目、东三河综合整治工程等海绵城市建设项目 18 个、建成面积 8.97 平方公里，争取 2019 年度省级奖补资金 1321 万元。全市建成海绵城市项目 85 个、面积 28.7 平方公里。2016 年以来，市区累计建成海绵城市项目面积 71.87 平方公里，占建成区面积（179.85 平方公里）的 39.96%，提前超额完成省级下达“十三五”末海绵城市建设任务（44 平方公里）。

潍坊火车站南站房总建筑面积 5 万余平方米、投资 2.8 亿元，2019 年底基本完工，图为效果图　　（祖金华　摄影）

【农村人居环境建设】 2019 年，潍坊市扎实推进农村改厕、改房、改暖、改水以及亮化和特色风貌提升“四改两提升”工程。全市共改造危房974户，完成建档立卡户危房改造1631户，在全省住房城乡建设工作会议上，潍坊市围绕抓好困难弱势群众危房改造工作作了典型发言。完成农厕改造17.3万户，农村改厕后续监管平台已上线试运行。完成农村清洁取暖改造10.5万户。新、扩建农村生活污水处理设施41处。新增公共照明行政村565个，全市行政村亮化覆盖率达到93.7%。编制了市域乡村风貌规划，加快推进首批10个省级美丽村居试点村建设，青州黄鹿井村等7个村入选第二批省级美丽村居试点村；在全省美丽村居建设推进会上，潍坊市作为唯一设区市作了典型发言。

【特色小镇建设】 2019年，潍坊市积极培育特色小镇，在全省率先编制了市域特色小镇发展规划，同步开展了市级特色小镇绩效评价，激发小镇发展内生动力。临朐县九山薰衣草小镇、坊子区凤凰地理信息小镇、诸城市昌城健康食品小镇等5个小镇入选“山东特色小(城)镇典型案例”，数量居全省第一。着力推进农村新型示范社区建设，新创建示范社区70个，进一步完善了基础设施和公共服务设施，促进了就地就近城镇化。

【新型城镇化建设】 2019年，潍坊市发布了《潍坊市新型城镇化发展报告》。寿光市在全省15个试点城市中率先达到中等城市规模。诸城市、寿光市和青州市分别承接国家级和省级城镇化试点任务，其中诸城市、寿光市试点经验在全省推广，青州市积极探索绿色城镇化发展模式。羊口镇经济发展达到新生小城市规模；按照“双五”建设标准，培强景芝、柳疃、夏庄3个重点示范镇，公共财政预算收入同比增长11%，示范效应明显。

【灾后重建】 2018年“温比亚”台风灾后15个异地迁建项目和2019年“利奇马”台风受灾需修缮重建的3493户危房全部竣工验收，5700多户受灾群众喜迁新居。潍坊市住房和城乡建设局牵头制定的灾后重建图册得到省政府领导高度肯定，在全省推广。

【棚户区改造】 2019年，潍坊市全市新开工棚户区改造项目11009套，占省下达年度任务的110.5%，基本建成13612套，发放租赁补贴1173户。全年共争取各类棚改资金80.27亿元，其中专项债券73.23亿元，基础设施配套资金4.56亿元，奖补资金2.28亿元。2019年5月，潍坊市被国务院表彰为棚户区改造工作真抓实干政策激励城市，全省唯一地级市，全国共12个城市，争取国家政策性奖励资金2000万元。中央电视台《安居中国》介绍了潍坊市棚改工作经验。

【老旧小区改造】 2019年，潍坊市抢抓国家新一轮老旧小区改造政策机遇，全面完成39个小区、3738户改造任务。完成既有居住建筑加装电梯50部。10月12日，副省长刘强到青州市专题调研老旧小区改造工作，给予充分肯定。

【房地产业】 2019年，潍坊全市新建商品房网签13.1万套、1484.3万平方米，实现税收收入约108.6亿元，房地产市场总体保持“供求平衡、健康发展”良好态势。2019年12月份，全省住房保障工作会议和全省房地产工作会议相继在潍坊市召开。房地产建设品质不断提升，二星级以上绿色建筑运行标识数量达到60个，总数居全省第一位。潍坊市在全省绿色建筑工作推进会上作了典型发言。房地产市场秩序不断规范，出台了开发企业、经纪机构信用管理办法以及房屋租赁合同网签备案办法等，开展了全市商品房销售和房地产中介专项检查整治行动。潍坊市商品房销售监管经验做法在全省推广。

【建筑业】 2019年，潍坊市出台《关于进一步促进建筑业改革发展的意见》，支持建筑业改革发展。全市建筑业完成总产值约1448亿元、

2019年11月19日，潍坊市物业管理创新提升工作现场推进会议召开　　（祖金华　摄影）

实缴税金40亿元，比上年分别增长5%和2.1%。潍坊市连续三年进入全省建筑业5强市。出台《关于大力发展装配式建筑实施方案》，新开工装配式建筑面积138.7万平方米，高密龙诚机械科技有限公司、山东辰翔装配式建筑科技股份有限公司两家企业获评省级装配式建筑产业基地。昌邑市人民医院门诊病房综合楼工程、潍坊市两岸交流中心工程分别荣获国家优质工程。

【物业管理】　2019年11月19日，潍坊市政府主要领导主持召开全市物业管理创新提升工作现场推进会议，推广“奎文经验”。市政府出台《关于推进物业管理创新提升工作的指导意见》，将物业管理提高到巩固基层政权，改进和完善社会治理的高度，以“小物业、微治理、大服务”为导向，对“三无”小区进行“兜底”管理。目前，全市住宅小区物业覆盖率达到98%。11月25日，省住房城乡建设厅发文推广奎文区创新提升物业管理工作经验，人民日报等媒体进行了专题报道。

【房地产历史遗留问题化解】　2019年，潍坊市委、市政府出台《关于妥善化解房地产领域历史遗留问题工作的指导意见》，系统梳理11类共性问题的化解路径，改革思维、创新办法，排除万难，推动问题清零。86个延期办证项目中，9个项目清零；基本排除办证堵点项目46个，化解工作有序推进，累计办理个人不动产证16014户；16个问题复杂的项目，在按照一企一策思路落实推进方案。36个延期交房项目，其中化解项目14个，复工建设的项目15个，剩余7个问题复杂项目在研究化解方案。

【营商环境改善】　2019年，潍坊市制定《潍坊市优化提升工程建设项目审批制度改革实施方案》，推行55项改革任务，完成45项，住建系统负责的“多图联审”等5项工作全部完成。出台《关于全面推行施工图数字化“多图合一”审查制度改革实施意见》，推动水电暖通信等专营设施纳入施工图审查工作，全市数字化审图率达到100%。出台《关于进一步深化施工图审查制度改革提高建设工程审批效能的实施意见》，在全省率先对“拿地即开工”项目和新改扩建2000平方米以下项目取消施工图审查，变事前审查为事后抽查，有效提高了建设工程审批效能。

（祖金华）

城市管理

【概况】　2019年，潍坊市城市管理局紧紧围绕市委、市政府“六三七五一”工作思路，以建设生态、开放、活力、精致的现代化高品质城市为目标，以城市管理考核为总抓手，用“工匠”精神和“绣花”功夫管理城市、服务社会，较好地完成了各项任务目标。荣获全市政务服务热线工作先进单位等20多项荣誉，牵头的城乡环卫一体化、城市污水处理和参与的居住环境、国家卫生城市复审工作，拿下四个全省第一，2019年市直部门（单位）绩效考核获评优秀等次。

2019年6月25日，潍坊市城市管理行政执法支队支队长张桂凤被中组部、中宣部授予第九届全国"人民满意的公务员"荣誉称号，她是山东省唯一一名获此殊荣的女性。图为2019年10月30日，张桂凤在潍坊市作报告　　（李海鹏　摄影）

【城市管理考核】 2019年，潍坊市城市管理局制定出台《2019年度潍坊市城市管理考核办法》，全市城市管理考核首次纳入全市经济社会发展综合考核。坚持目标导向、问题导向、结果导向，聘请第三方专业机构，对城市管理要素进行暗访测评、打分排名，结果定期通报，年内共印发考核情况通报7期，充分发挥了考核的"指挥棒""风向标"作用。

【园林城市创建】 2019年，潍坊市城市管理局指导昌邑市顺利通过国家园林城市验收，市本级和全市8个县市全部达到国家园林城市（县城）标准，实现国家园林城市市域全覆盖。6个城镇创建为省级园林城镇，年度创建数量全省第一。

【国家节水型城市复审】 2019年，潍坊市城市管理局制定迎查方案，召开动员会议，细化责任分工，高标准提报资料，精心准备现场，顺利通过国家节水型城市复查。安丘市成功创建国家节水型城市，潍坊市国家节水型城市数量达到4个。

【国家卫生城市复审】 2019年，潍坊市城市管理局发挥创城主力军作用，成立9个专班，建立包区责任制，开展城市清洁、渣土运输、广告牌匾、裸露土地等十大专项整治行动，打造整洁有序的市容环境。潍坊最终以全省第一（838.3分）的成绩，通过国家卫生城市复审。

【全国文明城市复查】 2019年，潍坊市城市管理局严格落实《全国文明城市测评体系责任分工》的5大类39项测评任务，组织开展占道经营专项整治、户外广告整治提升行动，全力保障集中测评工作顺利进行。

【城市园林景观建设】 2019年，潍坊市新建口袋公园111处，29个城市绿化项目获评省级以上奖项，潍坊市白浪河绿道、青州市长寿路绿道入选第一批"山东省最美绿道"，园林景观建管水平迈上新台阶。开展中心城区裸露土地整治，排

2019年12月，潍坊市白浪河绿道被评为"全省最美绿道"

查整治裸露地面 40 万平方米，基本达到“黄土不露天”目标。组织开展“最美阳台”评选，连续 14 年开展无偿供苗、送绿进社区等活动，持续推进社会绿化，绿色作为城市底色更加鲜明。

【城市环境卫生】 2019 年，潍坊市新增 129 条省级深度保洁示范路，深度保洁覆盖率达到 56.7%，“五洒五扫一洗”作业模式全省推广。市财政投入 1000 万元，为全市 38335 名环卫工人办理意外伤害保险，解除一线环卫工人的后顾之忧。中心城区新增公厕 114 座，开放“共享公厕”333 家，城市公厕服务体系更加完善。市生活垃圾焚烧发电三期工程开工建设，《潍坊市生活垃圾分类工作实施方案》印发实施，生活垃圾分类工作全面启动。

【农村环境卫生】 2019 年，潍坊市城乡环卫一体化群众满意度电话测评获全省第一，创历史最好成绩。寿光市、临朐县、昌乐县在 132 个县市区中位列前十名，滨海经济开发区在 38 个开发区中位列第五名，副省长刘强对潍坊市城乡环卫一体化工作给予高度评价。全市新创建标准化管理村 1600 个，标准化管理村比例达到 31%。完成全市 8445 个村庄农村生活垃圾整治，农村人居环境明显改善。全市投入 8583 万元，高标准完成两轮济青高铁、胶济客专沿线环境整治提升，在全省率先实现问题清零。

2019 年，寿光市在每年投入 1 亿元环卫经费基础上，新增环卫经费 6000 多万元，将村庄周边、进出村路、连村路、河湖沟渠、绿化带，以及铁路沿线等全部纳入寿光环卫集团统一保洁范围，实现了城乡环卫全域卫生保洁无缝隙，彻底解决了多头管理带来的矛盾和问题。图为寿光市城乡环卫一体化调度中心（王文生 摄影）

【市政设施养护】 2019 年，潍坊市城市管理局完成 4 处交通环岛、40 处渠化岛改造，畅通水平进一步提升。排查桥梁 261 座，拆除重建宝通街白浪河桥等危旧桥梁，确保城市桥梁安全运行。中心城区完成排水规划修编、老城区 90 平方公里排水管网普查和 112 个小区（单位）、29 条街巷、81 处混接错接点的雨污分流改造，经验做法被作为全省城市品质提升第一批典型推广。新建排水管渠 23 公里，整治内涝积水点 37 处，整改排水隐患 58 项。基本完成中心城区地下管线外业普查，初步建成城市地下管线信息系统，鸢飞路（梨园变电站—东风街）架空电缆进入综合管廊。中心城区新建公共自行车站点 60 处，投放第三代公共自行车 1150 辆，施划共享单车停车点 200 处，城市公共自行车系统更加完善。

【抗洪抢险救灾】 2019 年，面对超强台风“利奇马”，潍坊市城市管理局干部职工冲锋在前、严防死守，确保城市安全度汛。“利奇马”过境期间，出动人员 18039 人次、车辆机械 2483 台次，设置警示牌 1347 块，摆放沙袋 13 万条，检修变电箱 822 个、路灯杆 2445 基、公共自行车桩 3513 处；台风过境后，及时开展清理、整治、修复和提升，清理恢复倒伏树木 747 棵，补换缺损井盖 843 个，恢复顶托位移井盖 553 个，恢复供水 1.36 万户、供电 5297 户、供气 30 户，圆满完成灾后恢复工作。

【城市水务】 2019 年，潍坊市城市管理局承办全省城市水务行业重点工作推进会议，并作典型发言。建成“智慧水务”系统，成为国内首个集供水、排水、节水、污水处理和污泥处置“五位一体”在线监控系统。恢复提升沙窝污水厂，建成禹王北街污水泵站二期工程和虞河、白浪河和化肥沟箱涵，彻底解决污水溢流问题。全市 13 座城市污水处理厂完成地表五类水提标，中心城区城西、城北和沙窝 3 座污水厂达到准地表四类水标准，高新污水厂、昌乐蓝宝石污水厂被列为全国公众开放单位。年度城市污水处理工作考核全省第一，建成区黑臭水体全部通过省级初见成效评估验收。

【城市供热】 2019 年，潍坊市建成运行省内首家智慧供热平台，初步实现供热管理规范化、运行调控智能化、考核评价数据化。推进中心城区供热直供到户，移交改造换热站 252 座，占比 71%。完成中心城区供热管网“汽改水”，累计建设高温水管网 520 公里，实现高温水全覆盖。新增供热能力 600 万平方米，发展城市清洁取暖面积 1051.95 万平方米。下大力气提高供热服务水平，开展“访民问暖”入户走访活动，采暖季群众投诉量同比下降 54.6%，市长田庆盈专门批示肯定。

【城市供气】 2019 年，潍坊市新建 LNG 储气站 3 座，开工建设西环路、北环路次高压天然气管线，着力提升储气、供气能力。制定出台全国首个地市级加氢站管理办法，建成 1 座车用加氢站，实现车用氢气重大突破。组织开展两轮全市燃气安全督查，开展以 LNG 储气站泄漏为主题的市级燃气应急实战演练，组织安全生产“双重预防”体系评价验收，供气安全基础更加稳固。

2019 年 4 月，潍坊市朱刘镇 LNG 储气站建成

【智慧城管】 2019 年，潍坊市城市管理局建成运行城市综合管理服务平台，具备智慧环卫、智慧园林、智慧水务、智慧供热、渣土车动态监控等功能，城市管理实现由“数字化”向“智慧化”升级。《潍坊智慧城管项目案例》被编入全国市长研修学院教材。

【建筑渣土管理】 2019 年，潍坊市实施中心城区建筑垃圾特许经营，统一监管运输企业和车辆，紧抓“源头、途中、消纳”三个关键环节，构建“3+3+3”管理模式（3 检查、3 处罚、3 限制）。年内开展检查行动 560 余次，出动执法人员 1.2 万余人次，查处违规车辆 770 余台次，中心城区建筑渣土管理实现根本好转。

【市容秩序管理】 2019 年，潍坊市城市管理局对中心城区 361.8 平方公里内的 96 万个城市部件进行全面普查、确权、建档，推进网格化管理。加大户外广告整治力度，拆除 3.4 万块，约 25 万平方米，亮出城市“天际线”。开展摆摊设点集中整治，引入无人机技术强化露天烧烤管控，持

2019年8月，昌乐县引进具有防鼠、防尘、防蝇“三防”功能的标准化餐车，在城区设置了6个摊点群。图为该县综合行政执法局现场巡查解决问题

续保持市容秩序管理高压态势。以城市管理“随手拍”活动为切入点，广泛开展“城市管理+”活动，积极构建城市治理共同体。

【城管立法】 《潍坊市城市绿化条例》于2019年12月24日经潍坊市第十七届人民代表大会常务委员会第二十九次会议通过，2020年1月15日经山东省第十三届人民代表大会常务委员会第十六次会议批准，自2020年5月1日起施行。《条例》共五章四十五条，全面总结多年来城市绿化工作经验和有益探索与实践，为城市绿化工作提供坚实法治保障。2019年，潍坊市制定出台两部市政府规章《潍坊市城市地下管线管理办法》《潍坊市市区公共自行车系统管理办法》。《潍坊市城市地下管线管理办法》共八章五十一条，理顺管线管理体制，强化管线安全运行保障责任。《潍坊市市区公共自行车系统管理办法》共五章二十八条，确定公共自行车系统发展原则，明确站点设置条件，确定运营管理模式。

【行业服务】 2019年，潍坊市城市管理局编制水气暖报装规范，将水、气、暖报装时限分别进一步压缩到7天、10天、25天，推动水气暖设施纳入一体设计、多图联审、综合验收。2019年，潍坊市城市管理局进一步完善群众诉求处置机制，全年受理处置各类城市管理问题51.67万件、办理12345政务服务热线转办事项4552件，一次办结率和满意率分别达到95.46%、97.6%，群众满意率再创新高。

（陈本耀　孙岱青）

住房公积金管理

【概况】 2019年，潍坊市住房公积金新开户单位1378家，新开户职工8.15万人；归集额77.53亿元，比上年增长11.11%；提取额为51.38亿元，增长11.16%；发放贷款43.64亿元，下降5.5%。实现增值收益3.73亿元，增长11.34%。上缴财政公共租赁住房建设补充资金2.31亿元。

【“一次办好”改革】 2019年，潍坊市住房公积金管理中心在缴存、提取类业务实现“一窗受理·一次办好”基础上，总结推广昌邑、青州分中心贷款业务“一次办好”经验，通过贷款申请受理流程再造、不动产抵押登记前置办理、“容缺”受理、并联审批等措施，着力突破公积金贷款业务“一次办好”难点和堵点，56项住房公积金业务全部实现“一次办好”。精简证明材料、优化业务流程、推行“不见面审批”，截至2019年底，通过网上营业厅、商业银行App等，实现实现账户设立、公积金汇缴等8项缴存业务，退休提取、与单位解除劳动关系提取、公积金贷款自动提取还贷等6项提取业务网上办理，极大方便了缴存单位和职工。

【业务服务】 2019年，潍坊市住房公积金管理中心出台了《关于为企业和人才提供"店小二"服务的通知》，建立服务企业台账，根据"双招双引"、高新技术企业不同需求，主动提供上门服务，全年共为潍柴、歌尔、恒信等150余家企业5万余名职工提供了上门服务。设立高层次人才绿色服务通道，为潍坊市引进人才提供助力。通过调研座谈、问卷调查、12345热线等渠道，收集意见建议200余条，为进一步改进服务工作提供支撑。组织开展了贷款业务调查回访和提取业务回访，依托12329热线开展满意度调查，群众总体满意度达到99.52%。

【窗口规范化】 2019年，潍坊市住房公积金管理中心扎实开展窗口规范化服务建设工作，制定窗口规范化服务标准，在全系统组织开展了"服务礼仪培训班""政治理论、业务知识、服务礼仪"比武竞赛活动等窗口规范化服务达标活动。建立社会监督员队伍、聘请"神秘人"，全面监督评价窗口规范化服务建设情况，窗口服务工作标准化、规范化、专业化程度显著提升，经验作法被省住房城乡建设厅在全省住房公积金行业表扬推广。

2019年7月13日，潍坊市住房公积金管理中心举办窗口规范化服务礼仪培训班

【信息化建设】 2019年，潍坊市住房公积金管理中心积极推进数据归集共享，将公积金数据接入市级政务信息资源共享平台，提供对外服务，申请13家单位的31类数据接口。接入人民银行征信系统，实现授权下的征信查询业务，并按月上报公积金贷款征信数据。与工商、农业、中国、中信、浦发、招商、民生等8家商业银行打通数据通道，助力商业银行利用公积金数据开展网络信用贷款业务。接入全国住房公积金数据平台，按要求做好数据整理报送。接入全国异地转移接续平台，实现业务信息和账户资金同步转出。

【风险防范】 2019年，潍坊市住房公积金管理中心建立部分提取业务定期复核机制，将查实的63名骗提职工，纳入住房公积金失信黑名单进行惩戒曝光。严格贷后风险管理，重新修订受委托银行考核办法，重新签署委托协议书，严密组织受委托银行日常监管和考评。健全贷后风险管控工作机制，积极化解贷后风险，年末全市贷款逾期率0.1‰。科学调配资金，确保收支平衡，贷款轮候周期较年初明显缩短，有效防范了资金流动性风险。

（葛莹）

济 宁 市

住房和城乡建设

【概况】 2019年，济宁市住房和城乡建设局紧紧围绕市委“1+233”工作体系，按照中心城区“一二三四”重点建设任务，大力推进城市建设、新型城镇化、棚户区改造、清洁取暖工程等重点领域重点工作，各项工作任务顺利实施，全市住房城乡建设工作取得新成效。共完成建筑业总产值839.05亿元，比上年（下同）增长1.98%；获评国家“鲁班奖”工程1项，国家优质工程奖4项，省建筑工程优质结构25项。房地产开发投资462.2亿元，增长15.2%，完成税收76.9亿元，增长19%。房地产业网签面积共1554.55万平方米，增长20.05%。常住人口城镇化率达到59.69%，提高0.84个百分点。城建重点项目实施160个，完成投资94.35亿元。清洁取暖改造37.77万户，完成任务的104.3%。老旧小区改造开工28个项目，开工率100%，获批山东省老旧小区改造工作试点市。9月8日—10日，承办了以“品质城市铸就美好生活”为主题的第二届山东省城市建设博览会。

【城镇化建设】 2019年，济宁市常住人口为835.6万人，常住人口城镇化率为59.69%，位居全省第10位；比上年提高0.84个百分点，增幅高出全省0.51个百分点，位居全省第4位。国家级城镇化试点邹城市经验被国家发展改革委作为典型在全国推广；曲阜市获批省级第二批新型城镇化试点，补助资金1000万元；金乡县经验被省城镇化工作领导小组办公室作为典型在全省推广；兖州区、高新区入选省级新型城镇综合试点典型案例绿色发展复制推广地区名单。

2019年9月8日，山东省第二届城博会在曲阜市开幕，住房城乡建设部副部长黄艳出席并讲话（郭刚 摄影）

【城市建设】 重点项目工程建设。2019年，济宁市实施城建重点项目160个，完成投资94.35亿元。26个星标项目，市住房城乡建设局承担了1个，全部完成承诺任务，均获得总指挥部的“蓝色”标识。先后8次夺得市挂图作战总指挥部“月度流动红旗”。其中，王母阁路升级改造及综合管廊工程于6月份完工通车；火炬路跨线桥9月底主体通车、11月桥下全面贯通；“十一”前洸河路、常青路西延工程全面竣工。

车站西路升级改造及综合管廊工程基本完成廊体建设，超额完成原定“70%”的年度目标。洸府河重点地段景观工程加快推进，全力打造滨水生态廊道。在济宁城建史上具有划时代意义的全长41公里内环高架工程，13个标段全面开工建设，主体工程在加速实施，城市纵横、立体方向框架全面拉开。

城市双修。2019年，济宁市打通断头路18条，超额完成年度任务，进一步优化中心城区交通“微循环”。出台《济宁市城市品质提升三年行动方案》，济宁市太白湖新区生态新城片区、高新区蓼河新城云创小镇示范片区两个片区入选山东省城市品质提升试点片区。全市共开工综合管廊11.8公里、完成6公里，建成市直车站西路综合管廊、邹城市孟子研究院一体化管廊等项目。海绵城市纵深推进，全市新增20.8平方公里，其中济宁市文化中心海绵工程改造、济宁市蓼河三期景观整治提升工程海绵工程改造等2个项目被省厅列为品质城市提升典型案例推广。雨污分流有序进行，实施雨污分流71公里，完成主城区车站西路、王母阁路、龙行路、同济路、廉庄路等16条道路的雨污分流工作，有效保障城市水环境安全。建成公共停车场19个，新增停车位3380个，制订出台《济宁市城区公共停车场管理办法》，全面改善市内交通、停车环境，解决群众出行难、停车难等突出问题。

【旧城改造】 2019年，省下达济宁市棚户区改造1.39万套开工任务，实际开工1.7万套，开工率122.3%，超额完成省下达任务。省下达济宁市老旧小区改造项目28个、涉及居民8903户，面积94.2万平方米，总投资2.54亿元，全部开工并纳入中央、省补助范围。济宁市获批为山东省老旧小区改造工作试点市，16个项目被确定为省试点项目，2个项目被确定为省“老旧小区+棚户区改造”金融支持试点项目（任城区天鸿药业宿舍项目、鱼台县馨贵园项目）。同时，制定出台既有多层住宅加装电梯实施方案，确定高新区管委宿舍为试点小区。

【清洁取暖工程】 2019年，济宁市完成清洁取暖改造37.77万户，包括气代煤18.53万户、电代煤14.98万户、集中供热改造4.26万户，超额完成年度36.19万户的计划改造任务目标。在财政部、住房城乡建设部、生态环境部、国家能源局对35个北方地区清洁取暖试点城市2018年度绩效考核中，济宁市以106.91分、排名第二位成绩通过考核。用户侧方面，城镇既有居住建筑能效提升完工382.45万平方米，占三年总任务的76.49%；农村农房基础能效提升完工296677户，占三年总任务的70.1%；城镇既有公共建筑能效提升完工162.46万平方米，占三年总任务的72.2%。

2019年6月24日，济宁市任城路—王母阁路建成通车（郭刚 摄影）

2019年8月8日，济宁火车站西路地下管廊施工（郭刚 摄影）

2019年3月29日，济宁市主城区内环高架项目开工仪式

（郭刚　摄影）

【建筑业】 建筑市场。2019年，济宁积极创建标准化和信息化工地，坚持实施“走出去”战略。济宁市建筑企业总数达到1354家，其中一级企业109家，二级企业397家，三级企业675家，不分等级企业173家。全年完成总产值839.05亿元，增长1.98%；实缴税金27.96亿元，增长6.88%；施工面积4633.32万平方米，增长6.49%。建筑业结构得到调整优化，新增资质企业142家，企业综合实力得到进一步提升。2019年，企业出省施工产值达到179.93亿元，增长28.80%，占济宁全市总产值的21.44%。农民工工资清欠工作取得明显成效，共协调解决拖欠农民工工资问题120余起，涉及金额3851.9853万元。大力实施人才兴业，举办了“天意杯”济宁市装配式建筑职业技能大赛，3人被授予“济宁建筑工匠”称号。

工程质量管理。2019年，济宁市住房和城乡建设局积极开展质量、安全、扬尘检查行动，共组织检查人员6065个，检查企业5504个次，提出安全问题23284条，累计处罚工地49个，处罚金额73.3万元。聘请第三方开展全市建筑工程起重机械辅助巡查，累计共检查起重、升降设备305台，下达整改意见2398条，拆除不合格塔机20台。全年共创建“鲁班奖”1个，省级安全文明工地（小区）17个，市级安全文明工地（小区）80个，国家优质工程奖4个，省建筑工程优质结构25个，评选市级优质结构166个。

建筑工地扬尘治理。2019年，济宁市住房和城乡建设局多次修订《济宁市建筑工地扬尘治理导则》，开展扬尘治理检查3.8万次，其中包括开展20轮夜查行动，检查641个工地，发现352个问题，处罚企业397家，实施罚款1305.8万元。大力实施秋冬季绿色管控，全市共核发住建领域绿色施工证287个，确保工地扬尘治理到位。加快施工现场标准化工地建设力度，全市536家在建施工项目，全部实施了标准化管理。

建筑市场秩序维护。2019年，济宁市住房和城乡建设局开展建筑市场与监管一体化平台建设，验证审核通过2152家，入库工程项目1067个，实现了“数据一个库、监管一张网、管理一条线”，入库项目总量走在全省前列。实施诚信信息和不良行为登记备案制度，对存有违法违规行为、不良记录的外地进济企业一律清出济宁市场。加强招标投标管理，共受理招标申请282项次，审查招标公告（招标文件）282项次，完成招标工程280项，造价289.68亿元。

【建筑节能和装配式建筑】 2019年，济宁市新增绿色建筑面积1167.58万平方米，新开工二星级绿色建筑标识项目122.676万平方米，完成省下达任务的153.35%。2019年，济宁市累计开工装配式建筑254.76万平方米，新开工装配式建筑96.55万平方米，超额完成省下达80万平方米任务目标，完成率达120.69%。兖州区、嘉祥县评为山东省装配式建筑示范城市（区）。全市获批省级以上装配式示范工程达到12个，山东诚祥、天意机械2家基地被评为国家级装配式建筑产业基地，德丰重工、山东海龙等9家被评为省级装配式建筑产业基地。济宁市在2017年先后获评为山东省装配式建筑示范城市和全国装配式建筑示范城市后，2019年8月又被确定山东省钢结构装配式住宅试点重点推广地区。

2019年6月13日，济宁市强化党建引领推进物业管理工作座谈会议在邹城召开（郭刚 摄影）

【房地产业】 2019年，济宁市以做好市场研判为前提，综合施策、分类调控，促进全市房地产市场健康平稳发展。全市商品房施工面积4718.96万平方米，比上年（下同）增长3.51%，竣工面积593.85万平方米，下降21.62%。房地产业网签面积共1554.55万平方米，增长20.05%，其中住宅网签102405套，增长20.19%，住宅网签面积1367.84万平方米，增长24.28%；全市商品房均价6780.96元/平方米，增长8.77%，住宅均价为6629.03元/平方米，增长12.95%，比上年同期涨幅提高7.34个百分点；全市商品房库存面积1627.2万平方米，比2018年底997.48万平方米增加629.72万平方米，去化周期为12.6个月，比2018年底提高3.6个月，其中商品住宅库存面积1226.98万平方米，去化周期10.8个月，比2018年底提高4.8个月，商品房去化周期整体步入合理区间（9—16个月）。

【保障性住房】 2019年，济宁市列入国家计划的27600套公租房，完成分配26921套，完成比例为97.54%（省定任务为90%）。其中，主城区于2019年1月组织进行了府河新苑、顺河佳园、运河怡居佳苑等小区公共租赁住房的抓阄分配工作，共分配公共租赁住房1770套；3月，主城区实行了公租房常态化受理工作，共受理申请材料1300余份，公示取得保障资格家庭1220户。全力督导并于年内顺利完成水韵城、运河璟苑768套公租房续建项目的建设和预分配工作。2019年，济宁市共发放住房租赁补贴1974户，完成省下达任务的131.6%。

【物业管理】 2019年，济宁市物业服务企业信用信息管理系统建成，收集企业信息1083条、项目信息1124条，制定出台信用档案与评级管理办法，对物业企业全面实行信用管理体系，排查物业服务企业3000余家，对524家D级企业进行公开通报。全面加大物业覆盖力度，全市物业服务企业达到3000余家、从业人员6万余人、服务项目1930个、服务面积1.82亿平方米，物业覆盖率达到74.65%。坚持党建引领，打造“红色物业”，在邹城市召开全市强化党建引领推进物业管理工作座谈会议，开展了物业服务行业“标准建设年”活动。全市成立小区党组织64个、物业服务企业党组织41个、业主委员会党组织15个，构建了街道、社区党组织领导下的社区居委会、业主委员会、物业服务企业“四位一体”物业管理机制。

【村镇建设】 小城镇建设。2019年，济宁市共有国家级特色小镇1个，省级特色小镇7个，省级重点示范镇3个，省级新生小城市1个，市级重点示范镇4个。2019年顺利通过省小城镇建设第三方年度绩效评价，形成基础扎实、主业明显，特色鲜明的小城镇发展框架体系。

美丽村居建设。2019年，济宁市获批美丽村居建设省级试点村庄11个，第一批美丽村居建设试点村庄在全省考核中获得第一名，省住房城乡建设厅对济宁市美丽村居建设工作给予高度评价，认为济宁市试点成效明显，为推进美丽村居建设工作提供了“济宁经验”。

乡镇驻地环境综合整治。2019年，济宁市住房和城乡建设局先后完成两轮镇街驻地环境综合整治暗访工作，共暗访镇街驻地88个，下发通报19期，对14个县市区分别确定了乡镇驻地环境综合整治观摩点。

农村改厕。2019年，济宁市共完成改造涉农街道户厕4.9万户，完成率106.7%；完成农村公厕改造817个村，覆盖率达到36.7%，超额完成年度省定公厕覆盖率达到30%的任务目标。加强后续管护长效机制建设，印发健全完善农村改厕规范升级和后续管护长效机制实施方案，探索建立一个系统、三个体系的厕后长效管护机制。金乡县卜集镇在全省农村改厕规范升级和后续管护长效机制工作现场会作了典型发言。

农村危房改造。2019年，济宁市农村危房完成省定任务目标改造691户，完成率100%；排查居住危房和疑似危房户914户，全部保障住房安全。济宁市住房和城乡建设局会同市扶贫部门开展建档立卡贫困户住房安全鉴定，全市共鉴定8.9万余户，全部实现危险等级鉴定、挂牌。

村容村貌卫生管理。2019年，济宁市住房和城乡建设局完成四个季度第三方城乡环卫督导考核，全市平均考核得分90.15。每月对排在后5名的乡镇街道、排在后10名的村居进行通报。积极开展农村生活垃圾分类试点，邹城市获批为省农村生活垃圾分类和资源化利用试点县，投资2700余万元，在13个镇规划建设了30座生活垃圾分类资源化处理站，垃圾分类设施实现了镇域全覆盖，行政村覆盖率达到了80%。

【市政公共事业】 2019年，围绕“气化山东”“热化城市”工作中心，济宁市新增集中供热面积396万平方米，集中供热总面积达到1.07亿平方米，其中主城区供热面积达到4158万平方米，全市集中供热普及率达到77.2%，主城区集中供热普及率达到81.2%；新建、改造供热一次管网159公里，新建、改造供热二次管网398公里；新建智能换热站97座，进一步保障了城区热源供应稳定。2019年，济宁市共有燃气经营许可企业141家，其中管道天然气经营企业18家，瓶装液化气企业54家，天然气汽车加气站68家，LNG生产加工储存企业1家。

【勘察设计管理】 2019年，济宁市住房和城乡建设局紧扣“规范市场、繁荣创作”两个主题，认真开展勘察设计管理工作。组织开展了2019年度济宁市优秀工程勘察设计评选活动，进一步提高了勘察设计水平。全市勘察设计单位达到115家，勘察设计技术人员3300余人。施工图审查机构入库总数达到9家，位居全省第一。建设完成数字化多图联审管理系统，7月1日正式将消防设计审查、人防设计审查并入到施工图审查，在全省率先实行了“多审合一”。

【历史文化名城、街区保护】 2019年，济宁市住房和城乡建设局积极推进历史文化名城、街区保护和监督管理以及历史优秀建筑保护工作，完成了市区内历史建筑网上住房城乡建设部平台申报，济宁市历史文化街区划定为竹竿巷历史文化街区保护及铁塔寺及太白楼历史文化街区保护。竹竿巷历史文化街区北至太白楼路、南至纸坊街南100米、西至古槐路、东至运河路，总面积约0.26平方公里。铁塔寺及太白楼街区北至红星中路、南至太白中路、西至学门口南街、东至共青团路，总面积约0.5平方公里。《济宁市城区历史文化名城规划》通过专家评审。

【行政许可】 2019年，济宁市住房和城乡建设局成功举办了首届执法人员培训和测评考试，组织开展了“全市住建系统依法行政工作推进会暨执法培训会”“市住建局2019年度法治能力考查测试”。首次梳理完成《法治建设资料汇编》《行政执法“三项制度”汇编》《物业管理法规政策汇编》。2019年，创新实行延时服务制度，主动服务57次、延长服务时间3500余分钟，获得锦旗2面。全面实施“三项制度”改革，全面加快行政执法监督信息化建设，从立案到结案公示，实现了全流程网上办理。

（刘井龙）

城市管理

【概况】 2019年，济宁市城市管理局坚持在履职实干中树形象，在克难攻坚中促提升，在改革创新中求发展，各项工作取得丰硕成果，市民群众对市容环境的满意率达到98.5%，受到市委、市政府以上表彰30余次，被住房城乡建设部表彰为“强、转、树”全国先进单位，市局被评为全国文明单位，局属五个单位均获得省级文明单位称号，实现了文明单位全覆盖。

2019年11月12日，济宁市城市管理局车站西路创城包保人员在集合点前进行工作部署，开始一天的创城迎查工作

（谢宝德　摄影）

【市容管理】 2019年，济宁市城市管理局市容管理按照网格化、定格式管理的要求，持续开展“春晓行动”、夏季攻势、“小十乱”治理、架空线缆整治等专项行动，城区市容秩序和环境卫生状况持续好转。

【智慧城管】 2019年，济宁市城市管理局把主城区234条道路、398台机扫、洒水、抑尘和垃圾清运车辆纳入智慧监管平台，全面实施“全域、全时、全程”深度保洁。

【规划监察】 2019年，济宁市城市管理局强化规划批后监管，与规划、审批部门建立联席会议制度、预验收制度，完善建设项目管理台账。

【市政公用设施维护运营】 2019年，济宁市城市管理局精心提升市政公用设施维护运营，作为市政府为民办十件实事之一，城区完成15处积水点整治，2019年汛期未发现大的积水。实施道路交叉口渠化改造26处，进一步提高了车辆通行效率。完成智能公交候车亭改造147组，极大方便了群众乘车。

【园林绿化】 2019年，济宁市城市管理局实施春季绿化工程，主城区累计栽植乔木13.6万株、绿篱396万株，立体绿化1万平方米。实施主城区高速公路连接线节点绿化工程，几个主要出入口绿化效果大幅提升。

【环卫保洁】 2019年，济宁市城市管理局组织一城五区开展错峰保洁和夜间大洗城，实施冲刷、清洗、洗扫和喷雾降尘等联合作业，全面消除路面灰尘污渍。科学规范运行垃圾处理设施，生活垃圾无害化处理率达到100%。

2019 年 6 月 13 日，济宁市城市管理局太白湖新区环卫部门的雾炮车和洒水车在运河路上进行保洁作业 （颜丙峰 摄影）

【城市精细化管理质量标准体系建设】 2019 年，济宁市城市管理局坚持一切工作标准化，先后研究出台《市容环境管理导则与规范》《济宁市户外广告设置管理暂行办法》《餐饮服务业油烟治理导则》《便民疏导点设置标准暂行规定》等 10 余个导则和管理办法，制定《济宁市城区公共区域非机动车停车泊位技术导则》《环境卫生技术导则》等 20 余个技术标准，初步形成了以法规为基础、以政府规范性文件为支撑、以行业标准导则为补充、以配套政策为辅助的城市管理标准化体系。

【城管信用体系建设】 2019 年，济宁市城市管理局出台《济宁市城市管理领域信用信息管理办法（试行）》《济宁市推进城市管理领域失信联合惩戒工作实施意见（试行）》，加大对失信人员惩戒力度，营造共享共建共治的社会氛围。全市对 1088 起城市管理失信行为进行立案查处，扣罚信用分 7764 分，对 4 个失信人进行黄名单公示。对列入城市管理领域失信“黑名单”的相关责任主体实施了 21 条联合惩戒措施。作为唯一的城市管理部门代表，在国家住房城乡建设部社会信用体系建设工作座谈会上作了典型发言。

【信息化城市管理体系建设】 2019 年，济宁市城市管理局加快推进完成市级平台升级改造，主要建设“一个中心三平台”（即市级数字城管指挥中心升级改造，智慧城管云平台、全移动信息系统平台和智能视频监控平台建设）。同步推进智慧市容、智慧规划监察、智慧市政、智慧园林、智慧环卫、智慧广告建设。本年，全市城管系统共受理各类投诉案件 6139 件，其中市长热线 5678 件，环比下降 18.59%，成效较为显著。

2019 年 4 月 4 日，济宁市城市管理局召开全市城市管理信用体系建设试点启动会议 （谢宝德 摄影）

【城市管理安全保障体系建设】 2019 年，济宁市城市管理局围绕抓好六大安全：政治安全、城市运行安全、城市执法安全、公益宣传及舆情安全、城市环境卫生安全、队伍建设管理安全，排查、管控好 3 大类、13 个小类、60 个具体风险点，建立了分级、分类、动态管理体系。

【文明城市创建攻坚战】 2019年，济宁市城市管理局高标准完成承担的文明城市创建工作，圆满完成创城迎查任务，2018年济宁市创城测评成绩取得全省第一、全国第七，2019年全省第五、全国第一。

【大气污染治理攻坚战】 2019年，济宁市城市管理局落实扬尘管控工作线任务要求，继续开展餐饮油烟、保洁降尘、渣土管理、夜间洗城、植绿治裸等集中治理行动，为大气质量改善作出贡献。

【环保督察攻坚战】 2019年，济宁市城市管理局紧盯中央、省环保督察反馈问题整改，深入推进金乡县、鱼台县、微山县等7处生活垃圾处理设施渗沥液积存问题整改销号工作，确保不出问题。

【法治建设攻坚战】 2019年，济宁市城市管理局全面推行行政执法公示制度、执法全过程记录制度和重大执法决定法制审核制度等三项制度，提高城市管理法治化水平。

【道路红线内违法建设治理攻坚战】 2019年，济宁市城市管理局排查95处道路红线内违法建筑物、构筑物，分类制定工作方案，全面解决处理。

（董超）

住房公积金管理

【概况】 2019年，济宁市共归集住房公积金83亿元，比上年（下同）增长8.3%；提取住房公积金65.1亿元，增长4.6%；发放住房公积金贷款59.8亿元，增长16.2%。全市新增缴存单位1923户，新增缴存职工56799人。截至年底，全市累计归集住房公积金602.7亿元；累计提取住房公积金353.1亿元；累计发放住房公积金贷款430亿元；累计实现增值收益27.2亿元，住房公积金个贷率为100.2%。

【公积金扩面增量】 2019年，济宁市住房公积金管理中心利用电视、报纸、微信、微博等多种新闻媒介宣传政策知识，广泛开展户外宣传，营造了浓厚的舆论氛围。积极推进个体工商户、自由职业者的住房公积金归集扩面工作，2019年个体工商户、自由职业者开户人数达到727人。市政府与县市区政府签订《住房公积金管理工作目标责任书》，层层分解任务、压实责任。以此为抓手，积极争取县市区政府支持，协同推进归集工作。2019年，兖州区、曲阜市将住房补贴纳入住房公积金缴存基数。截至2019年，各县市区行政事业单位住房公积金缴存比例由5%~8%全面提高至12%。

【资金管理】 2019年，济宁市住房公积金管理中心贯彻中央“房子是用来住的，不是用来炒的”的定位，支持居民自住购房需求，抑制投资投机性购房，及时完善住房公积金提取、贷款政策，先后修订《济宁市住房公积金提取管理办法》《济宁市住房公积金个人住房贷款管理办法》，出台《关于调整住房公积金个人住房贷款政策的通知》，对购房提取范围、冲还贷频次、租房提取条件、可贷额度计算方法、第二次申请住房公积金贷款条件等住房公积金提取、贷款政策进行适度调整。积极探索新的融资渠道，经市住房公积金管理委员会审议通过，与市工行、市农行合作，使用商业性授信融资10亿元，缓解可用资金不足的压力。

【风险防控】 2019年，济宁市住房公积金管理中心严格执行诚信黑名单制度。依托住房公积金黑名单管理平台，完善业务系统筛查功能，对“贷后无故停缴”情况按月筛查、及时催缴，特别是对通过中介公司代缴、取得贷款后无故停缴的单位和个人，严格按照《济宁市住房公积金诚信黑名单实施细则》纳入诚信黑名单管理。利用电子化检查工具对住房公积金业务开展常态化电子稽查，建立“按月巡检”工作机制，及时发现业务系统运行过程中的风险。针对电子化检查工具筛查出的问题，组织各分支机构立即开展整改，截至2019年底，所有分支机构整改率均达到80%，10个分支机构整改率在90%以上。严查骗提骗贷，结合扫黑除恶专项行动，开展打击骗提骗贷专项检查活动，2019年共查处骗提人员96人，全部纳入诚信黑名单管理。联合平阴县公安局推进骗提案件侦破，追回骗提资金115.7万元。

【“放管服”改革】 2019年，济宁市住房公积金管理中心精简业务要件，推进“减证便民”，取消缴存证明、提取证明、未婚证明、收入证明、关系证明等10项证明事项。取消全部住房公积金业务的材料复印件，实现业务办理“无纸化”。推进综合服务平台建设，开通手机App、微信公众号、微博、网上业务大厅等多种线上服务渠道，截至2019年底，“济宁住房公积金”微信公众号关注人数超过20万人。积极搭乘其他服务载体，新增爱山东App、支付宝城市服务、市审批局一体机、商业银行App等查询渠道，进一步拓宽住房公积金业务查询办理途径。新增自助办理汇补缴、单位开户等单位线上业务和失业提取、异地转移、缴存证明打印、异地贷款缴存证明打印等个人线上业务。依托线上平台，有20余项住房公积金归集、提取业务实现“零跑腿”办理。推进大数据建设，实现户籍、婚姻、殡葬、住房、征信等信息的联网核查。与支付宝合作推行个人身份刷脸认证，有效避免业务办理风险。推进多点布局，市直及各县市区住房公积金服务网点达24处，实行相同的管理规定、办事流程、服务标准，为职工群众提供了“一站式”服务渠道和多点布局、就近办理的服务条件。

2019年3月，济宁市住房公积金管理中心城区第一管理部被授予“全国巾帼文明岗”荣誉称号（桂洋 摄影）

【标准建设】 2019年，济宁市住房公积金管理中心大力开展文明行业创建“标准建设年”活动，突出高标准建设、严要求管理，打造一流服务窗口，进一步提升文明创建形象。构建涵盖党务、政务、业务、服务四个大类，党建统领、廉政制约、行政管理、考核评价、业务发展、风险防控、信息保障、服务支撑等8个方面的“4+8”标准化体系，使各项工作标准化、制度化、规范化、体系化，互相融合、互为促进。对服务窗口进行精细化管理，优化窗口配置，为各公积金服务大厅统一配备了便民服务台、轮椅、雨伞、自助查询机、自动叫号机等服务设施，满足了职工群众事务需求。进一步完善服务制度，制定《工作纪律7不准、服务标准7做到》《晨会管理制度》《窗口工作人员仪表着装规范》等标准化管理制度。强调一线窗口服务规范和工作纪律，开展形式多样的服务效能和纪律作风检查，发现问题及时整改，树立了单位良好形象。

（桂洋）

泰　安　市

住房和城乡建设

【概况】 2019年，泰安市住房和城乡建设局勇做新时代泰山“挑山工”，大力弘扬住建铁军精神，不忘初心、牢记使命，砥砺奋进、攻坚克难，圆满完成各项工作目标和重点任务。擂鼓石大街西段（府前街）、环山路东延、学院路等城市道路先后竣工通车，内通外联的城市路网体系逐步完善。泰安市城市品质提升三年行动工作会议召开，海绵城市、地下综合管廊等基础设施建设步伐加快，国电高背压改造、国电供热东线工程先后完成，泰城西部热源一期工程全面启动，顺利通过国家节水型城市现场复查考核，泰城城市供给保障能力和公用事业服务水平不断提升。住建领域供给侧结构性改革、新旧动能转换步伐加快，全市城建完成投资61.39亿元、房地产开发完成投资206亿元、村镇建设完成投资125.67亿元、建筑业完成总产值1065亿元，行业服务水平和综合实力显著提升。市住房城乡建设局连续十二年保持“省级文明单位”称号，被省委、省政府授予“攻坚克难奖”先进集体，被市委授予“新时代泰山‘挑山工’十面红旗”，获2019年度市直机关绩效考核先进单位。

【房屋征收】 2019年，泰安市住房和城乡建设局全力参与推进擂鼓石大街中段、环山路东延、灵山大街东段扩宽改造、北上高大街、山水林田湖草梳洗河等重点工程建设，共征收拆迁各类房屋约25万平方米。先后完成灵山大街东段、双龙路、迎胜南路等10多条道路的实地调查测算。扎实开展漠视侵害群众利益问题专项整治，对全市2011年以来市、县组织实施的征收项目进行监督检查。全年受理“服务民生狠抓落实”转办事件22项。对灵山大街中段涉及的96户回迁安置房办理了产权证。解决了1999年泰山大街拓宽改造项目（原泰山金属回收公司）、2010年环山路中段改造项目（泰前社区拆迁补偿款、指挥部代建进贤村回迁楼工程款补偿）等历史遗留问题，群众的幸福感、获得感显著增强。先后对擂鼓石大街中段等重点工程，农大东校区等6个城中村改造，儿童乐园等4个社会单位进行监督检查，共涉及房屋拆除工地40余处，督促防治措施落实到位，全年未发

2019年3月21日，泰安全市住房城乡建设工作暨勇做新时代泰山“挑山工”主题实践活动推进会议召开　　（李燕　摄影）

生一例拆除安全事故。

【依法行政】 2019年，泰安市住房和城乡建设局完成了执法主体资格清理和规范性文件制定主体清理工作，利用山东省权责清单梳理系统，及时认领部门权责事项，编制完成《泰安市住房和城乡建设局权责清单》。加快推进政务服务标准化，对照全省统一的标准规范，对政务服务事项基本要素进行组织梳理，完善事项实施清单。进一步强化行业监管职能，先后开展了“互联网+监管”“行政处罚和行政强制网络运行”等工作。印发《工程建设项目审批制度改革事中事后监管实施方案（试行）》，进一步深化工程建设项目审批制度改革，加强项目审批事中事后监管。积极推进“双随机、一公开”监管，市及各县市区住建部门抽查建筑业企业50家、工程监理企业5家、造价企业5家；抽查招标代理机构12家，检查项目33个，反馈整改意见150条；抽取43项单体工程进行了实体质量检查。先后开展“与现行开放性政策不符的规范性文件清理工作”“地方性法规和行政规范性文件清理工作”，对2019年5月31日前，由部门起草、以市政府及市政府办公室名义制发的11件规范性文件进行了集中清理。

2019年8月1日，泰安擂鼓石大街西段（府前街）改造工程通车 （李燕 摄影）

【行业安全】 2019年，泰安市住建系统安全生产形势持续平稳，全年召开6次党组会，12次安全生产工作专题会，召开全市建筑工程质量安全工作会议。制定印发《2019年房屋市政工程施工安全风险隐患排查治理行动方案》《全市住建系统迎接建国70周年安全生产专项整治行动实施方案》《关于做好今冬明春建筑施工安全生产工作的通知》《全市住建系统安全生产集中整治工作实施方案》等一系列安全生产文件。严格落实地方党政领导干部安全生产责任制规定，加大安全监管和服务指导力度，压实各级住建部门监管责任，全年开展各类安全督查检查11次，共随机抽查45个施工现场、企业，督导整改问题206处。2019年，全市检查在建工程项目653个、单体3829个、建筑面积2896万平方米，下达安全限期整改通知书1834份，停工整改通知书440份，整改安全隐患10619条。

【新型城镇化】 2019年，《泰安市新型城镇化发展规划（2015—2020）》《泰安市人口市民化规划》有效实施。全市实现109098人农业转移人口市民化，获得省级城镇化专项资金合计1200万元。坚持规划引领，肥城市编制了《肥城市新型城镇化规划2016—2020年》《肥城市总体规划》等。各镇街《镇域总体规划》修编工作在推进。坚持“人”为核心，树立试点市县“全域发展”理念，聚焦城乡居民生产、生活需求，推进城乡基础设施完善和公共服务的均衡共享。引导试点城市发掘城市经济发展动力特色，切实提高城市建设管理和发展水平。

【城区道路工程】 2019年，泰城重点城建项目任务之艰巨、协调范围之广、制约因素之多“前所未有”。投资38.85亿元，启动了11条城区道路建设。其中，环山路东延改造、学院路道路工程当年开工建设，12月16日竣工通车。擂鼓石大街贯通工程顺利推进，擂鼓石大街西段（府前街）拓宽改造历时30天，8月1日正式通车。龙潭路与灵山大街路口渠化及道路改造工程，30天完成建设任务，首次在道路上试点安装了两处便民服务设施——非机动车道及行人膜结构遮阳棚，受到市民的普遍欢迎。灵山大街东段、北上高大街、擂鼓石大街东段等5条城市道路建设工程在按照计划顺利推进。

【城区环境建设】 2019年，泰安市召开城市品质提升三年行动工作会议，印发《泰安市城市品质提升三年行动实施方案》，启动试点片区建设工作和试点项目申报工作。将海绵城市建设和地下综合管廊建设作为推进城市绿色发展、提高新型城镇化质量和城市现代化水平的重要工作，全市海绵城市累计建成面积70平方公里。全市地下综合管廊入库项目8个、22.04公里，形成廊体21.74公里。山水林田湖草梳洗河生态保护工程2019年8月开工，截至年底完成投资2.1亿元，完成总工程量的36.97%。山水林田湖草明堂河生态保护工程2019年8月份开工，完成投资2.38亿元，占比32.8%。

【城市清洁供暖】 2019年，泰安市城市（县城）计划新增清洁取暖面积280万平方米，其中泰城计划新增集中取暖面积180万平方米。截至2019年供热前，全市完工面积354.72万平方米，完工率126.68%，超额完成2019年清洁取暖建设任务。其中泰城完工面积226.55万平方米、完工率125.86%。

【城区公用设施建设】 2019年，泰安市通过狠抓水气热民生项目建设，加快基础设施改造，泰城城市供给保障能力和公用事业服务水平不断提升。年内，泰城实现最大日供水能力23万立方米，平均日供水量14万立方米，全年实现供水5152万立方米，水质综合合格率达100%。泰城供气量达到4.02亿立方米，各类燃气用户约45万户，建成各类燃气管道2000余公里，管网基本覆盖主城区，燃气普及率达100%。2019—2020采暖期，泰城集中供热入网面积3445万平方米，比上年新增325万平方米，实际供热面积1950万平方米，比上年新增145万平方米，总供热能力为2640万平方米。泰安市住房和城乡建设局深化水气暖报装改革，专人入驻市行政审批服务局窗口，实现水气暖报装工作“一窗受理”、现场转办。压缩现有报装申请材料，将申请材料压减至2项（申请表、图纸）。供水企业、供气企业、供热企业办理时间分别压缩至6个、9个、24个工作日内，比省住房城乡建设厅要求时限再提前一个工作日。

【建筑业】 2019年，全市完成建筑业总产值1065亿元，建筑业增加值253亿元，实缴税金38.9亿元，分别较上年增长25.48%、9.54%和22.85%。2019年全市建筑业企业出国出省施工

2019年9月8日，泰安环山路东延改造工程——芝田河大桥施工中
（王成科　摄影）

产值516亿元，比上年增长28.59%，占建筑业总产值比重为448.5%。肥城建筑业优势明显，全年完成建筑业总产值694亿元，占泰安市的65%，出国出省施工产值410亿元，占泰安市的79%。全市产值过20亿企业共计11家，产值过10亿企业共计13家，产值过亿企业共计84家。建筑市场信用体系建设初步建成，全市建筑市场诚信信息一体化平台已完成建设手续网上审批、企业数据库、人员库、信用信息等模块已和省一体化平台对接，实现了省要求的数据共享。

【勘察设计】 2019年，泰安市共有勘察设计单位83家，其中甲级资质单位15家，乙级资质单位24家，丙级资质单位18家，劳务资质26家；一类建筑工程施工图审查机构共2家。建设工程施工图数字化审查全面推行，2019年全市共进行设计文件审查1250项，建筑面积约2424.7万平方米，数字化审查率达81%；勘察文件审查549项，数字化审查率达95%。印发《关于贯彻落实工程建设项目审批制度改革部署全面推进施工图联合审查的实施意见》，将同一项目的消防、人防、技防等技术审查并入施工图设计文件审查；施工图审查系统纳入工程建设项目审批管理信息系统平台，实现了“统一平台、多审合一、结果互认、依法监管”的新模式。

【建筑工程质量管理】 2019年，泰安市住房和城乡建设局全面落实五方责任主体质量终身责任制、开展主体结构“双随机、一公开”检查、推行工程质量管理标准化、做好住宅质量常见问题专项治理。共监督工程423项，594万平方米，工程质量监督覆盖率100%。开展质量监督检查及日常巡查3100余次，竣工验收合格工程421项，建筑面积319万平方米，一次性竣工验收通过率达到100%。创建“泰山杯”房屋建筑工程4项、市政工程1项；省优质结构工程26项。

【建设领域节能减排】 2019年，泰安市全面执行居住建筑节能75%、公共建筑节能65%设计标准，推行新建建筑节能全过程闭合式管理模式，全市县城及以上城市规划区新建建筑节能强制性标准执行率，设计阶段和施工阶段均达到100%。扎实做好绿色建筑全过程监管，全市、县城、镇总体规划确定的城镇建设用地范围内新建民用建筑（3层以下居住建筑除外）设计达标率达到100%。全面落实政府投资或者以政府投资为主的公共建筑以及其他大型公共建筑，全部按照二星级以上绿色建筑标准进行建设，全年累计11个项目获得二星级及以上高星级绿色建筑评价标识，总面积89.19万平方米。强制推行太阳能一体化建设，全面执行新建高度100米以下城镇居住建筑、农村社区以及集中供应热水的公共建筑，应当安装太阳能热水系统，并与主体工程同步设计、同步施工、同步验收。全年新增太阳能一体化建筑面积401.31万平方米。全年完成既有居住建筑改造15.2万平方米，公共建筑改造6.17万平方米。泰安市疾病控制中心办公楼、山东第一医科大学第二附属医院（原泰山医学院附属医院）、泰安市中心医院均通过省级公共建筑节能、节约型医院监管平台示范项目验收。完善市级节能监测系统建设，新建及实施改造的国家机关办公建筑和大型公共建筑全面实现主体工程与用能分项计量、节能监测系统“设计、施工、验收”三同步，逐步扩大监测广度及深度。积极发展绿色建材产业。严格执行山东省建筑节能技术产品应用认定管理办法，加强建筑节能技术产品应用认定监督管理，改进和规范认定工作，年内办理山东省建筑节能技术产品应用认定证书200余份。

【建筑产业化】 2019年，《泰安市人民政府办公室关于进一步推进建筑产业化发展的意见》印发，提出了发展装配式建筑的具体目标和政策措施。2019年12月，市住建、发改、自然资源和规划、生态环境、行政审批等五部门联合印发《关于大力推广装配式建筑的通知》，从用地、审批、税费、技术等方面全方位落实扶持政策。2019年，泰安市新开装配式建筑技术建造的项目有水泉回迁社区六期、七期，山东科技大学东校学生公寓楼、西校学生公寓楼等项目，建筑面积53.64万平方米，超额完成了省下达的50万平方米的年度任务。泰安市共有四家省级装配式建筑产业基地，分别是泰安市联强远大住宅工业有限公司、山东鲁泰建材科技集团有限公司、山东世亚装配建筑工程有限公司、泰安市建筑设计院有限责任公司。建立了工程监理驻场监理制度，从原产料进场、加工，直至构件成品出厂、运送至施工现场安装使用，实现全方位、全流程严格控制，保证了构件的质量安全。全面贯彻落实建筑产业化相关标准规程，培养建筑产业化专业技术人员，做好人才储备，全年共培训专业技术人员、施工人员、产业工人100余人。

【建设工地扬尘治理】 2019年，泰安市住房和城乡建设局成立建筑施工扬尘防治工作领导小组，抽调100多名执法检查人员对建筑工地扬尘防治开展全覆盖、无缝隙监督检查。组织全市82家商品混凝土企业开展扬尘污染防治专项整治，强化属地管理责任和惩戒措施。修订发布《泰安市建筑工程施工现场扬尘防治工作导则》，细化“8个100%”扬尘防治标准。根据机构职能调整，泰城建筑工地扬尘治理监管职责自2019年8月23日起划转市城管局。

【农民工工资支付】 2019年，泰安市住房和城乡建设局将建筑领域农民工工资支付纳入施工现场日常管理，明确建设单位、总包单位、劳务企业工资支付责任，对实名制管理、劳动合同签订、工资发放、专用账户、管理台账等制度落实情况，以及工资发放公示牌、维权告知牌设置情况进行检查。在重大活动、节假日等重要节点进行专项检查，发现有欠薪隐患的，约谈建设单位、总包单位、劳务企业，明确发放办法、发放时间。推进农民工工资支付监管平台应用，实现在建项目考勤机与农民工工资支付监管平台联网全覆盖及专用账户与监管平台绑定、劳动合同上传等工作。2019年，市住房城乡建设局受理投诉案件60起，涉及1199名农民工，追回拖欠工资3276.74万元，比上年分别下降41.5%、51.94%、49.28%。

【房地产业】 2019年，全市房地产开发完成投资206亿元，商品房销售面积560.54万平方米，比上年减少7%；均价7678元/平方米，比上年增长16%。坚决整顿规范房地产秩序，积极参与房地产遗留问题处理，有序推进棚户区和老旧小区改造，积极发展住房租赁市场，开展既有住宅增设电梯工作，切实满足城乡居民多元化住房需求。推进房屋网签系统全国联网，完成全市联网及数据采集工作，办理商品房合同备案30812套。市区发放商品房预售许可证明211个，核准商品

2020年12月，采用装配式技术建造的泰安市高新区水泉社区
（李燕　摄影）

房现售许可126个。管理商品房预售资金监管项目73个，办理监管资金交存业务25063起，存入资金205.4亿元，核准使用商品房预售资金业务4903起，核拨资金187.5亿元。开展老旧小区摸底调查，制定改造计划，组织开展现场检查、绩效评价和星级评定。全市开工改造项目10个、2560户、25.2万平方米，开工率100%，改造资金约2208万元。调整既有住宅增设电梯试点工作领导小组，印发《泰安市城区既有住宅增设电梯有关手续办理导则》。泰城有31部电梯取得使用登记证，3部在建设，23部在办理前期手续。

【住房保障】 2019年，泰安市科学制定棚改规划，建立棚改项目库，积极争取上级棚改专项补助资金3.3亿元、发行棚改专项债券38.71亿元。全市棚改37个项目13396套全部开工，开工率100%；基本建成12020套，基本建成任务完成率137%。发放城镇住房保障家庭租赁补贴3165户，完成率243%。开展公租房资格核查5320余户，市区取消租赁补贴保障资格793户，调整租赁补贴金额15户，取消公租房保障资格并腾退115户，确保保障资源公平善用。

【物业服务行业管理】 2019年，泰安市住房和城乡建设局深入街道、社区、住宅小区、物业服务企业开展调研，摸清城区1130个小区物业管理情况和227个专业化物业管理小区基础信息，更新全市住宅小区信息数据库。完善以信用为核心的物业服务市场监管机制，推进物业服务企业信用档案与评级管理。搭建党建引领物业管理制度框架，打造党建引领“红色物业”品牌。市区住宅专项维修资金交存7952户，交存6827万元，累计归集92237万元；支用279笔，支用445万元，累计支用2898万元。

【村镇建设】 2019年，泰安市村镇建设总投资完成约125.678亿元。泰山区省庄镇安家庄村、新泰市龙廷镇掌平洼、宁阳县东疏镇胡茂村、东平县新湖镇冯洼村4个村庄被列为山东省第二批美丽村居建设省级试点。泰安市将农村危房改造工作与精准扶贫工作相结合，全年完成农村危房改造1117户，完成投资1506万元。2019年，泰安市在完成农村无害化卫生厕所改造任务的同时，主要在后续管护和规范提升上下功夫，坚持问题导向、目标导向，加强分类升级，提升建设标准，做好建管衔接。年内完成农村无害化卫生厕所改造1.37万户，增建管护服务站78个、增加技术服务人员562人、购置吸粪车149台、便携式吸粪器7300个，在后续管护上总投资约8000万元，提前完成年度任务。2019年市委、市政府拿出2000万元资金奖励各县市区，用于后续管护工作。

（李燕）

城市管理

【概况】 2019年，泰安市城市管理局以习近平总书记提出的“城市管理应该像绣花一样精细”为根本目标，坚持问题导向，理顺城市管理体制，推动泰安市城市管理委员会办公室工作高效运行，解决多年来未能化解的城市管理问题2.6万余件。构建管理、执法、服务“三位一体”工作格局，全力打好蓝天保卫、雨污分流、创建全国文明城市、城市功能配套提升“四大攻坚战”，推动城市管理工作迈上新的台阶。

【管理体制改革】 2019年，泰安市城市管理局承担起数字化城市管理、市容市貌、环境卫生、市政设施运行、园林绿化、城市广场、城市排水、污水处理、建筑渣土和工地的管理等职能及市级管理区域的城市管理执法工作。局机关内设办公室、人事科、信息人才科技科（挂宣传科牌子）、财务审计科、法规科（挂案件审理科牌子）、市容环境管理科、市政设施管理科（挂城市防汛指挥部办公室牌子）、园林绿化管理科、建筑渣土管理科 9 个科室和机关党委，下设市城市管理行政执法支队、市环境卫生管理处、市城市管理指挥调度中心、市园林绿化处、市城市广场管理处、市城市排水管理处、市建筑渣土和工地管理服务中心 7 个副县级事业单位，市城市管理服务中心、市城市路灯照明管理所、市城市道路桥梁管理所、市城市排水管网管理所、市市政工程建设中心 5 个正科级事业单位，以及泰晟环境服务（山东）有限公司。

【城区容貌整治】 2019 年，泰安市城市管理局深入开展户外广告整治，拆除各类违规户外广告 2.7 万余处、40 多万平方米，楼顶广告、立柱广告全部清除；牵头开展京沪高速铁路沿线环境综合治理，涉及泰安市的 180 件问题已全部完成整改。

【环卫保洁】 2019 年，泰安作为全国第一批生活垃圾分类示范城市和全国强制分类城市之一，创新推行“2+2”垃圾分类模式（强制分类 + 引导分类、专业分类 + 社会参与），打造生活垃圾分类“泰安样板”，中心城区建成垃圾分类示范片区 78 个，城区生活垃圾分类设施覆盖率达 54%。全市 92 个乡镇全部实现城乡环卫一体化，集中式生活垃圾处理覆盖率和垃圾无害化处理率均达 100%。在 2019 年省对市乡村振兴战略实绩考核中，300 户以上自然村公厕普及工作、城乡环卫一体化工作，分别在全省排名第一位、第八位。10 月 9 日，省长龚正到泰安调研，对泰安市垃圾分类、环卫设施工作给予充分肯定。

2019 年 8 月 13 日，泰安市召开生活垃圾分类现场推进会
（秦会勇　摄影）

【智慧城市】 2019 年，泰安市城市管理局对数字化城市管理平台进行改造升级，研发城市内涝预警管理、渣土运输管理等 7 个业务子系统。与公安“天网”平台共享视频监控资源，整合环卫、园林、市政、排水等局属单位视频监控 244 路，实现对重点路段、重点区域、重要节点的实时监管。自行处置和督导各城市管理责任单位处置各类城市管理事项 47.6 万余件，案件转办率 100%，处置率达到 92% 以上。

【园林绿化】 2019 年，泰安市城市管理局累计栽植各类乔木 9 万余株，数量是前三年的总和，栽植各类灌木 27 万余株，地被、模纹 31 万余平方米，各类花卉 12 万余株，治理超高土 25 万米，整理下沉式树穴近 4000 个。对城区 152 棵古树名木全部建档，定期对长势和安全保护等情况进行巡查。强化病虫害防治，对 9600 余株法桐喷施“悬铃散”，对杨柳注射“杨柳净”1.2 万余支。

【市政设施】 2019 年，泰安市城市管理局完成道路、桥梁、路灯、排水管网、污水处理等各项管理工作，修补路面、道板 4.2 万余平方米，更换桥梁支座 100 余个；加装路灯 100 余基，维修路灯 5600 余盏次，亮灯率达到 99% 以上。整修、更换雨水篦子 3300 余套，改造雨水口 33 座，疏通排水管网 1000 余米，奈河河道清淤 2000 余立方；

处理污水6100万吨，污水处理率达到97%以上。牵头开展中心城区黑臭水体整治，城区黑臭水体基本清除。

2019年5月25日，泰安市城市管理局组织开展城市防汛抢险救援演练
（秦会勇　摄影）

【城市防灾】 2019年，泰安市城市管理局切实抓好金山、蒿里山两山防火工作，整改火灾隐患10处；对城区10处易涝点进行整治，完善城市防汛和极端天气应急预案，建立由相关局属单位600余名人员组成的应急抢险队伍。积极应对台风"利奇马"，两天雨量200多毫米，市区多年来首次做到无积水、无人员伤亡。

【城市广场】 2019年，泰安市城市管理局在泰山广场新增绿化带2600余平方米，栽植各类苗木3.5万余株，实施便民步桥安装工程，铺设健身步道3.3公里，对广场地面、周边人行道和音乐喷泉进行改造，对高铁站出口绿地进行改造，有效缓解出站口人车汇集问题，进一步美化城市窗口。

【城市管理执法】 规范市容秩序。2019年，泰安市城市管理局坚持早六晚九错时延时执法制度，确立第一次警告、第二次最低罚、第三次顶格罚的工作标准，实行全区域、全天候巡查执法，共清理占道经营、店外经营3.2万余处，整治城市"六乱"3.5万余处。

不文明养犬专项整治。2019年，泰安市城市管理局立足维护绝大多数市民群众利益，组织开展不文明养犬专项整治，累计摸排养犬户17.5万户，制止遛犬不牵绳、不按规定时间遛犬等不文明养犬行为620余起，抓捕流浪犬100余只。

城市管理立法。2019年11月29日，《泰安市户外广告设施和招牌设置管理条例》经省十三届人民代表大会常务委员会第十五次会议批准，于2020年1月1日正式施行。《泰安市户外广告设施和招牌设置管理条例》共六章，四十一条，分为总则、规划管理、设置规范、安全维护、法律责任、附则。推进《城市生活垃圾分类管理条例》《城市建筑垃圾管理办法》等立法工作，制定《城管公安联合执法事项清单》，建立完善联合执法和城市管理审前和解工作机制，奠定坚实的城管执法保障。共立案1800余件，结案1500余件，罚没收入975万余元，罚款额是上年的5倍。

2019年11月15日，泰安市城市管理局与山东大学合作建设泰安城市固废综合利用研究院合作项目举行签约仪式
（秦会勇　摄影）

【城市管理服务】 2019年，泰安市城市管理局推进服务方式改革，实施“微城管”微信公众平台，10月2日上线后，每天平均接收市民投诉城市管理事项70件。在审批服务窗口推行贴心代办和一次办好等“店小二”式服务，市城市管理局进驻服务窗口被评为2019年度“最美服务窗口”。受理、转办“12345”便民服务工单7700件，问题办结率100%，案件处置时间压缩50%，群众满意率保持全市领先，热线办理工作考核四年蝉联第一。探索城市治理新途径，以“党务、业务、服务”有机融合为目标，2019年试点推进城管服务驿站建设，服务市民、游客50万人次。推行大件垃圾免费收运、可回收垃圾上门收运等服务，进一步方便群众生活。推进城市管理“六进”（进学校、进社区、进店铺、进机关、进工地、进企业）志愿服务活动1000次，进店铺宣传1万家，营造广泛参与、人人支持城市管理的良好氛围。

【大气污染防治】 2019年，泰安市城市管理局加强工地扬尘治理，将工地管理范围扩展至周边乡镇，按照“10个100%”（施工现场100%围挡；施工现场100%洒水清扫，全程湿法作业；驶出车辆100%冲洗；施工道路100%硬化；裸露场地、土堆及物料100%覆盖；渣土车辆100%密闭运输；扬尘在线自动监测设施100%安装；远程视频监控系统100%安装；施工现场物业保洁100%；建筑单体外立面和主体每楼层内外积尘100%冲洗洁净后，撤除遮挡防护网）标准严格管理在建工地202处，依法停工125处。查扣渣土车等车辆160辆，查处各类违规运输行为120起。委托第三方机构，实时检测市级管理543家餐饮业户、522个点位的油烟数据，依法查封79家，关停8家，破解餐饮油烟污染治理难题。

【雨污分流】 2019年，泰安市城市管理局组建排水管网雨污分流改造工程指挥部，坚持管网状况勘察和设计方案优化同步走，两个多月完成136条主次干道、1700余个庭院单位、10条河道及支流排水管网普查。把原先新建管道628公里优化成78公里，改造小区600多个，优化成79个，既大幅缩短了工期，又节约了大量资金。开工道路管线27公里，非开挖清淤管网施工91公里，分别占任务总量的34.6%和30.3%，圆满完成全市2019年重点任务标旗推进要求，并经市重点任务工作领导小组考核通过，给予标旗。

【全国文明城市创建】 2019年，泰安市城市管理局对照全国文明城市测评体系标准，细化29项创城任务，迎审期间全局上下全员上岗，确保各项指标不丢分，保障了泰安市在全国文明城市创建测评中位居全省前列。

【城市功能配套提升】 2019年，泰安市城市管理局积极参与道路工程建设，擂鼓石大街顺利

2019年，泰安市城市管理局推行“座谈交流＋微互动＋观摩＋体验”城管执法新模式。图为2019年5月10日，岱庙执法所与辖区近20名商户面对面沟通座谈，之后前往创城示范街道观摩学习，与执法人员一道执法，体验城市管理工作 （秦会勇 摄影）

贯通，岱北街改造，岱庙文化广场周边道路拓宽，东岳大街以北、望岳东路、望岳西路至环山路人行道改造，龙潭路与灵山大街交汇处渠化改造等工程全面完成，打通学院路等“断头路”。新建9座旅游公厕，新增2000余个分类垃圾桶，改造5处公交港湾，在天外村地下通道加装4部自动扶梯，进一步提升了城市品质。

（张鸿洁　许潇如）

住房公积金管理

【公积金归集扩面】 2019年，泰安市住房公积金管理中心强化征收措施，将2019年确定为“归集扩面年”，出台《关于进一步加强住房公积金归集扩面的实施意见》。完善一系列激励委托银行协助归集的政策，把征收完成情况与各委托银行存款挂钩，调动各银行的积极性。提请市住房公积金管理委员会审议通过《泰安市住房公积金行政处罚办法》《关于报送失信主体名单、实施联合惩戒暂行办法》，促进了公积金征收。全年全市缴存额43.3亿元，完成全年计划的113%；全市累计归集住房公积金324.3亿元，归集余额130亿元；全市缴存单位达到5756个，缴存职工达479110人。

【公积金贷款】 2019年，泰安市住房公积金管理中心调整规范信贷政策，修订完善按揭贷款管理办法，终止与担保公司的担保业务，取消房地产开发企业公积金按揭贷款担保保证金，出台《违规提取公积金处置办法》，坚决打击骗提骗贷。2019年全市共发放个人住房公积金贷款28.7亿元，完成全年计划的266%，比上年增长9%；全市累计发放个人公积金贷款194.7亿元，贷款余额113.6亿元。加强信贷风险防控，及时防控逾期贷款的发展，全市住房公积金贷款逾期率为0.08‰。2019年末，累计发放项目贷款2.92亿元，累计试点项目7个，建筑面积20.6万平方米，可解决2580户中低收入职工家庭住房问题。

【资金管理】 2019年，泰安市住房公积金管理中心加强资金效益核算和定期存款管理，落实协定存款利率上浮措施，提高资金收益，使公积金增值收益达到最大化。2019年，全市实现住房公积金增值收益20664万元，比上年增长22%，增值收益率达1.67%，高于部、省下达的1.2%的指标水平。加强内部审计监督，全年共抽查业务档案21394份，规范了业务操作。

【公积金服务】 2019年，泰安市住房公积金管理中心加强信息化建设，顺利通过住房城乡建设部“双贯标”验收，完成全国数据平台接入和异地转移接续直联上线，累计传送存量数据3000余万条。探索个性化延伸服务，相继开展志愿服务岗、绿色通道服务、高层次人才、预约服务、延时服务、双休日便民服务6项个性化服务。建立住房公积金舆情报告制度，在市政府政务服务热线考核考评中，综合考核成绩名列前茅，群众满意率、回复群众率和按期答复率连续居所在类别前3位。

（张柏青）

威 海 市

住房和城乡建设

【概况】 2019年，威海市住房和城乡建设局以习近平总书记“威海要向精致城市方向发展”的殷切嘱托为总目标总方向总遵循，全面启动精致城市建设三年行动，起草了国内首部精致城市建设地方法规，统筹推进68项重点示范项目，完成口袋公园建设、棚户区改造、老旧小区整治等一大批民生项目，举办了第十届中国（威海）国际建筑设计大奖赛暨人居节、精致城市沙龙角论坛等一系列活动，基本解决了10.4万套房屋办证问题，盘活处置闲置项目和“半拉子”工程125项，扎实开展“党建引领红色物业”，圆满完成“不忘初心、牢记使命”主题教育和住建系统机构改革，威海市成功获批全国首个“美丽城市”建设试点城市，威海市精致城市建设办公室获得山东省“攻坚克难奖”先进集体称号。

【机构改革】 2019年1月3日，新组建的威海市住房和城乡建设局正式挂牌成立，整合了原威海市住房和城乡建设局、威海市城市管理与行政执法局的职责，以及威海市住房公积金管理中心承担的行政职能，威海市住房和城乡建设局所属事业单位承担的相关行政职能，作为威海市政府工作部门，正处级规格，加挂威海市城市管理行政执法局、威海市精致城市建设办公室牌子。

【精致城市建设】 2019年，威海市住房和城乡建设局把“精致城市”作为新时代城市建设重大课题，坚持边实践、边探索、边完善。启动精致城市建设三年行动，建立起包含385个项目的三年行动项目库，科学勾画出精致城市建设路线图。2019年着力推进68项示范项目，完成海滨南路—上海路环岛改造、韩乐坊街区改造等一批重点项目。克服没有现成经验借鉴的困难，起草完成《威海市精致城市建设条例（草案）》，把创新、协调、绿色、开放、共享的发展理念融入制度设计全过程，是国内首部精致城市建设地方法规。完成《威海市精致城市建设标准体系指标体系篇（讨论稿）》《威海市精致城市建设规划纲要（讨论稿）》，明确了精致城市建设路径、策略及衡量标准。组织专题学习会、专家研讨会、高层论坛等10场（次），累计邀请院士、大师级专家31人次，举办14期精致城市沙龙角论坛，举办威

2019年7月28日，威海市举行第六期精致城市沙龙角论坛
（王新波　摄影）

海首届精致城市评选活动，共评出精致建筑、精致公园等10大系列56个示范项目，投票总量达到1亿余人次。成功获批全国首个“美丽城市”建设试点城市，口袋公园、街区改造等工作多次被央视和省级媒体报道。

【第十届中国威海国际建筑设计大奖赛暨人居节】 2019年9月25日—28日，第十届中国威海国际设计大奖赛暨人居节举行。活动以“精致城市·人居典范”为主题，举办了中国建筑学会2019年度理事大会、梁思成建筑设计奖获奖者论坛、精致城市建设高层论坛等6项主题活动，是威海市城建领域层次最高的活动。活动期间，国内外建筑设计领域的顶尖专家学者，全国各地建筑科技工作者、建设者、管理者，高校师生、建筑从业者以及社会各界人士等800余人齐聚威海，其中，院士、大师13名。本次建筑设计大奖赛首次引入命题创作，比赛题目围绕威海本地具体地块的建筑设计展开，来自中国、西班牙、日本、意大利等国家和地区的2456名建筑设计师提交了987份参赛作品，其中崔愷、何镜堂等院士参赛作品17份；来自美国康涅狄格州立大学、澳大利亚蒙纳士大学、中央美术学院、同济大学、北京交通大学等58所高等院校的289名大学生提交了135份作品。参加评审的10余位建筑行业顶级专家对命题大赛的作法给予高度认可，并从1122份参赛作品中评选出2项金奖、8项银奖、15项铜奖、90项优秀奖。

2019年9月27日，威海市领导参观第十届中国（威海）国际人居节系列学术展览 （朱春晓 摄影）

【历史遗留问题化解】 2019年，威海市按照“边办证、边追缴、边查处”的思路，10.4万套长期办不了证的房屋达到办证条件，受益群众约7.7万户，超额完成2019年度为民办实事项目提出的5万户承诺目标，群众“办证难”这一历史遗留问题得到基本解决。2019年3月，启动闲置项目和“半拉子”工程处置工作，仅用10个月时间盘活利用或复工建设125个，其中“半拉子”工程48个，闲置项目77个。

【海绵城市和综合管廊建设】 2019年，威海市完成海绵城市改造9.7平方公里，累计完成市区海绵城市建设37.5平方公里。组织实施环山路、松涧路、寨北路地下综合管廊建设，新建地下综合管廊5.7公里，累计建设地下综合管廊11条，完成管廊建设里程40.63公里，实现管线入廊152.5公里，入廊率达到36.6%，顺利通过国家试点绩效评估。

【市政基础设施建设】 2019年，威海市实施了精当规划与精美设计、精心建设、精细管理和精准服务等3大类、12大项、237个城建重点工程项目，累计完成投资141.91亿元。打通统一南路（崂山路—胶州路、凤林路至江家寨立交段上跨铁路桥）等9条断头路，推进大连路东延等5条道路工程，完成了海滨南路—上海路环岛改造，市区基本形成以内环快速路和城市主干道为道路网络骨架，次干道路、支路为道路网基础，布局结构合理、主次衔接有序的城市道路交通体

2019 年 12 月 13 日，威海城区环山快速路主线贯通

系。结合地下空间开发利用和城市道路建设，组织推进公共停车场建设，完成韩乐坊、抚顺路等 9 个公共停车场建设与改造，新增停车泊位 2800 余个。打造“十里夜威海”美丽时尚海岸线，重点实施威海湾暨刘公岛景观照明工程，完善刘公岛山体、岸线、岛上建筑等景观照明建设，优化威海湾沿线公园、商业建筑亮化设计，完成 123 栋楼宇亮化施工，海源公园等 8 处公园完成景观照明工程施工。

【房地产业】 2019 年，威海市新建商品住房销售面积 627 万平方米，销售均价 7624.57 元 / 平方米，外地人购房比例 49.06%。核发商品房预售许可证 1468 个，批准预售总面积 837 万平方米，实施预售资金监管总面积 1111 万平方米。威海市具有资质的房地产企业共 600 家，其中一级 2 家，二级 17 家，三级 73 家，四级 200 家，暂定资质 308 家，备案的中介机构 1784 家。

【房地产市场管理】 2019 年，威海市认真贯彻国家、省有关政策，紧紧围绕稳地价、稳房价、稳预期的调控目标，坚持“房子是用来住的，不是用来炒的”定位，落实一城一策、因城施策、城市政府主体责任的要求，保持调控力度不放松，住房价格总体平稳，市场预期趋于理性，房地产市场总体运行稳定。核发《商品房预售资金监管证明》212 个，办理各类合同网签 30870 份，合同备案 19201 份。培育和发展住房租赁市场，建成威海市住房租赁服务云平台，开展租赁平台业务操作培训，推广平台上线使用，录入 1394 家房地产中介机构信息。规范开发企业销售行为，实行日常检查和专项联合执法检查相结合的方式，对全市 52 家房地产开发项目销售现场进行了实地检查，约谈了部分项目负责人，对威海市云福房地产开发有限公司下达书面责令改正通知书，就房地产市场销售等问题，市政府明确各区按照属地管理原则，依法、及时、妥善处理房地产市场投诉问题。开展房地产中介机构专项整治活动，全市共检查中介机构 1670 家，对 9 家违规中介机构下达书面责令整改通知书。严查中介机构涉黑行为，对中心城区 63 家中介机构进行扫黑除恶执法检查。2019 年，威海市取得全国经纪人和经纪人协理资格证 456 人，达到全省前列。完善升级房屋交易

2019 年 5 月 21 日，威海市和平路停车场施工现场

（杨正　摄影）

与产权管理信息平台功能，将住宅专项维修资金的楼盘与房屋交易楼盘合并，实现维修资金业务与房屋交易业务数据共享，确保维修资金按时归集。

【住房保障】 2019年，威海市共发放住房租赁补贴423户，完成年度任务的117.2%；签订棚户区改造拆迁安置协议811份，完成投资4770万元，开工883套，开工率达到100%。研究出台《威海市关于进一步做好城镇住房保障家庭租赁补贴工作的实施方案》，于2020年1月1日正式实施。组织对全市住房租赁现状进行调研，起草完成《威海市区住房租赁补贴实施办法》，逐步扩大公共租赁住房保障范围。启动人才公寓建设，累计竣工投入使用2608套，入住1149套。

【建筑业】 2019年，威海市完成建筑业总产值375.6亿元，比上年（下同）增长10.2%；实现建筑业增加值72.01亿元，下降3.06%；新签合同额344.1亿元，增长22.5%；房屋施工面积2400万平方米，增长7.82%。创建省级工程总承包试点工程3项、试点企业2家，全过程咨询试点工程4项、试点企业8家，工程质量管理标准化试点8个。创建国优工程2项、建筑质量“泰山杯”工程4项、装饰装修“泰山杯”工程4项、省优质工程15项、市优质工程66项。创建国家安全标准化工地1个、省级安全标准化示范工地24个、市级安全文明标准化示范工程76个。开工装配式建筑87.5万平方米，新增高星级绿色标识项目16项，完成可再生能源建筑应用项目41个。

【建筑市场管理】 2019年，威海市启用新版建设工程电子交易系统，实行招标备案即时办理，全面取消纸质材料，取消招标代理机构对电子招标文件的收费，实现工程招投标交易全过程无纸化和“零跑腿”，招标备案环节缩短10天以上。研发运行建筑市场主体信用评价系统平台，建立市场主体信用评价和“双随机、一公开”监管机制，重点对在威海市从事房屋建筑和市政工程建设活动的建筑市场主体进行信用综合量化评分及信用评级。组建农民工工资支付监管平台。开展工程建设项目审批制度改革，提出取消小型工程施工图审查等创新举措。

【质量安全管理】 2019年，威海市住房和城乡建设局推进质量管理标准化，印发《工程质量提升行动专项实施方案》《关于公布全市工程质量管理标准化试点名单的通知》等，健全企业质量管理体系，完善现场质量管控制度。规范住宅全装修工程质量管理，落实市场主体责任，严格落实“样板房”、分户验收、质量保修等制度，加强室内空气、房屋交付等环节的预控和监督检查，切实解决好群众关心的质量和环保问题。推行安全管理标准化，制定《威海市房屋建筑施工起重机械安全管理手册》，从设备产权管理，产权单位、安装（拆卸）单位等参建单位管理以及操作人员和监督管理等10个方面明确标准、规范使用，推进起重机械设备管理标准化。开展安全生产集中整治，检查在建工程1556次（项），排查整治问题6142条。组织召开建筑施工消防安全和消防验收现场观摩会、建筑业新技术现场观摩会、建筑施工领域质量安全、消防验收、扬尘治理和劳务用工综合管理现场观摩会，提高施工现场管理标准化水平。

【物业管理】 2019年，威海市以“党建引领红色物业”为抓手，构建起市、区（市）、街道、社区上下联动、齐抓共管的四级责任体系，实现了物业行业党的组织和工作覆盖。先后开展“物业服务提升大走访”、住宅小区“把脉问诊”专项整治、“红色物业初心崇善”等活动。制定了《威海市物业管理办法（送审稿）》《威海市物业管理行业自律公约》等一系列政策文件，成立了矛盾纠纷调解专业委员会等6个专业委员会，建立前期物业招投标公开市场，启动物业行业精英培养计划，开展“红色引擎”示范引领工程，组织物业企业到社区报到，全力解决社区物业管理难点热点问题，威海市物业管理协会党委被评为威海市“红色引擎党建示范点”。结合机构改革，建立“物业+执法”机制，建立红色物业评价体系，打造“四位一体”物业管理监督机制。12345政务服务热线物业投诉率由年初的7.2%下降到0.4%。

【老旧小区改造】 2019年，威海市完成10个片区、34个老旧小区改造任务，涉及户数4921户，建筑面积40.65万平方米。其中，文登区改造单山片区、香岩片区、威凤片区、三里河片区、马家庵片区、西南庄片区、七里片区、汕头路南片区八个片区，乳山市改造城区街道组团、乳山口镇组团两个片区。组织开展老旧小区摸底调查，统筹规划老旧小区改造对象、标准及范围，优先将2000年前建成、建设标准不高、房屋年久失修、设施缺损不全、环境脏乱差、影响居民基本生活的老旧小区纳入改造范围，初步制定了《威海市深入推进老旧小区改造实施方案（2020—2025）》，计划分期分批完成633个老旧小区综合改造。

【村镇建设】 2019年，威海市7个镇入选“2019年度全国综合实力千强镇”，王家疃村入选全国开展美好环境与幸福生活共同缔造活动第一批精选试点村，新增第二批美丽村居建设省级试点4个、中国传统村落10个。改厕方面，建立健全农村改厕长效管护机制，印发《关于印发健全完善农村改厕规范升级和后续管护长效机制工作方案的通知》，在全市范围内推动农村改厕规范升级，推行农村改厕示意图并加强公示公开工作，全市累计实施改厕40.2万户，建成农村公厕206个。农村清洁取暖方面，改造完工47135户（集中供热18496户、分散取暖28639户），完成年度计划128%，超计划约1万户。危房改造方面，全面开展农村住房安全排查鉴定，健全建档立卡贫困户危房的动态监测、动态改造机制，改造建档立卡贫困户危房272户，其他危房30户。农村生活垃圾分类方面，荣成市被确定为山东省农村生活垃圾分类试点城市，充分考虑农村居民生活习惯和垃圾成分等实际情况，确定“一次四分”法（有害垃圾、可回收物、可燃垃圾、不可燃垃圾）分类模式，为试点村配备分类设施，并把垃圾分类纳入村级信用管理体系，与评先选优、农村信用基金挂钩，实现了883个村居全面覆盖。

【园林绿化】 2019年，威海市以群众需求为导向，充分发挥口袋公园在丰富市民休闲生活、提升城市品位、完善绿地功能及城市修复等方面的作用，充分考虑不同年龄、不同类型人群的需求，通过景观打造，场地铺装，安设健身设施、儿童游乐设施、休憩座椅等配套设施，新建、改造悦舞园、稚乐园、松岭园等32处口袋公园。推进山体公园建设，建成笔架山文体公园、摩天岭公园及曲阜山体公园等3处集游览、观赏、休憩、

威海秀水园全景　（孙大伟　摄影）

科普教育及健身娱乐等于一体的综合功能山体公园。建设完成环海路、昆山路等地绿道 21.6 公里，市区范围内建设绿道长度已达 313 公里，让城市更自然、更生态、更有特色。

2019 年 10 月 12 日，威海市文登区生活垃圾焚烧厂主厂房完工
（钟宇星　摄影）

【城镇供气】　2019 年，威海市天然气供应量 28450 万立方米，比上年增加 3750 万立方米；液化气供应量 35684 吨，增加 13402 吨。其中，市区天然气供应量 15000 万立方米，增加 100 万立方米；液化气供应量 13734吨，减少 1908 吨。截至 2019 年底，全市各类燃气管网总长度为 4640 余公里，其中中高压管网 2099 公里，各类燃气用户 80 余万户。推进天然气管网建设，相继完成荣成埠柳镇、乳山下初镇和冯家镇 3 个镇的天然气管网建设工作。

【城镇供热】　2019 年，威海市升级改造原有供热管网 123 公里，新铺设供热管道 290 多公里，改造换热站 192 座，新建换热站 108 座。新增供热入网面积 795 万平方米，总入网面积 1.04 亿平方米，实际供暖面积 5521 万平方米，其中清洁能源供暖面积 695 万平方米。开展蒸汽热网普查改造、老旧管网普查工作，整改各类问题 355 项。开展蒸汽热网改造工作，对中心城区 175 处中小工商蒸汽用户实行“汽改水”，中心城区 5 个蒸汽供热站房改成热水供热，涉及用户 40 多家，完成改造面积 135 万平方米。

【环境卫生】　2019 年，威海市城市道路清扫面积 4485.83 万平方米，其中机械清扫 3536.52 万平方米，机械清扫率 79%；清运生活垃圾 107.34 万吨，全部日产日清；无害化处理量 107.34 万吨，无害化处理率 100%；环卫公厕 258 座，水冲公厕比率 100%。新建、改建民生公厕 16 座，开展市区公厕专项整治，累计摸排各类公厕 606 座，排查整改问题 198 个，公厕环境差、设备设施损坏、配套不完善等问题有效改善。10 月 22 日，文登区生活垃圾焚烧发电项目建成并投入使用，新增处理能力 1050 吨 / 天，标志着威海市生活垃圾处理实现“零填埋”。全面开展城市生活垃圾分类。制定建筑垃圾资源化利用方案，创建深度保洁道路 51 条。

（邱雅晖）

城市管理行政执法

【概况】　2019 年，威海市住房和城乡建设局发挥机构改革优势，从细微处入手，狠下“绣花”功夫，把精致精细理念融入城市治理全过程各层面。完成市城市管理委员会工作机制调整，发挥牵头抓总作用，实现数字城管扩面升级，累计受理城市管理案件 10 余万件，结案率 94.5%。开展了市区春季环境、农村环境卫生、铁路沿线环境综合整治，以及建筑扬尘、户外广告、违法建设等 12 类专项整治，创建深度保洁道路 51 条，清理违法建设 170 万平方米，拆除户外广告 1070 处，整治门头牌匾 260 余处，拆除邮政报亭、蓝媒驿站 83 处，圆满完成威商大会等重大活动环境保障。

【数字城管扩面升级】 2019年，威海市住房和城乡建设局结合机构改革，完成市城市管理委员会工作机制调整，研究制定了《威海市城市管理委员会议事规则》《威海市城市管理委员会办公室工作细则》《威海市城市管理委员会成员单位工作职责》等规范性文件，建立城市管理运行工作机制，切实发挥市城市管理委员会牵头抓总、统筹协调作用。制定城管平台拓展方案，将荣成、乳山、南海新区接入平台系统，数字城管面积达到362平方公里，重新划分管理网格，组建巡查队伍，完善信息采集处置模式，实现“数据一个库、管理一张网、监管一条线”，案件采集质量和办理积极性显著提升，累计受理城市管理案件10余万件，结案率94.5%。

【铁路沿线环境综合整治】 2019年，威海市住房和城乡建设局组织开展青荣城际铁路威海段沿线环境综合整治，消除沿线安全隐患，进一步整治沿线脏乱差和违法建设，实施沿线环境净化、绿化、美化，全面提升沿线环境质量，打造沿线绿色生态长廊。累计整治沿线安全隐患问题137个、环境秩序问题26个。

【海岸带综合整治修复】 2019年12月12日，《威海市海岸带综合整治修复实施方案》正式印发，威海市海岸带综合整治修复工作全面启动。12月19日，威海市政府组织召开专题会议对海岸带综合整治修复工作进行部署。本次整治工作对海岸线“伤疤”“死角”和历史遗留问题进行全面清理，通过海岸环境、非法用海、陆源污染、港口设施、海洋污染、海洋渔业基础设施、海岸生态、滨海休闲带等“八项整治修复工程”，切实提升岸线生态功能和环境秩序，还原精致岸线生态原貌，构建“水清、岸绿、滩净、湾美”的黄金海岸线，打造“精致城市·幸福威海”靓丽名片。

【违法建设治理】 2019年，威海市住房和城乡建设局根据省市治违办的统一部署，督导各区市按照“一违一档，科学处置，销号管理”的思路对存量违法建设进行处置。强化动态跟踪，保证实事求是、数据一致；通过量化责任目标、倒排处置期限等手段，每周进行进度监管、每季度进行治理情况通报，确保加快拆除进度。各区市共治理各类违法建设3899处、170万平方米。

【停车秩序专项整治】 2019年8月26日至9月底，按照“市级牵头、各区主责、部门落实”的工作原则，威海市城市管理委员会牵头组织各区政府（管委）及公安、住建、应急、机关事务、城投集团等相关部门，对青岛路、海滨路、统一路、文化路、世昌大道等35条主要道路和公共场所开展停车秩序专项整治。共清除地桩、地锁、反光锥、专用停车牌等153处933个。对祥云、威高、观海等居民小区施划停车位34952个，清理僵尸车718个。通过整治工作，市区主要道路、公共场地、居民小区等部位停车泊位施划较为规范，车辆停放秩序明显改善。

2019年6月9日，威海市环翠区执法局温泉中队拆除温泉镇栾家店村违建，面积约2600平方米

【餐饮油烟污染防治】 2019年，威海市住房和城乡建设局根据《威海市饮食业油烟污染防治办法》，采取部门自评、现场调研等多种形式，指导油烟污染防治工作。市住房城乡建设局、市生态环境局联合印发《威海市饮食业油烟污染举报奖励办法》，鼓励公众积极参与。印发5000余份《饮食业经营者相关法规告知书》，确保经营者提前在前期选址和办理相关手续时符合规定环保要求。严肃查处餐饮油烟污染行为，组织开展露天烧烤专项整治行动，对新威路、统一路、海峰路、塔山中路等露天烧烤夜查53次，清理309处，依法处罚3起罚款1500元，约谈32家经营业者。

【早夜市规范整治提升】 2019年，威海市住房和城乡建设局结合特色街区改造等契机，因地制宜组织开展早夜市规范整治提升行动。严格按照《早夜市设置标准》的有关要求，坚持标本兼治、惩防并举原则，通过明查暗访等形式加强对超区域经营、摊位摆放不整齐、垃圾清理不及时、开闭市不按时等问题的督导管理，共组织专项检查巡查91次，下发整改通知书35份，督导市场管理方现场整改138次，约谈市场管理人28次，现场清理货柜49个，整顿车棚停车秩序23次；引导279个流动摊点入市经营，清理占道经营、探头经营350余次，整改卫生脏乱差行为372余次，并为东城路夜市配备了灭火器60组、垃圾桶110个，处罚市场开办方2次6000元。市区31个早夜市均完成规范整治。

【市区侵占公共用地种植农作物整治】 2019年，威海市住房和城乡建设局印发《关于开展市区侵占公共用地种植农作物集中整治行动的通知》，组织各区对城市道路两侧、生活小区、城郊林地等公共区域种植农作物问题进行全面排查，集中清理，配套跟进绿化、硬化等措施，恢复公共用地的公共属性。清理完成问题点1024处、17.79万平方米，完成绿化996处、17.45万平方米。

（邱雅晖）

住房公积金管理

【概况】 2019年，威海市住房公积金管理中心坚持加大征管力度，保障范围稳步扩大，适时调整管理政策，资金使用持续向好，健全完善制度机制，风险防控扎实有效，积极推进流程再造，“一次办好”成效显著，着力推进文明创建，树立良好行业形象，全市住房公积金综合指标稳步增长，业务运行平稳有序。2019年，新开户单位941家，实缴单位6060家，净增单位437家；新开户职工4.18万人，实缴职工37.29万人，净增职工0.85万人；缴存额42.48亿元，比上年（下同）增长7.65%。截至年底，缴存总额307.09亿元，增加16.05%；缴存余额148.96亿元，增加12.35%。2019年，提取额26.11亿元，增长9.98%；占当年缴存额的61.46%，增加1.30个百分点。2019年末，提取总额158.14亿元，增长19.78%。2019年，发放个人住房贷款0.41万笔12.90亿元，分别下降46.94%、48.37%。2019年末，累计发放个人住房贷款8.91万笔220.95亿元，分别增长4.82%、6.21%，贷款余额123.08亿元，减少0.53%。个人住房贷款余额占缴存余额的82.63%，减少10.69个百分点。2019年，增值收益20475.32万元，增长8.13%。

【缴存基数和比例调整】 威海市住房公积金管理中心根据国务院《住房公积金管理条例》的规定，对2019年度住房公积金缴存基数和缴存比例进行了调整。2019年度职工住房公积金缴存基数按照职工本人2018年度月平均工资总额核定。工资总额按照国家统计局《关于工资总额组成的规定》计算。2019年度职工住房公积金月缴存基数最高限额调整为16800元，最低限额为2010元。住房公积金缴存比例方面，职工本人和单位住房公积金缴存比例分别不低于5%，最高不高于12%。缴存住房公积金确有困难的单位，经本单位职工代表大会或工会会员代表讨论通过，报市住房公积金管理中心批准后，可申请降低缴存比例或者缓缴，待单位经济效益好转后，再提高缴存比例或者补缴。

【公积金贷款和提取使用政策调整】 2019年12月25日，威海市住房公积金管理委员会印发《关于调整部分住房公积金使用政策的通知》，调整了部分住房公积金使用政策。夫妻双方均符合贷款条件的贷款额度由最高50万元提高到60万元。双一流大学毕业生申贷条件由连续正常缴存12个月放宽到6个月，贷款额度不与公积金账户余额挂钩。加装电梯可提取公积金，申请人提供经业主共同确认的出资协议及一年内的出资证明，可以提取本人及配偶的住房公积金，提取额不能超过出资的费用。恢复执行异地贷款政策，户籍属于威海市辖区范围的职工，在外地就业并缴存公积金，在威海市购买住房可以申请公积金贷款。恢复执行商业贷款转公积金贷款政策。缴存职工已办理商业住房贷款不超过三年，且所购房符合现行公积金贷款条件的，可在提前一次性还清商业贷款后一个月内申请公积金贷款，贷款额不超过一次性还清商业贷款的金额。取消二次申请公积金贷款年限限制，首次公积金贷款结清后再次申请公积金贷款，不受间隔3年的时间限制。开展公积金余额抵扣公积金贷款业务，公积金贷款职工可以通过网上服务厅和手机App申请夫妻双方公积金余额抵扣部分贷款本金。

（王漓江　王楠）

日　照　市

城乡建设

【概述】　2019年，日照市围绕建设美丽富饶、生态宜居、充满活力的现代化海滨城市，按照“规划有高度、建设有厚度、管理有力度、城市有温度”的要求，着力抓好城乡基础设施完善、棚户区及老旧小区改造、农村人居环境改善、建筑业和房地产业转型升级等重点工作，城市建设发展水平持续提升，住建事业保持了良好发展势头。

【城市基础设施建设】　2019年，日照市深化住建领域改革创新，以中央活力区为特色引领平台的重大工程建设加快推进，城市综合承载能力和品质形象持续提升。

中央活力区重点工程。2019年，日照综合客运站、科技文化中心、科技馆、海韵广场、总部基地等24个在建基础设施和公共服务项目总建筑面积619万平方米，完成投资174亿元，中央活力区以总评审第一名的成绩入选2019年度全省唯一一个绿色生态示范城区。

城市基础设施。2019年，日照市城市道路、综合管廊、绿道等基础设施更为完善，市民公园等PPP项目加快推进，主城区山东路西延、岚山区玉泉三路、莒县龙泉路等62条道路实现通车，25项市级重点工程完成投资46.08亿元。

省运会场馆。2019年，日照市住房和城乡建设局加强与各区县的联络衔接，加快推进第25届省运会筹办任务落实，主场馆奎山体育中心等12个场馆设施建设改造项目全部开工，网球中心建成投用。

【城中村及老旧小区改造】　2019年，日照市住房和城乡建设局加快推动城市更新，加大城中村改造力度，全市城区拆迁17个村居、5838处房屋，完成年度计划的140%；开工建设棚改安

日照阳光海岸远瞰

置楼5290套，开工率100%，基本建成17256套，完成年度计划的143.8%。发放租赁住房补贴240户，修订《日照市城市住房保障管理办法》，进一步完善以发放租赁住房补贴为主、以实物配租为辅的住房保障体系。围绕改造完善基础设施和服务设施，开工整治改造老旧小区39个，群众居住条件不断改善。

【农村人居环境整治】 2019年，日照市住房和城乡建设局坚持民生优先，从实际出发，以实字托底，结合落实乡村振兴战略，以“一竿子插到底”的务实作风持续狠抓问题整改，农村改厕、生活污水治理、垃圾处理等人居环境整治工作扎实推进、成效明显，群众的获得感、幸福感不断增强。

农村“厕所革命”。2019年，全市累计改造提升农厕46.51万户，覆盖率91.41%；制定《日照市健全完善农村改厕规范升级和后续管护长效机制实施方案》《日照市农村改厕工作质量动态评估办法（试行）》等配套政策，创新开展改厕质量动态评估，建立“4+N”后续管护长效机制，确保改得实、用得好。日照市“厕所革命”、城乡环卫一体化电话满意度调查位于全省前列。

农村公厕建设和生活污水治理。2019年，日照市住房和城乡建设局扎实推进厕污与生活污水一体化治理，建设改造农村公厕238处，完成了277个村庄生活污水治理设施建设，东港区小草坡村等3处生活污水治理工程入选全省首批典型实例，为全省入选最多的城市。在省对市农村人居环境整治综合考核中，日照市农村公厕建设和生活污水治理两项工作考核得满分。

美丽村居建设和农村危房改造。2019年，莒县大罗庄村等4个村庄入选全省第二批美丽村居建设试点，日照市试点村居达到6个。组织区县对建档立卡贫困户住房安全等级进行逐村逐户排查，对排查出的C级或D级3228户存量危房分类组织精准改造。加强巡查指导，进行现场巡查和技术指导，完成省下达的580户改造任务。坚持因地制宜，完成5449户农村清洁取暖工程建设。

【新型城镇化建设】 2019年，巨峰镇入选第二批全国特色小城镇，3个小镇纳入省级特色小镇创建名单。创新城乡融合发展路径，通过实施合村并居、夯实产业支撑、突出生态特色等方式，统筹推进新型城镇化和乡村振兴，加快农民镇域内就地城镇化、绿色城镇化步伐。2019年底，日照市常住人口城镇化率达到61%。在全省新型城镇化工作推进会议上，日照市就城乡融合发展工作作了典型发言。

2019年6月1日，日照市海曲路地下通道工程菏泽路到文登路段2.9公里地上主路面恢复通车

2019年12月，建设中的日照市涛雒风情小镇

【建筑业】 2019年，日照市建筑业完成总产值587.36亿元，比上年（下同）增长16.78%：完成建筑业增加值123.64亿元，增长3.10%；实现税收收入24.14亿元，占全市税收收入的9.4%，增长7.26%。

质量安全监管。2019年，日照市住房和城乡建设局以强化初步设计审查、抗震专项审查、施工图审查为抓手，从设计源头上严把工程质量安全关口。制定完善针对预拌混凝土、边坡与深基坑、建筑起重机械等项目的一系列质量安全监管制度，提升了监管水平，打造了优质工程。

建设扬尘治理。扎实抓好住建领域大气污染防治工作，创新扬尘治理机制，制定实施包含6大方面、18项内容、40项具体措施的“61840”治理方案，有效改善了空气环境质量。

建筑市场监管。2019年，日照市住房和城乡建设局建成启用了市建筑市场监管与诚信一体化平台，实现了与住房城乡建设部和省住房城乡建设建厅一体化平台的对接和数据共享，搭建了建筑市场“大数据”管理平台。改进建筑劳务保证金缴纳办法，实行保证金差别化管理模式，对沉淀的建筑劳务工资保证金集中清退，切实减轻了企业负担，提升了保证金监管使用水平。共向244家单位送达告知书，清退333笔、1.12亿元建筑劳务工资保证金，惠及企业147家。开展企业外出施工业绩核查，将2018年度竣工验收项目产值，折算加入房屋建筑企业业绩信用分值，激励企业“走出去”，全年签订外出施工合同额237亿元，实现外出施工产值134.1亿元，外出施工人数1.69万人。

建筑工人服务保障。2019年，日照市住房和城乡建设局突出抓好建筑业从业人员实名制和工资支付专户制度，全市在建工程项目基本实现了实名制和专户管理全覆盖。加强工地现场及生活区规范管理，协调配套建筑工人住宿、食堂、饮水、厕所、卫生等基本生活设施，营造安全健康的工作居住环境。完善清欠工作接访处置制度，建立了首问负责、全程包案、分段解决、后续追踪的清欠接访处置机制，全年共受理投诉拖欠农民工工资案件2448起，协调处理2238起，涉及金额2.2亿元，办结率达91.4%，有效维护了农民工合法权益。建立与人社部门联动机制，发挥工伤保险事故预防作用，提取专项资金开展建筑业工伤预防宣传、教育和培训工作，省住房城乡建设厅对日照市做法在全省推广。

建设科技创新。2019年，日照市充分发挥省级装配式建筑示范城市作用，建成节能建筑887万平方米，发展装配式建筑80万平方米、绿色建筑975万平方米，日照市被列为全省9个重点发展的钢结构装配式住宅建设试点城市之一。坚持示范引领，创新绿色发展理念，1个项目被评为山东省三星级绿色智慧住区，也是全省首个项目。结合落实“双招双引”战略，在中央活力区牵头创建鲁班科创大厦，2019年入住企业20家，成为建筑业高质量发展的重要平台和促进住建事业发展的重要支撑点。

2019年，日照市东名望台片区改造后

【房地产业】 2019年，日照市完成房地产开发投资192.06亿元，比上年（下同）增长2.9%；新批准预售592.86万平方米，增长18.26%；实现税收收入38.31亿元，占全市税收收入的14.92%，增长11.04%。

住房租赁市场。2019年，日照市住房和城乡建设局认真落实关于培育和发展住房租赁市场的实施意见，积极开展国有企业租赁业务，拓展住房租赁平台，市城投集团、日照港房产公司、开发区城投公司等5家国有企业共投入租赁房源1249套。积极开展房屋租赁备案业务，全年办理房屋租赁备案业务2034件。

2019年底竣工的日照市城南片区安置区

行业监管服务。2019年，日照市住房和城乡建设局严格落实房地产开发项目建设条件意见书制度，引导督促房地产企业做好小区配套幼儿园配建移交工作，在住房城乡建设部、教育部等五部委召开的座谈会上作交流发言，日照市经验做法受到充分肯定；2018年10月至2019年底，累计督导开工建设了54处小区配套幼儿园，其中主体完工39所、移交24所、投入使用14所。加大房地产市场整治力度，深入推进“双随机一公开”检查常态化，重点查处“黑中介”“中介黑”及预售、交房等环节的各类违法违规行为，规范市场秩序。推进房地产行业信用体系建设，对全市330家房地产开发企业、评估机构、经纪机构进行信用考评，并将考评结果公示。进一步强化商品房预售管理和价格管控工作，启用上线“一套一标”“一房一价”系统模块。

物业管理服务。2019年，日照市住房和城乡建设局组织开展了全市2018年度物业服务行业信用综合评价工作，初步构建了“诚信激励，失信惩戒”机制。认真落实《日照市物业管理条例》，创新物业管理服务机制，印发《关于坚持党建引领推行“红色物业”的实施方案》，推动“党建+物业”管理制度化、精细化，“学习强国”山东平台宣传报道了日照市这一新模式。扎实开展物业“标准建设年”活动，加强行业规范化建设，3家物业企业被确定为2019年度省标准化改革暨“山东标准”试点示范项目。

【政风行风建设】 2019年，日照市住房和城乡建设局坚持依法依规，抓好依法行政和政务公开工作。加强住建领域“放管服”“一次办好”改革，创新推行流程再造，优化施工许可办理、招标文件备案、联合审图、联合验收等事项办理流程，出台了建设项目竣工联合验收实施方案、加强事中事后监管意见，进一步提升了工程审批服务效能，优化了营商环境。更新完善了政务服务事项服务指南，通过门户网站、公众号、服务大厅公开公示，让企业和群众提前了解办事流程，积极推行告知承诺、容缺受理服务模式，提高“一窗”办结效率。坚持问题导向，完善事后回访制度，广泛听取办事企业群众意见建议，有针对性地整改突出问题，推动了思想解放、作风改变、效能提升。

（李申华　潘墨言）

城市管理

【概况】 2019年，日照市城市管理局立足日照发展新阶段，坚持以人民为中心的发展思想，以

"问题、创新、市场"为导向，以综合考核、综合执法为抓手，自我革新、流程再造，全力推进城市治理体系和治理能力现代化，各项任务顺利完成，城市管理事业保持了良好发展势头。

【机构改革】 2019年4月18日，日照市召开市级机构改革城市管理职能交接会议，将原隶属于市住房城乡建设局的市政公用、市容环卫、园林绿化等职责划转至日照市城市管理局，整建制划转入市园林管理服务中心、市城市排水管理服务中心、市公用事业服务中心3个事业单位，划入人员77名。

【市政设施建设】 2019年，日照市城市管理局坚持"小改造、大变化"原则，突破"路口革命""厕所革命"等重点工作。市区实施了90条（段）道路改造提升工程，完成淄博路与烟台路等12处拥堵路口渠化改造，实施中央活力区公交旅游环线，市区拥堵路口道路通行能力大幅提升，公共交通服务水平有效提高。建设改造日照西综合客运站绿化工程等10余处，建成城市绿道25公里。启动《日照市公厕管理办法》编制工作，打造"10分钟如厕圈"，新建智能化移动式公厕29处。修订《日照市主城区城市排水专项规划》，完成望海路（营子河－丹阳路）道路雨污分流工程8处。按照厂管网一体化，加快5座污水处理厂扩容升级，新改建61公里污水管道，将排水设施交接到运营企业。启动可回收物和大件垃圾处置中心建设和厨余垃圾处理厂、装修建筑垃圾综合处置场可行性研究，为全面推开城市生活垃圾分类奠定坚实基础。对38栋建筑物和6座跨线桥实施景观亮化，"炫彩滨海、活力日照"城市夜景特色逐步显现。

【市政设施养护】 2019年，日照市城市管理局制定印发《市直管区域城市养护管理考核办法（试行）》，每月进行一次专业养护考核、乡镇街道反向考核、城市综合管理智慧平台案件处置考核，考核不合格的，每降低1分从预留金扣除5000元。2019年，直管区域共组织养护企业修补路面6.3万平方米、沥青灌缝1.2万米。在道路保洁方面，全面推行深度保洁模式，每日低速高压冲洗244公里、3次洒水降尘700余公里、洗扫保洁作业2遍1160公里，在夏季高温、重污染天气坚持达到1冲6洒。在照明设施方面，将"灯亮工程"纳入城镇精细化管理专项考核，

2019年10月1日，日照市夜色

2019 年 10 月 31 日，日照市临沂路济南路装配式公厕启用

与光大国际签订能源合同管理项目协议，由光大国际投资对 13000 盏路灯进行改造，以节省的电费作为投资回报，提升道路照明效果。

【公用事业保障】 2019 年，日照市颁布出台《日照市城市供水设施专项配套费征收使用管理办法》《日照市城市住宅小区供水直管到户实施方案》，完成供水行业考核，水质合格率保持在 99% 以上，全年供水约 8700 万吨。市区（含岚山区）共有 11 座供水厂，26.5 万用户，日供水能力 51.7 万吨（含工业原水 6.2 万吨），实际日供水量 21 万吨。启动城市污水处理提质增效三年行动，坚持“标本兼治、综合施策”，加快补齐城市污水收集处理设施短板进程，优化行业管理体制机制，全面提高污水处理效能。扎实推进“气化日照”“热化城市”进程，2019 年 1 月，中石油东港末站通气运营，日照市形成中石化、中石油双气源供气保障格局。加快推进天然气管道向乡镇、农村社区延伸发展，建设北京北路高温管道、山海天路、天津路等一批供热管线工程，进一步提升市区集中供热保障能力，全年实现安全供应天然气 3.54 亿方。统筹推进清洁能源取暖建设，城市（县城）清洁取暖工程完工 481.1 万平方米，完成全年任务量的 106%。积极稳妥推进供热直管、供热计量工程验收、老旧小区供热设施建设改造等工作，着力解决供热发展不平衡、不充分问题。全年 9 个未供暖老旧小区实现供暖，惠及居民 586 户。新增供热直管到户小区 70 个，市区供热直管小区达 800 余个。协调解决 39 个房地产开发项目的供热计量工程验收问题。深化供气供热领域“放管服”“一次办好”改革，优化供气供热营商环境，全市燃气、供热专营企业报装业务入驻政务服务大厅（中心）。实施全市不动产登记与气暖联动过户，提高企业和群众办事的快捷度和满意度。坚持民生优先，修订颁布实施《日照市供热管理办法》，延长供暖时间 16 天，供热开通门槛由 50% 降低为 40%，市民群众的赞誉度和幸福感显著增强。落实热计量退费政策，市区华能热力公司 2018—2019 年采暖季热计量退费达 1400 万元。

【城市综合管理】 2019 年，日照市城市管理局创新城镇精细化管理考核，修订完善《日照市城

2019 年 9 月 30 日，日照市海曲路（文登路至绿舟路段）实现通车

镇精细化管理综合考核办法》，精准设计“1+N”考核体系，将全市55个乡镇街道分为三类，设置“864”具体指标，推行明查+暗访考核方式，成功利用智慧平台对A类街道进行考核，利用飞行检查方式对B、C类进行暗访，建立“以奖代补”、反向考核机制，用“票子”与“位子”兑现奖惩，同时对B、C类44个乡镇街道开展技术指导，督导乡镇街道下足“绣花功夫”精细抓好城镇管理。

【智慧城管建设】 2019年，日照市城市管理局强化互联网思维，实施“互联网+城市”行动，借鉴外地成功经验基础上，于2019年5月启动数管平台升级改造，对平台线上、线下进行同步改造提升，打造智慧管理新方式。线上平台于8月份成功运行，实现了市、区县、街道三级平台互联互通，具备考核、督查等功能，提升了案件闭环处置能力，截至12月底，平台共处置案件10万余件，处置率达到96.01%，对职责不明确的案件由市城管办兜底解决。10月9日，与智慧平台连接、与综合考核对接的日照微城管——市民“随手拍”程序正式上线，市民“随手拍”以“日照微城管”微信服务号为载体，依托“城市综合管理智慧平台”，将过往纯粹依靠政府职能部门被动式管理的传统模式，创新为“全民管理”模式，让市民从城市管理的旁观者转变为参与者、监督者和维护者，推进共建、共管、共享。2019年累计注册用户1.2万余人，日均上报案件200余宗。

【国家生态园林城市创建】 2019年，日照市城市管理局围绕打造“滨海生态绿化”城市特色，实施海岸带生态修复、林水会战、智慧园林、城市绿化色彩规划等项目，美丽宜居的现代化滨海城市品牌日益彰显。严格执行城市绿线管理，秉承“公园城市”理念，开展城市增绿攻坚行动，在加大园林绿化工程建设投入的同时，通过见缝插绿、拆墙透绿、拆迁建绿、破硬还绿等方式，促进了城市绿化总量的大幅提升。编制起草《日照市公园条例》，提报2020年立法计划。庭院绿化开放式改造申报市“创新种子”项目，依托日照市创建国家创新型城市机遇，推广宣传拆墙透绿及庭院绿化开放式改造模式，解决市区绿地总量不足、分布不均衡、服务半径不足的难题。2019年，全市新开工各类绿化工程456处、完工403处，公园绿地开工66处、完工45处，单位（居住区）庭院绿化提升开工296处、完工277处，道路绿化开工60处、完工49处，新增绿化面积207.3万平方米。建成区绿化覆盖率、绿地率、人均公园绿地面积、公园服务半径覆盖率等指标分别达到42.1%、39.8%、18.2平方米、90.2%。

2019年7月1日，日照市石臼公园建成开放

【综合执法】 2019年，日照市城市管理局积极主动承接综合执法工作，加强执法顶层设计，着力打造11条“城管示范街”，试点“执法+巡查”双线联动，积极推动执法力量下沉乡镇街道，全市55个乡镇街道实现了执法中队全面派驻，解决了执法领域“看得见的管不了、管得着的看不见”的问题。按照中央、省、市部署要求，

以“三创建”活动为抓手，全力推进违法建设治理向全域展开。拟定《日照市城市违法建设管控暂行办法》，在总结各区县治违经验的基础上，借鉴其他地市先进做法，从违建类型、职责分工、工作程序、责任追究四个方面入手，进一步建立健全拆违控违工作运行机制，巩固前期治理成果。2019年，全市综合执法部门依法拆除违法违章建筑33.45万平方米，累计治理违法建设654.02万平方米，控新治旧工作成效显著。“拆改结合”，以“拆”促“改”，以“改”带“拆”，累计拆违增绿127.74万平方米，腾出建设用地249.15万平方米，增加市民活动场所78个，增加停车位19032个，进一步提升城市环境质量。查处运输撒漏行为426件、罚款149.35万元；依法拆除楼顶户外广告394处；排查楼顶楼体外挂附属设施35.18万处，整改5370处安全隐患；依法取缔16处围栏式共享单位停车站点、收缴保管125辆自行车；立案查处34家无规划手续化工企业、21家橡塑生产企业。

（徐洁　刘紫悦）

住房公积金管理

【概况】　2019年，日照市共归集住房公积金37.7亿元，完成年度计划36亿元的104.6%，比上年（下同）增长13.7%；新增缴存人员2.96万人，完成年度任务的114%；全年共计投放资金47.6亿元，完成年度计划43亿元的110.7%。其中，提取公积金26.1亿元，完成年度计划24亿元的108.6%，增长25.2%，当年提取占当年归集的69.2%；发放贷款7142户21.5亿元，完成年度计划19亿元的113.2%，增长10.2%。2019年，贷款支持职工购建房90.2万平方米，年末个人住房贷款市场占有率为14.8%，为职工节省购房借款利息支出3.8亿元。

【公积金归集扩面】　2019年，日照市住房公积金管理中心依法履行公积金管理职能，不断扩大公积金制度覆盖面。抓重点企业和劳务派遣人员强化扩面，以“四上”企业为基础，重点关注经济效益较好的企业以及机关事业单位劳务派遣人员，持续开展上门催建催缴工作，每月下达走访任务，全年开展上门送政策宣传服务680余次，不断扩大制度覆盖面。抓政策宣传，不断提高社会影响力促扩面。组织开展政策宣传月以及进社区、进企业、进房博会等系列面对面宣传活动，并利用报纸、微信公众号、网站、广播、抖音等各类平台扩大公积金宣传覆盖面，中心微信公众号充分发挥了宣传主力军作用，关注量达到8.2万人，信息推送及时，宣传成效明显。化解职工诉求助力扩面，及时处理职工反映企业不缴存公积金的诉求，做到既严格执法、依法维护职工权益，又兼顾企业的发展和经济社会稳定发展大局，双向发力扩面。全年妥善处理化解反映企业未建制缴存或未足额缴存的咨询、建议等诉求事项47起。截至年底，全市正常缴存职工达22.78万人，累计缴存公积金222.4亿元。

【政策执行】　2019年，日照市住房公积金管理中心认真贯彻落实各项住房公积金政策，优化营商环境，助力全市经济社会发展。延长阶段性适当降低企业公积金缴存比例政策，截至年底，累计为458个缴存单位7.5万人办理降比手续，共计节约企业成本2.9亿元。恢复开办省内异地贷款业务，全年办理业务82笔2000余万元，为外市人才到日照创业提供住房资金保障。落实个体工商户、自由职业者自主缴存公积金政策，将政策覆盖面扩大到贷后停缴人员，年内共有392人选择自主缴存公积金。实行公积金贷款轮候发放公告制度，有序推进贷款发放，借款人可通过微信公众号自主查询贷款轮候发放进度情况，强化当事人监督，保障贷款轮候发放过程的公开、透明。

【公积金风险防控】 2019年，日照市住房公积金管理中心多举措强化风险防控，确保资金安全。健全贷款风险监控机制。对逾期贷款实行分级管理，建立催收记录，推动催收工作常态化。严格落实受委托银行考核办法，加强对逾期贷款的跟踪和催收。通过面谈、强制扣划、采取法律手段等，年内消化长期逾期户6户。加大贷后停缴催缴力度，实行分类动态台账管理，密切关注借款人还款情况，灵活运用电话、上门、约谈等方式开展催缴。将贷后停缴的借款人纳入了自主缴存范围，由系统每月自动扣收缴存公积金和按月还贷提取，既维护了公积金制度严肃性，又保证了贷款资金安全，达到一次催收长期有效的效果。严格落实扫黑除恶专项斗争工作，严厉打击违规提取住房公积金行为。加大对违规提取及骗贷行为的惩戒力度，在打击公积金非法中介工作领域，2019年协查非法中介案件1起、涉及提取10笔，发现非法中介线索2起，向公安机关报案2起，公安机关立案破获1起，切实维护公积金提取政策严肃性。严格落实风险隐患排查整改工作。充分利用住房城乡建设部电子化稽查工具，从数据、资金、业务三大方面，分38项对数据库开展全面排查，根据存在问题制定措施、分解任务、明确时限，推动公积金基础数据和业务操作更加规范。在2019年审计署对山东公积金进行的专项审计反馈中，日照市公积金中心是没有被直接点明问题的三个中心之一。

2019年11月23日，日照市住房公积金管理中心开展业务技能比赛 （王龙梅 摄影）

【服务优化】 2019年，日照市住房公积金管理中心再造贷款流程，将“贷款由中心审批后、借款人到银行签订借款合同、申请办理抵押”这一环节前置，并入到贷款受理环节，借款人在申请贷款现场，一次性完成面谈、申请、签合同、办抵押、委托邮寄材料等所有手续，实现了贷款从受理到发放全流程“一次办好”。下放贷款楼盘准入审批程序，实行楼盘准入由开发商合作银行对应管理部直接受理和审批，节省了开发商时间成本。再次压减业务审批时限，5类提取业务通过手机可以“零审批”方式办理；贷款审批时限由原来的10个工作日压减到5个工作日。简化办事材料，取消申请贷款时手工填写“贷款申请表”环节，改为工作人员通过原始材料录入信息后打印生成。近年来累计取消或通过其他方式取代纸质证明材料15种，2019年年内实现了公积金提取、贷款申请全部“零填表”办理。推行邮寄代办。贷款发放后，将借款人自行到银行领取借款合同这一环节，调整为在申请贷款时由借款人直接委托公积金中心邮寄，避免职工二次跑腿。年内为职工免费邮寄700余份。做细做实前台服务。推行末梢管理，将缴存、提取、贷款明白纸根据业务类型细分为36项，并逐项制作二维码明白纸，手机扫描即可获取对应事项信息，节省了信息检索和获取时间。规范一次性告知内容，向购房职工提供公积金明白纸，同时告知提取、贷款、轮候等购房相关的全部事项。

【改革攻坚】 2019年，日照市住房公积金管理中心不断深化改革，先后推出改革创新类便民举措21项，圆满完成省市改革任务事项。圆满完成市级改革任务，实现线上缴存“零跑腿”。先后推出“单位线上缴存”“个人线上缴存”，企业、职工签约后实现线上自动划款、自动分配到职工个人公积金账户。单位线上缴存签约率达到71%，人数覆盖率达76%。顺利完成省级改革事项。将住房公积金政务服务系统接入全省统一身份认证系统，在公积金中心门户网站、省政务服务网、“爱山东”App等平台部署应用，推动实现公积金业务“一网通办”。年内新培育省级创新推广项目，创新推出公积金贷款抵押“多网共办”新模式。积极与不动产登记部门对接，实施“部门联动、数据交互、线上办结”的贷款抵押办理新模式，通过公积金业务系统和不动产登记系统对接和数据共享，实现线上办理公积金贷款抵押手续，抵押登记时间从原来的15—20日以上，提速到在2个小时就可办结。该改革事项工作经验被省住房城乡建设厅作为全省住房公积金管理创新典型经验做法予以通报表扬，并入选为日照市2019年度“创新种子”。

【信息化建设】 2019年，日照市住房公积金管理中心强化住房公积金信息平台支撑，“互联网+公积金”蓬勃发展。年内新增省民政等共享数据，实现了与9个部门19类数据的输入类共享应用。同时，扩展公积金信息输出共享应用：先后与建行、农行、中信等16家银行合作，依据公积金缴存数据信息发放网络消费贷款3.86亿元，拓展了缴存职工筹集资金渠道，提高了职工消费能力。按时完成数据平台建设，成功接入国家公积金数据平台，为公积金借款职工享受个税抵扣优惠政策提供公积金信息数据支撑。公积金共享信息，还为审计部门开展审计工作、民政部门办理低保提供了数据支撑。扩展业务办理渠道，年内新增支付宝、“爱山东”App、省政务服务、个人网厅等业务渠道，离柜服务渠道已达13种。扩大业务“掌上办”范围，“手机公积金”App开通公积金账户查询、缴存明细查询、贷款进度查询等所有查询类业务，开通了购买商品房提取、退休提取、租赁商品房提取等10种涉及资金收支业务。先后开通单位网厅、个人网厅。单位网厅基本涵盖了全部单位类公积金缴存业务，个人网厅实现个人全部公积金信息查询功能和提取申请、贷款申请功能。成功接入全国公积金异地转移接续平台，2019年6月份起，职工跨地市调动工作时，公积金转移可在新工作地就近办理，实现账随人走、钱随账走。

（王龙梅）

临 沂 市

住房和城乡建设

【概况】 2019 年，临沂市住房和城乡建设局深入开展“改革推进年”“工作落实年”行动，住房城乡建设各项工作实现了新发展、新提升，为全市经济社会持续健康发展作出了积极贡献，被评为全市信访工作先进单位、全市深化道路交通“平安行·你我他”行动先进部门、全省物业服务行业文明服务行业文明创建模范单位。

【城市基础设施建设】 2019 年，临沂市城建投入创历史新高，基础设施及重点项目完成建设投资 175.8 亿元，其中中心城区完成投资 155.8 亿元，比上年增长 57.8%，市级城建投入首次超过 100 亿元。重点工程加速建设，滨河路涑河桥、温凉河路、高铁片区道路全面完成，蒙山高架北延工程主线通车，蒙山大道祊河桥及两岸立交改造、长春路改造工程进入冲刺收官阶段，沂蒙南路、武汉路祊河桥、西中环大山路立交及大山路改造工程开工建设，新增综合管廊 9 公里、滨河过街通道 4 处。城市水环境治理成效明显，李公河西支、南涑河黑臭水体整治完成。制定了黑臭水体治理示范城市建设提升项目计划，追加投资 36.3 亿元，实施提升项目 52 个，开工 21 个，启动前期工作 19 个。各县治理完成黑臭水体 16 段，在治理 6 段。市区实施海绵城市建设项目 96 个，新增海绵城市面积 15.19 平方公里。全市新建、扩建污水处理厂 3 座，建成污水管网 88 公里，改造合流制管网 40 公里。公用保障能力大幅提升，全市天然气年用气量达到 15.9 亿立方米，增长 12%。全市城市（县城）清洁取暖建设完成 1131 万平方米，是省里下达任务的 2.3 倍，提前一年完成清洁取暖规划任务，其中市区新增供热面积 520 万平方米，连续五年位居全省前三位。为改善供暖效果，改造完成 267 个老旧小区供热设施、面积 640 万平方米。城区第二水源地项目稳步推进，输水工程已开工，净水厂及供水工程初步设计完成评审。

2019 年 12 月 31 日，临沂市蒙山高架路北延工程经过 11 个月施工完工，第二天正式通车

【城乡协调融合发展】 2019 年，临沂市完成农业转移人口市民化 20 万人，获得省级奖励资金 1.6 亿元。开展合村并居后行政村基础设施情况摸底，加快推进县城周边村和小城镇基础设施互联互通，将符合条

件的社区纳入城镇统计范围。加快推进农村改厕工作，累计完成97万户，制定印发了《临沂市健全完善农村改厕规范升级和后续管护长效机制工作方案》，临沭县“农村改厕管护平台”获得全国农村改厕技术产品创新大赛“应用推广组”二等奖。农村危房改造任务顺利完成，15586户建档立卡贫困户危房全部销号清零，507户四类重点对象危房和1539户一般户危房改造全部竣工，《中国建设报》在头版刊发了临沂市推进农村危房改造工作的经验做法。农村清洁取暖建设完成5.15万户，超额完成省里下达的任务目标。美丽村居建设省级试点稳步推进，第一批4个村完成了相关项目建设，8个村获批第二批省级试点。

【建筑业转型升级】 2019年，临沂市住房和城乡建设局紧紧围绕建筑建材新旧动能转换，鼓励支持企业晋升资质等级、拓展业务领域，加快工业化、智能化改造，全市完成建筑业产值1203亿元，比上年增长10%，新签合同额985.8亿元，房屋施工面积8363万平方米、竣工面积2012.3万平方米。建筑市场秩序进一步规范，处理违法违规案件33起，诚信扣分企业44家。严格落实农民工工资保证金制度，全面实行建筑劳务用工实名制管理。加强农民工工资拖欠投诉处理，受理解决拖欠投诉380起，涉及1400多人、工资额9600多万元。装配式建筑发展取得新进展，对6464.6亩出让土地提出装配式建筑发展要求，新发展装配式建筑110万平方米，其中11所学校应用钢结构装配式建筑，3个项目被评为省级装配式建筑示范工程。天元集团装配式建筑施工体验式基地正式运行，培训技术人员2000多人次。建设科技创新工作扎实开展，大力推广BIM技术，2个试点示范项目通过省级验收。3个项目申报省级绿色智慧建造示范工程，6项科技成果获得市科学技术进步奖。加强墙材认定管理，办理省建筑节能技术产品认定、换证68家。建筑节能工作有序推进，完成节能建筑认定1275.1万平方米，上报评审二星、三星级绿色建筑项目52万平方米，2个镇立项为省级绿色生态示范镇。全市竣工太阳能建筑一体化应用893.1万平方米，完成公共建筑节能改造16.2万平方米。

【工程质量安全监管】 2019年，临沂市住房和城乡建设局调整优化了中心城区工程建设项目监管分工，有力提升了行政审批效率和监管服务水平。完成建设工程消防设计审查验收业务接收，全市受理消防设计审查、验收业务362件。加强工程质量安全监督，全市实施质量安全监督提前介入工程622个502万平方米，监督市直管在建单体工程1343个1768万平方米，下发责令整改通知书163份，消除质量安全隐患700多处。深化安全生产执法检查，开展“安全生产月”、新中国成立70周年安全生产专项整治行动、建筑企业安全生产条件复查等活动，检查建筑施工企业1000多家、工程项目600多个，排查消除隐患问题2700处。全市创建“鲁班奖”2项、国家优质工程奖3项、“泰山杯”工程8项、省优

2019年12月3日，临沂市雄安大道建成通车

质结构工程26项、省级安全文明标准化工地24个。协调推进市体育中心全过程工程咨询试点，积极探索工程建设项目代建制。稳步推进既有住宅增设电梯工作，出台《临沂市中心城区既有住宅增设电梯试点实施意见》。全力打好工地扬尘污染治理攻坚战，调整优化建筑工地扬尘治理体制，实行属地管理，将停工整改等权限下放，制定了“一导则两公示、五喷淋两冲洗、六规范两监控”标准和建筑工地扬尘治理“严管十二条”，明确了各类建筑工地扬尘治理标准和规范。大力推进信息化监管，331个建筑工地实现扬尘在线监控和PM_{10}在线监测。建立多部门联合执法机制，加大施工现场督导检查频次，停工整改工地286个，约谈工地负责人131人次，移交处罚工地203起，诚信扣分51起，建筑工地扬尘得到有效管控。

【房地产市场调控】 2019年，临沂市住房和城乡建设局以保持市场稳定为目标，积极采取阶段性加严措施、实施精准调控，全市房地产市场平稳运行，完成房地产开发投资570亿元，比上年增长7.8%。房地产开发项目监管持续强化。中心城区办理房地产开发经营许可68个897万平方米，出具建设条件意见书79份，办理房地产开发项目竣工综合验收备案76个576.8万平方米。商品房预售监管进一步规范，印发《关于进一步加强商品房预售资金监管工作的通知》，全市754个房地产项目纳入监管。加强网签备案管理，全市网签备案实现全国联网。房地产领域突出问题化解成效显著，坚持突出重点、特事特办，集中力量化解一批群众诉求比较强烈的问题，化解问题项目88个，受益居民6.5万户。城镇居住区配套幼儿园专项整治顺利推进，有194处幼儿园与当地教育部门签订了移交协议，完成率97.4%。

【住房保障】 2019年，临沂市棚户区和老旧小区改造顺利推进，开工安置房2.1万套，开工率100%，基本建成9740套，任务完成率194.8%。12247户121万平方米老旧小区改造任务全部竣工，竣工率位居全省前列。经适房和公租房管理规范有序，完成607套经适房和1121户公租房分配任务，为困难家庭解决了住房难题。出台《临沂市经济适用住房上市交易管理办法》《临沂市城区经济适用住房上市交易实施细则》，进一步规范了经适房上市交易行为。物业管理服务水平不断提升。党建引领沂蒙红色物业创新做法在全省推广。深入开展物业服务行业标准建设年活动，编制了《临沂市物业管理服务指导标准规范》等示范文本，临沂市在全省物业行业技能竞赛中获得总成绩第二名。积极开展物业质量保修金清退工作，清退项目307个。加强住宅维修资金管理，全市累计归集资金62.7亿元。

【依法行政】 2019年，临沂市住房和城乡建设局全面优化营商环境，对6个评价指标进行流程再优化，总时限缩短了12个工作日。扎实做好信息公开工作，受理政府信息公开申请70件。严格执行执法信息公示制度，公示执法事项1213项。办理政协提案54件、人大代表建议33件，办结率、满意率均保持100%。回复处理行风热线、12345热线反映各类诉求3.2万件。

【精神文明建设】 2019年，临沂市住房和城乡建设局组织干部职工参加全省“安康杯”竞赛、第八届全民健身运动会等活动，举办全市物业服务行业职业技能大赛、工程造价技能大赛等活动，有力丰富了职工文化生活。2019年，全局有1人受到省委省政府表彰，3个单位获得全省住房城乡建设系统工人先锋号称号，2名职工获得临沂市振兴沂蒙劳动奖章，4名职工获得齐鲁最美建设职工称号。

【派驻“第一书记”工作】 2019年，临沂市住

2019年12月，省级美丽村居——费县薛庄镇三星村

房和城乡建设局全力帮助第一书记村争取政策、协调资金、落实项目，开展现场办公、走访慰问等活动10余次。平邑县夏家村工作组协调各类资金和物资折合2000多万元，完成基础设施和民生工程18项，走访慰问群众500多人次，村党支部被评为“代村式好支部”。平邑县九间棚村工作组协调投入物资1300多万元，实施各类民生工程100多项，九间棚村成功创建国家4A级景区，获评省级文明示范村、全省乡村振兴示范村。莒南县老子峪村工作组协调落实各类资金1390万元，铺设沥青道路3公里、安装太阳能路灯72盏、栽植道路绿化苗木2.3万棵，建设乡村文化大舞台1处，有力提升了村庄面貌。

（赵锋锋）

城市管理

【概况】 2019年，临沂市城市管理局紧盯“工作落实年”“智慧管理创新年”总体定位，深化重心下移，狠抓精细管理，搭建智慧平台，破解难点问题，保障服务民生，城市管理科学化、精细化、智能化水平持续提高。临沂市成功创建全国城市综合管理服务平台建设工作试点城市，完成全国建筑垃圾治理试点和全省建筑垃圾资源化综合利用试点任务，召开全省城市精细化管理工作现场会。市城管局被评为山东省抗击台风抢险救灾先进集体，在全国住建系统文明办主任会议暨全国青年文明号创建推进会议、全省住建工作会议、全省住建工作座谈会上作典型发言。

【机构改革】 2019年，临沂市城市管理局完成机构改革，内设机构调整为办公室（挂财务科牌子）、人事科（挂党建工作科牌子）、政策法规科、督导考核科、环卫园林管理科、市政管理科（挂城市防汛办公室牌子）、执法协调科（挂户外广告管理科牌子）、机关党委，增设市高铁（火车站）区域服务中心。下移中心城区环境卫生管理和城市管理执法工作重心，向市自然资源和规划部门移交规划执法职责。市园林局（市滨河景区管理委员会办公室）承担的行政职能划入市城市管理局，保留公益服务职能，与市园林绿化管理处、市园林绿化工程质量安全监督站、市园林科学研究院等组建市城市管理综合服务中心，挂市园林绿化中心牌子，为市政府直属正县级公益一类事业单位，由市城市管理局代管。

【市容管理】 2019年，临沂市城市管理局完成全省新旧动能转换项目落地现场观摩会议、全省乡村振兴现场观摩会议等省、市重大会议活动环境保障任务，沿线市容环境明显改观。组织开展市容市貌、违法建设、建筑工地等系列专项整治，着力破解堵点痛点问题，市容环境秩序显著改善。开展高铁沿线及火车站周边环境综合整治，410个省级问题清单整治任务全部销号，有效保障鲁南高铁顺利开通，高铁沿线及火车站周边环境持续改善。落实全国文明城市、全国双拥模范城、国家卫生城市等创建任务，文明测评成绩稳步提升。

【城乡环境卫生管理】 2019年，临沂市城市管理局加强中心城区环境卫生常态长效管理机制建设，设立7600万元奖补资金，推动各区（开发区）理顺环卫体制，落实属地管理，加快实现保洁区域、时段、精细化全覆盖。实施“洗城行动”，城区道路洒水冲洗从每天“两冲六洒”提升到“两冲两洗十二洒”，主次干道基本实现路见本色。完成全国建筑垃圾治理试点任务，中心城区建成4座建筑垃圾消纳场、2座装饰装修垃圾分拣中心，治理存量建筑垃圾557万立方米。健全城乡环卫一体化管理体系，推动各县区（开发区）扩大城乡环卫保洁覆盖面，定期开展城乡环境卫生大清除活动，城乡环卫保洁质量明显提高，全省城乡环卫一体化暗访成绩位居全省第4位。沂南县生活垃圾焚烧厂建成运行，中节能（临沂）公司第二垃圾焚烧厂项目签约建设。全市共收运处理生活垃圾272万吨，比上年增长1.5%。

【市政管理】 2019年，临沂市城市管理局推进13个城市基础设施重点项目建设，完成投资1.28亿元。健全周期巡检、问题快处、精细养护等机制，实施市政污水纳管专项整治、道路桥梁隐患排查治理、排水管网改造提升、老旧照明设施改造等工程。全市26座污水处理厂平稳运行，共处理城市污水4.21亿吨，比上年（下同）增长7.94%，其中主城区处理2.21亿吨，增长10.5%；处置污泥18.86万吨，增长3.06%，其中主城区处理8.19万吨，增长13.75%。完成祊河“清河行动”回头看及河湖“清四乱”行动任务，中央环保督察问题全部办结销号。维修人行道3.5万平方米、车行道8.8万平方米、路沿石2.42万米，打通不连续人行道9处，打造沂蒙北路木栈道式人行道、孝河路彩色透水混凝土人行道等亮点。建成运行智慧排水防涝平台，高效应对强降雨和超强台风“利奇马”，支援兰陵县、罗庄区排涝抢险，汛期实现安全度汛。编制《临沂中心城区夜景照明总体规划优化方案》和《高铁片区暨白沙埠镇照明专项规划方案》，建成城市照明大数据信息管理平台，实现沿河楼宇景观亮化大场景动态联动。

【户外广告管理】 2019年，临沂市城市管理局组织开展大型户外广告整治提升活动，全市共拆除各类大型违规广告10416处51.15万平方米，实现全市范围内道路两侧、高速公路沿线、国省道沿线违法大型楼顶式、立柱管塔式、跨路龙门架式广告清零。启动违规非交通标识、占压公共空间落地式广告、商业卖场超高过密橱窗广告、遮窗挡门影响消防安全附着式广告、影响交通安全电子屏广告、重复设置牌匾标识、不宜延期续批户外广告等整治，指导推动各县区（开发区）打造户外广告管理样板街。

2019年，临沂市完善中心城区环卫保洁长效机制，实施“洗城行动”。图为11月11日，城市道路深度保洁机械化联合作业
（朱孔杰　摄影）

【数字化城市管理】 2019年，临沂市城市管理局实施“互联网+城市管理”行动，初步形成全域覆盖、全网共享、全程可控的智慧城市管理体系，临沂市成功创建全国城市综合管理服务平台建设试点城市。基

2019 年，临沂市智慧停车平台建成运行。图为 4 月 10 日项目签约仪式（朱孔杰　摄影）

本完成智慧城市管理系统平台建设，餐饮油烟在线监控、建筑垃圾扬尘污染在线监控、智能化视频感知、智慧路桥、智慧防汛、智慧照明、智慧停车等子系统上线运行并取得初步成效。市城市管理指挥中心大厅投入运行，并作为市大气污染防治强化攻坚指挥部办公场所。创新实行市、区、街三级坐席集中设置、联席办公和第三方信息采集，中心城区 265 平方公里数字城管一体化运行，数字城管信息采集量比上年增长 400%，立案派遣量比上年增长 300%，结案率达 77% 以上。

【停车设施管理】　2019 年，临沂市坚持增量供给与存量利用“两手抓”，全力破解“停车难”。临沂市城市管理局建成运行智慧停车平台和“乐泊临沂”App，开展北城新区路内临时停车收费试点，完成 5 处地下公共停车场项目选址。市区新增登记备案停车场 155 处、车位 2.15 万个，完成 5 处地下停车场选址。

【公共空间管理】　2019 年，临沂市兰山区建成 9 处“口袋公园”，打造 BRT 站点沂蒙精神主题绿化景观亮点。临沂市城市管理局提升改造临沂雕塑公园园区，增设游客休闲区和便民利民志愿服务站，擦亮窗口形象。实施临沂人民公园海绵城市改造项目，改造园区绿化，打造生态景观亮点。市、区、街三级联动，规范黄白河路庙东早市秩序，打造便民服务亮点。

【城市管理行政执法】　2019 年，临沂市城市管理局出台规范城市管理领域大气污染案件法律适用的指导意见，修订行政处罚案件审批制度，制定城市管理文明执法标准和文明执法用语、城市管理执法队伍队容风纪管理规定等制度，强化对县区城市管理执法工作的业务指导。推进《临沂市城镇容貌和环境卫生管理条例》立法工作，列入市人大常委会 2020 年一类立法项目。建立全市城市管理系统和市城管局权责清单、“互联网 +”监管事项目录清单，明晰部门职责分工。开展城市管理执法制度化法治化建设年活动，全面落实“公、记、审”三项制度，提升执法规范化水平。全市城市管理系统共办理行政处罚案件

2019 年，临沂市城市管理系统高效应对超强台风“利奇马”，实现安全度汛。图为 8 月 10 日晚防汛人员强排道路积水（朱孔杰　摄影）

5.48万件，罚款1.19亿元。其中，一般程序案件6140件，罚款1.17亿元；简易程序案件4.86万件，罚款178.84万元；市城管执法支队办理行政处罚案件512件，罚款1889.79万元。

【城市综合治理】 2019年，临沂市城市管理局牵头组织开展餐饮油烟污染防治攻坚，市区12343家餐饮服务单位规范安装使用餐饮油烟净化设施，安装率100%，餐饮油烟在线监控平台实时监控规模以上和重点餐饮服务单位627家，取缔燃煤大灶196处、露天烧烤102处。坚持全国最严标准，狠抓市区渣土扬尘治理，常态化夜查建筑工地扬尘污染，建成渣土车在线监控平台，建立“四点一线”（建筑工地、建筑垃圾运输车辆停车场、建筑垃圾消纳场、商砼站和建筑垃圾运输路线）全过程智能化监管体系，实现“两网一图”（建筑工地视频监控网、建筑垃圾运输车辆在线监控网）融合运行，强化联合执法和信用惩戒。市区共淘汰不达标渣土车530台，改造更新国Ⅴ以上排放渣土车1436台，智能监控建筑工地和商砼站319个。全面推进城市违法建设治理，全市共治理各类违法建设2.25万起1790万平方米，创建“无违建小区”450个。启动城区道路破损及绿地裸露问题整治行动，加强城乡接合部扬尘污染整治。常态开展大气污染防治包镇街网格化督导，巩固提升扬尘油烟污染治理成果。

【队伍建设】 2019年，临沂市城市管理局完成政务服务事项梳理及上网运行工作，认领行政权力和公共服务事项429项。完成局机关和市城管执法支队317人次职级套转、晋升，组织实施事业单位岗位竞聘和职称评审。开展“不忘初心、牢记使命”主题教育，在全市主题教育推进会上作典型发言。开展新时代城管标准化党支部建设、“创弘扬沂蒙精神先锋党组织、做新时代担当奉献好党员”主题实践、“双标双学”、社区“双报到”等活动，机关党建水平显著提升。系统推进精神文明创建，市城管局通过全国文明单位年度审核，市数管中心蝉联全国青年文明号。严格落实管党治党主体责任，从严抓廉政风险防控，常态化开展纪律作风督察，妥善办理信访案件和行风热线问题，营造风清气正政治生态。临沂市城市管理局派驻沂南县青驼镇芦山西头村第一书记工作组以产业振兴促进美丽乡村建设成效突出，推动沂南县马牧池乡红色片区提升取得显著效果，蒙阴县常路镇西北楼社区城乡文明共建工作打造新农村文明创建样板。举办第三届“最美城管人”评选活动。高质量办理人大建议、政协提案55件，满意率100%。

2019年山东省最美绿道——临沂滨河绿道（周元超 摄影）

【绿地管理】 2019年，临沂市全年共疏植移植苗木9807株，新打、修整树穴3.27万个，绿地切边、修边2.3万平方米。投入专项资金并试点释放5000头周氏啮小蜂进行美国白蛾防治。对照古树名木动态管理档案，对“三银广场”古银杏开展复壮。全力以赴抗旱保苗，出动人员7000余人次、抗旱机械4000余个台班，绿地普浇10遍以上，累计灌溉面积达2亿平方米。累计修复各类铺装2.86万平方米、护栏4372米，修复景观灯具360套。全年新增花境52处、1.6万平方米。实施自北京路至广州路段阳光沙滩的“增花添彩”工程，栽植油菜花等20余种花卉4万平方米，并于夏季进行换花，与隧道北出口5万平方米花海“串珠成链”。打造特色月季园区，以建成山东省品种最多的月季专类展示园为目标，不断充实完善书法城月季园建设，共有品种月季306种。连续第三年开展“花事园事活动”，先后举办月季节、荷花节等花事活动8次，配套开展园林园艺大讲堂活动，以及绿道赏花跑等跑步健身活动17次。启动并完成智慧园林养护管理信息平台建设。规范数字化城市管理一、二级平台建设，办结率排名全市第4位。苗圃新蓄苗4000株，出圃用于景区绿化3300株。加强与涑河、陷泥河、青龙河等内河沿线居民区、社区、商铺的沟通交流，共同探索共享共管的园林绿化管理模式。

【园林绿化工程建设】 2019年，临沂市全年累计投入2.2亿元，实现了当年工程、当年完成的奋斗目标。实施了绿道畅通工程，新增绿道6.3公里，累计建成绿道98.1公里。园区道路林荫化工程，栽植行道树9681株，解决了绿道“有路无荫”的问题。完成灌溉系统工程17.8公里，进一步缓解了灌溉难的问题。实施复壮工程，建设滨河大道两侧银杏树树池6公里。更新老化草坪、绿篱20万平方米。实施亮化工程，完成各类电缆铺设5公里，安装路灯1500余盏，对楼宇亮化工程安装线条灯23公里，桥体亮化3座，有效缓解了景区夜晚亮化不足的问题。开展绿地保护工程试点，加装护栏14.8公里；全年累计修复各类铺装2.86万平方米、护栏4372米，修复灯具360套，设施完好率得到显著提高。开展沂河文化提升试点工程，在小埠东橡胶坝广场新建主题雕塑一座。建设“口袋公园”1处，1.1万平方米，栽植各类乔灌木506株。移植苗木30万株，配合做好蒙山北路高架桥、长春路拓宽等政府重点工程项目。

（张斌　王莹）

住房公积金服务

【概况】 2019年，临沂市住房公积金服务中心以“依法行政、稳健运行、强化服务、和谐发展”为原则，担当作为、狠抓落实，全市住房公积金保持安全、稳健运行。全市全年新增住房公积金缴存额78.39亿元，提取住房公积金53.87亿元，发放住房公积金贷款59.68亿元。贷款逾期率为0。实现增值收益3.24亿元，增值收益率1.40%。提取城市廉租住房（公共租赁住房）建设补充资金2.63亿元。

【机构改革】 2019年，根据临沂市委、市政府《关于临沂市市级机构改革的实施意见》，市住房公积金管理中心承担的行政职能划入市住房城乡建设局。市住房公积金管理中心更名为市住房公积金服务中心。

【公积金归集】 2019年，临沂市住房公积金服务中心严格执行住房公积金“限高保低”缴存政策。利用2个月的时间，密集宣传政策，住房公积金的社会影响力不断提高。进一步降低个体工商户、自由职业者自愿缴存的准入门槛，制度覆盖面不断扩大。2019年，临沂市新增住房公积金缴存职工70495人，比上年增长4.63%；新增缴存额78.39亿元；缴存余额242.88亿元，比上年增长11.22%。

【公积金贷款】 2019年，临沂市住房公积金服务中心坚决贯彻落实“房子是用来住的，不是用来炒的”定位，继续执行住房公积金差别化信贷政策，支持缴存职工自住和改善性住房需求。

经临沂市住房公积金管理委员会批准，开展省内缴存职工异地贷款业务。将贷款审批时限由7日压缩为5日，取消担保公司担保这一担保方式，“应贷尽贷”落到实处。全年发放住房公积金个人住房贷款1.38万笔59.68亿元，比上年分别下降19.30%、17.95%；年末个贷比为84.65%；贷款余额205.59亿元，增长11.23%；贷款逾期率保持为0。

【公积金提取】 2019年，临沂市住房公积金服务中心打破县区限制，提取实现“全市通办”。离退休提取、租购房提取、还贷提取等业务实现“线上可办”，“应提尽提”更有保障。全年为13.03万名职工提取住房公积金53.87亿元，提取额增长47.23%。其中，住房消费提取43.43亿元，占总额的80.62%；离退休提取7.66亿元，占总额的14.23%；其他（调出、终止劳动关系提取等）提取2.78亿元，占5.15%。

2019年8月13日，临沂市住房公积金服务中心召开精神文明创建工作专题会议

【公积金服务】 2019年，临沂市住房公积金服务中心扎实开展住房公积金文明行业创建“标准建设年”活动和“放管服”改革，升级完善业务管理系统和综合服务平台，缴存、提取等业务实现就近办、异地办、网上办。上线电子影像系统，全面取消业务要件材料复印件。新增爱山东App、支付宝、微信城市服务等便民服务渠道，通过“刷脸”认证，即可登录查询住房公积金，群众办事有了新体验。

【自身建设】 2019年，临沂市住房公积金服务中心突出学做结合、查改贯通，先后举办科级干部读书班、党的十九届四中全会精神专题学习班，深入推进“不忘初心、牢记使命”主题教育，党员干部的政治站位和干事热情有了明显提高。持续开展形式主义、官僚主义专项整治活动，积极推进预防和治理“微腐败”改革，解决了一批痛点难点堵点问题。以巡察整改为契机，进一步落实全面从严治党各项要求。统筹推进政治生态研判、警示教育、作风检查、监督考核等各项活动，以教育促规范言行，以提醒促习惯养成，以监督促制度落实。精心组织庆祝中华人民共和国成立70周年系列活动。临沂市住房公积金服务中心荣获山东省住房公积金精神文明建设成果展演优秀奖、临沂市“学习强国”知识竞赛三等奖，顺利通过省级文明单位复查验收。

（薛凌英）

德 州 市

住房和城乡建设

【概况】 2019年，德州市住房城乡建设系统按照“工作落实年”的要求，攻坚克难，狠抓落实，各项工作取得显著成效。市住房城乡建设局在全市2019年度绩效考核中荣获“经济发展与城市建设部门”一等奖。

【城市品质提升行动】 2019年，德州市住房和城乡建设局印发《德州市城市品质提升三年实施方案（2019—2022）》，在中心城区划定4个面积不少于2平方公里的品质提升试点片区，重点实施生态修复、城市更新、老旧小区改造、市政设施提升等项目建设。德城区、陵城区列入全省试点片区名单。

【新型城镇化】 2019年，德州市扎实推进新型城镇化建设，编制完成《德州市城镇化发展现状调研报告》，武城县“两证保三权”、禹城市“深入开展土地制度改革，推动城乡融合发展”的典型工作经验在全省推广。深入开展齐河县中等城市试点和禹城市Ⅰ型小城市试点创建工作。

【中心城区城建工程】 2019年，德州市住房和城乡建设局高标准完成中心城区城建工程，充分发挥市城建指挥部办公室的牵头作用，建立目标台账，明确任务节点，强力推动项目建设。中

2019年9月13日，德州市经济开发区长河公园景色 （王志伟 摄影）

心城区66个城建项目已全部开工，累计完成投资122.58亿元。广川大道北延、市人才公寓、中医院病房楼等项目已建成，东部医疗中心、高级师范学校、实验中学规范化建设等项目在稳步推进。

2019年8月3日，杨庄河整体改造建设工程（方晓龙　摄影）

【综合管廊和海绵城市建设】　2019年，德州全市地下综合管廊新开工4.3公里，累计建成11公里；新开工建设海绵城市24.6平方公里，建成23.3平方公里。陵城区、齐河县、禹城市地下综合管廊建设力度大，累计建成均超过2公里。

【农村改厕】　2019年，德州市不断健全农村改厕长效机制，制定出台实施方案，改厕后续管护效果初步显现。全市涉农街道户厕改造完成45868户，300户以上村庄、镇驻地村、美丽村居示范村配套公厕建设完成185座，均超额完成年度任务目标。禹城市在全省农村改厕工作群众满意度调查中位列第一名。

【农村危房改造】　2019年，德州市农村危房改造任务全面完成，全年完成危改任务827户，其中建档立卡贫困户283户。深入开展全市脱贫攻坚“回头看”农村危房改造问题排查整改工作，特别是“利奇马”台风影响期间，累计排查农房4.19万处，处置安全隐患399处，切实保障群众住房安全。

【美丽村居建设】　2019年，德州市顺利开展美丽村居建设试点，全面贯彻落实全省美丽村居建设“四一三”行动方案，庆云县庆云镇周尹村、宁津县柴胡店镇崔杨村等9个村庄入选省级美丽村居试点。

【住房建设】　2019年，德州市房地产市场运行平稳，全市房地产开发完成投资353.6亿元，比上年增长18.2%。商品住房库存去化周期处于合理区间。全面推行新版“两书”和《商品房买卖合同》，切实保障购房群众的合法权益。坚决整顿规范市场秩序，对住房租赁中介机构乱象等漠视群众利益问题进行专项整治。幼儿园配建整治完成率72.7%，居全省前列。扎实推进棚户区和老旧小区改造，全市新开工棚户区改造2366套，提前完成年度开工任务；基本建成12561套，任务完成率139.6%；累计211个棚改项

2019年12月24日，德州市陵城区凤仪城社区（王志伟　摄影）

目 65728 套完成回迁。全市落实棚改资金（棚改专项债券）54.89 亿元。平原、宁津、夏津、乐陵等县市引进中建、中核、中铁等央企强企参与棚改，有效保障了资金来源及建设进度。2019 年开工改造老旧小区 82 个，改造面积 87.77 万平方米，涉及居民 9409 户，均为跨年度工程，截至年底完成投 1.43 亿元，开工率 100%。争取中央补助资金 5533 万元，居全省第 2 位。公租房管理和租赁补贴发放提标扩面。印发《德州市城镇住房保障家庭租赁补贴管理办法》，将城镇中等偏下收入住房困难群体、新就业无房职工、城镇稳定就业外来务工人员纳入补贴范围，全年发放租赁补贴户数 1901 户，任务完成率 113.5%。不断提升物业管理水平，积极推进以市政府名义印发《关于进一步加强物业管理工作的意见》，物业服务市场监管机制不断完善。开展物业服务行业"标准建设年"活动，行业标准化、规范化、专业化水平逐步提高。

【建筑市场】 2019 年，德州市建筑业效益稳步增加，全市资质以上建筑业总产值 356.06 亿元，比上年增加 14.94%；建筑业增加值 83.07 亿元。鼓励企业积极开拓海外市场，外出施工产值 45.84 亿元，比上年增加 44.5%。加大对企业的指导、扶持和服务，全年晋升施工总承包企业 1 家，专业承包一级资质企业 5 家。德建集团入选全球工程承包商250强。建筑市场监管不断规范，健全完善事中事后"双随机、一公开"监管机制，加大对挂靠、转包、违法分包等违法违规行为的查处力度，认真受理各种建筑市场违规举报，查办案件 30 余起。建设完成德州市建筑市场监管与诚信信息一体化平台，实现了与省平台、市直有关单位的对接。绿色建筑推广稳步推进，县城以上城市规划区新建民用建筑设计阶段绿色建筑设计标准执行率达 100%。全市新开工装配式建筑项目 19 个，新增省级装配式建筑示范城市 1 个、绿色生态示范城镇 2 个、高星级绿色建筑示范项目 9 个，夏津通泰景华苑等 6 个项目成功申报二星级绿色建筑设计标识。

【污水处理】 2019 年，德州市城市污水处理提质增效，印发了污水处理提质增效三年工作方案、城镇污水处理及再生利用规划、中心城区雨污分流工作总体实施方案，全市污水处理能力达到 108.5 万吨 / 日，污水处理水平显著提升。污水处理中水回用工程正式启动，建成后可有效解决城区重点企业中水需求问题。

【清洁取暖】 2019 年，德州市清洁取暖任务全面完成，农村地区清洁取暖改造 19.07 万户，城市县城新增集中供热面积 634.4 万平方米。全市 135 个乡镇实现了管道天然气"镇镇通"，提前 1 年完成省任务。顺利通过国家部委清洁取暖试点城市第一年评估，获得全额中央补贴 4 亿元。乐陵、夏津、平原超额完成既定任务。

2019 年 8 月 29 日，德州市德城区二屯镇污水处理厂鸟瞰（李强　摄影）

【建筑扬尘防治】 2019年，德州市建筑扬尘防治实现常态化治理，重点突出建筑工地高空飘尘、垃圾清运和土石方阶段的扬尘监管，5000平方米以上建筑工地全部安装扬尘在线监测和视频监控设备，实现24小时动态掌控。在省住房城乡建设厅扬尘治理综合检查评分中，德州市位列全省第四位。

【建筑节能】 2019年，德州市建筑节能得到新发展，全面执行居住建筑节能75%、公共建筑节能65%的建筑节能新标准，全市新增节能建筑650万平方米。完成既有公共建筑节能改造项目13个、面积4.26万平方米，完成城镇节能改造面积65万平方米，农房节能改造5000户、50万平方米。齐河、临邑超前完成任务。

【工程质量安全管理】 2019年，德州市住房和城乡建设局进一步提高质量安全水平，突出落实主体责任、强化现场管控、严格监督检查、完善基础机制“四项重点”，多措并举提升工程质量水平，标本兼治防范遏制施工安全事故，确保人民群众生命财产安全。累计监督工程210个，建筑面积252万平方米。深入开展迎国庆70周年百日整治专项行动，市、县两级开展检查160多次，下达整改通知书2430份。在全省住房城乡建设工作会议和全省建筑施工安全监管工作推进会议上均作了典型发言。创建省级标准化工地11个，省级优质结构工程19项，市级安全文明工地173个，市级优良工程11项，市级优质结构工程87项，文明施工水平进一步提高。勘察设计水平有新突破，多个项目在全省评优比赛中获奖，市建筑设计院获国家级优秀奖2项，国家优质工程奖1项，市人民医院门诊扩建楼工程顺利通过省首批BIM技术应用试点示范项目验收。

（张蒙蒙）

城市管理

【概况】 2019年，德州市城市管理局以“工作落实年”为抓手，坚持以人民为中心，攻坚克难，改革创新，推动城市管理工作取得了新的进展和成效，全市存量违法建设治理完成121%，26条城市黑臭水体整治完成24条，提前达到了省政府的要求。

【城管体制改革】 2019年，按照体制改革要求，德州市级公用事业行政职能和市住建领域全部行政处罚权由市城市管理局行使，有关行政许可事项、行政许可关联事项全部划转至行政审批部门，对转接事项建立了“接收—核查—反馈”的工作机制，行政审批及监管实现有效衔接。

【城管执法规范化】 2019年，德州市城市管理局实现行政处罚、行政强制事项网上运行，做到案件实时监管、公开透明，确保了行政执法的规范性、严肃性。全面落实行政执法“三项制度”，强化重大案件现场查看和集体讨论，执法办案更人性化。2019年度一般程序行政处罚案件立案18起，结案16起。

【园林绿化建设】 2019年，德州市城市管理局全力做好国家园林城市复查工作，完善档案资料，落实指标项目，实施了岔河西岸核心区景观绿化、岔河滨河西路绿化、原东苗圃公园等项目建设，建成区绿地率达到36.07%。抓好县市区园林城市创建指导工作，齐河县成功创建国家园林县城。全市新增省级园林城镇4个、省级“园林式居住区（单位）”5个。落实“全省绿道建设三年集中行动”，全市建成绿道140.26公里，市区建成规范绿道17公里，岔河绿道被评为第一批“山东省最美绿道”。德州市主城区绿道可行性调研等3项调研项目全部取得阶段性成果。

2019 年 12 月，德州岔河绿道被评为“山东省最美绿道”
（武勇　摄影）

市城市管理局改造公厕 53 座，新建 1 座。完成中心广场天桥及浮雕墙体改造、中心广场草坪及塑胶跑道更新、新湖泵站完善提升、东方红东路（高速桥至刁李贵小区）雨水管道改造、七里庄及造纸厂泵站双电源改造、岔河东大道天衢路泵站外排管道改造、东方红东路（减河东大道—崇德四大道）污水管网连接、晶华大道区域污水管网至污水处理厂管道连接等建设内容。维修沥青路面 12.2 万平方米，灌缝维修 2.1 万米；维修人行道花砖 1.1 万平方米，粉刷桥梁涵洞 2.5 万平方米，清洗桥墙面 2400 平方米；为 1240 基路灯设施进行重新喷漆；清理流水槽 3489 米，维修、更换雨水井 839 座，维修、更换检查井 289 座。

在第十三届中国菊花展览会荣获 1 金 5 银 2 铜共 8 个奖项。

【城市违法建设治理】　截至 2019 年底，德州市排查存量违法建设建筑面积 259.11 万平方米，查处 313.5 万平方米，拆除 203.5 万平方米，其他整改方式 110 万平方米，完成进度 121%。共拆除广告牌匾 3485 个，增加绿地面积 46.2 万平方米，腾出建设用地 79.41 万平方米，增加市民活动场所 28 个，增加停车位 4297 个。

【市容环境整治】　2019 年，德州市城市管理局强化户外广告治理，拆除 127 处广告塔。与审批部门密切配合，强化事中、事后监管，建立了“接收—核查—反馈”的工作机制，严肃查处户外广告违法行为。完善人行道停车标识，施划停车线 12 万米，缓解车辆停放压力；对不具备停放条

【铁路沿线环境整治】　2019 年，德州市城市管理局建立了铁路沿线环境整治现场勘查、双段长责任落实、定期电话会商等工作机制，通过密切联系，共商共推，营造了良好氛围。各县市区建立了从一把手到乡镇、乡村责任落实体系，一级抓一级，层层抓落实。坚持日常巡查和清单任务整改双重推进。开展铁路沿线环境综合整治大会战，686 处铁路沿线问题全部整改完成。

2019 年 4 月 3 日，德州市岔河两侧外堤整体改造项目施工现场
（孙鸿斌　摄影）

【市政工程建设】　2019 年，德州

件的路段，设置隔离设施1200余处、U型杆500余米。清理景区生活及建筑垃圾210余吨。

【大气污染防治】 2019年，德州市城市管理局狠抓道路、渣土等扬尘治理，推广“第三代智能环保渣土车”换新，建立“机扫机洗、人工普扫、高压冲洗、动态保洁、督导巡查”“五位一体”的精细化保洁制度，扬尘治理工作获得全省第4名。全市新增达到深度保洁标准道路21条。对露天烧烤落实“室内经营、规范操作、拒绝扰民”要求，保持高压管理态势。全市572家三灶头以上餐饮单位安装油烟净化设施并通过第三方检测。

【城市黑臭水体整治】 2019年，德州市城市管理局提前完成城市黑臭水体整治工作省政府确定任务。中心城区建成区7条黑臭水体全部整治完成，消除比例100%；各县市共19条，完成17条，消除比例89%，提前达到了省政府“到2020年中心城区建成区黑臭水体消除比例高于90%、县市建成区黑臭水体消除比例70%以上”的要求。

【垃圾处理】 2019年，德州市城市管理局积极推进生活垃圾焚烧发电项目建设。齐河县一期500吨/日生活垃圾焚烧发电项目于2019年5月份投入运行，禹城、乐陵、临邑、夏津4个县市生活垃圾焚烧发电项目积极推进。餐厨废弃物收运覆盖中心城区、平原县、武城县。

【城市防汛】 2019年，德州市城市管理局完善应急处置预案和任务分工，补充防汛物资，升级数字化城市防汛系统。对城区60处积水点及塌陷位置进行了改造维修；清挖雨水井2.93万座次；对辖区12条城区主干道路，7.6万米的排水主管网、沟渠，长约2.6万米的排水支管等，进行全面清淤、清挖。加强警示设施建设，完成12处下穿式立交桥桥涵积水警示和通行安全保障系统、10处雨量监测系统安装，为防汛抢险提供数据支撑。

【数字城管系统建设】 2019年，德州市数字城管系统实现省、市、县平台对接。完成部件标准由行标向国标转换等建设内容；开发建设智慧园林信息系统，虫情监测、土壤墒情监测等设备安装调试完成并接入；建成渣土运输车辆智能监管平台，实现对渣土运输作业的全时、全域、全流

2019年，德州市锦绣川景区内博弈平台处鸟瞰 （武勇 摄影）

程在线管控。通过路灯控制器实现路灯设施“遥控”“遥测”等管理。全年承办12345热线案件8977件、承诺热线89件，政民平台案件23件。

【公用事业管理】 2019年，德州市实现了集中供热管网南线全线贯通和南、北、中三条供热管网互联互通；督促完成66个老旧小区56万平方米、23个地热井关停小区154万平方米供热改造；新增换热站49个、供热管网110余公里。通过节水型城市Ⅰ级评价现场考核，为创建国家节水型城市奠定了良好基础。水气暖报装改革有序推进，减少环节、压缩时间。

（马永峰）

住房公积金管理

【概况】 2019年，德州市住房公积金归集40.17亿元，比上年（下同）增长14.09%；提取24.2亿元，增长15.13%；发放公积金贷款35.36亿元，增长22.47%；实现增值收益1.8亿元，增长25.59%。

【公积金缴存】 2019年，德州市住房公积金缴存范围持续扩大，新增缴存职工3.81万人，新增建制单位1327家，其中非公企业占到74.77%，全市缴存职工达到39.64万人，其中自由职业者缴存1751人，缴存单位6658家，其中非公缴存单位占比较上年增长13.97%。缴存质量持续提升，德州市市直单位将取暖补贴、年终一次性奖励列入缴存范围，缴存比例为10%—12%的单位数量占到54.28%，较上年增长10.05%。

【公积金使用】 2019年，德州市通过微调住房公积金使用政策，有力支持了职工住房消费。年租房提取13182笔0.83亿元，占全部提取额的3.43%，住房消费类提取18.51亿元，占全部提取额的76.52%，较上年增加19.02%。贷款上，增加以住房抵押公积金贷款为主的多样化贷款方式，政策推行以来，房屋抵押贷款笔数1835笔5.34亿元，发放异地贷款374笔1.13亿元，个人住房贷款在德州市场占有率为12.66%，节约职工购房利息支出10.56亿元，全年支持职工购房面积142.19万平方米。

【文明行业创建】 2019年，德州市住房公积金管理中心深入开展文明行业创建，推进标准建设年工作。按照住房城乡建设部颁布的贷款、归集、资金管理业务操作标准，梳理调整各业务环节，重点对贷款政策审批标准进行了规范，统一贷款职工收入确定标准，统一信息共享后房屋套数认定标准。为确保全市贷款政策执行一致，建立“分散受理、集中审批”管理模式，县市区管理部受理并初审，市中心负责最终审批。按照减税降费政策要求，取消住房公积金贷款保证金，优化营商环境。各服务网点实现一窗受理，同时推出了容缺受理、延时受理等服务措施，有效体现公积金服务的人性化。

【“一次办好”改革】 2019年，德州住房公积金管理中心借助智慧公积金建设，实现业务线上办理，让信息多跑路、职工少跑腿。搭建起集自助终端、网上服务厅、微信、手机App（爱德州）等为一体的综合服务平台，缴存6项业务、5项销户提取、提前还贷业务实现线上办理，2019年单位账户网厅注册率达到34.43%，线上办理提取1975笔，提前还贷870笔。上线电子档案系统，取消全部业务办理复印件，档案实现电子化存储，压减材料流转时间。实现与德州市民政、公安等4部门信息共享，提取、贷款审批减少4项材料，二手房抵押贷款抵押环节由职工跑腿向线上流转方式改变。与全国异地住房公积金转移接续平台实现直连，大力提升异地转移接续效率。

（秦小丽）

聊　城　市

住房和城乡建设

【概况】 2019年，聊城市住房和城乡建设局集中力量攻难关，多措并举抓落实，各项工作取得新突破。完成住房城乡建设投资500亿元；房地产业和建筑业缴纳各项税收65.87亿元，税收占比25%；年末聊城市城乡环卫一体化满意度由上年的第13名提高到第7名，改厕工作电话满意度测评提高到全省第5名、总体工作全省第7名，建筑工地扬尘抽查排名由全省倒数第一提高到全省第2名，棚户区改造基本建成完成率列全省第3名，营商环境评价建筑许可指标在全省排名第2，为聊城市经济增长作出了重要贡献。

【保障性住房建设】 2019年，聊城市政府召开推进会，专题研究部署棚改工作，棚户区改造新开工8339套，基本建成13524套，基本建成率224%，完成率列全省第3名。实施公租房分配常态化，聊城市建有公租房3.38万套，分配率89.4%。印发《聊城市城镇住房保障家庭租赁补贴暂行管理办法》《关于支持重点中小企业利用自有产权待建土地配建产业配套住房的实施细则》等文件，住房保障体系进一步完善。

【老旧小区改造】 2019年，聊城市改造老旧小区40个，共4819户41万平方米，改造提升后的老旧小区居住环境和管理水平明显改善。

【物业服务】 2019年，聊城市以开展物业行业文明创建活动为抓手，扎实开展物业服务提升行动，推进物业服务行业党建工作机制和智慧物业建设，着力突破物业行业管理热点、难点问题。截至年底，聊城市共有物业企业340家，服务小区981个，服务面积约4000万平方米。

2019年12月1日，聊城全市住建系统干部职工大会召开
（张迪　摄影）

【房地产市场调控】 2019年，聊城市全力抓好房地产市场调控和长效机制建设。房地产市场总体保持平稳运行，商品房新开工面积571万平方米，销售面积630万平方米，库存状况基本稳定，去化周期约为11.41个月，处于合理区间。

【城镇化建设】 2019年，聊城市常住人口609.83万人，城镇人口321.5万人，常住人口城镇化率52.72%，比上年提高0.95个百分点。

聊城市户籍城镇化率37.84%，比上年提高0.18个百分点。

2019年3月21日，聊城市举办历史文化名城保护专题讲座

【市政基础设施】 2019年，聊城市市政基础设施建设完成投资33亿元，新建改建道路105条131公里，铺设雨污管网113公里。市城区重点推进了湖南路西延、西关街西延、中华路北延、财干路东延等市政基础设施建设项目，新建改建道路49条61公里，新开工建设桥梁3座，新增绿化面积177公顷、改造提升64公顷。市城区开工建设“断头路”项目15个，其中二干路、电大路、香江路等10条道路部分路段通车或具备通车条件。湖南路西延建成通车成为连接聊城城区西部的重要通道，月季公园的建成提升了城市品质，为市民提供了休闲娱乐的好去处。

【城市品质提升行动】 2019年，聊城市全面启动城市品质提升行动，以抓好东昌府区运河片区和高新区九州洼月季公园片区试点为切入点，积极进行项目包装，争取债券资金及省级奖补资金。

【历史文化名城保护】 2019年，聊城市历史文化名城保护整改取得阶段性成效。聊城市委常委会、市政府常务会议多次对名城保护及整改工作进行研究和部署，市政府成立聊城市历史文化名城保护委员会，全力抓好整改工作。市政府印发《聊城市贯彻落实国家历史文化名城检查组意见整改方案》《聊城市国家历史文化名城保护工作深化整改方案（2019—2022年）》，搭建了整改工作框架和步骤。投入4000万元开展古城区活化利用、基础设施建设提升、博物馆布展等工作。

2019年3月28日，聊城市首批144套公共租赁住房进行配租，125户业主喜领新房钥匙 （张迪 摄影）

【农村改厕】 2019年，聊城市农村改厕长效机制不断健全，市政府召开农村改厕规范升级和长效机制建设工作现场会，出台工作方案，完成166个改厕服务站和307个公厕建设。度假区推行的政府管理精准方便、村民使用便捷安全、公司管护积极到位的智能化厕所管护新模式被中央电视台等聚焦报道。

【农村危房改造】 2019年，聊城市农村危房改造任务基本完成，深入开展农村危房改造领域作风问题整治，逐户对贫困户疑似危房开展排查整改，完成 79 户四类重点对象、468 户深度贫困地区其他危房户和 3525 户存量农村危房改造。

【美丽村居试点】 2019 年，聊城市美丽村居试点顺利推进，第一批 3 个美丽村居试点村的基础设施建设、村庄整治等工作在积极推进中，第二批 6 个试点村设计等相关工作在有序推进。

【城乡环卫一体化】 2019 年，聊城市城乡环卫一体化继续推进，所辖 135 个乡镇（街道）、6214 个村庄，全部实现农村生活垃圾无害化处理，共配备农村保洁员 1.8 万人、转运车 529 辆，建有 3886 个乡镇（街办）中转设施。全年处理农村生活垃圾 90 万吨，农村生活垃圾处理率 100%。

【建设扬尘治理】 2019 年，聊城市全力根治建筑施工扬尘。健全完善扬尘污染防治长效机制，在全面落实“六个百分之百”的基础上，全面推行建筑施工扬尘治理“十项措施、两个禁止及扬尘防控公示牌”制度。全年通过专项检查、随机暗访、夜间抽查、动态巡查等方式，抽查项目 9911 个次，处罚金额 370 万元，形成有力震慑，促进了现场管理水平的提升。山东省住房和城乡建设厅对建筑工地扬尘治理考核，聊城市由倒数第一名一跃成为全省第二名。

【黑臭水体治理】 2019 年，聊城市基本完成城市黑臭水体治理，列入全国建成区黑臭水体整治监管平台的 10 条黑臭水体，3 条完成长制久清评估，1 条完成初见成效评估，6 条待省厅进行评估。

【清洁取暖】 2019 年，聊城市住房和城乡建设局扎实推进清洁取暖，完成了 17.46 万户农村冬季清洁取暖改造，超额完成上级下达任务。各县（市区）建立保暖、保供工作机制，全力保障群众温暖过冬。

【建筑业发展】 2019 年，聊城市住房和城乡建设局积极扶持建筑业发展，全市建筑业企业 442 家，完成总产值 364 亿元，比上年增长 10%；新签合同额 405 亿元，完成房屋建筑施工面积 3350 万平方米，出省、出国施工产值 30.6 亿元。成立全国首家建筑业应急转贷平台，筹集 3 个亿应急转贷资金，缓解企业融资难题。

【装配式建筑】 2019 年，聊城市住房和城乡建设局大力推广装配式建筑，新开工装配式建筑 116 万平方米，创建省级建筑施工安全和装配式建筑施工体验式教育基地 1 个、省级装配式建筑示范工程 3 个。大力推广高星级绿色建筑，新增高星级绿色建筑评价标识 60 万平方米，完成太阳能光热建筑一体化应用 184 万平方米。

【工程建设管理】 2019 年，聊城市住房和城乡建设局不断加强工程建设管理，积极落实工程建设项目审批制度改革，实现政府购买施工图审查服务和“多审合一”，图审时限压缩到 7—10 个工作日，优化了住建领域营商环境。勘察设计水平不断提升，BIM 技术广泛应用，三个省级试点示范项目顺利通过验收，在“山东省建筑设计 BIM 技术应用技能竞赛”中获得一等奖。建筑市场监管有效加强，建立“双随机、一公开”检查制度、信用评级制度和定期公布制度，抽查 157 家企业、300 个在建项目，市场秩序更加规范。完善招标投标制度，起草《聊城市关于加强招标代理机构和人员管理的通知》和《聊城市招标代理机构信用考核办法》，逐步规范招标代理机构混乱无序的状态。

【工程质量安全管理】 2019 年，聊城市住房和城乡建设局扎实推进工程质量安全管理，建立工程质量管理标准化体系，推广工程质量管

2019年10月24日，聊城市住房和城乡建设局党员干部到东昌府区检察院警示教育基地参观学习　　（张迪　摄影）

理标准化试点经验；深入整治工程质量突出问题，组织开展预拌混凝土专项整治。创建省级“泰山杯”工程4项、“优质结构工程”奖16项，市级工程质量奖239项。深入开展建筑施工安全整治百日集中行动，深化安全隐患排查整治，推动聊城市建筑施工领域全生产形势持续稳定。

【全面从严治党】　2019年，聊城市住房和城乡建设局扎实开展“不忘初心、牢记使命”主题教育，纵深推进全面从严治党，政风行风建设取得新突破。领导班子开展集体学习20余次、专题研讨9次；22个党支部、493名党员积极参加学习研讨、主题教育测试，接受革命传统教育、形势政策教育、先进典型教育和警示教育。紧紧围绕市委第七巡察组反馈意见和整改工作要求，结合单位实际研究制定了147条具体落实措施。经过集中整改，巡察反馈意见指出的74个具体问题中，立行立改对账销号70个，限期整改取得阶段性成果4个。

【依法行政】　2019年，聊城市住房和城乡建设局依法行政水平明显提升。加强规范性文件的制定和备案工作，审查3份、清理8份规范性文件；进一步规范行政行为，编制完成住建系统权责清单。立足行业特点，深入推进住建领域扫黑除恶专项斗争。加大建筑农民工工资清欠力度，解决拖欠工资金额3197万元，惠及农民工2005人；483处在建工程全部接入建筑工人实名制管理平台，实现农民工工资专户管理和银行代发。办理市长热线和民意直通车转办工单1.2万件，住建领域信访形势总体稳定。

（赵临）

城市管理

【概况】　2019年，聊城市城市管理局抢抓解放思想大讨论、市委巡察、电视问政、文明城市创建和“不忘初心、牢记使命”主题教育五大机遇，实施了“五大提升行动”，城市精细化管理水平全面提高，获得国家级和省级荣誉21项。

【市政基础设施维护】　2019年，聊城市修补城市道路2.42万平方米，更换花砖2.66万平方米，更换、调整沿石26公里。粉刷栏杆1285平方米，维修桥立柱、阻车石、花屏等275个，维修护栏616平方米，更换桥面板95平方米，完成卫育路周公河桥、建设路团结桥、兴华路二干渠桥提升整治任务。掏挖排水检查井1.59万座，疏通排水管道130公里，维修井盖2.9万块。整治维修河坡33万余平方米，涵闸维护197座次。维修路灯3.3万盏/次，更换电缆32公里，更换维修控制器383台，更换各类配件5000余个。

【市政工程建设】　2019年，聊城市实施陈口路雨污分流改造工程，该工程西起花园路东至光岳路，全长2070.4米，新建雨水管道3300米、污水管道2900米、雨水检查井104座、污水检查井95座，铺设沥青混凝土路面5.55万平方米，区域交通环境和汛期排涝能力大幅提升。实施市城区防汛改造工程，对东昌路与卫育路口、财干路与花园路口、原区政协门前、南关街与湖南路口、聊堂路铁路桥等18处积水点整治，对聊师南沟暗涵清淤、皋东街暗涵清淤、聊堂沟暗涵清淤、聊临沟暗渠清淤4处暗涵清淤工程，确保汛期不出现大面积积水。实施二干路北延工程，该工程南起东昌路北至振兴路，全长1223米，双向八车道，道路红线宽48米，机动车道宽28米，非机动车道宽度5.5米，机非分隔带宽度4.5米；新建雨水管道2608米，污水管道1036米，铺设沥青混凝土路面6.07万平方米，新装路灯63盏。实施文化路改造提升工程，该工程西起龙山西街东至花园路，全长1195米，其中柳园路至花园路段886.5米，道路红线30米，道路横断面为单幅路形式，车行道宽度16米，人行道宽度7米；柳园路至龙山西街段308.5米，道路红线20米，道路横断面为单幅路形式，车行道宽度12米，人行道宽度4米，新建雨水管道740米、改建污水管道710米、新建排水检查井43座，铺设沥青混凝土路面1.23万平方米，安装路缘石1460米，除聊大西路至柳园路段因涉及拆迁和高压线杆拆除改建未完成，其他路段完成改造提升。实施青年渠雨污分流改造工程，新建污水管道4公里，对现状河道进行清淤，疏通合流管道和井口。实施三座过街天桥建设，外国语天桥总跨径50.5米，主桥面宽3.30米，梯道宽2.50米；凤凰苑天桥总跨径52.4米，主桥面宽3.30米，梯道宽分别3.3米和2.5米；市医院天桥总跨径55.7米，主桥面宽3.3米，梯道宽为3.9米，总投资1051万元。外国语天桥、凤凰苑天桥投入使用，得到了人民群众的认可。实施公交站台建设工程，该工程位于聊城市昌润南路，北起东昌路，南至湖南路，道路全长3185米，投资185万元，建设公交站台14个。

【环境卫生管理】 2019年，聊城市城市管理局努力提高道路深度保洁率，降低道路存量尘土，主城区道路保洁机械清扫率90%以上，道路深度保洁率40%以上，提前完成省规定的目标。加大公厕管护力度，确保设施完好、卫生达标，从4月份开始实现24小时免费开放，购置5座大型环保公厕，缓解数量不足的问题。8月份完成清扫保洁市场化改革，保洁企业投入大量资金，购置了100台大型作业车辆，提高了道路机械清扫率和深度保洁率。生活垃圾清运坚持高效作业、规范管理、密闭运输，确保日产日清，基本完成了城卫垃圾处理中心封场治理工程。新建生活垃圾中转站4座，创新推广“五机六步作业法”低尘作业方式，城区一级道路机扫率100%，清理各类垃圾约14.5万立方米，收集处理生活垃圾17.23万吨，收集运输处理餐厨废弃物3.31万吨，生活垃圾无害化处理率100%。

2019年7月12日，聊城市城市管理局举行环卫保洁市场化改革签约仪式

【园林绿化养护】 2019年，聊城市城市管理局加大绿化苗木补植力

度，补植小龙柏、扶芳藤、瓜子黄杨等绿篱苗木20.3万余棵，补植白蜡、榉树等乔木1155棵，补植海棠、樱花、木槿等灌木8000余棵，铺设草坪、麦冬4.3万余平方米，补植地被79.7万余棵。加大城区道路绿化、公共绿地节点边角的环境整治，累计保洁25715.2万平方米，清理垃圾2.7万立方米，干枯枝等9.1万余处，刷白行道树5.4万棵，清理杂草、划锄400.2万余平方米。加强园林绿化巡查，处理毁坏苗木事件16起，清理占压绿地182处，清理绿地内堆放杂物44处，清理绿地内摊点113处。推动园林养护生态化、科技化，采用“生物防治”技术，对蛀干害虫进行防治，对城区管护范围内1700余棵杨柳树雌株进行植缘药剂注射，杨柳絮治理效果显著。推进街头公园聊城名人雕塑设立工作，傅斯年、季羡林、武训雕塑完成制作安装。

2019年9月10日，武训雕塑在聊城市湖南路柳园路口东南角街头公园落成

【市容市貌综合治理】 2019年，聊城市城市管理局实施城市治理提升行动，清理取缔店外经营7256处、流动摊点7697处，查扣占道经营三轮车1082辆、占道乱摆灯箱1160个，清除乱扯乱挂2958处。设置65处“三修”便民服务点，为弱势群体提供谋生渠道的同时方便了市民生活。加大违建查处力度，拆除违法建设26处，封堵龙山中街、龙山北街、龙山西街、花园南路和其他路段“隐形违建”103处，有效遏制私自扒窗改门的违建行为。加大渣土车查处力度，24小时不间断巡查，执法过程全记录，发现问题立即整改，建立整治台账，检查车辆8000余辆，对违规运输渣土车实施刚性处罚，查处违规渣土车121辆。开展小广告“清零”整治活动，维护道路（包括小街小巷）118条，维护里程500多公里，清理小广告49.55万张，粉刷墙体面积5028平方米，粉刷地面小广告2880平方米，追呼号码457个。开展“十乱”集中整治行动，拆除私自圈占公共空间停车位道闸128处，清除绳索或放置隔离物圈占经营自行车停放点34处，拆除沿街幼儿园乱设围挡51处，扣留隔离桩、隔离墩、交通锥等6208个；取缔机动车、非机动车乱停乱放1.47万处，取缔侵占城市道路形成马路市场25处，取缔乱摆桌椅形成的餐饮排档167处，取缔流动摊点、店外经营、乱摆杂物1.79万处。

【集中供热】 2019年，聊城市城市管理局加强城市集中供热管理，全市新增集中供热面积300万平方米，供热面积6100万平方米，其中城区供热面积3100万平方米；供热直供到户工作稳步推进，市城区供热直供到户率达到85%以上，从根本上提升供热质量。

【城市供水管理】 2019年，聊城市城市管理局加强城市供水、污水处理监管，规范城市供水月常规42项水质检测，开展二次供水督导工作，城区供水水质合格率100%，城市污水处理厂完成提标改造；开展全国城市节约用水宣传周和节水型城市创建活动，在公园广场等公共场所悬挂节水宣传条幅10余幅，发放节约用水倡议书5000份，节水手册2000份。

【燃气建设】 2019年，聊城市城市管理局加强燃气管理，全市新铺设天然气管道3534公里，全市燃气管道达到15.9万公里，新发展管道天然气用户15万余户，管道燃气用户达到95万户，用气量约11.1亿立方米。督促开展燃气安全隐患排查治理一系列活动，有效预防和避免各类燃气事故的发生。

【智慧城管建设】 2019年度，聊城市城市管理局按照纵向到底、横向到边，无死角全覆盖的网格化管理要求，对主城区局属主次干道实施事部件信息采集，对发现的问题，依托数字化平台，采取“信息采集、案件建立、任务派遣、任务处理、处理反馈、核查结案、绩效考核”七步闭环管理流程，一年来通过系统平台共受理上报案件27277件，处置27006件，派遣率100%，处置率达99%。受理12345市民热线转办35175件，回复率100%，满意率99.15%。促进案件的有效解决，促进了城市管理精细化，完成了省、市、县数字城管平台数据对接，实现省市县数据的实时传送。

（何涛　刘磊）

住房公积金管理

【概况】 2019年，聊城市住房公积金管理中心认真贯彻落实“争创一流、走在前列”工作要求，坚持服务群众、保障民生工作理念，深化“一次办好”改革，加强作风建设，服务效能显著提升，各项工作实现平稳健康快速发展。

【公积金归集】 2019年，聊城市住房公积金缴存额为36.27亿元，比上年增长12.67%，归集余额为134.77亿元，截至年底，全市实缴住房公积金单位5533个，实缴职工39.76万人。

【公积金贷款】 2019年，聊城市住房公积金管理中心发放住房公积金贷款46.80亿元，比上年增长54.97%，贷款余额131.66亿元，期末存贷比为97.69%。

【公积金提取】 2019年，聊城市住房公积金管理中心共办理公积金提取13.36万人次，提取额23.70亿元，比上年增长23.57%。

【公积金增值收益】 2019年，聊城市提取廉租住房建设补充资金1.68亿元。累计向市财政上缴廉租住房建设补充资金10.57亿元。

【政策落实】 2019年，聊城市住房公积金管理中心狠抓政策落实，凸显职工住房保障功能开展商转公贷款业务，申请人在办理商转公时无须提前结清商业银行贷款，大大减轻了职工还款负担，这一做法属省内首创。

（蔡玄旋）

2019年7月25日，聊城市住房公积金管理中心在山东省住房公积金系统纪念中华人民共和国成立70周年文艺汇演中，自编、自导、自演的小品《公积金人的“苦”与“乐”》荣获二等奖

（吕菲　摄影）

滨 州 市

住房和城乡建设

【概况】 2019年，滨州市新型城镇化发展质量再上新水平，全市城镇化率达到58.23%。全市城镇基础设施建设完成投资127.85亿元，其中的防水排涝工程在抗击“利奇马”超强台风中发挥了重要作用。全省农村改厕规范升级和后续管护长效机制现场会在滨州召开，“无棣模式”在全省推广。完成土坯房改造11145户，改造农村危房2668户，完成清洁取暖20.3万户，滨城区杨柳雪镇杨柳雪村和博兴县吕艺镇高渡村通过美丽村居省考核验收。全市棚户区改造新开工6418套，基本建成1758套，完成65个老旧小区改造任务，在全省率先制定出台《滨州市城镇住房保障家庭租赁补贴实施方案》，全省第四个出台物业管理地方法律《滨州市住宅物业管理条例》。出台《关于促进建筑业改革发展的若干政策》，支持建筑业做大做强。全市绿色建筑设计项目达925.22万平方米，新开工装配式民用建筑面积20.03万平方米。促进房地产市场健康发展，全市房地产开发完成投资192.7亿元，商品住房销售面积424.44万平方米。

【新型城镇化】 2019年，滨州市住房和城乡建设局制定《2019年推进新型城镇化工作要点》，邹平市入选全省试点典型经验推广名单，博兴县、无棣县分别争取省城镇化试点专项资金各1000万元。1个国家级特色小镇和5个省级特色小镇立足产业支撑，因地制宜，完成总投资50.6亿元，主导产业实现产业增加值6.4亿元，城镇常住人口增长7.9万人，户籍人口增加2.6万人。全市城镇化率达到58.23%，增幅大于全省平均增幅。

【城市基础设施建设】 2019年，滨州市城市基础设施完成投资29.25亿元；新增城市（县城）集中供热面积231万平方米，完成率154%；完成海绵城市12.3平方公里，完成率123%；全市城市污水处理率达到97.5%。2019年度市主城区城建工程共320项，总投资21.27亿元。实施断头路桥项目18项，其中13条断头路提前建成通车，4座断头桥快速推进，全面完成23个路口改造，城市通行能力得到大幅提升。实施15项排水防涝工程提前竣工，在全市抗击“利奇马”超强台风中发挥了重要作用。启动黄河流域生态保护与高质量发展三年行动，实施南海湿地公园鸟岛建设、南外环路（B5—B21）景观提升改造工程、黄河楼后续建设、十里荷塘景区提升等一

2019年9月24日，省政府在滨州召开全省农村改厕规范升级和后续管护长效机制工作现场会议

大批重点项目。秦台河深度整治提升工程“初见成效”。完成市本级 2 项地下综合管廊工程。完成 5 条道路和 90 个老旧单位小区雨污分流改造工程，市城区南部污水处理厂建设进度超出年度目标 10%。

2019 年，滨州市改造黄河十二路渤海十六路路口，拓宽主路增加车道，设置彩色渠化岛，实现机动车非机动车分离

【农村人居环境】 2019 年，滨州市逐步健全农村改厕长效管护机制。全市农厕维修点由 85 处增加至 542 处，维修人员由 170 名增加至 629 名，清运车由 439 辆增加至 590 辆，推广农村卫生厕所智能管护平台系统，相继探索建立了“协管员网格化管理”“扫码报抽报修”“单户粪液溢满报警”等管护方式，9 月 24 日，全省农村改厕规范升级和后续管护长效机制现场会在滨州召开，各县（市、区）全面贯彻全省现场会精神，滨州经验得到省长龚正充分肯定，“无棣模式”在全省推广，新华社对此进行了宣传报道。全年完成土坯房改造 11145 户，完成率 111.45%。完成清洁取暖改造 20.3 万户，完工率 116%。完成农村危房改造 2668 户，竣工率 106.72%。完成贫困户房屋鉴定 43827 户。滨城区杨柳雪镇杨柳雪村和博兴县吕艺镇高渡村通过省美丽村居考核验收，高渡村在 12 月 17 日召开的全省美丽村居推进会上作典型发言；沾化区黄升镇堤圈村、惠民县皂户李镇十五里堂社区（康家堡村）、惠民县淄角镇三里社区（石张村）、无棣县小泊头镇张义井村 4 个村居获批第二批美丽村居省级试点名单。

2019 年，滨州市滨城区杨柳雪镇农村清洁取暖工程

【住房保障】 2019 年，滨州市实施棚户区改造 6418 套，基本建成 1758 套，积极推进市城区老旧小区棚户区改造 4 个安置区建设。全部完成全市 65 个老旧小区改造任务，支持有条件的住宅小区加装电梯。成功争取 2020 年老旧小区改造计划 438 个，数量列全省第一。制定《滨州市城镇住房保障家庭租赁补贴实施方案》，将城镇中等偏下收入住房困难家庭、新就业无房职工、稳定就业外来务工人员等群体纳入补贴范围，是全省地级市中最早出台的四个同类

方案之一，全市住房租赁补贴在保家庭598户，完成年度任务的130%。全省第四个出台《滨州市住宅物业管理条例》，加快推进相关配套政策《滨州市老旧小区整治改造实施意见》《滨州市城市基础设施配套费征收使用管理办法》《滨州市城区既有住宅小区专业经营设施设备改造移交方案》出台。择优推出2家规模化租赁中介企业作为试点，依托住房租赁平台，拒绝虚假房源，全年共办理租赁合同备案1379份，租赁面积20.43万平方米。

【建筑业】 2019年，滨州市住房和城乡建设局出台《关于促进建筑业改革发展的若干政策》，支持建筑业做大做强。全年全市建筑业企业完成总产值289亿元，比上年增长17.9%，建筑业增加值76.6亿元，比上年增长15.6%。全市共培育3家一级资质企业、22家二级资质企业，截至2019年底，全市共有一级资质企业28家，二级资质企业200家，本地企业实力和竞争力进一步提升。开展“定向创优”活动，加强动态管理、跟踪服务、择优推荐，滨州医学院附属医院门诊医技病房综合楼项目获得2019年度“华东地区优质工程奖”，滨州市人防科普教育体验馆等4个项目获山东省建筑质量“泰山杯”奖。全市共有国家级优质工程13项，省级优质工程106项。

【绿色建筑】 2019年，全市审查绿色建筑设计项目925.22万平方米。无棣泰和家苑住宅楼，获批省级被动式超低能耗建筑示范工程；阳信县河流镇获批省级绿色生态示范城镇；民安馨苑、名仕花园、丽景国际及古城·源著4个项目获批二星级绿色建筑设计标识。完成节能技术产品认定48项，对183栋典型公共建筑开展能耗统计，实施节能改造54.8万平方米。全市发展示范创建项目23个。全市落实太阳能光热建筑一体化项目133.72万平方米、地源热泵项目8.03万平方米、空气源热泵项目6.65万平方米。

【装配式建筑】 2019年，全市新开工装配式民用建筑面积20.03万平方米，其中，民安鹊华苑为全市第一个达到省标（装配率50%以）的棚户区改造项目，邹平市鲁帆建设—住宅产业化A30实践项目，装配率达到了100%。

【房地产业】 2019年，滨州市共有房地产开发企业323家，其中一级资质2家、二级资质12家、三级资质25家、四级资质81家、暂定资质203家。全市房地产开发完成投资192.7亿元，比上年增长16.18%；商品住房销售面积424.44万平方米，比上年增长28.3%；房地产业完成地方税收31.78亿元，比上年增长26.06%。全市商品房库存面积586.17万平方米，去化周期为15个月，整体处于合理区间。研发并实行预售资金监管系统，实现资金存放、拨付使用等全过程信息化管理；并通过升级商品房网签备案系统，实现商品房买卖合同网签、备案同步办理。

2019年10月，滨州市滨城区北二、北三居委会棚户区改造项目施工中

【建筑业诚信体系建设】 2019年，滨州市住房和城乡建设局出台《滨州市建筑市场信用管理暂行办法》，将161个项目纳入农民工资支付监管平台，录入总人数20322人，实现建筑工人实名制制度全覆盖；共受理和化解农民工举报投诉案件241起，涉及人数3252人、金额5290.65万元。

【安全生产隐患排查治理】 2019年，滨州市住房和城乡建设局对全市209家建筑施工企业实行动态考核，推荐申报省级安全文明小区和工地12个，多次开展全市建设工程质量监督检查，以检查促整改、以整改促提升。通过开展住建领域重点行业专项整治、异地交叉执法、对县区进行督查等检查方式，深入排查治理安全隐患。全市共检查工程和企业3665个次，查处各类安全隐患10400余条，稳定了全市住建领域安全形势。

【消防审查验收】 2019年5月，滨州市住房和城乡建设局全面承接消防审查验收工作，共受理消防验收项目77个，备案项目12个，开展现场验收100余次，切实保障了移交承接工作不断不乱、平稳过渡。

【营商环境优化】 2019年5月，滨州市住房和城乡建设局在建设工程质量监督登记、安全施工措施备案手续、建设工程项目联合验收以及房地产开发项目竣工验收备案工作中，实行“减、并、诺”三大清单，共取消申请材料7项、容缺办理26项，实行告知承诺4项。在全省率先实现了施工图审查与消防、防雷、通信、人防设计审查的“多审合一”，实现数字化审图、“一站式审图”、企业“零跑腿”；为重点项目建立快速通道、“帮办代办”制度，审查时限压减至3至5个工作日；容缺预审施工图项目207个，单体个数587个。简化招标申报手续，将招标人需要提交的6项申请材料缩减为3项，招标准备时间由原来的120日缩减到30日内。简化水气暖报装服务，供水、供气、供热报装时限较2018年分别压缩6个、11个、12个工作日，申请材料减少3项，报装流程减少2项。

（范宜卿　李文慧）

城市管理

【概况】 2019年，滨州市城市管理局深化“城市园林园艺化、环卫保洁标准化、城乡一体长效化、亮化管理智能化、城管执法规范化”工作目标，完成园林绿化54项建设任务，新增城市绿地72.63万平方米，国家园林城市复查顺利通过省普查。积极打造新立河桥梁、黄河五路夜景示范路、中海景区及春节亮化工程。拆除户外广告9284处，通信线缆入地改造46公里，城市空间全面净化。强化城市违法建设治理，加强共享单车监管，加大渣土运输车辆查处力度，持续巩固城市建成区露天烧烤整治成果，积极开展1+1+8污染防治攻坚战、环渤海治理攻坚战，城区秩序环境显著提高。被市总工会授予“滨州市五一劳动奖状”，被省文明办授予“省级文明单位”。

【环境综合整治】 2019年，滨州市城市管理局结合全国文明城市创建和省级食品安全市年检工作，全面加强市容秩序管理，指导各县（市、区）开展“城市十乱”集中整治，治理各类市容环境问题。打响全市户外广告两年攻坚战，各县（市、区）排查各类问题户外广告10313处，拆除9284处。开展通信电力线路整治三年攻坚行动，按照“入地、捆扎、贴墙”的要求，打造渤海五路线缆入地样板路段，通信线缆改造46公里。强化渣土运输管理，印发《全市春季渣土运输管理集中整治方案》，暂扣渣土运输车117辆、停工整改57处，查处违规、违法运输93起。加大违法建筑治理力度，地毯式摸排辖区违建，治理违建9.05万平方米，拆除5.69万平方米，其他方式治理3.36万平方米。对“蓝顶子、铁皮屋”等乱搭乱建集中清理，逐一销号，市容面貌显著改观。

【数字城管】 2019年，滨州市城市管理局借助“12345”为民服务热线、“9600096”城管热线投诉系统、市民通App、政务微博等多种方式，实现与市民群众的时时互动、零距离交流，及时受理解答城市管理方面的各类诉求。全年受理、转办各类热线投诉3950余个，转办率100%。受理回复微博投诉86件，核查并督导检修问题井盖2000余个，数字城管高效指挥作用进一步发挥。

【城乡环卫一体化】 2019年，滨州市城市管理局深入落实农村人居环境整治三年行动，突出农村垃圾治理和村容村貌提升，开展农村生活垃圾分类试点，建立完善农村生活垃圾处理市场化运作、减量化处理、资源化利用、数字化管理、法制化保障工作机制。印发《2019年滨州市城乡环卫一体化工作实施方案》，委托第三方对7个县（市、区）和3个市属开发区3200余个村庄进行暗访，印发通报12期；全市90个乡镇（街道）、4184个村庄配备垃圾桶（箱）20余万个，保洁人员1.4万余名，各类环卫车辆676台，建设转运站115个，农村环卫基础设施配备率达到100%，城乡生活垃圾无害化处理率达93%以上，农村人居环境持续改善，年底群众满意度达96%，全省排名第8名。

【环卫保洁】 2019年，滨州市城市管理局加大机械化设备投入力度，购置各类道路清扫清洗设备50余台，电动保洁车160台，全部投入道路保洁作业，市城区主次干道机械化清扫率实现100%；采取“政府主导、社会参与、部门联动、市场运作”相结合方式，对市主城区492万平方米深度保洁面积不断细化“机械+”模式，洒水冲洗作业由每天1次增加到每天3次，人行道每天2次微水清洗降尘作业，夜间对市主城区11条道路进行雾炮抑尘循环作业，全面提升城区道路保洁质量。

【园林绿化】 2019年，滨州市城市管理局编制《城市园林景观提升规划》，起草了《滨州市城市绿地管理条例》，累计投资达4.3亿元，围绕黄河生态保护及修复、滨州植物园项目、新立河绿化提升工程、城市绿道、景观大道、口袋公园等内容实施园林绿化项目69项。坚决执行园林绿化原生全冠栽培理念，完成栽植白蜡、国槐等100多个品种原生全冠苗木3万余株；组织实施“五一”摆花工程和鲜花满城扮靓滨州行动，设置了6组寓意丰富的大型植物雕塑，栽植各类草花300余万株，全市裸露治理28.6万平方米，新增城市绿地72.63万平方米，城市绿地总量持续提升。

【城市亮化】 2019年，滨州市城市管理局建立全市首个高标准城市照明智能监控平台，攻关研发新型路灯线路安全接线卡，创新改造灯杆接线门，建设路灯线缆漏电安全监测和箱变智控门锁

2019年5月13日，滨州市渤十八转角绿地　（张磊　摄影）

系统，安全改造黄河五路、渤海十八路等九条主次干道的路灯设施，实行路灯巡查问题销号制度，市城区主干道亮灯率达到99%以上，重大活动和重要节日期间达到100%。年内先后实施黄河十二路、黄河十路新立河桥梁亮化工作，积极打造黄河五路夜景示范路、中海景区亮化及春节工程，节日气氛更加浓厚。

2019年4月23日，滨州市植物园二期景松造型

【新立河人防疏散点建设】 2019年，滨州市城市管理局实施新立河人防疏散点建设暨绿化改造提升工程。在延续新立河公园一期、二期、三期建设的基础，对新立河（黄河八路—黄河十二路）两侧绿带及春华秋实园35.67公顷的绿地进行提升改造，建设雨水花园4处，栽植苗木2000余株，增加了人防设施、照明、坐凳、垃圾桶等配套基础设施。

【植物园二期工程】 2019年，滨州市城市管理局在植物园一期建设的基础上，增加园路及铺装广场5340平方、木栈道290平方米，基础设施完善，植物品种达到了280余种，形成了一处集游览、观光、科普于一体的植物园，8月26日工程顺利通过验收。

【公厕改造提升工程】 2019年，滨州市城市管理局加大市城区公厕建设力度，在植物园二期和新立河人防工程等地新建公厕6处，安装公厕亮化标识牌27块，新增常规指示牌76块，有效缓解了市民“如厕难”和夜间“寻厕难”的问题。

【城市照明智能监控平台】 2019年，滨州市城市管理局建设了全市首个高标准城市照明智能监控平台，安装路灯单灯控制器3800处和箱变RTU控制器44处，与市级数字城管监控平台进行互联互通，做到视频监控信号与系统数据监控信号同步融合和数据资源的共建共享，实现了对渤海五路以西范围内的城市照明和景观设施的集中控制和监控。

2019年2月24日，滨州市黄河八路新立河桥夜景（赵利军　摄影）

【新立河亮化景观带】 2019年，滨州市城市管理局实施黄河十二路、黄河十路新立河桥的桥梁亮化工作，通过运用投光灯、洗墙灯、点光源、像素灯等新型节能光源对桥体进行艺术性勾勒，完美呈现了桥梁亮化景观效果，打造了完整的新立河亮化景观带。

【道路深度保洁】 2019年，

滨州市城市管理局根据“标准化配置、标准化管理、标准化保洁、标准化考核”的总体要求，积极探索适合滨州实际的深度保洁作业模式和考核模式，以新立河西路—渤海十六路、黄河一路—黄河六路为试点，采取“机械作业为主，机械快速捡拾 + 数字化管控”为辅，“高压冲洗 + 深度洗扫 + 机械快速保洁捡拾 + 人工巡回捡拾”多机种联合模式进行深度保洁。4 月 15 日，深度保洁试点正式启动运行，年底深度保洁范围扩面至 492 万平方米。

【户外广告整治】 2019 年，滨州市城市管理局印发《滨州市户外广告整治工作方案（2019—2020 年）》，通过 2 年的时间完成全市所有户外广告、门头招牌、标识牌的全面整治，全市排查纳入整改台账的户外广告 10313 处，完成拆除 9284 处，城市空间逐步净化。

（郭庆收　白洁）

住房公积金管理

【概况】 2019 年，滨州市住房公积金管理中心围绕“勇当全省排头兵”的总目标，担当作为、拼搏实干，为“富强滨州”建设贡献了住房公积金力量。全市实缴住房公积金单位 4473 家，实缴职工 23.44 万人，缴存额 32.85 亿元，缴存总额 185.98 亿元。提取额 19.91 亿元，提取总额 19.91 亿元。发放贷款 7059 笔 29.08 亿元，累计发放贷款 5.97 万笔 157.68 亿元。实现增值收益 1.73 亿元，提取公租房建设补充资金 1.14 亿元，累计提取公租房建设补充资金 5.33 亿元。支持职工购建房 95.62 万平方米，年末个人住房贷款市场占有率 21.07%。相较住房商业贷款，全年为职工节约利息支出 9.60 亿元。

【公积金归集】 2019 年，滨州市住房公积金管理中心坚持把扩大制度惠及面作为住房公积金行业助力“富强滨州”建设的重要工作来谋划推进，不断提升广大群众的幸福感获得感。通过加大行政机关事业单位编外人员催建催缴力度，全市 65 家行政机关事业单位为 3090 名编外人员建缴公积金，月缴额 142.08 万元。其中，惠民、阳信、邹平实现乡镇编外人员全部建缴公积金制度。加快非公企业催建催缴进度，出台《关于鼓励受托银行参与住房公积金扩面建缴奖励办法(试行)》，充分调动银行积极性。强化政策宣传力度，各县区管理部一对一深入企业宣讲政策 300 余次。滨州中裕食品、三元生物等一批地方代表性的企业相继开户。

【公积金使用】 2019 年，滨州市住房公积金管理中心加大住房公积金行业“放管服”改革力度，坚决贯彻落实“房住不炒”的要求，实行租购并举的住房保障政策，着力构筑起房地产市场健康发展的长效机制。深化“放管服”改革，打造“不见面”暖心服务，46 项业务已实现网上办理。

2019 年 7 月 25 日，滨州市住房公积金管理中心参加全省住房公积金系统庆祝中华人民共和国成立 70 周年庆祝晚会文艺演出，参赛作品《芳华》获得一等奖

落实企业减税降费政策，取消开发商阶段性保证金，有效降低企业运行成本。上线电子档案系统，实现了缴存、提取等业务的无纸化办理和证明材料反复使用。二手房允许使用组合贷款，重塑业务流程，全市窗口实现“综合柜员制”，提取业务实现“全市通办”。完善差别化信贷政策，调整贷款认定次数，由原来只认定公积金贷款次数调整为商业住房贷款和公积金贷款综合认定贷款次数，并对第二次贷款人员降低贷款最高额度，由50万元调整至40万元。降低单方缴存职工家庭贷款额度，由50万元调整为30万元。支持职工租赁住房，提高租房提取额度，由1.2万元/年提高至1.5万元/年，有力支撑了滨州市住房租赁市场的发展。

【资金风险管理】 2019年，滨州市住房公积金管理中心多措并举持续加强资金风险防范力度，逐步建立起资金风险防控的长效机制。注重事前预防，严格落实业务标准，取消现房抵押贷款，规范单位及个人汇补缴公积金行为，针对异地提取贷款，增加房产信息、契税发票真伪的发函核查环节。加强事中稽核，明确事中稽核比例，每月使用电子核查工具对业务数据进行筛查。强化内部审计。聚焦异地购房提取、异地贷款、30岁以上单身职工贷款等风险隐患点，开展2次专项审计，提出修订完善政策及管理方面建议18条。探索建立住房公积金信用管理体系。制定《对受托银行贷款逾期催收工作的管理办法（试行）》，贷款逾期率由0.3‰下降到0.07‰。制定《失信黑名单管理办法（试行）》，有67家单位、77人被列入失信黑名单。当年，提取风险准备金3765.12万元，个人贷款风险准备金余额19632.43万元。

（郝书宇）

菏 泽 市

住房和城乡建设

【概况】 2019年，菏泽市住房和城乡建设局紧紧围绕“科学赶超、后来居上”的奋斗目标，以争创工作一流业绩为抓手，推动各项业务工作上台阶，取得明显成效。

【城镇化建设】 2019年，菏泽市住房和城乡建设局深入推进新型小城镇建设与新型农村社区建设融合发展，首批17个试点乡镇全面开工建设，社区建筑面积283.92万平方米，完成投资25.23亿元，7个试点镇主体建设完工。“20有”项目开工142个，完成投资3.6亿元。实施产业项目46个，完成投资23.2亿元。坚持“日调度、周总结、季观摩、年考核”工作机制，将“两新”融合发展纳入2019年县区经济社会发展考核体系，累计下达市县补助资金1.6亿元，主要做法在全省住建工作会议上作了典型发言。郓城国家级和鄄城、单县省级新型城镇化试点取得突破性进展，全省新型城镇化工作推进会在郓城召开。全市实现“三个市民化”21.5万人，城镇化率达到50.8%，实现历史性突破。

【棚户区改造】 2019年，菏泽市列入棚改计划20个片区3.2万套。开工新建及货币化安置3.22万套，开工率101.8%，超额完成全年计划任务。2016至2018年棚改项目基本建成及交付使用13万套，圆满完成“安置房建设推进年”目标任务。争取中央和省奖补引导资金7.8亿元，中央预算内基础设施配套资金12.9亿元，发行棚改专项债券80.9亿元，为棚户区改造工作注入强大动力。

【城建工程】 2019年，菏泽市开工建设市政工程210个，完成投资约42亿元。新增海绵城市面积25.944平方公里，确定综合管廊建设项目4公里。市住房城乡建设局抽调精兵强将，组建项目临时党支部，发挥党员模范带头作用，全力推进项目建设，承担的昆明路提升改造工程于9月份提前完成，被评为山东省建筑施工安全文明标准化工地；万福河水环境综合治理工程顺利开工，

2019年4月，省住房城乡建设厅厅长王玉志（前排左一）在郓城县调研特色小镇工作

鄄城县阎什镇红旗村舜耕历山社区安置项目2019年建成，腾出土地1189亩，17个自然村2538户7101名群众受益

2019年初开工建设的菏泽市开发区耿庄片区耿庄家园棚改安置项目，共15栋楼，建设安置房2271套

试验段中3公里的北侧护岸施工基本完成。

【村镇建设】 2019年，菏泽市完成乡镇改厕18.13万户，近三年累计完成113.32多万户，各县区所有乡镇全部完成改厕任务，改厕覆盖率达到85%以上。涉农街道办完成改厕53842户，工作任务基本完成。危房改造落实到位，6月底前列入2019年计划的304户危改任务已全部完成。8月底将排查出的6521户脱贫享受政策建档立卡贫困户居住危房全部整改完成。同时，根据扶贫部门提供的建档立卡贫困户名单，全市300927户需排查鉴定房屋全部完成排查，将符合条件的新增建档立卡贫困户等“四类”贫困人员及时纳入危改范围，实现应改尽改。研究制定了《菏泽市推进美丽村居建设实施方案》，积极向上争取政策，全市共有18个村庄（台）被纳入美丽村居建设省级试点，居全省前列。

【房地产市场】 2019年，菏泽市房地产市场总体保持了平稳健康的发展态势，新建商品房供应量、销售量、销售价格同比均呈现出增长趋势。全年全市商品房批准预售面积1727.9万平方米，比上年（下同）增长6.8%；销售面积1314.8万平方米，增加3.1%；网签均价5106.9元/平方米，增长9.6%。多渠道增加住房供应，鼓励各县区引导企业开展住房租赁业务，6家房地产企业提供租赁房539套，已出租房屋402套，满足了不同群体的住房需求。

【住房保障】 2019年，菏泽市住房和城乡建设局加强住房保障工作，修订完善《菏泽市公共租赁住房管理办法》，联合有关部门制定《菏泽市关于进一步做好城镇住房保障家庭租赁补贴发放

2019年，菏泽市坚持党建引领，打造“红色物业”。图为宾至嘉宁物业集团公司管理的珊瑚湾智能社区都市果岭住宅项目

（韩华鲁 摄影）

工作的实施方案》，为466户住房困难家庭发放租赁住房补贴124.2万元。

【物业管理】 2019年，菏泽市登记备案物业服务企业628家，从业人员数量8万余人，在管物业项目1200余个，管理面积超过1.3亿平方米。全市共创建国家示范项目5个、省级标兵企业15家、省级示范项目55个、省级物业服务明星35名。菏泽市住房和城乡建设局坚持以党建引领为核心，以打造“红色物业”为主线，通过建立“小区党支部+物业企业+业委会”“1+3”管理体制，全面实行小区党支部、物业企业、业委会交叉任职，315个物管项目成立了党支部。宾至嘉宁、山东银湾、菏泽嘉林达、菏泽金通等一批优秀物业服务企业走出菏泽、服务全国多个省份。宾至嘉宁物业集团进入全国百强物业企业，银湾物业、嘉林达物业进入山东30强企业，品牌价值逐渐体现。金通物业、菏建恒良物业、佳如物业等公司在管面积超过100万平方米，管理规范、标准化管理水平较高，得到业主的认可，发挥了行业龙头引领作用。

【建安产业】 2019年，菏泽市建筑业企业共完成建筑业总产值395.85亿元，比上年（下同）增长15.20%。新签合同额361.37亿元，增长5.43%。企业总产值389.15亿元，增长15.42%，上缴税金12.92亿元，增长6.42%，外出施工产值14.92亿元，增加12.25%。市住房城乡建设局研究起草《关于推进我市建筑业改革发展的实施意见》，加快培育龙头骨干企业，全市建筑工程一级资质企业达到34家，二级资质达到492家。强化质量安全监管，深入开展工程质量创优活动，全年共评选出建设工程“牡丹杯”工程14项，共评选出市优质结构工程30项，获得省优质结构工程13项。持续加强安全生产监管，全市没有发生较大以上安全生产事故。

（孟亚南）

城市管理

【概况】 2019年，菏泽市城市管理系统牢固树立“为人民管理城市”的工作理念，以“让党委政府放心、让人民群众满意”为工作目标，紧抓创建“全国文明城市、国家卫生城市”契机，坚持“党建统领、精治为要、服务为本”，聚焦重点、狠抓痛点、破解难点、补齐短板，着力提高城市精治能力和为民服务水平，城市承载能力和服务功能显著提升，城乡环境面貌持续改善。

【机构改革】 2019年，菏泽市城市管理局按照市委、市政府机构改革安排部署，印发新的三定方案，将原承担的城市供水节水、排水防汛、污水处理等城市涉水职责移交菏泽市水务局，撤销菏泽市城管局所属科级公益一类事业单位市城市污水处理费征收管理办公室建制；将所属副县级公益二类事业单位曹州牡丹园管理处整建制划转至菏泽市文化和旅游局；将所属副县级公益一类事业单位市园林绿化管理处、市环境卫生管理办公室承担的行政职能划入市城市管理局，分别更名为菏泽市园林绿化服务中心、菏泽市环境卫生服务中心；将所属科级公益一类事业单位市广告雕塑管理办公室、市公共自行车管理办公室承担的行政职能划入市城市管理局，并分别更名为市广告雕塑服务中心、市公用事业服务中心；将所属事业单位菏泽市市政工程设计院、市广告装饰部整建制并入局所属科级公益三类事业单位菏泽市市政工程管理处；将城区内餐饮服务业排放油烟、露天烧烤食品污染环境等行为的日常监督管理职责交由菏泽市城市管理局承担。按照新的三定方案，菏泽市城管局内设办公室（挂督查考核科牌子）、人事科、财务装备科、政策法规科、市政园林科、市容环卫科、公用事业科（挂安全监管科牌子）7个科室和机关党委。

【园林绿化】 2019年，菏泽市城市管理局大力实施公园绿地、道路绿化、庭院绿化建设改造工程和裸露土地治理工程，新增城市绿地面积548公顷，累计达到14580公顷。其中，市区大力实施赵王河公园、万福河公园、环堤公园提升改造工程，大力实施中华路、牡丹路、人民路等道路绿化提升改造工程，大力实施行道树树穴和裸露土地治理工程，城市绿化水平进一步提升，建成区绿化覆盖面积达到7257.55公顷、绿地面积达到6576.7公顷、公园绿地面积达到1270.4公顷，绿化覆盖率达到40.55%、绿地率达到36.75%、人均公园绿地面积达到13.18平方米。

菏泽市赵王河公园提升改造工程一角　　（武　斐　摄影）

【环境卫生】 2019年，菏泽市城市管理局深入推进环卫保洁体制机制改革。采取市场化运作模式，把市城区环卫保洁全部交由北京环卫集团实施，自1月1日起正式开始。保洁作业质量显著提升，群众满意度大幅提高，实现了“让专业的队伍干专业的事，通过高质量作业实现高水平管理”的预期目标。

城乡环卫一体化。2019年，菏泽市城市管理局认真贯彻落实省委、省政府在单县组织召开的菏泽乡村振兴调度推进工作会议精神，全面排查整治农村生活垃圾治理工作存在的问题，累计出动人力350万人次，机械29万台次，清理垃圾28万余吨；更新垃圾运输车辆120余辆，增设垃圾桶7万余个；进一步健全完善市场化作业和监督考核机制，城乡环境面貌进一步改善。在全省2019年经济社会发展综合考核中，菏泽城乡环卫一体化指标得分9.76分，位列全省第2名。

生活垃圾处理。2019年，菏泽市政府办公室印发《菏泽市打好生活垃圾治理攻坚战作战方案》，大力推进生活垃圾焚烧电厂建设，在郓城县生活垃圾焚烧电厂（一期）、单县生活垃圾焚烧电厂、成武县生活垃圾焚烧电厂（一期）、曹县生活垃圾焚烧电厂等4座生活垃圾焚烧电厂建成投产运行的基础上，计划2020年底前再新建6座、迁建1座、扩建1座生活垃圾焚烧电厂，处理能力达到8200吨/日，满足全市生活垃圾处理需求。全面整治9个生活垃圾处理厂渗滤液积存问题，年内完成8处。加强餐厨废弃物管理，在单县新建餐厨废弃物处理厂1座，全市达到2座；市人大常委会将《菏泽市餐厨废弃物管理条例》列为2020年立法审议

2019年，菏泽市城区提升改造的公厕

项目。2019年底，全市城乡生活垃圾无害化处理率达到95%以上，城市生活垃圾无害化处理率100%。

生活垃圾分类试点。2019年，经市委全面深化改革委员会第三次会议审议通过，市委办公室、市政府办公室印发《菏泽市大力推进生活垃圾分类和资源化利用工作实施意见》。市级选择港湾新城、怡欣花园2个小区作为示范试点小区，由菏泽京环公司具体实施，5月18日举行了启动仪式。5月21日—23日，副市长高荣国带队，赴上海学习城市生活垃圾分类先进经验做法。牡丹区、市开发区、市高新区按照“每个区1万户”的责任分工，选定试点小区，启动试点工作。国家级农村生活垃圾分类试点县郓城县三分之一的行政村配备了分类垃圾桶，共投放240升分类垃圾桶1.4万个，试点区域平均每天可回收厨余垃圾约0.75吨，整体减量化比例达到10%左右。省级农村生活垃圾分类试点县单县制定了《单县农村生活垃圾分类试点实施方案》，在130个村庄开始试点。其他县区均按照每个乡镇5个试点村的要求，启动试点工作。

【冬季清洁取暖】 2019年，菏泽市城市管理局对市区集中供热区域进行了重新划分。年内，全市新增城市集中供热面积1703万平方米，实施农村地区冬季清洁取暖工程70495户。截至2019—2020年供暖季，全市建成运行热电联产热源11处，市区和7县县城实现全覆盖，可保障供热能力达到2亿平方米，满足未来20年需求。2017年以来，菏泽市累计实施农村地区冬季清洁取暖工程24.9万户。

【燃气供应】 截至2019年底，全市管道燃气企业32家，CNG、LNG加气站46家，年消耗天然气5.8亿方；液化石油气场站95家。

【路灯亮化】 2019年，菏泽市城市管理局加强路灯亮化设施维护管理，设施完好率和亮灯率保持在98%以上。投资2500万元，对14座跨赵王河桥梁景观亮化进行改造，进一步提升了景观照明水平，丰富了城市夜景。

【市政设施管养】 2019年，菏泽市城市管理局重点实施人民路、长江路道路修复工程，共修复破损路面14700平方米，更换绿化带路沿石23750米、雨水检查井盖280套。同时，加强其他道路设施养护管理，铣刨各种坑槽31215平方米、处理塌陷挖补路面1389平方米、修复人行道1120平方米、扶栽路沿石956块，清挖下水道12856米，更换下水道盖板247块、检查井盖87套、雨水篦62个。

【市区便民设施建设】 2019年，菏泽市城市管理局实施市城区50座公厕建设工程，这是政府工作报告确定的十大民生实事之一，实际建设68座。实施市区6座便民市场建设工程，这也是政府工作报告确定的十大民生实事之一。实施公共自行车五期工程，采取市场化运作模式，引进新一代有桩共享助力自行车6000辆，设置规范停放点350个。

2019年5月18日，菏泽市生活垃圾分类处理工作启动仪式
（刘振 摄影）

【市容环境综合整治月活动】 2019年，菏泽市城市管理局为进一步优化城市环境，以崭新的形象、良好的风貌喜迎中华人民共和国成立70周年，经市政府研究，按照“净化、序化、美化”总体要求，利用9月份一个月时间，在全市深入开展市容环境综合整治月活动，短时间内全市城乡环境面貌明显改善。

【餐饮油烟污染防治攻坚战】 2019年，菏泽市政府办公室印发《菏泽市打好餐饮油烟污染防治攻坚战作战方案》，市城市管理局按照方案要求，牵头组织推进工作开展，全面清理取缔露天烧烤，督促餐饮服务单位安装油烟净化设施。其中，市城区规范设置夜市烧烤园7处，全部使用无油烟烧烤炉具；1428家具备条件的餐饮服务单位全部安装油烟净化设施，280余家安装油烟在线监测设备。

【智慧城管建设】 2019年，菏泽市在2018年智慧城管（一期）工程的基础上，继续实施智慧城管项目（二期）工程，全力打造“一张图、一张网”。通过“一张图”工程，实现了准确提供城市管理对象及责任区域地理信息；通过“一张网”工程，积极探索物联网与视频监控网深度融合，在视频监控共享平台基础上，对现有视频资源进行智能分析、预警，进一步提高了城市智慧化管理水平。

【城镇管理考核】 2019年，菏泽市政府办公室印发《菏泽市城市管理工作考核办法（试行）》，市财政每年拿出1千万元奖励资金，由市城市管理委员会组织，以“城市建成区、乡镇政府驻地和国省道、县乡道路沿线”为考核范围，对各县区、街道、乡镇市容秩序、户外广告、环境卫生、园林绿化、城镇照明、市政管理等城镇容貌日常管理工作和城镇功能提升进行全面考核，并纳入经济社会发展综合考核体系。一方面，进一步压实了县区、街道、乡镇城市管理的主体责任，构建了齐抓共管的城市管理工作格局；另一方面，有力推进了城镇一体化管理，实现了城镇一体化发展。特别是把功能提升作为一项考核内容，要求城市建成区以街道、社区为基础，每个街道年底前至少打造2个“15分钟生活圈”，每个“15分钟生活圈”至少配套建设1处规范化便民市场、2处绿地广场、2处公共停车场、3座高标准公共厕所、1处垃圾中转站、设置1处规范化信息宣传栏；每个乡镇政府驻地年底前至少建设1处规范化农贸市场、1处绿地广场、2处公共停车场、2座水冲式公共厕所、1处垃圾中转站、设置1处规范化信息宣传栏，主要道路全部配套栽植行道树、建设绿化带、安装路灯，并规范管理，完全符合省政府城市品质提升三年行动要求，有力提升了城镇综合承载能力。

（蔡孝磊）

住房公积金管理

【概述】 2019年，菏泽市住房公积金管理中心以“便民、利民、惠民”为导向，以“一次办好”为抓手，不断扩大住房公积金制度覆盖面和提升服务水平，全市住房公积金运行平稳。同时，根据全市经济运行情况，特别是房地产业的运行特点，结合公积金政策积极调研，自我加压，发挥公积金政策优势，助力全市经济建设发展。通过管委会决策出台新政，通过扩面等政策扩大住房消费群体，通过向银行融资聚集资金，积极支持住房消费，推动住房公积金各项工作稳中有进。

【公积金扩面】 2019年，菏泽市住房公积金管理中心坚持以人为本，强化政策宣传，加大分类推进，深化部门协作，在做好财政供养、公有制企业人员缴存的基础上，重点抓好规模以上城镇私营企业等非公企业缴存扩面。重视政府的推动作用，1月份，市政府与各县区政府签订2019

年目标责任书，把归集人数、归集额目标明确分解到各县区政府，成立公积金扩面领导小组，层层分解，压实各相关部门职责。将个体工商户、自由职业者纳入住房公积金政策惠及范围，进一步扩大住房公积金制度覆盖面。截至2019年底，新增开户单位929个，新增缴存人员47万人，比上年增长30.11%，超额完成年度计划；个体工商户、自由职业者群体新开户7683人，占全省新开户15356人的50.03%；累计缴存人员达38.49万人。

【公积金归集】 2019年，菏泽市当年归集住房公积金46.79亿元，比上年增长31.29%；全市当年新增缴存人员47142人，比上年增长30.11%。累计归集住房公积金达226.04亿元，归集余额142.57亿元，缴存人员达38.49万人。

【公积金支取】 2019年，全市共为26752名职工办理住房公积金支取手续，支取住房公积金19.69亿元，比上年增长29.20%，累计支取82.79亿元。

【公积金贷款】 2019年，菏泽市住房公积金管理中心按照“房子是用来住的，不是用来炒的”定位，支持并保障职工住房消费，适时调整住房公积金贷款政策，做好政策落实。减少业务证明材料，简化业务办理流程，贷款业务提速增效；个体工商户、自由职业者纳入住房公积金政策惠及范围后享受和单位正常缴存职工同等贷款权利；放开异地贷款政策；高层次人才在菏泽购房，无须开户并连续缴存半年以上即可申请公积金贷款购房。进一步规范贷款行为，建立与市住建局信息共享联动机制，加强对拒绝公积金贷款房地产开发企业的管理，切实保障缴存住房公积金职工使用住房公积金改善住房条件的权益。2019年，全市共为13548户职工发放住房公积金贷款45.52亿元，比上年增长27.61%。累计发放贷款达172.13亿元，贷款余额141.39亿元，个人住房贷款率99.17%。贷款逾期率为0.005‰。

【公积金政策宣传】 2019年，菏泽市住房公积金管理中心充分利用网络媒体、广播电视、现场宣传、大屏广告等渠道，宣传惠民政策，营造浓厚的公积金政策宣传气氛，提高公积金制度的知晓度和扩大社会影响力。形成舆论宣传正能量，在政府推动、舆论带动作用下，使住房公积金制度惠及所有职工。

【服务水平提升】 2019年，菏泽市住房公积金管理中心深化“一次办好”改革，各项工作取得阶段性成果。精简办理要件，取消了业务办理材料复印件和职工收入证明材料。优化业务流程和审批手续，在服务大厅设置综合柜员窗口，实现一窗受理、一次办结。在全市范围内实现住房公积金提取业务通办，方便群众就近办理。加快信息化建设，实现了与民政、工商部门的信息共享，征信系统接入工作有序推进。加快网上营业大厅建设，将住房公积金归集支取部分业务通过网上办理，方便广大干部职工。完成综合服务平台建设，菏泽市住房公积金管理中心综合服务平台建设实现了中心网站、网上服务大厅、短信平台、手机App、微信、微博、公众号等各个服务渠道统一管理，完成了住建部对于综合服务平台整合管理的整体要求。

【公积金接受监督】 2019年3月，菏泽市住房公积金管理中心通过政府网站、中心网站、菏泽日报等对社会发布2018年全市住房公积金年度执行情况报告，并进行解读，确保广大干部职工听得明白、看得懂。继续推行全市住房公积金政务公开、运作透明，信访、热线问题回复、处理满意率100%。5月27日至6月10日，配合菏泽市审计局工作，顺利完成对2017年、2018年财政财务收支情况的审计工作。审计署于10月21日至11月1日对菏泽市住房公积金管理中心2018年和2019年1月至9月住房公积金归集管理使用以及相关政策措施落实情况进行了审计。

（李林霞）

附　录

- 地方性法规
- 省政府规章
- 政策文件
- 统计数据
- 获奖名单
- 媒体报道

地方性法规

山东省历史文化名城名镇名村保护条例

（2019年11月29日山东省第十三届人民代表大会常务委员会第十五次会议通过）

第一章　总　则

第一条　为了加强历史文化名城、名镇、名村的保护与管理，继承和发展中华民族优秀历史文化，根据《中华人民共和国文物保护法》和国务院《历史文化名城名镇名村保护条例》等法律、行政法规，结合本省实际，制定本条例。

第二条　本省行政区域内历史文化名城、名镇、名村的保护与监督管理，适用本条例。

第三条　历史文化名城、名镇、名村的保护应当遵循科学规划、严格保护的原则，保持和延续其传统格局与历史风貌，维护历史文化遗产的真实性和完整性，正确处理历史文化遗产保护传承和开发利用的关系。

第四条　县级以上人民政府负责本行政区域内历史文化名城、名镇、名村的保护和监督管理工作，协调解决工作中的重大问题，将历史文化名城、名镇、名村保护工作纳入国民经济和社会发展规划，安排保护资金列入本级财政预算。

第五条　省住房城乡建设主管部门会同省文物主管部门负责全省历史文化名城、名镇、名村的保护和监督管理具体工作。

设区的市、县（市、区）人民政府住房城乡建设或者自然资源主管部门（以下统称保护主管部门）会同同级文物主管部门，负责本行政区域内历史文化名城、名镇、名村的保护和监督管理具体工作。

乡镇人民政府、街道办事处应当协助做好历史文化名城、名镇、名村的保护和监督管理工作。

村民委员会、居民委员会应当配合开展历史文化名城、名镇、名村保护的相关工作。

第六条　鼓励企业、事业单位、社会团体和个人通过捐赠、投资、提供技术服务等方式，参与历史文化名城、名镇、名村的保护工作。

第七条　县级以上人民政府及其有关部门应当组织开展历史文化名城、名镇、名村保护的宣传教育活动，普及保护知识，对在保护工作中做出突出贡献的单位和个人，按照国家有关规定给予表彰和奖励。

第八条　任何单位和个人对违反历史文化名城、名镇、名村保护法律、法规的违法行为有权进行投诉和举报。相关部门接到投诉和举报，应当及时受理并组织核查、处理。

第二章　申报与确定

第九条　历史文化名城分为国家历史文化名城和省历史文化名城。历史文化名镇、名村分为中国历史文化名镇、名村和省历史文化名镇、名村。

历史建筑分为省级历史建筑、市级历史建筑和县级历史建筑。

第十条　县级以上人民政府应当组织对本行

政区域内的历史文化名城、名镇、名村、历史文化街区和历史建筑潜在资源进行普查，注重吸收专家和公众意见，科学评估资源状况和保护利用价值，做好历史文化名城、名镇、名村和历史文化街区申报认定以及历史建筑确定工作。

第十一条 国家历史文化名城和中国历史文化名镇、名村的申报认定以及直接确定的条件与程序，依照国家有关规定执行。

第十二条 申报省历史文化名城、名镇，应当具备下列条件：

（一）保存文物较为丰富；

（二）传统风貌建筑或者革命纪念建筑集中成片；

（三）保留着传统格局和历史风貌；

（四）历史上曾经作为区域性政治、经济、文化、交通中心，或者作为军事要地，或者与重要历史事件和历史名人密切相关；

（五）其传统产业、历史上建设的重大工程对本地区的发展产生过重要影响，或者能够集中反映本地区建筑的文化特色、民族特色。

申报省历史文化名城的，在所申报的历史文化名城保护范围内应当有一处以上的历史文化街区。

第十三条 申报省历史文化名村，应当具备下列条件：

（一）保存文物或者非物质文化遗产较为丰富，或者与重要历史事件和历史名人密切相关；

（二）传统风貌建筑集中，能够反映本地区建筑的文化特色、民族特色；

（三）保留着传统格局和历史风貌。

第十四条 申报历史文化街区，应当具备下列条件：

（一）有比较完整的历史风貌；

（二）构成风貌的历史建筑和环境要素具备历史真实性；

（三）核心保护范围用地面积不小于一公顷；

（四）历史文化街区核心保护范围内的不可移动文物、历史建筑、传统风貌建筑的总用地面积占核心保护范围内建筑总用地面积的比例一般不小于百分之六十。

第十五条 申报省历史文化名城、名镇、名村和历史文化街区，应当提交下列材料：

（一）历史沿革、地方特色和历史文化价值的说明；

（二）传统格局和历史风貌的现状；

（三）不可移动文物、历史建筑、历史文化街区和非物质文化遗产清单；

（四）保护范围、目标、要求以及采取的保护措施。

第十六条 申报省历史文化名城、名镇、名村和历史文化街区，由城市、县人民政府提出申请，经省住房城乡建设主管部门会同省文物主管部门组织有关部门、专家进行论证，提出审查意见，报省人民政府批准公布。

对符合本条例规定的条件而没有申报省历史文化名城、名镇、名村和历史文化街区的，省住房城乡建设主管部门会同省文物主管部门可以直接向省人民政府提出认定建议，由省人民政府批准公布。

经批准为历史文化名城、名镇、名村的，应当保持其标准名称的相对稳定。

第十七条 建成五十年以上，未登记为不可移动文物的建筑物、构筑物，具备下列条件之一，可以确定为历史建筑：

（一）与重要历史事件、历史名人相关联，在城市发展与建设史或者某一行业发展史上有代表性等突出的历史文化价值；

（二）反映一定时期典型的建筑设计风格，建筑样式与细部等具有一定的建筑艺术价值；

（三）建筑材料、结构、施工技术反映当时的建筑工程技术或者科技水平，建筑形体组合或者空间布局在一定时期具有先进性，体现一定的科学技术价值。

建成三十年以上、不满五十年但符合前款规定条件之一，且历史、科学、艺术、社会价值特殊的建筑物、构筑物，也可以确定为历史建筑。

第十八条 省级历史建筑由城市、县人民政府推荐，经省住房城乡建设主管部门会同省文物主管部门组织专家论证后确定公布。

市级、县级历史建筑由城市、县人民政府保护主管部门会同同级文物主管部门组织专家论证后，报本级人民政府确定公布。

第十九条 未达到申报历史文化名镇和历史文化街区条件，但是传统格局、历史风貌和地方特色保存较为完整且集中连片的区域，可以确定为传统风貌区。

传统风貌区由城市、县人民政府保护主管部门会同同级文物主管部门组织专家论证后，报本级人民政府确定公布。

传统风貌区的保护和管理，参照本条例关于历史文化街区的规定执行。

第二十条 县级以上人民政府应当定期组织有关部门和专家对本行政区域内历史文化名城、名镇、名村和历史文化街区保护情况进行监测评估，并将监测评估结果向社会公布。

因保护不力导致历史文化名城、名镇、名村和历史文化街区的布局、环境、历史风貌等遭到严重破坏的，省住房城乡建设主管部门会同省文物主管部门给予警示，向社会公布，并由省人民政府责成所在地城市、县人民政府限期整改，采取补救措施。整改期限届满后，省住房城乡建设主管部门会同省文物主管部门组织专家进行审核，审核未通过的，由省人民政府撤销省历史文化名城、名镇、名村和历史文化街区称号。

国家历史文化名城和中国历史文化名镇、名村称号的撤销，按照国家有关规定执行。

第三章 保护规划

第二十一条 城市、县人民政府应当在历史文化名城、名镇、名村、历史文化街区和传统风貌区确定公布后一年内完成保护规划编制。

历史文化名城、名镇保护规划应当纳入城市或者县、镇国土空间总体规划，历史文化名村、历史文化街区和传统风貌区保护规划应当与村庄规划、详细规划相衔接。

第二十二条 保护规划应当包括下列内容：

（一）历史文化价值和现状评估；

（二）保护原则、保护内容和保护范围；

（三）保护措施、开发强度和建设控制要求；

（四）传统格局和历史风貌保护要求；

（五）历史文化街区、名镇、名村的核心保护范围和建设控制地带；

（六）保护规划分期实施方案；

（七）保护规划实施保障措施。

第二十三条 保护规划的组织编制机关应当将保护规划草案予以公告，并且采取论证会、听证会等方式广泛征求专家和公众意见，公告时间不得少于三十日。

组织编制机关应当在报送审批的材料中附具专家和公众意见采纳情况及理由；经听证的，还应当附具听证笔录。

第二十四条 历史文化名城和中国历史文化名镇、名村保护规划由省人民政府审批。

省历史文化名镇、名村、历史文化街区和传统风貌区保护规划由城市、县人民政府审批，报省住房城乡建设主管部门、省自然资源主管部门和省文物主管部门备案。

保护规划组织编制机关应当自规划批准之日起三十日内，向社会公布保护规划主要内容，为公众查阅提供方便。

第二十五条 经依法批准的历史文化名城、名镇、名村、历史文化街区和传统风貌区保护规划，不得擅自修改。确需修改的，规划组织编制机关应当报经原审批机关同意后，方可编制修改方案；修改后的保护规划应当按照法定程序重新报送审批和公布。

第四章 保护措施

第一节 历史文化名城、名镇、名村和历史文化街区

第二十六条 历史文化名城、名镇、名村和历史文化街区应当整体保护，保持传统格局、历史风貌和空间尺度，不得改变与其相互依存的自然景观和环境。

第二十七条 在历史文化名城、名镇、名村和历史文化街区保护范围内禁止进行下列活动：

（一）开山、采石、开矿等破坏传统格局和历史风貌的活动；

（二）占用保护规划确定保留的园林绿地、河湖水系、道路等；

（三）修建生产、储存爆炸性、易燃性、放射性、毒害性、腐蚀性物品的工厂、仓库等；

（四）法律、法规禁止的其他行为。

第二十八条 在历史文化名镇、名村和历史文化街区核心保护范围内，不得进行新建、扩建活动。确需新建、扩建基础设施、公共服务设施的，自然资源主管部门核发建设工程规划许可证、乡村建设规划许可证前，应当征求同级保护主管部门、文物主管部门的意见。

在历史文化名镇、名村和历史文化街区核心保护范围内，拆除历史建筑以外的建筑物、构筑物或者其他设施的，应当经城市、县人民政府保护主管部门会同同级文物主管部门批准。

第二十九条 在历史文化名城、名镇、名村和历史文化街区保护范围内进行下列活动，应当保护其传统格局、历史风貌、不可移动文物和历史建筑；制订保护方案，依照有关法律、法规的规定办理相关手续：

（一）改变园林绿地、河湖水系等自然状态的活动；

（二）在核心保护范围内进行影视摄制、举办大型群众性活动；

（三）其他影响传统格局、历史风貌、不可移动文物或者历史建筑的活动。

第三十条 传统风貌区内的建设活动，应当符合保护规划确定的建设控制要求，在高度、体量、色彩等方面与历史风貌相协调，不得破坏其传统格局和历史风貌。

第三十一条 历史文化名镇、名村和历史文化街区核心保护范围内的消防设施、消防通道，应当按照有关消防技术标准和规范设置，并且明确消防安全责任人。确因历史文化名镇、名村和历史文化街区保护规定的限制，无法达到标准和规范要求的，由城市、县人民政府消防救援机构会同同级保护主管部门、文物主管部门制订防火安全保障方案。

历史文化名镇、名村所在地乡镇人民政府应当进行消防宣传，组织群众制定防火公约，根据需要建立专职消防队、志愿消防队，开展群众性的消防工作。

第三十二条 城市、县人民政府应当在历史文化名镇、名村和历史文化街区核心保护范围的主要出入口设置标志牌。标志牌应当在保护规划批准后三个月内设置完毕。

任何单位和个人不得冒用历史文化名城、名镇、名村和历史文化街区称号，不得擅自设置、移动、涂改或者损毁标志牌。

第三十三条 鼓励和支持对历史文化名城、名镇、名村和历史文化街区的历史文化资源进行合理利用，推动文化旅游、乡村旅游、传统手工业和相关文化产业发展。

历史文化名城、名镇、名村和历史文化街区的利用，应当做到保护优先、适度利用，注重保护整体风貌，严格控制商业开发面积。

第三十四条 鼓励原住居民在历史文化名城、名镇、名村和历史文化街区生活，以房屋、资金入股等多种形式参与保护利用和开发建设，享受合理收益。严禁违背群众意愿，搬空原住居民进行商业性开发。

第三十五条 鼓励和支持公民、法人和其他

组织在历史文化名城、名镇、名村和历史文化街区保护范围内依照有关规定设立展示、传习场所，宣传、展示和传习非物质文化遗产代表性项目。

第二节 历史建筑

第三十六条 城市、县人民政府应当对公布的历史建筑设置保护标牌，建立历史建筑档案。历史建筑档案应当包括下列内容：

（一）建筑艺术特征、历史特征、建设年代及稀有程度；

（二）建筑的有关技术资料；

（三）建筑的使用现状和权属变化情况；

（四）建筑的修缮、装饰装修过程中形成的文字、图纸、图片、影像等资料；

（五）建筑的测绘信息记录和相关资料。

历史建筑所有权人和使用人应当配合历史建筑的建档调查、测绘工作。

第三十七条 城市、县人民政府保护主管部门应当会同同级文物主管部门编制历史建筑保护图则，用于指导历史建筑保护工作。

城市、县人民政府保护主管部门应当将历史建筑保护图则及使用说明书，免费向所有权人、使用人和物业服务单位提供。

第三十八条 禁止任何单位或者个人进行下列活动：

（一）在历史建筑上刻划、涂污；

（二）堆放易燃、易爆和腐蚀性的物品，影响历史建筑安全；

（三）擅自迁移、拆除历史建筑；

（四）其他损坏历史建筑的行为。

第三十九条 历史建筑的所有权人应当按照保护图则的要求，负责历史建筑的维护和修缮。城市、县人民政府保护主管部门应当无偿提供技术指导与服务。

县级以上人民政府可以从保护资金中对历史建筑的维护和修缮给予补助。

历史建筑有损毁危险，所有权人不具备维护和修缮能力的，当地人民政府应当采取措施进行保护。

第四十条 城市、县人民政府保护主管部门可以与历史建筑所有权人或者使用人签订历史建筑保护责任书，明确历史建筑的保护义务和享受补助等事项，落实历史建筑的保护责任。

第四十一条 建设工程选址，应当避开历史建筑，因特殊情况不能避开的，应当尽可能实施原址保护。对历史建筑实施原址保护的，建设单位应当事先确定保护措施，报城市、县人民政府保护主管部门会同同级文物主管部门批准。

因公共利益需要进行建设活动，对历史建筑无法实施原址保护、必须迁移异地保护或者拆除的，应当由城市、县人民政府保护主管部门会同同级文物主管部门，报省住房城乡建设主管部门会同省文物主管部门批准。

历史建筑原址保护、迁移、拆除所需费用，由建设单位列入建设工程预算。

第四十二条 对历史建筑进行外部修缮装饰、添加设施改变历史建筑的结构或者使用性质的，应当经城市、县人民政府保护主管部门会同同级文物主管部门批准，并依照有关法律、法规规定办理相关手续。

第四十三条 鼓励利用历史建筑进行文化遗产展示，支持历史建筑的合理利用，在符合保护要求的基础上利用历史建筑开设博物馆、陈列馆、纪念馆、传统作坊以及开展商业、民宿等活动。

历史建筑的合理利用应当与其历史价值、内部结构相适应，不得擅自改变历史建筑主体结构、主要平面布局和外观，不得危害历史建筑及其附属设施的安全。

第五章 法律责任

第四十四条 对违反本条例规定的行为，法律、行政法规已经规定法律责任的，适用其规定。

第四十五条 违反本条例规定，在历史文化名城、名镇、名村保护范围内有下列行为之一的，由城市、县人民政府保护主管部门责令停止违法行为、限期恢复原状或者采取其他补救措施；有违法所得的，没收违法所得；逾期不恢复原状或者不采取其他补救措施的，保护主管部门可以指定有能力的单位代为恢复原状或者采取其他补救措施，所需费用由违法者承担；造成严重后果的，对单位并处五十万元以上一百万元以下的罚款，对个人并处五万元以上十万元以下的罚款；造成损失的，依法承担赔偿责任：

（一）开山、采石、开矿等破坏传统格局和历史风貌的；

（二）占用保护规划确定保留的园林绿地、河湖水系、道路等的；

（三）修建生产、储存爆炸性、易燃性、放射性、毒害性、腐蚀性物品的工厂、仓库等的；

（四）法律、法规禁止的其他行为。

第四十六条　违反本条例规定，擅自设置、移动、涂改或者损毁历史文化街区、名镇、名村标志牌的，由城市、县人民政府保护主管部门责令限期改正；逾期不改正的，对单位处一万元以上五万元以下的罚款，对个人处一千元以上一万元以下的罚款。

第四十七条　违反本条例规定，冒用历史文化名城、名镇、名村和历史文化街区名称的，由城市、县人民政府保护主管部门责令限期改正；逾期未改正的，处五万元以上十万元以下的罚款。

第四十八条　违反本条例规定，堆放易燃、易爆和腐蚀性的物品，影响历史建筑安全的，由城市、县人民政府保护主管部门或者相关执法部门责令改正；处二千元以上二万元以下的罚款；造成损失的，依法承担赔偿责任。

第四十九条　违反本条例规定，损坏或者擅自迁移、拆除历史建筑的，由城市、县人民政府保护主管部门责令停止违法行为、限期恢复原状或者采取其他补救措施；有违法所得的，没收违法所得；逾期不恢复原状或者不采取其他补救措施的，保护主管部门可以指定有能力的单位代为恢复原状或者采取其他补救措施，所需费用由违法者承担；造成严重后果的，对单位并处二十万元以上五十万元以下的罚款，对个人并处十万元以上二十万元以下的罚款；造成损失的，依法承担赔偿责任。

第五十条　违反本条例规定，未经保护主管部门会同同级文物主管部门批准，有下列行为之一的，由城市、县人民政府保护主管部门责令停止违法行为、限期恢复原状或者采取其他补救措施；有违法所得的，没收违法所得；逾期不恢复原状或者不采取其他补救措施的，保护主管部门可以指定有能力的单位代为恢复原状或者采取其他补救措施，所需费用由违法者承担；造成严重后果的，对单位并处五万元以上十万元以下的罚款，对个人并处一万元以上五万元以下的罚款；造成损失的，依法承担赔偿责任：

（一）在历史文化名镇、名村和历史文化街区核心保护范围内，拆除历史建筑以外的建筑物、构筑物或者其他设施的；

（二）对历史建筑进行外部修缮装饰、添加设施以及改变历史建筑的结构或者使用性质的。

单位或者个人进行本条例第二十七条规定的活动，或者经批准进行本条第一款规定的活动，但是在活动过程中对传统格局、历史风貌或者历史建筑构成破坏性影响的，依照本条第一款规定予以处罚。

第五十一条　违反本条例规定，县级以上人民政府和负有历史文化名城、名镇、名村保护管理职责的部门及其工作人员有下列行为之一的，对直接负责的主管人员和其他直接责任人员依法给予处分；构成犯罪的，依法追究刑事责任：

（一）未组织编制或者未按照法定程序组织编制保护规划的；

（二）擅自修改保护规划的；

（三）未按照保护规划的要求或者未按照法定程序履行审批职责的；

（四）未依法履行保护和监督管理职责，导致历史文化名城、名镇、名村和历史文化街区被警示、撤销称号的；

（五）其他滥用职权、玩忽职守、徇私舞弊的行为。

第六章　附　则

第五十二条　本条例自 2020 年 3 月 1 日起施行。1997 年 12 月 13 日山东省第八届人民代表大会常务委员会第三十一次会议通过的《山东省历史文化名城保护条例》同时废止。

省政府规章

山东省绿色建筑促进办法

（2019 年 1 月 22 日省政府令 323 号公布）

第一章 总 则

第一条 为了促进绿色建筑发展，节约资源，推进生态文明建设，根据《中华人民共和国建筑法》和《民用建筑节能条例》等法律、法规，结合本省实际，制定本办法。

第二条 在本省行政区域内从事与绿色建筑相关的规划、建设、运营及其监督管理活动，适用本办法。

本办法所称绿色建筑，是指在全寿命期内，节约资源、保护环境、减少污染，为人们提供健康、适用、高效的使用空间，最大限度地实现人与自然和谐共生的民用建筑。

本办法所称民用建筑，是指居住建筑、办公建筑和商业、服务业、教育、卫生等公共建筑。

第三条 县级以上人民政府应当将绿色建筑工作纳入国民经济和社会发展规划，建立和完善绿色建筑引导、激励机制，推动绿色建筑的发展。

第四条 县级以上人民政府住房城乡建设主管部门负责本行政区域内绿色建筑工作的指导和监督管理。

发展改革、工业和信息化、财政、自然资源、生态环境、水利、科技、市场监管、机关事务管理等部门按照各自职责，做好绿色建筑相关工作。

第五条 县级以上人民政府应当鼓励和支持绿色建筑技术的研究、开发、示范、推广和宣传，促进绿色建筑技术进步与创新。

对在绿色建筑工作中做出显著成绩的单位和个人，由县级以上人民政府按照有关规定给予表彰。

第二章 规划建设

第六条 设区的市、县（市）人民政府住房城乡建设主管部门应当会同发展改革、工业和信息化、自然资源等部门，组织编制本行政区域绿色建筑发展专项规划，报本级人民政府批准后向社会公布。

绿色建筑发展专项规划应当明确绿色建筑发展目标、重点发展区域和装配式建筑等内容，并确定各类新建建筑工程的绿色建筑等级要求。

第七条 绿色建筑按照节能、节水、节地、节材和环境保护的技术应用水平，由低到高划分为一星、二星、三星三个等级。

城市、县城、镇总体规划确定的城镇建设用地范围内新建民用建筑（3 层以下居住建筑除外）的规划、设计、建设，应当采用国家和省规定的绿色建筑标准。其中，政府投资或者以政府投资为主的公共建筑以及其他大型公共建筑，应当按照二星级以上绿色建筑标准进行建设。

城镇新区应当按照绿色生态城区标准进行规划、建设，推动绿色建筑规模化、集约化发展。

第八条 需要审批、核准的新建民用建筑项目，其可行性研究报告或者项目申请报告应当明确绿色建筑等级要求。

第九条 城乡规划、住房城乡建设主管部门应当根据绿色建筑发展专项规划和控制性详细规划，在规划条件、建设条件中明确绿色建筑等级等有关指标，并在国有建设用地使用权招标、拍卖或者挂牌出让公告中予以明示。

第十条 建设单位应当按照规划条件、建设条件编制建筑设计方案。有关部门在审查建筑设计方案时，对不符合规划条件、建设条件的，不予核发建设工程规划许可证。

第十一条 设计单位应当按照绿色建筑等级和标准进行设计，明确材料、构件、设备的技术指标要求以及采取的绿色技术措施等内容，并在施工图设计文件中编制绿色建筑专篇。

建设单位不得以任何理由要求设计单位降低绿色建筑等级和标准进行设计。

第十二条 县级以上人民政府住房城乡建设主管部门应当通过政府购买服务等方式委托施工图审查机构对施工图设计文件是否符合绿色建筑等级和标准进行审查。对不符合绿色建筑等级和标准的，施工图审查机构不得出具施工图审查合格证书。

第十三条 施工单位应当按照审查通过的施工图设计文件，编制施工方案并组织实施。建筑材料、建筑构配件和设施设备不符合施工图设计文件要求的，施工单位不得使用。

施工单位应当在施工中采取绿色建造措施，降低资源、能源消耗，减少废弃物排放，防止噪声污染、工地扬尘等，其所需费用纳入工程造价。

第十四条 县级以上人民政府住房城乡建设主管部门应当依据相关法律、法规和绿色建筑标准，采取抽查、抽测等方式，对建筑质量责任主体和建筑实体质量进行监督检查。

第十五条 建设单位组织工程竣工验收时，应当对建筑是否符合绿色建筑标准进行验收。不符合绿色建筑标准的，竣工验收不得通过。

二星级以上绿色建筑项目在竣工验收前，建设单位应当进行能源利用效率测评。测评结果不符合设计要求的，应当责成有责任的单位进行整改。

县级以上人民政府住房城乡建设主管部门发现建设单位未按照绿色建筑标准验收的，应当责令重新组织验收。

第十六条 房地产开发企业销售商品房，应当在售楼现场明示绿色建筑等级以及技术措施、节能设施的保修期限和保护要求等内容，并在销售合同、商品住宅质量保证书和商品住宅使用说明书中载明绿色建筑等级等相关内容。

第三章　运营管理

第十七条 政府投资或者以政府投资为主的公共建筑以及其他大型公共建筑在交付前，建设单位应当对空调通风、电气和智能控制、给排水等系统进行综合效能调适，保证各系统协调运行，达到设计要求。

第十八条 绿色建筑的运营应当符合下列要求：

（一）节能、节水、室内外环境维护等管理制度完备；

（二）节能、节水和用能分项计量及数据采集传输系统等设施设备运行正常，水、电、燃气、供暖和空调系统分户、分项计量；

（三）供暖、通风、空调、照明等设备的自动监控系统运行正常，记录完整，水、电、燃气等可实现远程读数记录；

（四）运行过程中产生的废气、污水等污染物排放达标；

（五）分类收集生活垃圾，规范设置垃圾收集容器。

第十九条 建筑物所有权人或者使用权人应当对建筑外围护保温系统、建筑用能系统、可再生能源利用系统等节能设施进行日常维护，并在物业服务合同中载明符合绿色建筑特点的物业管理内容。

第二十条 县级以上人民政府住房城乡建设主管部门应当通过随机抽查、专项检查等方式，加强对绿色建筑运行情况的监督管理，确保各项技术措施发挥实际效果。

第四章 技术推广应用

第二十一条 绿色建筑发展应当推广应用自然通风、天然采光、雨水利用、建筑废弃物资源化利用、可再生能源建筑应用、建筑智能化等先进适用技术。

第二十二条 鼓励建设能效水平高于现行建筑节能标准的低能耗建筑，降低建筑的采暖、制冷能耗需求。

第二十三条 新建高度100米以下城镇居住建筑、农村社区以及集中供应热水的公共建筑，应当安装太阳能热水系统。太阳能热水系统应当与主体工程同步设计、同步施工、同步验收。

政府投资的公共建筑项目应当优先使用浅层地热能进行供暖、制冷。鼓励其他建筑项目使用浅层地热能进行供暖、制冷。

第二十四条 大型公共建筑和新建住宅小区应当按照要求建设地下停车场，鼓励建设立体停车库，配建的附属用房应当尽量利用地下空间。

第二十五条 建设用地面积2万平方米以上的新建民用建筑，应当按照国家和省有关标准同步建设雨水收集利用系统。

新建民用建筑的景观用水、绿化用水、道路冲洗用水应当优先采用雨水、再生水等非传统水源。

新建民用建筑应当选用节水器具，场地排水管网建设应当采用雨污分流技术。

第二十六条 省住房城乡建设主管部门应当会同有关部门建立健全绿色建筑材料标识制度，指导开展绿色建筑材料标识工作。

建筑材料生产企业可以自愿向第三方机构申请绿色建筑材料标识，第三方机构按照国家和省规定的绿色产品标准、认证以及标识体系开展标识工作。

鼓励新建、改建、扩建项目使用获得认证标识的绿色建筑材料。政府投资或者以政府投资为主的建筑工程，应当优先使用获得认证标识的绿色建筑材料。

第二十七条 鼓励建筑材料生产企业利用建筑废弃物为原料生产再生建筑材料。

建筑的基础垫层、围墙、管井、管沟、挡土坡等部位，鼓励使用再生建筑材料。建筑工程范围内的道路、地面停车场等应当优先使用透水性再生建筑材料。

第二十八条 鼓励绿色建筑采用装配式建造方式，政府投资或者以政府投资为主的建筑工程应当按照规定采用装配式建筑技术与产品。

新建装配式建筑应当实行全装修。装饰装修工程应当与主体结构施工、机电设备安装等协同进行。

第二十九条 新建城镇民用建筑，其规划条件、建设条件应当明确装配式建筑比例、装配率、评价等级等要求。

第三十条 鼓励农村民用建筑结合地域特点、气候条件、经济发展水平等因素，因地制宜采用新型墙体材料、外墙保温技术、节能门窗和太阳能、生物质能、空气能、地热能等绿色建筑技术产品。

第五章 引导激励

第三十一条 鼓励和支持企业、高等院校、研发机构研究开发绿色建筑新技术、新工艺、新材料和新设备。

研究开发绿色建筑新技术、新工艺、新材料和新设备发生的费用，可以按照国家有关规定享受税前加计扣除等优惠。

第三十二条 县级以上人民政府应当安排绿色建筑与装配式建筑资金，重点用于下列工作：

（一）绿色建筑与装配式建筑技术、产品的研究开发与推广；

（二）绿色建筑与装配式建筑相关标准制定；

（三）高星级绿色建筑、超低能耗建筑、既有建筑能效提升、可再生能源建筑应用、清洁能源取暖、绿色生态城区（镇）等示范；

（四）装配式建筑项目、产业基地及区域示范；

（五）绿色建筑与装配式建筑宣传、公共信息服务。

第三十三条 对建设、购买、运营绿色建筑的，实行下列扶持政策：

（一）采用装配式外墙技术产品的建筑，其预制外墙建筑面积不超过规划总建筑面积3%的部分，不计入建筑容积率；

（二）居住建筑采用地热能、太阳能等可再生能源采暖、制冷、供应热水的，其用电按照国家和省有关规定享受优惠政策；

（三）利用可再生能源的民用建筑，核算建筑能耗时，其常规能源替代量可以抵扣相应的建筑能耗量；

（四）公共建筑达到绿色建筑标准的，执行峰谷分时电价；

（五）新建民用建筑实施屋顶绿化、垂直绿化的，按照有关规定折算为附属绿地面积。

第三十四条 省住房城乡建设主管部门应当制定绿色建筑评价标识的标准规范和管理制度。

建设单位可以单独或者会同设计、施工、物业管理等相关单位，自愿申请绿色建筑评价标识。使用绿色建筑与装配式建筑资金的绿色建筑项目，建设单位应当申请绿色建筑评价标识。

鼓励企业和相关机构开展绿色建筑咨询服务，健全绿色建筑技术服务体系。

第三十五条 装配式建筑项目应当优先采用工程总承包方式建设；依法必须招标的项目，经批准可以采取邀请招标等方式发包。

第六章　法律责任

第三十六条 违反本办法规定的行为，法律、法规、规章已规定法律责任的，按照其规定执行；未规定法律责任的，按照本办法规定执行。

第三十七条 违反本办法规定，建设单位要求设计单位降低绿色建筑等级和标准进行设计的，由住房城乡建设主管部门或者综合行政执法部门按照职责权限责令限期改正，处以10万元以上20万元以下罚款。

第三十八条 违反本办法规定，设计单位未按照绿色建筑等级和标准进行设计的，由住房城乡建设主管部门或者综合行政执法部门按照职责权限责令限期改正，处以3万元以上10万元以下罚款。

第三十九条 违反本办法规定，施工图审查机构对不符合绿色建筑等级和标准的施工图设计文件出具施工图审查合格证书的，由住房城乡建设主管部门或者综合行政执法部门按照职责权限责令限期改正，处以1万元以上3万元以下罚款。

第四十条 违反本办法规定，房地产开发企业未在销售合同、商品住宅质量保证书、商品住宅使用说明书中如实载明绿色建筑等级等相关内容的，由住房城乡建设主管部门或者综合行政执法部门按照职责权限责令限期改正；逾期不改正的，处以3万元以上10万元以下罚款。

第四十一条 违反本办法规定，住房城乡建设主管部门和有关部门的工作人员，在绿色建筑工作中滥用职权、玩忽职守、徇私舞弊的，依法给予处分；构成犯罪的，依法追究刑事责任。

第七章　附　则

第四十二条 本办法自2019年3月1日起施行。

山东省无障碍环境建设办法

（2019 年 3 月 10 日省政府令 324 号公布）

第一章 总 则

第一条 为了创造无障碍环境，保障残疾人等社会成员平等参与社会生活，促进社会文明进步，根据《中华人民共和国残疾人保障法》《无障碍环境建设条例》等法律、法规，结合本省实际，制定本办法。

第二条 本省行政区域内无障碍设施建设、信息交流、服务管理等活动，适用本办法。

第三条 本办法所称无障碍环境建设，是指为便于残疾人等社会成员自主安全地通行道路、出入相关建筑物、搭乘公共交通工具、交流信息，以及获得公共服务、社区服务和便利的居家生活所进行的建设活动。

第四条 无障碍环境建设应当与经济和社会发展水平相适应，遵循实用、易行、广泛受益的原则，满足残疾人等社会成员的实际需要。

第五条 县级以上人民政府应当将无障碍环境建设工作纳入国民经济和社会发展规划，与卫生城市、健康城市或者智慧城市创建工作相衔接，并与旧城区改建、美丽乡村建设等工作同步实施。

第六条 县级以上人民政府应当推动将无障碍环境建设工作纳入文明城市、文明村镇、文明社区、文明单位建设内容，并建立相应的激励和责任追究机制。

第七条 县级以上人民政府应当定期组织住房城乡建设、工业和信息化、交通运输、文化和旅游、卫生健康等部门和残疾人联合会研究无障碍环境建设工作，协调解决无障碍环境建设重大问题。

第八条 县级以上人民政府住房城乡建设主管部门依法对无障碍设施工程建设活动进行监督管理。

县级以上人民政府发展改革、工业和信息化、教育、公安、民政、财政、交通运输、城市管理、文化和旅游、卫生健康、广电等部门在各自职责范围内，做好无障碍环境建设相关工作。

第九条 各级残疾人联合会应当主动了解残疾人的无障碍环境建设需求并向有关部门提出意见和建议，组织开展无障碍环境建设宣传和社会监督活动，推动残疾人康复、托养、就业等服务机构无障碍环境建设和残疾人居家无障碍改造等工作。

工会、共产主义青年团、妇女联合会等团体应当结合自身职责，做好无障碍环境建设相关工作。

第十条 无障碍环境建设是全社会的共同责任。

机关、团体、企业事业单位以及其他组织应当采取措施，为残疾人等社会成员平等参与社会生活创造无障碍环境。

新闻媒体安排一定时段或者版面开展无障碍环境建设公益宣传。

鼓励支持公民、法人和其他组织推进无障碍技术和产品的开发、应用、推广，为无障碍环境建设提供捐助或者志愿服务。

第二章 无障碍设施建设

第十一条 城镇新建、改建、扩建道路、公共建筑、公共交通设施、居住建筑、居住区，应当符合无障碍设施工程建设标准。

乡、村庄的建设和发展，应当逐步达到无障碍设施工程建设标准。

第十二条 无障碍设施工程应当与主体工程同步规划、同步设计、同步施工、同步验收投入使用。新建的无障碍设施应当与周边的无障碍设施相衔接。

第十三条 建设工程设计单位应当按照无障碍设施工程建设标准设计无障碍设施，对设计质量负责。

施工单位应当按照经审查合格的施工图设计文件和工程建设标准进行无障碍设施施工，对施工质量负责。

监理单位应当按照经审查合格的施工图设计文件和工程建设标准对施工质量实施监理，并承担监理责任。

第十四条 对城镇已建成的不符合无障碍设施工程建设标准的道路、公共建筑、公共交通设施、居住建筑、居住区，县级以上人民政府应当制定无障碍设施改造计划并逐步组织实施。

无障碍设施改造由所有权人或者管理人负责。

第十五条 县级以上人民政府应当优先推进下列机构、场所的无障碍设施改造：

（一）特殊教育、康复、福利、养老等机构；

（二）国家机关的公共服务场所；

（三）学校、幼儿园、医院、体育场馆、图书馆、文化馆、科技馆、博物馆、影剧院等单位的公共场所；

（四）机场、车站、客运码头等公共交通服务场所；

（五）金融、邮政、通信、市政公用、商业、旅游等公共服务场所；

（六）城市的主要道路、广场、城市公园、景区等公共场所。

第十六条 城市的主要道路、主要商业区和大型居住区的人行天桥和人行地下通道，应当按照无障碍设施工程建设标准配备无障碍设施；人行道交通信号设施应当逐步完善无障碍服务功能，适应残疾人等社会成员通行的需要。

第十七条 城市广场、公园绿地、居住区、公共建筑的停车场管理单位应当按照国家无障碍设计规范规定的数量、比例、位置等具体要求，设置无障碍停车位并加强管理，保障有无障碍需求车辆专用。

公共停车场管理单位按照规定免收有无障碍需求车辆的停车费用。

第十八条 公共交通运营单位应当按照下列规定，逐步完善无障碍设施，提供无障碍服务：

（一）在公共汽车、城市轨道交通车辆安装语音提示系统、电子字幕报站系统和便于残疾人乘用的辅助设备；

（二）在城市主要交通要道和主要停车站点设置符合规定的盲文站牌；

（三）在机场、车站、港口为残疾人提供购票、候车、托运行李、上下交通工具等无障碍客运服务。

鼓励公共汽车、出租车运营单位安排一定比例的无障碍车辆，为残疾人等社会成员提供交通服务。

残疾人乘坐公共交通工具携带随身必备的辅助器具或者有标识的导盲犬的，公共交通运营单位不得拒绝或者额外收取费用。

第十九条 无障碍设施的所有权人和管理人应当按照国家标准设置无障碍设施标志标识，并对无障碍设施及其标志标识进行保护、维修。

任何单位和个人不得损坏、侵占盲道、无障碍卫生间、垂直电梯、轮椅通道等无障碍设施，或者改变其用途。

第三章 无障碍信息交流

第二十条 县级以上人民政府应当将无障碍信息交流建设纳入信息化建设规划，并采取措施推进信息交流无障碍建设。

县级以上人民政府工业和信息化主管部门应当推进无障碍信息技术应用，指导无障碍信息交流平台建设；广播电视主管部门应当指导广播电台、电视台开办残疾人专题栏目或者聋人手语新闻。

机关、团体、企业事业单位应当在信息化建设中充分考虑残疾人等社会成员的特殊需要。

第二十一条 升学考试、职业资格考试和任职考试的组织单位，应当为残疾人参加考试提供便利。

第二十二条 省人民政府和设区的市人民政府设立的电视台应当创造条件，在播出电视节目时配备字幕，每周播放至少一次配播手语的新闻节目；县（市、区）人民政府设立的电视台在播出新闻和残疾人专题节目时，应当配备字幕。

公开出版发行的影视类录像制品应当配备字幕。

第二十三条 县级以上人民政府设立的公共图书馆应当加强方便残疾人获取信息的数字化建设，开设视力残疾人阅览室，提供盲文读物、有声读物。

视力残疾人较多的特殊教育学校、残疾人就业机构应当在图书室、阅览室、资料室提供盲文读物和有声读物，配备视力残疾人使用的计算机等设备。

第二十四条 公共服务机构和公共场所应当创造条件，为残疾人等社会成员提供语音和文字提示、手语、盲文等信息交流服务，并安排工作人员予以协助。

第二十五条 举办视力、听力残疾人集中参加的会议、讲座、培训、演出等公共活动，举办单位应当配备解说员、提供字幕或者手语服务。

第二十六条 电信业务经营者提供电信服务，应当向有需求的听力、言语、视力残疾人提供文字和语音信息服务，并按照国家规定给予服务收费优惠。

第二十七条 火警、求助报警、医疗急救、交通事故等紧急呼叫系统，应当逐步完善适合听力和言语残疾人使用的文字信息报警、呼救功能。

第四章 无障碍服务

第二十八条 县级以上人民政府应当制定残疾人等社会成员家庭无障碍改造工作计划，逐步改善残疾人等社会成员的居住环境，按照国家和省有关规定对需要无障碍设施改造的贫困家庭给予补助。

鼓励社会力量开展残疾人家庭无障碍改造公益活动，为残疾人家庭进行无障碍改造提供技术指导和服务。

第二十九条 设区的市、县（市、区）人民政府提供保障性住房和安置住房时，应当优先考虑残疾人等行动不便的社会成员的无障碍环境需求。

第三十条 设区的市人民政府公安、交通运输等部门和残疾人联合会应当指导机动车驾驶员培训机构开展残疾人驾驶培训业务，为残疾人申请机动车驾驶证、办理机动车登记和机动车安全技术检验等提供无障碍服务。

第三十一条 残疾人集中就业的机构和企业应当为残疾人提供无障碍设施、信息交流等服务，满足残疾职工的生产、生活、文化、康复训练等方面的无障碍需求。

第三十二条 县级以上残疾人联合会应当会同文化和旅游、自然资源、交通运输等部门开展残疾人等社会成员无障碍旅游服务。

旅游服务企业应当对残疾旅客给予适当帮助，优先处理残疾旅客的旅游投诉。

第三十三条 普通中小学、幼儿园、中等职业学校、技工院校、高等学校应当为残疾学生提供教育教学等方面的无障碍服务，不得拒绝符合条件的残疾学生参加教育教学活动。

第三十四条 托养场所、日间照料场所、文化活动室等社区公共服务设施应当逐步完善无障碍服务功能，为残疾人、老年人等社会成员参与社区生活提供便利。

第五章 法律责任

第三十五条 对违反本办法规定的行为，法律、法规规定法律责任的，适用其规定。

第三十六条 违反本办法规定，城镇新建、改建、扩建道路、公共建筑、公共交通设施、居住建筑、居住区不符合无障碍设施工程建设标准的，由县级以上人民政府住房城乡建设主管部门责令改正，依法给予处罚。

第三十七条 违反本办法规定，无障碍设施的所有权人或者管理人未按照国家标准设置无障碍设施标志标识，或者未对无障碍设施及其标志标识进行保护、维修的，由有关主管部门责令限期改正；逾期未改正的，由有关主管部门给予5000元以上50000元以下罚款。

第三十八条 无障碍环境建设主管部门工作人员滥用职权、玩忽职守、徇私舞弊的，依法给予处分。

第六章 附 则

第三十九条 本办法自2019年5月1日起施行。

政 策 文 件

山东省人民政府
关于印发山东省优化提升工程建设项目
审批制度改革实施方案的通知

鲁政发〔2019〕9号

各市人民政府，各县（市、区）人民政府，省政府各部门、各直属机构，各大企业，各高等院校：

现将《山东省优化提升工程建设项目审批制度改革实施方案》印发给你们，请认真贯彻执行。

山东省人民政府

2019年6月2日

山东省优化提升工程建设项目审批制度改革实施方案

为贯彻落实《国务院办公厅关于全面开展工程建设项目审批制度改革的实施意见》（国办发〔2019〕11号），深化我省工程建设项目审批制度改革，优化提升改革成效，制定本实施方案。

一、总体要求

（一）指导思想。以习近平新时代中国特色社会主义思想为指导，全面贯彻党的十九大和十九届二中、三中全会精神，按照全省深化“一窗受理·一次办好”改革要求，进一步推动工程建设项目审批制度改革，统一审批流程、信息数据平台、管理体系、监管方式，打造一流营商环境。

（二）改革内容。本方案所称的工程建设项目，是指全省范围内的房屋建筑和城市基础设施等工程，不包括特殊工程和交通、水利、能源等领域的重大工程。改革覆盖工程建设项目审批全过程，覆盖行政许可等审批事项和技术审查、中介服务、市政公用服务以及备案等其他类型事项。

（三）工作目标。2019年上半年，全省社会投资类工程建设项目主流程审批时间控制在45个工作日以内，政府投资类工程建设项目主流程审批时间控制在70个工作日以内，主流程之外的其他行政许可、强制性评估、中介服务、市政公用服务以及备案、建设项目用地的不动产登记等事项纳入主流程相关阶段办理或与相关阶段并行推进，全过程审批时间控制在100个工作日以内。2019年上半年，省级和各市初步建成工程建设项目审批制度框架和信息数据平台；2019年年底，工程建设项目审批管理系统与相关系统平台实现互联互通；2020年上半年，基本建成全省统一的工程建设项目审批和管理体系。

二、统一规范审批流程

（一）精简审批环节。

1. 减少审批事项。梳理分析所有审批事项的法律法规依据，坚决取消不符合行政许可法的行政许可事项、没有法律法规依据的其他审批事项。对保留的审批事项，减少审批前置条件，简化申请材料。（省住房城乡建设厅、省发展改革委、省政府办公厅牵头，6月底前）

2. 下放审批权限。除法律法规明确规定由省级主管部门实施的审批事项，原则上由市级及以下主管部门实施。对同类项目不同部门审批层级存在差异的审批事项，积极推行审批事项同级化；承接下放审批事项的下级机关要加强力量配备，保障审批高效运行。（省住房城乡建设厅、省发展改革委、省政府办公厅牵头，6月底前）

3. 合并审批事项。对由同一部门实施的管理内容相近或者属于同一办理阶段的多个审批事项，整合为一个审批事项。将工程质量安全监督手续与施工许可证合并办理。（省住房城乡建设厅牵头，6月底前）

4. 转变管理方式。设计方案审查只审查规划条件、建设条件及相关技术规定确定的规划控制要求，不再审查建筑内部平面及剖面设计。（省自然资源厅、省住房城乡建设厅牵头，6月底前）

5. 调整审批时序。地震安全性评价在工程设计前完成即可，环境影响评价、文物影响评价、节能评价等评估评价和取水许可等事项在开工前完成即可（省地震局、省生态环境厅、省文化和旅游厅、省发展改革委、省水利厅负责）；可以将用地预审意见作为使用土地证明文件申请办理建设工程规划许可证（省自然资源厅负责）；将供水、供电、燃气、热力、排水、通信等市政公用基础设施的报装提前到开工前办理，住宅小区项目的报装提前到建筑设计阶段，与建筑物同步进行设计和施工图审查，在工程施工阶段同步完成相关设施建设，竣工验收后直接办理接入事宜。（省住房城乡建设厅、国网山东省电力公司牵头）

（二）规范审批事项。各市要全面清理工程建设项目审批事项，形成统一的审批事项名称、申请材料和审批时限，并与投资项目清单相衔接。下级政府制定的审批事项清单原则上要与上级政府审批事项清单一致，超出上级政府审批事项清单范围的，要报上级机关备案，并说明理由。各市政府将审批事项清单报送省住房城乡建设厅备案，省住房城乡建设厅将审批事项清单上报住房城乡建设部备案。（省住房城乡建设厅牵头，6月底前）

（三）合理划分审批阶段。将工程建设项目审批流程主要划分为立项用地规划许可、工程建设许可、施工许可、竣工验收四个阶段，每个阶段确定牵头部门，实行“并联审批、限时办结”。立项用地规划许可阶段主要包括项目审批核准（备案）、选址意见书核发、土地出让或划拨手续办理、用地规划许可证核发等（省发展改革委、省自然资源厅牵头）。工程建设许可阶段主要包括设计方案审查、施工图设计文件审查、建设工程规划许可证核发等（省自然资源厅、省住房城乡建设厅牵头）。施工许可阶段主要包括施工许可证核发等（省住房城乡建设厅牵头）。竣工验收阶段主要包括规划、土地、消防、人防、档案等验收及竣工验收备案等，房地产开发项目包括综合验收备案。（省住房城乡建设厅牵头）

（四）分类制定审批流程。各市要根据国家工程建设项目审批流程图示范文本和工程建设项目类型、投资类别、规模大小等，进一步梳理合并审批流程。对带方案出让土地的工业建筑工程项目，可将工程建设许可和施工许可合并为一个阶段，不再进行设计方案审核和施工图审查，实行拿地即可申请开工（施工许可证）的模式和流程。进一步简化中小型建筑工程项目审批环节和流程。对工业企业“零增地”技术改造项目的审批流程，按照省政府有关规定执行。（省住房城乡建设厅、省发展改革委、省工业和信息化厅、省自然资源厅牵头，6月底前）

（五）实施并联审批。设计方案审查时，规划主管部门应牵头相关部门和水电气暖等专营单位参与联合审查，并分别提出意见。推行施工图设计联审制度，将消防、人防、技防等技术审查并入施工图设计文件审查，其他部门不再单独审查；对水电气暖等专营设施实行多图联审。全面推进"竣工测验合一"改革，按照统一标准、联合测绘，以测带核、核审分离，多验整合、依法监管的思路，积极培育竣工综合测绘机构，统一委托测绘机构进行竣工综合测绘，并将工程实体测量结果与联合审查的施工图进行比对，出具竣工综合测绘报告及图件。实行规划、土地、消防、人防、档案及建设条件落实等事项限时联合验收，统一竣工验收图纸和验收标准，统一出具验收意见。（省住房城乡建设厅、省自然资源厅牵头，6月底前）

（六）推行区域评估。在各类开发区、工业园区、新区和其他有条件的区域，推行由政府统一组织对环境影响、节能、地震安全性、地质灾害危险性、压覆重要矿产资源、水土保持、防洪影响、水资源论证、文物影响、交通影响、雷电灾害风险等事项实行区域评估。实行区域评估的，相关部门应在土地出让或划拨前，告知建设单位相关建设要求；单体建设项目审批时，简化相关环节、申请材料或不再进行评估评审。各市要研究实施区域评估的具体办法。（各市政府负责，6月底前）

（七）推行告知承诺制。公布实行告知承诺制的工程建设项目审批事项清单及具体要求，申请人按照要求作出书面承诺的，审批部门可以直接作出审批决定。各市要制定并实施工程建设项目审批告知承诺制管理办法，明确告知承诺制的具体要求以及加强事中事后监管的措施等。（各市政府负责，6月底前）

三、统一信息数据平台

建立审批管理系统。复制国家和试点城市做法，建成贯通省市县三级、覆盖各有关部门的工程建设项目审批管理系统。在工程建设项目审批管理系统建设资金安排上给予保障。研究制定工程建设项目审批管理系统使用办法。对审批环节进行全过程跟踪督办及审批节点控制，杜绝体外循环，对项目审批错时环节实行"亮灯"管理制度。将省级工程建设项目审批事项纳入省级工程建设项目审批管理系统管理，并与国家和各市工程建设项目审批管理系统实现审批数据实时共享（6月底前）。地方工程建设项目审批管理系统要具备"多规合一"业务协同、在线并联审批、统计分析、监督管理等功能，在"一张蓝图"基础上开展审批，实现统一受理、并联审批、实时流转、跟踪督办。（省住房城乡建设厅、省政府办公厅、省大数据局牵头，各市政府负责）

四、统一审批管理体系

（一）"一张蓝图"统筹项目实施。全面梳理本地区各类规划与空间管控要素，明确"多规合一"包含的规划目录，建立"多规合一"协调机制，明确形成数据目录、各类空间规划图层信息，统筹整合各类空间规划等事项完成的具体要求和时间节点，为形成管控边界清晰、责任主体明确和管控规则明晰的"一张蓝图"奠定基础，为工程建设项目审批管理系统策划生成项目提供规划依据。（省自然资源厅牵头，各市政府负责，9月底前）

（二）完善项目策划生成机制。制定项目生成管理办法，统筹协调各部门对工程建设项目提出建设条件以及需要开展的评估事项等内容，有关部门依据"一张蓝图"、城市近期建设规划和各有关行业发展规划，提出近期项目策划建议，建立项目储备库。发展改革部门对工业项目、政府投资的公共建筑项目等提出建设条件要求；住房城乡建设部门对住房保障、城建基础设施及房地产开发项目提出建设条件要求；其他相关部门共同参与项目策划生成。各市、县（市、区）政府组织模拟审批，统筹安排年度项目，制定工程建设项目年度实施计划和土地招拍挂计划并组织

实施。（省发展改革委、省住房城乡建设厅、省自然资源厅牵头，各市政府负责，12月底前）

（三）“一个窗口”提供综合服务。按照全省“一窗受理”改革的统一要求，实现由工程建设项目审批综合服务窗口统一收件、发件、咨询。鼓励各市组建工程建设项目审批服务队，全方位为申请人提供工程建设项目审批咨询、指导、协调和代办等服务。制定并实施咨询辅导等服务规定。（省政府办公厅、省住房城乡建设厅牵头，6月底前）

（四）“一张表单”整合申报材料。制定统一的办事指南和申报表单，每个审批阶段申请人只需提交一套申报材料。不同审批阶段应当共享申报材料，不得要求申请人重复提交。建立完善审批清单服务机制，主动为申请人提供项目需要的审批事项清单。制定并实施各审批阶段的办事指南、申请表单、申报材料目录。（省政府办公厅、省住房城乡建设厅、省发展改革委、省自然资源厅牵头，6月底前）

（五）“一套机制”规范审批运行。建立工程建设项目审批各个阶段配套制度，以及牵头部门负责制、协调机制、督查制度、“多规合一”协同规则、工程建设项目审批管理系统运行规则、加强事中事后监管制度等，并根据改革实践不断修改完善。对相关地方性法规、政府规章需要作出调整确认的，按立法程序提出清理意见；对相关规范性文件按照相关程序修改或者废止。（省住房城乡建设厅、省司法厅牵头，12月底前）

五、统一监管方式

（一）加强事中事后监管。全面推行“双随机、一公开”新型监管机制，加大监督检查力度，严肃查处违法违规行为。对实行告知承诺制的审批事项，要依法制定监督检查办法，在规定时间内对申请人和有关当事人履行承诺情况进行检查，对申请人未履行承诺的，撤销行政审批决定，并依法追究申请人和有关责任人的相应责任。（省住房城乡建设厅牵头，6月底前）

（二）加强信用体系建设。依托工程建设项目审批管理系统，建立工程建设项目审批信用信息平台，建立黑名单制度。将企业和从业人员违法违规、不履行承诺、恶意拖欠农民工工资的失信行为纳入工程建设项目审批管理系统，并与国家企业信用信息公示系统互联互通。（省住房城乡建设厅、省发展改革委、人民银行济南分行、省市场监管局负责，6月底前）

（三）规范中介和市政公用服务。制定实施工程建设项目中介服务和市政公用服务管理制度，实行服务承诺制，明确服务标准、办事流程和办理时限，规范服务收费。推进中介服务提速增效。供水、供电、燃气、热力、排水、通信等市政公用服务要全部入驻政务服务大厅，实施统一规范管理，为建设单位提供“一站式”服务，实施好水电气暖报装专项行动。（省住房城乡建设厅、省政府办公厅、国网山东省电力公司牵头，6月底前）

六、加强组织实施

（一）加强组织领导。成立以省政府主要领导同志为组长的省优化提升工程建设项目审批制度改革工作领导小组，加强对工程建设项目审批制度改革工作的领导。省住房城乡建设厅、省政府办公厅要切实担负起组织协调、指导和督促责任。各相关部门要密切协调配合，形成改革合力。各级政府要承担改革主体责任，明确责任部门，制定时间表、路线图。各市要抓紧制定具体方案，报送省住房城乡建设厅审查，修改完善后以市政府名义印发（6月底前）。各级政府要为改革工作提供组织和经费保障，积极推动各项改革措施落地，确保按时保质完成任务（省政府办公厅牵头，各市政府负责）。交通、水利、能源等一般工程建设项目审批制度改革应按照本实施方案，结合行业实际同步推进实施。（省交通运输厅、省水利厅、省发展改革委等部门负责）

（二）加强沟通反馈和培训。建立上下联动的沟通反馈机制，及时研究解决改革中遇到的问题。各市要制定培训计划，确定培训内容、范围，针对重点难点问题，采取多种方式，加强对各级领导干部、工作人员和申请人的业务培训，对相关政策进行全面解读和辅导。（省住房城乡建设厅牵头，6 月底前）

（三）严格督促落实。建立工程建设项目审批制度改革评估评价机制，列入省经济社会发展综合考核。各级政府要加大对有关责任部门的督导力度，跟踪改革任务落实情况，各市政府每月向省优化提升工程建设项目审批制度改革工作领导小组办公室报送进展情况。对工作推进不力、影响工程建设项目审批制度改革进程，特别是未按时完成阶段性工作目标的，依法依规严肃问责。（省住房城乡建设厅牵头，各市政府负责，6 月底前）

附件：

1. 社会投资工业建筑工程审批流程图（45 日 /35 日）（略）

2. 社会投资民用建筑工程审批流程图（45 日）（略）

3. 政府投资建筑工程审批流程图（70 日）（略）

4. 山东省优化提升工程建设项目审批制度改革工作领导小组组成人员名单（略）

山东省人民政府办公厅
关于开展农村生活垃圾分类试点工作的指导意见

鲁政发〔2019〕5号

各市人民政府，各县（市、区）人民政府，省政府各部门、各直属机构：

根据党中央、国务院关于垃圾分类工作的部署要求，为改善农村生态环境和农民生活条件，探索农村垃圾分类的有效途径和模式，经省政府同意，现就开展农村生活垃圾分类试点提出以下意见。

一、总体要求

（一）指导思想。深入学习贯彻习近平新时代中国特色社会主义思想和党的十九大精神，认真落实习近平总书记关于垃圾分类工作的重要指示精神，坚持解放思想、实事求是，鼓励大胆探索、勇于创新，在农村生活垃圾分类模式、收运方式、处理工艺、运行机制、标准规范等方面进行试点，引导建立分类投放、分类收集、分类转运、分类处理的农村生活垃圾处理体系。按照“先试点、再推开、后规范”的思路，因地制宜、试点先行，稳步推进农村生活垃圾分类制度，逐步提升农村生活垃圾处置管理水平，持续改善农村人居环境，助力打造乡村振兴齐鲁样板。

（二）基本原则

——创新引领，试点先行。紧紧围绕农村生活垃圾分类的关键环节和突出问题，充分发挥试点的先行先试作用。

——因地制宜，有序推进。综合考虑试点地区气候特征、发展水平、生活习惯、垃圾成分等实际情况，合理确定试点实施路径，科学有序推进农村生活垃圾分类试点工作。

——科学指导，精心实施。省里确定试点工作方向和内容，并在试点过程中给予指导。试点地区按照试点要求，科学确定试点工作的具体任务、工作措施、推进方式等，并做好具体实施、总结等工作。

——定期评估，总结推广。实行试点推进评估报告制度，不断完善试点内容，总结推广试点经验，逐步扩大试点范围。

（三）试点目标。2019年上半年，在淄博市博山区、邹城市、荣成市、郓城县4个县（市、区）先行开展试点，选择部分乡镇启动农村生活垃圾分类试点工作，探索研究符合我省实际的农村生活垃圾分类投放、分类收集、分类转运、分类处理方式方法；2019年下半年，总结一批可复制、可借鉴、可推广的经验和模式，研究制定农村生活垃圾的政策体系、标准规范、运行机制等，适时扩大试点范围；2020年，制定全省推进农村生活垃圾分类的指导意见，在全省范围内推广试点地区的成功经验。

二、主要任务

本次试点原则上将农村生活垃圾分为易腐垃圾、可回收物、有害垃圾、其他垃圾四类，鼓励试点地区在此基础上，探索符合当地实际的分类方法，同时开展大件垃圾、不可燃垃圾等细分工作。

（一）健全与垃圾分类相对应的投放体系。对试点地区农村居民，实行农村生活垃圾“两日常、一鼓励、一严禁“，即：由农户对易腐垃圾、其他垃圾进行日常分类，分别投入相应的垃圾桶；鼓励农户对可回收物进行集中回收；严禁将有毒有害垃圾混入其他生活垃圾。各地要结合实际，合理规范配置户用分类垃圾桶（袋）、公共场所可回收物回收点、有害垃圾集中投放点等。

（二）建立与垃圾分类相配套的收运体系。建立与农村生活垃圾分类投放相适应、回收利用和无害化处理等相衔接的"垃圾不落地"分类收运体系。在农户初分的基础上，由保洁员进行二次细分，对其他垃圾再分可回收和不可回收两类。鼓励采用“车载桶装”直运、定点定时等收运方式，避免垃圾分类投放后重新混合收运。加强运输车辆规范化管理，配置符合密闭运输要求并有明显标识的生活垃圾分类运输车辆，统筹安排分类运输路线、时段和作业组织，实现规范运输。规范农村收旧行为，推行市场化运作，支持再生资源企业、个体回收人员以及农村便利店等经营者设立便民回收站点，鼓励采用积分兑换、以旧换新、货币补偿等方式回收再生资源，实现回收方式多元化。以村为单位配置有害垃圾收集点，实现有害垃圾单独存放。

（三）完善与垃圾分类相衔接的终端处理设施。加快推进易腐垃圾处理设施规划建设，科学选择符合农村实际和环保要求、成熟可靠且经济适用的终端处理工艺，可采用机器制肥、太阳能沤肥房、环境昆虫养殖等方式进行处理。构建可回收物资源回收新模式，建立农村再生资源回收机制，做到应收尽收。有害垃圾由具备处置利用资质的危险废物经营单位按要求开展运输和处置利用；其他垃圾按照环卫一体化模式分拣清运，通过焚烧或卫生填埋进行无害化处理。

（四）引导群众自觉参与垃圾分类。大力宣传普及生活垃圾分类知识、卫生文明习惯、村民参与义务等，着力解决农村居民不知道为什么分、怎么分、不愿意分的问题。发挥村（居）基层党组织战斗堡垒作用和党员、村民代表等模范带头作用，将垃圾分类作为强化基层组织建设的有力抓手。广泛开展“小手拉大手”系列活动，以学生带动家长，逐步养成良好的环境卫生习惯。通过将垃圾分类纳入村规民约、开展垃圾分类先进户评比等方式，引导村民积极参与生活垃圾分类。健全评估监督机制，加强对农村生活垃圾分类处理工作的指导、监督与检查，确保长效运行。

（五）健全生活垃圾分类标准。制定完善农村生活垃圾分类处理规范、分类设施配置标准、易腐垃圾处理工艺标准、农村生活垃圾制肥标准、镇村垃圾分类评价标准、垃圾分类宣传指导手册和相关技术导则等，引导垃圾分类规范运行。

三、配套政策

（一）加大资金支持。按标准从乡村振兴重大项目专项资金中对试点县（市、区）给予支持。试点县（市、区）要将农村生活垃圾分类处理费用纳入财政预算，按照渠道不乱、用途不变、统筹安排、形成合力的要求整合相关专项资金，用于农村生活垃圾分类处理设施建设。积极探索有利于推进农村生活垃圾分类处理工作的收费机制和财政奖补机制。研究建立易腐垃圾资源化处理、低值废品回收的成本补贴机制，完善相关市场推广引导措 施。积极落实生活垃圾处理税收优惠政策，采取投资补助、贷款贴息、技改贴补等政策支持，引导和鼓励各类市场主体、民间资本参与生活垃圾分类设施建设和运营工作。

（二）强化用地保障。试点县（市、区）要结合当地实际，统筹安排或调整农村生活垃圾收集、运输、处理设备设施的布局、用地和规模，确定各类环境卫生设施的种类、等级、数量、建筑面积、定点位置等内容，并纳入土地利用总体规划和城乡规划。城乡建设用地增减挂钩节余指标要优先保障农村生活垃圾收集、运输、处理等设备设施用地。

（三）加强技术支撑。组织省内有关科研院所和企业研发中心，开展农村生活垃圾分类基础性技术研究，重点研究垃圾资源化利用、易腐垃圾处理工艺、有害垃圾处置、清洁焚烧、垃圾分类信息化管理等关键技术。加快生活垃圾分类处理技术创新、示范和应用推广，组织实施关键技术与装备产业化示范工程。采用“互联网＋回收”等新模式，提高垃圾分类收运处理的信息化水平。

（四）加快项目推进。建立完善农村生活垃圾分类项目审批绿色通道，在依法依规的前提下，通过串联变并联、前置变后置等方式，优化流程、简化手续、提高效率，为试点实施创造良好外部环境。

四、组织实施

（一）加强组织领导。将垃圾分类试点作为省农村人居环境整治三年行动的重要内容，成立省农村生活垃圾分类工作协调推进组和试点工作指导组。协调推进组由省长任组长，分管副省长任副组长，省政府办公厅、省政府研究室、省住房城乡建设厅、省农业农村厅等有关部门主要负责同志为成员，负责农村生活垃圾分类工作总体设计、统筹协调、整体推进和督导落实。试点工作指导组由省政府办公厅、省政府研究室、省住房城乡建设厅、省农业农村厅、山东财经大学有关负责同志牵头，有关单位负责同志和专家参与，负责综合协调、技术指导、监督评估和宣传培训等。试点县（市、区）政府是实施试点工作的责任主体，要建立协调机制，明确部门责任，分工负责协同推进此项工作。

（二）形成部门合力。有关部门要各司其职、密切配合，共同推进农村生活垃圾分类试点工作。发展改革部门负责指导做好农村生活垃圾分类试点项目审批、核准等相关工作；财政部门负责统筹现有资金支持农村生活垃圾分类试点；自然资源部门优先保障农村生活垃圾分类试点设施建设用地；生态环境部门负责及时公布危险废物经营企业名录，加强农村生活垃圾分类收集后危险废物运输、处置环节的监管；市场监管部门负责跟进制定农村易腐垃圾成肥标准；供销部门负责推动农村生活垃圾再生资源的综合利用。

（三）强化监测评估。省农村生活垃圾分类试点工作指导组要会同有关部门加强对试点工作的跟踪监督，对试点地区落实工作方案、完成试点任务的相关情况开展评估，及时总结推广试点经验。各试点县（市、区）要强化工作措施，确保完成全省农村生活垃圾分类试点的任务和目标。

附件：

1. 淄博市博山区农村生活垃圾分类试点实施方案（略）

2. 邹城市农村生活垃圾分类试点实施方案（略）

3. 荣成市农村生活垃圾分类试点实施方案（略）

4. 郓城县农村生活垃圾分类试点实施方案（略）

山东省人民政府办公厅

2019 年 1 月 10 日

山东省人民政府办公厅
关于进一步促进建筑业改革发展的十六条意见

鲁政办字〔2019〕53号

各市人民政府，各县（市、区）人民政府，省政府各部门、各直属机构，各大企业，各高等院校：

为深入贯彻习近平新时代中国特色社会主义思想和党的十九大精神，推动省委、省政府支持实体经济、民营经济高质量发展的系列政策在建筑领域落实落地，进一步促进建筑业改革发展，经省政府同意，现提出如下意见。

一、优化资质审批管理

选择省级及以下住房城乡建设主管部门负责许可的部分建筑业企业资质，开展资质审批告知承诺制试点。打破资质逐级晋升限制，允许具有1项特级或2项一级资质的施工总承包企业，直接申请省级权限内的其他资质。实行“一站式”网上审批服务，实现“一次办好”。新设立建筑业企业资质证书与安全生产许可证可同时申请、同时审批，企业可提前办理“三类人员”（指企业主要负责人、项目负责人和专职安全生产管理人员）和特种作业人员考核认定。（省住房城乡建设厅负责，省交通运输厅、省水利厅、省通信管理局配合）

二、下放行政审批事项

以下省级审批事项依法委托设区的市住房城乡建设主管部门或行政审批服务局实施：勘察设计、监理、建筑业、造价咨询、工程质量检测资质和二级注册建造师的延续变更；建筑施工企业安全生产许可证，建筑业专业承包序列二级资质、铁路方面专业承包三级资质、特种工程专业承包资质，工程勘察设计丙级资质，工程监理丙级、事务所资质；建筑施工特种作业人员操作资格认定。（省住房城乡建设厅负责，省政府办公厅、省司法厅配合）

三、放宽承揽业务范围

允许信用良好、具有相关专业技术能力、能够提供足额担保的总承包企业，承接资质类别内上一等级的工程项目。对具有市政公用和公路工程、水利水电和港口与航道工程其中一项资质的一级及以上总承包企业，能够提供足额担保且项目负责人具有相应业绩的，可以在市政公用和公路工程之间、水利水电和港口与航道工程之间，互跨专业承接同等级业务。允许总承包企业承接总承包资质范围内的所有专业承包工程。（省住房城乡建设厅、省交通运输厅、省水利厅、省通信管理局分工负责）

四、支持企业做大做强

支持骨干建筑业企业采用联合体投标方式参与轨道交通、桥梁隧道、综合管廊等重大基础设施建设。支持建筑业企业在承揽交通、市政基础设施项目时，参与投资、运营和管理，享受有关扶持政策。对符合新旧动能转换政策、年销售（营业）收入首次突破100亿元、500亿元、1000亿元的民营建筑业企业，省财政分别一次性奖励100万元、300万元和500万元。（省住房城乡建设厅、省交通运输厅、省水利厅、省财政厅分工负责）

五、实施“走出去”战略

各级政府要通过组织大型推介活动、设立驻外服务机构等方式，为建筑业企业开拓外埠市场搭建平台。发挥我省企业在房屋、市政、电力、水利、公路等方面的比较优势，组建“海外工程发展联盟”。对国外承包项目合同额、贷款额超过一定数量的，纳入商务发展专项资金支持范围。（省住房城乡建设厅、省交通运输厅、省水利厅、省商务厅分工负责）

六、推行工程总承包和全过程工程咨询服务

政府和国有资金投资的房屋、市政、水利、园林项目原则上实行工程总承包和全过程工程咨询服务。工程总承包项目推行固定总价合同，在计价结算和审核时，仅对合同约定的变更调整部分和暂估价部分进行审核，对固定总价包干部分不再另行审核。（省发展改革委、省住房城乡建设厅、省财政厅、省水利厅分工负责）

七、积极发展装配式建筑

新建民用建筑应在建设用地规划条件、项目建设条件中明确装配式建筑比例、装配率、评价等级等要求，棚户区改造安置住房、政府投资工程及大型公共建筑全面按照装配式建筑标准建设。对建设省级装配式建筑产业基地、示范项目的，省财政按照规定给予资金奖励，可分期缴纳土地出让价款。鼓励有条件的地区设立装配式建筑产业园区。（省住房城乡建设厅负责，省财政厅、省自然资源厅配合）

八、深化建设工程招投标制度改革

改革以价格为决定因素的招标和采购模式，实施技术、质量、安全、价格、信用等多种因素的综合评价，防止恶意低价中标。落实招标人主体责任，依法赋予招标人资格预审权和定标权。对具备相应资质的建筑业企业，参与政府主导重大建设项目，不得设置初始业绩门槛。（省发展改革委、省财政厅、省住房城乡建设厅、省交通运输厅、省水利厅、省通信管理局分工负责）

九、完善建筑劳务用工制度

支持一级以上总承包企业、专业承包企业保有一定数量的骨干技术工人队伍。鼓励具有一定管理能力的班组长组建专业作业企业，纳入“小微企业”管理。2019 年 1 月 1 日至 2020 年 12 月 31 日，建筑业企业在职职工技术技能提升补贴申领条件，放宽至参保 1 年以上。参保职工取得职业资格证书或职业技能等级证书的，可在参保地申请技术技能提升补贴。健全保障建筑农民工工资支付长效机制，坚决遏制恶意拖欠行为。（省住房城乡建设厅、省人力资源社会保障厅、省市场监管局分工负责）

十、加快科技创新

支持建筑业企业申请高新技术企业认定，对经认定的按规定落实税收优惠等扶持政策。将建筑业科技创新列为省科技创新体系重点内容，对企业实际发生的研发费用按规定给予税前加计扣除等税收优惠。（省住房城乡建设厅、省科技厅、省税务局分工负责）

十一、鼓励创建优质工程

各级政府对获得鲁班奖、国优工程、泰山杯、安全文明工地等奖项的建筑业企业，给予适当奖励。调整建设工程费用费率，实行优质优价，根据招标文件要求在施工合同中对工程质量安全进行约定，约定获得国家级、省级和市级工程奖项的，分别按照 1.5%、1.0% 和 0.8% 的标准计取优质优价费用，作为不可竞争费用，用于工程创优。（省住房城乡建设厅负责，省发展改革委、省财政厅配合）

十二、减轻企业负担

健全材料、人工等价格涨跌风险分担机制，根据价格波动情况，及时发布建筑市场价格指数、造价信息。推行工程担保和保险制度，对建设领域四类保证金，凡是能够通过保函、担保或保险方式提供的，相关部门和建设单位不得拒绝。建设单位不得以未完成审计为由拖欠工程款，验收合格的分部工程必须在规定的结算周期内完成结算并支付。按规定为符合条件的困难建筑业企业办理社会保险费缓缴、延缴手续，缓缴、延缴期间免收滞纳金。建筑业企业和职工失业保险缴费比例总和从 3% 降至 1%。建筑施工临时用电不再缴纳临时接电费。（省住房城乡建设厅、省人

力资源社会保障厅、省交通运输厅、省水利厅、省税务局、国网山东省电力公司分工负责）

十三、实行财税奖补

对省内建筑业企业跨区域异地承揽项目的，建立企业注册地与项目所在地税收共享制度。对承揽省外、海外项目向企业注册地缴纳税款的，按照年度增加部分的20%予以奖补。对甲供工程和以清包工程方式提供的建筑服务，适用增值税简易计税方法，执行3%的征收率。对确有特殊困难不能按期缴纳税款的建筑业企业，可按规定申请延期缴纳。推动“个转企、小升规、规改股、股上市”工作，2019—2020年对符合条件的“小升规”建筑业企业，各地可按实缴税款地方财政新增部分的50%给予奖补。（省财政厅、省税务局负责，省住房城乡建设厅、省商务厅、省市场监管局配合）

十四、加大金融支持

金融机构要积极开发适合建筑业特点保函、保理、保险和担保等金融产品。鼓励金融机构使用支小再贷款再贴现资金，支持民营建筑业企业融资。对符合条件的小微企业创业担保贷款，按贷款合同签订日贷款基础利率的50%给予同期限最长2年贴息。对建筑业企业融资到期需要续贷且符合无还本续贷条件的，按无还本续贷政策办理，且不单独作为下调贷款风险分类的因素。对生产经营正常、暂时遇到困难的建筑业企业稳贷、续贷，不盲目抽贷、压贷。落实好企业利用多层次资本市场直接融资奖补政策，支持建筑业企业挂牌上市、发行债券融资。（省地方金融监管局、人民银行济南分行、山东银保监局、山东证监局、省财政厅分工负责）

十五、强化事中事后监管

按照“双随机、一公开”要求，持续开展建筑市场执法检查，严厉打击肢解发包、转包、违法分包、围标串标、挂靠出借资质资格等违法行为。完善建筑市场信用监管平台，及时归集、推送企业和个人信用信息。建立信用等级评价机制，开展市场主体信用评价。加强工程质量安全监管，推进企业安全风险隐患双重预防体系建设。积极开展建筑施工安全生产责任保险试点，探索引入市场化机制完善安全生产管理体系。（省住房城乡建设厅、省发展改革委、省交通运输厅、省水利厅、省应急厅分工负责）

十六、精准对接服务

各级政府要高度重视建筑业改革发展，结合行业特点和当地实际，尽快制定出台配套落实措施。各有关部门要采取“政策直通车”“服务专员”等形式，“一对一”送政策上门，“面对面”提供个性化服务，明确具体政策落地条件、申报程序及申报渠道。建立领导干部联系企业制度，省、市、县（市、区）政府分管领导、住房城乡建设部门领导班子成员至少联系帮包1家建筑业企业。各级住房城乡建设、统计部门要完善建筑业指标评价体系，应统尽统，做好行业发展统计监测，定期通报建筑业改革发展情况。

山东省人民政府办公厅
2019年3月23日

山东省人民政府办公厅
关于印发山东省城市品质提升三年行动方案的通知

鲁政办字〔2019〕146号

各市人民政府，各县（市、区）人民政府，省政府各部门、各直属机构，各大企业，各高等院校：

《山东省城市品质提升三年行动方案》已经省政府同意，现印发给你们，请结合实际认真贯彻落实。

山东省人民政府办公厅

2019年8月15日

山东省城市品质提升三年行动方案

为全面提升城市品质，进一步改善人居环境，结合我省实际，制定如下行动方案。

一、总体要求

以习近平新时代中国特色社会主义思想为指导，牢牢把握高质量发展要求，精致建设、精细管理、精美呈现，实现城市市容整洁有序，生活交通便利安全，公共空间明显增加，环境质量大幅改善，特色魅力充分彰显，城市的精致化、生态化、智慧化、人文化水平显著提升，群众获得感、幸福感、安全感持续增强，城市生活品质、环境品质、人文品质不断提高，做到“一年打基础、起势头，两年重攻坚、有看头，三年建长效、争一流”，走彰显齐鲁风韵、顺应人民期盼的城市发展之路。实施年限至2022年上半年。

二、重点工作

（一）风貌特色提升行动。开展城市设计，塑造城市特色景观风貌，推进城市有机更新，保护历史建筑和历史文化街区，注重工业遗产保护与利用，提升建筑立面、广告牌匾、景观照明等艺术美感和文化内涵，实施城市家具、环境标识、架空线入地等细部美化工程，打造滨海、平原、山水等不同形态的城市景观，融入齐鲁文化、儒家思想、红色基因，彰显城市特色和魅力。（省自然资源厅、省住房城乡建设厅、省文化和旅游厅按职责分工负责，各级政府负责落实，以下任务措施均需各级政府落实，不再列出）

（二）蓝绿空间提升行动。有效保护和修复城市生态空间，建设海绵城市，推广再生水用于城市河道补水和工业用水，健全黑臭水体治理长效机制，推进城市供水深度处理改造，强化城市节水管理，开展污水处理提质增效行动，实施城市绿道、立体绿化和山体修复等工程，规划建设贴近群众的街头游园、山体公园、滨河公园，构建山清水秀、蓝绿交织的开敞空间，形成宜居宜业宜游的美丽家园。（省自然资源厅、省生态环境厅、省住房城乡建设厅、省水利厅按职责分工负责）

（三）空气洁净提升行动。全面治理和有效

管控城市建设扬尘、移动源排气污染，落实建筑工地和拆除工地扬尘治理措施，严格渣土车管理，城市建成区禁止露天烧烤，推广道路清扫保洁机械化作业和深度保洁，加快推进清洁取暖，增强清洁能源保障能力，全面实施机动车国六排放标准，加强机动车尾气排放检测，不断改善环境空气质量。（省发展改革委、省生态环境厅、省住房城乡建设厅、省能源局、国网山东省电力公司按职责分工负责）

（四）道路交通提升行动。优化城市路网结构，提高路网密度，有序建设轨道交通，加快建设城市停车场，积极发展立体停车、智慧停车，治理道路坑洼、裂缝、积水等常见问题，加快各类管线纳入综合管廊，严格控制道路挖掘，优化城市交通组织，提高公共交通出行分担率，发展连续、安全、舒适的慢行系统，落实无障碍设施建设要求，全面清理占道行为，引导商户“退路进厅（室）”经营。（省公安厅、省自然资源厅、省住房城乡建设厅、省交通运输厅按职责分工负责）

（五）生活服务提升行动。统筹布局“城市、组团、社区”三级公共服务设施，重点补齐教育、医疗、养老等社区服务短板，推动“15分钟活动圈”全覆盖，实施城镇老旧住宅小区改造，优先安排水电路气暖、安防、环卫、照明及无障碍等基本民生类项目，有条件的同步配套公共服务、社会服务设施，完善以信用为核心的物业服务市场监管体制，形成功能完善、布局均衡、全龄友好的生活服务体系。（省教育厅、省民政厅、省自然资源厅、省住房城乡建设厅、省卫生健康委按职责分工负责）

（六）治理能力提升行动。开展美好环境与幸福生活共同缔造活动，健全城市基层治理机制，推动城市管理和服务力量下沉，强化城管执法队伍能力素质建设，提高精细化、柔性化治理水平，完善数字管理平台，制定智慧化城市管理系统建设导则及标准，建立城市违法建设治理长效机制，全面推行生活垃圾分类，加快建立全过程分类系统和配套垃圾分类制度。（省发展改革委、省民政厅、省司法厅、省自然资源厅、省住房城乡建设厅按职责分工负责）

（七）安全运行提升行动。突出城市安全发展空间布局，强力推进城镇人口密集区危险化学品生产企业搬迁改造，提升工程建设质量和各类基础设施运维保障能力，深入开展风险排查和隐患治理，有效预防洪涝、火灾等各类城市灾害，建设完善各类应急避难场所，统筹基础设施军民融合发展，加强人员密集场所的安全风险管控，形成系统性、现代化的城市安全运行保障体系。（省委军民融合办、省工业和信息化厅、省公安厅、省自然资源厅、省住房城乡建设厅、省应急厅、省地震局、省消防救援总队按职责分工负责）

（八）文明素质提升行动。广泛开展宣传教育，深化文明城市、文明行业、文明单位等创建，推动品德礼仪课程进书本、进课堂，提升窗口单位优质服务水平，开展志愿服务行动，组织党员定期参加社区服务，加强社会诚信体系建设，加大对公共场所不文明行为惩戒力度，不断提高市民文明素质和城市文明程度。（省委宣传部、团省委、省发展改革委、省教育厅、省住房城乡建设厅按职责分工负责）

三、保障措施

（一）强化组织领导。健全完善城市品质提升工作协调机制，统筹协调推进城市品质提升各项工作。省住房城乡建设厅负责研究分解任务、协调工作推进、组织开展工作指导和监督评估。各市、县（市、区）政府是城市品质提升的责任主体，要建立相应的组织协调机制，确定牵头部门，落实部门责任和分工。（省住房城乡建设厅牵头）

（二）完善推进机制。鼓励各地根据实际加快推动城市建设管理领域相关立法，完善相关配套政策，构建“实施方案＋工程项目＋标准导则＋结果评价”的工作体系和推进模式。推广道路保洁、绿化养护、公厕维管等一体化综合作业服务，完善按效付费、价格调整、财政补贴等政策机制，建立完善行业协会市政公用金杯等评价机制。（省住房城乡建设厅牵头，省发展改革委、省财政厅配合）

（三）实行试点引领。每年培育一批城市品质提升试点项目（工程）、街道（片区）。各设区的市确定2个分别不少于2平方公里的城市品质提升试点片区。以生态修复、城市更新、城市设计、垃圾分类、清洁取暖等为重点，作为城市品质提升专项试点，探索破解工作难题、政策约束的机制、经验。（省住房城乡建设厅牵头）

（四）加大要素保障。优化城市建设管理领域财政资金投入结构，重点用于有利长远、非经营性、短板明显的城市品质提升项目。用好新旧动能转换基金、地方政府专项债券、政府和社会资本合作（PPP）等筹集项目资金。对获评的省级城市品质提升试点项目（工程）、街道（片区）予以表扬。在各类规划中，优先保障市政基础设施、公共服务设施建设用地。自然资源部门核发的土地使用权属证件或者出具的同意工程用地证明材料以及土地所有权或者使用权人出具的同意项目建设证明材料，可以作为办理市政工程规划、施工许可的证明文件。（省财政厅、省自然资源厅、省住房城乡建设厅牵头）

（五）加强实效核查。制定出台城市品质提升评价办法，把抓好城市品质提升行动与环保督察、文明城市创建、卫生城市创建、无障碍城市创建、文明畅通提升行动等结合起来，加强信息共享、结果互用。综合分析应用大数据、民生热线、暗访检测、民意调查等数据、案例，增强城市品质提升行动实绩实效核查的准确性和便捷性，每年通报，三年总评，对成效显著的城市提请省政府授予“山东省适宜人居环境奖”。（省住房城乡建设厅牵头）

抄送：省委各部门，省人大常委会办公厅，省政协办公厅，省监委，省法院，省检察院。各民主党派省委，省工商联。

山东省住房和城乡建设厅
关于印发《山东省住房城乡建设科学技术计划项目管理办法》的通知

鲁建节科字〔2019〕2号

各市住房城乡建设局（城乡建委）、城市管理局（执法局）、住房公积金管理中心，济南、青岛、枣庄、东营、济宁、威海、菏泽市水务局，济南市住房保障和房产管理局、城乡交通运输委、林业和城乡绿化局，青岛市园林和林业局，菏泽市开发办，各有关单位：

为规范和加强山东省住房城乡建设科技计划项目的管理，我厅制定了《山东省住房城乡建设科学技术计划项目管理办法》。现印发给你们，请认真做好科技计划项目的管理工作。

山东省住房和城乡建设厅

2019年1月14日

山东省住房城乡建设科学技术计划项目管理办法

第一章 总 则

第一条 为推动我省住房城乡建设科技项目创新发展，规范和加强住房城乡建设科技计划项目（以下简称“科技项目”）的管理，根据国家、省科技管理有关规定，制定本办法。

第二条 本办法适用于我省行政区域内科技项目的申报、立项、实施、验收，科技成果评价等活动。

第三条 科技项目包括软科学研究、科研开发、科技示范工程等。

第四条 省住房城乡建设厅负责统一归口管理科技项目，每年编制科学技术计划并组织实施。

第二章 项目申报与立项

第五条 科技项目由申报单位自愿申报。

第六条 申报单位应符合下列条件：

1. 具备独立法人资格，有较强的研究开发实力和组织协调能力；

2. 鼓励实行以企业为主体、产学研用相结合，跨地区跨行业的方式联合申报，多个单位联合申报时，应事先以文字形式约定各方对科技成果所拥有的权利和义务；

3. 申报单位须对申报材料的真实性负责。

第七条 申报的科技项目应满足下列条件：

1. 符合住房城乡建设科技发展重点技术领域，创新性强，预期成果水平达到国内先进以上，具有较强的推广和应用前景，对促进住房城乡建设转型升级和产业结构调整有积极作用；

2. 科研开发项目应能解决行业共性关键问题，形成新型技术体系，促进产品设备技术升级，对整体技术进步有较大带动作用，并具有一定的前期研究开发基础，有较好的推广应用前景和明显的经济、社会、环境效益的科技项目；

3. 软科学研究应是与住房城乡建设领域技术政策、产业政策、发展战略与规划等重大问题密切相关，为管理决策提供科学依据的战略性、前瞻性、政策性科技项目；

4. 科技示范工程应履行工程建设立项审批程序，优先支持选用住房城乡建设重点推广技术领域和技术公告中推广技术的工程项目，选用的技术应优于现行的技术标准或具有国内领先水平。

第八条 省住房城乡建设主管部门负责组织有关专家按申报科技项目的类型分别进行评审。必要时，可要求申报单位相关人员进行现场申述或答辩。

通过评审的项目公示后，由省住房城乡建设主管部门下达建设科技立项计划，并优先推荐为山东省重点研发计划和住房城乡建设部科技项目。

第九条 科技项目所需的研究示范经费以项目申报单位自筹为主。符合国家和省相关资金规定要求的项目，可给予一定经费支持。

第十条 设区市住房城乡建设主管部门负责本地区科技项目的组织申报、初审和推荐工作。

省直单位、高等院校和中央驻鲁单位可直接向省住房城乡建设主管部门申报。

第三章 项目实施

第十一条 科技项目承担单位要按照下达的科技计划要求，认真组织实施。实施过程中，因特殊情况需调整计划的，应及时提交变更申请，明确调整的内容和时间，报省住房城乡建设主管部门批准后，按调整后的计划进度实施。

第十二条 出现下列情况之一的予以撤销，两年内不再受理项目负责人和项目承担单位的立项申请：

1. 研究内容失去实用价值，在实施过程中发现为低水平重复的；

2. 依托的工程建设、技术改造、技术引进项目和国内外合作项目未能落实的；

3. 骨干技术人员发生重大变化，致使技术研究开发无法进行的；

4. 组织管理不力致使研究无法进行的；

5. 发生重大质量安全事故或严重污染环境的；

6. 违反有关法律法规的。

第四章 项目验收

第十三条 科技项目实行验收制度。科技项目应在规定的研究期限结束后三个月内由第一承担单位提交书面验收申请，由省住房城乡建设主管部门组织验收。

第十四条 项目申请验收应提交项目立项申报书、立项文件、验收申请书、研究报告、查新报告或第三方评价意见等相关验收材料，经所在地设区市住房城乡建设主管部门初审后报省住房城乡建设主管部门。

省直单位、高等院校和中央驻鲁单位可直接将申请验收材料报送省住房城乡建设主管部门。

第十五条 省住房城乡建设主管部门对申请验收材料进行形式审查，通过形式审查后从省住房城乡建设厅专家库中抽取若干名专家提出初审意见，符合条件后组织有关专家进行验收。

第十六条 验收可采取会议评审和函审形式。验收委员会一般由 5 至 9 名（单数）专家组成。验收专家应具有较高的理论水平和较为丰富的实践经验，且具备高级以上技术职称。验收专家原则上应从省住房城乡建设厅专家库中遴选。

第十七条 验收结论分为通过验收和不通过验收。验收通过的科技项目，颁发验收证书；未通过验收的科技项目应及时进行整改并重新进行验收，仍不能通过验收的取消科技项目资格。

第十八条 如因特殊原因不能如期验收的科技项目，承担单位应在规定的研究期限期满前三个月内以书面形式提出延期验收的申请，并经所在地设区市住房城乡建设主管部门审核后报省住房城乡建设主管部门，经批准后按调整后的时间办理验收手续。

第十九条　逾期三个月以上未提出验收申请，并未对延期说明理由的，取消科技项目资格，且承担单位三年内不得申报新的科技项目。

第二十条　未经验收或验收未通过的科技项目，承担单位不得以科技项目的名义进行与事实不符的宣传。

第五章　科技成果评价

第二十一条　未列入科技计划的科技项目，完成后需要进行评价的，省住房城乡建设主管部门可委托第三方专业评价机构进行评价。

第二十二条　科技成果评价机构应具备以下条件：

1. 在建设行业内具有一定影响力，具备科技成果评价业务能力，能独立接受科技成果评价委托，有偿提供科技成果评价服务的社会组织或事业单位；

2. 具备从事科技成果评估所需的专业能力，能对科技成果的科学价值、技术价值、经济价值、社会价值进行客观、公正的评估，并出具评价报告；

3. 有健全的内部管理制度，具备相应专业领域的技术专家库。

第二十三条　申请科技项目评价应提交以下材料：

1. 研制报告；
2. 技术报告；
3. 技术经济分析报告；
4. 测试报告；
5. 应用证明；
6. 科技查新报告；
7. 项目成果证明材料(知识产权、论文专著等)。

第二十四条　省住房城乡建设主管部门每年对被委托的科技成果评价机构进行评估，监督科技成果评价活动，受理并处理评价过程中发生的重大问题的申诉和举报。

第二十五条　参与科技成果评价工作的有关各方和人员必须严格遵守法律、法规和其他相关规定，保证科学技术评估的公正性和客观性。

第六章　附　则

第二十六条　涉及国家秘密的科技成果，有关单位和人员要遵照《中华人民共和国保守国家秘密法》《科学技术保密规定》及相关法规的规定，切实做好保密工作。

第二十七条　本办法自2019年2月14日起施行，有效期至2024年2月13日，《关于印发〈山东省住房城乡建设科技计划项目管理办法〉的通知》(鲁建发〔2010〕17号)同时废止。

山东省住房和城乡建设厅等关于印发《关于进一步推进城镇住房保障家庭租赁补贴工作的指导意见》的通知

鲁建住字〔2019〕8号

各市住房城乡建设局、民政局、财政局、人力资源社会保障局、税务局：

为进一步解决城镇中等偏下收入住房困难家庭和新市民居住困难，增强住房困难家庭的获得感、幸福感，根据国家和省有关住房保障工作的要求，省住房城乡建设厅、民政厅、财政厅、人力资源社会保障厅、国家税务总局山东省税务局联合制定《关于进一步推进城镇住房保障家庭租赁补贴工作的指导意见》。现印发给你们，请遵照执行。

山东省住房和城乡建设厅　山东省民政厅
山东省财政厅　山东省人力资源和社会保障厅
国家税务总局山东省税务局
2019年4月25日

关于进一步推进城镇住房保障家庭租赁补贴工作的指导意见

为深入贯彻党的十九大精神，落实国家和省有关住房保障工作的要求，结合我省实际，就进一步做好城镇住房保障家庭租赁补贴（以下简称住房租赁补贴）工作，完善住房保障制度，提升保障效益和服务水平，提出以下意见：

一、总体要求

（一）指导思想

深入贯彻习近平新时代中国特色社会主义思想和党的十九大精神，按照“多主体供给、多渠道保障、租购并举”的住房制度发展方向，落实中央经济工作会议“完善住房保障体系”工作要求，细化省委、省政府“双招双引”配套措施，以保障城镇住房困难家庭的基本住房需求为立足点，以解决新市民住房困难为出发点，进一步拓宽保障范围，加大住房租赁补贴力度，增多保障渠道、完善保障方式，增强住房困难群众的获得感、幸福感。

（二）基本原则

1. 梯度保障。各地要根据保障对象住房需求和支付能力，在符合条件特困人员家庭优先保障的基础上，对城市低保、低收入住房困难家庭全面保障，对城镇中等偏下收入住房困难群体、新就业无房职工和稳定就业外来务工人员实施分层级差别化住房租赁补贴，保障其基本住房需求。

2. 稳步推进。各地要因城施策，根据经济社会发展水平、政府财政承受能力、房地产市场状况、住房保障对象需求等因素，合理确定住房租赁补贴的发放规模和发放对象，建立动态调整机制。

3. 应保尽保。各地要改革完善住房保障申报、受理、审核机制，提升保障能力和水平，逐步实现对符合条件的住房困难群众应保尽保。

二、住房租赁补贴范围及标准

（一）保障范围。各地要将符合住房保障条件的城镇中等偏下及低收入住房困难家庭、新就业无房职工、稳定就业外来务工人员纳入住房租赁补贴的保障范围，以家庭为单位实施保障。区别不同类别保障对象，设定其住房、收入、稳定就业年限等准入条件，具体条件由各市、县（市）住房城乡建设部门牵头，会同民政、财政、人社等部门研究确定。

1. 特困人员家庭指：持有当地城镇户籍、经民政部门认定为特困人员家庭，未享受其他住房补贴政策、且在当地无自有住房或住房面积低于当地标准的家庭。

2. 城市低保住房困难家庭指：持有当地城镇户籍、经民政部门认定为低保，未享受其他住房补贴政策、且在当地无自有住房或住房面积低于当地标准的家庭。

3. 城市低收入住房困难家庭指：持有当地城镇户籍、符合当地低收入家庭认定标准，未享受其他住房补贴政策、且在当地无自有住房或住房面积低于当地标准的家庭。

4. 城镇中等偏下收入住房困难家庭指：持有当地城镇户籍、家庭人均收入低于上年度当地城镇人均可支配收入一定比例、未享受其他住房补贴政策、且在当地无自有住房或住房面积低于当地标准的家庭。

5. 新就业无房职工指：持有当地合法有效的居住证或当地城镇户籍、人均收入低于上年度当地城镇人均可支配收入一定比例、在当地无自有住房、未享受其他住房补贴政策、毕业一定年限内在当地就业并办理就业登记、正常缴存社会保险和住房公积金的职工。

6. 城镇稳定就业外来务工人员指：持有当地合法有效的居住证、人均收入低于上年度当地城镇人均可支配收入一定比例、在当地无自有住房、未享受其他住房补贴政策、稳定就业并办理就业登记、正常缴存社会保险和住房公积金的人员。

（二）保障方式。各地要结合保障对象实际需求，分类确定保障方式：原则上符合条件的特困人员家庭应采取实物保障；城市低保、低收入住房困难家庭以实物保障为主，住房租赁补贴保障为辅；城镇中等偏下收入住房困难家庭、新就业无房职工、城镇稳定就业外来务工人员以住房租赁补贴保障为主，实物保障为辅。各地可结合公共租赁住房房源供需情况和保障对象意愿，灵活落实保障措施。

（三）补贴标准。各地要结合当地住房租赁市场的租金水平、保障对象的收入和财产状况等因素，合理测算并分档确定住房租赁补贴标准，原则上住房租赁补贴占市场平均租金的比例与公共租赁住房租金优惠比例应基本保持一致。要建立补贴标准随市场平均租金变化进行动态调整的机制，原则上调整周期不超过三年。具体标准由各市、县（市）住房城乡建设部门牵头，会同财政等部门研究确定。

（四）保障期限。新就业无房职工累计保障期限原则上不超过36个月，对超过保障期限仍符合其他保障对象条件，可按规定变更保障类别，继续申请保障。其他保障对象不设定累计保障期限。

（五）补贴面积。各地要结合保障对象的家庭成员数量和当地实物配租保障面积标准等情况，合理确定住房租赁补贴面积标准，原则上1人的保障家庭按30平方米、2人的保障家庭按45平方米、3人及以上的保障家庭按60平方米发放补贴。具体标准由各市、县（市）住房城乡建设部门牵头，会同财政等部门研究确定。

三、规范管理

（一）规范申报流程。各地要结合“放管服”“一次办好”要求，深化便民服务改革举措，进驻当地政务服务大厅（中心），推行“一窗受理”，规范住房租赁补贴申报，充分利用“互联网＋政务服务”，逐步实现常态化申报和网上申报，做到线上线下业务协同、一体化服务。已经运行住房租赁综合服务平台的，租赁合同应通过平台申报并办理网签备案。新就业无房职工、稳定就业的外来务工人员，可由用人单位集中向当地住房城乡建设部门申报，并协助提供相关材料。

（二）健全审核机制。各地住房城乡建设部门要不断完善住房租赁补贴审核机制，加强资格审核和定期复核，及时公示审核结果，主动接受社会监督。要依托大数据、政务云平台，加强与公安、民政、财政、人社、自然资源、税务等部门信息互联互通，提高审核时效。

（三）规范补贴发放程序。各地要完善住房租赁补贴发放程序，及时与保障对象签订住房租赁补贴协议，明确补贴标准、发放期限、停发事项及违约责任等事项，住房租赁补贴协议的有效期最长不超过房屋租赁期限。要加强对住房租赁补贴资金监管，按月或季足额发放，每年12月25日前完成年度补贴发放工作。住房租赁补贴发放程序由各市、县（市）住房城乡建设部门牵头，会同财政等部门研究确定。

（四）完善退出机制。各地住房城乡建设部门应健全住房租赁补贴档案，定期复核变动状况，及时更新相关信息。对不再符合保障条件的，要及时终止住房租赁补贴发放，退出保障范围。对骗取、套取住房租赁补贴的，要取消保障资格，依法依规追回住房租赁补贴。

（五）加强信息公开。各地要健全住房租赁补贴信息公开机制，及时公开住房租赁补贴政策、年度工作目标、发放对象、申报审核程序、发放结果及退出情况等信息，主动接受社会监督，确保公平、公开、公正。

（六）加快信用体系建设。各地要加快信用体系在住房保障工作中的运用，建立健全申报材料真实性承诺机制，完善失信、违规行为认定标准和程序。对以不正当手段骗取、套取住房租赁补贴的，计入个人诚信记录，5年内不受理其住房保障申请，同时将相关信息推送到信用中国（山东）等诚信体系平台，实施联合惩戒。

四、组织领导

（一）进一步提高认识。做好住房租赁补贴工作，是完善住房保障体系，深化住房制度改革，加快改善城镇住房困难家庭居住条件的重要举措；也是引导城镇居民合理住房消费，培育和发展住房租赁市场，促进房地产市场平稳健康发展，推动新型城镇化进程的必然要求。各地要进一步统一思想，提高认识，加快推进本地住房租赁补贴工作。

（二）强化部门职责。各级住房城乡建设部门要准确设定住房租赁补贴年度工作目标，认真做好住房租赁补贴的受理、审核、发放和监督工作，切实提高精准性和实效性。各级财政部门要按规定从预算中足额安排并及时拨付住房租赁补贴资金。各级民政部门要做好住房保障对象收入审核工作。各级人力资源社会保障部门要做好住房保障对象社会保险和就业登记审核工作。各级税务部门要配合做好住房保障对象收入审核工作。

（三）加强政策宣传。各地要加大住房租赁补贴政策宣传力度，通过政府网站、电视、广播、报纸、微博、微信等广泛宣传住房租赁补贴政策和申报流程，使全社会特别是住房困难家庭更多地知晓住房保障政策。

（四）做好绩效评价。各地要以人民群众满意作为检验工作的第一标准，加强对住房租赁补贴的绩效评价，完善体制机制，细化量化指标体系，及时公布绩效评价结果，主动接受社会监督。省级部门将加大对各市的指导监督力度，每年对住房租赁补贴工作实施综合评价，及时总结推广各地好经验、好做法，以点带面，发挥典型示范引领作用；对工作中不担当、不作为、推衍塞责的责任单位和个人，将严肃处理。

各设区城市要根据本意见，结合本地实际，制定推进住房租赁补贴工作的实施方案，并报省住房城乡建设厅备案。

本规定自2019年6月1日起施行，有效期至2022年5月31日。

山东省住房和城乡建设厅等关于调整部分建筑业企业资质承揽业务范围的通知

鲁建建管字〔2019〕14号

各市住房城乡建设局、交通运输局、水利局：

为认真贯彻省政府办公厅《关于进一步促进建筑业改革发展的十六条意见》（鲁政办字〔2019〕53号），全面落实住房和城乡建设部批复的《山东省建筑业改革发展综合试点方案》（建办市函〔2017〕798号），切实把有关政策规定落实落地，推动建筑业企业做大做强，现就调整部分建筑业企业资质承揽业务范围作如下通知：

一、允许信用良好、具有专业技术能力、能够提供足额担保的总承包企业，承接资质类别内上一等级的工程项目

（一）信用要求

1. 本年度或上一年度在本资质（专业）类别内市级以上信用评价等级为第一等次，各级信用评级在本区域内有效。

2. 近3年承建的工程项目未发生工程质量和施工安全事故。

3. 近3年无建筑市场不良信用信息。

（二）相关专业技术能力要求

1. 企业能够根据拟承接工程项目规模，配备人员资格、数量满足要求且专业配套的项目管理班子。

2. 项目负责人具备与拟承接工程等级、类别、规模相对应的执业或从业证书。

（三）履约担保要求

企业以银行保函、保险保函、融资性担保公司担保、工程担保等方式提供合同总价10%的履约担保。

（四）其他要求

1. 本项规定适用于具有通用技术标准、对性能没有特殊要求的建设工程项目。

2. 建设单位在发包工程业务时，对企业是否具备相应条件进行审查，并对审查结果负责。

二、对具有市政公用和公路工程其中一项资质的一级及以上总承包企业，能够提供足额担保且项目负责人具有相应业绩的，可以互跨专业承接同等级业务；对具有水利水电和港口与航道工程其中一项资质的一级及以上总承包企业，能够提供足额担保且项目负责人具有相应业绩的，可以互跨专业承接同等级业务

（一）对施工企业的要求

1. 具有市政公用和公路工程，或者水利水电和港口与航道工程，其中一项施工总承包一级及以上资质，具备与拟承包工程项目相适应的组织管理能力和专业技术力量。

2. 能够根据拟承包工程项目的性质、规模等，配备专业配套、人员数量满足要求的项目管理班子，确保工程质量和施工安全。

3. 能够以银行保函、保险保函、融资性担保公司担保、工程担保等方式提供合同总价10%的履约担保，且本年度或上一年度在本资质（专业）类别内市级以上信用评价等级为第一等次。

4. 对跨资质承包的工程项目，不得转包、违法分包。

（二）对项目负责人的要求

1. 具有相应专业的注册建造师执业证书，且注册在拟承包工程项目的施工企业，并与该企业建立正式劳动关系。

2. 近5年具有担任与拟承包工程项目同类别、同等级（或以上）工程施工项目经理的有效业绩。

3. 注册执业期间无违法违规行为和不良信用信息，担任施工项目经理的工程未发生过工程质量和施工安全事故。

4. 不得在两个及以上工程项目上同时任职，非受建设单位要求或不可抗力影响不得中途更换。

（三）对建设单位的要求

1. 建设单位在发包市政公用、公路、水利水电、港口与航道工程时，不得排斥符合本条（一）（二）款条件的施工总承包企业参与竞争。

2. 在招标公告、招标文件、评标办法等招标文书中，应给予上述跨专业承接同等级业务的企业与具备相应资质的企业同等待遇，不得设置歧视性条款，不得区别对待。

3. 在选择施工企业时，不得将企业跨专业承接同等级业务初始业绩作为准入门槛。

三、允许总承包企业承接总承包资质范围内的所有专业承包工程

（一）具有施工总承包资质的企业，可以对总承包范围内不高于总承包资质等级的专业承包工程自行施工，不再需要具备相应的专业承包工程资质。

（二）具有施工总承包资质的企业，未取得相应专业承包资质的，不得承接其他施工总承包企业依法分包的专业工程或者建设单位依法发包的专业工程。

（三）建设单位对施工总承包范围内且不高于总承包企业资质等级的专业承包工程，不得另行发包，也不得强制要求总承包企业分包。

四、对具备相应资质的建筑业企业，参与政府主导的重大建设项目，不得设置初始业绩门槛

（一）“具备相应资质的建筑业企业”包括勘察设计、建筑施工、工程监理、造价咨询等单位。

（二）“政府主导的重大建设项目”包括使用预算资金和国有资金投资的建设项目，“重大”的标准规模由各地根据实际自行确定。

（三）建设单位在发包政府主导的重大建设项目时，不得要求具备相应资质的企业提交企业初始业绩，但应要求项目负责人具备相应资格条件。

五、强化事中事后监管服务

（一）各级住房城乡建设、交通运输、水利主管部门可结合实际，研究制定具体实施细则，进一步调整优化招标投标、开工许可、质量安全监督、竣工验收及备案、市场主体信用评价等各环节的管理制度，确保有关政策规定落实落地。

（二）在招投标等承发包监管环节，要加强对发包（招标）公告、报名条件、招标文件等资料的审查，发现违反本通知规定的及时责令整改。对符合本通知要求承发包的工程项目，要及时予以办理开工许可。

（三）要按照“双随机一公开”的要求，对建筑业企业跨资质类别、等级以及初次承接的工程项目，强化监管和服务，加大工程质量安全监督力度，督促工程建设各方主体责任落实到位。

（四）对跨资质类别、等级承接工程项目，发生违法违规问题，或工程进度、质量安全、造价控制不能满足承发包合同约定的，要及时责令整改、撤换，取消相关建筑业企业跨资质等级、类别承揽业务资格，并依法依规作出处理。

本通知自2019年9月7日起施行，有效期至2024年9月6日。

山东省住房和城乡建设厅
山东省交通运输厅
山东省水利厅
2019年8月7日

山东省住房和城乡建设厅
关于开展建筑业企业资质告知承诺审批试点工作的通知

鲁建许字〔2019〕14号

各市住房城乡建设局、行政审批服务局：

为认真贯彻省政府办公厅《关于进一步促进建筑业改革发展的十六条意见》（鲁政办字〔2019〕53号），全面落实住房和城乡建设部批复的《山东省建筑业改革发展综合试点方案》（建办市函〔2017〕798号），进一步深化简政放权，提高建筑业企业资质行政审批效率，决定在全省范围内开展建筑业企业资质告知承诺审批试点。

一、总体要求

（一）指导思想

以习近平新时代中国特色社会主义思想为指导，深入贯彻党的十九大和十九届二中、三中全会精神，围绕创新和改进政府监管模式，按照“简化审批环节、提高审批效能、服务企业发展”的总体思路，探索建立“诚信规范、审批高效、监管完善”的告知承诺资质审批模式，推动资质管理向“宽准入、严监管、强服务”转变，不断强化市场主体地位，释放企业创新创业活力，助推我省新旧动能转换，服务经济文化强省建设。

（二）基本原则

提高服务效能。落实“证照分离”改革要求，简化审批流程，缩短审批时间，提高审批效率，方便企业办事，逐步实现服务标准化和智能化。

简化审批流程。一次性告知企业办理资质审批事项所应满足的审批条件，企业作出满足审批条件的承诺，并提交符合承诺条件的全部材料，审批机关根据企业承诺直接办理相关资质审批手续。

加强核查力度。强化核查力度，对企业承诺内容及材料进行全面核查，实现对承诺内容核查全覆盖。对以虚构、造假等欺骗手段取得资质的企业，依法依规处罚并撤销其相应资质，列入“黑名单”。

二、试点范围

在省级及以下住房城乡建设主管部门（行政审批服务部门）负责许可的部分建筑业企业资质中（详见附件1），新申请和增项时全部实行告知承诺制审批方式。

三、试点审批流程

（一）申请。申请人根据《建筑业企业资质（告知承诺方式）办事指南》向审批机关提交《建筑业企业资质行政审批告知承诺书（限告知承诺方式）》（附件2）及其他申报材料；审批机关根据审查情况，出具受理（或不予受理）通知单。

（二）公示。审批机关对申请人的《建筑业企业资质申请表》等承诺内容进行公示，公示期为7个工作日，接受社会各界监督，按规定办理举报信息。

（三）发证。公示期间未收到举报的，审批机关向社会公告，颁发资质证书。

（四）核查。在发证后2个月内，核查部门组织对企业申报材料进行核查。经核查，申请人实际情况与承诺内容相符的，向社会发布核查公告；核查意见为不同意的，企业可在得到核查意见后7个工作日内提交补充说明。申请人存在以虚构、造假等欺骗手段取得资质的，依法依规撤销其相应资质，列入“黑名单”，因资质撤销产生的一切风险及法律后果由申请人承担。根据《建筑业企业资质管理规定》，申请人被撤销资质的，3 年内不得再次申请建筑业企业资质。

发布核查公告之前，采用告知承诺方式取得资质的企业，如发生重组、合并、分立等情况涉及资质办理的，不适用《住房城乡建设部关于建设工程企业发生重组、合并、分立等情况资质核定有关问题的通知》（建市〔2014〕79 号）第一款的规定，需按照企业资质核定有关要求重新办理。

四、工作步骤

（一）修订办事指南。2019 年 9 月底前省住房城乡建设厅和各设区市住房城乡建设主管部门（行政审批服务部门）完成告知承诺审批试点事项的办事指南、操作规程等审批配套材料。

（二）完善审批系统。2019 年 9 月底前省住房城乡建设厅和各设区市住房城乡建设主管部门（行政审批服务部门）完成告知承诺审批系统相应模块开发，并选择申请单位进行测试。

（三）试行告知承诺审批。2019 年 10 月 1 日起在全省范围内试行建筑业企业资质告知承诺审批工作。各设区市住房城乡建设主管部门（行政审批服务部门）发证和核查后公告的企业基本信息通过“省住房城乡建设服务监管与信用信息综合平台”或“山东省政务服务网”报省住房城乡建设厅备案。

五、工作要求

（一）加强组织领导。各级住房城乡建设主管部门（行政审批服务部门）要高度重视告知承诺制试点工作，按照本方案确定的原则目标、试点任务和工作步骤，精心组织实施。

（二）鼓励探索创新。各级住房城乡建设主管部门（行政审批服务部门）要结合本单位实际，积极探索创新工作机制和方式方法，深入推进建筑业企业资质告知承诺制试点工作标准化规范化，创新风险防范措施。要按照《全省建筑市场“双随机、一公开”监管工作方案》要求，对取得资质证书并通过批后核查的企业，加强事中事后监管，规范建筑市场秩序。

（三）做好考核评估。各级住房城乡建设主管部门（行政审批服务部门）要广泛收集群众和企业对试点工作及成效的评价意见，持续改进工作，不断提升群众和企业满意度和获得感。

本通知自 2019 年 10 月 1 日实施，有效期至 2022 年 9 月 30 日。我厅此前关于建筑业企业资质告知承诺制审批的相关规定与本通知规定不一致的，按照本通知规定执行。在开展告知承诺审批工作中遇到的问题，请及时向我厅反映。

请各市负责建筑业企业资质审批的部门确定一名联系人，于 8 月 30 日前报省住房城乡建设厅。

附件：

1. 建筑业企业资质告知承诺审批试点范围（略）

2. 建筑业企业资质行政审批告知承诺书（限告知承诺方式）（略）

山东省住房和城乡建设厅

2019 年 8 月 19 日

山东省住房和城乡建设厅等关于印发山东省建设工程技术人才职称评价标准条件（试行）的通知

鲁建人字〔2019〕14号

各市人力资源社会保障局、住房和城乡建设局，省直各部门（单位），各高等院校，各大企业：

现将《山东省建设工程技术人才职称评价标准条件（试行）》印发给你们，请遵照执行。

山东省住房和城乡建设厅
山东省人力资源和社会保障厅
2019年9月12日

山东省建设工程技术人才职称评价标准条件（试行）

第一章 总 则

第一条 为进一步完善和规范建设工程职称评价机制，培养高素质建设工程专业技术人才队伍，充分发挥职称评审在建设行业人才培养发展中的激励作用，根据人力资源社会保障部、工业和信息化部《关于深化工程技术人才职称制度改革的指导意见》（人社部发〔2019〕16号），中共山东省委办公厅、省政府办公厅《关于深化职称制度改革的实施意见》（鲁办发〔2018〕1号）等文件精神，制定本标准条件。

第二条 本标准条件适用于从事住房和城乡建设领域科研、勘察设计、施工、造价、监理、质量监督、工程管理、技术咨询等工作的专业技术人员。

第三条 建设工程职称名称：

正高级职称：正高级工程师。

副高级职称：高级工程师。

中级职称：工程师。

初级职称：助理工程师。

员级职称：技术员。

第二章 基本条件

第四条 拥护中国共产党领导，坚持四项基本原则，自觉贯彻执行党的路线方针政策，践行社会主义核心价值观，遵守宪法和法律法规。

第五条 有良好的职业道德、职业操守和敬业精神，责任意识强，作风端正，遵守建设行业规范标准。

第六条 热爱本职工作，认真履行岗位职责。

第七条 年度考核近五年均为合格（或称职）以上等次。取得现职称年限要求在五年以下的，每年年度考核结果均为合格（或称职）以上等次。

第八条 按照要求参加继续教育。

第九条 建设领域职业资格与职称对应按国

家和省有关政策执行。取得职业资格年限可视为取得相应职称年限。

第三章　学历和资历

第十条　申报建设工程职称，应符合下列相应学历资历条件。

（一）申报技术员职称的，具备大学本科学历或学士学位；或具备大学专科、中等职业学校毕业学历，在建设工程专业技术岗位上见习一年期满，经考察合格。

（二）申报助理工程师职称的，具备硕士学位或第二学士学位，从事建设工程专业技术工作，经考察合格；或具备大学本科学历或学士学位，在建设工程专业技术岗位见习一年期满，经考察合格；或具备大学专科学历，取得技术员职称后，从事建设工程专业技术工作满两年；或具备中等职业学校毕业学历，取得技术员职称后，从事建设工程专业技术工作满四年。

（三）申报工程师职称的，具备博士学位，从事建设工程专业技术工作，经考察合格；或具备硕士学位或第二学士学位，取得助理工程师职称后，从事建设工程专业技术工作满两年；或具备大学本科学历或学士学位，取得助理工程师职称后，从事建设工程专业技术工作满四年；或具备大学专科学历，取得助理工程师职称后，从事建设工程专业技术工作满四年。

（四）申报高级工程师职称的，具备博士学位，取得工程师职称后，从事建设工程专业技术工作满两年；或具备硕士学位，或第二学士学位，或大学本科学历，或学士学位，取得工程师职称后，从事建设工程专业技术工作满五年。

（五）申报正高级工程师职称的，具备大学本科及以上学历或学士以上学位，取得高级工程师职称后，从事建设工程专业技术工作满五年。

第十一条　技工院校毕业生按国家和省有关规定申报。

第四章　业绩和能力

第十二条　技术员职称申报和评价基本条件：

（一）熟悉本专业的基础理论知识和专业技术知识。

（二）具有完成一般技术辅助性工作的实际能力。

第十三条　助理工程师职称申报和评价基本条件：

（一）具有专业技术工作必备的专业知识，了解专业技术标准、规范、规程和法规。

（二）具有独立完成一般性技术工作的实际能力，能处理本专业范围内一般性技术难题。

（三）具有指导技术员工作的能力。

第十四条　工程师职称申报和评价基本条件：

（一）专业技术能力和工作水平

1. 熟练掌握并能够灵活运用本专业基础理论知识和专业技术知识，熟悉本专业技术标准和规程，了解本专业新技术、新工艺、新设备、新材料的现状和发展趋势，取得有实用价值的技术成果。

2. 具有独立承担较复杂工程项目的工作能力，能解决本专业范围内较复杂的工程问题。

3. 具有一定的技术研究能力，能够撰写为解决复杂技术问题的研究成果或技术报告。

4. 具有指导助理工程师工作的能力。

（二）业绩成果要求

取得助理工程师职称以来，具备下列至少一项条件：

1. 县（市、区）以下企事业单位专业技术人员，参与县级以上课题研究；或获得县级以上建设工程类奖项；或研究开发新工艺、新产品、新技术等成果得到县级以上有关部门鉴定（验收、评估等）；或获得县级以上综合性表彰。

2. 市以上企事业单位专业技术人员，参与市级以上课题研究；或获得市级以上建设工程类奖项；或研究开发新工艺、新产品、新技术等成果得到市级以上有关部门鉴定（验收、评估等）；或获得市级以上综合性表彰。

3. 在 CN 或 ISSN 期刊上发表建设类专业技术论文至少 1 篇。

第十五条 高级工程师职称申报和评价基本条件：

（一）专业技术能力和工作水平

1. 系统掌握本专业基础理论和专业技术知识，具有跟踪本专业科技发展前沿水平的能力，熟练掌握本专业的技术标准、规范、规程和法规，并能较好地应用于工作实践，取得重要成果。

2. 有丰富的专业技术工作经验，业绩突出，能独立主持和建设重大工程项目，能解决本专业复杂工程问题，在专业技术工作中取得较高价值的技术成果和社会经济效益。

3. 能够承担重要研究课题或主持和组织重要工程项目实施，能够解决专业技术、工程管理等工作中的重要技术问题。

4. 具有指导工程师工作的能力，在专业技术团队中发挥骨干作用。

（二）业绩成果要求

取得工程师职称以来，应具备下列至少两项条件：

1. 获得至少一项国家专利，并在实践中推广应用。

2. 获得市级以上科学技术奖。

3. 县（市、区）以下企事业单位专业技术人员，参与市级以上课题研究或组织（主持）县级课题研究；或获得市级以上建设工程类奖项；或研究开发新工艺、新产品、新技术等成果达到市级以上先进水平并经市级以上有关部门鉴定（验收、评估等）。

4. 市以上企事业单位专业技术人员，参与省级以上课题研究或组织（主持）市级课题研究；或获得市级建设工程类奖项一等奖；或获得省级以上建设工程类奖项；或研究开发新工艺、新产品、新技术等成果达到省级以上先进水平并经省以上有关部门鉴定（验收、评估等）。

5. 市以下企事业单位专业技术人员，获得市级以上综合性表彰。省以上企事业单位专业技术人员，获得省级以上综合性表彰。

6. 参与制订、编制省（部）级以上本专业技术标准、规范、规程、定额、导则等，经有关部门批准并公布实施。

7. 在 CN 或 ISSN 期刊上发表建设类专业技术论文至少 2 篇。

第十六条 正高级工程师职称申报和评价基本条件：

（一）专业技术能力和工作水平

1. 具有全面系统的专业理论和实践功底，科研水平、学术造诣或科学实践能力强，全面掌握本专业国内外前沿发展动态，具有引领本专业科技发展前沿水平的能力，取得重大理论研究成果和关键技术突破，或在相关领域取得创新性研究成果，推动了本专业发展。

2. 有丰富的专业技术工作经验，业绩突出，能够解决重大技术问题或掌握关键核心技术，能够独立承担重要研究课题或主持（组织）重大工程项目，在专业技术工作中取得显著价值的科研成果和社会经济效益。

3. 在本专业领域具有较高的知名度和影响力，在突破关键核心技术和自主创新方面作出突出贡献，发挥了较强的引领和示范作用。

4. 具有有效指导高级工程师工作的能力，在专业技术团队中发挥关键作用，在本行业能起到专业带头人作用。

（二）业绩成果要求

取得高级工程师职称以来，应具备下列至少两项条件：

1. 获得两项以上国家专利，其中至少一项为第一发明人的发明专利，并在实践中推广应用。

2. 获得市级科学技术奖一等奖或省级以上科学技术奖。

3. 市以下企事业单位专业技术人员，参与省级课题研究或组织（主持）市级课题研究；或获得市级建设工程类奖项一等奖；或获得省级以上建设工程类奖项；或研究开发新工艺、新产品、新技术等成果达到省级以上先进水平并经省级以上有关部门鉴定（验收、评估等）；或获得市级以上专业技术带头人、市级高层次人才称号。

4. 省以上企事业单位专业技术人员，参与国家级课题研究或组织（主持）省级课题研究；或获得省级建设工程类奖项二等奖以上；或获得国家建设工程类奖项；或研究开发新工艺、新产品、新技术等成果达到国内领先水平并经省级以上有关部门鉴定（验收、评估等）；或获得省级以上专业技术带头人、省级高层次人才称号。

5. 主持（组织）制订、编制省（部）级以上本专业技术标准、规范、规程、定额、导则等，经有关部门批准并公布实施。

6. 公开出版本人撰写的本专业有较高学术价值的编著、著作；或主持（组织）编写本专业通用教材；或在中文核心期刊发表至少 2 篇独立完成（或第一作者）的高水平本专业技术论文，每篇不少于 2000 字。

第五章　破格评审评价

第十七条　不具备规定学历、年限要求，业绩突出、作出重要贡献的，可由 2 名本专业或相近专业正高级工程师推荐破格申报高级职称。申报高级职称的，一般应取得现职称后，在建设工程专业技术岗位上工作三年以上。

第十八条　破格申报高级职称的，取得现职称以来各年度考核均为合格（或称职）以上，其中至少有两次年度考核为优秀。

第十九条　申报工程师以下职称的，不适用破格申报。

第二十条　破格申报高级工程师，应具备下列（一）、（三）或（二）、（三）条件（同一获奖项目、获奖论文或著作按一项计算）。获得设区的市政府表彰或省级以上政府人力资源和社会保障部门与业务主管部门联合表彰的，符合下列条件之一的也可破格申报。

（一）承担省级建设工程项目（或研究课题），并已经省级业务主管部门组织同行专家鉴定（验收、评估等），其成果具有省内先进水平，或者已经省级业务主管部门组织同行专家鉴定（验收、评估等），在管理、应用技术推广（包括专利成果推广应用）中取得较好的经济效益或社会效益，或其科研成果在全省或设区的市范围内推广。

（二）获省（部）级科学技术三等奖以上及相当奖励项目的主要完成人；或科研成果获省政府业务主管部门或设区的市政府组织评审的二等奖（或三等奖两项）以上的主要完成人；或获得作为主要发明人的发明专利两项以上，其中至少一项在实践中推广应用。

（三）在国内中文核心期刊发表本专业有较高学术价值的技术论文不少于两篇（独立完成或第一作者，每篇 3000 字以上）；或公开出版由本人参与撰写（编译）的本专业有较高学术价值专著（译著）至少一部；或参与编写大型系列国家或部颁标准及规范；或主持编写大型系列省级标准及规范；或主持编写在省以上范围通用的教材（本人撰写部分不少于 15 万字）。

第二十一条　破格申报正高级工程师职称，应具备下列（一）、（三）或（二）、（三）条件（同一获奖项目、获奖论文或著作按一项计算）：

（一）承担国家级建设工程项目（或研究课题），并已经省级以上业务主管部门组织同行专家鉴定（验收、评估等），其成果具有国内先进水平，或已经省级以上业务主管部门组织同行专家鉴定（验收、评估等），在管理、应用技术推广（包括专利成果推广应用）中取得显著的经济效益或社会效益，或其科研成果在全省推广。

（二）获省（部）级科学技术二等奖以上及相当奖励项目的主要完成人；或获得作为第一发明人的发明专利两项以上，并在实践中推广应用。

（三）在国内中文核心期刊发表本专业有较高学术价值的论文三篇（独立完成或第一作者，

每篇4000字以上）；或公开出版由本人主持撰写（编译）的本专业有较高学术价值的专著（译著）至少一部（本人撰写部分不少于20万字）；或主持编写大型系列国家或部颁标准、规范等至少两部；或主持编写在省以上范围通用的教材（本人撰写部分不少于20万字）至少一部。

第六章 附 则

第二十二条 材料申报中若干问题说明：

（一）本标准条件第十条规定的申报年限，计算截止时间为申报年度的年底；其他条款中所载年限均按周年计算。论文论著发表出版时间、课题结题时间、学历学位取得时间等截止到提交申报材料的时间。计算申报年限时，须扣除间断工龄和全脱产学习时间。

（二）本标准条件中的综合性表彰，是指党委、政府以及组织、人力资源和社会保障、工会等部门颁发的记功、劳动模范、优秀共产党员、先进工作者、“五一”劳动奖章等，以及业务主管部门表彰的先进工作者等称号。

（三）第十七条、第十八条中的“高级职称”包括高级工程师职称、正高级工程师职称。

（四）本标准条件中的“主要完成人”，是指自始至终全程主持或组织开展科技成果、工程项目等的主要贡献者。“主要发明人”，如无特殊说明，均指排名前三位。

（五）本标准条件中的重要研究课题、重要（重大）工程项目等，一般指本地党委、政府及其业务主管部门正式确定的年度或阶段性重点研究课题、重点工程项目等。

（六）本标准条件中的制订或编制技术标准、规范等，不包括校对、打字、印刷等辅助性工作。

（七）本标准条件所列“省以上”“市以上”“县以下”等表述中的省、市、县，指行政区划的省、设区的市、县（市、区）。“省级”“市级”“县级”等表述，指行政区划的省、设区的市、县（市、区）党委、政府及其组成部门（单位），以及人大、政协机关等。行业协会、学会、研究会等社会组织依法定职责、受委托或经批准评选颁发的奖项，可视同为本级奖项。

（八）本标准条件中冠有“以上”或“以下”的，均含本级。

（九）本标准条件要求提交的工程、科研项目、课题等，均须已竣工或结题。

（十）本标准条件中的论文，不含在“增刊”“特刊”“专刊”“专辑”、电子刊物上发表以及论文集收录的论文。著作指出版社正式出版物，教材指经出版社正式出版、纳入省或设区的市建筑类院校或全省建设行业教育使用的教科书，著作、教材均须有ISBN书号。公开出版的学术期刊是指经新闻出版部门批准，在我国境内出版的具有ISSN刊号和CN刊号的学术期刊。

第二十三条 本标准条件由山东省住房和城乡建设厅负责解释。

第二十四条 本标准条件自印发之日起试行，有效期至2021年9月19日。

山东省住房和城乡建设厅关于印发《山东省政府投资建设工程项目初步设计审查实施细则》的通知

鲁建设字〔2019〕4号

各市住房和城乡建设局，威海、济宁市行政审批服务局：

现将《山东省政府投资建设工程项目初步设计审查实施细则》印发给你们，请遵照执行。

山东省住房和城乡建设厅

2019年9月4日

山东省政府投资建设工程项目初步设计审查实施细则

第一条 为加强我省政府投资建设工程项目初步设计审查管理，规范审查程序，提高工程质量，节约建设投资，根据《政府投资条例》《建设工程勘察设计管理条例》《山东省建设工程勘察设计管理条例》等法规和深化“放管服”改革要求，结合本省实际，制定本实施细则。

第二条 在本省行政区域内开展政府投资建设工程项目初步设计（以下简称“初步设计”）审查及相关活动，适用本细则。

本细则所称的建设工程项目指房屋建筑和市政基础设施工程。

第三条 本细则所称初步设计是指有关单位和工程技术人员，在建设工程可行性研究报告批准后，进一步认证项目在技术上和经济上的科学性与合理性，编制设计文件以取得最大社会效益、环境效益和经济效益的重要的基本建设活动过程。

第四条 政府投资大中型建设工程项目应当编制初步设计文件。

小型建设工程项目可以方案设计代替初步设计文件，不再进行初步设计审查。省政府另有规定的，按规定执行。

建设工程项目具体规模划分标准按照现行国家建设项目设计规模划分标准执行。

第五条 政府投资的建设工程项目初步设计文件编制完成后，建设单位应当向项目所在地设区的市住房城乡建设主管部门申请初步设计审查。

第六条 建设单位申请初步设计审查，应当提交下列材料（材料份数视审查会议实际需要确定）：

（一）申请文件。

（二）项目立项批准文件。

（三）技术文件。主要包括：

1. 拟建设场地达到初步勘察深度以上的岩土工程勘察报告；

2. 超限高层建筑工程或特殊工程应当按有关

规定提交专项审查意见；

3. 初步设计文件（说明书、图纸、相关计算书及设计概算等）。

（四）上述全部文件（含扫描文件）的电子文件。

（五）法律、法规、规章规定的其他文件。

第七条 初步设计文件编制的内容和深度应当符合国家有关规定和要求；其中建筑工程应当按照《建筑工程设计文件编制深度规定》执行；其他行业工程按照国家有关行业主管部门的规定执行；没有规定的，可以参照相近行业主管部门的有关规定执行。

第八条 初步设计审查包括下列主要内容：

（一）初步设计的主要指标是否符合投资立项、住房城乡建设等主管部门的政策要求，设计单位是否严格执行有关主管部门的审查审批意见。

（二）各有关工程技术规范和标准的执行情况，重点是工程建设强制性标准条文的执行情况。

（三）是否满足国家规定的有关初步设计阶段的深度要求。

（四）有关专业重大技术方案是否进行了技术经济分析比较，是否安全、可靠、适用。

（五）初步设计文件是否满足编制施工招标文件、主要设备材料订货和编制施工图设计文件的需要。

（六）初步设计内容是否合理。主要包括：

1. 各有关专业设计是否符合经济美观、安全实用、绿色低碳、节能环保的要求；

2. 工艺方案是否成熟、可靠，选用设备是否先进、合理，设计方案是否优化；

3. 是否贯彻资源节约原则，综合利用土地、能源、水资源和材料；

4. 采用的新技术、新材料是否安全、可靠、适用。

第九条 住房城乡建设主管部门组织初步设计审查，符合相关条件的，在10个工作日内按下列程序完成审查工作：

（一）住房城乡建设主管部门对建设单位的申报材料进行政策性审核，严格审核项目立项等批准文件。符合条件的，5个工作日内组织初步设计文件技术审查。

（二）住房城乡建设主管部门根据建设项目的规模、特性，从省、市初步设计专家库中选择相关专家，组成专家审查委员会，召开专家技术审查会。会议主要议程：

1. 踏勘项目场地（视情况而定）；

2. 建设单位简要介绍项目背景与前期工作情况；

3. 设计单位介绍初步设计文件编制情况；

4. 各专业组分组审议，专家和相关职能部门进行质询；

5. 各专业组向会议提交审查意见；

6. 现场讨论通过专家技术审查意见。

专家审查委员会一般由相关专业的5名以上专家组成，技术复杂的项目应当有7名以上专家组成，并遵守审查回避制度及兼顾就近聘请原则。

项目建设单位、工程勘察和初步设计文件编制单位、住房城乡建设主管部门初步设计审查负责同志参加会议。

（三）经技术审查符合规定条件的，初步设计文件编制单位会同建设单位根据专家技术审查意见修改、完善初步设计文件，修改完善后交各专业组组长复核；专业组组长3个工作日内提出复核意见。住房城乡建设主管部门应当自受理复核合格的设计文件之日起2个工作日内作出书面批复。

（四）经技术审查不符合规定条件的，应当要求建设单位、设计单位全面修改，提出修改内容的详细报告，重新进行审查。

第十条 省和设区的市住房城乡建设主管部门应当建立健全初步设计审查专家库，加强对其所建专家库及专家的管理，但不得以任何形式控制、干预或者影响专家的具体审查活动。国家、省投资主管部门和其他有关部门审批立项的建设工程项目，半数以上审查专家应当从省初步设计审查专家库中选择。特殊项目可邀请省外知名专家参加。

第十一条 初步设计一经审查通过，任何单位和个人不得擅自修改。确需修改的，应当由原勘察设计单位修改或经其书面同意，由建设单位委托具有相应勘察设计资质等级的建设工程勘察设计单位修改；并由建设单位将调整、修改后的初步设计报请住房城乡建设主管部门重新审查。其中，涉及可行性研究报告、投资规模等主要内容调整的，还须经原项目审批立项部门同意后，再办理有关调整初步设计审查的手续。

第十二条 各级住房城乡建设主管部门不得越权审查初步设计。

第十三条 建设单位应当严格执行国家、省建设项目管理程序，并对申报资料的真实性和时效性负责。对未经审查或审查未通过的建设工程项目，有关部门和单位不得办理施工图审查和施工许可等手续。

第十四条 有关部门、单位和个人从事初步设计审查及相关活动违反有关规定的，按照《建设工程勘察设计管理条例》《山东省建设工程勘察设计管理条例》等法规的规定予以处罚。

第十五条 本细则自2019年10月15日起施行。有效期至2024年10月14日。《山东省建设工程初步设计审查实施细则》（鲁建设字〔2011〕4号）和《关于进一步做好建设工程初步设计审查的通知》（鲁建设函〔2018〕13号）同时废止。

附件：

1. 建设工程初步设计审查申请表（略）

2. 建筑行业（建筑工程）建设项目设计规模划分表（略）

3. 市政行业建设项目设计规模划分表（略）

山东省住房和城乡建设厅等关于印发《山东省房地产开发项目竣工综合验收备案管理办法》的通知

鲁建房字〔2019〕34号

各市住房城乡建设局、城管局、自然资源规划局、教育局、民政局、卫生健康委、行政审批服务局、供电公司，济南、青岛、淄博、枣庄、东营、济宁、威海、菏泽市水务（水利）局，济南、青岛市园林和林业（绿化）局；省财政直管县、经济发达县有关部门；各有关单位：

现将《山东省房地产开发项目竣工综合验收备案办法》印发给你们，请结合当地实际，认真贯彻执行。

山东省住房和城乡建设厅　山东省自然资源厅
山东省教育厅　山东省民政厅
山东省卫生健康委员会　山东省通信管理局
国网山东省电力公司
2019年11月25日

山东省房地产开发项目竣工综合验收备案管理办法

第一条　为规范全省房地产开发经营，保障购房群众合法权益，根据《山东省城市房地产开发经营管理条例》《山东省物业管理条例》等法规，按照《山东省人民政府关于印发山东省优化提升工程建设项目审批制度改革实施方案的通知》（鲁政发〔2019〕9号）等政策要求，结合工作实际，制定本办法。

第二条　在山东省城市、县城、镇城镇开发边界内的国有建设用地上从事房地产开发经营的，均应执行本办法。

第三条　省住房城乡建设厅负责指导各城市房地产开发项目竣工综合验收备案管理工作。

设区的市、县（市）人民政府按照职责分工，明确具体部门（以下简称主管部门）负责本规划区范围内房地产开发项目竣工综合验收备案办理、业务管理、执法检查等工作。因职能划转有关工作不在同一部门的，应明确职责、分工负责。

第四条　房地产开发项目建设单位（以下简称开发企业）对所开发建设的房地产开发项目竣工综合验收负主体责任。

第五条　房地产开发项目分期开发的，可以分期进行竣工综合验收。

第六条　房地产开发项目综合验收应当主要包括以下内容：

1. 是否按照经审批的用地范围、规划条件、规划设计方案、土地出让合同或划拨决定书的要求开发建设；

2. 是否按照《房地产开发项目建设条件意见书》开发建设，明确移交的是否完成产权（使用权）移交或签订产权（使用权）移交协议；

3. 单体工程是否符合国家规定的工程质量验收标准，质量验收备案手续是否完备；

4. 红线内市政基础设施（道路、绿化、路灯、环卫、排水等）是否按照要求建设，并达到使用条件；

5. 红线内水、电、气、暖等基础设施是否按照有关要求建设，达到使用条件且已交由专业经营单位负责运营管理；通信基础设施是否按照有关要求建设并达到使用条件；

6. 首期住宅专项维修资金是否按照要求交纳；

7. 工程技术档案和施工管理资料是否完整。

第七条 开发企业应在项目竣工综合验收合格后15日内，持竣工综合验收报告到项目所在地主管部门办理竣工综合验收备案手续。主管部门应采取查验资料的方式对开发企业提交的材料进行核实，符合备案条件的，应在1个工作日内予以备案；不符合备案条件的，应一次性将不合格内容书面通知开发企业，待整改合格后重新核实。

第八条 房地产开发项目竣工综合验收报告应附下列材料：

1.《房地产开发项目竣工综合验收备案申请表》。

2.《建设工程竣工规划核实合格证》。

3. 房屋单体工程《建设工程竣工验收备案证》。

4. 市政基础设施（道路、绿化、路灯、排水等）验收合格证明材料。

5. 专营单位组织实施供水、供电、供气、供热等专营设施建设的，提供建设合同、合同价款结清证明或专营设施配套费缴清证明；暂未按《山东省物业管理条例》规定，将住宅小区内的专业经营设施设备建设资金统一并入城市基础设施配套费，由开发企业自行组织实施专营设施建设的，提供专营单位的专营设施验收合格或接收手续证明材料。通信基础设施竣工验收合格证明。

6. 按规划及建设条件，配套的社区党群服务和政务管理、物业服务、教育、养老、卫生等公共服务设施建设完成并移交或签订移交协议等证明材料。

7. 落实《建设条件意见书》中关于建筑（住宅）产业化技术要求的证明材料。

8. 督促协调已预售房屋业主在房屋交付使用前交纳首期住宅专项维修资金的承诺书，已交纳未售出商品房首期住宅专项维修资金的证明材料。

9. 建设工程档案验收合格证明或移交证明。

10. 其他按《房地产开发项目建设条件意见书》要求建设或移交完毕的证明材料。

以上材料，行政审批一窗受理时已经提交，或主管部门能通过部门间信息互通共享获取相关信息的，不得要求开发企业重复提供。

第九条 县（市）级以上住房城乡建设、自然资源规划、城市管理（市政公用）、教育、民政、卫生健康、审批服务等有关部门和项目所在街道办事处（镇），以及供水、供电、供气、供热、通信等有关单位应当按照各自职责，在省、市要求的相关办理时限或合同约定时限内，做好房地产开发项目综合验收涉及的各单项竣工验收和设施移交接收工作，并出具验收意见或接收使用证明材料。

第十条 开发企业在组织竣工综合验收的过程中，按省、市有关建设项目审批制度改革规定，申请联合验收的，依据申请内容，实行规划、土地、消防、人防、档案及建设条件落实等事项全部或部分限时联合验收，牵头组织实施联合验收的部门统一出具验收意见。联合验收包含内容满足竣工综合验收条件的，联合验收合格，即达到竣工综合验收备案要求。各地应当不断完善信息平台建设，实现信息互通共享，推动竣工综合验收效率不断提高。

第十一条 开发企业应当交纳的首期住宅专项维修资金，可从监管的商品房预售资金中划转。

第十二条　房地产开发项目竣工综合验收合格并取得备案手续后，方可交付使用，方可申请终止商品房预售资金监管。

第十三条　开发企业交付商品房时，应当在交房现场醒目位置公示房地产开发项目竣工综合验收备案证明。

主管部门可对房地产开发项目的实际交付条件和公示情况进行抽查。

第十四条　开发企业在延续、核定开发资质等级时，应以房地产开发项目竣工综合验收备案证明作为开发经营业绩的认定依据。

第十五条　参加房地产开发项目各项竣工验收及设施移交工作的单位和个人，必须对其出具的工程质量鉴定意见、竣工验收结论及接收证明材料负责。

第十六条　供水、供电、燃气、热力、排水、通信等市政公用基础设施的报装提前到开工前办理，住宅小区项目公用基础设施的报装提前到建筑设计阶段，与建筑物同步进行设计和施工图联审，竣工验收后直接办理接入事宜。

第十七条　专营单位组织实施红线内供水、供电、供气、供热等专营设施建设的，在开发企业缴清红线内城市基础设施配套费或全额支付委托合同价款后，专营单位对相应专营设施规划建设要求、建设质量、工程进度负责，并组织竣工验收。暂未按《山东省物业管理条例》规定，将住宅小区内的专业经营设施设备建设资金统一并入城市基础设施配套费，由开发企业组织实施专营设施建设的，开发企业对专营设施规划建设要求、建设质量、工程进度负责，并在设计、土建工程施工、隐蔽工程施工等中间环节以及竣工时及时报请专业经营单位检查，由专业经营单位开展验收。

第十八条　开发企业违反本办法规定，不办理项目综合验收备案手续的，由主管部门责令限期整改、补办手续。不整改或逾期整改不到位的，记入信用档案，依法依规实施失信联合惩戒。

第十九条　开发企业未取得房地产开发项目竣工综合验收备案手续，擅自交付使用的，由主管部门依据《山东省城市房地产开发经营管理条例》等法规予以处罚，并记入信用档案。

第二十条　各地应根据本办法规定，结合当地实际，制定具体实施细则。

第二十一条　本办法自 2019 年 12 月 1 日起施行，有效期至 2024 年 11 月 30 日。省住房城乡建设厅印发的《山东省房地产开发项目竣工综合验收备案办法》（鲁建发〔2009〕11 号）同时废止。

附件：房地产开发项目竣工综合验收备案表（示范文本）（略）

山东省住房和城乡建设厅关于印发《山东省物业服务企业信用信息管理办法》的通知

鲁建物字〔2019〕4号

各市住房城乡建设局：

为推进物业服务行业信用体系建设，促进物业服务企业诚信自律，构建以信用为基础的新型监管机制，根据《山东省物业管理条例》等法规规章政策规定，我厅制定了《山东省物业服务企业信用信息管理办法》，现印发给你们，请遵照执行。

山东省住房和城乡建设厅
2019年11月28日

山东省物业服务企业信用信息管理办法

第一章 总 则

第一条 为推进物业服务行业信用体系建设，促进物业服务企业诚信自律，构建以信用为基础的新型监管机制，根据《企业信息公示暂行条例》《山东省物业管理条例》《山东省公共信用信息管理办法》等法规规章和《国务院关于建立完善守信联合激励和失信联合惩戒制度加快推进社会诚信建设的指导意见》（国发〔2016〕33号）、《国务院办公厅关于加快推进社会信用体系建设构建以信用为基础的新型监管机制的指导意见》（国办发〔2019〕35号）等政策规定，结合我省实际，制定本办法。

第二条 本办法所称信用信息，是指物业服务企业在我省行政区域内开展物业服务活动过程中产生的，反映其信用状况的数据和资料。

第三条 在本省行政区域内从事物业服务活动的企业实施信用信息管理，适用本办法。

一般以独立法人为单位实施信用信息管理；物业服务企业有分支机构的，统一纳入设立该分支机构的企业管理；外省物业服务企业在我省设立分支机构的，以分支机构为单位实施信用信息管理。

第四条 省住房城乡建设厅负责全省物业服务企业信用信息管理工作。

各市物业主管部门负责本行政区域内物业服务企业信用信息管理和归集、推送等工作。

各县（市、区）物业主管部门负责本行政区内物业服务企业信用信息管理工作，具体负责物业服务企业信用信息的归集、推送、认定等工作。

街道办事处（乡镇人民政府）、社区居民委员会(社区环境和物业管理委员会)按照各自职责，做好与物业服务企业信用信息管理有关的工作。

物业行业协会负责行业自律信用信息的归集、推送，并可接受物业主管部门的委托，负责编写行业信用报告等工作。

第五条 省住房城乡建设厅负责建设维护

“山东省物业服务企业信用信息管理系统”（以下简称“省物业信用系统”）。省物业信用系统实现物业服务企业信用信息的归集、推送、公示，以及生成信用等级、出具信用报告等功能。各市可根据实际，自主确定使用省物业信用系统或自有系统，使用自有系统的，信用信息归集、推送、认定等权限自行确定，并实现与省物业信用系统实时数据交换等功能。

第二章 信用信息的归集、认定和发布

第六条 信用信息，主要包括基础信用信息、优良信用信息和不良信用信息三类。

（一）基础信用信息。主要包括企业注册信息、从业人员信息、经营业绩信息等反映物业服务企业基本状况的信息。

（二）优良信用信息。主要包括物业服务企业遵纪守法，诚信经营，积极提升服务水平，获得表彰奖励及经营管理创新、创优、成果等信息。

（三）不良信用信息。主要包括物业服务企业在从事物业服务活动中违反法律法规政策规定，对其信用状况构成负面影响的信息。

信用信息的具体内容，在省物业信用系统中设置。

第七条 物业服务企业的信用信息，一般由信息产生地物业主管部门负责归集、认定。

企业注册信息、从业人员信息，由企业工商注册地物业主管部门负责归集、认定；外省物业服务企业未在我省设立分支机构的，由企业在我省首个物业服务项目所在地物业主管部门负责归集、认定。

物业主管部门能够通过共享获取或核验的信用信息，不得要求物业服务企业重复提交。

第八条 基础信用信息归集。由物业服务企业通过省物业信用系统自行填报。基础信用信息实行动态管理，信用信息发生变更的，物业服务企业应当于变更之日起 30 个工作日内通过省物业信用系统填报变更信用信息。

新设立的物业服务企业，应当自签订物业服务合同之日起 30 个工作日内，在省物业信用系统及时、完整、准确填报企业的基础信用信息等有关信用信息。

第九条 优良信用信息归集。物业服务企业应于信用信息产生 15 个工作日内向物业主管部门提出信息录入申请，经核查符合要求的，物业主管部门应于物业服务企业申请之日起 15 个工作日内录入省物业信用系统。物业主管部门也可以根据自行掌握、行业协会推送以及信息共享获取的信用信息，直接录入省物业信用系统。

第十条 不良信用信息归集。物业主管部门应于信用信息产生 15 个工作日内将自行掌握或其他单位主动推送的信用信息，通过省物业信用系统录入；需要与其他单位通过共享方式获取的信息，尚未实现实时共享的，共享频次原则上不低于每季度 1 次，具体由各地根据工作实际自行确定。

信用信息录入后，物业主管部门应通过省物业信用系统通知相关物业服务企业，确认不良信用信息情况。依据行政处罚决定书、人民法院或仲裁机构等出具的生效法律文书等产生的不良信用信息，物业主管部门不需要通知物业服务企业，可直接认定。鼓励物业服务企业主动录入不良信用信息。

物业服务企业对不良信用信息有异议的，应在收到通知后 15 个工作日内通过省物业信用系统向物业主管部门提出异议申请，并提供相应证据，逾期视为认可。

物业主管部门在收到异议申请后，应于 15 个工作日内作出是否采纳的决定，并通过省物业信用系统及时告知物业服务企业。

第十一条 因企业实际情况发生变化或者认定优良信用信息、不良信用信息所依据的行政决定、判决、裁定等被撤销或者变更等情形导致信用信息发生变化，物业主管部门应当及时变更或删除信用信息。

第十二条 物业服务企业信用信息公布期限如下：

（一）物业服务企业未注销前，依法可以公开的基础信用信息长期公布。

（二）优良信用信息公开期限为3年，自信息产生之日起计算。

（三）不良信用信息公示期限为5年，自处罚执行完毕或失信行为整改完成之日起计算。企业完成信用修复的，公示期限按有关规定缩短。

（四）法律、法规和规章另有规定的，从其规定。

第十三条 各级物业主管部门应当加强与自然资源、城管执法、公安、审计、市场监管、应急管理、法院、税务、人民银行、金融机构、行业协会等相关部门单位以及街道办事处（乡镇人民政府）、社区居民委员会（社区环境和物业管理委员会）之间的互联互动，依法共享本辖区内物业服务企业的信用信息。

第三章 信用评级

第十四条 物业服务企业信用信息分值，按照《山东省物业服务企业信用信息评分标准》（附件）计算。

省住房城乡建设厅可根据国家政策导向、行业发展需要等，对《山东省物业服务企业信用信息评分标准》进行合理调整。

第十五条 优良信用信息和不良信用信息的评分有效期，原则上按照信息的有效时限同步计算；没有有效时限的，原则上有效期为1年；涉及严重不良信用信息事项的，有效期根据企业整改情况确定。

第十六条 物业服务企业信用得分＝基础信用信息分值＋优良信用信息分值－不良信用信息分值。

第十七条 物业服务企业信用等级根据信用得分情况，由省物业信用系统实时生成，分为AAA级、AA级、A级、B级、C级。具体标准如下：

信用得分在85分（含）以上的，信用等级为：AAA级。

信用得分在80分（含）至85分的，信用等级为：AA级。

信用得分在70分（含）至80分的，信用等级为：A级。

信用得分在60分（含）至70分，或在60分以下且没有不良信用信息的，信用等级为：B级。

信用得分在60分以下，且有不良信用信息的，信用等级为：C级。

经物业主管部门核实，企业实际从事物业服务活动，但未按要求参加信用信息管理的，信用等级为：C级（缺失）。

第十八条 物业服务企业有下列情形之一的，作为严重不良信用信息，信用等级直接确定为C级（严重失信）：

（一）经司法机关或行政机关确认因物业服务企业全部责任或主要责任，发生重大生产安全事故的。

（二）在物业服务招标投标中有围标、串标等行为，严重破坏市场公平及竞争秩序和社会正常秩序的。

（三）物业服务企业拒不履行法定义务、严重影响司法机关、行政机关公信力的，包括在司法机关、行政机关作出判决或决定后，有履行能力但拒不履行、逃避执行的。

（四）国家和省规定的其他情形。

第十九条 物业服务企业对信用得分和等级等有异议的，可向物业主管部门书面提出。物业主管部门应当在收到书面异议后15个工作日内进行核查并书面答复。核查期间，应当对物业服务企业的信用得分和等级结果进行标注，直至异议处理结束。经核查确认有误的，应当及时予以纠正。

第四章 信用评级结果的发布和应用

第二十条 信用评级结果在省物业信用系统公开，并按规定实现与“信用山东”“国家企业信用信息公示系统”等公共信用信息平台的互通共享。物业服务企业根据需要可通过省物业信用系统查询信用等级，并打印信用报告。有关部门、单位可依法通过省物业信用系统查询物业服务企业信用等级等情况。

第二十一条 物业主管部门可以定期通报物业服务企业信用等级情况，并将企业信用等级作为实施分类监管以及前期物业服务招标、业主大会选聘物业服务企业、表彰评选推介等活动的重要参考依据，实行守信激励、失信惩戒。

第二十二条 对信用等级A级以上的物业服务企业，在同等条件下可以依法采取下列激励措施：

（一）在实施行政许可等活动中给予“绿色通道”“容缺受理”等便利服务措施。

（二）在财政性资金项目安排、招商引资配套优惠政策等方面列为优先选择对象。

（三）在媒体推介、荣誉评选等活动中列为优先选择对象。

（四）在有关公共资源交易活动中依法依约采取信用加分等措施。

（五）在日常检查、专项检查、“双随机、一公开”监管中，适当降低抽查比例和频次。

（六）国家和本省规定的其他措施。

第二十三条 对信用等级为C级的物业服务企业，可以依法采取下列措施：

（一）在日常检查、专项检查、“双随机、一公开”监管中，提高抽查比例和频次。

（二）作为开发建设单位、业主大会开展招标活动的参考。

（三）作为审核财政资金补助、税收优惠等政策扶持的参考。

（四）作为政府采购等公共资源交易活动的参考。

（五）作为政府部门、行业协会表彰、奖励活动的参考。

（六）国家和本省规定的其他措施。

第二十四条 对信用等级为C级（严重失信）的物业服务企业，除可采取本办法第二十三条规定的措施外，物业主管部门或街道办事处（乡镇人民政府）还可以依法采取以下措施：

（一）撤销企业及其法定代表人、负责人和对失信行为负有直接责任的相关人员的荣誉称号，取消参加评先评优资格。

（二）约谈企业负责人，责令限期整改。

（三）视情节向业主大会提出解除物业服务合同或者不再续约的建议。

第五章 附 则

第二十五条 相关管理机构及其工作人员在信用评价管理工作中，应当认真履行职责，不得徇私舞弊、玩忽职守、滥用职权，违者依法追究相关责任。

第二十六条 本办法由省住房城乡建设厅负责解释。

第二十七条 本办法自2020年1月1日起施行，有效期至2024年12月31日。

附件：山东省物业服务企业信用信息评分标准（略）

山东省住房和城乡建设厅等关于印发《山东省房地产开发企业信用信息管理暂行办法》的通知

鲁建房字〔2019〕37号

各市住房城乡建设局、住房公积金管理中心、发展改革委、自然资源和规划局、市场监督管理局、公安局、税务局，各市法院，人民银行（山东省）各市中心支行、分行营业管理部，各市银保监分局：

为规范我省房地产开发市场秩序和房地产开发企业经营行为，加强房地产开发企业信用信息管理，根据国家、省有关企业信用建设和房地产开发企业管理的法律法规和政策规定，省有关部门研究制定了《山东省房地产开发企业信用信息管理暂行办法》。现印发给你们，请遵照执行。

各市要尽快按照本办法有关规定，对本市房地产开发企业信用信息管理规定作出调整和完善，推动全省尽快实现统一的房地产开发企业信用信息管理体系。在执行过程中有何问题，请及时与省住房城乡建设厅等相关部门联系。

山东省住房和城乡建设厅
山东省发展和改革委员会
山东省自然资源厅
山东省市场监督管理局
山东省公安厅
山东省高级人民法院
中国人民银行济南分行
国家税务总局山东省税务局
中国银行保险监督管理委员会山东监管局
2019年11月28日

山东省房地产开发企业信用信息管理暂行办法

第一章　总　则

第一条　为加强房地产开发企业信用信息管理，强化信用约束，构建以信用为核心的新型房地产市场监管体制，规范我省房地产市场秩序和房地产开发企业经营行为，促进全省房地产开发行业健康发展，根据《企业信息公示暂行条例》《城市房地产开发经营管理条例》《山东省城市房地产开发经营管理条例》《山东省城市房地产交易管理条例》《山东省商品房销售条例》《山东省公共信用信息管理办法》等法规、规章和国家、省有关政策规定，结合我省房地产开发行业实际，制定本办法。

第二条　本办法所称信用信息，是指本省行政区域内房地产开发企业及其法定代表人、实际控制人、董事和相关负责人在开发经营活动过程中产生的与信用状况有关的信息。

第三条　房地产开发企业信用信息的归集、共享、应用及管理活动，适用本办法。

第四条　信用信息归集、共享、应用及管理应当按照社会信用体系建设需要，以行业监管、行业自律、工程质量、服务质量、合同履约的信用信息为重点，遵循合法、安全、及时、准确的原则，保证信用信息的真实性、合法性、时效性和完整性；不得危害国家安全、公共安全、经济安全和社会稳定，不得泄露国家秘密，不得侵犯商业秘密和个人隐私。

第五条　省住房城乡建设厅负责指导全省房地产开发企业信用信息管理及制度建设等工作，统筹建设房地产开发企业诚信管理服务平台。

第六条　各市、县（市、区）住房城乡建设主管部门负责本地区房地产开发企业信用信息的归集、共享、应用、管理及有关制度的细化落实等工作。会同有关部门实施守信联合激励和失信联合惩戒。

第七条　各级住房城乡建设主管部门应当通过新闻报道、专题专栏等形式，积极宣传和普及房地产开发企业信用知识，弘扬诚信文化，营造诚信的舆论环境和社会氛围。

第二章　信用信息的组成

第八条　房地产开发企业信用信息由基础信息、良好信用信息、不良信用信息、严重不良信用信息组成。

第九条　基础信息由企业基础信息和执（从）业人员基础信息组成。

企业基础信息包括企业注册登记的基本情况、社会统一信用代码、取得的行政许可情况、资质情况、经营业绩、合同履约情况、工程及服务质量、行政机关依法进行专项或者周期性检验的结果等。

执（从）业人员基础信息包括执（从）业人员身份信息、担任职务、从业资格、执业经历、业绩等。

第十条　良好信用信息主要包括下列内容：

（一）获得市级及以上政府房地产相关表彰的；

（二）获得市级及以上住房城乡建设、市场监管、税务主管部门或省级以上房地产业协会、建筑业协会表彰、奖励的；

（三）积极参与社会公益事业活动、为行业发展作出贡献，受到县级以上人民政府通报表扬或表彰的；

（四）取得房地产开发方面成果创新，获得省级及以上住房城乡建设主管部门表彰、奖励的；

（五）国家和省规定的其他可以列入守信联合激励对象名单的情形。

第十一条　不良信用信息主要包括下列内容：

（一）企业违反法律法规，受到县级以上住房城乡建设主管部门行政处罚、处理的；

（二）企业违反本行业规范、公约的；

（三）企业侵害消费者合法权益的；

（四）企业执（从）业人员因房地产执业违法违规行为被记入失信信息的。

（五）法律、法规、规章规定可以记入的其他不良信用信息。

第十二条　严重不良信用信息主要包括：

（一）企业或执（从）业人员对抗行政主管部门管理或拒不执行行政主管部门管理决定的；

（二）企业严重违反法律法规，造成恶劣影响的；

（三）企业引发工程质量安全事故，造成严重后果或恶劣影响的；

（四）企业被司法机关查实为恶势力、恶势力犯罪集团、黑社会性质组织的，或企业执（从）业人员被司法机关查实为恶势力、恶势力犯罪集团、黑社会性质组织成员的；

（五）企业执（从）业人员因房地产执业违法行为被追究刑事责任的；

（六）法律、法规、规章规定可以列入失信联合惩戒对象名单的其他情形。

第十三条　若房地产开发企业有控股（或实际控制其开发经营行为的）母公司，不论其母公司是否为房地产开发企业，均作为房地产开发企业的信用主体，并同步将该企业产生的信用信息记录到其母公司名下；若房地产开发企业有控股（或实际控制开发经营行为的）房地产开发子公司，同步将该企业产生的信用信息记录到其子公司名下。因母子公司关系记录的信用信息，暂不公开，不推送至其它信用信息平台。

房地产开发企业委托承销机构代理销售商品房的，承销机构在代理销售该项目过程中，因违法违规行为产生的负面信用信息，视同开发企业违法违规，计入该房地产开发企业信用信息。

第十四条 房地产开发企业产生的信用信息，同时记入该企业法定代表人、实际控制人、董事、相关负责人和直接责任人（以下简称“相关责任人”）的信用信息。企业执（从）业人员个人信用信息同时记入企业的信用信息。

第三章 信用信息的归集

第十五条 市、县（市、区）住房城乡建设主管部门负责归集房地产信用信息。信用信息来源包括房地产开发企业及执（从）业人员的填报信息、主管部门行业监管和执法检查信息、共享其它部门及行业组织的执法或管理信息。

第十六条 市、县（市、区）住房城乡建设主管部门应当依托省政务信息资源共享交换平台，提取同级人民银行、自然资源、市场监管、税务、公安、法院等部门共享的行业信用信息，暂不能通过共享交换平台获取的，应当及时向同级有关部门及行业组织、房地产开发企业及执（从）业人员征集辖区内行业信用信息，并及时将相关信用信息整理、审核，录入到房地产开发企业信用信息数据库。

第十七条 市、县（市、区）住房城乡建设主管部门应自房地产市场各方主体信用信息形成之日起7个工作日内录入，并依法对社会公开。有关部门及社会组织认定的房地产市场各方主体信用信息，同级住房城乡建设主管部门应当自知悉之日起7个工作日内录入。

第十八条 对跨区域经营的房地产开发企业及执（从）业人员，由项目所在地住房城乡建设主管部门负责征集、录入相关的信用信息。

第十九条 信用信息的录入，应当以已具备法律效力的文书或其他有效证明文件为依据。

第二十条 各级住房城乡建设主管部门对所征集的信用信息的原始数据按规定保存，不得擅自修改。

第二十一条 通过加强房地产开发企业诚信管理服务平台与省公共信用信息平台、国家企业信用信息公示系统、省政务服务平台的融合，实现本办法所规定的信用信息与人民银行、自然资源、市场监管、税务、公安、法院等部门及行业组织无障碍交换、共享和共用。

第二十二条 省级房地产开发企业诚信管理服务平台正式使用前，各地可暂通过公文上报等信息上报渠道将有关信用信息报省住房城乡建设厅。

第四章 信用信息的披露

第二十三条 信用信息的披露以主动公开为原则，法律、法规另有规定的除外。

依照法律、法规和规章规定应当主动公开的，不涉及国家秘密、商业秘密，个人隐私的市场信用信息，无需房地产开发企业信用主体授权即可公开披露。

第二十四条 省、市、县住房城乡建设主管部门应通过平台网站、移动终端或服务窗口等途径向社会提供便捷的查询服务。未经信用主体书面授权，不得查询其非公开的社会信用信息，法律、行政法规另有规定的除外。房地产开发企业信用主体享有查询自身信用信息的权利。

第二十五条 房地产市场各方主体的信用信息公开期限为：

（一）基本信息长期公开。

（二）良好信用信息公开期限为2年，自信息录入并公开之日起计算。

（三）企业不良信用信息和严重不良信用信

息（以下简称“失信信息”）的公开期限为5年，自信用信息形成之日起7个工作日内录入并公开，自处罚执行完毕或失信行为（事件）整改完成之日起计算。

（四）企业相关责任人失信信息的公开期限与企业失信信息的公开期限一致。

（五）企业及其相关责任人良好信用信息存在有效期限，且高于2年的，良好信息公开期限与其有效期限一致；企业及其相关责任人失信信息存在有效期限，且高于5年的，失信信息公开期限与其有效期限一致。

第二十六条 信用信息公开期限届满后，由原列入部门将该信息从公开或者查询界面删除，转入房地产市场各方主体信用档案长期保存，不得对外公示或者提供查询，并不再作为信用评价的依据。公开的信用信息按照有关程序同级推送至“信用山东”“国家企业信用信息公示系统”等公众信用平台。

第二十七条 表扬奖励、行政处罚及处理经行政复议、行政诉讼以及行政执法监督被变更或被撤销的，负责归集、录入的住房城乡建设主管部门应及时变更或删除相关信用信息，及时予以公布，并同步推送至同级公共信用信息平台。

第二十八条 行业组织可以根据与住房城乡建设主管部门签订的协议共享信用信息，共享依法不能公开的信用信息，应当取得房地产开发企业信用主体的书面授权。

第五章 信用等级的评价

第二十九条 实施开发企业信用动态评价，采取信用记分制。信用分值 = 信用基础分 + 优良信息得分 - 不良信息分值。

第三十条 房地产开发企业一级资质的企业信用基础分为130分；房地产开发企业二级资质的企业信用基础分为120分；房地产开发企业三级资质的企业信用基础分为110分；房地产开发四级资质、暂定资质企业及无资质的开发企业控股（或实际控制其开发经营行为的）母公司信用基础分为100分。

第三十一条 信用评价按照《山东省房地产开发企业信用评价标准》（见附件）开展。开发企业同一信用信息计算加、减分时只计算最高加分项和最高减分项，不重复计分。各方主体信用信息录入时，自动比对信用评价标准，对企业信用分值进行加减分，并依据信用分值和等级评价标准确定企业信用等级。

第三十二条 开发企业信用等级分为AAA、AA、A、B、C五个等级。

（一）AAA级。信用评价分值不低于140分；评价时点前一年内无不良信用信息。

（二）AA级。信用评价分值不低于130分；评价时点前一年内不良信用信息减分累计不超过10分。

（三）A级。信用评价分值不低于100分；评价时点前一年内不良信用信息减分累计不超过20分。

（四）B级。信用评价分值不低于80分；评价时点前一年内不良信用信息减分累计不超过40分。

（五）C级。达不到B级标准，或认定有“严重不良”信用行为被一票否决的。

第六章 评价结果的使用

第三十三条 信用评价等级结果的使用按如下规定执行：

（一）AAA级企业，列入守信联合激励对象名单，建议相关单位给予政策扶持；根据实际情况在“双随机、一公开”、行政许可中免除实地检查和原件核验；优先享受绿色通道、容缺受理、告知承诺制等行政便利措施，并可进一步缩短办理时间；预售资金监管留存比例可降低5个百分点；在行业内表扬奖励、试点创新等方面，行政主管部门、行业协会优先推荐；具备推荐全省房地产开发企业诚信100强资格；企业执（从）

业人员优先推荐行业内各项优秀、先进评选；作为全省金融机构贷款审核的重要参考。

（二）AA级企业，根据实际情况在“双随机、一公开”、行政许可中免除实地检查和原件核验；预售资金监管留存比例可降低3个百分点；在行业内表扬奖励、试点创新等方面，行政主管部门、行业协会优先推荐。

（三）A级企业，按照有关法律法规和政策规定正常监管。

（四）B级企业，列入重点关注对象，为日常监督检查工作中重点检查企业，企业法人代表或主要负责人须到当地主管部门说明情况，并提出限期整改方案（整改期原则不超过3个月），在整改期间不得承接新的保障性住房建设；取消已经享受的绿色通道、容缺受理等行政便利措施；在省、市、县日常监督检查活动中，列为必检企业；须到企业现场核查企业资质延续审查；预售资金监管留存比例提高10个百分点，严格预售资金使用的审批管理；限制申请财政资金或者政策支持；不得参与行业内各项优秀、先进评选活动；行政主管部门、行业协会向有关部门通报情况，进行风险提示。

（五）C级企业，列入失信联合惩戒对象“严重不良”，企业法定代表人或主要负责人须到当地主管部门说明情况，并提出限期整改方案（整改期原则不超过6个月）；不得承接新的保障性住房建设；取消已经享受的绿色通道、容缺受理等行政便利措施；依法依规采取行政性约束和惩戒措施，在省、市、县日常监督检查工作中列为必检企业，增加检查频次；从严审核行政许可审批，从严控制资质、施工许可证、预售许可证等发放，限制新增项目审批、核准；适当提高预售许可条件，预售资金监管留存比例提高20个百分点，严格预售资金使用的审批管理；限制申请财政资金或者政策支持；不得参与行业内各项优秀、先进评选活动；行政主管部门、行业协会向有关部门和银行业金融机构通报情况，进行联合惩戒或风险提示，禁止企业参加新的土地招拍挂出让；行政主管部门、行业协会将企业控股（或实际控制其开发经营行为）母公司有关情况通报其注册地主管部门或省住房城乡建设厅，母公司负责人须到注册地主管部门或省住房城乡建设厅说明情况，并在全省房地产开发子公司范围内举一反三、自查自纠。

第三十四条 通过建立个人信用记录数据库，对产生失信信息企业的相关责任人采取相应措施，使惩戒措施落实到人。

（一）约谈C级企业相关责任人。

（二）被认定有严重不良信用信息的企业，撤销相关责任人行业内荣誉称号，禁止其参与评优评先。

（三）计入相关责任人失信信息。

第三十五条 房地产开发企业信用评价等级信息要在房地产开发企业诚信管理服务平台和各市住房城乡建设局官方网站公开，并同步推送到同级公共信用信息平台。企业信用等级报告可随时查询、打印。

第三十六条 与开发企业、开发项目有关的行政许可事项划转至行政审批主管部门的，地方各级各有关部门要与行政审批主管部门建立健全信用信息互通共享和失信联合惩戒机制，及时主动推送信用信息评价结果和严重不良信用信息，行政审批主管部门要严格按照本办法规定履行有关行政许可职权。

第七章 信用主体的权益

第三十七条 各级住房城乡建设主管部门及其工作人员，不得违法提供、披露、使用和买卖信用信息，不得篡改、虚构、泄露和窃取信用信息。

第三十八条 房地产行业信用主体有权知晓其信用信息的采集、归集、使用等相关情况，以及其信用评价的信息来源和变动理由。

第三十九条 房地产行业信用主体认为其信用信息的归集、保存或者提供，存在错误、遗漏等情形或者侵犯其商业秘密、个人隐私及其他合法权益的，可以向认定该信用信息的住房城乡建设主管部门提出异议申请，并提交相关证明材料。住房城乡建设主管部门应当在异议申请之日起5个工作日内进行核查，经核查需要更正信用信息的，认定该信用信息的住房城乡建设主管部门要及时更正，并报省住房城乡建设厅。

异议申请处理期间，应当对异议信息进行标注。

第四十条 在失信信息公示期限内，信用主体在规定期限内纠正失信行为、消除不良影响的，可通过作出信用承诺、完成信用整改、通过信用核查、接受专题培训、提交信用报告、参加公益慈善活动等方式开展信用修复。符合信用修复条件的，信用主体可以按照规定向作出失信行为认定的部门或单位提出申请。符合信用修复规定的，受理单位应在规定期限内，作出信用修复决定，共享或抄送给同级住房城乡建设主管部门，由住房城乡建设主管部门缩短其失信信息披露期限，并按照有关程序同级推送至“信用山东”“国家企业信用信息公示系统”等公众信用平台，相应缩短其失信信息披露期限。

不良信用信息的披露期限可缩短至不少于1年；严重不良信用信息的披露期限可缩短至不少于3年。

第四十一条 各级住房城乡建设主管部门要建立健全保护信用主体合法权益的工作机制。

省住房城乡建设厅负责统筹建立健全全省保护信用主体合法权益工作机制，接受有关信用主体对市、县（市、区）住房城乡建设部门在信用主体合法权益保护方面的投诉，并做好调查处理。

市、县（市、区）住房城乡建设部门应向社会公布服务电话，负责受理信用信息的查询、异议、信用修复以及守信信息删除申请，依法及时予以处理，并将处理结果告知申请人。

第四十二条 省住房城乡建设厅随机对各市信用信息评价结果进行抽查核验，评价结果存在问题的，通知信息评价单位对评级结果进行修正。

第八章 附 则

第四十三条 在信用评价管理工作中，相关管理机构及其工作人员应当认真履行职责，不得徇私舞弊、玩忽职守、滥用职权，违者依照相关规定处理。

第四十四条 本办法由省住房城乡建设厅负责解释。

第四十五条 本办法自2020年1月1日起施行，有效期至2021年12月31日。

附件：山东省房地产开发企业信用评价标准（略）

统 计 数 据

2019 年山东省城市市政公用设施水平表

城市名称	城市人口密度（人/平方公里）	人均日生活用水量（升）	供水普及率（%）	燃气普及率（%）	人均城市道路面积（平方米）	人均公园绿地面积（平方米）	建成区绿化覆盖率（%）
全 省	1665	125.54	99.73	99.14	25.28	17.57	41.80
济南市	2546	136.82	100.00	100.00	20.53	13.01	41.38
青岛市	1714	150.85	100.00	100.00	19.32	16.85	40.22
胶州市	657	138.42	100.00	100.00	20.80	13.72	44.68
平度市	685	109.13	100.00	100.00	26.94	13.26	42.71
莱西市	758	143.15	100.00	100.00	24.86	14.20	44.54
淄博市	2607	139.54	100.00	100.00	30.12	19.94	45.05
枣庄市	2962	96.20	99.89	99.61	26.36	14.25	41.45
滕州市	3719	117.39	100.00	100.00	22.92	15.35	37.63
东营市	687	173.68	100.00	99.99	30.00	27.35	42.24
烟台市	2388	131.93	98.86	94.52	29.01	17.76	40.48
龙口市	2856	72.48	99.97	99.76	29.01	11.55	38.27
莱阳市	1127	97.15	97.12	99.97	16.84	16.46	38.29
莱州市	1086	84.08	100.00	98.53	19.88	12.81	40.37
蓬莱市	1135	102.95	100.00	100.00	28.38	16.85	45.21
招远市	1486	118.71	100.00	100.00	22.72	17.67	39.75
栖霞市	5731	107.43	88.44	96.84	14.79	11.72	36.55
海阳市	972	84.53	99.73	99.84	18.18	15.75	42.57
潍坊市	1369	126.76	100.00	100.00	28.81	18.52	42.09
青州市	1237	108.71	100.00	100.00	29.63	15.69	41.63

续表

城市名称	城市人口密度（人/平方公里）	人均日生活用水量（升）	供水普及率（%）	燃气普及率（%）	人均城市道路面积（平方米）	人均公园绿地面积（平方米）	建成区绿化覆盖率（%）
诸城市	1500	142.16	100.00	100.00	25.02	23.89	44.82
寿光市	1618	80.34	100.00	100.00	18.34	17.75	43.04
安丘市	1033	120.57	100.00	100.00	41.26	25.11	42.29
高密市	1488	128.25	100.00	100.00	30.59	17.38	38.98
昌邑市	1675	110.68	100.00	100.00	18.56	16.35	38.32
济宁市	1800	91.03	100.00	98.18	34.11	18.03	40.93
曲阜市	3242	125.67	100.00	99.53	26.02	16.52	41.54
邹城市	3628	114.45	100.00	99.69	18.83	13.52	38.79
泰安市	1772	102.01	100.00	100.00	30.89	23.14	45.06
新泰市	1126	104.27	100.00	100.00	25.44	18.55	44.98
肥城市	2275	136.36	100.00	100.00	23.94	17.14	41.26
威海市	1512	133.59	100.00	100.00	34.63	26.18	45.61
荣成市	897	87.63	100.00	100.00	30.27	25.96	45.96
乳山市	1494	112.39	100.00	100.00	32.82	20.36	45.77
日照市	2212	154.49	100.00	99.91	22.22	18.20	42.10
临沂市	1747	125.44	100.00	99.52	25.27	21.55	41.55
德州市	1710	94.05	99.90	100.00	29.27	21.59	40.03
乐陵市	2614	151.06	100.00	98.47	28.79	13.68	39.05
禹城市	3383	91.49	98.28	99.80	23.24	22.56	39.63
聊城市	2161	100.54	99.00	93.52	24.91	15.33	42.50
临清市	1245	75.39	95.03	90.83	30.26	13.76	41.46
滨州市	1110	139.42	100.00	100.00	25.94	21.25	45.68
邹平市	1919	112.74	100.00	100.00	29.88	13.97	39.39
菏泽市	2169	92.41	98.04	94.25	26.83	13.18	40.55

注：2019 年度中间在平撤县设区，数据按县统计，聊城市数据不含茌平区

2019 年山东省城市市政设施情况表 -1

城市名称	公共供水综合生产能力（万立方米/日）	公共供水总量（万立方米）	道路长度（公里）	道路面积（万平方米）	排水管道长度（公里）
合计	1540.9	312504.2	48148.9	97662.7	67710
济南市	235.0	42974.8	6812.6	12231.6	8887
青岛市	217.3	52203.1	6315.3	10227.1	9350
胶州市	12.0	3294.9	773.5	1142.2	718
平度市	8.0	2391.0	752.8	1328.0	723
莱西市	10.5	2287.0	518.1	844.8	740
淄博市	131.8	23818.1	2391.1	5537.9	3558
枣庄市	22.1	5723.1	1302.5	2804.5	1421
滕州市	22.0	3674.0	610.5	916.3	586
东营市	97.5	14068.2	1113.3	2860.5	1731
烟台市	88.5	16893.1	3048.2	6331.8	5187
龙口市	8.0	1780.2	380.7	861.6	586
莱阳市	12.0	2057.6	336.5	503.7	303
莱州市	10.5	2060.7	326.9	795.4	441
蓬莱市	8.1	1590.1	299.7	510.9	403
招远市	8.3	1581.7	294.2	465.8	446
栖霞市	3.0	430.0	142.5	271.2	181
海阳市	10.6	1100.0	212.7	462.9	389
潍坊市	56.0	15561.0	2181.0	4678.7	2336
青州市	13.5	3278.3	632.5	1099.4	837
诸城市	15.0	4902.0	636.4	1224.9	742
寿光市	15.1	6973.9	589.1	974.5	888

续表

城市名称	公共供水综合生产能力（万立方米 / 日）	公共供水总量（万立方米）	道路长度（公里）	道路面积（万平方米）	排水管道长度（公里）
安丘市	22.0	3850.6	734.5	1542.9	924
高密市	19.1	4498.5	558.4	901.2	676
昌邑市	5.0	1731.0	175.6	373.0	238
济宁市	39.5	9279.8	1968.1	5426.3	1454
曲阜市	5.0	1180.1	312.0	556.9	274
邹城市	10.0	2495.6	385.0	668.4	374
泰安市	26.0	6355.1	1434.7	3216.9	1564
新泰市	13.5	2797.9	575.6	1422.2	623
肥城市	6.6	2208.0	312.7	746.7	299
威海市	45.0	8691.0	1515.4	3415.5	3829
荣成市	18.0	2702.2	657.3	1335.3	1291
乳山市	11.0	1620.0	366.9	689.2	822
日照市	51.7	9087.7	965.0	1984.8	2416
临沂市	66.2	11826.3	2702.3	5640.5	3994
德州市	31.0	5032.4	1189.4	3012.1	1752
乐陵市	7.7	1979.0	375.9	752.5	261
禹城市	6.0	784.0	242.8	471.9	278
聊城市	25.2	5627.0	896.7	2368.7	1682
临清市	5.0	955.9	442.0	987.0	384
滨州市	65.7	10445.9	1084.8	2303.6	2017
邹平市	36.0	6345.4	534.0	1186.8	475
菏泽市	21.0	4368.5	1050.2	2586.7	1632

注：2019 年度中间茌平撤县设区，数据按县统计，聊城市数据不含茌平区。

2019 年山东省城市市政设施情况表 -2

城市名称	污水处理总量（万吨）	生活垃圾清运量（万吨）	生活垃圾无害化处理量（万吨）	园林绿地面积（公顷）	公园绿地面积（公顷）
合计	346414	1786.8	1785.8	252338.4	67883.8
济南市	50536	269.5	269.5	26366.9	7750.2
青岛市	45899	282.0	282.0	40844.5	8922.0
胶州市	3914	28.5	28.5	3141.4	753.2
平度市	3092	36.9	36.9	2718.5	653.6
莱西市	2640	21.9	21.9	1551.4	482.7
淄博市	21995	97.9	97.9	19886.0	3666.3
枣庄市	7452	38.8	38.8	7353.4	1516.2
滕州市	3383	14.6	14.6	2314.2	613.7
东营市	13514	43.6	43.6	9660.5	2607.8
烟台市	16718	94.9	94.9	12560.7	3876.5
龙口市	1468	11.6	11.6	1881.4	342.9
莱阳市	1782	8.9	8.9	1613.5	492.4
莱州市	1583	13.0	13.0	2012.7	512.3
蓬莱市	1181	7.0	7.0	1169.1	303.2
招远市	1490	8.9	8.9	1313.8	362.3
栖霞市	653	7.8	7.8	600.0	215.0
海阳市	999	12.7	12.7	1461.3	401.0
潍坊市	16458	85.7	85.7	11169.6	3008.0
青州市	3121	13.5	13.5	2103.1	581.9
诸城市	6586	24.1	24.1	3191.6	1169.5
寿光市	6958	20.6	20.6	3598.7	943.2

续表

城市名称	污水处理总量（万吨）	生活垃圾清运量（万吨）	生活垃圾无害化处理量（万吨）	园林绿地面积（公顷）	公园绿地面积（公顷）
安丘市	3992	15.6	15.6	3125.7	938.9
高密市	6393	13.2	13.2	1927.8	512.0
昌邑市	3628	6.3	6.3	1354.7	328.7
济宁市	14545	81.7	81.7	9384.4	2868.0
曲阜市	2658	10.0	10.0	1070.6	353.5
邹城市	3006	11.5	11.5	1803.3	480.1
泰安市	7915	44.2	44.2	7243.1	2409.6
新泰市	2488	27.6	27.6	3047.0	1037.0
肥城市	1870	17.8	17.8	1940.8	534.6
威海市	8340	45.3	45.3	9538.2	2582.1
荣成市	2453	16.8	16.8	2635.7	1145.4
乳山市	1520	7.4	7.4	1747.3	427.5
日照市	7744	49.1	49.1	4838.8	1625.0
临沂市	18910	89.7	89.7	13130.4	4811.0
德州市	11051	35.4	34.3	6789.1	2222.0
乐陵市	1728	9.6	9.6	1183.9	357.5
禹城市	2809	8.1	8.1	1644.4	458.0
聊城市	10900	32.4	32.4	6004.1	1457.4
临清市	3149	11.2	11.2	1913.0	449.0
滨州市	8791	34.8	34.8	6415.4	1887.2
邹平市	5285	25.9	25.9	2245.3	554.8
菏泽市	5817	50.6	50.6	6843.4	1270.4

注：2019 年度中间在平撤县设区，数据按县统计，聊城市数据不含在平区。

获 奖 名 单

山东省获得国家优质工程奖名单

序号	获奖工程	承建单位
1	光大国际工程	荣华建设集团有限公司
2	中铁青岛世界博览城会议中心综合体项目	中铁建工集团有限公司
3	青岛东方影都万达城	中国建筑第八工程局有限公司
4.	青岛市民健身中心	中国建筑股份有限公司
5	中科青岛研发城（D区块）汇智园项目2#楼、地下车库工程	青建国际集团有限公司
6	硅谷大厦及配套项目1.1期工程	青岛即建建设集团有限公司
7	青岛南京路小学建设工程	青岛新华友建工集团股份有限公司
8	上实・国际广场二期	江苏中南建筑产业集团有限责任公司
9	济宁市第一人民医院高新区分院门诊医技综合楼工程	中国建筑第八工程局有限公司
10	山东省第23届运动会综合指挥中心	青建集团股份公司
11	泗水县人民医院新院区病房楼	山东永胜建设集团有限公司
12	孔府西苑二期工程	北京建工集团有限责任公司
13	烟台市莱阳中心医院门诊病房综合楼	山东嘉安建设集团有限公司
14	烟台华东电子科技楼工程	山东飞鸿建设集团有限公司
15	永旺梦乐城烟台店	中铁建工集团有限公司
16	山东淄博汉能600MW铜铟镓硒薄膜太阳能电池生产项目生产厂房1	山东天齐置业集团股份有限公司
17	桓台县城南学校中学部	山东新城建工股份有限公司
18	临朐县妇幼保健院・计生服务站医疗综合楼	山东华邦建设集团有限公司
19	昌邑市人民医院门诊病房综合楼	潍坊昌大建设集团有限公司
20	威海市档案中心	威海建设集团股份有限公司
21	威海海景壹号4#公寓式酒店	天元建设集团有限公司
22	历下区东舍坊片区房地产开发项目(B楼及车库)	中国建筑第八工程局有限公司
23	德州中元科技创业园基地建设项目AB座	德州天元集团有限责任公司
24	临沂高新区软件产业园一期工程	天元建设集团有限公司

山东省入选第七批中国历史文化名镇名单

1. 山东省淄博市周村区王村镇
2. 山东省泰安市岱岳区大汶口镇

山东省入选第七批中国历史文化名村名单

1. 济南市章丘区相公庄街道梭庄村
2. 淄博市淄川区洪山镇蒲家庄村
3. 招远市张星镇徐家村
4. 昌邑市龙池镇齐西村
5. 邹城市石墙镇上九山村
6. 巨野县核桃园镇前王庄村

山东省列入第五批中国传统村落名录

济南市（5个）：

历城区柳埠街道石匣村
章丘区普集街道袭家村
章丘区相公庄街道梭庄村
章丘区官庄街道东矾硫村
莱城区和庄镇马杓湾村

淄博市（11个）：

淄川区昆仑镇磁村村
淄川区昆仑镇刘瓦村
淄川区罗村镇大窎桥村
淄川区太河镇纱帽村
淄川区太河镇土泉村
淄川区太河镇鲁子峪村
淄川区太河镇池板村
博山区域城镇东流泉村
博山区域城镇上恶石坞村
博山区源泉镇南崮山北村
沂源县燕崖镇姚南峪村

枣庄市（4个）：

薛城区陶庄镇前西仓村
山亭区城头镇东岭村
山亭区冯卯镇朱元村
山亭区冯卯镇付庄村

烟台市（8个）：

龙口市黄山馆镇馆前后徐村
龙口市芦头镇界沟张家村
莱州市程郭镇前武官村
招远市蚕庄镇山后冯家村
招远市张星镇段家洼村
招远市张星镇仓口陈家村
招远市张星镇宅科村
栖霞市苏家店镇后寨村

潍坊市（3个）：

青州市庙子镇黄鹿井村
昌邑市卜庄镇夏店街村
昌邑市卜庄镇姜泊村

济宁市（2个）：
邹城市香城镇石鼓墩村
邹城市石墙镇东深井村

泰安市（3个）：
岱岳区道朗镇二奇楼村
肥城市孙伯镇五埠村
肥城市孙伯镇岈山村

威海市（10个）：
荣成市宁津街道东墩村
荣成市宁津街道留村
荣成市宁津街道马栏耩村
荣成市宁津街道渠隔村
荣成市港湾街道大鱼岛村
荣成市港西镇小西村
荣成市港西镇巍巍村
乳山市城区街道腾甲庄村
乳山市崖子镇大崮头村
乳山市诸往镇东尚山村

日照市（2个）：
莒县东莞镇赵家石河村
莒县桑园镇柏庄村

临沂市（2个）：
沂水县夏蔚镇云头峪村
沂水县泉庄镇石棚村

山东省第二批美丽村居建设省级试点名单

济南市（8个）：
1. 槐荫区玉清湖街道龙王庙村
2. 历城区彩石街道东泉村
3. 长清区文昌街道西李村
4. 章丘区绣惠街道施家崖村
5. 济阳区济阳街道葛店村
6. 莱芜区雪野镇王老村
7. 平阴县玫瑰镇北石硖村
8. 商河县贾庄镇孟东村

青岛市（6个）：
9. 崂山区沙子口街道东麦窑社区
10. 城阳区惜福镇街道青峰社区
11. 即墨区龙泉街道台子村
12. 胶州市李哥庄镇四甲村
13. 平度市田庄镇官庄北村
14. 莱西市日庄镇沟东村

淄博市（6个）：
15. 淄川区罗村镇大窎桥村
16. 淄川区太河镇鲁子峪村
17. 张店区中埠镇铁冶村
18. 临淄区凤凰镇温家村
19. 桓台县起凤镇鱼三村
20. 沂源县鲁村镇龙子峪村

枣庄市（4个）：
21. 市中区齐村镇前良村
33. 薛城区周营镇牛山村
23. 峄城区阴平镇斜屋村
24. 山亭区冯卯镇冯卯村

东营市（4个）：
25. 利津县北宋镇南贾家村
26. 利津县明集乡北张村
27. 利津县汀罗镇前关村

28. 广饶县大王镇刘集后村

烟台市（8 个）：
29. 福山区张格庄镇西水夼村
30. 牟平区龙泉镇北夼村
31. 龙口市下丁家镇木厂村
32. 莱州市郭家店镇小草沟村
33. 招远市金岭镇大户陈家村
34. 栖霞市桃村镇国路夼村
35. 长岛县黑山乡南庄村
36. 经济技术开发区潮水镇马家沟村

潍坊市（7 个）：
37. 青州市庙子镇黄鹿井村
38. 诸城市皇华镇白粉子沟社区（相家沟村）
39. 高密市阚家镇松兴屯村
40. 昌邑市北孟镇小南孟村
41. 临朐县辛寨镇大峪村
42. 昌乐县高崖水库库区窝铺村
43. 峡山生态经济开发区王家庄街道石头崖村

济宁市（7 个）：
44. 任城区喻屯镇大李庄村
45. 兖州区小孟镇梁家村
46. 曲阜市书院街道书院村
47. 鱼台县鱼城镇马莪村
48. 金乡县羊山镇葛山村
49. 嘉祥县纸坊镇隋庄村
50. 泗水县济河街道夹山头村

泰安市（4 个）：
51. 泰山区省庄镇安家庄村
52. 新泰市龙廷镇掌平洼村
53. 宁阳县东疏镇胡茂村
54. 东平县新湖镇冯洼村

威海市（4 个）：
55. 环翠区羊亭镇贝草夼村
56. 文登区高村镇慈口观村
57. 乳山市海阳所镇杜家岛村
58. 临港经济技术开发区草庙子镇西李家夼村

日照市（4 个）：
59. 东港区两城街道安家村一村
60. 岚山区巨峰镇薄家口村（邵家府村）
61. 岚山区黄墩镇侯家沟村
62. 莒县招贤镇聚贤社区（大罗庄村）

临沂市（8 个）：
63. 兰山区半程镇沂田庄村
64. 沂南县马牧池乡牛王庙村
65. 郯城县李庄镇株柏社区（株柏五村）
66. 沂水县泉庄镇尹家峪村
67. 费县费城街道新刘庄村
68. 平邑县地方镇九间棚村
69. 莒南县洙边镇书院社区（葛家山村）
70. 临沭县曹庄镇朱村

德州市（6 个）：
71. 陵城区滋镇三洄河村
72. 乐陵市杨安镇堤北董村
73. 禹城市十里望回族镇后邢村
74. 宁津县柴胡店镇崔杨村
75. 武城县鲁权屯镇石庄村
76. 经济技术开发区赵虎镇吕庄村

聊城市（6 个）：
77. 东昌府区堂邑镇五里墩村
78. 临清市康庄镇官庄村
79. 冠县范寨镇孔里庄村
80. 高唐县三十里铺镇李奇村
81. 江北水城旅游度假区李海务街道刘道之村
82. 高新技术产业开发区韩集乡后姜村

滨州市（4个）：
83. 沾化区黄升镇堤圈村
84. 惠民县皂户李镇十五里堂社区（康家堡村）
85. 惠民县淄角镇三里社区（石张村）
86. 无棣县小泊头镇张义井村

菏泽市（14个）：
87. 定陶区马集镇袁堂社区
88. 曹县青岗集镇江海村
89. 成武县党集镇西刘海村
90. 郓城县张营街道后彭庄村
91. 鄄城县旧城镇一号村台
92. 鄄城县旧城镇二号村台
93. 鄄城县旧城镇三号村台
94. 鄄城县旧城镇四号村台
95. 东明县菜园集镇一号村台
96. 东明县沙窝镇二号村台
97. 东明县长兴集乡二号村台
98. 东明县长兴集乡九号村台
99. 东明县焦园乡一号村台
100. 东明县焦园乡二号村台

2019年省级节水型企业（单位）、社区（居住小区）名单

济南市（10家）：
1. 山东赛克赛斯生物科技有限公司
2. 山东百利通亚陶科技有限公司
3. 绿城物业服务集团有限公司
4. 山东医学高等专科学校
5. 济南广播电视台
6. 济南市万象新天小区
7. 济南市中海华山城湾小区
8. 济南市中建锦绣城睿园小区
9. 济南市万科城小区
10. 济南市名辉豪庭小区

青岛市（27家）：
11. 中国石化青岛石油化工有限责任公司
12. 青岛港国际股份有限公司大港分公司
13. 中车青岛四方车辆研究所有限公司
14. 青岛东亿热电厂
15. 华仁药业股份有限公司
16. 青岛思远化工有限公司
17. 青岛有明食品有限公司
18. 青岛惠城环保科技股份有限公司
19. 一汽解放青岛汽车有限公司
20. 青岛金源热电有限公司
21. 青岛东林毛皮有限公司
22. 欧励友工程炭（青岛）有限公司
23. 国家税务总局青岛经济技术开发区税务局
24. 国家税务总局胶州市税务局
25. 青岛市第三人民医院
26. 青岛市市立医院
27. 青岛湛山疗养院
28. 青岛市妇女儿童医院
29. 青岛市市南区金茂湾小区
30. 青岛市市北区保利·叶公馆小区
31. 青岛市李沧区保利·茉莉公馆小区
32. 青岛市李沧区万达悦公馆小区
33. 青岛市李沧区和达和城小区
34. 青岛市即墨区万科朗润园小区
35. 青岛市即墨区天一仁和郡小区
36. 莱西市宏远教师家园小区
37. 莱西市豪都·紫悦府小区

淄博市（27家）：
38. 山东金城柯瑞化学有限公司
39. 淄博圣泉纸业有限公司

40. 山东国润陶瓷有限公司
41. 山东亚行陶瓷有限公司
42. 淄博舜元建陶有限公司
43. 山东统一陶瓷科技有限公司
44. 淄博齐林贵和热电有限公司
45. 淄博凯华生物质热电有限公司
46. 淄博飞源化工有限公司
47. 高青如意纺织有限公司
48. 山东合力泰化工有限公司
49. 山东星都石油化工科技股份有限公司
50. 山东隆信控股集团有限公司
51. 蓝帆医疗股份有限公司
52. 山东淄博饭店集团股份有限公司
53.SM 广场（淄博）有限公司
54. 淄博市淄川区般阳中学
55. 淄博银座商城有限责任公司淄川购物广场
56. 淄博市张店区橄榄城小区
57. 淄博市张店区金石丽城小区
58. 淄博市张店区黄金国际小区
59. 淄博市张店区丽都花园小区
60. 淄博市博山区颜山花园东苑小区
61. 淄博市博山区翰林府邸小区
62. 淄博市临淄区金鼎绿城一期小区
63. 淄博市高青县芦湖名郡小区
64. 淄博市沂源县金杉・秀水湾小区

枣庄市（33 家）：
65. 山东联合丰元化工有限公司
66. 山东荣华纸业有限公司
67. 枣庄海扬王朝纺织有限公司
68. 滕州市城乡供水中心
69. 山东化工技师学院新校
70. 山东省枣庄市第二中学
71. 枣庄市峄城区匡衡小学
72. 枣庄市薛城实验中学
73. 枣庄市台儿庄区财政局
74. 枣庄市台儿庄区实验幼儿园
75. 枣庄市山亭区区实验幼儿园
76. 枣庄市东郊小区
77. 枣庄市翡翠城小区
78. 枣庄市御璟东方小区
79. 枣庄市峄城区檀翠御都小区
80. 枣庄市峄城区峄州仙坛苑小区
81. 枣庄市峄城区宸睿名寓小区
82. 枣庄市峄城区通盛御河园小区
83. 枣庄市台儿庄区陈塘东棚改安置小区
84. 枣庄市台儿庄区凤凰水城小区
85. 枣庄市台儿庄区西关三街小区
86. 枣庄市台儿庄区紫荆苑小区
87. 枣庄市台儿庄区闫浅花园小区
88. 枣庄市台儿庄区清荷园一期小区
89. 滕州市墨乡圣府小区
90. 滕州市鑫佳玫瑰园小区
91. 滕州市兴腾清水湾小区
92. 滕州市和家园小区
93. 滕州市状元府小区
94. 滕州市星尚城小区
95. 滕州市保利海德佳园小区
96. 滕州市上善玺园小区
97. 滕州市君瑞城小区

东营市（10 家）：
98. 东营市公安局
99. 东营市东营区机关事务管理局
100. 胜利油田中心医院
101. 东营职业学院
102 东营市第一中学
103. 东营市第二中学
104. 东营市胜利第一中学
105. 东营市胜利第五十八中学
106. 东营市春晖小学
107. 东营市胜利锦华小学

烟台市（43家）：

108. 山东鲁花生物科技有限公司
109. 山东黄金冶炼有限公司
110. 华电莱州发电有限公司
111. 龙大食品集团有限公司
112. 莱阳盾安供热有限公司
113. 莱阳市园林建设养护中心
114. 莱阳市水务局
115. 莱阳市自来水公司
116. 蓬莱市水务局
117. 蓬莱市供水总公司
118. 栖霞市污水处理厂
119. 滨州医学院烟台附属医院
120. 莱州市人民医院
121. 莱州市妇幼保健院
122. 莱州市市民之家服务中心
123. 海阳市人民医院
124. 海阳市中医医院
125. 烟台轻工业学校
126. 山东省海阳市第一中学
127. 海阳市育才中学
128. 海阳市国际会议中心
129. 烟台市牟平区龙湖葡醍海湾小区
130. 烟台市牟平区石药·健康城小区
131. 烟台市牟平区天房·檀珑湾小区
132. 莱阳市鲁花太阳城小区
133. 莱阳市龙门山水华庭小区
134. 莱阳市盛隆御花园小区
135. 莱阳市建大文峰苑小区
136. 莱州市华旗绿城小区
137. 莱州市天承御龙居小区
138. 莱州市金日天玺小区
139. 莱州市恒隆凯旋城小区
140. 莱州市金日幸福里小区
141. 蓬莱市宝龙国际社区
142. 蓬莱市登州府第小区
143. 栖霞市金苹果绿苑小区
144. 栖霞市东盛·帝景佳苑小区
145. 海阳市碧桂园滨海城小区
146. 海阳市曦岛假日湾小区
147. 海阳市中央海岸小区
148. 海阳市汇景湾小区
149. 海阳市金海金城山海名苑小区
150. 海阳市永平盛苑小区

潍坊市（37家）：

151. 山东天力药业有限公司
152. 山东银鹰化纤有限公司
153. 山东星宇手套有限公司
154. 潍坊中冶煤炭有限公司
155. 寿光蔬菜产业控股集团有限公司
156. 寿光世纪教育集团东城学校
157. 高密天福家纺有限公司
158. 临朐县西城热电有限公司
159. 青州市人民医院
160. 青州市城乡环卫中心
161. 安丘市市立医院
162. 高密市人民医院
163. 高密市中医院
164. 山东省高密市第一中学
165. 昌乐县委县政府机关事务管理局
166. 山东省益都师范学校附属小学
167. 昌乐县乔官镇北岩小学
168. 昌乐县五图街道九龙湖小学
169. 昌乐县乔官镇北展小学
170. 昌乐县宝都街道尧沟小学
171. 昌乐县鄌郚镇包庄小学
172. 昌乐县营丘镇阿陀小学
173. 昌乐县贵和幼儿园
174. 昌乐县经济开发区幼儿园
175. 青州市海天辰韵小区
176. 诸城市泰润家园小区
177. 诸城市龙都容郡小区
178. 诸城市龙都现代城东区

179. 诸城市龙都现代城西区
180. 诸城市盘龙福邸小区
181. 诸城市红杉一品小区
182. 诸城市百合花园小区
183. 寿光市卡诺岛南岛小区
184. 安丘市青云·瑞景园小区
185. 高密市菲达新公馆
186. 高密市菲达明都小区
187. 昌乐县颐轩国际小区

济宁市（20家）：

188. 华能国际电力股份有限公司济宁电厂
189. 山东兖矿国际焦化有限公司
190. 山东太阳纸业股份有限公司
191. 济宁市任城区机关事务服务中心
192. 济宁市兖州区机关行政事务局（行政办公中心）
193. 济宁市港航局
194. 中国人民银行济宁市中心支行
195. 山东省济宁市中级人民法院
196. 济宁市实验初中
197. 山东理工职业学院
198. 济宁市第一中学
199. 济宁市恒大名都小区
200. 济宁市鸿顺观邸小区
201. 济宁市南风花园小区
202. 济宁市洸河新苑小区
203. 济宁市冠亚星城小区
204. 济宁市金色兰庭小区
205. 济宁市金色嘉苑小区
206. 济宁市欧隆盛源小区
207. 济宁市玖玺小区

泰安市（12家）：

208. 泰山石膏有限公司
209. 泰安市岱岳区水利局
210. 山东医药技师学院
211. 泰山学院附属中学
212. 泰安市泰山区泰前街道办事处御碑楼小学
213. 泰安市开元盛世·和园小区
214. 泰安市三合御都小区
215. 泰安市润英美庐小区
216. 泰安市御驾新苑小区
217. 泰安市池子崖小区
218. 肥城市春秋古镇小区
219. 肥城市汇功·上海华府小区

威海市（4家）：

220. 威海佰德信新材料有限公司
221. 中国人民银行乳山市支行
222. 乳山市天筑绿洲小区
223. 乳山市香格里拉二区小区

日照市（23家）：

224. 山东洁晶集团股份有限公司
225. 青岛啤酒（日照）有限公司
226. 日照金禾博源生化有限公司
227. 山东浮来春生物化工有限公司
228. 莒县水利局
229. 莒县环境保护局
230. 莒县住房和城乡建设局
231. 莒县人民医院
232. 日照市城市花园小区
233. 日照市安泰海天艺墅西区小区
234. 日照市安泰荣域世嘉小区
235. 日照市安泰·名筑小区
236. 日照市兴业春天花园小区
237. 日照市兴业大连花园小区
238. 日照市兴业金海学府小区
239. 日照市莒县锦苑华庭小区
240. 日照市莒县润景华庭小区
241. 日照市莒县万和城小区
242. 日照市莒县盛世城南区小区
223. 日照市莒县沭韵家园小区

244. 日照市莒县沭河湾小区
245. 日照市莒县沭景嘉园小区
246. 日照市莒县沭河华府小区

临沂市（5家）：

247. 山东盛阳集团有限公司
248. 临沂恒昌焦化股份有限公司
249. 临沂市科技馆
250. 临沂市肿瘤医院
251. 临沂罗庄中心医院

德州市（5家）：

252. 德州公用水务有限公司
253. 德州市城市管理局
254. 德州市自然资源局
255. 德州职业技术学院
256. 德州市人民医院

滨州市（8家）：

257. 山东金海钛业资源科技有限公司
258. 山东滨化滨阳燃化有限公司
259. 山东三岳化工有限公司
260. 西王金属科技有限公司
261. 滨州市沾化区机关事务管理局
262. 滨州市沾化区水务局
263. 邹平市水利局
264. 无棣县机关事务管理局

菏泽市（6家）：

265. 国家税务总局菏泽市税务局
266. 中国人民银行菏泽市中心支行
267. 菏泽学院
268. 菏泽医学专科学校
269. 菏泽市牡丹区实验小学
270. 菏泽市中央公馆小区

媒 体 报 道

施工图送审9月底前实现“零跑路”

电子审图多审合一，“一把过”者7个工作日内出合格书

日前，省住房城乡建设厅、省发改委、省财政厅、省人防办联合印发《贯彻落实“一次办好”改革决策部署　全面深化施工图审查制度改革的实施意见》，明确2019年9月底前，推行施工图数字化审查、多审合一，实现建设单位施工图送审“零跑路”，与相关部门“零接触”。

以往，房屋建筑和市政工程的施工图有没有损害公共利益、威胁公众安全的风险，有没有违反工程建设强制性标准和国家、省相关规定，往往要由住房城乡建设、消防、人防等多个部门分别进行审查，耗时长、跑路多、浪费大，上交的图纸动辄要“用小车推”。这次改革，我省将全面推行“多审合一”，将消防设计审核、人防设计审查等技术审查并入施工图设计文件审查，变“多家审”为由一家综合图审机构审查，分专业出具审查合格书和审查情况报告书。

我省明确，到2019年6月底前，住房城乡建设、人防等主管部门完成综合图审机构资格联合认定工作；整合现有施工图审查数字化系统，建立山东省施工图审查管理信息系统；2019年9月底前，推行施工图数字化审查、多审合一，实现建设单位施工图送审“零跑路”，与相关部门“零接触”。

《实施意见》明确，将依托施工图审查管理信息系统，实现建设单位、勘察设计单位、图审机构和住房城乡建设、人防等管理部门的互联互通，除保密工程外，推广应用网上电子审图，实现“统一平台、多审合一、结果互认、依法监管”，进而大幅提高服务效能。一次审查合格的，7个工作日内出具施工图审查合格书和审查情况报告书（超限工程、大型工程除外）。一次审查未通过的，建设单位和勘察设计企业应对施工图及时修改完善，缩短修改时间。省住房城乡建设厅将会同省人防办等部门，组织编制各专业施工图审查技术要点和施工图审查服务规范。

我省还提出，全面实施政府购买施工图审查服务制度。公共财政承担首轮施工图审查费用和因规划调整等政府原因导致施工图修改需要重新进行审查的费用，建设单位需承担因自身原因导致重新审查的费用。

《实施意见》所指的“施工图”，是指我省房屋建筑和市政基础设施工程施工图（含工程勘察文件和施工图设计文件）。其中，房屋建筑又包含公共建筑室内外装修、建筑保温、用途变更等的消防设计。该《实施意见》适用于省内新建、改建、扩建房屋建筑和市政基础设施工程施工图审查，涉密工程实行线下审查。

（杨学莹　王德荣）

2019年1月3日《大众日报》

我省启用新版住宅质量“两书”

开发商不落实，业主可拒收房或投诉

“房子的使用说明书还不如冰箱的详细”，这种情况要改观了。1月7日，山东省暨烟台市新版住宅质量“两书”启用活动在烟台市福山区万科·城市之光项目举行。项目开发单位烟台万科房地产开发有限公司向业主代表发放了全省首批新版《商品住宅使用说明书》《商品住宅质量保证书》，这标志着我省新版住宅质量“两书”正式启用。

记者在现场看到，新版“两书”比以前开发商自行编制的更详细明了，对建筑结构做法、室内暗敷管线和设施设备、公共设施设备、装修注意事项、使用注意事项等，通过图文并茂的方式作了详细说明；载明了承担终身质量责任的单位和人员，细化各部位、部件保修内容和期限，明确保修单位、联系方式及异议诉求渠道。

省城镇化领导小组办公室专职副主任宋锡庆介绍，我国商品住宅质量“两书”制度自1998年开始实施，新建商品住宅交付时，由开发企业向业主提供《商品住宅使用说明书》《商品住宅质量保证书》，作为业主使用、维护房屋的重要依据。但多年来，国家和省没有“两书”示范文本，由开发单位自行编制发放，深度不一，有的甚至缺项漏项，难以起到应有作用。为此，2018年省住房城乡建设厅发布了新版“两书”示范文本，2019年1月1日正式启用。

宋锡庆说，2019年1月1日起验收交付的商品住宅工程，要严格按要求向业主提供新版住宅质量“两书”，开发单位要结合工程实际情况，认真对照示范文本编制“两书”，有条件的可以进行再提升、再完善。凡项目涉及内容必须体现，不得随意删减。各级住房城乡建设（房地产开发）部门要综合运用验收监督备案、房地产销售监管、受理查处举报投诉等手段，及时发现和纠正不执行示范文本行为，确保新版“两书”全覆盖、真落地。凡2019年1月1日以后交付的新建商品住宅，业主发现开发企业不发放新版“两书”的，可以拒收房屋或拨打12345市民热线投诉。

（杨学莹）

2019年1月8日《大众日报》

烟台首创施工许可容缺图审，图纸审查基坑开挖同步进行

容缺开工早18天　一天省辆小轿车

“哒哒哒……”今天，烟台市莱山区大郝家旧村改造项目工地上，一台油锤正起劲地“啃”着石头挖基坑。项目开发单位烟台市煜炜置业有限公司总经理助理赵越介绍，包括这栋楼在内，该项目的8栋楼办理了“容缺开工”，提前开工了18天。正因为这样，其中6栋才得以赶在元旦前开了盘，提前回笼资金数亿元。

赵越所说的“容缺开工”，是指在施工图设计文件送审当日，企业无需等审查通过，就能容缺办理施工许可证，回去开挖基坑，边挖边等图

审。这是因为烟台市在工程建设项目审批制度改革中，突破全国通行的“图审合格才能发施工许可”的做法，不再将施工图审查合格书作为施工许可前置要件，首创实行容缺施工图审查办理施工许可手续。

赵越介绍，2018年11月7日，这8栋楼的施工图设计文件报审，图审中心出具了受理回执，告诉他，凭回执当日即可容缺办理施工许可。“由于刚得知政策，其他材料没准备，11月15日我们备齐材料后，去办理了施工许可证。”赵越说，15日下证当天，6台油锤就进场挖基坑了。12月3日，施工图审查合格书下来，刚好，6栋楼的基坑已在前一天挖好了，企业接着打底板、进行主体施工，一天也没耽误。

“若按传统审批方法，我们12月3日才能领证、动土开工。这个新政策让我们提前了18天。”赵越说。他给记者算了一笔账：这8栋楼的土地出让金约2亿元，早一天开工，就可省下几万元的资金成本；而且，早开工一天就早销售一天。“一反一正，相当于一天给企业省了一辆小轿车。”

烟台市住建局副调研员刘新海说，在烟台，以建筑面积15万平方米的住宅小区为例，施工图审查约10日完成。但设计单位按审查意见反复修改、回复，大概还需要20天。容缺办理可让建设单位提前开工30天左右。去年10月实施容缺开工以来，烟台15个受益项目平均提前开工约1个月。

简化手续，不代表放松监管。企业要承诺，在取得施工图审查合格书前，不进行底板施工；含桩基项目在通过桩基施工图设计文件审查前，不进行桩基施工。否则，立即收回施工许可证、记入黑名单，取消今后的容缺办理资格。

莱山区住建局建工处主任姜涛介绍，容缺开工项目的安全监管，与传统的持证项目相同。以前企业无证施工，多半也是抢挖基坑；现在容缺审批顺应了企业需求，“抢挖”变合法了，安全监管的阻力小了，企业不用偷偷摸摸，安全隐患也少了。

（杨学莹　从春龙　时慧卿）

2019年1月20日《大众日报》

山东5项措施促进绿色建筑发展

对装配式建筑奖励3%容积率

目前，我省出台《山东省绿色建筑促进办法》（以下简称《办法》），对建设、购买、运营绿色建筑的单位和个人提出了5项扶持措施，3月1日起施行。《办法》明确，采用装配式外墙技术产品的建筑，其预制外墙建筑面积不超过规划总建筑面积3%的部分，不计入建筑容积率。

装配式建筑是我省发展绿色建筑鼓励倡导的建造方式，有利于培育新型建筑产业，减少建造过程资源能源消耗，提升建设质量和效率，促进新技术研发推广。省住房城乡建设厅节能科技处相关负责人告诉记者，在装配式建筑推广初期，工程造价比传统现浇体系有一定增加，需要政策予以倾斜扶持。另外，有的装配式外墙因为在保温材料之外需要附加一些构造做法，尺寸比普通外墙厚，占面积，影响建设单位积极性，不利于推广。奖励这3%容积率，对建设单位就很有吸引力。假设一个住宅小区规划建筑面积10万平方米，奖励这3%的容积率，即可多建设3000平方米。

除了对装配式建筑奖励容积率，我省还提出

了4项扶持措施促进绿色建筑发展：居住建筑采用地热能、太阳能等可再生能源采暖、制冷、供应热水的，其用电按照国家和省有关规定享受优惠政策；利用可再生能源的民用建筑，核算建筑能耗时，其常规能源替代量可以抵扣相应的建筑能耗量；公共建筑达到绿色建筑标准的，执行峰谷分时电价；新建民用建筑实施屋顶绿化、垂直绿化的，按照有关规定折算为附属绿地面积。

"屋顶绿化、垂直绿化计入绿化率，省下的土地面积就可以建水景等，提升居住品质。"上述负责人说。

自2016年起，省住房城乡建设厅出台《绿色建筑设计规范》，要求县城及以上城市规划建设用地范围内的新建建筑全部执行绿色建筑标准。《办法》加严了要求，乡镇总体规划确定的城镇建设用地范围内新建民用建筑（3层以下居住建筑除外），也应当采用国家和省规定的绿色建筑标准。同时，对政府投资或者以政府投资为主的公共建筑以及其他大型公共建筑（单体面积2万平方米以上的），原来要求按绿色建筑标准建设，本次提高要求，须按照二星级以上绿色建筑标准进行建设。

据悉，截至2018年底，我省已累计建成绿色建筑3.3亿平方米，获得绿色建筑星级标识项目1.1亿平方米。

（杨学莹　徐建）

2019年1月30日《大众日报》

《山东省无障碍环境建设办法》五月一日起实施
无障碍设施不达标将被处罚

日前，《山东省无障碍环境建设办法》出台，明确无障碍环境建设是全社会的共同责任，城镇新建、改建、扩建道路、公共建筑、公共交通设施、居住建筑、居住区不符合无障碍设施工程建设标准的，将被依法处罚。《办法》将于5月1日起实施。

《办法》的出台，旨在让残疾人等社会成员自主安全地通行道路、出入相关建筑物、搭乘公共交通工具、交流信息，以及获得公共服务、社区服务和便利的居家生活。在无障碍设施建设方面，《办法》规定，城镇新建、改建、扩建道路、公共建筑、公共交通设施、居住建筑、居住区，应当符合无障碍设施工程建设标准。不符合标准的，由县级以上人民政府住房城乡建设主管部门责令改正，依法给予处罚。已建成不符合标准的，县级以上人民政府应当制订无障碍设施改造计划并逐步组织实施。乡、村庄的建设和发展，应当逐步达到无障碍设施工程建设标准。

《办法》规定，无障碍设施的所有权人或者管理人未按照国家标准设置无障碍设施标志标识，或者未对无障碍设施及其标志标识进行保护、维修的，由有关主管部门责令限期改正；逾期未改正的，由有关主管部门给予5000元以上50000元以下罚款。

为保障残疾人自主安全出行，《办法》提出，公共交通运营单位应当在公共汽车、城市轨道交通车辆安装语音提示系统、电子字幕报站系统和便于残疾人乘用的辅助设备；在城市主要交通要道和主要停车站点设置符合规定的盲文站牌；在机场、车站、港口为残疾人提供购票、候车、托运行李、上下交通工具等无障碍客运服务。

《办法》强调，残疾人乘坐公共交通工具携带随身必备的辅助器具或者有标识的导盲犬的，公共交通运营单位不得拒绝或者额外收取费用。任何单位和个人不得损坏、侵占盲道、无障碍卫生间、垂直电梯、轮椅通道等无障碍设施，或者改变其用途。

在保障残疾人无障碍信息交流方面，《办法》明确，升学考试、职业资格考试和任职考试应为残疾人参加考试提供便利。省、市电视台应当创造条件，在播出电视节目时配备字幕，每周播放至少一次配播手语的新闻节目，县电视台播出新闻和残疾人专题节目时应当配备字幕；公开出版发行的影视类录像制品应当配备字幕。县以上图书馆应开设视力残疾人阅览室，提供盲文读物、有声读物。公共服务机构和公共场所应当创造条件，为残疾人提供语音和文字提示、手语、盲文等信息交流服务，并安排工作人员予以协助。电信服务应当向有需求的听力、言语、视力残疾人提供文字和语音信息服务。火警、求助报警、医疗急救、交通事故等紧急呼叫系统，应当逐步完善适合听力和言语残疾人使用的文字信息报警、呼救功能。

在无障碍服务方面，《办法》规定，县级以上人民政府应当制订残疾人等社会成员家庭无障碍改造工作计划，并对需要无障碍设施改造的贫困家庭给予补助。指导机动车驾驶员培训机构开展残疾人驾驶培训业务；普通中小学、幼儿园、中等职业学校、技工院校、高等学校应当为残疾学生提供教育教学等方面的无障碍服务，不得拒绝符合条件的残疾学生参加教育教学活动。托养场所、日间照料场所、文化活动室等社区公共服务设施应当逐步完善无障碍服务功能，为残疾人、老年人等社会成员参与社区生活提供便利。

（杨学莹）

2019 年 3 月 20 日《大众日报》

与先进省份比存在企业竞争力不强、发展速度偏慢等问题

建筑业：万亿产业期待华丽转身

全省 1.4 万家建筑业企业中，特级企业仅有 43 家，而江苏、浙江均达到近 80 家；年产值过百亿元的企业只有 18 家，比江苏、浙江分别少了 27、26 家；建筑企业技术实力整体不强，难以承揽高铁、地铁、超高层建筑等高端项目……3 月 27 日召开的全省建筑业改革发展大会上，显示我省建筑业差距的一组数据首先被提起。

数据显示，2018 年我省建筑业实现增加值 4785 亿元，占全省 GDP 的 6.3%；纳税 554.4 亿元，占全省税收的 6.2%。建筑业总产值 1.29 万亿元，和轻工、纺织、机械、化工、冶金等行业一样，同为我省过万亿的优势产业。目前，全省建筑业从业人员 380 万人，其中农民工超过 280 万人。但是，我省的建筑业发展与全省“走在前列、全面开创”的目标定位相比，还存在企业竞争力不强、市场占有率低、营商环境不优、发展速度偏慢等问题。上述大会上，各级政府分管负责人、主管部门负责人和企业家代表共商我省建筑业改革发展路径。

老行当也能出“高新企业”

中铁十四局，一个人们印象中“修铁路”的公司，现已是“大盾构”行业领军企业了。2017 年以来，国内 15 米以上的 6 座超大直径盾构隧道，全部由十四局承建；在 14 米以上超大直径盾构领域，市场占有率 50% 以上。

中铁十四局有限公司董事长吴言坤表示，独门绝技来自科技创新。他们在高、新、特、尖上强力突破，填补了国内外多项技术空白，实现了五个“全覆盖”：穿越“江河湖海城”全覆盖、地质条件全覆盖、涉足行业全覆盖、盾构直径全覆盖、施工工艺全覆盖。从 2 米到 16 米，基本

掌握了各种直径盾构施工技术，这才有了骄人的市场业绩。

在互联网时代，建筑业企业早已不再是“傻大笨粗”。在中建八局，“智慧图纸”让工人戴上AR眼镜就能轻松看懂；放线机器人用BIM模型进行三维数据的可视化放样……依靠BIM技术和BIDA一体化施工技术，他们2017年在天津曾用14人、40个小时完成了全国最大的模块化装配式机房安装，达到国际领先水平。“正因为长期注重技术研发和积累，山东区域所属一、二、四公司连续获评国家级高新技术企业。”中建八局山东分局局长陈建设说。

省住房城乡建设厅厅长王玉志说，我省最近出台了《关于进一步促进建筑业改革发展的十六条意见》（下称“16条意见”），鼓励企业创新创优，支持建筑业企业申请高新技术企业认定，将建筑业科技创新列为省科技创新体系重点内容；调整建设工程费用费率，实行优质优价，对获得鲁班奖、泰山杯等奖项的，各级政府给予奖励。希望企业也克服小富即安、小进则满的传统观念，增强求新求变的内在动力和做大做强、做精做专的胆识魄力。

扩大开放抱团出海

建筑市场是一个充分竞争的市场。我省建筑业与先进省市的差距，主要在省外市场上。南通、绍兴一年8000多亿元的建筑业产值，超过一半都是在省外。江苏、浙江省外产值占比都在50%以上，我省仅为18%。很多业内人士认为，要统筹考虑省内、省外、国外“三个市场”，实现由单一市场向多元化市场转变、由中低端市场向高端市场转变。

在青建集团股份公司，公司董事长吴书义介绍，青建自1983年走出国门，以“国际化、本土化、一体化”三化战略为引领，经过“借船出海、驾船出海、造船出海、抱团出海”四个阶段，实现了从小到大、从有到优的飞跃。“一带一路”倡议提出6年来，青建新开拓海外市场15个，在35个国家设立分支机构，青建品牌在海外逐渐叫响。

不光做工程承建，青建还将业务延伸至国际贸易、实业投资等全产业链。他们还推行“青建+”，带动更多企业走出去：成立青岛市民营经济国际合作商会，目前100多家会员在全球40多个国家有经济活动；牵头组织43家建筑企业成立“青岛国际工程发展联盟”，抱团开拓国际市场。

王玉志说，“16条意见”明确，对承包省外工程的省内企业，要按照在我省缴纳税款增幅的一定比例，由企业注册地予以奖补。对国外市场，下一步的思路是，充分发挥我省建筑企业在房屋、建筑、市政、电力、水利、公路等方面的比较优势，不光“劳务输出”，还要带动技术、设备、管理、标准联动输出，提高国际市场份额。

让企业轻装上阵

数据显示，2018年广东建筑业增速超过20%，我省只有12.4%。我省建筑业产值规模与江苏、浙江的差距，从2008年的4800亿元、4300亿元，拉大到2018年的1.79万亿元、1.59万亿元，从全国第4名下滑到第6名。

业内人士反思，差距拉大的原因，除了企业自身因素外，也有行业管理等方面的原因，如管理粗放、机制不活、方式单一，对企业资质、人员资格、评优评奖等设置较严；有效制度供给不足，以往出台的政策措施实招不多、硬招不多，企业获得感不强。

资质是建筑企业承揽项目、开拓市场的敲门砖。记者注意到，目前出台的“16条意见”，对优化资质审批管理、下放行政审批事项、放宽承揽业务范围等作了明确规定。比如开展资质审批告知承诺制试点，打破资质逐级晋升限制，允许企业跨等级、跨专业承接业务等，这些政策突破力度很大，在全国都是领先的，目的就是让企业更快捷地拿到“敲门砖”。

给企业减负，需要制度创新。比如投标、履约、质量、农民工工资等“四类保证金”，全省建筑企业每年缴纳约380亿元，占压了企业大量流动资金。2018年青岛市试点推行工程综合保证保险，支持参建各方以保函、保险、担保方式代替各类保证金。青岛市副市长王家新介绍，待全面覆盖后，每年可为企业盘活资金约百亿元。

（杨学莹）

2019年4月3日《大众日报》

我省印发意见推进城镇住房保障家庭租赁补贴工作

三类群体首次纳入住房租赁补贴范围

原则上每户保障家庭最高按60平方米发放补贴

省住房城乡建设厅、省民政厅、省财政厅、省人力资源社会保障厅、省税务局日前联合印发《关于进一步推进城镇住房保障家庭租赁补贴工作的指导意见》，明确将符合住房保障条件的城镇中等偏下收入住房困难家庭、新就业无房职工、稳定就业外来务工人员纳入住房租赁补贴的保障范围，以家庭为单位实施保障。此指导意见将于今年6月1日起施行。

对六类群体建起梯度保障

据介绍，指导意见对六类群体建立起梯度保障：对符合条件的特困人员家庭优先保障，对城市低保、低收入住房困难家庭全面保障，对城镇中等偏下收入住房困难群体、新就业无房职工和稳定就业外来务工人员实施分层级差别化住房租赁补贴，保障其基本住房需求。

城镇中等偏下收入住房困难家庭指持有当地城镇户籍、家庭人均收入低于上年度当地城镇人均可支配收入一定比例、未享受其他住房补贴政策、且在当地无自有住房或住房面积低于当地标准的家庭。

新就业无房职工指持有当地合法有效的居住证或当地城镇户籍、人均收入低于上年度当地城镇人均可支配收入一定比例、在当地无自有住房、未享受其他住房补贴政策、毕业一定年限内在当地就业并办理就业登记、正常缴存社会保险和住房公积金的职工。

城镇稳定就业外来务工人员指持有当地合法有效的居住证、人均收入低于上年度当地城镇人均可支配收入一定比例、在当地无自有住房、未享受其他住房补贴政策、稳定就业并办理就业登记、正常缴存社会保险和住房公积金的人员。

“因城施策是指导意见的一个重要原则。”省住房城乡建设厅住房保障处相关工作人员介绍，区别不同类别的保障对象，其住房、收入、稳定就业年限等具体准入条件，将由各市、县（市）住房城乡建设部门牵头，会同民政、财政、人社等部门研究确定。

原则上1人家庭按30平方米发放补贴

结合保障对象实际需求，不同群体的保障方式将分类确定。原则上符合条件的特困人员家庭应采取实物保障；城市低保、低收入住房困难家庭以实物保障为主，住房租赁补贴保障为辅；城镇中等偏下收入住房困难家庭、新就业无房职工、城镇稳定就业外来务工人员以住房租赁补贴保障为主，实物保障为辅。各地可结合公共租赁住房房源供需情况和保障对象意愿，灵活落实保障措施。

补贴标准将由各地结合当地住房租赁市场的

租金水平、保障对象的收入和财产状况等因素，合理测算并分档确定，原则上住房租赁补贴占市场平均租金的比例与公共租赁住房租金优惠比例应基本保持一致。同时，补贴标准要随市场平均租金变化进行动态调整，原则上调整周期不超过三年。

补贴面积由各地结合保障对象的家庭成员数量和当地实物配租保障面积标准等情况合理确定，原则上 1 人的保障家庭按 30 平方米、2 人的保障家庭按 45 平方米、3 人及以上的保障家庭按 60 平方米发放补贴。

骗取补贴的 5 年内不受理其住房保障申请

按照指导意见，新就业无房职工累计保障期限原则上不超过 36 个月，对超过保障期限仍符合其他保障对象条件的，可按规定变更保障类别，继续申请保障。其他保障对象不设定累计保障期限。

为方便及规范申报，各地将结合“放管服”“一次办好”要求，进驻当地政务服务大厅（中心），推行“一窗受理”，同时充分利用“互联网＋政务服务”，逐步实现常态化申报和网上申报。已经运行住房租赁综合服务平台的，租赁合同应通过平台申报并办理网签备案。新就业无房职工、稳定就业的外来务工人员，可由用人单位集中向当地住房城乡建设部门申报，并协助提供相关材料。

指导意见提出要完善退出机制，对不再符合保障条件的，及时终止住房租赁补贴发放，退出保障范围。对骗取、套取住房租赁补贴的，取消保障资格，依法依规追回住房租赁补贴。同时还将加快信用体系在住房保障工作中的运用，建立健全申报材料真实性承诺机制，完善失信、违规行为认定标准和程序。对以不正当手段骗取、套取住房租赁补贴的，计入个人诚信记录，5 年内不受理其住房保障申请，同时将相关信息推送到信用中国（山东）等诚信体系平台，实施联合惩戒。

（赵小菊　高健）

2019 年 5 月 15 日《大众日报》

我省推动城市绿化更加立体

利用屋顶墙体拓展绿化空间

省住房城乡建设厅日前制定出台《关于加强全省城市立体绿化工作的指导意见》，明确将在安全第一的原则下，以立体绿化作为城市绿化新的增长点和重要发展方向，积极开展示范建设，以点带面、逐步推进全省城市立体绿化工作，进一步拓展城市绿化空间，改善城市人居环境。

据介绍，我省将优先在国家园林城市（县城）开展城市立体绿化工作，重点抓好新建公共建筑、市政基础设施立体绿化，积极倡导学校等单位开展立体绿化，抓好示范项目建设，充分发挥示范带动作用，由点到面逐步推广。

按照《意见》，新建公共建筑（政府机关、学校、医院、文化体育场所等）的条件适宜的屋顶，宜实施屋顶绿化，屋顶绿化实施面积应不小于屋顶可绿化面积的 60%。其他新建建筑中层数少于 12 层（含 12 层）、高度低于 40 米（含 40 米）、产权明晰、屋顶坡度小于 15 度的建筑（含裙房），在符合规范、确保安全的前提下，宜实施屋顶绿化。对实施屋顶绿化的建筑工程，设计时应充分考虑屋顶承重和防水要求，明确绿化堆载顺序，建设过程中严格屋面施工质量控制。优先采用耐旱、易维护且抗风能力强的植物，在强化生态功能的基础上，丰富屋顶绿化的休闲、服务功能。

住房城乡建设主管部门将对城市所有既有公共建筑、公益建筑、保障性住房的屋顶承重级别、防水年限进行数据普查，对现有建筑中适合开展屋顶绿化的进行登记造册。鼓励结合既有建筑改造等项目实施，在实际条件允许的情况下，对建成年限低于20年且符合建筑安全要求的建筑开展屋顶绿化。

除有保密、安全等特殊要求的单位外，城市主干道、城市中心区等临街实体围墙，城市公园、风景名胜区、旅游景点等重要节点的公共建（构）筑物墙体，宜种植爬墙虎、凌霄、紫藤等攀缘植物实施垂直绿化。新建透空栏杆等宜同步实施立体绿化。在保证安全的前提下，鼓励对公共建筑、居住建筑等墙体、阳台实施立体绿化。可酌情推广模块式墙体垂直绿化系统，尽可能扩绿增绿。

提倡开展市政设施立体绿化，新建、改建的城市桥梁等市政基础设施，宜将立体绿化列入配套绿化工程，与主体工程同步设计、同步施工、同步验收；已建成的桥梁等市政工程在符合规范及满足安全要求的前提下，宜逐步实施立体绿化改造。城市快速路的匝道挡墙、外侧桥柱、声屏障及城市道路围栏等市政设施，宜尽量实施墙面绿化、桥柱绿化、围栏绿化、沿口绿化（高架沿口、人行天桥沿口）。

城市立体绿化在基本不占用土地的前提下，可起到拓展绿化空间、减少扬尘和噪声污染、改善空气质量、缓解热岛效应、降低建筑能耗等多方面作用。为更好促进这项工作的开展，《意见》推出了一系列鼓励措施，在省级园林城市（县城）评价及动态管理中，将把立体绿化工作情况作为重要评价指标并视情给予加分，同时作为园林单位（小区）评选的重要依据。新建民用建筑实施屋顶绿化、垂直绿化的，按照有关规定折算为附属绿化面积。新建、改建建筑实施立体绿化较好的，在一、二星级绿色建筑评选中予以加分。鼓励各地出台激励政策，对屋顶绿化建设经费实行“以奖代补”，从城市建设资金中列支专项经费用于立体绿化建设、管理。

（赵小菊　报道）

2019年5月23日《大众日报》

“并联审批、限时办结”，我省优化提升工程建设项目审批制度改革

全程审批，时间控制不超百日

“今年上半年，全省社会投资类工程建设项目主流程审批时间控制在45个工作日以内；政府投资类工程建设项目主流程审批时间控制在70个工作日以内；主流程之外的其他行政许可、强制性评估、中介服务、市政公用服务以及备案、建设项目用地的不动产登记等事项，纳入主流程相关阶段办理或与相关阶段并行推进，全过程审批时间控制在100个工作日以内。”这是记者今天从全省优化提升工程建设项目审批制度改革工作视频会上获悉的消息。

据了解，工程建设项目审批主流程包括立项用地规划许可、工程建设许可、施工许可、竣工验收四个阶段。我省在每个阶段都确定了牵头部门，并实行“并联审批、限时办结”。同时，为避免出现将部分环节从主流程中拿出以达到缩短时效的“假象”，此次改革重点关注了全过程审批时间的控制，要求控制在100个工作日以内。

按照省政府日前印发的《山东省优化提升工程建设项目审批制度改革实施方案》，为实现上述目标，我省将施行“四个统一”改革举措。即：

统一审批流程，精简规范审批事项，推进并联审批，分类制定审批流程，实行联合审图和联合验收，推行区域评估和告知承诺制；统一信息数据平台，按照“横向到边、纵向到底”的要求，建成贯通省、市、县（市、区）三级，覆盖各有关部门的工程建设项目审批管理系统，并与国家系统对接，实现审批数据实时共享；统一审批管理体系，“一张蓝图”统筹项目实施，完善项目策划生成机制，“一个窗口”提供综合服务，“一张表单”整合申报材料，“一套机制”规范审批运行；统一监管方式，在减环节、提速度的同时，更加注重后续管理，履行好监管责任，实现审批流程更加优化。

《方案》还调整了部分审批时序，使整个流程更加优化。比如明确地震安全性评价在工程设计前完成即可，环境影响评价、文物影响评价、节能评价等评估评价和取水许可等事项在开工前完成即可。

“6 月底前，我省还将制订出台工程建设项目审批制度改革工作考评办法，切实发挥考核指挥棒作用。通过建立常态化督查和服务指导机制，对改革不充分的环节和进展不平衡的地方，加强督导、及时通报。”省住房和城乡建设厅厅长王玉志表示。

（赵小菊）

2019 年 6 月 19 日《大众日报》

570 万残疾人和 2100 万老年人对无障碍环境有迫切需要——

山东 39 条举措力推无障碍环境建设

安全、适用、便利的无障碍环境是残疾人、老年人等社会成员平等参与社会生活的重要保障，也是衡量社会文明程度的重要标志。省委、省政府高度重视无障碍环境建设工作，我省在多个方面走在全国前列。但消除障碍重细节、提升服务无止境，今年 5 月 1 日起，《山东省无障碍环境建设办法》正式施行，力推全省公共设施无障碍、信息交流无障碍、社区服务无障碍、居家生活无障碍、交通旅游无障碍，服务水平进一步提升。

山东有 570 万残疾人和 2100 万老年人，此外还有伤病人、孕妇、儿童和其他特殊需求的群体，他们对无障碍环境均有着迫切需要。省残联党组成员、副理事长冯雷介绍，《山东省无障碍环境建设办法》的制定出台就是为了力求保障他们无障碍参与社会生活的各项权利。

《办法》共六章三十九条，涵盖了无障碍设施建设、无障碍信息交流、无障碍服务、法律责任等内容。强调无障碍环境建设是全社会的共同责任，明确了县级以上人民政府、各级残联、住房城乡建设部门和信息化管理部门在无障碍环境建设方面的主体责任，鼓励机关、团体、企业事业单位、公民、法人和其他组织为我省无障碍环境建设作出贡献。

记者从省住房和城乡建设厅了解到，目前我省的无障碍环境建设工作仍存在一些问题，如城乡、区域间发展不平衡，农村地区尤为薄弱；无障碍设施建设不完善、不规范；重建轻管，无障碍设施被占用、损坏和挪用的现象时常发生；信息无障碍建设覆盖面窄；无障碍服务水平有待提高等。《办法》坚持问题导向，为我省无障碍环境建设提供了强有力的法制保障。

关于无障碍设施建设，《办法》规定建设工程设计单位、施工单位、监理单位应当按照无障碍设施工程建设标准进行设计、施工和监理，县级以上政府优先推进有关公共服务场所和公共机构进行无障碍设施改造，主要人行天桥和地下通道、公共停车场、公共交通工具配备和完善相应的无障碍设施，无障碍设施的所有权人和管理人按照标准设置标志标识并负责保护、维修等。考虑到我省城乡发展不平衡、农村地区尤为薄弱的现状，《办法》规定，乡、村庄的建设和发展，应当逐步达到无障碍设施工程建设标准。

关于无障碍信息交流，为了保障老年人、残疾人等群体平等、方便、无障碍地获取信息、利用信息，融入目前信息化社会，《办法》规定县级以上人民政府将无障碍信息交流建设纳入信息化建设规划，政府设立的电视台、公共图书馆、公共服务机构和公共场所及公共活动举办单位应当提供语音文字提示、手语、盲文、残疾人专用设施设备、工作人员协助等服务，电信业务经营者、紧急呼叫系统提供符合残疾人需求的文字或语音信息服务。

关于无障碍服务，《办法》规定政府推动残疾人等社会成员家庭无障碍改造工作，安排保障性住房和安置住房优先考虑行动不便社会成员的无障碍环境需求；有关部门采取措施，为残疾人参加机动车驾驶培训、无障碍旅游提供服务；教育机构、社区公共服务设施为残疾人等社会成员参加教育教学活动、参与社区生活提供无障碍服务。

关于法律责任，针对无障碍环境建设重建设轻管理，无障碍设施被占用、损坏和挪用的现象时常发生这一问题，《办法》明确规定，无障碍设施的所有权人和管理人应当对无障碍设施及其标志标识进行保护、维修；任何单位和个人不得损坏、侵占盲道、无障碍卫生间、垂直电梯、轮椅通道等无障碍设施，或者改变其用途。同时明确了法律责任，未对无障碍设施及其标志标识进行保护、维修的，由有关主管部门责令限期改正；逾期未改正的，由有关主管部门给予罚款。

（赵小菊）

2019 年 6 月 21 日《大众日报》

既有农房节能改造有了技术指导

改造后实现能效提升 30%

省住房城乡建设厅近日发布《山东省农村既有居住建筑围护结构节能改造技术导则（试行）》，对农村既有居住建筑的外墙、门窗、屋面、檐廊如何进行节能改造提出了具体要求，明确了改造标准和应选用的改造材料，旨在有效解决农村既有居住建筑围护结构热工性能差、能效低、耗能大等问题，充分挖掘农村节能潜力，提高农村住户居住质量和舒适度。

据介绍，当前我省既有农房大多数建设标准不高，保温隔热性能较差，居住舒适度低。随着农村经济社会发展和乡村环境改善，不少农户自发通过增设外墙保温、更换节能门窗、加装室内吊顶等方式进行了节能改造，改造后的房屋冬季室温比没有改造的平均要高 3℃—5℃，隔音防潮防尘性能有了大幅提升，居住舒适度大大改善。同时，农村既有居住建筑的节能改造对于美丽村居建设以及推进冬季清洁取暖工作具有重要意义。

“此前，新建农房节能标准体系已基本完善，但对既有农房节能改造，国家尚无标准可以依据。各市对农村节能改造标准、改造部位、改造方式等存在疑虑，急需省里出台相关技术文件进行指导和规范。”省住房城乡建设厅节能科技处相关工作人员介绍。

《导则》适用于 2 层及以下农村既有居住建筑围护结构节能改造工程。按照《导则》，改造要在原有结构上进行，不得影响建筑原有结构安全性能和抗震性能。改造的重点是卧室和起居室。改造标准方面，根据我省农村发展水平，在保证改造效果兼顾改造成本的前提下，提出了围护结构实施改造后宜实现能效提升30%的要求。同时，考虑各地区实际经济差异以及农户改造意愿，提供了50%、65%标准的改造参照技术方案。

《导则》自7月1日起施行。根据资源禀赋、经济基础、地域分布等因素，我省将在济南、淄博、济宁、聊城、德州、滨州和菏泽7个通道城市开展省级农房节能改造试点示范建设，优化技术路线，积累实践经验，以点带面、梯次推进。

（赵小菊）

2019年7月2日《大众日报》

我省新型城镇化试点多项经验全国推广

◆山东有14个地区入选国家城镇化综合试点◆聚焦“人、地、钱”破解城镇化难题

国家发展改革委办公厅近日下发通知，推广第二批国家新型城镇化综合试点等地区经验，我省多地先进经验入选。记者从省城镇化工作领导小组办公室获悉，围绕“人、地、钱”等关键要素，我省新型城镇化综合试点地区积极探索、大胆实践，形成了一批可复制、可推广的经验模式。经过试点引路、强力推进，截至2018年底全省常住、户籍人口城镇化率分别达到61.18%和50.94%，新型城镇化工作取得明显成效。

据介绍，我省先后有三批14个地区入选国家城镇化综合试点，数量全国最多。此次被推广的第二批国家新型城镇化综合试点等地区经验中，邹城设立城市社区、企业集体户解决无房外来人口无处落户难题；山东开通省内跨地域户口迁移网上一站式办理业务，方便外来人口落户城市；济南中欧装备制造小镇发展装备制造产业，打造城市产业升级新支点；威海、诸城、济南章丘区促进农村一二三产业融合发展等先进经验位列其中。

省住建厅城镇化发展指导处相关工作人员介绍，上述经验做法分别聚焦了加快农业转移人口市民化、加快推动城市高质量发展、加快推进城乡融合发展等新型城镇化试点重点任务目标，成效显著，对全省乃至全国都具有示范作用。除国家新型城镇化综合试点外，我省还选取了27个试点，分三批开展省级新型城镇化综合试点，第一批省级试点地区典型经验也已印发，聚焦“人”的问题、“地”的问题、“钱”的问题、“要素配置”问题、“载体建设”问题，总结了12个方面的典型经验供全省各地借鉴吸收。

据介绍，目前我省城镇化工作仍存在城镇化发展质量不够高、城市群协调发展机制不完善、土地利用方式不集约、城乡融合发展机制不健全等困难和问题，下一步我省将坚持新型城镇化和乡村振兴双轮驱动，与新旧动能转换互促共进，以人的城镇化为核心，以城市群为主体形态，以城乡融合发展为导向，以体制机制改革为动力，以城镇化试点为引领，加快城乡基础设施互联互通，推动人才、土地、资本等要素在城乡间双向流动，促进全省新型城镇化高质量发展。

具体工作中，我省将通过深化户籍制度改革、深入实施居住证制度、推进城镇基本公共服务常住人口全覆盖等措施推进重点人群落户城镇，加快农业转移人口市民化；通过促进城乡要素流动、推动城镇设施延伸等破除城乡一体化发展阻力，推进城乡融合发展。同时，进一步优化城镇化布局形态，增强山东半岛城市群综合竞争力；补齐基础设施短板，提升城镇宜居水平；加强城镇建设用地管理，推进土地集约节约利用；聚力特色发展，更好发挥试点牵引作用，推进试点经验进一步扩大化。

（赵小菊）

2019年7月3月《大众日报》

年内16市启动城市生活垃圾分类

垃圾分类末端短板须补齐，消除运输痛点、打通处理堵点是当务之急

“分不分”？“怎么分”？进入7月份以来，随着上海市开始强制垃圾分类，全国刮起了垃圾分类讨论热潮。2017年以来，我省济南、青岛、泰安入选国家46个垃圾强制分类城市名单，同时我省在淄博市博山区、邹城市、荣成市、郓城县、单县5个县（市、区）开展了农村生活垃圾分类试点。垃圾分类，离我们每个人的生活都不再遥远。

以正向激励调动分类积极性

刷卡，从织物、金属、塑料、纸类四项中选择正确的垃圾类型按钮，将垃圾放入投放口，自动称重后积分累计入卡……7月8日下午，济南市历下区甸柳新村垃圾分类服务中心的工作人员刘新磊向记者演示了智能化垃圾回收箱的使用办法。

记者在回收箱上看到，每公斤织物、金属、塑料、纸类可兑换的积分分别为20、70、100、80，按照实物兑换明细表，100积分可兑换1块百洁布，250积分可兑换一块透明皂、300积分可兑换1盒抽纸，此外积分还可兑换牙膏、洗洁精、洗手液等生活用品。“如果不兑换实物，还可以通过垃圾分类公众号进行兑现，1个积分1分钱。”刘新磊介绍。

从去年开始，甸柳社区共设立了14套智能化垃圾回收箱，能辐射7000户居民，目前每天能回收四类垃圾110公斤左右。“大家的分类积极性很高，几个月时间，有位居民累积了3万多积分。”刘新磊介绍。

据统计，我省3个国家生活垃圾分类试点城市，共计3090个居民小区约122万户居民参与了分类试点；5个试点县（市、区）所辖的141个乡镇（街道）3322个行政村中，有54个乡镇（街道）1262个行政村启动垃圾分类，覆盖率分别为38.3%、38%。在这些地区，正向激励都是一个重要的手段，信用奖惩、积分兑奖、评优奖励等措施发挥了积极效应。

分类处理设施短板亟待补齐

“垃圾分类的好处我们都知道，但是我看到垃圾运输车来小区收垃圾的时候，所有垃圾都是装到一个车里的，那我们前期分类的工作不是白做了吗？”家住济南燕山小区的宋女士表示。

在7月8日省政府召开的推进城乡生活垃圾分类工作座谈会上，济南市副市长王京文坦言，目前，选址规划难等问题阻碍了厨余垃圾处理厂的落地，“两热两冷”制约了垃圾分类闭环的开展。所谓“两热”，为前端投放宣传指导热和市民知晓垃圾分类热；“两冷”，为末端设施建设冷和市民参与垃圾分类冷，这导致垃圾分类工作推进缓慢。

“垃圾分类处理设施确实存在短板。”省住建厅厅长王玉志表示，具体表现在分类投放、分类收集设施配套不足，分类运输设施专业化不强、运输能力弱。可回收垃圾资源化利用水平不高，分类处理设施建设滞后，有害垃圾处置设施短缺，餐余垃圾处理设施不足，垃圾终端处理特别是易腐垃圾处理、有害垃圾处理技术还不够成熟等。

末端决定前端。消除运输痛点、打通处理堵点是当务之急。

多重制约因素待破解

“虽然在垃圾分类方面各地做了一些工作，但是整体来看，垃圾分类的效果还未明显显现。”王玉志坦言。

目前，我省生活垃圾分类还处于试点阶段，城乡生活垃圾分类标准体系尚未建立，相应的法规制度也不健全，制约因素还有很多。

比如缺乏法规政策约束，现行法律法规主要侧重于垃圾的清扫、收集、处置，尚未深度涉及垃圾分类回收等问题。

比如资金短缺问题，经测算，郓城县整县推进垃圾分类，仅设施设备等方面的投入就需近亿元。邹城市有关方面也表示，垃圾分类设施设备等先期投入较大，且全部正常运营后每年还需要再追加2000余万元。

比如群众生活垃圾分类意识的培养尚需时日，调研发现，群众对垃圾分类的认同度较高，但对分类方式、分类知识知晓度不高，参与度较低。

据了解，我省关于印发2019年新型城镇化建设重点任务的通知提出，年内所有设区市全面启动城市生活垃圾分类工作。省住建厅近日研究起草了《山东省城市生活垃圾分类制度实施方案》，已征求11个相关部门和部分城市意见，计划提请省政府常务会议研究，修改后以省政府办公厅名义印发。垃圾分类离我们越来越近了，但无论政府部门还是每位市民，需要做的准备还有很多。

（赵小菊）

2019年7月9日《大众日报》

我省明确2019年新型城镇化建设25项具体任务

全面放开建制镇和中小城市落户限制

健全完善城区社区集体户制度，引导鼓励各城市居住证互认

省城镇化工作领导小组办公室近日印发我省2019年新型城镇化建设重点任务，从加快农业转移人口市民化、优化城镇化布局形态、推动城市高质量发展、促进城乡融合发展、强化组织实施五方面提出了25项具体任务，加快提升全省城镇化发展质量和水平。

加快农业转移人口市民化方面，提出青岛要进一步解放思想，加大中心城区农业转移人口落户力度，全面取消重点群体落户限制。健全完善城区社区集体户制度，及时为有合法稳定职业无固定住所人员落户提供便利。落实地方政府主体责任，全面放开建制镇和中小城市落户限制。同时，确保有意愿的未落户常住人口全部持有居住证，鼓励各地区扩大居住证附加的公共服务和便利项目，引导鼓励各城市居住证互认。落实好居住证持有人参加居民基本医保政策；将符合条件的常住人口纳入城镇住房保障范围。

为优化城镇化布局形态，我省明确将进一步做大做强山东半岛城市群；以济南、青岛两市为核心，协同周边城市发展，优化调整行政区划，做大做强济南、青岛两个都市圈；建立中心城市牵头的都市区协同发展机制，支持建设一体化发展和承接产业转移示范区，促进烟威、临日、东滨、济枣菏四个都市区同城化发展；开工建设菏泽牡丹机场、烟台蓬莱国际机场二期扩建工程，确保青岛胶东国际机场建成投用；加强中小城市与交通干线、交通枢纽城市的连接，提升交通便利度，降低物流成本。

围绕推动城市高质量发展，今年我省将从分类引导城市产业布局、优化城市空间布局、加强城市基础设施建设、改进城市公共资源配置、提升城市品质和魅力、健全城市投融资机制六方面入手。针对群众关注的民生事，明确了增加车位供给，完善非机动车、行人交通系统及过街设施，推进办好老旧小区改造、拆违建绿、扬尘治理、黑臭水体整治、路面清洁等。调整优化教育医疗资源布局，支持中小城市三级医院建设，支持大城市中小学对中小城市中小学进行结对帮扶。实施城市品质提升工程，制订城市精细化管理工作标准，建立没有“城市病”的城市建设管理和人居环境质量评价体系。

此外，今年将从推进城乡要素合理配置、缩小城乡基本公共服务差距、提高城乡基础设施监管能力、深入开展美丽村居建设、加快乡村经济多元化发展、促进农民收入持续增长六个方面入手，促进城乡要素自由流动、平等交换和公共资源合理配置，加快促进城乡融合发展。

（赵小菊）

2019 年 7 月 10 日《大众日报》

省日产生活垃圾约 7.5 万吨，垃圾分类强制性不足，重视度、配套率、参与度不高

垃圾分类，这些短板待补齐

当前，我省日均产生生活垃圾约 7.5 万吨，形象来说，15 天就可以填满一个大明湖。那么，我省当前的垃圾处理能力如何？要实现生活垃圾减量化、资源化和无害化的目标，还有哪些难题待解？

全省生活垃圾每年增长约 7%

垃圾处理问题有多重要？先来看一组数据。目前，全国城市生活垃圾产生量一年已经超过 4 亿吨。从我省统计情况看，2015—2018 年全省共产生生活垃圾约 1 亿吨，每年增长约 7%，日均产生约 7.5 万吨。可以说，这个问题如果解决不好，“垃圾围城”现象就在眼前。

省住建厅城市管理局局长杨建武介绍，截至 5 月底，全省垃圾处理场（厂）投产运行 129 座，设计处理规模约 6.89 万吨 / 日；在建（包括前期准备）49 座，设计处理规模约 3.98 万吨 / 日。当前的垃圾处理方式主要分填埋和焚烧两种，已投产运行的 129 座生活垃圾处理场（厂）中，填埋场 73 座，焚烧（发电）厂 53 座，其他处理方式 3 座。全省 1—5 月份共无害化处理生活垃圾约 1136.86 万吨，其中焚烧处理 728.34 万吨，占 64.07%。

“从处理能力看，到 2020 年底，我省垃圾日处理能力可达到近 10 万吨，可以保证日产垃圾均得到无害化处理。”杨建武介绍。

强制性不足等四方面问题待解

垃圾分类是垃圾处理方式的一次深刻变革，整个过程可以分为分类投放、分类收集、分类运输、分类处理四个环节。

目前，我省在四个环节均存在短板。“总体来看，我省城乡垃圾分类工作仍处于起步阶段，无论是顶层设计，还是落实推进，无论是前端投放，中端收运，还是末端处理，都有短板亟须补齐。”杨建武坦言。

具体来说，问题主要存在十四个方面。一是强制性不足，通过立法增强强制性是垃圾分类的必经阶段，而我省目前出台的大多都是政策文件，没有专门对生活垃圾分类制定或出台法规规章。

二是重视度不高，一些试点地区对垃圾分类的财政投入不足，难以满足设施建设需要。三是配套率不高，各地分类投放和收集设施配套还不到位，总量不足，分类运输能力比较弱，末端处理设施建设滞后，厨余垃圾处理依然是难点，有害垃圾处置设施明显短缺。四是参与度不高，群众对垃圾分类的认同度较高，但对分类方式、分类知识知晓度不高，参与度较低，习惯养成尚需时日。

首末两端短板最难补

“垃圾分类四个环节中，最难的是一头一尾，让垃圾分类成为自觉行动需要长期培养，因为面对的是千年积习和千家万户，可能需要一代人的努力甚至更久；而在末端，湿垃圾处理及有害垃圾处理技术还不够成熟，处理能力也不足。”杨建武表示，分类收集和分类运输短板的补足，主要可依靠分类垃圾桶的设置和分类收运车辆的投入，随着工作的推进和投入的加大，相对好解决。

从统计情况看，目前，全省16个设区市共建成运行18座餐厨废弃物处理设施，总设计处理能力2902吨/日；有3个餐厨废弃物处理设施正在建设。这些仅能满足各市有餐饮服务许可证的部分饭店、单位食堂等餐厨垃圾处理需求。

目前，全省有5个设区市没有建设危险废物综合性处置中心，其余11个市现有的19处危险废物综合性处置中心，远远不能满足城乡垃圾分类需求。

因此，健全分类处理体系将是下一步的重点工作，我省将督促各地加快焚烧厂、填埋场、厨余垃圾处理、有害垃圾处置、资源回收利用等设施建设和改造提升，不断优化处理工艺，增强末端处理能力。

分类模式因地制宜很重要

“垃圾分类，因地制宜非常重要。”省城建设计院副院长陈峰表示。

一方面，各地因地域差异、饮食习惯差别等因素影响，生活垃圾构成会有所不同；另一方面，因为地理条件、气候差异等不同，在一地可成功实施的措施照搬至另一地后，却不一定能充分发挥作用。此前，淄博市博山区主要采取湿垃圾进入阳光堆肥房制成有机肥、干垃圾压缩进焚烧发电厂焚烧处理的模式，但在实践中发现，在当地使用阳光堆肥房处理湿垃圾，制肥周期长、效率低，达不到预期效果，因此对阳光堆肥房进行了淘汰。

从前期我省垃圾分类试点看，青岛主要采用“四分法”，在公共机构区分餐厨、可回收、有害和其他等4类垃圾，居民区分为可回收、有害、其他和大件等4类垃圾；济南实行有害、可回收和其他垃圾“三分法”。邹城、郓城等农村地区主要采取“二次四分法”，先将生活垃圾分为“会烂的”和“不会烂的”2类，“不会烂的”再分“好卖的”“不好卖的”和“有毒有害的”3类。荣成探索实行“一次四分法”，由村民直接将生活垃圾分为有害、可回收、可燃、不可燃4类。

下一步，在现有“四分法”的基础上，我省将指导各地因地制宜确定分类模式，明确不同区域和场所分类要求，逐步构建生活垃圾“定时定点”投放管理体系。

（赵小菊）

2019年7月16日《大众日报》

70年来，我省城市规模不断扩大，宜居水平显著提高，人居环境明显改善

打造美丽宜居百姓安居新山东

9月18日上午，省政府新闻办举办山东省庆祝新中国成立70周年主题系列新闻发布会第三场。据省住房城乡建设厅党组书记李力介绍，新中国成立以来，我省着力打造美丽宜居、百姓安居新山东，城市规模不断扩大，宜居水平显著提高，管理服务水平大幅提升，村镇人居环境明显改善。

城乡面貌焕然一新，城镇化率由不足8%增至61.18%

城镇化是现代化的必由之路。“新中国成立70年来，我省经历了历史上规模最大、速度最快的城镇化进程，城市规模不断扩大，城镇面貌焕然一新。”据李力介绍，党的十八大以来，我省大力推进“以人为核心”的新型城镇化，全省城镇化率由新中国成立初期的不足8%，增加到2018年的61.18%，设市城市、建制镇分别由1981年的9个、110个增加到43个、1092个，城镇人口由936万增加到6147万，形成了2个特大城市、8个大城市、7个中等城市、80个小城市、1092个建制镇协调发展的城镇格局。

村镇面貌发生了翻天覆地的变化。截至目前，全省累计完成危房改造40多万户，有力保障了困难群众住房安全；大力推进农村“厕所革命”，累计改厕900多万户；通过推进具有山东特色的美丽村居建设，集中打造156个地域文化鲜明、建筑风格多样、田园风光优美的美丽村居建设省级试点。首批通过国家农村生活垃圾治理全覆盖验收，全省所有县（市、区）全部达到省城乡环卫一体化全覆盖认定标准。目前，全省拥有全国重点镇207个、中国历史文化名镇4个、历史文化名村11个、传统村落125个，数量均居全国前列。

多层次住房保障体系成形，城镇人均住房面积增长近8倍

住房保障是重大民生工程。从危旧住房改造到棚户区改造，从廉租房到公租房，从经济适用房到共有产权房，从福利房到商品房……新中国成立以来，我省加快推进住房保障和供应体系建设，全省累计开工建设公租房（含原廉租房）45.23万套、经济适用住房72.8万套、限价商品住房12.3万套，累计发放城镇住房保障家庭租赁补贴20余万户、改造老旧小区5148个196万户；棚户区改造规模连续4年居全国首位，600余万套（户）居民“出棚进楼”。

同时，充分发挥住房公积金在支持居民改善住房中的作用，全省累计缴存人数1740万人，归集住房公积金8815亿元，提取住房公积金5116亿元。全省城镇人均住房面积由新中国成立初期的4.2平方米提高到现在的37.5平方米，商品房销售额由1996年的37亿元增加到2018年的10066亿元，逐步形成了以市场为主导、住房保障为补充，与城镇居民住房需求相适应的住房制度。

省住房城乡建设厅副厅长周善东介绍，为进一步做好城镇住房保障工作，今年我省出台《关于进一步推进城镇住房保障家庭租赁补贴工作的指导意见》。目前，我省对提出申请且符合保障条件的住房困难家庭基本实现了应保尽保。下一步，将着力解决新就业无房职工和稳定就业外来务工人员等新市民的居住问题。通过发放住房租赁补贴，支持新市民根据生活需要灵活选择租赁住房，实现职住平衡、住有所居，感受到城市的温度，切实提高保障对象的获得感、幸福感、安

全感，为提高城市凝聚力和社会稳定和谐作出积极贡献。

城市宜居水平显著提高，人均公园绿地面积是80年代中期4.8倍

宜居是城市发展的目标。新中国成立以来，特别是改革开放以来，我省城市发展进入了快车道。据李力介绍，近年来，我省贯彻新发展理念，遵循城市发展规律，大力推进城市建设提质增效，大中小城市发展齐头并进，可持续发展能力明显增强。2018年底，全省人均城市道路面积达24.47平方米、人均公园绿地面积17.84平方米，分别是80年代中期的1.8倍、4.8倍。城市（县城）燃气普及率、污水集中处理率、生活垃圾无害化处理率分别达到98.47%、97.25%、99.97%，较80年代中期分别增长了65%、95%、98%。地下综合管廊从无到有，累计开工建设804.5公里，形成廊体685.5公里，规模位居全国前列；海绵城市建设累计开工1812.4平方公里、累计建成1077.8平方公里。

伴随着城市规模和功能不断扩大，我省城市管理效能和服务水平也实现了跨越式发展。通过深化城管执法体制改革，着力构建“大城管”模式，实现了全省数字化城管系统市县全覆盖。全省城市、县城快速路和主次干道保洁面积达到5.5亿平方米，机扫率、洒水率均达到92%以上。与此同时，我省还将继续推广“街长制”“楼长制”等典型经验，开展网格化、精细化管理，确保群众满意度持续提升。

（方垒）

2019年9月19日《大众日报》

以百强城市排位为线索，探究我省城市的优势和不足

上榜15市，榜前榜后看门道

2019年中国百强城市排行榜、2019年上半年城市GDP百强榜、2019中国城市发展潜力百强……8月底以来，各种跟城市有关的百强排行榜纷纷公布，山东、江苏、浙江、广东占据各类榜单大半江山。

百强城市数量全国第一、GDP百强数量全国第一，傲人数字的背后，我省的城市综合实力究竟如何？与粤苏浙、川皖豫等省份相比，我省的优势和不足在哪里，距离成为国家中心城市，济南、青岛还有多远？带着这些问题，记者就山东城市发展状况进行了采访。

百强城市数量最多，位次还不够高

中国百强城市排行榜至今已连续发布五年，该榜单以GDP总量排名前100位的城市作为入围城市，再根据经济指标和软经济指标综合得分进行排序。

记者梳理五年来的榜单发现，“多而不强”是榜上山东城市的显著特点。从2015年以来，我省每年均保持15个城市榜上有名，在各省份中居于首位。但从“十强”情况来看，则是北上广深稳居前四，2019年排在其后的分别是杭州、苏州、成都、天津、武汉和南京，而我省则无一进入前十。排名靠前的青岛和济南则分别排在14和19名，其中青岛首次进入前15名，而之前四年两市均排在16至20名的位置。其他各市没有太大浮动，从今年排名来看，分别是烟台24、潍坊38、淄博42、东营50、威海52、济宁58、泰安63、临沂71、聊城78、德州81、滨州85、菏泽94、枣庄97。日照由于GDP总量不足未入

百强。

需要注意的是，排在第二位的江苏省所有13个地级及以上城市全部上榜，是全国唯一地级市全部上榜的省份。浙江排名普遍靠前，除湖州排名第67位外，其余上榜城市综合排名均在前50阵营。广东省两极分化比较严重，有10个地级市未上榜，但广州、深圳稳居前四，今年还新增了汕头榜上有名。

与百强城市榜相似，其他主题的城市排行榜也反映出同样的趋势。

“中间强两头弱”，龙头城市集聚效应不强

山东上榜城市最多，与山东重视发展县域经济分不开。省发改委区域发展政策处四级调研员姜楠向记者介绍，我省从县域经济科学发展试点、促进县域经济健康发展转型发展、深化扩权强县改革等方面入手，促进县域经济高质量发展。从去年统计数据来看，2018年全省县域实现生产总值71885亿元，同比增长6.5%。全省县域实现一般公共预算收入5180亿元，比上年同口径增长7.1%。

在姜楠看来，县域经济的发展，也使得山东省各地级市发展相对均衡协调，没有出现两极分化的差距。

虽然山东有发达的县域经济，但是“两头弱”的问题却不能回避。这里所说的“两头”，“一头”是乡镇层面，总体实力不强，纳入全国百强镇的只有3个，且都在50名之后。“另一头”就是龙头城市的带动作用不强。

从榜单来看，与我省相对协调均衡的发展模式截然不同的，便是四川、湖北、河南等省会独大模式。两种发展模式各有特色，但从实践来看，虽然我省总体经济发达，但由于缺少强大龙头带动，则不可避免地要面对人才等资源的外流。而省会独大的省份，更易把省内优势资源聚集省会，壮大本省实力。

判断未来城市格局，人口流动是一个重要方向。随着近年来中西部经济发展的加快，中西部强省会如郑州、成都吸引了大量外来人口，尤其是省内其他地市人口。再加上2017年以来爆发的“抢人大战”，更加速了人口流动，杭州拿出真金白银补贴大学生落户、武汉打开了“全家落户”的抢人之门、西安不到两年连续7次调整户籍政策降低落户门槛……“相比杭州、西安、成都等每年三四十万的人口增量，青岛、济南每年增加十万左右差强人意。”省住房和城乡建设厅城镇化综合处四级调研员王艳玲认为，当前我省的集聚效应还远远谈不上强，尤其大城市的集聚效应不够强。

坚持优势补短板，做大做强中心龙头城市

“区域竞争，大城为先。大城强则区域强，大城弱则区域弱。”省政协委员、民进山东省委常委陈晓强认为，越强大的城市在聚集人员和资金方面的作用越明显，山东要加快发展，济南、青岛必须强筋壮骨、拓展空间，增强高端要素集聚能力，争创国家中心城市。

省住房和城乡建设厅城镇化综合处副处长马雷昌分析认为，从目前国家中心城市布局情况来看，9大中心城市均服从于国家区域发展战略，是国家城市群的中心，对周边地区具有强大的引领和带动作用。而济南、青岛所属半岛城市群，属于本省范围内，很难上升到国家层面，导致我们的中心城市在国家中心城市竞争中，处于不利地位。

此外，我省北有京津冀，南有长三角，西有中原城市群，北京、天津、上海、郑州四个国家中心城市布局对我省的辐射影响，导致我省出现“拉别人拉不动，却总被别人拉走”的尴尬境地，也在一定程度上使我省从一直以来的“引领者”角色，变成了“跟随者”。如何让周边城市参与到山东的发展中来，而不是被动接受其他城市的辐射，这是我们需要思考的问题。

城市发展到成熟阶段的最高空间组织形式便

是城市群。要提升城市群的竞争力，就要把中心城市做大做强。今年山东省政府工作报告中提出，我省将“支持济南深度对接京津冀协同发展和雄安新区建设，打造我国北方高端产业、科技、人才、现代服务业集聚地和央企、跨国公司区域总部基地，建设‘大强美富通’的现代化国际大都市。支持青岛加快构建高质量发展开放型经济新体制，真正成为山东面向世界开放发展的桥头堡，建设开放、现代、活力、时尚的国际大都市。推动突破菏泽、鲁西崛起迈出实质步伐。”同时，随着山东新旧动能转换综合试验区的确立、山东自贸试验区设立、上合示范区建设等，山东城市发展还将不断注入新活力和新动能。

省住房和城乡建设厅城镇化综合处处长王德荣介绍，下一步，我省还将充分把握黄河流域生态保护和高质量发展这一重大国家战略机遇，研究制定沿黄城市新型城镇化和高质量发展的规划。此外，在今年10月12日召开的省委全面深化改革委员会第五次会议上，审议了《关于建立更加有效的区域协调发展新机制的实施方案》《关于加快胶东半岛经济圈一体化发展的指导意见》等意见，相信随着下一步的发布实施，山东的城市值得期待。

（方垒　申伟）

2019年10月22日《大众日报》

协调推进乡村振兴和新型城镇化——

双轮驱动，山东加快城乡融合发展

五年时间，城区规模由28平方公里扩大到近60平方公里，城区人口由20万人增加到35万人，常住和户籍人口城镇化率分别比2014年提高6.7、18.8个百分点……作为首批国家新型城镇化综合试点，初秋的郓城充满生机。

记者了解到，我省将以协调推进乡村振兴战略和新型城镇化战略为抓手，以缩小城乡发展差距和居民生活水平差距为目标，促进城乡要素自由流动、平等交换和公共资源合理配置，加快形成工农互促、城乡互补、全面融合、共同繁荣的新型工农城乡关系。

城镇化是现代化的必由之路，也是乡村振兴和区域协调发展的有力支撑。近年来，围绕“人、地、钱”等关键要素，我省14个国家新型城镇化综合试点和27个省级新型城镇化综合试点积极探索、大胆实践。截至2018年底，全省常住人口城镇化率达到61.18%，户籍人口城镇化率达到50.94%，城镇化呈现速度和质量双提升的良好局面。

但需要注意的是，当前我省城镇化发展质量仍不高，我省常住人口城镇化率低于苏、浙、粤等省份，户籍人口城镇化率与常住人口城镇化率相差约10个百分点，有近千万外来人口未能在城镇落户，农业转移人口上学难、看病难、住房难等问题仍普遍存在。城乡融合发展机制不健全，全省农村市政公用设施投资仅为城市的27%，城乡基础设施互联互通程度不高。

省住房和城乡建设厅厅长王玉志介绍，围绕人口市民化这一新型城镇化的首要任务，我省全面推动基本公共服务覆盖全部城镇常住人口，全面放开落户限制。全面实施居住证制度，确保有意愿的未落户常住人口全部持有居住证，赋予居住证持有人更多公共服务和办事便利，逐步将居住证持有人纳入户籍人口管理。

为加快推进城乡融合发展，我省将坚持乡村振兴与新型城镇化双轮驱动。坚决破除妨碍城乡要素自由流动和平等交换的体制机制壁垒，促进各类要素更多向乡村流动，在乡村形成人才、土地、资金、产业、信息汇聚的良性循环，为乡村振兴注入新动能。同时，坚持全民覆盖、普惠共享，推动公共服务向农村延伸、社会事业向农村覆盖，推进城乡基本公共服务的标准统一、制度并轨。以市县域为整体，统筹规划城乡基础设施，坚持先建机制、后建工程，推进城乡基础设施融合。

城乡融合发展离不开产业兴旺。我省将培育发展乡村新产业新业态，培育一批百亿级以上农村产业融合发展集群，到2022年，全省建成50家左右的省级现代农业产业园。

“城市空间布局要适应新型城镇化发展需要。”省自然资源厅二级巡视员董瑞忠介绍，针对现行土地利用规划和城乡规划的矛盾问题，我省提出一致性处理的原则和措施，作为项目落地的依据。允许2020年国土空间规划编制审批前，对土地利用总体规划进行一次调整。

此外，通过土地增减挂钩，能有效缓解各地发展用地供需矛盾。董瑞忠介绍，全省共有120个县（市、区）开展了城乡建设用地增减挂钩工作。截至目前，已完成63万农户的拆迁，建设新村庄或社区1900余个，安置204万村民，批复周转指标77万亩，复垦耕地47.8万亩，腾出建设用地空间33.31万亩，新建各类项目9000余个，建设新村或新社区2000多个。

下一步，我省将充分发挥国土空间规划在新型城镇化发展中的引领作用。2019年底，各地明确“集聚提升类、城郊融合类、撤并拆迁类、特色保护类”等类型；2020年，结合市县国土空间总体规划编制，完成县域村庄布局。实施规划“留白”机制，在村庄规划中预留不超过5%的建设用地机动指标，用于农村公共公益设施、零星分散的乡村文旅设施及新产业新业态等用地。

（方垒　王兆峰）

2019年9月16日《大众日报》

我省实施绿色建筑引领发展行动，带动城乡建设全领域绿色发展

绿色建筑由“浅绿”迈向“深绿”

城乡建设是国民经济的重要组成部分，是全面推动绿色发展的重要战场。为全面落实《山东省绿色建筑促进办法》，推动形成绿色发展方式和生活方式，我省于近日印发《关于实施绿色建筑引领发展行动的意见》（以下简称《意见》）。

城镇以上规划区新建民用建筑全面执行新标准

高质量发展需要更高的标准。《意见》指出，我省将全面提高绿色建筑建设标准，城镇以上规划区新建民用建筑全面执行绿色建筑标准，政府投资或政府投资为主的公共建筑及其他大型公共建筑全面执行高星级绿色建筑标准，城镇新区全部按照绿色生态城区标准规划建设。

建筑节能是践行绿色发展的生动体现。根据《意见》，我省将深入推进新建建筑节能，严格执行新建居住建筑节能75%、公共建筑节能65%标准，进一步提升门窗、分户墙、楼板等重点部位节能要求。同时，要加快发展超低能耗建筑，并围绕围护结构、高性能门窗、新风热回收、室内环境、气密性等关键环节，完善超低能耗建筑技术标准和评价指标体系，积极推进超低能耗建筑集中连片建设，探索发展近零能耗建筑。

据了解，我省自2014年开始开展被动式超低能耗建筑示范工程，至今已有省级示范工程6批53个，总建筑面积达106万平方米，覆盖全省16市。“被动式超低能耗建筑已逐渐被市场

所接受，将成为未来建筑发展的主流。”省住房城乡建设厅节能科技处副处长李晓介绍，被动式节能住房的节能率高达90%以上，且无需集体采暖，不用空调强制冷制热。若将能耗折合成电核算，被动式节能住房的住户每年仅在供暖和制冷方面就能比普通住户省四分之三的费用。

济青新建装配式建筑占比达到30%以上

近日，我省公布了今年首批省级装配式建筑产业基地名单，山东莱钢鲁碧绿色建筑科技有限公司等9家企业榜上有名。至此，我省省级装配式建筑产业基地达92家；国家装配式建筑产业基地27家，数量居全国首位。

不仅如此，我省还有济南、青岛、潍坊、烟台、济宁等5市入选首批国家装配式建筑示范城市，占全国1/6。“这一系列成绩，得益于我省对装配式建筑发展的综合施策和精准用力，并将其作为推动绿色发展、加快新旧动能转换的重要举措。”李晓介绍，截至今年9月底，全省累计开工装配式建筑6775万平方米，其中，今年新开工1447万平方米。

为进一步推动装配式建造，《意见》提出了到2020年设区城市和县（市）装配式建筑占新建建筑比例分别达到25%、15%以上，济南、青岛市达到30%以上的目标，还强调棚改安置住房、政府投资工程及大型公共建筑要全面按照装配式建筑标准建设，商品住宅要全面推行预制楼梯、叠合楼板。

今年7月，我省正式获批国家首批钢结构装配式住宅建设试点省。作为推动建筑产业转型升级的重要着力点，钢结构建筑可减少建造用水量60%以上，减少综合能耗70%以上，降低有害气体排放量65%左右，建筑拆除后的钢材还可循环利用。根据《意见》，我省将以试点省建设为契机，在技术研发、工程应用、产业培育、制度创新等方面先试先行，加快建立符合山东实际的技术标准、质量安全监管体系，培育涵盖研发、设计、生产、施工全过程的产业链条。

明年基本形成城乡建设绿色发展机制

《意见》提出，到2020年，我省将基本形成城乡建设绿色发展机制、评价指标和技术标准体系，并将打造一批绿色城乡发展示范。

“以绿色建筑发展为引领，最终实现推动城乡建设绿色发展，这是我们的初衷，也是目标。”省住房城乡建设厅节能科技处副处长高敏介绍，《意见》以绿色建筑高质量发展为重点，促进建筑由“浅绿”到“深绿”、由设计到运营、由建造到建材全链条绿色发展，进而带动城乡建设由“住区”到“城市”、由“城市”到“村镇”全领域的绿色发展。

据了解，目前我省已评选绿色生态城镇67个，绿色生态城区23个。根据《意见》，下一步，我省将整合绿色生态城区（镇）、海绵城市、综合管廊、新生中小城市、特色小镇、超低能耗建筑、装配式建筑、清洁取暖、美丽村居等政策资源，选择部分条件好的市、县、区，合力打造具有引领作用的绿色发展示范。

此外，我省还将创新绿色发展机制，探索财政、金融等多种手段相结合的激励方式，积极推广绿色金融、合同能源管理等新型服务模式。

（方垒　陈恒亮）

2019年10月29日《大众日报》

变企业"一对多"为部门"多对一"

山东推进建设工程竣工联合验收

记者日前从省住房和城乡建设厅了解到，为进一步提高工程建设项目竣工验收效率，减轻企业负担，改善营商环境，省优化提升工程建设项目审批制度改革工作领导小组办公室于近日印发《关于推进建设工程竣工联合验收的指导意见》（以下简称《意见》），明确我省建设工程竣工将实施联合验收，验收时限压缩至15个工作日。

《意见》所说"联合验收"是指建设项目完工后，将由各行政主管部门分别独立实施各类单项验收的模式，转变为规划、土地、消防、人防、城建档案及建设条件落实等事项限时联合验收，统一竣工验收图纸和验收标准，统一作出联合验收决定的新模式。省住房和城乡建设厅相关负责人表示，通过部门联合，企业可以一次完成验收，极大地简化了程序、减压了环节、压缩了时限，提高了验收工作效率。

根据《意见》，建设工程竣工联合验收适用于全省取得建筑工程施工许可证的房屋建筑和市政基础设施工程，不包括特殊工程和交通、水利、能源等领域的重大工程。联合验收将按照"自愿申请、一窗受理、一家牵头、集中组织、统一流程、一张清单、一套材料、限时办结"的原则，提升验收服务监管效率和质量，确保全省建设工程竣工联合验收时限压缩至15个工作日（其中社会投资工业建筑工程为10个工作日），且不得收取任何费用。

《意见》提出要对联合验收的申报材料进行精简，由各市统一编制联合验收事项共用材料清单、专项材料清单和现场查验事项清单，凡是没有法律法规依据的或在相关工作中已收取的材料、产生的审批结果、批复，一律不再要求提供。申请材料原则上只能要求申请人提供1份，因存档等需要若干份的，由部门自行复印；需现场查验证照原件的，不得再要求申请人提供复印件，由部门自行复印。

《意见》理清了联合验收工作流程：一窗统一受理联合验收申请，分送相关部门审核材料并汇总材料总审核意见，约定时间统一组织到场查验并出具联合验收结论意见。对现场查验不符合要求的，应一次告知建设单位整改或重新申报。牵头部门要根据联合验收部门材料审核和现场查验情况出具联合验收结论意见文书，联合验收部门不再单独出具确认文书。

此外，要加快推进全程网上办理，全面推行测验合一，实现"一次委托、统一测绘、成果共享"。对于体量大、工艺复杂、技术难度高的项目，要根据建设单位需求积极提供验前指导服务，发现问题一次性告知，现场查验时落实整改情况，不断提升验收服务效能。

（方垒　张润泽）

2019年10月25日《大众日报》

索　引

说明

1. 本索引为综合性主题索引。
2. 索引款目按汉语拼音字母（同音字按声调）顺序排列。
3. 款目后的阿拉伯数字表示内容所在的页码。
4. 同一主题的内容在文中多处出现的，在其款目后用不同的页码标明。
5. 大事记、附录等栏目不作主题索引。

A

B

C

D

E

F

G

H

J

K

L

M

N

P

Q

R

S

T

W

X

Y

Z

《山东建设年鉴（2020）》主要撰稿人员名单

高　健	姚　坡	王德荣	王艳玲	申　伟	常景国	崔　森	魏翔宇
高光洋	石　峰	颜景悦	刘晓明	陈　斌	杨焕理	张　征	范佳慧
戚玉娥	王　磊	于保清	刘明伟	徐海东	韦九洲	原玉磊	宋丽莎
张建清	王晓宏	王　鹏	刘　涛	王　卫	麻鹏飞	刘二鹏	李　倩
李春健	薄　静	张金城	王　静	闫兴利	周艳啸	巩崇洲	张文成
任晓亚	李　健	陈　岩	孙丽华	张　竞	李　军	关学军	刘建华
夏　琨	张小溪	刘静雯	桂天丽	刘媛媛	春　苗	夏俊强	黄　凯
李　楠	王慧海	唐贵东	李庆峰	郭社敏	陈　良	沈　非	谢邵学
孔祥立	陈金玮	刘亮亮	刘津宇	刘　平	赵　伟	祖金华	陈本耀
孙岱青	葛　莹	刘井龙	董　超	桂　洋	李　燕	张鸿洁	许潇如
张柏青	邱雅晖	王漓江	王　楠	李申华	潘墨言	徐　洁	刘紫悦
王龙梅	赵锋锋	张　斌	王　莹	薛凌云	张蒙蒙	马永峰	秦小丽
赵　临	刘　磊	何　涛	蔡玄旋	范宜卿	李文慧	郭庆收	白　洁
郝书宇	孟亚南	蔡孝磊	李林霞				